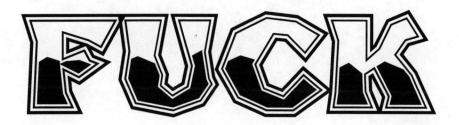

"Fuck."
-Everything

© 2015 Rotting Horse Publishing. All rights reserved.

First Edition
ISBN: 978-1503099289

Fuck. Fuck. Fuck. Fuck. Fuck. Fuck. Fuck. Fuck. Fuck. Fuck. Fuck.
Fuck. Fuck. Fuck. Fuck. Fuck. Fuck. Fuck. Fuck. Fuck. Fuck. Fuck.
Fuck. Fuck. Fuck. Fuck. Fuck. Fuck. Fuck. Fuck. Fuck. Fuck. Fuck.
Fuck. Fuck. Fuck. Fuck. Fuck. Fuck. Fuck. Fuck. Fuck. Fuck. Fuck.
Fuck. Fuck. Fuck. Fuck. Fuck. Fuck. Fuck. Fuck. Fuck. Fuck. Fuck.
Fuck. Fuck. Fuck. Fuck. Fuck. Fuck. Fuck. Fuck. Fuck. Fuck. Fuck.
Fuck. Fuck. Fuck. Fuck. Fuck. Fuck. Fuck. Fuck. Fuck. Fuck. Fuck.
Fuck. Fuck. Fuck. Fuck. Fuck. Fuck. Fuck. Fuck. Fuck. Fuck. Fuck.
Fuck. Fuck. Fuck. Fuck. Fuck. Fuck. Fuck. Fuck. Fuck. Fuck. Fuck.
Fuck. Fuck. Fuck. Fuck. Fuck. Fuck. Fuck. Fuck. Fuck. Fuck. Fuck.
Fuck. Fuck. Fuck. Fuck. Fuck. Fuck. Fuck. Fuck. Fuck. Fuck. Fuck.
Fuck. Fuck. Fuck. Fuck. Fuck. Fuck. Fuck. Fuck. Fuck. Fuck. Fuck.
Fuck. Fuck. Fuck. Fuck. Fuck. Fuck. Fuck. Fuck. Fuck. Fuck. Fuck.
Fuck. Fuck. Fuck. Fuck. Fuck. Fuck. Fuck. Fuck. Fuck. Fuck. Fuck.
Fuck. Fuck. Fuck. Fuck. Fuck. Fuck. Fuck. Fuck. Fuck. Fuck. Fuck.
Fuck. Fuck. Fuck. Fuck. Fuck. Fuck. Fuck. Fuck. Fuck. Fuck. Fuck.
Fuck. Fuck. Fuck. Fuck. Fuck. Fuck. Fuck. Fuck. Fuck. Fuck. Fuck.
Fuck. Fuck. Fuck. Fuck. Fuck. Fuck. Fuck. Fuck. Fuck. Fuck. Fuck.
Fuck. Fuck. Fuck. Fuck. Fuck. Fuck. Fuck. Fuck. Fuck. Fuck. Fuck.
Fuck. Fuck. Fuck. Fuck. Fuck. Fuck. Fuck. Fuck. Fuck. Fuck. Fuck.
Fuck. Fuck. Fuck. Fuck. Fuck. Fuck. Fuck. Fuck. Fuck. Fuck. Fuck.
Fuck. Fuck. Fuck. Fuck. Fuck. Fuck. Fuck. Fuck. Fuck. Fuck. Fuck.
Fuck. Fuck. Fuck. Fuck. Fuck. Fuck. Fuck. Fuck. Fuck. Fuck. Fuck.
Fuck. Fuck. Fuck. Fuck. Fuck. Fuck. Fuck. Fuck. Fuck. Fuck. Fuck.
Fuck. Fuck. Fuck. Fuck. Fuck. Fuck. Fuck. Fuck. Fuck. Fuck. Fuck.
Fuck. Fuck. Fuck. Fuck. Fuck. Fuck. Fuck. Fuck. Fuck. Fuck. Fuck.
Fuck. Fuck. Fuck. Fuck. Fuck. Fuck. Fuck. Fuck. Fuck. Fuck. Fuck.
Fuck. Fuck. Fuck. Fuck. Fuck. Fuck. Fuck. Fuck. Fuck. Fuck. Fuck.
Fuck. Fuck. Fuck. Fuck. Fuck. Fuck. Fuck. Fuck. Fuck. Fuck. Fuck.
Fuck. Fuck. Fuck. Fuck. Fuck. Fuck. Fuck. Fuck. Fuck. Fuck. Fuck.
Fuck. Fuck. Fuck. Fuck. Fuck. Fuck. Fuck. Fuck. Fuck. Fuck. Fuck.
Fuck. Fuck. Fuck. Fuck. Fuck. Fuck. Fuck. Fuck. Fuck. Fuck. Fuck.
Fuck. Fuck. Fuck. Fuck. Fuck. Fuck. Fuck. Fuck. Fuck. Fuck. Fuck.
Fuck. Fuck. Fuck. Fuck. Fuck. Fuck. Fuck. Fuck. Fuck. Fuck. Fuck.
Fuck. Fuck. Fuck. Fuck. Fuck. Fuck. Fuck. Fuck. Fuck. Fuck. Fuck.
Fuck. Fuck. Fuck. Fuck. Fuck. Fuck. Fuck. Fuck. Fuck. Fuck. Fuck.

Fuck. Fuck. Fuck. Fuck. Fuck. Fuck. Fuck. Fuck. Fuck. Fuck. Fuck.
Fuck. Fuck. Fuck. Fuck. Fuck. Fuck. Fuck. Fuck. Fuck. Fuck. Fuck.
Fuck. Fuck. Fuck. Fuck. Fuck. Fuck. Fuck. Fuck. Fuck. Fuck. Fuck.
Fuck. Fuck. Fuck. Fuck. Fuck. Fuck. Fuck. Fuck. Fuck. Fuck. Fuck.
Fuck. Fuck. Fuck. Fuck. Fuck. Fuck. Fuck. Fuck. Fuck. Fuck. Fuck.
Fuck. Fuck. Fuck. Fuck. Fuck. Fuck. Fuck. Fuck. Fuck. Fuck. Fuck.
Fuck. Fuck. Fuck. Fuck. Fuck. Fuck. Fuck. Fuck. Fuck. Fuck. Fuck.
Fuck. Fuck. Fuck. Fuck. Fuck. Fuck. Fuck. Fuck. Fuck. Fuck. Fuck.
Fuck. Fuck. Fuck. Fuck. Fuck. Fuck. Fuck. Fuck. Fuck. Fuck. Fuck.
Fuck. Fuck. Fuck. Fuck. Fuck. Fuck. Fuck. Fuck. Fuck. Fuck. Fuck.
Fuck. Fuck. Fuck. Fuck. Fuck. Fuck. Fuck. Fuck. Fuck. Fuck. Fuck.
Fuck. Fuck. Fuck. Fuck. Fuck. Fuck. Fuck. Fuck. Fuck. Fuck. Fuck.
Fuck. Fuck. Fuck. Fuck. Fuck. Fuck. Fuck. Fuck. Fuck. Fuck. Fuck.
Fuck. Fuck. Fuck. Fuck. Fuck. Fuck. Fuck. Fuck. Fuck. Fuck. Fuck.
Fuck. Fuck. Fuck. Fuck. Fuck. Fuck. Fuck. Fuck. Fuck. Fuck. Fuck.
Fuck. Fuck. Fuck. Fuck. Fuck. Fuck. Fuck. Fuck. Fuck. Fuck. Fuck.
Fuck. Fuck. Fuck. Fuck. Fuck. Fuck. Fuck. Fuck. Fuck. Fuck. Fuck.
Fuck. Fuck. Fuck. Fuck. Fuck. Fuck. Fuck. Fuck. Fuck. Fuck. Fuck.
Fuck. Fuck. Fuck. Fuck. Fuck. Fuck. Fuck. Fuck. Fuck. Fuck. Fuck.
Fuck. Fuck. Fuck. Fuck. Fuck. Fuck. Fuck. Fuck. Fuck. Fuck. Fuck.
Fuck. Fuck. Fuck. Fuck. Fuck. Fuck. Fuck. Fuck. Fuck. Fuck. Fuck.
Fuck. Fuck. Fuck. Fuck. Fuck. Fuck. Fuck. Fuck. Fuck. Fuck. Fuck.
Fuck. Fuck. Fuck. Fuck. Fuck. Fuck. Fuck. Fuck. Fuck. Fuck. Fuck.
Fuck. Fuck. Fuck. Fuck. Fuck. Fuck. Fuck. Fuck. Fuck. Fuck. Fuck.
Fuck. Fuck. Fuck. Fuck. Fuck. Fuck. Fuck. Fuck. Fuck. Fuck. Fuck.
Fuck. Fuck. Fuck. Fuck. Fuck. Fuck. Fuck. Fuck. Fuck. Fuck. Fuck.
Fuck. Fuck. Fuck. Fuck. Fuck. Fuck. Fuck. Fuck. Fuck. Fuck. Fuck.
Fuck. Fuck. Fuck. Fuck. Fuck. Fuck. Fuck. Fuck. Fuck. Fuck. Fuck.
Fuck. Fuck. Fuck. Fuck. Fuck. Fuck. Fuck. Fuck. Fuck. Fuck. Fuck.
Fuck. Fuck. Fuck. Fuck. Fuck. Fuck. Fuck. Fuck. Fuck. Fuck. Fuck.
Fuck. Fuck. Fuck. Fuck. Fuck. Fuck. Fuck. Fuck. Fuck. Fuck. Fuck.
Fuck. Fuck. Fuck. Fuck. Fuck. Fuck. Fuck. Fuck. Fuck. Fuck. Fuck.
Fuck. Fuck. Fuck. Fuck. Fuck. Fuck. Fuck. Fuck. Fuck. Fuck. Fuck.
Fuck. Fuck. Fuck. Fuck. Fuck. Fuck. Fuck. Fuck. Fuck. Fuck. Fuck.
Fuck. Fuck. Fuck. Fuck. Fuck. Fuck. Fuck. Fuck. Fuck. Fuck. Fuck.
Fuck. Fuck. Fuck. Fuck. Fuck. Fuck. Fuck. Fuck. Fuck. Fuck. Fuck.

Fuck. Fuck. Fuck. Fuck. Fuck. Fuck. Fuck. Fuck. Fuck. Fuck. Fuck.
Fuck. Fuck. Fuck. Fuck. Fuck. Fuck. Fuck. Fuck. Fuck. Fuck. Fuck.
Fuck. Fuck. Fuck. Fuck. Fuck. Fuck. Fuck. Fuck. Fuck. Fuck. Fuck.
Fuck. Fuck. Fuck. Fuck. Fuck. Fuck. Fuck. Fuck. Fuck. Fuck. Fuck.
Fuck. Fuck. Fuck. Fuck. Fuck. Fuck. Fuck. Fuck. Fuck. Fuck. Fuck.
Fuck. Fuck. Fuck. Fuck. Fuck. Fuck. Fuck. Fuck. Fuck. Fuck. Fuck.
Fuck. Fuck. Fuck. Fuck. Fuck. Fuck. Fuck. Fuck. Fuck. Fuck. Fuck.
Fuck. Fuck. Fuck. Fuck. Fuck. Fuck. Fuck. Fuck. Fuck. Fuck. Fuck.
Fuck. Fuck. Fuck. Fuck. Fuck. Fuck. Fuck. Fuck. Fuck. Fuck. Fuck.
Fuck. Fuck. Fuck. Fuck. Fuck. Fuck. Fuck. Fuck. Fuck. Fuck. Fuck.
Fuck. Fuck. Fuck. Fuck. Fuck. Fuck. Fuck. Fuck. Fuck. Fuck. Fuck.
Fuck. Fuck. Fuck. Fuck. Fuck. Fuck. Fuck. Fuck. Fuck. Fuck. Fuck.
Fuck. Fuck. Fuck. Fuck. Fuck. Fuck. Fuck. Fuck. Fuck. Fuck. Fuck.
Fuck. Fuck. Fuck. Fuck. Fuck. Fuck. Fuck. Fuck. Fuck. Fuck. Fuck.
Fuck. Fuck. Fuck. Fuck. Fuck. Fuck. Fuck. Fuck. Fuck. Fuck. Fuck.
Fuck. Fuck. Fuck. Fuck. Fuck. Fuck. Fuck. Fuck. Fuck. Fuck. Fuck.
Fuck. Fuck. Fuck. Fuck. Fuck. Fuck. Fuck. Fuck. Fuck. Fuck. Fuck.
Fuck. Fuck. Fuck. Fuck. Fuck. Fuck. Fuck. Fuck. Fuck. Fuck. Fuck.
Fuck. Fuck. Fuck. Fuck. Fuck. Fuck. Fuck. Fuck. Fuck. Fuck. Fuck.
Fuck. Fuck. Fuck. Fuck. Fuck. Fuck. Fuck. Fuck. Fuck. Fuck. Fuck.
Fuck. Fuck. Fuck. Fuck. Fuck. Fuck. Fuck. Fuck. Fuck. Fuck. Fuck.
Fuck. Fuck. Fuck. Fuck. Fuck. Fuck. Fuck. Fuck. Fuck. Fuck. Fuck.
Fuck. Fuck. Fuck. Fuck. Fuck. Fuck. Fuck. Fuck. Fuck. Fuck. Fuck.
Fuck. Fuck. Fuck. Fuck. Fuck. Fuck. Fuck. Fuck. Fuck. Fuck. Fuck.
Fuck. Fuck. Fuck. Fuck. Fuck. Fuck. Fuck. Fuck. Fuck. Fuck. Fuck.
Fuck. Fuck. Fuck. Fuck. Fuck. Fuck. Fuck. Fuck. Fuck. Fuck. Fuck.
Fuck. Fuck. Fuck. Fuck. Fuck. Fuck. Fuck. Fuck. Fuck. Fuck. Fuck.
Fuck. Fuck. Fuck. Fuck. Fuck. Fuck. Fuck. Fuck. Fuck. Fuck. Fuck.
Fuck. Fuck. Fuck. Fuck. Fuck. Fuck. Fuck. Fuck. Fuck. Fuck. Fuck.
Fuck. Fuck. Fuck. Fuck. Fuck. Fuck. Fuck. Fuck. Fuck. Fuck. Fuck.
Fuck. Fuck. Fuck. Fuck. Fuck. Fuck. Fuck. Fuck. Fuck. Fuck. Fuck.
Fuck. Fuck. Fuck. Fuck. Fuck. Fuck. Fuck. Fuck. Fuck. Fuck. Fuck.
Fuck. Fuck. Fuck. Fuck. Fuck. Fuck. Fuck. Fuck. Fuck. Fuck. Fuck.
Fuck. Fuck. Fuck. Fuck. Fuck. Fuck. Fuck. Fuck. Fuck. Fuck. Fuck.
Fuck. Fuck. Fuck. Fuck. Fuck. Fuck. Fuck. Fuck. Fuck. Fuck. Fuck.
Fuck. Fuck. Fuck. Fuck. Fuck. Fuck. Fuck. Fuck. Fuck. Fuck. Fuck.

Fuck. Fuck. Fuck. Fuck. Fuck. Fuck. Fuck. Fuck. Fuck. Fuck. Fuck.
Fuck. Fuck. Fuck. Fuck. Fuck. Fuck. Fuck. Fuck. Fuck. Fuck. Fuck.
Fuck. Fuck. Fuck. Fuck. Fuck. Fuck. Fuck. Fuck. Fuck. Fuck. Fuck.
Fuck. Fuck. Fuck. Fuck. Fuck. Fuck. Fuck. Fuck. Fuck. Fuck. Fuck.
Fuck. Fuck. Fuck. Fuck. Fuck. Fuck. Fuck. Fuck. Fuck. Fuck. Fuck.
Fuck. Fuck. Fuck. Fuck. Fuck. Fuck. Fuck. Fuck. Fuck. Fuck. Fuck.
Fuck. Fuck. Fuck. Fuck. Fuck. Fuck. Fuck. Fuck. Fuck. Fuck. Fuck.
Fuck. Fuck. Fuck. Fuck. Fuck. Fuck. Fuck. Fuck. Fuck. Fuck. Fuck.
Fuck. Fuck. Fuck. Fuck. Fuck. Fuck. Fuck. Fuck. Fuck. Fuck. Fuck.
Fuck. Fuck. Fuck. Fuck. Fuck. Fuck. Fuck. Fuck. Fuck. Fuck. Fuck.
Fuck. Fuck. Fuck. Fuck. Fuck. Fuck. Fuck. Fuck. Fuck. Fuck. Fuck.
Fuck. Fuck. Fuck. Fuck. Fuck. Fuck. Fuck. Fuck. Fuck. Fuck. Fuck.
Fuck. Fuck. Fuck. Fuck. Fuck. Fuck. Fuck. Fuck. Fuck. Fuck. Fuck.
Fuck. Fuck. Fuck. Fuck. Fuck. Fuck. Fuck. Fuck. Fuck. Fuck. Fuck.
Fuck. Fuck. Fuck. Fuck. Fuck. Fuck. Fuck. Fuck. Fuck. Fuck. Fuck.
Fuck. Fuck. Fuck. Fuck. Fuck. Fuck. Fuck. Fuck. Fuck. Fuck. Fuck.
Fuck. Fuck. Fuck. Fuck. Fuck. Fuck. Fuck. Fuck. Fuck. Fuck. Fuck.
Fuck. Fuck. Fuck. Fuck. Fuck. Fuck. Fuck. Fuck. Fuck. Fuck. Fuck.
Fuck. Fuck. Fuck. Fuck. Fuck. Fuck. Fuck. Fuck. Fuck. Fuck. Fuck.
Fuck. Fuck. Fuck. Fuck. Fuck. Fuck. Fuck. Fuck. Fuck. Fuck. Fuck.
Fuck. Fuck. Fuck. Fuck. Fuck. Fuck. Fuck. Fuck. Fuck. Fuck. Fuck.
Fuck. Fuck. Fuck. Fuck. Fuck. Fuck. Fuck. Fuck. Fuck. Fuck. Fuck.
Fuck. Fuck. Fuck. Fuck. Fuck. Fuck. Fuck. Fuck. Fuck. Fuck. Fuck.
Fuck. Fuck. Fuck. Fuck. Fuck. Fuck. Fuck. Fuck. Fuck. Fuck. Fuck.
Fuck. Fuck. Fuck. Fuck. Fuck. Fuck. Fuck. Fuck. Fuck. Fuck. Fuck.
Fuck. Fuck. Fuck. Fuck. Fuck. Fuck. Fuck. Fuck. Fuck. Fuck. Fuck.
Fuck. Fuck. Fuck. Fuck. Fuck. Fuck. Fuck. Fuck. Fuck. Fuck. Fuck.
Fuck. Fuck. Fuck. Fuck. Fuck. Fuck. Fuck. Fuck. Fuck. Fuck. Fuck.
Fuck. Fuck. Fuck. Fuck. Fuck. Fuck. Fuck. Fuck. Fuck. Fuck. Fuck.
Fuck. Fuck. Fuck. Fuck. Fuck. Fuck. Fuck. Fuck. Fuck. Fuck. Fuck.
Fuck. Fuck. Fuck. Fuck. Fuck. Fuck. Fuck. Fuck. Fuck. Fuck. Fuck.
Fuck. Fuck. Fuck. Fuck. Fuck. Fuck. Fuck. Fuck. Fuck. Fuck. Fuck.
Fuck. Fuck. Fuck. Fuck. Fuck. Fuck. Fuck. Fuck. Fuck. Fuck. Fuck.
Fuck. Fuck. Fuck. Fuck. Fuck. Fuck. Fuck. Fuck. Fuck. Fuck. Fuck.

Fuck. Fuck. Fuck. Fuck. Fuck. Fuck. Fuck. Fuck. Fuck. Fuck. Fuck.
Fuck. Fuck. Fuck. Fuck. Fuck. Fuck. Fuck. Fuck. Fuck. Fuck. Fuck.
Fuck. Fuck. Fuck. Fuck. Fuck. Fuck. Fuck. Fuck. Fuck. Fuck. Fuck.
Fuck. Fuck. Fuck. Fuck. Fuck. Fuck. Fuck. Fuck. Fuck. Fuck. Fuck.
Fuck. Fuck. Fuck. Fuck. Fuck. Fuck. Fuck. Fuck. Fuck. Fuck. Fuck.
Fuck. Fuck. Fuck. Fuck. Fuck. Fuck. Fuck. Fuck. Fuck. Fuck. Fuck.
Fuck. Fuck. Fuck. Fuck. Fuck. Fuck. Fuck. Fuck. Fuck. Fuck. Fuck.
Fuck. Fuck. Fuck. Fuck. Fuck. Fuck. Fuck. Fuck. Fuck. Fuck. Fuck.
Fuck. Fuck. Fuck. Fuck. Fuck. Fuck. Fuck. Fuck. Fuck. Fuck. Fuck.
Fuck. Fuck. Fuck. Fuck. Fuck. Fuck. Fuck. Fuck. Fuck. Fuck. Fuck.
Fuck. Fuck. Fuck. Fuck. Fuck. Fuck. Fuck. Fuck. Fuck. Fuck. Fuck.
Fuck. Fuck. Fuck. Fuck. Fuck. Fuck. Fuck. Fuck. Fuck. Fuck. Fuck.
Fuck. Fuck. Fuck. Fuck. Fuck. Fuck. Fuck. Fuck. Fuck. Fuck. Fuck.
Fuck. Fuck. Fuck. Fuck. Fuck. Fuck. Fuck. Fuck. Fuck. Fuck. Fuck.
Fuck. Fuck. Fuck. Fuck. Fuck. Fuck. Fuck. Fuck. Fuck. Fuck. Fuck.
Fuck. Fuck. Fuck. Fuck. Fuck. Fuck. Fuck. Fuck. Fuck. Fuck. Fuck.
Fuck. Fuck. Fuck. Fuck. Fuck. Fuck. Fuck. Fuck. Fuck. Fuck. Fuck.
Fuck. Fuck. Fuck. Fuck. Fuck. Fuck. Fuck. Fuck. Fuck. Fuck. Fuck.
Fuck. Fuck. Fuck. Fuck. Fuck. Fuck. Fuck. Fuck. Fuck. Fuck. Fuck.
Fuck. Fuck. Fuck. Fuck. Fuck. Fuck. Fuck. Fuck. Fuck. Fuck. Fuck.
Fuck. Fuck. Fuck. Fuck. Fuck. Fuck. Fuck. Fuck. Fuck. Fuck. Fuck.
Fuck. Fuck. Fuck. Fuck. Fuck. Fuck. Fuck. Fuck. Fuck. Fuck. Fuck.
Fuck. Fuck. Fuck. Fuck. Fuck. Fuck. Fuck. Fuck. Fuck. Fuck. Fuck.
Fuck. Fuck. Fuck. Fuck. Fuck. Fuck. Fuck. Fuck. Fuck. Fuck. Fuck.
Fuck. Fuck. Fuck. Fuck. Fuck. Fuck. Fuck. Fuck. Fuck. Fuck. Fuck.
Fuck. Fuck. Fuck. Fuck. Fuck. Fuck. Fuck. Fuck. Fuck. Fuck. Fuck.
Fuck. Fuck. Fuck. Fuck. Fuck. Fuck. Fuck. Fuck. Fuck. Fuck. Fuck.
Fuck. Fuck. Fuck. Fuck. Fuck. Fuck. Fuck. Fuck. Fuck. Fuck. Fuck.
Fuck. Fuck. Fuck. Fuck. Fuck. Fuck. Fuck. Fuck. Fuck. Fuck. Fuck.
Fuck. Fuck. Fuck. Fuck. Fuck. Fuck. Fuck. Fuck. Fuck. Fuck. Fuck.
Fuck. Fuck. Fuck. Fuck. Fuck. Fuck. Fuck. Fuck. Fuck. Fuck. Fuck.
Fuck. Fuck. Fuck. Fuck. Fuck. Fuck. Fuck. Fuck. Fuck. Fuck. Fuck.
Fuck. Fuck. Fuck. Fuck. Fuck. Fuck. Fuck. Fuck. Fuck. Fuck. Fuck.
Fuck. Fuck. Fuck. Fuck. Fuck. Fuck. Fuck. Fuck. Fuck. Fuck. Fuck.
Fuck. Fuck. Fuck. Fuck. Fuck. Fuck. Fuck. Fuck. Fuck. Fuck. Fuck.
Fuck. Fuck. Fuck. Fuck. Fuck. Fuck. Fuck. Fuck. Fuck. Fuck. Fuck.
Fuck. Fuck. Fuck. Fuck. Fuck. Fuck. Fuck. Fuck. Fuck. Fuck.
Fuck. Fuck. Fuck. Fuck. Fuck. Fuck. Fuck. Fuck. Fuck. Fuck.
Fuck. Fuck. Fuck. Fuck. Fuck. Fuck. Fuck. Fuck. Fuck. Fuck. Fuck.

Fuck. Fuck. Fuck. Fuck. Fuck. Fuck. Fuck. Fuck. Fuck. Fuck. Fuck.
Fuck. Fuck. Fuck. Fuck. Fuck. Fuck. Fuck. Fuck. Fuck. Fuck. Fuck.
Fuck. Fuck. Fuck. Fuck. Fuck. Fuck. Fuck. Fuck. Fuck. Fuck. Fuck.
Fuck. Fuck. Fuck. Fuck. Fuck. Fuck. Fuck. Fuck. Fuck. Fuck. Fuck.
Fuck. Fuck. Fuck. Fuck. Fuck. Fuck. Fuck. Fuck. Fuck. Fuck. Fuck.
Fuck. Fuck. Fuck. Fuck. Fuck. Fuck. Fuck. Fuck. Fuck. Fuck. Fuck.
Fuck. Fuck. Fuck. Fuck. Fuck. Fuck. Fuck. Fuck. Fuck. Fuck. Fuck.
Fuck. Fuck. Fuck. Fuck. Fuck. Fuck. Fuck. Fuck. Fuck. Fuck. Fuck.
Fuck. Fuck. Fuck. Fuck. Fuck. Fuck. Fuck. Fuck. Fuck. Fuck. Fuck.
Fuck. Fuck. Fuck. Fuck. Fuck. Fuck. Fuck. Fuck. Fuck. Fuck. Fuck.
Fuck. Fuck. Fuck. Fuck. Fuck. Fuck. Fuck. Fuck. Fuck. Fuck. Fuck.
Fuck. Fuck. Fuck. Fuck. Fuck. Fuck. Fuck. Fuck. Fuck. Fuck. Fuck.
Fuck. Fuck. Fuck. Fuck. Fuck. Fuck. Fuck. Fuck. Fuck. Fuck. Fuck.
Fuck. Fuck. Fuck. Fuck. Fuck. Fuck. Fuck. Fuck. Fuck. Fuck. Fuck.
Fuck. Fuck. Fuck. Fuck. Fuck. Fuck. Fuck. Fuck. Fuck. Fuck. Fuck.
Fuck. Fuck. Fuck. Fuck. Fuck. Fuck. Fuck. Fuck. Fuck. Fuck. Fuck.
Fuck. Fuck. Fuck. Fuck. Fuck. Fuck. Fuck. Fuck. Fuck. Fuck. Fuck.
Fuck. Fuck. Fuck. Fuck. Fuck. Fuck. Fuck. Fuck. Fuck. Fuck. Fuck.
Fuck. Fuck. Fuck. Fuck. Fuck. Fuck. Fuck. Fuck. Fuck. Fuck. Fuck.
Fuck. Fuck. Fuck. Fuck. Fuck. Fuck. Fuck. Fuck. Fuck. Fuck. Fuck.
Fuck. Fuck. Fuck. Fuck. Fuck. Fuck. Fuck. Fuck. Fuck. Fuck. Fuck.
Fuck. Fuck. Fuck. Fuck. Fuck. Fuck. Fuck. Fuck. Fuck. Fuck. Fuck.
Fuck. Fuck. Fuck. Fuck. Fuck. Fuck. Fuck. Fuck. Fuck. Fuck. Fuck.
Fuck. Fuck. Fuck. Fuck. Fuck. Fuck. Fuck. Fuck. Fuck. Fuck. Fuck.
Fuck. Fuck. Fuck. Fuck. Fuck. Fuck. Fuck. Fuck. Fuck. Fuck. Fuck.
Fuck. Fuck. Fuck. Fuck. Fuck. Fuck. Fuck. Fuck. Fuck. Fuck. Fuck.
Fuck. Fuck. Fuck. Fuck. Fuck. Fuck. Fuck. Fuck. Fuck. Fuck. Fuck.
Fuck. Fuck. Fuck. Fuck. Fuck. Fuck. Fuck. Fuck. Fuck. Fuck. Fuck.
Fuck. Fuck. Fuck. Fuck. Fuck. Fuck. Fuck. Fuck. Fuck. Fuck. Fuck.
Fuck. Fuck. Fuck. Fuck. Fuck. Fuck. Fuck. Fuck. Fuck. Fuck. Fuck.
Fuck. Fuck. Fuck. Fuck. Fuck. Fuck. Fuck. Fuck. Fuck. Fuck. Fuck.
Fuck. Fuck. Fuck. Fuck. Fuck. Fuck. Fuck. Fuck. Fuck. Fuck. Fuck.
Fuck. Fuck. Fuck. Fuck. Fuck. Fuck. Fuck. Fuck. Fuck. Fuck. Fuck.
Fuck. Fuck. Fuck. Fuck. Fuck. Fuck. Fuck. Fuck. Fuck. Fuck. Fuck.
Fuck. Fuck. Fuck. Fuck. Fuck. Fuck. Fuck. Fuck. Fuck. Fuck. Fuck.
Fuck. Fuck. Fuck. Fuck. Fuck. Fuck. Fuck. Fuck. Fuck. Fuck. Fuck.

Fuck. Fuck. Fuck. Fuck. Fuck. Fuck. Fuck. Fuck. Fuck. Fuck. Fuck.
Fuck. Fuck. Fuck. Fuck. Fuck. Fuck. Fuck. Fuck. Fuck. Fuck. Fuck.
Fuck. Fuck. Fuck. Fuck. Fuck. Fuck. Fuck. Fuck. Fuck. Fuck. Fuck.
Fuck. Fuck. Fuck. Fuck. Fuck. Fuck. Fuck. Fuck. Fuck. Fuck. Fuck.
Fuck. Fuck. Fuck. Fuck. Fuck. Fuck. Fuck. Fuck. Fuck. Fuck. Fuck.
Fuck. Fuck. Fuck. Fuck. Fuck. Fuck. Fuck. Fuck. Fuck. Fuck. Fuck.
Fuck. Fuck. Fuck. Fuck. Fuck. Fuck. Fuck. Fuck. Fuck. Fuck. Fuck.
Fuck. Fuck. Fuck. Fuck. Fuck. Fuck. Fuck. Fuck. Fuck. Fuck. Fuck.
Fuck. Fuck. Fuck. Fuck. Fuck. Fuck. Fuck. Fuck. Fuck. Fuck. Fuck.
Fuck. Fuck. Fuck. Fuck. Fuck. Fuck. Fuck. Fuck. Fuck. Fuck. Fuck.
Fuck. Fuck. Fuck. Fuck. Fuck. Fuck. Fuck. Fuck. Fuck. Fuck. Fuck.
Fuck. Fuck. Fuck. Fuck. Fuck. Fuck. Fuck. Fuck. Fuck. Fuck. Fuck.
Fuck. Fuck. Fuck. Fuck. Fuck. Fuck. Fuck. Fuck. Fuck. Fuck. Fuck.
Fuck. Fuck. Fuck. Fuck. Fuck. Fuck. Fuck. Fuck. Fuck. Fuck. Fuck.
Fuck. Fuck. Fuck. Fuck. Fuck. Fuck. Fuck. Fuck. Fuck. Fuck. Fuck.
Fuck. Fuck. Fuck. Fuck. Fuck. Fuck. Fuck. Fuck. Fuck. Fuck. Fuck.
Fuck. Fuck. Fuck. Fuck. Fuck. Fuck. Fuck. Fuck. Fuck. Fuck. Fuck.
Fuck. Fuck. Fuck. Fuck. Fuck. Fuck. Fuck. Fuck. Fuck. Fuck. Fuck.
Fuck. Fuck. Fuck. Fuck. Fuck. Fuck. Fuck. Fuck. Fuck. Fuck. Fuck.
Fuck. Fuck. Fuck. Fuck. Fuck. Fuck. Fuck. Fuck. Fuck. Fuck. Fuck.
Fuck. Fuck. Fuck. Fuck. Fuck. Fuck. Fuck. Fuck. Fuck. Fuck. Fuck.
Fuck. Fuck. Fuck. Fuck. Fuck. Fuck. Fuck. Fuck. Fuck. Fuck. Fuck.
Fuck. Fuck. Fuck. Fuck. Fuck. Fuck. Fuck. Fuck. Fuck. Fuck. Fuck.
Fuck. Fuck. Fuck. Fuck. Fuck. Fuck. Fuck. Fuck. Fuck. Fuck. Fuck.
Fuck. Fuck. Fuck. Fuck. Fuck. Fuck. Fuck. Fuck. Fuck. Fuck. Fuck.
Fuck. Fuck. Fuck. Fuck. Fuck. Fuck. Fuck. Fuck. Fuck. Fuck. Fuck.
Fuck. Fuck. Fuck. Fuck. Fuck. Fuck. Fuck. Fuck. Fuck. Fuck. Fuck.
Fuck. Fuck. Fuck. Fuck. Fuck. Fuck. Fuck. Fuck. Fuck. Fuck. Fuck.
Fuck. Fuck. Fuck. Fuck. Fuck. Fuck. Fuck. Fuck. Fuck. Fuck. Fuck.
Fuck. Fuck. Fuck. Fuck. Fuck. Fuck. Fuck. Fuck. Fuck. Fuck. Fuck.
Fuck. Fuck. Fuck. Fuck. Fuck. Fuck. Fuck. Fuck. Fuck. Fuck. Fuck.
Fuck. Fuck. Fuck. Fuck. Fuck. Fuck. Fuck. Fuck. Fuck. Fuck. Fuck.
Fuck. Fuck. Fuck. Fuck. Fuck. Fuck. Fuck. Fuck. Fuck. Fuck. Fuck.
Fuck. Fuck. Fuck. Fuck. Fuck. Fuck. Fuck. Fuck. Fuck. Fuck. Fuck.
Fuck. Fuck. Fuck. Fuck. Fuck. Fuck. Fuck. Fuck. Fuck. Fuck. Fuck.
Fuck. Fuck. Fuck. Fuck. Fuck. Fuck. Fuck. Fuck. Fuck. Fuck. Fuck.
Fuck. Fuck. Fuck. Fuck. Fuck. Fuck. Fuck. Fuck. Fuck. Fuck. Fuck.
Fuck. Fuck. Fuck. Fuck. Fuck. Fuck. Fuck. Fuck. Fuck. Fuck. Fuck.
Fuck. Fuck. Fuck. Fuck. Fuck. Fuck. Fuck. Fuck. Fuck. Fuck. Fuck.
Fuck. Fuck. Fuck. Fuck. Fuck. Fuck. Fuck. Fuck. Fuck. Fuck. Fuck.

Fuck. Fuck. Fuck. Fuck. Fuck. Fuck. Fuck. Fuck. Fuck. Fuck. Fuck.
Fuck. Fuck. Fuck. Fuck. Fuck. Fuck. Fuck. Fuck. Fuck. Fuck. Fuck.
Fuck. Fuck. Fuck. Fuck. Fuck. Fuck. Fuck. Fuck. Fuck. Fuck. Fuck.
Fuck. Fuck. Fuck. Fuck. Fuck. Fuck. Fuck. Fuck. Fuck. Fuck. Fuck.
Fuck. Fuck. Fuck. Fuck. Fuck. Fuck. Fuck. Fuck. Fuck. Fuck. Fuck.
Fuck. Fuck. Fuck. Fuck. Fuck. Fuck. Fuck. Fuck. Fuck. Fuck. Fuck.
Fuck. Fuck. Fuck. Fuck. Fuck. Fuck. Fuck. Fuck. Fuck. Fuck. Fuck.
Fuck. Fuck. Fuck. Fuck. Fuck. Fuck. Fuck. Fuck. Fuck. Fuck. Fuck.
Fuck. Fuck. Fuck. Fuck. Fuck. Fuck. Fuck. Fuck. Fuck. Fuck. Fuck.
Fuck. Fuck. Fuck. Fuck. Fuck. Fuck. Fuck. Fuck. Fuck. Fuck. Fuck.
Fuck. Fuck. Fuck. Fuck. Fuck. Fuck. Fuck. Fuck. Fuck. Fuck. Fuck.
Fuck. Fuck. Fuck. Fuck. Fuck. Fuck. Fuck. Fuck. Fuck. Fuck. Fuck.
Fuck. Fuck. Fuck. Fuck. Fuck. Fuck. Fuck. Fuck. Fuck. Fuck. Fuck.
Fuck. Fuck. Fuck. Fuck. Fuck. Fuck. Fuck. Fuck. Fuck. Fuck. Fuck.
Fuck. Fuck. Fuck. Fuck. Fuck. Fuck. Fuck. Fuck. Fuck. Fuck. Fuck.
Fuck. Fuck. Fuck. Fuck. Fuck. Fuck. Fuck. Fuck. Fuck. Fuck. Fuck.
Fuck. Fuck. Fuck. Fuck. Fuck. Fuck. Fuck. Fuck. Fuck. Fuck. Fuck.
Fuck. Fuck. Fuck. Fuck. Fuck. Fuck. Fuck. Fuck. Fuck. Fuck. Fuck.
Fuck. Fuck. Fuck. Fuck. Fuck. Fuck. Fuck. Fuck. Fuck. Fuck. Fuck.
Fuck. Fuck. Fuck. Fuck. Fuck. Fuck. Fuck. Fuck. Fuck. Fuck. Fuck.
Fuck. Fuck. Fuck. Fuck. Fuck. Fuck. Fuck. Fuck. Fuck. Fuck. Fuck.
Fuck. Fuck. Fuck. Fuck. Fuck. Fuck. Fuck. Fuck. Fuck. Fuck. Fuck.
Fuck. Fuck. Fuck. Fuck. Fuck. Fuck. Fuck. Fuck. Fuck. Fuck. Fuck.
Fuck. Fuck. Fuck. Fuck. Fuck. Fuck. Fuck. Fuck. Fuck. Fuck. Fuck.
Fuck. Fuck. Fuck. Fuck. Fuck. Fuck. Fuck. Fuck. Fuck. Fuck. Fuck.
Fuck. Fuck. Fuck. Fuck. Fuck. Fuck. Fuck. Fuck. Fuck. Fuck. Fuck.
Fuck. Fuck. Fuck. Fuck. Fuck. Fuck. Fuck. Fuck. Fuck. Fuck. Fuck.
Fuck. Fuck. Fuck. Fuck. Fuck. Fuck. Fuck. Fuck. Fuck. Fuck. Fuck.
Fuck. Fuck. Fuck. Fuck. Fuck. Fuck. Fuck. Fuck. Fuck. Fuck. Fuck.
Fuck. Fuck. Fuck. Fuck. Fuck. Fuck. Fuck. Fuck. Fuck. Fuck. Fuck.
Fuck. Fuck. Fuck. Fuck. Fuck. Fuck. Fuck. Fuck. Fuck. Fuck. Fuck.
Fuck. Fuck. Fuck. Fuck. Fuck. Fuck. Fuck. Fuck. Fuck. Fuck. Fuck.
Fuck. Fuck. Fuck. Fuck. Fuck. Fuck. Fuck. Fuck. Fuck. Fuck. Fuck.
Fuck. Fuck. Fuck. Fuck. Fuck. Fuck. Fuck. Fuck. Fuck. Fuck. Fuck.
Fuck. Fuck. Fuck. Fuck. Fuck. Fuck. Fuck. Fuck. Fuck. Fuck. Fuck.
Fuck. Fuck. Fuck. Fuck. Fuck. Fuck. Fuck. Fuck. Fuck. Fuck. Fuck.

Fuck. Fuck. Fuck. Fuck. Fuck. Fuck. Fuck. Fuck. Fuck. Fuck. Fuck.
Fuck. Fuck. Fuck. Fuck. Fuck. Fuck. Fuck. Fuck. Fuck. Fuck. Fuck.
Fuck. Fuck. Fuck. Fuck. Fuck. Fuck. Fuck. Fuck. Fuck. Fuck. Fuck.
Fuck. Fuck. Fuck. Fuck. Fuck. Fuck. Fuck. Fuck. Fuck. Fuck. Fuck.
Fuck. Fuck. Fuck. Fuck. Fuck. Fuck. Fuck. Fuck. Fuck. Fuck. Fuck.
Fuck. Fuck. Fuck. Fuck. Fuck. Fuck. Fuck. Fuck. Fuck. Fuck.
Fuck. Fuck. Fuck. Fuck. Fuck. Fuck. Fuck. Fuck. Fuck. Fuck.
Fuck. Fuck. Fuck. Fuck. Fuck. Fuck. Fuck. Fuck. Fuck. Fuck.
Fuck. Fuck. Fuck. Fuck. Fuck. Fuck. Fuck. Fuck. Fuck. Fuck.
Fuck. Fuck. Fuck. Fuck. Fuck. Fuck. Fuck. Fuck. Fuck. Fuck.
Fuck. Fuck. Fuck. Fuck. Fuck. Fuck. Fuck. Fuck. Fuck. Fuck.
Fuck. Fuck. Fuck. Fuck. Fuck. Fuck. Fuck. Fuck. Fuck. Fuck.
Fuck. Fuck. Fuck. Fuck. Fuck. Fuck. Fuck. Fuck. Fuck. Fuck.
Fuck. Fuck. Fuck. Fuck. Fuck. Fuck. Fuck. Fuck. Fuck. Fuck.
Fuck. Fuck. Fuck. Fuck. Fuck. Fuck. Fuck. Fuck. Fuck. Fuck.
Fuck. Fuck. Fuck. Fuck. Fuck. Fuck. Fuck. Fuck. Fuck. Fuck.
Fuck. Fuck. Fuck. Fuck. Fuck. Fuck. Fuck. Fuck. Fuck. Fuck.
Fuck. Fuck. Fuck. Fuck. Fuck. Fuck. Fuck. Fuck. Fuck. Fuck.
Fuck. Fuck. Fuck. Fuck. Fuck. Fuck. Fuck. Fuck. Fuck. Fuck.
Fuck. Fuck. Fuck. Fuck. Fuck. Fuck. Fuck. Fuck. Fuck. Fuck.
Fuck. Fuck. Fuck. Fuck. Fuck. Fuck. Fuck. Fuck. Fuck. Fuck.
Fuck. Fuck. Fuck. Fuck. Fuck. Fuck. Fuck. Fuck. Fuck. Fuck.
Fuck. Fuck. Fuck. Fuck. Fuck. Fuck. Fuck. Fuck. Fuck. Fuck.
Fuck. Fuck. Fuck. Fuck. Fuck. Fuck. Fuck. Fuck. Fuck. Fuck.
Fuck. Fuck. Fuck. Fuck. Fuck. Fuck. Fuck. Fuck. Fuck. Fuck.
Fuck. Fuck. Fuck. Fuck. Fuck. Fuck. Fuck. Fuck. Fuck. Fuck.
Fuck. Fuck. Fuck. Fuck. Fuck. Fuck. Fuck. Fuck. Fuck. Fuck.
Fuck. Fuck. Fuck. Fuck. Fuck. Fuck. Fuck. Fuck. Fuck. Fuck.
Fuck. Fuck. Fuck. Fuck. Fuck. Fuck. Fuck. Fuck. Fuck. Fuck.
Fuck. Fuck. Fuck. Fuck. Fuck. Fuck. Fuck. Fuck. Fuck. Fuck.
Fuck. Fuck. Fuck. Fuck. Fuck. Fuck. Fuck. Fuck. Fuck. Fuck.
Fuck. Fuck. Fuck. Fuck. Fuck. Fuck. Fuck. Fuck. Fuck. Fuck.
Fuck. Fuck. Fuck. Fuck. Fuck. Fuck. Fuck. Fuck. Fuck. Fuck.
Fuck. Fuck. Fuck. Fuck. Fuck. Fuck. Fuck. Fuck. Fuck. Fuck.
Fuck. Fuck. Fuck. Fuck. Fuck. Fuck. Fuck. Fuck. Fuck. Fuck.
Fuck. Fuck. Fuck. Fuck. Fuck. Fuck. Fuck. Fuck. Fuck. Fuck.
Fuck. Fuck. Fuck. Fuck. Fuck. Fuck. Fuck. Fuck. Fuck. Fuck.

Fuck. Fuck. Fuck. Fuck. Fuck. Fuck. Fuck. Fuck. Fuck. Fuck. Fuck.
Fuck. Fuck. Fuck. Fuck. Fuck. Fuck. Fuck. Fuck. Fuck. Fuck. Fuck.
Fuck. Fuck. Fuck. Fuck. Fuck. Fuck. Fuck. Fuck. Fuck. Fuck. Fuck.
Fuck. Fuck. Fuck. Fuck. Fuck. Fuck. Fuck. Fuck. Fuck. Fuck. Fuck.
Fuck. Fuck. Fuck. Fuck. Fuck. Fuck. Fuck. Fuck. Fuck. Fuck. Fuck.
Fuck. Fuck. Fuck. Fuck. Fuck. Fuck. Fuck. Fuck. Fuck. Fuck. Fuck.
Fuck. Fuck. Fuck. Fuck. Fuck. Fuck. Fuck. Fuck. Fuck. Fuck. Fuck.
Fuck. Fuck. Fuck. Fuck. Fuck. Fuck. Fuck. Fuck. Fuck. Fuck. Fuck.
Fuck. Fuck. Fuck. Fuck. Fuck. Fuck. Fuck. Fuck. Fuck. Fuck. Fuck.
Fuck. Fuck. Fuck. Fuck. Fuck. Fuck. Fuck. Fuck. Fuck. Fuck. Fuck.
Fuck. Fuck. Fuck. Fuck. Fuck. Fuck. Fuck. Fuck. Fuck. Fuck. Fuck.
Fuck. Fuck. Fuck. Fuck. Fuck. Fuck. Fuck. Fuck. Fuck. Fuck. Fuck.
Fuck. Fuck. Fuck. Fuck. Fuck. Fuck. Fuck. Fuck. Fuck. Fuck. Fuck.
Fuck. Fuck. Fuck. Fuck. Fuck. Fuck. Fuck. Fuck. Fuck. Fuck. Fuck.
Fuck. Fuck. Fuck. Fuck. Fuck. Fuck. Fuck. Fuck. Fuck. Fuck. Fuck.
Fuck. Fuck. Fuck. Fuck. Fuck. Fuck. Fuck. Fuck. Fuck. Fuck. Fuck.
Fuck. Fuck. Fuck. Fuck. Fuck. Fuck. Fuck. Fuck. Fuck. Fuck. Fuck.
Fuck. Fuck. Fuck. Fuck. Fuck. Fuck. Fuck. Fuck. Fuck. Fuck. Fuck.
Fuck. Fuck. Fuck. Fuck. Fuck. Fuck. Fuck. Fuck. Fuck. Fuck. Fuck.
Fuck. Fuck. Fuck. Fuck. Fuck. Fuck. Fuck. Fuck. Fuck. Fuck. Fuck.
Fuck. Fuck. Fuck. Fuck. Fuck. Fuck. Fuck. Fuck. Fuck. Fuck. Fuck.
Fuck. Fuck. Fuck. Fuck. Fuck. Fuck. Fuck. Fuck. Fuck. Fuck. Fuck.
Fuck. Fuck. Fuck. Fuck. Fuck. Fuck. Fuck. Fuck. Fuck. Fuck. Fuck.
Fuck. Fuck. Fuck. Fuck. Fuck. Fuck. Fuck. Fuck. Fuck. Fuck. Fuck.
Fuck. Fuck. Fuck. Fuck. Fuck. Fuck. Fuck. Fuck. Fuck. Fuck. Fuck.
Fuck. Fuck. Fuck. Fuck. Fuck. Fuck. Fuck. Fuck. Fuck. Fuck. Fuck.
Fuck. Fuck. Fuck. Fuck. Fuck. Fuck. Fuck. Fuck. Fuck. Fuck. Fuck.
Fuck. Fuck. Fuck. Fuck. Fuck. Fuck. Fuck. Fuck. Fuck. Fuck. Fuck.
Fuck. Fuck. Fuck. Fuck. Fuck. Fuck. Fuck. Fuck. Fuck. Fuck. Fuck.
Fuck. Fuck. Fuck. Fuck. Fuck. Fuck. Fuck. Fuck. Fuck. Fuck. Fuck.
Fuck. Fuck. Fuck. Fuck. Fuck. Fuck. Fuck. Fuck. Fuck. Fuck. Fuck.
Fuck. Fuck. Fuck. Fuck. Fuck. Fuck. Fuck. Fuck. Fuck. Fuck. Fuck.
Fuck. Fuck. Fuck. Fuck. Fuck. Fuck. Fuck. Fuck. Fuck. Fuck. Fuck.
Fuck. Fuck. Fuck. Fuck. Fuck. Fuck. Fuck. Fuck. Fuck. Fuck. Fuck.
Fuck. Fuck. Fuck. Fuck. Fuck. Fuck. Fuck. Fuck. Fuck. Fuck. Fuck.

Fuck. Fuck. Fuck. Fuck. Fuck. Fuck. Fuck. Fuck. Fuck. Fuck. Fuck.
Fuck. Fuck. Fuck. Fuck. Fuck. Fuck. Fuck. Fuck. Fuck. Fuck. Fuck.
Fuck. Fuck. Fuck. Fuck. Fuck. Fuck. Fuck. Fuck. Fuck. Fuck. Fuck.
Fuck. Fuck. Fuck. Fuck. Fuck. Fuck. Fuck. Fuck. Fuck. Fuck. Fuck.
Fuck. Fuck. Fuck. Fuck. Fuck. Fuck. Fuck. Fuck. Fuck. Fuck. Fuck.
Fuck. Fuck. Fuck. Fuck. Fuck. Fuck. Fuck. Fuck. Fuck. Fuck. Fuck.
Fuck. Fuck. Fuck. Fuck. Fuck. Fuck. Fuck. Fuck. Fuck. Fuck. Fuck.
Fuck. Fuck. Fuck. Fuck. Fuck. Fuck. Fuck. Fuck. Fuck. Fuck. Fuck.
Fuck. Fuck. Fuck. Fuck. Fuck. Fuck. Fuck. Fuck. Fuck. Fuck. Fuck.
Fuck. Fuck. Fuck. Fuck. Fuck. Fuck. Fuck. Fuck. Fuck. Fuck. Fuck.
Fuck. Fuck. Fuck. Fuck. Fuck. Fuck. Fuck. Fuck. Fuck. Fuck. Fuck.
Fuck. Fuck. Fuck. Fuck. Fuck. Fuck. Fuck. Fuck. Fuck. Fuck. Fuck.
Fuck. Fuck. Fuck. Fuck. Fuck. Fuck. Fuck. Fuck. Fuck. Fuck. Fuck.
Fuck. Fuck. Fuck. Fuck. Fuck. Fuck. Fuck. Fuck. Fuck. Fuck. Fuck.
Fuck. Fuck. Fuck. Fuck. Fuck. Fuck. Fuck. Fuck. Fuck. Fuck. Fuck.
Fuck. Fuck. Fuck. Fuck. Fuck. Fuck. Fuck. Fuck. Fuck. Fuck. Fuck.
Fuck. Fuck. Fuck. Fuck. Fuck. Fuck. Fuck. Fuck. Fuck. Fuck. Fuck.
Fuck. Fuck. Fuck. Fuck. Fuck. Fuck. Fuck. Fuck. Fuck. Fuck. Fuck.
Fuck. Fuck. Fuck. Fuck. Fuck. Fuck. Fuck. Fuck. Fuck. Fuck. Fuck.
Fuck. Fuck. Fuck. Fuck. Fuck. Fuck. Fuck. Fuck. Fuck. Fuck. Fuck.
Fuck. Fuck. Fuck. Fuck. Fuck. Fuck. Fuck. Fuck. Fuck. Fuck. Fuck.
Fuck. Fuck. Fuck. Fuck. Fuck. Fuck. Fuck. Fuck. Fuck. Fuck. Fuck.
Fuck. Fuck. Fuck. Fuck. Fuck. Fuck. Fuck. Fuck. Fuck. Fuck. Fuck.
Fuck. Fuck. Fuck. Fuck. Fuck. Fuck. Fuck. Fuck. Fuck. Fuck. Fuck.
Fuck. Fuck. Fuck. Fuck. Fuck. Fuck. Fuck. Fuck. Fuck. Fuck. Fuck.
Fuck. Fuck. Fuck. Fuck. Fuck. Fuck. Fuck. Fuck. Fuck. Fuck. Fuck.
Fuck. Fuck. Fuck. Fuck. Fuck. Fuck. Fuck. Fuck. Fuck. Fuck. Fuck.
Fuck. Fuck. Fuck. Fuck. Fuck. Fuck. Fuck. Fuck. Fuck. Fuck. Fuck.
Fuck. Fuck. Fuck. Fuck. Fuck. Fuck. Fuck. Fuck. Fuck. Fuck. Fuck.
Fuck. Fuck. Fuck. Fuck. Fuck. Fuck. Fuck. Fuck. Fuck. Fuck. Fuck.
Fuck. Fuck. Fuck. Fuck. Fuck. Fuck. Fuck. Fuck. Fuck. Fuck. Fuck.
Fuck. Fuck. Fuck. Fuck. Fuck. Fuck. Fuck. Fuck. Fuck. Fuck. Fuck.
Fuck. Fuck. Fuck. Fuck. Fuck. Fuck. Fuck. Fuck. Fuck. Fuck. Fuck.
Fuck. Fuck. Fuck. Fuck. Fuck. Fuck. Fuck. Fuck. Fuck. Fuck. Fuck.
Fuck. Fuck. Fuck. Fuck. Fuck. Fuck. Fuck. Fuck. Fuck. Fuck. Fuck.
Fuck. Fuck. Fuck. Fuck. Fuck. Fuck. Fuck. Fuck. Fuck. Fuck. Fuck.

Fuck. Fuck. Fuck. Fuck. Fuck. Fuck. Fuck. Fuck. Fuck. Fuck. Fuck.
Fuck. Fuck. Fuck. Fuck. Fuck. Fuck. Fuck. Fuck. Fuck. Fuck. Fuck.
Fuck. Fuck. Fuck. Fuck. Fuck. Fuck. Fuck. Fuck. Fuck. Fuck. Fuck.
Fuck. Fuck. Fuck. Fuck. Fuck. Fuck. Fuck. Fuck. Fuck. Fuck. Fuck.
Fuck. Fuck. Fuck. Fuck. Fuck. Fuck. Fuck. Fuck. Fuck. Fuck. Fuck.
Fuck. Fuck. Fuck. Fuck. Fuck. Fuck. Fuck. Fuck. Fuck. Fuck. Fuck.
Fuck. Fuck. Fuck. Fuck. Fuck. Fuck. Fuck. Fuck. Fuck. Fuck. Fuck.
Fuck. Fuck. Fuck. Fuck. Fuck. Fuck. Fuck. Fuck. Fuck. Fuck. Fuck.
Fuck. Fuck. Fuck. Fuck. Fuck. Fuck. Fuck. Fuck. Fuck. Fuck. Fuck.
Fuck. Fuck. Fuck. Fuck. Fuck. Fuck. Fuck. Fuck. Fuck. Fuck. Fuck.
Fuck. Fuck. Fuck. Fuck. Fuck. Fuck. Fuck. Fuck. Fuck. Fuck. Fuck.
Fuck. Fuck. Fuck. Fuck. Fuck. Fuck. Fuck. Fuck. Fuck. Fuck. Fuck.
Fuck. Fuck. Fuck. Fuck. Fuck. Fuck. Fuck. Fuck. Fuck. Fuck. Fuck.
Fuck. Fuck. Fuck. Fuck. Fuck. Fuck. Fuck. Fuck. Fuck. Fuck. Fuck.
Fuck. Fuck. Fuck. Fuck. Fuck. Fuck. Fuck. Fuck. Fuck. Fuck. Fuck.
Fuck. Fuck. Fuck. Fuck. Fuck. Fuck. Fuck. Fuck. Fuck. Fuck. Fuck.
Fuck. Fuck. Fuck. Fuck. Fuck. Fuck. Fuck. Fuck. Fuck. Fuck. Fuck.
Fuck. Fuck. Fuck. Fuck. Fuck. Fuck. Fuck. Fuck. Fuck. Fuck. Fuck.
Fuck. Fuck. Fuck. Fuck. Fuck. Fuck. Fuck. Fuck. Fuck. Fuck. Fuck.
Fuck. Fuck. Fuck. Fuck. Fuck. Fuck. Fuck. Fuck. Fuck. Fuck. Fuck.
Fuck. Fuck. Fuck. Fuck. Fuck. Fuck. Fuck. Fuck. Fuck. Fuck. Fuck.
Fuck. Fuck. Fuck. Fuck. Fuck. Fuck. Fuck. Fuck. Fuck. Fuck. Fuck.
Fuck. Fuck. Fuck. Fuck. Fuck. Fuck. Fuck. Fuck. Fuck. Fuck. Fuck.
Fuck. Fuck. Fuck. Fuck. Fuck. Fuck. Fuck. Fuck. Fuck. Fuck. Fuck.
Fuck. Fuck. Fuck. Fuck. Fuck. Fuck. Fuck. Fuck. Fuck. Fuck. Fuck.
Fuck. Fuck. Fuck. Fuck. Fuck. Fuck. Fuck. Fuck. Fuck. Fuck. Fuck.
Fuck. Fuck. Fuck. Fuck. Fuck. Fuck. Fuck. Fuck. Fuck. Fuck. Fuck.
Fuck. Fuck. Fuck. Fuck. Fuck. Fuck. Fuck. Fuck. Fuck. Fuck. Fuck.
Fuck. Fuck. Fuck. Fuck. Fuck. Fuck. Fuck. Fuck. Fuck. Fuck. Fuck.
Fuck. Fuck. Fuck. Fuck. Fuck. Fuck. Fuck. Fuck. Fuck. Fuck. Fuck.
Fuck. Fuck. Fuck. Fuck. Fuck. Fuck. Fuck. Fuck. Fuck. Fuck. Fuck.
Fuck. Fuck. Fuck. Fuck. Fuck. Fuck. Fuck. Fuck. Fuck. Fuck. Fuck.
Fuck. Fuck. Fuck. Fuck. Fuck. Fuck. Fuck. Fuck. Fuck. Fuck. Fuck.
Fuck. Fuck. Fuck. Fuck. Fuck. Fuck. Fuck. Fuck. Fuck. Fuck. Fuck.
Fuck. Fuck. Fuck. Fuck. Fuck. Fuck. Fuck. Fuck. Fuck. Fuck. Fuck.
Fuck. Fuck. Fuck. Fuck. Fuck. Fuck. Fuck. Fuck. Fuck. Fuck. Fuck.

Fuck. Fuck. Fuck. Fuck. Fuck. Fuck. Fuck. Fuck. Fuck. Fuck. Fuck.
Fuck. Fuck. Fuck. Fuck. Fuck. Fuck. Fuck. Fuck. Fuck. Fuck. Fuck.
Fuck. Fuck. Fuck. Fuck. Fuck. Fuck. Fuck. Fuck. Fuck. Fuck. Fuck.
Fuck. Fuck. Fuck. Fuck. Fuck. Fuck. Fuck. Fuck. Fuck. Fuck. Fuck.
Fuck. Fuck. Fuck. Fuck. Fuck. Fuck. Fuck. Fuck. Fuck. Fuck. Fuck.
Fuck. Fuck. Fuck. Fuck. Fuck. Fuck. Fuck. Fuck. Fuck. Fuck. Fuck.
Fuck. Fuck. Fuck. Fuck. Fuck. Fuck. Fuck. Fuck. Fuck. Fuck. Fuck.
Fuck. Fuck. Fuck. Fuck. Fuck. Fuck. Fuck. Fuck. Fuck. Fuck. Fuck.
Fuck. Fuck. Fuck. Fuck. Fuck. Fuck. Fuck. Fuck. Fuck. Fuck. Fuck.
Fuck. Fuck. Fuck. Fuck. Fuck. Fuck. Fuck. Fuck. Fuck. Fuck. Fuck.
Fuck. Fuck. Fuck. Fuck. Fuck. Fuck. Fuck. Fuck. Fuck. Fuck. Fuck.
Fuck. Fuck. Fuck. Fuck. Fuck. Fuck. Fuck. Fuck. Fuck. Fuck. Fuck.
Fuck. Fuck. Fuck. Fuck. Fuck. Fuck. Fuck. Fuck. Fuck. Fuck. Fuck.
Fuck. Fuck. Fuck. Fuck. Fuck. Fuck. Fuck. Fuck. Fuck. Fuck. Fuck.
Fuck. Fuck. Fuck. Fuck. Fuck. Fuck. Fuck. Fuck. Fuck. Fuck. Fuck.
Fuck. Fuck. Fuck. Fuck. Fuck. Fuck. Fuck. Fuck. Fuck. Fuck. Fuck.
Fuck. Fuck. Fuck. Fuck. Fuck. Fuck. Fuck. Fuck. Fuck. Fuck. Fuck.
Fuck. Fuck. Fuck. Fuck. Fuck. Fuck. Fuck. Fuck. Fuck. Fuck. Fuck.
Fuck. Fuck. Fuck. Fuck. Fuck. Fuck. Fuck. Fuck. Fuck. Fuck. Fuck.
Fuck. Fuck. Fuck. Fuck. Fuck. Fuck. Fuck. Fuck. Fuck. Fuck. Fuck.
Fuck. Fuck. Fuck. Fuck. Fuck. Fuck. Fuck. Fuck. Fuck. Fuck. Fuck.
Fuck. Fuck. Fuck. Fuck. Fuck. Fuck. Fuck. Fuck. Fuck. Fuck. Fuck.
Fuck. Fuck. Fuck. Fuck. Fuck. Fuck. Fuck. Fuck. Fuck. Fuck. Fuck.
Fuck. Fuck. Fuck. Fuck. Fuck. Fuck. Fuck. Fuck. Fuck. Fuck. Fuck.
Fuck. Fuck. Fuck. Fuck. Fuck. Fuck. Fuck. Fuck. Fuck. Fuck. Fuck.
Fuck. Fuck. Fuck. Fuck. Fuck. Fuck. Fuck. Fuck. Fuck. Fuck. Fuck.
Fuck. Fuck. Fuck. Fuck. Fuck. Fuck. Fuck. Fuck. Fuck. Fuck. Fuck.
Fuck. Fuck. Fuck. Fuck. Fuck. Fuck. Fuck. Fuck. Fuck. Fuck. Fuck.
Fuck. Fuck. Fuck. Fuck. Fuck. Fuck. Fuck. Fuck. Fuck. Fuck. Fuck.
Fuck. Fuck. Fuck. Fuck. Fuck. Fuck. Fuck. Fuck. Fuck. Fuck. Fuck.
Fuck. Fuck. Fuck. Fuck. Fuck. Fuck. Fuck. Fuck. Fuck. Fuck. Fuck.
Fuck. Fuck. Fuck. Fuck. Fuck. Fuck. Fuck. Fuck. Fuck. Fuck. Fuck.
Fuck. Fuck. Fuck. Fuck. Fuck. Fuck. Fuck. Fuck. Fuck. Fuck. Fuck.
Fuck. Fuck. Fuck. Fuck. Fuck. Fuck. Fuck. Fuck. Fuck. Fuck. Fuck.
Fuck. Fuck. Fuck. Fuck. Fuck. Fuck. Fuck. Fuck. Fuck. Fuck. Fuck.
Fuck. Fuck. Fuck. Fuck. Fuck. Fuck. Fuck. Fuck. Fuck. Fuck. Fuck.
Fuck. Fuck. Fuck. Fuck. Fuck. Fuck. Fuck. Fuck. Fuck. Fuck. Fuck.
Fuck. Fuck. Fuck. Fuck. Fuck. Fuck. Fuck. Fuck. Fuck. Fuck. Fuck.

Fuck. Fuck. Fuck. Fuck. Fuck. Fuck. Fuck. Fuck. Fuck. Fuck. Fuck.
Fuck. Fuck. Fuck. Fuck. Fuck. Fuck. Fuck. Fuck. Fuck. Fuck. Fuck.
Fuck. Fuck. Fuck. Fuck. Fuck. Fuck. Fuck. Fuck. Fuck. Fuck. Fuck.
Fuck. Fuck. Fuck. Fuck. Fuck. Fuck. Fuck. Fuck. Fuck. Fuck. Fuck.
Fuck. Fuck. Fuck. Fuck. Fuck. Fuck. Fuck. Fuck. Fuck. Fuck. Fuck.
Fuck. Fuck. Fuck. Fuck. Fuck. Fuck. Fuck. Fuck. Fuck. Fuck. Fuck.
Fuck. Fuck. Fuck. Fuck. Fuck. Fuck. Fuck. Fuck. Fuck. Fuck. Fuck.
Fuck. Fuck. Fuck. Fuck. Fuck. Fuck. Fuck. Fuck. Fuck. Fuck. Fuck.
Fuck. Fuck. Fuck. Fuck. Fuck. Fuck. Fuck. Fuck. Fuck. Fuck. Fuck.
Fuck. Fuck. Fuck. Fuck. Fuck. Fuck. Fuck. Fuck. Fuck. Fuck. Fuck.
Fuck. Fuck. Fuck. Fuck. Fuck. Fuck. Fuck. Fuck. Fuck. Fuck. Fuck.
Fuck. Fuck. Fuck. Fuck. Fuck. Fuck. Fuck. Fuck. Fuck. Fuck. Fuck.
Fuck. Fuck. Fuck. Fuck. Fuck. Fuck. Fuck. Fuck. Fuck. Fuck. Fuck.
Fuck. Fuck. Fuck. Fuck. Fuck. Fuck. Fuck. Fuck. Fuck. Fuck. Fuck.
Fuck. Fuck. Fuck. Fuck. Fuck. Fuck. Fuck. Fuck. Fuck. Fuck. Fuck.
Fuck. Fuck. Fuck. Fuck. Fuck. Fuck. Fuck. Fuck. Fuck. Fuck. Fuck.
Fuck. Fuck. Fuck. Fuck. Fuck. Fuck. Fuck. Fuck. Fuck. Fuck. Fuck.
Fuck. Fuck. Fuck. Fuck. Fuck. Fuck. Fuck. Fuck. Fuck. Fuck. Fuck.
Fuck. Fuck. Fuck. Fuck. Fuck. Fuck. Fuck. Fuck. Fuck. Fuck. Fuck.
Fuck. Fuck. Fuck. Fuck. Fuck. Fuck. Fuck. Fuck. Fuck. Fuck. Fuck.
Fuck. Fuck. Fuck. Fuck. Fuck. Fuck. Fuck. Fuck. Fuck. Fuck. Fuck.
Fuck. Fuck. Fuck. Fuck. Fuck. Fuck. Fuck. Fuck. Fuck. Fuck. Fuck.
Fuck. Fuck. Fuck. Fuck. Fuck. Fuck. Fuck. Fuck. Fuck. Fuck. Fuck.
Fuck. Fuck. Fuck. Fuck. Fuck. Fuck. Fuck. Fuck. Fuck. Fuck. Fuck.
Fuck. Fuck. Fuck. Fuck. Fuck. Fuck. Fuck. Fuck. Fuck. Fuck. Fuck.
Fuck. Fuck. Fuck. Fuck. Fuck. Fuck. Fuck. Fuck. Fuck. Fuck. Fuck.
Fuck. Fuck. Fuck. Fuck. Fuck. Fuck. Fuck. Fuck. Fuck. Fuck. Fuck.
Fuck. Fuck. Fuck. Fuck. Fuck. Fuck. Fuck. Fuck. Fuck. Fuck. Fuck.
Fuck. Fuck. Fuck. Fuck. Fuck. Fuck. Fuck. Fuck. Fuck. Fuck. Fuck.
Fuck. Fuck. Fuck. Fuck. Fuck. Fuck. Fuck. Fuck. Fuck. Fuck. Fuck.
Fuck. Fuck. Fuck. Fuck. Fuck. Fuck. Fuck. Fuck. Fuck. Fuck. Fuck.
Fuck. Fuck. Fuck. Fuck. Fuck. Fuck. Fuck. Fuck. Fuck. Fuck. Fuck.
Fuck. Fuck. Fuck. Fuck. Fuck. Fuck. Fuck. Fuck. Fuck. Fuck. Fuck.
Fuck. Fuck. Fuck. Fuck. Fuck. Fuck. Fuck. Fuck. Fuck. Fuck. Fuck.
Fuck. Fuck. Fuck. Fuck. Fuck. Fuck. Fuck. Fuck. Fuck. Fuck. Fuck.
Fuck. Fuck. Fuck. Fuck. Fuck. Fuck. Fuck. Fuck. Fuck. Fuck. Fuck.

Fuck. Fuck. Fuck. Fuck. Fuck. Fuck. Fuck. Fuck. Fuck. Fuck. Fuck.
Fuck. Fuck. Fuck. Fuck. Fuck. Fuck. Fuck. Fuck. Fuck. Fuck. Fuck.
Fuck. Fuck. Fuck. Fuck. Fuck. Fuck. Fuck. Fuck. Fuck. Fuck. Fuck.
Fuck. Fuck. Fuck. Fuck. Fuck. Fuck. Fuck. Fuck. Fuck. Fuck. Fuck.
Fuck. Fuck. Fuck. Fuck. Fuck. Fuck. Fuck. Fuck. Fuck. Fuck. Fuck.
Fuck. Fuck. Fuck. Fuck. Fuck. Fuck. Fuck. Fuck. Fuck. Fuck. Fuck.
Fuck. Fuck. Fuck. Fuck. Fuck. Fuck. Fuck. Fuck. Fuck. Fuck. Fuck.
Fuck. Fuck. Fuck. Fuck. Fuck. Fuck. Fuck. Fuck. Fuck. Fuck. Fuck.
Fuck. Fuck. Fuck. Fuck. Fuck. Fuck. Fuck. Fuck. Fuck. Fuck. Fuck.
Fuck. Fuck. Fuck. Fuck. Fuck. Fuck. Fuck. Fuck. Fuck. Fuck. Fuck.
Fuck. Fuck. Fuck. Fuck. Fuck. Fuck. Fuck. Fuck. Fuck. Fuck. Fuck.
Fuck. Fuck. Fuck. Fuck. Fuck. Fuck. Fuck. Fuck. Fuck. Fuck. Fuck.
Fuck. Fuck. Fuck. Fuck. Fuck. Fuck. Fuck. Fuck. Fuck. Fuck. Fuck.
Fuck. Fuck. Fuck. Fuck. Fuck. Fuck. Fuck. Fuck. Fuck. Fuck. Fuck.
Fuck. Fuck. Fuck. Fuck. Fuck. Fuck. Fuck. Fuck. Fuck. Fuck. Fuck.
Fuck. Fuck. Fuck. Fuck. Fuck. Fuck. Fuck. Fuck. Fuck. Fuck. Fuck.
Fuck. Fuck. Fuck. Fuck. Fuck. Fuck. Fuck. Fuck. Fuck. Fuck. Fuck.
Fuck. Fuck. Fuck. Fuck. Fuck. Fuck. Fuck. Fuck. Fuck. Fuck. Fuck.
Fuck. Fuck. Fuck. Fuck. Fuck. Fuck. Fuck. Fuck. Fuck. Fuck. Fuck.
Fuck. Fuck. Fuck. Fuck. Fuck. Fuck. Fuck. Fuck. Fuck. Fuck. Fuck.
Fuck. Fuck. Fuck. Fuck. Fuck. Fuck. Fuck. Fuck. Fuck. Fuck. Fuck.
Fuck. Fuck. Fuck. Fuck. Fuck. Fuck. Fuck. Fuck. Fuck. Fuck. Fuck.
Fuck. Fuck. Fuck. Fuck. Fuck. Fuck. Fuck. Fuck. Fuck. Fuck. Fuck.
Fuck. Fuck. Fuck. Fuck. Fuck. Fuck. Fuck. Fuck. Fuck. Fuck. Fuck.
Fuck. Fuck. Fuck. Fuck. Fuck. Fuck. Fuck. Fuck. Fuck. Fuck. Fuck.
Fuck. Fuck. Fuck. Fuck. Fuck. Fuck. Fuck. Fuck. Fuck. Fuck. Fuck.
Fuck. Fuck. Fuck. Fuck. Fuck. Fuck. Fuck. Fuck. Fuck. Fuck. Fuck.
Fuck. Fuck. Fuck. Fuck. Fuck. Fuck. Fuck. Fuck. Fuck. Fuck. Fuck.
Fuck. Fuck. Fuck. Fuck. Fuck. Fuck. Fuck. Fuck. Fuck. Fuck. Fuck.
Fuck. Fuck. Fuck. Fuck. Fuck. Fuck. Fuck. Fuck. Fuck. Fuck. Fuck.
Fuck. Fuck. Fuck. Fuck. Fuck. Fuck. Fuck. Fuck. Fuck. Fuck. Fuck.
Fuck. Fuck. Fuck. Fuck. Fuck. Fuck. Fuck. Fuck. Fuck. Fuck. Fuck.
Fuck. Fuck. Fuck. Fuck. Fuck. Fuck. Fuck. Fuck. Fuck. Fuck. Fuck.
Fuck. Fuck. Fuck. Fuck. Fuck. Fuck. Fuck. Fuck. Fuck. Fuck. Fuck.
Fuck. Fuck. Fuck. Fuck. Fuck. Fuck. Fuck. Fuck. Fuck. Fuck. Fuck.
Fuck. Fuck. Fuck. Fuck. Fuck. Fuck. Fuck. Fuck. Fuck. Fuck. Fuck.
Fuck. Fuck. Fuck. Fuck. Fuck. Fuck. Fuck. Fuck. Fuck. Fuck. Fuck.

Fuck. Fuck. Fuck. Fuck. Fuck. Fuck. Fuck. Fuck. Fuck. Fuck. Fuck.
Fuck. Fuck. Fuck. Fuck. Fuck. Fuck. Fuck. Fuck. Fuck. Fuck. Fuck.
Fuck. Fuck. Fuck. Fuck. Fuck. Fuck. Fuck. Fuck. Fuck. Fuck. Fuck.
Fuck. Fuck. Fuck. Fuck. Fuck. Fuck. Fuck. Fuck. Fuck. Fuck. Fuck.
Fuck. Fuck. Fuck. Fuck. Fuck. Fuck. Fuck. Fuck. Fuck. Fuck. Fuck.
Fuck. Fuck. Fuck. Fuck. Fuck. Fuck. Fuck. Fuck. Fuck. Fuck. Fuck.
Fuck. Fuck. Fuck. Fuck. Fuck. Fuck. Fuck. Fuck. Fuck. Fuck. Fuck.
Fuck. Fuck. Fuck. Fuck. Fuck. Fuck. Fuck. Fuck. Fuck. Fuck. Fuck.
Fuck. Fuck. Fuck. Fuck. Fuck. Fuck. Fuck. Fuck. Fuck. Fuck. Fuck.
Fuck. Fuck. Fuck. Fuck. Fuck. Fuck. Fuck. Fuck. Fuck. Fuck. Fuck.
Fuck. Fuck. Fuck. Fuck. Fuck. Fuck. Fuck. Fuck. Fuck. Fuck. Fuck.
Fuck. Fuck. Fuck. Fuck. Fuck. Fuck. Fuck. Fuck. Fuck. Fuck. Fuck.
Fuck. Fuck. Fuck. Fuck. Fuck. Fuck. Fuck. Fuck. Fuck. Fuck. Fuck.
Fuck. Fuck. Fuck. Fuck. Fuck. Fuck. Fuck. Fuck. Fuck. Fuck. Fuck.
Fuck. Fuck. Fuck. Fuck. Fuck. Fuck. Fuck. Fuck. Fuck. Fuck. Fuck.
Fuck. Fuck. Fuck. Fuck. Fuck. Fuck. Fuck. Fuck. Fuck. Fuck. Fuck.
Fuck. Fuck. Fuck. Fuck. Fuck. Fuck. Fuck. Fuck. Fuck. Fuck. Fuck.
Fuck. Fuck. Fuck. Fuck. Fuck. Fuck. Fuck. Fuck. Fuck. Fuck. Fuck.
Fuck. Fuck. Fuck. Fuck. Fuck. Fuck. Fuck. Fuck. Fuck. Fuck. Fuck.
Fuck. Fuck. Fuck. Fuck. Fuck. Fuck. Fuck. Fuck. Fuck. Fuck. Fuck.
Fuck. Fuck. Fuck. Fuck. Fuck. Fuck. Fuck. Fuck. Fuck. Fuck. Fuck.
Fuck. Fuck. Fuck. Fuck. Fuck. Fuck. Fuck. Fuck. Fuck. Fuck. Fuck.
Fuck. Fuck. Fuck. Fuck. Fuck. Fuck. Fuck. Fuck. Fuck. Fuck. Fuck.
Fuck. Fuck. Fuck. Fuck. Fuck. Fuck. Fuck. Fuck. Fuck. Fuck. Fuck.
Fuck. Fuck. Fuck. Fuck. Fuck. Fuck. Fuck. Fuck. Fuck. Fuck. Fuck.
Fuck. Fuck. Fuck. Fuck. Fuck. Fuck. Fuck. Fuck. Fuck. Fuck. Fuck.
Fuck. Fuck. Fuck. Fuck. Fuck. Fuck. Fuck. Fuck. Fuck. Fuck. Fuck.
Fuck. Fuck. Fuck. Fuck. Fuck. Fuck. Fuck. Fuck. Fuck. Fuck. Fuck.
Fuck. Fuck. Fuck. Fuck. Fuck. Fuck. Fuck. Fuck. Fuck. Fuck. Fuck.
Fuck. Fuck. Fuck. Fuck. Fuck. Fuck. Fuck. Fuck. Fuck. Fuck. Fuck.
Fuck. Fuck. Fuck. Fuck. Fuck. Fuck. Fuck. Fuck. Fuck. Fuck. Fuck.
Fuck. Fuck. Fuck. Fuck. Fuck. Fuck. Fuck. Fuck. Fuck. Fuck. Fuck.
Fuck. Fuck. Fuck. Fuck. Fuck. Fuck. Fuck. Fuck. Fuck. Fuck. Fuck.
Fuck. Fuck. Fuck. Fuck. Fuck. Fuck. Fuck. Fuck. Fuck. Fuck. Fuck.
Fuck. Fuck. Fuck. Fuck. Fuck. Fuck. Fuck. Fuck. Fuck. Fuck. Fuck.
Fuck. Fuck. Fuck. Fuck. Fuck. Fuck. Fuck. Fuck. Fuck. Fuck. Fuck.
Fuck. Fuck. Fuck. Fuck. Fuck. Fuck. Fuck. Fuck. Fuck. Fuck. Fuck.
Fuck. Fuck. Fuck. Fuck. Fuck. Fuck. Fuck. Fuck. Fuck. Fuck. Fuck.

Fuck. Fuck. Fuck. Fuck. Fuck. Fuck. Fuck. Fuck. Fuck. Fuck. Fuck.
Fuck. Fuck. Fuck. Fuck. Fuck. Fuck. Fuck. Fuck. Fuck. Fuck. Fuck.
Fuck. Fuck. Fuck. Fuck. Fuck. Fuck. Fuck. Fuck. Fuck. Fuck. Fuck.
Fuck. Fuck. Fuck. Fuck. Fuck. Fuck. Fuck. Fuck. Fuck. Fuck. Fuck.
Fuck. Fuck. Fuck. Fuck. Fuck. Fuck. Fuck. Fuck. Fuck. Fuck. Fuck.
Fuck. Fuck. Fuck. Fuck. Fuck. Fuck. Fuck. Fuck. Fuck. Fuck. Fuck.
Fuck. Fuck. Fuck. Fuck. Fuck. Fuck. Fuck. Fuck. Fuck. Fuck. Fuck.
Fuck. Fuck. Fuck. Fuck. Fuck. Fuck. Fuck. Fuck. Fuck. Fuck. Fuck.
Fuck. Fuck. Fuck. Fuck. Fuck. Fuck. Fuck. Fuck. Fuck. Fuck. Fuck.
Fuck. Fuck. Fuck. Fuck. Fuck. Fuck. Fuck. Fuck. Fuck. Fuck. Fuck.
Fuck. Fuck. Fuck. Fuck. Fuck. Fuck. Fuck. Fuck. Fuck. Fuck. Fuck.
Fuck. Fuck. Fuck. Fuck. Fuck. Fuck. Fuck. Fuck. Fuck. Fuck. Fuck.
Fuck. Fuck. Fuck. Fuck. Fuck. Fuck. Fuck. Fuck. Fuck. Fuck. Fuck.
Fuck. Fuck. Fuck. Fuck. Fuck. Fuck. Fuck. Fuck. Fuck. Fuck. Fuck.
Fuck. Fuck. Fuck. Fuck. Fuck. Fuck. Fuck. Fuck. Fuck. Fuck. Fuck.
Fuck. Fuck. Fuck. Fuck. Fuck. Fuck. Fuck. Fuck. Fuck. Fuck. Fuck.
Fuck. Fuck. Fuck. Fuck. Fuck. Fuck. Fuck. Fuck. Fuck. Fuck. Fuck.
Fuck. Fuck. Fuck. Fuck. Fuck. Fuck. Fuck. Fuck. Fuck. Fuck. Fuck.
Fuck. Fuck. Fuck. Fuck. Fuck. Fuck. Fuck. Fuck. Fuck. Fuck. Fuck.
Fuck. Fuck. Fuck. Fuck. Fuck. Fuck. Fuck. Fuck. Fuck. Fuck. Fuck.
Fuck. Fuck. Fuck. Fuck. Fuck. Fuck. Fuck. Fuck. Fuck. Fuck. Fuck.
Fuck. Fuck. Fuck. Fuck. Fuck. Fuck. Fuck. Fuck. Fuck. Fuck. Fuck.
Fuck. Fuck. Fuck. Fuck. Fuck. Fuck. Fuck. Fuck. Fuck. Fuck. Fuck.
Fuck. Fuck. Fuck. Fuck. Fuck. Fuck. Fuck. Fuck. Fuck. Fuck. Fuck.
Fuck. Fuck. Fuck. Fuck. Fuck. Fuck. Fuck. Fuck. Fuck. Fuck. Fuck.
Fuck. Fuck. Fuck. Fuck. Fuck. Fuck. Fuck. Fuck. Fuck. Fuck. Fuck.
Fuck. Fuck. Fuck. Fuck. Fuck. Fuck. Fuck. Fuck. Fuck. Fuck. Fuck.
Fuck. Fuck. Fuck. Fuck. Fuck. Fuck. Fuck. Fuck. Fuck. Fuck. Fuck.
Fuck. Fuck. Fuck. Fuck. Fuck. Fuck. Fuck. Fuck. Fuck. Fuck. Fuck.
Fuck. Fuck. Fuck. Fuck. Fuck. Fuck. Fuck. Fuck. Fuck. Fuck. Fuck.
Fuck. Fuck. Fuck. Fuck. Fuck. Fuck. Fuck. Fuck. Fuck. Fuck. Fuck.
Fuck. Fuck. Fuck. Fuck. Fuck. Fuck. Fuck. Fuck. Fuck. Fuck. Fuck.
Fuck. Fuck. Fuck. Fuck. Fuck. Fuck. Fuck. Fuck. Fuck. Fuck. Fuck.
Fuck. Fuck. Fuck. Fuck. Fuck. Fuck. Fuck. Fuck. Fuck. Fuck. Fuck.
Fuck. Fuck. Fuck. Fuck. Fuck. Fuck. Fuck. Fuck. Fuck. Fuck. Fuck.
Fuck. Fuck. Fuck. Fuck. Fuck. Fuck. Fuck. Fuck. Fuck. Fuck. Fuck.
Fuck. Fuck. Fuck. Fuck. Fuck. Fuck. Fuck. Fuck. Fuck. Fuck. Fuck.

Fuck. Fuck. Fuck. Fuck. Fuck. Fuck. Fuck. Fuck. Fuck. Fuck. Fuck.
Fuck. Fuck. Fuck. Fuck. Fuck. Fuck. Fuck. Fuck. Fuck. Fuck. Fuck.
Fuck. Fuck. Fuck. Fuck. Fuck. Fuck. Fuck. Fuck. Fuck. Fuck. Fuck.
Fuck. Fuck. Fuck. Fuck. Fuck. Fuck. Fuck. Fuck. Fuck. Fuck. Fuck.
Fuck. Fuck. Fuck. Fuck. Fuck. Fuck. Fuck. Fuck. Fuck. Fuck. Fuck.
Fuck. Fuck. Fuck. Fuck. Fuck. Fuck. Fuck. Fuck. Fuck. Fuck. Fuck.
Fuck. Fuck. Fuck. Fuck. Fuck. Fuck. Fuck. Fuck. Fuck. Fuck. Fuck.
Fuck. Fuck. Fuck. Fuck. Fuck. Fuck. Fuck. Fuck. Fuck. Fuck. Fuck.
Fuck. Fuck. Fuck. Fuck. Fuck. Fuck. Fuck. Fuck. Fuck. Fuck. Fuck.
Fuck. Fuck. Fuck. Fuck. Fuck. Fuck. Fuck. Fuck. Fuck. Fuck. Fuck.
Fuck. Fuck. Fuck. Fuck. Fuck. Fuck. Fuck. Fuck. Fuck. Fuck. Fuck.
Fuck. Fuck. Fuck. Fuck. Fuck. Fuck. Fuck. Fuck. Fuck. Fuck. Fuck.
Fuck. Fuck. Fuck. Fuck. Fuck. Fuck. Fuck. Fuck. Fuck. Fuck. Fuck.
Fuck. Fuck. Fuck. Fuck. Fuck. Fuck. Fuck. Fuck. Fuck. Fuck. Fuck.
Fuck. Fuck. Fuck. Fuck. Fuck. Fuck. Fuck. Fuck. Fuck. Fuck. Fuck.
Fuck. Fuck. Fuck. Fuck. Fuck. Fuck. Fuck. Fuck. Fuck. Fuck. Fuck.
Fuck. Fuck. Fuck. Fuck. Fuck. Fuck. Fuck. Fuck. Fuck. Fuck. Fuck.
Fuck. Fuck. Fuck. Fuck. Fuck. Fuck. Fuck. Fuck. Fuck. Fuck. Fuck.
Fuck. Fuck. Fuck. Fuck. Fuck. Fuck. Fuck. Fuck. Fuck. Fuck. Fuck.
Fuck. Fuck. Fuck. Fuck. Fuck. Fuck. Fuck. Fuck. Fuck. Fuck. Fuck.
Fuck. Fuck. Fuck. Fuck. Fuck. Fuck. Fuck. Fuck. Fuck. Fuck. Fuck.
Fuck. Fuck. Fuck. Fuck. Fuck. Fuck. Fuck. Fuck. Fuck. Fuck. Fuck.
Fuck. Fuck. Fuck. Fuck. Fuck. Fuck. Fuck. Fuck. Fuck. Fuck. Fuck.
Fuck. Fuck. Fuck. Fuck. Fuck. Fuck. Fuck. Fuck. Fuck. Fuck. Fuck.
Fuck. Fuck. Fuck. Fuck. Fuck. Fuck. Fuck. Fuck. Fuck. Fuck. Fuck.
Fuck. Fuck. Fuck. Fuck. Fuck. Fuck. Fuck. Fuck. Fuck. Fuck. Fuck.
Fuck. Fuck. Fuck. Fuck. Fuck. Fuck. Fuck. Fuck. Fuck. Fuck. Fuck.
Fuck. Fuck. Fuck. Fuck. Fuck. Fuck. Fuck. Fuck. Fuck. Fuck. Fuck.
Fuck. Fuck. Fuck. Fuck. Fuck. Fuck. Fuck. Fuck. Fuck. Fuck. Fuck.
Fuck. Fuck. Fuck. Fuck. Fuck. Fuck. Fuck. Fuck. Fuck. Fuck. Fuck.
Fuck. Fuck. Fuck. Fuck. Fuck. Fuck. Fuck. Fuck. Fuck. Fuck. Fuck.
Fuck. Fuck. Fuck. Fuck. Fuck. Fuck. Fuck. Fuck. Fuck. Fuck. Fuck.
Fuck. Fuck. Fuck. Fuck. Fuck. Fuck. Fuck. Fuck. Fuck. Fuck. Fuck.
Fuck. Fuck. Fuck. Fuck. Fuck. Fuck. Fuck. Fuck. Fuck. Fuck. Fuck.
Fuck. Fuck. Fuck. Fuck. Fuck. Fuck. Fuck. Fuck. Fuck. Fuck. Fuck.
Fuck. Fuck. Fuck. Fuck. Fuck. Fuck. Fuck. Fuck. Fuck. Fuck. Fuck.
Fuck. Fuck. Fuck. Fuck. Fuck. Fuck. Fuck. Fuck. Fuck. Fuck. Fuck.
Fuck. Fuck. Fuck. Fuck. Fuck. Fuck. Fuck. Fuck. Fuck. Fuck. Fuck.
Fuck. Fuck. Fuck. Fuck. Fuck. Fuck. Fuck. Fuck. Fuck. Fuck. Fuck.

Fuck. Fuck. Fuck. Fuck. Fuck. Fuck. Fuck. Fuck. Fuck. Fuck. Fuck.
Fuck. Fuck. Fuck. Fuck. Fuck. Fuck. Fuck. Fuck. Fuck. Fuck. Fuck.
Fuck. Fuck. Fuck. Fuck. Fuck. Fuck. Fuck. Fuck. Fuck. Fuck. Fuck.
Fuck. Fuck. Fuck. Fuck. Fuck. Fuck. Fuck. Fuck. Fuck. Fuck. Fuck.
Fuck. Fuck. Fuck. Fuck. Fuck. Fuck. Fuck. Fuck. Fuck. Fuck. Fuck.
Fuck. Fuck. Fuck. Fuck. Fuck. Fuck. Fuck. Fuck. Fuck. Fuck. Fuck.
Fuck. Fuck. Fuck. Fuck. Fuck. Fuck. Fuck. Fuck. Fuck. Fuck. Fuck.
Fuck. Fuck. Fuck. Fuck. Fuck. Fuck. Fuck. Fuck. Fuck. Fuck. Fuck.
Fuck. Fuck. Fuck. Fuck. Fuck. Fuck. Fuck. Fuck. Fuck. Fuck. Fuck.
Fuck. Fuck. Fuck. Fuck. Fuck. Fuck. Fuck. Fuck. Fuck. Fuck. Fuck.
Fuck. Fuck. Fuck. Fuck. Fuck. Fuck. Fuck. Fuck. Fuck. Fuck. Fuck.
Fuck. Fuck. Fuck. Fuck. Fuck. Fuck. Fuck. Fuck. Fuck. Fuck. Fuck.
Fuck. Fuck. Fuck. Fuck. Fuck. Fuck. Fuck. Fuck. Fuck. Fuck. Fuck.
Fuck. Fuck. Fuck. Fuck. Fuck. Fuck. Fuck. Fuck. Fuck. Fuck. Fuck.
Fuck. Fuck. Fuck. Fuck. Fuck. Fuck. Fuck. Fuck. Fuck. Fuck. Fuck.
Fuck. Fuck. Fuck. Fuck. Fuck. Fuck. Fuck. Fuck. Fuck. Fuck. Fuck.
Fuck. Fuck. Fuck. Fuck. Fuck. Fuck. Fuck. Fuck. Fuck. Fuck. Fuck.
Fuck. Fuck. Fuck. Fuck. Fuck. Fuck. Fuck. Fuck. Fuck. Fuck. Fuck.
Fuck. Fuck. Fuck. Fuck. Fuck. Fuck. Fuck. Fuck. Fuck. Fuck. Fuck.
Fuck. Fuck. Fuck. Fuck. Fuck. Fuck. Fuck. Fuck. Fuck. Fuck. Fuck.
Fuck. Fuck. Fuck. Fuck. Fuck. Fuck. Fuck. Fuck. Fuck. Fuck. Fuck.
Fuck. Fuck. Fuck. Fuck. Fuck. Fuck. Fuck. Fuck. Fuck. Fuck. Fuck.
Fuck. Fuck. Fuck. Fuck. Fuck. Fuck. Fuck. Fuck. Fuck. Fuck. Fuck.
Fuck. Fuck. Fuck. Fuck. Fuck. Fuck. Fuck. Fuck. Fuck. Fuck. Fuck.
Fuck. Fuck. Fuck. Fuck. Fuck. Fuck. Fuck. Fuck. Fuck. Fuck. Fuck.
Fuck. Fuck. Fuck. Fuck. Fuck. Fuck. Fuck. Fuck. Fuck. Fuck. Fuck.
Fuck. Fuck. Fuck. Fuck. Fuck. Fuck. Fuck. Fuck. Fuck. Fuck. Fuck.
Fuck. Fuck. Fuck. Fuck. Fuck. Fuck. Fuck. Fuck. Fuck. Fuck. Fuck.
Fuck. Fuck. Fuck. Fuck. Fuck. Fuck. Fuck. Fuck. Fuck. Fuck. Fuck.
Fuck. Fuck. Fuck. Fuck. Fuck. Fuck. Fuck. Fuck. Fuck. Fuck. Fuck.
Fuck. Fuck. Fuck. Fuck. Fuck. Fuck. Fuck. Fuck. Fuck. Fuck. Fuck.
Fuck. Fuck. Fuck. Fuck. Fuck. Fuck. Fuck. Fuck. Fuck. Fuck. Fuck.
Fuck. Fuck. Fuck. Fuck. Fuck. Fuck. Fuck. Fuck. Fuck. Fuck. Fuck.
Fuck. Fuck. Fuck. Fuck. Fuck. Fuck. Fuck. Fuck. Fuck. Fuck. Fuck.
Fuck. Fuck. Fuck. Fuck. Fuck. Fuck. Fuck. Fuck. Fuck. Fuck. Fuck.
Fuck. Fuck. Fuck. Fuck. Fuck. Fuck. Fuck. Fuck. Fuck. Fuck. Fuck.
Fuck. Fuck. Fuck. Fuck. Fuck. Fuck. Fuck. Fuck. Fuck. Fuck. Fuck.

Fuck. Fuck. Fuck. Fuck. Fuck. Fuck. Fuck. Fuck. Fuck. Fuck. Fuck.
Fuck. Fuck. Fuck. Fuck. Fuck. Fuck. Fuck. Fuck. Fuck. Fuck. Fuck.
Fuck. Fuck. Fuck. Fuck. Fuck. Fuck. Fuck. Fuck. Fuck. Fuck. Fuck.
Fuck. Fuck. Fuck. Fuck. Fuck. Fuck. Fuck. Fuck. Fuck. Fuck. Fuck.
Fuck. Fuck. Fuck. Fuck. Fuck. Fuck. Fuck. Fuck. Fuck. Fuck. Fuck.
Fuck. Fuck. Fuck. Fuck. Fuck. Fuck. Fuck. Fuck. Fuck. Fuck. Fuck.
Fuck. Fuck. Fuck. Fuck. Fuck. Fuck. Fuck. Fuck. Fuck. Fuck. Fuck.
Fuck. Fuck. Fuck. Fuck. Fuck. Fuck. Fuck. Fuck. Fuck. Fuck. Fuck.
Fuck. Fuck. Fuck. Fuck. Fuck. Fuck. Fuck. Fuck. Fuck. Fuck. Fuck.
Fuck. Fuck. Fuck. Fuck. Fuck. Fuck. Fuck. Fuck. Fuck. Fuck. Fuck.
Fuck. Fuck. Fuck. Fuck. Fuck. Fuck. Fuck. Fuck. Fuck. Fuck. Fuck.
Fuck. Fuck. Fuck. Fuck. Fuck. Fuck. Fuck. Fuck. Fuck. Fuck. Fuck.
Fuck. Fuck. Fuck. Fuck. Fuck. Fuck. Fuck. Fuck. Fuck. Fuck. Fuck.
Fuck. Fuck. Fuck. Fuck. Fuck. Fuck. Fuck. Fuck. Fuck. Fuck. Fuck.
Fuck. Fuck. Fuck. Fuck. Fuck. Fuck. Fuck. Fuck. Fuck. Fuck. Fuck.
Fuck. Fuck. Fuck. Fuck. Fuck. Fuck. Fuck. Fuck. Fuck. Fuck. Fuck.
Fuck. Fuck. Fuck. Fuck. Fuck. Fuck. Fuck. Fuck. Fuck. Fuck. Fuck.
Fuck. Fuck. Fuck. Fuck. Fuck. Fuck. Fuck. Fuck. Fuck. Fuck. Fuck.
Fuck. Fuck. Fuck. Fuck. Fuck. Fuck. Fuck. Fuck. Fuck. Fuck. Fuck.
Fuck. Fuck. Fuck. Fuck. Fuck. Fuck. Fuck. Fuck. Fuck. Fuck. Fuck.
Fuck. Fuck. Fuck. Fuck. Fuck. Fuck. Fuck. Fuck. Fuck. Fuck. Fuck.
Fuck. Fuck. Fuck. Fuck. Fuck. Fuck. Fuck. Fuck. Fuck. Fuck. Fuck.
Fuck. Fuck. Fuck. Fuck. Fuck. Fuck. Fuck. Fuck. Fuck. Fuck. Fuck.
Fuck. Fuck. Fuck. Fuck. Fuck. Fuck. Fuck. Fuck. Fuck. Fuck. Fuck.
Fuck. Fuck. Fuck. Fuck. Fuck. Fuck. Fuck. Fuck. Fuck. Fuck. Fuck.
Fuck. Fuck. Fuck. Fuck. Fuck. Fuck. Fuck. Fuck. Fuck. Fuck. Fuck.
Fuck. Fuck. Fuck. Fuck. Fuck. Fuck. Fuck. Fuck. Fuck. Fuck. Fuck.
Fuck. Fuck. Fuck. Fuck. Fuck. Fuck. Fuck. Fuck. Fuck. Fuck. Fuck.
Fuck. Fuck. Fuck. Fuck. Fuck. Fuck. Fuck. Fuck. Fuck. Fuck. Fuck.
Fuck. Fuck. Fuck. Fuck. Fuck. Fuck. Fuck. Fuck. Fuck. Fuck. Fuck.
Fuck. Fuck. Fuck. Fuck. Fuck. Fuck. Fuck. Fuck. Fuck. Fuck. Fuck.
Fuck. Fuck. Fuck. Fuck. Fuck. Fuck. Fuck. Fuck. Fuck. Fuck. Fuck.
Fuck. Fuck. Fuck. Fuck. Fuck. Fuck. Fuck. Fuck. Fuck. Fuck. Fuck.
Fuck. Fuck. Fuck. Fuck. Fuck. Fuck. Fuck. Fuck. Fuck. Fuck. Fuck.
Fuck. Fuck. Fuck. Fuck. Fuck. Fuck. Fuck. Fuck. Fuck. Fuck. Fuck.
Fuck. Fuck. Fuck. Fuck. Fuck. Fuck. Fuck. Fuck. Fuck. Fuck. Fuck.
Fuck. Fuck. Fuck. Fuck. Fuck. Fuck. Fuck. Fuck. Fuck. Fuck. Fuck.

Fuck. Fuck. Fuck. Fuck. Fuck. Fuck. Fuck. Fuck. Fuck. Fuck. Fuck.
Fuck. Fuck. Fuck. Fuck. Fuck. Fuck. Fuck. Fuck. Fuck. Fuck. Fuck.
Fuck. Fuck. Fuck. Fuck. Fuck. Fuck. Fuck. Fuck. Fuck. Fuck. Fuck.
Fuck. Fuck. Fuck. Fuck. Fuck. Fuck. Fuck. Fuck. Fuck. Fuck. Fuck.
Fuck. Fuck. Fuck. Fuck. Fuck. Fuck. Fuck. Fuck. Fuck. Fuck. Fuck.
Fuck. Fuck. Fuck. Fuck. Fuck. Fuck. Fuck. Fuck. Fuck. Fuck. Fuck.
Fuck. Fuck. Fuck. Fuck. Fuck. Fuck. Fuck. Fuck. Fuck. Fuck. Fuck.
Fuck. Fuck. Fuck. Fuck. Fuck. Fuck. Fuck. Fuck. Fuck. Fuck. Fuck.
Fuck. Fuck. Fuck. Fuck. Fuck. Fuck. Fuck. Fuck. Fuck. Fuck. Fuck.
Fuck. Fuck. Fuck. Fuck. Fuck. Fuck. Fuck. Fuck. Fuck. Fuck. Fuck.
Fuck. Fuck. Fuck. Fuck. Fuck. Fuck. Fuck. Fuck. Fuck. Fuck. Fuck.
Fuck. Fuck. Fuck. Fuck. Fuck. Fuck. Fuck. Fuck. Fuck. Fuck. Fuck.
Fuck. Fuck. Fuck. Fuck. Fuck. Fuck. Fuck. Fuck. Fuck. Fuck. Fuck.
Fuck. Fuck. Fuck. Fuck. Fuck. Fuck. Fuck. Fuck. Fuck. Fuck. Fuck.
Fuck. Fuck. Fuck. Fuck. Fuck. Fuck. Fuck. Fuck. Fuck. Fuck. Fuck.
Fuck. Fuck. Fuck. Fuck. Fuck. Fuck. Fuck. Fuck. Fuck. Fuck. Fuck.
Fuck. Fuck. Fuck. Fuck. Fuck. Fuck. Fuck. Fuck. Fuck. Fuck. Fuck.
Fuck. Fuck. Fuck. Fuck. Fuck. Fuck. Fuck. Fuck. Fuck. Fuck. Fuck.
Fuck. Fuck. Fuck. Fuck. Fuck. Fuck. Fuck. Fuck. Fuck. Fuck. Fuck.
Fuck. Fuck. Fuck. Fuck. Fuck. Fuck. Fuck. Fuck. Fuck. Fuck. Fuck.
Fuck. Fuck. Fuck. Fuck. Fuck. Fuck. Fuck. Fuck. Fuck. Fuck. Fuck.
Fuck. Fuck. Fuck. Fuck. Fuck. Fuck. Fuck. Fuck. Fuck. Fuck. Fuck.
Fuck. Fuck. Fuck. Fuck. Fuck. Fuck. Fuck. Fuck. Fuck. Fuck. Fuck.
Fuck. Fuck. Fuck. Fuck. Fuck. Fuck. Fuck. Fuck. Fuck. Fuck. Fuck.
Fuck. Fuck. Fuck. Fuck. Fuck. Fuck. Fuck. Fuck. Fuck. Fuck. Fuck.
Fuck. Fuck. Fuck. Fuck. Fuck. Fuck. Fuck. Fuck. Fuck. Fuck. Fuck.
Fuck. Fuck. Fuck. Fuck. Fuck. Fuck. Fuck. Fuck. Fuck. Fuck. Fuck.
Fuck. Fuck. Fuck. Fuck. Fuck. Fuck. Fuck. Fuck. Fuck. Fuck. Fuck.
Fuck. Fuck. Fuck. Fuck. Fuck. Fuck. Fuck. Fuck. Fuck. Fuck. Fuck.
Fuck. Fuck. Fuck. Fuck. Fuck. Fuck. Fuck. Fuck. Fuck. Fuck. Fuck.
Fuck. Fuck. Fuck. Fuck. Fuck. Fuck. Fuck. Fuck. Fuck. Fuck. Fuck.
Fuck. Fuck. Fuck. Fuck. Fuck. Fuck. Fuck. Fuck. Fuck. Fuck. Fuck.
Fuck. Fuck. Fuck. Fuck. Fuck. Fuck. Fuck. Fuck. Fuck. Fuck. Fuck.
Fuck. Fuck. Fuck. Fuck. Fuck. Fuck. Fuck. Fuck. Fuck. Fuck. Fuck.
Fuck. Fuck. Fuck. Fuck. Fuck. Fuck. Fuck. Fuck. Fuck. Fuck. Fuck.
Fuck. Fuck. Fuck. Fuck. Fuck. Fuck. Fuck. Fuck. Fuck. Fuck. Fuck.
Fuck. Fuck. Fuck. Fuck. Fuck. Fuck. Fuck. Fuck. Fuck. Fuck. Fuck.

Fuck. Fuck. Fuck. Fuck. Fuck. Fuck. Fuck. Fuck. Fuck. Fuck. Fuck.
Fuck. Fuck. Fuck. Fuck. Fuck. Fuck. Fuck. Fuck. Fuck. Fuck. Fuck.
Fuck. Fuck. Fuck. Fuck. Fuck. Fuck. Fuck. Fuck. Fuck. Fuck. Fuck.
Fuck. Fuck. Fuck. Fuck. Fuck. Fuck. Fuck. Fuck. Fuck. Fuck. Fuck.
Fuck. Fuck. Fuck. Fuck. Fuck. Fuck. Fuck. Fuck. Fuck. Fuck. Fuck.
Fuck. Fuck. Fuck. Fuck. Fuck. Fuck. Fuck. Fuck. Fuck. Fuck. Fuck.
Fuck. Fuck. Fuck. Fuck. Fuck. Fuck. Fuck. Fuck. Fuck. Fuck. Fuck.
Fuck. Fuck. Fuck. Fuck. Fuck. Fuck. Fuck. Fuck. Fuck. Fuck. Fuck.
Fuck. Fuck. Fuck. Fuck. Fuck. Fuck. Fuck. Fuck. Fuck. Fuck. Fuck.
Fuck. Fuck. Fuck. Fuck. Fuck. Fuck. Fuck. Fuck. Fuck. Fuck. Fuck.
Fuck. Fuck. Fuck. Fuck. Fuck. Fuck. Fuck. Fuck. Fuck. Fuck. Fuck.
Fuck. Fuck. Fuck. Fuck. Fuck. Fuck. Fuck. Fuck. Fuck. Fuck. Fuck.
Fuck. Fuck. Fuck. Fuck. Fuck. Fuck. Fuck. Fuck. Fuck. Fuck. Fuck.
Fuck. Fuck. Fuck. Fuck. Fuck. Fuck. Fuck. Fuck. Fuck. Fuck. Fuck.
Fuck. Fuck. Fuck. Fuck. Fuck. Fuck. Fuck. Fuck. Fuck. Fuck. Fuck.
Fuck. Fuck. Fuck. Fuck. Fuck. Fuck. Fuck. Fuck. Fuck. Fuck. Fuck.
Fuck. Fuck. Fuck. Fuck. Fuck. Fuck. Fuck. Fuck. Fuck. Fuck. Fuck.
Fuck. Fuck. Fuck. Fuck. Fuck. Fuck. Fuck. Fuck. Fuck. Fuck. Fuck.
Fuck. Fuck. Fuck. Fuck. Fuck. Fuck. Fuck. Fuck. Fuck. Fuck. Fuck.
Fuck. Fuck. Fuck. Fuck. Fuck. Fuck. Fuck. Fuck. Fuck. Fuck. Fuck.
Fuck. Fuck. Fuck. Fuck. Fuck. Fuck. Fuck. Fuck. Fuck. Fuck. Fuck.
Fuck. Fuck. Fuck. Fuck. Fuck. Fuck. Fuck. Fuck. Fuck. Fuck. Fuck.
Fuck. Fuck. Fuck. Fuck. Fuck. Fuck. Fuck. Fuck. Fuck. Fuck. Fuck.
Fuck. Fuck. Fuck. Fuck. Fuck. Fuck. Fuck. Fuck. Fuck. Fuck. Fuck.
Fuck. Fuck. Fuck. Fuck. Fuck. Fuck. Fuck. Fuck. Fuck. Fuck. Fuck.
Fuck. Fuck. Fuck. Fuck. Fuck. Fuck. Fuck. Fuck. Fuck. Fuck. Fuck.
Fuck. Fuck. Fuck. Fuck. Fuck. Fuck. Fuck. Fuck. Fuck. Fuck. Fuck.
Fuck. Fuck. Fuck. Fuck. Fuck. Fuck. Fuck. Fuck. Fuck. Fuck. Fuck.
Fuck. Fuck. Fuck. Fuck. Fuck. Fuck. Fuck. Fuck. Fuck. Fuck. Fuck.
Fuck. Fuck. Fuck. Fuck. Fuck. Fuck. Fuck. Fuck. Fuck. Fuck. Fuck.
Fuck. Fuck. Fuck. Fuck. Fuck. Fuck. Fuck. Fuck. Fuck. Fuck. Fuck.
Fuck. Fuck. Fuck. Fuck. Fuck. Fuck. Fuck. Fuck. Fuck. Fuck. Fuck.
Fuck. Fuck. Fuck. Fuck. Fuck. Fuck. Fuck. Fuck. Fuck. Fuck. Fuck.
Fuck. Fuck. Fuck. Fuck. Fuck. Fuck. Fuck. Fuck. Fuck. Fuck. Fuck.
Fuck. Fuck. Fuck. Fuck. Fuck. Fuck. Fuck. Fuck. Fuck. Fuck. Fuck.
Fuck. Fuck. Fuck. Fuck. Fuck. Fuck. Fuck. Fuck. Fuck. Fuck. Fuck.
Fuck. Fuck. Fuck. Fuck. Fuck. Fuck. Fuck. Fuck. Fuck. Fuck. Fuck.
Fuck. Fuck. Fuck. Fuck. Fuck. Fuck. Fuck. Fuck. Fuck. Fuck. Fuck.
Fuck. Fuck. Fuck. Fuck. Fuck. Fuck. Fuck. Fuck. Fuck. Fuck. Fuck.
Fuck. Fuck. Fuck. Fuck. Fuck. Fuck. Fuck. Fuck. Fuck. Fuck. Fuck.
Fuck. Fuck. Fuck. Fuck. Fuck. Fuck. Fuck. Fuck. Fuck. Fuck. Fuck.
Fuck. Fuck. Fuck. Fuck. Fuck. Fuck. Fuck. Fuck. Fuck. Fuck. Fuck.
Fuck. Fuck. Fuck. Fuck. Fuck. Fuck. Fuck. Fuck. Fuck. Fuck. Fuck.
Fuck. Fuck. Fuck. Fuck. Fuck. Fuck. Fuck. Fuck. Fuck. Fuck. Fuck.

Fuck. Fuck. Fuck. Fuck. Fuck. Fuck. Fuck. Fuck. Fuck. Fuck. Fuck.
Fuck. Fuck. Fuck. Fuck. Fuck. Fuck. Fuck. Fuck. Fuck. Fuck. Fuck.
Fuck. Fuck. Fuck. Fuck. Fuck. Fuck. Fuck. Fuck. Fuck. Fuck. Fuck.
Fuck. Fuck. Fuck. Fuck. Fuck. Fuck. Fuck. Fuck. Fuck. Fuck. Fuck.
Fuck. Fuck. Fuck. Fuck. Fuck. Fuck. Fuck. Fuck. Fuck. Fuck. Fuck.
Fuck. Fuck. Fuck. Fuck. Fuck. Fuck. Fuck. Fuck. Fuck. Fuck. Fuck.
Fuck. Fuck. Fuck. Fuck. Fuck. Fuck. Fuck. Fuck. Fuck. Fuck. Fuck.
Fuck. Fuck. Fuck. Fuck. Fuck. Fuck. Fuck. Fuck. Fuck. Fuck. Fuck.
Fuck. Fuck. Fuck. Fuck. Fuck. Fuck. Fuck. Fuck. Fuck. Fuck. Fuck.
Fuck. Fuck. Fuck. Fuck. Fuck. Fuck. Fuck. Fuck. Fuck. Fuck. Fuck.
Fuck. Fuck. Fuck. Fuck. Fuck. Fuck. Fuck. Fuck. Fuck. Fuck. Fuck.
Fuck. Fuck. Fuck. Fuck. Fuck. Fuck. Fuck. Fuck. Fuck. Fuck. Fuck.
Fuck. Fuck. Fuck. Fuck. Fuck. Fuck. Fuck. Fuck. Fuck. Fuck. Fuck.
Fuck. Fuck. Fuck. Fuck. Fuck. Fuck. Fuck. Fuck. Fuck. Fuck. Fuck.
Fuck. Fuck. Fuck. Fuck. Fuck. Fuck. Fuck. Fuck. Fuck. Fuck. Fuck.
Fuck. Fuck. Fuck. Fuck. Fuck. Fuck. Fuck. Fuck. Fuck. Fuck. Fuck.
Fuck. Fuck. Fuck. Fuck. Fuck. Fuck. Fuck. Fuck. Fuck. Fuck. Fuck.
Fuck. Fuck. Fuck. Fuck. Fuck. Fuck. Fuck. Fuck. Fuck. Fuck. Fuck.
Fuck. Fuck. Fuck. Fuck. Fuck. Fuck. Fuck. Fuck. Fuck. Fuck. Fuck.
Fuck. Fuck. Fuck. Fuck. Fuck. Fuck. Fuck. Fuck. Fuck. Fuck. Fuck.
Fuck. Fuck. Fuck. Fuck. Fuck. Fuck. Fuck. Fuck. Fuck. Fuck. Fuck.
Fuck. Fuck. Fuck. Fuck. Fuck. Fuck. Fuck. Fuck. Fuck. Fuck. Fuck.
Fuck. Fuck. Fuck. Fuck. Fuck. Fuck. Fuck. Fuck. Fuck. Fuck. Fuck.
Fuck. Fuck. Fuck. Fuck. Fuck. Fuck. Fuck. Fuck. Fuck. Fuck. Fuck.
Fuck. Fuck. Fuck. Fuck. Fuck. Fuck. Fuck. Fuck. Fuck. Fuck. Fuck.
Fuck. Fuck. Fuck. Fuck. Fuck. Fuck. Fuck. Fuck. Fuck. Fuck. Fuck.
Fuck. Fuck. Fuck. Fuck. Fuck. Fuck. Fuck. Fuck. Fuck. Fuck. Fuck.
Fuck. Fuck. Fuck. Fuck. Fuck. Fuck. Fuck. Fuck. Fuck. Fuck. Fuck.
Fuck. Fuck. Fuck. Fuck. Fuck. Fuck. Fuck. Fuck. Fuck. Fuck. Fuck.
Fuck. Fuck. Fuck. Fuck. Fuck. Fuck. Fuck. Fuck. Fuck. Fuck. Fuck.
Fuck. Fuck. Fuck. Fuck. Fuck. Fuck. Fuck. Fuck. Fuck. Fuck. Fuck.
Fuck. Fuck. Fuck. Fuck. Fuck. Fuck. Fuck. Fuck. Fuck. Fuck. Fuck.
Fuck. Fuck. Fuck. Fuck. Fuck. Fuck. Fuck. Fuck. Fuck. Fuck. Fuck.
Fuck. Fuck. Fuck. Fuck. Fuck. Fuck. Fuck. Fuck. Fuck. Fuck. Fuck.
Fuck. Fuck. Fuck. Fuck. Fuck. Fuck. Fuck. Fuck. Fuck. Fuck. Fuck.
Fuck. Fuck. Fuck. Fuck. Fuck. Fuck. Fuck. Fuck. Fuck. Fuck. Fuck.

Fuck. Fuck. Fuck. Fuck. Fuck. Fuck. Fuck. Fuck. Fuck. Fuck. Fuck.
Fuck. Fuck. Fuck. Fuck. Fuck. Fuck. Fuck. Fuck. Fuck. Fuck. Fuck.
Fuck. Fuck. Fuck. Fuck. Fuck. Fuck. Fuck. Fuck. Fuck. Fuck. Fuck.
Fuck. Fuck. Fuck. Fuck. Fuck. Fuck. Fuck. Fuck. Fuck. Fuck. Fuck.
Fuck. Fuck. Fuck. Fuck. Fuck. Fuck. Fuck. Fuck. Fuck. Fuck. Fuck.
Fuck. Fuck. Fuck. Fuck. Fuck. Fuck. Fuck. Fuck. Fuck. Fuck. Fuck.
Fuck. Fuck. Fuck. Fuck. Fuck. Fuck. Fuck. Fuck. Fuck. Fuck. Fuck.
Fuck. Fuck. Fuck. Fuck. Fuck. Fuck. Fuck. Fuck. Fuck. Fuck. Fuck.
Fuck. Fuck. Fuck. Fuck. Fuck. Fuck. Fuck. Fuck. Fuck. Fuck. Fuck.
Fuck. Fuck. Fuck. Fuck. Fuck. Fuck. Fuck. Fuck. Fuck. Fuck. Fuck.
Fuck. Fuck. Fuck. Fuck. Fuck. Fuck. Fuck. Fuck. Fuck. Fuck. Fuck.
Fuck. Fuck. Fuck. Fuck. Fuck. Fuck. Fuck. Fuck. Fuck. Fuck. Fuck.
Fuck. Fuck. Fuck. Fuck. Fuck. Fuck. Fuck. Fuck. Fuck. Fuck. Fuck.
Fuck. Fuck. Fuck. Fuck. Fuck. Fuck. Fuck. Fuck. Fuck. Fuck. Fuck.
Fuck. Fuck. Fuck. Fuck. Fuck. Fuck. Fuck. Fuck. Fuck. Fuck. Fuck.
Fuck. Fuck. Fuck. Fuck. Fuck. Fuck. Fuck. Fuck. Fuck. Fuck. Fuck.
Fuck. Fuck. Fuck. Fuck. Fuck. Fuck. Fuck. Fuck. Fuck. Fuck. Fuck.
Fuck. Fuck. Fuck. Fuck. Fuck. Fuck. Fuck. Fuck. Fuck. Fuck. Fuck.
Fuck. Fuck. Fuck. Fuck. Fuck. Fuck. Fuck. Fuck. Fuck. Fuck. Fuck.
Fuck. Fuck. Fuck. Fuck. Fuck. Fuck. Fuck. Fuck. Fuck. Fuck. Fuck.
Fuck. Fuck. Fuck. Fuck. Fuck. Fuck. Fuck. Fuck. Fuck. Fuck. Fuck.
Fuck. Fuck. Fuck. Fuck. Fuck. Fuck. Fuck. Fuck. Fuck.

Fuck. Fuck. Fuck. Fuck. Fuck. Fuck. Fuck. Fuck. Fuck. Fuck. Fuck.
Fuck. Fuck. Fuck. Fuck. Fuck. Fuck. Fuck. Fuck. Fuck. Fuck. Fuck.
Fuck. Fuck. Fuck. Fuck. Fuck. Fuck. Fuck. Fuck. Fuck. Fuck. Fuck.
Fuck. Fuck. Fuck. Fuck. Fuck. Fuck. Fuck. Fuck. Fuck. Fuck. Fuck.
Fuck. Fuck. Fuck. Fuck. Fuck. Fuck. Fuck. Fuck. Fuck. Fuck. Fuck.
Fuck. Fuck. Fuck. Fuck. Fuck. Fuck. Fuck. Fuck. Fuck. Fuck. Fuck.
Fuck. Fuck. Fuck. Fuck. Fuck. Fuck. Fuck. Fuck. Fuck. Fuck. Fuck.
Fuck. Fuck. Fuck. Fuck. Fuck. Fuck. Fuck. Fuck. Fuck. Fuck. Fuck.
Fuck. Fuck. Fuck. Fuck. Fuck. Fuck. Fuck. Fuck. Fuck. Fuck. Fuck.
Fuck. Fuck. Fuck. Fuck. Fuck. Fuck. Fuck. Fuck. Fuck. Fuck. Fuck.
Fuck. Fuck. Fuck. Fuck. Fuck. Fuck. Fuck. Fuck. Fuck. Fuck. Fuck.

Fuck. Fuck. Fuck. Fuck. Fuck. Fuck. Fuck. Fuck. Fuck. Fuck. Fuck.
Fuck. Fuck. Fuck. Fuck. Fuck. Fuck. Fuck. Fuck. Fuck. Fuck. Fuck.
Fuck. Fuck. Fuck. Fuck. Fuck. Fuck. Fuck. Fuck. Fuck. Fuck. Fuck.
Fuck. Fuck. Fuck. Fuck. Fuck. Fuck. Fuck. Fuck. Fuck. Fuck. Fuck.
Fuck. Fuck. Fuck. Fuck. Fuck. Fuck. Fuck. Fuck. Fuck. Fuck. Fuck.
Fuck. Fuck. Fuck. Fuck. Fuck. Fuck. Fuck. Fuck. Fuck. Fuck. Fuck.
Fuck. Fuck. Fuck. Fuck. Fuck. Fuck. Fuck. Fuck. Fuck. Fuck. Fuck.
Fuck. Fuck. Fuck. Fuck. Fuck. Fuck. Fuck. Fuck. Fuck. Fuck. Fuck.
Fuck. Fuck. Fuck. Fuck. Fuck. Fuck. Fuck. Fuck. Fuck. Fuck. Fuck.
Fuck. Fuck. Fuck. Fuck. Fuck. Fuck. Fuck. Fuck. Fuck. Fuck. Fuck.
Fuck. Fuck. Fuck. Fuck. Fuck. Fuck. Fuck. Fuck. Fuck. Fuck. Fuck.
Fuck. Fuck. Fuck. Fuck. Fuck. Fuck. Fuck. Fuck. Fuck. Fuck. Fuck.
Fuck. Fuck. Fuck. Fuck. Fuck. Fuck. Fuck. Fuck. Fuck. Fuck. Fuck.
Fuck. Fuck. Fuck. Fuck. Fuck. Fuck. Fuck. Fuck. Fuck. Fuck. Fuck.
Fuck. Fuck. Fuck. Fuck. Fuck. Fuck. Fuck. Fuck. Fuck. Fuck. Fuck.
Fuck. Fuck. Fuck. Fuck. Fuck. Fuck. Fuck. Fuck. Fuck. Fuck. Fuck.
Fuck. Fuck. Fuck. Fuck. Fuck. Fuck. Fuck. Fuck. Fuck. Fuck. Fuck.
Fuck. Fuck. Fuck. Fuck. Fuck. Fuck. Fuck. Fuck. Fuck. Fuck. Fuck.
Fuck. Fuck. Fuck. Fuck. Fuck. Fuck. Fuck. Fuck. Fuck. Fuck. Fuck.
Fuck. Fuck. Fuck. Fuck. Fuck. Fuck. Fuck. Fuck. Fuck. Fuck. Fuck.
Fuck. Fuck. Fuck. Fuck. Fuck. Fuck. Fuck. Fuck. Fuck. Fuck. Fuck.
Fuck. Fuck. Fuck. Fuck. Fuck. Fuck. Fuck. Fuck. Fuck. Fuck. Fuck.
Fuck. Fuck. Fuck. Fuck. Fuck. Fuck. Fuck. Fuck. Fuck. Fuck. Fuck.
Fuck. Fuck. Fuck. Fuck. Fuck. Fuck. Fuck. Fuck. Fuck. Fuck. Fuck.
Fuck. Fuck. Fuck. Fuck. Fuck. Fuck. Fuck. Fuck. Fuck. Fuck. Fuck.
Fuck. Fuck. Fuck. Fuck. Fuck. Fuck. Fuck. Fuck. Fuck. Fuck. Fuck.
Fuck. Fuck. Fuck. Fuck. Fuck. Fuck. Fuck. Fuck. Fuck. Fuck. Fuck.
Fuck. Fuck. Fuck. Fuck. Fuck. Fuck. Fuck. Fuck. Fuck. Fuck. Fuck.
Fuck. Fuck. Fuck. Fuck. Fuck. Fuck. Fuck. Fuck. Fuck. Fuck. Fuck.
Fuck. Fuck. Fuck. Fuck. Fuck. Fuck. Fuck. Fuck. Fuck. Fuck. Fuck.
Fuck. Fuck. Fuck. Fuck. Fuck. Fuck. Fuck. Fuck. Fuck. Fuck. Fuck.
Fuck. Fuck. Fuck. Fuck. Fuck. Fuck. Fuck. Fuck. Fuck. Fuck. Fuck.
Fuck. Fuck. Fuck. Fuck. Fuck. Fuck. Fuck. Fuck. Fuck. Fuck. Fuck.
Fuck. Fuck. Fuck. Fuck. Fuck. Fuck. Fuck. Fuck. Fuck. Fuck. Fuck.
Fuck. Fuck. Fuck. Fuck. Fuck. Fuck. Fuck. Fuck. Fuck. Fuck. Fuck.
Fuck. Fuck. Fuck. Fuck. Fuck. Fuck. Fuck. Fuck. Fuck. Fuck. Fuck.
Fuck. Fuck. Fuck. Fuck. Fuck. Fuck. Fuck. Fuck. Fuck. Fuck. Fuck.

Fuck. Fuck. Fuck. Fuck. Fuck. Fuck. Fuck. Fuck. Fuck. Fuck. Fuck.
Fuck. Fuck. Fuck. Fuck. Fuck. Fuck. Fuck. Fuck. Fuck. Fuck. Fuck.
Fuck. Fuck. Fuck. Fuck. Fuck. Fuck. Fuck. Fuck. Fuck. Fuck. Fuck.
Fuck. Fuck. Fuck. Fuck. Fuck. Fuck. Fuck. Fuck. Fuck. Fuck. Fuck.
Fuck. Fuck. Fuck. Fuck. Fuck. Fuck. Fuck. Fuck. Fuck. Fuck. Fuck.
Fuck. Fuck. Fuck. Fuck. Fuck. Fuck. Fuck. Fuck. Fuck. Fuck. Fuck.
Fuck. Fuck. Fuck. Fuck. Fuck. Fuck. Fuck. Fuck. Fuck. Fuck. Fuck.
Fuck. Fuck. Fuck. Fuck. Fuck. Fuck. Fuck. Fuck. Fuck. Fuck. Fuck.
Fuck. Fuck. Fuck. Fuck. Fuck. Fuck. Fuck. Fuck. Fuck. Fuck. Fuck.
Fuck. Fuck. Fuck. Fuck. Fuck. Fuck. Fuck. Fuck. Fuck. Fuck. Fuck.
Fuck. Fuck. Fuck. Fuck. Fuck. Fuck. Fuck. Fuck. Fuck. Fuck. Fuck.
Fuck. Fuck. Fuck. Fuck. Fuck. Fuck. Fuck. Fuck. Fuck. Fuck. Fuck.
Fuck. Fuck. Fuck. Fuck. Fuck. Fuck. Fuck. Fuck. Fuck. Fuck. Fuck.
Fuck. Fuck. Fuck. Fuck. Fuck. Fuck. Fuck. Fuck. Fuck. Fuck. Fuck.
Fuck. Fuck. Fuck. Fuck. Fuck. Fuck. Fuck. Fuck. Fuck. Fuck. Fuck.
Fuck. Fuck. Fuck. Fuck. Fuck. Fuck. Fuck. Fuck. Fuck. Fuck. Fuck.
Fuck. Fuck. Fuck. Fuck. Fuck. Fuck. Fuck. Fuck. Fuck. Fuck. Fuck.
Fuck. Fuck. Fuck. Fuck. Fuck. Fuck. Fuck. Fuck. Fuck. Fuck. Fuck.
Fuck. Fuck. Fuck. Fuck. Fuck. Fuck. Fuck. Fuck. Fuck. Fuck. Fuck.
Fuck. Fuck. Fuck. Fuck. Fuck. Fuck. Fuck. Fuck. Fuck. Fuck. Fuck.
Fuck. Fuck. Fuck. Fuck. Fuck. Fuck. Fuck. Fuck. Fuck. Fuck. Fuck.
Fuck. Fuck. Fuck. Fuck. Fuck. Fuck. Fuck. Fuck. Fuck. Fuck. Fuck.
Fuck. Fuck. Fuck. Fuck. Fuck. Fuck. Fuck. Fuck. Fuck. Fuck. Fuck.
Fuck. Fuck. Fuck. Fuck. Fuck. Fuck. Fuck. Fuck. Fuck. Fuck. Fuck.
Fuck. Fuck. Fuck. Fuck. Fuck. Fuck. Fuck. Fuck. Fuck. Fuck. Fuck.
Fuck. Fuck. Fuck. Fuck. Fuck. Fuck. Fuck. Fuck. Fuck. Fuck. Fuck.
Fuck. Fuck. Fuck. Fuck. Fuck. Fuck. Fuck. Fuck. Fuck. Fuck. Fuck.
Fuck. Fuck. Fuck. Fuck. Fuck. Fuck. Fuck. Fuck. Fuck. Fuck. Fuck.
Fuck. Fuck. Fuck. Fuck. Fuck. Fuck. Fuck. Fuck. Fuck. Fuck. Fuck.
Fuck. Fuck. Fuck. Fuck. Fuck. Fuck. Fuck. Fuck. Fuck. Fuck. Fuck.
Fuck. Fuck. Fuck. Fuck. Fuck. Fuck. Fuck. Fuck. Fuck. Fuck. Fuck.
Fuck. Fuck. Fuck. Fuck. Fuck. Fuck. Fuck. Fuck. Fuck. Fuck. Fuck.
Fuck. Fuck. Fuck. Fuck. Fuck. Fuck. Fuck. Fuck. Fuck. Fuck. Fuck.
Fuck. Fuck. Fuck. Fuck. Fuck. Fuck. Fuck. Fuck. Fuck. Fuck. Fuck.
Fuck. Fuck. Fuck. Fuck. Fuck. Fuck. Fuck. Fuck. Fuck. Fuck. Fuck.
Fuck. Fuck. Fuck. Fuck. Fuck. Fuck. Fuck. Fuck. Fuck. Fuck. Fuck.

Fuck. Fuck. Fuck. Fuck. Fuck. Fuck. Fuck. Fuck. Fuck. Fuck. Fuck.
Fuck. Fuck. Fuck. Fuck. Fuck. Fuck. Fuck. Fuck. Fuck. Fuck. Fuck.
Fuck. Fuck. Fuck. Fuck. Fuck. Fuck. Fuck. Fuck. Fuck. Fuck. Fuck.
Fuck. Fuck. Fuck. Fuck. Fuck. Fuck. Fuck. Fuck. Fuck. Fuck. Fuck.
Fuck. Fuck. Fuck. Fuck. Fuck. Fuck. Fuck. Fuck. Fuck. Fuck. Fuck.
Fuck. Fuck. Fuck. Fuck. Fuck. Fuck. Fuck. Fuck. Fuck. Fuck. Fuck.
Fuck. Fuck. Fuck. Fuck. Fuck. Fuck. Fuck. Fuck. Fuck. Fuck. Fuck.
Fuck. Fuck. Fuck. Fuck. Fuck. Fuck. Fuck. Fuck. Fuck. Fuck. Fuck.
Fuck. Fuck. Fuck. Fuck. Fuck. Fuck. Fuck. Fuck. Fuck. Fuck. Fuck.
Fuck. Fuck. Fuck. Fuck. Fuck. Fuck. Fuck. Fuck. Fuck. Fuck. Fuck.
Fuck. Fuck. Fuck. Fuck. Fuck. Fuck. Fuck. Fuck. Fuck. Fuck. Fuck.
Fuck. Fuck. Fuck. Fuck. Fuck. Fuck. Fuck. Fuck. Fuck. Fuck. Fuck.
Fuck. Fuck. Fuck. Fuck. Fuck. Fuck. Fuck. Fuck. Fuck. Fuck. Fuck.
Fuck. Fuck. Fuck. Fuck. Fuck. Fuck. Fuck. Fuck. Fuck. Fuck. Fuck.
Fuck. Fuck. Fuck. Fuck. Fuck. Fuck. Fuck. Fuck. Fuck. Fuck. Fuck.
Fuck. Fuck. Fuck. Fuck. Fuck. Fuck. Fuck. Fuck. Fuck. Fuck. Fuck.
Fuck. Fuck. Fuck. Fuck. Fuck. Fuck. Fuck. Fuck. Fuck. Fuck. Fuck.
Fuck. Fuck. Fuck. Fuck. Fuck. Fuck. Fuck. Fuck. Fuck. Fuck. Fuck.
Fuck. Fuck. Fuck. Fuck. Fuck. Fuck. Fuck. Fuck. Fuck. Fuck. Fuck.
Fuck. Fuck. Fuck. Fuck. Fuck. Fuck. Fuck. Fuck. Fuck. Fuck. Fuck.
Fuck. Fuck. Fuck. Fuck. Fuck. Fuck. Fuck. Fuck. Fuck. Fuck. Fuck.
Fuck. Fuck. Fuck. Fuck. Fuck. Fuck. Fuck. Fuck. Fuck. Fuck. Fuck.
Fuck. Fuck. Fuck. Fuck. Fuck. Fuck. Fuck. Fuck. Fuck. Fuck. Fuck.
Fuck. Fuck. Fuck. Fuck. Fuck. Fuck. Fuck. Fuck. Fuck. Fuck. Fuck.
Fuck. Fuck. Fuck. Fuck. Fuck. Fuck. Fuck. Fuck. Fuck. Fuck. Fuck.
Fuck. Fuck. Fuck. Fuck. Fuck. Fuck. Fuck. Fuck. Fuck. Fuck. Fuck.
Fuck. Fuck. Fuck. Fuck. Fuck. Fuck. Fuck. Fuck. Fuck. Fuck. Fuck.
Fuck. Fuck. Fuck. Fuck. Fuck. Fuck. Fuck. Fuck. Fuck. Fuck. Fuck.
Fuck. Fuck. Fuck. Fuck. Fuck. Fuck. Fuck. Fuck. Fuck. Fuck. Fuck.
Fuck. Fuck. Fuck. Fuck. Fuck. Fuck. Fuck. Fuck. Fuck. Fuck. Fuck.
Fuck. Fuck. Fuck. Fuck. Fuck. Fuck. Fuck. Fuck. Fuck. Fuck. Fuck.
Fuck. Fuck. Fuck. Fuck. Fuck. Fuck. Fuck. Fuck. Fuck. Fuck. Fuck.
Fuck. Fuck. Fuck. Fuck. Fuck. Fuck. Fuck. Fuck. Fuck. Fuck. Fuck.
Fuck. Fuck. Fuck. Fuck. Fuck. Fuck. Fuck. Fuck. Fuck. Fuck. Fuck.
Fuck. Fuck. Fuck. Fuck. Fuck. Fuck. Fuck. Fuck. Fuck. Fuck. Fuck.
Fuck. Fuck. Fuck. Fuck. Fuck. Fuck. Fuck. Fuck. Fuck. Fuck. Fuck.
Fuck. Fuck. Fuck. Fuck. Fuck. Fuck. Fuck. Fuck. Fuck. Fuck. Fuck.

Fuck. Fuck. Fuck. Fuck. Fuck. Fuck. Fuck. Fuck. Fuck. Fuck. Fuck.
Fuck. Fuck. Fuck. Fuck. Fuck. Fuck. Fuck. Fuck. Fuck. Fuck. Fuck.
Fuck. Fuck. Fuck. Fuck. Fuck. Fuck. Fuck. Fuck. Fuck. Fuck. Fuck.
Fuck. Fuck. Fuck. Fuck. Fuck. Fuck. Fuck. Fuck. Fuck. Fuck. Fuck.
Fuck. Fuck. Fuck. Fuck. Fuck. Fuck. Fuck. Fuck. Fuck. Fuck. Fuck.
Fuck. Fuck. Fuck. Fuck. Fuck. Fuck. Fuck. Fuck. Fuck. Fuck. Fuck.
Fuck. Fuck. Fuck. Fuck. Fuck. Fuck. Fuck. Fuck. Fuck. Fuck. Fuck.
Fuck. Fuck. Fuck. Fuck. Fuck. Fuck. Fuck. Fuck. Fuck. Fuck. Fuck.
Fuck. Fuck. Fuck. Fuck. Fuck. Fuck. Fuck. Fuck. Fuck. Fuck. Fuck.
Fuck. Fuck. Fuck. Fuck. Fuck. Fuck. Fuck. Fuck. Fuck. Fuck. Fuck.
Fuck. Fuck. Fuck. Fuck. Fuck. Fuck. Fuck. Fuck. Fuck. Fuck. Fuck.
Fuck. Fuck. Fuck. Fuck. Fuck. Fuck. Fuck. Fuck. Fuck. Fuck. Fuck.
Fuck. Fuck. Fuck. Fuck. Fuck. Fuck. Fuck. Fuck. Fuck. Fuck. Fuck.
Fuck. Fuck. Fuck. Fuck. Fuck. Fuck. Fuck. Fuck. Fuck. Fuck. Fuck.
Fuck. Fuck. Fuck. Fuck. Fuck. Fuck. Fuck. Fuck. Fuck. Fuck. Fuck.
Fuck. Fuck. Fuck. Fuck. Fuck. Fuck. Fuck. Fuck. Fuck. Fuck. Fuck.
Fuck. Fuck. Fuck. Fuck. Fuck. Fuck. Fuck. Fuck. Fuck. Fuck. Fuck.
Fuck. Fuck. Fuck. Fuck. Fuck. Fuck. Fuck. Fuck. Fuck. Fuck. Fuck.
Fuck. Fuck. Fuck. Fuck. Fuck. Fuck. Fuck. Fuck. Fuck. Fuck. Fuck.
Fuck. Fuck. Fuck. Fuck. Fuck. Fuck. Fuck. Fuck. Fuck. Fuck. Fuck.
Fuck. Fuck. Fuck. Fuck. Fuck. Fuck. Fuck. Fuck. Fuck. Fuck. Fuck.
Fuck. Fuck. Fuck. Fuck. Fuck. Fuck. Fuck. Fuck. Fuck. Fuck. Fuck.
Fuck. Fuck. Fuck. Fuck. Fuck. Fuck. Fuck. Fuck. Fuck. Fuck. Fuck.
Fuck. Fuck. Fuck. Fuck. Fuck. Fuck. Fuck. Fuck. Fuck. Fuck. Fuck.
Fuck. Fuck. Fuck. Fuck. Fuck. Fuck. Fuck. Fuck. Fuck. Fuck. Fuck.
Fuck. Fuck. Fuck. Fuck. Fuck. Fuck. Fuck. Fuck. Fuck. Fuck. Fuck.
Fuck. Fuck. Fuck. Fuck. Fuck. Fuck. Fuck. Fuck. Fuck. Fuck. Fuck.
Fuck. Fuck. Fuck. Fuck. Fuck. Fuck. Fuck. Fuck. Fuck. Fuck. Fuck.
Fuck. Fuck. Fuck. Fuck. Fuck. Fuck. Fuck. Fuck. Fuck. Fuck. Fuck.
Fuck. Fuck. Fuck. Fuck. Fuck. Fuck. Fuck. Fuck. Fuck. Fuck. Fuck.
Fuck. Fuck. Fuck. Fuck. Fuck. Fuck. Fuck. Fuck. Fuck. Fuck. Fuck.
Fuck. Fuck. Fuck. Fuck. Fuck. Fuck. Fuck. Fuck. Fuck. Fuck. Fuck.
Fuck. Fuck. Fuck. Fuck. Fuck. Fuck. Fuck. Fuck. Fuck. Fuck. Fuck.
Fuck. Fuck. Fuck. Fuck. Fuck. Fuck. Fuck. Fuck. Fuck. Fuck. Fuck.
Fuck. Fuck. Fuck. Fuck. Fuck. Fuck. Fuck. Fuck. Fuck. Fuck. Fuck.
Fuck. Fuck. Fuck. Fuck. Fuck. Fuck. Fuck. Fuck. Fuck. Fuck. Fuck.
Fuck. Fuck. Fuck. Fuck. Fuck. Fuck. Fuck. Fuck. Fuck. Fuck. Fuck.
Fuck. Fuck. Fuck. Fuck. Fuck. Fuck. Fuck. Fuck. Fuck. Fuck. Fuck.

Fuck. Fuck. Fuck. Fuck. Fuck. Fuck. Fuck. Fuck. Fuck. Fuck. Fuck.
Fuck. Fuck. Fuck. Fuck. Fuck. Fuck. Fuck. Fuck. Fuck. Fuck. Fuck.
Fuck. Fuck. Fuck. Fuck. Fuck. Fuck. Fuck. Fuck. Fuck. Fuck. Fuck.
Fuck. Fuck. Fuck. Fuck. Fuck. Fuck. Fuck. Fuck. Fuck. Fuck. Fuck.
Fuck. Fuck. Fuck. Fuck. Fuck. Fuck. Fuck. Fuck. Fuck. Fuck. Fuck.
Fuck. Fuck. Fuck. Fuck. Fuck. Fuck. Fuck. Fuck. Fuck. Fuck. Fuck.
Fuck. Fuck. Fuck. Fuck. Fuck. Fuck. Fuck. Fuck. Fuck. Fuck. Fuck.
Fuck. Fuck. Fuck. Fuck. Fuck. Fuck. Fuck. Fuck. Fuck. Fuck. Fuck.
Fuck. Fuck. Fuck. Fuck. Fuck. Fuck. Fuck. Fuck. Fuck. Fuck. Fuck.
Fuck. Fuck. Fuck. Fuck. Fuck. Fuck. Fuck. Fuck. Fuck. Fuck. Fuck.
Fuck. Fuck. Fuck. Fuck. Fuck. Fuck. Fuck. Fuck. Fuck. Fuck. Fuck.
Fuck. Fuck. Fuck. Fuck. Fuck. Fuck. Fuck. Fuck. Fuck. Fuck. Fuck.
Fuck. Fuck. Fuck. Fuck. Fuck. Fuck. Fuck. Fuck. Fuck. Fuck. Fuck.
Fuck. Fuck. Fuck. Fuck. Fuck. Fuck. Fuck. Fuck. Fuck. Fuck. Fuck.
Fuck. Fuck. Fuck. Fuck. Fuck. Fuck. Fuck. Fuck. Fuck. Fuck. Fuck.
Fuck. Fuck. Fuck. Fuck. Fuck. Fuck. Fuck. Fuck. Fuck. Fuck. Fuck.
Fuck. Fuck. Fuck. Fuck. Fuck. Fuck. Fuck. Fuck. Fuck. Fuck. Fuck.
Fuck. Fuck. Fuck. Fuck. Fuck. Fuck. Fuck. Fuck. Fuck. Fuck. Fuck.
Fuck. Fuck. Fuck. Fuck. Fuck. Fuck. Fuck. Fuck. Fuck. Fuck. Fuck.
Fuck. Fuck. Fuck. Fuck. Fuck. Fuck. Fuck. Fuck. Fuck. Fuck. Fuck.
Fuck. Fuck. Fuck. Fuck. Fuck. Fuck. Fuck. Fuck. Fuck. Fuck. Fuck.
Fuck. Fuck. Fuck. Fuck. Fuck. Fuck. Fuck. Fuck. Fuck. Fuck. Fuck.
Fuck. Fuck. Fuck. Fuck. Fuck. Fuck. Fuck. Fuck. Fuck. Fuck. Fuck.
Fuck. Fuck. Fuck. Fuck. Fuck. Fuck. Fuck. Fuck. Fuck. Fuck. Fuck.
Fuck. Fuck. Fuck. Fuck. Fuck. Fuck. Fuck. Fuck. Fuck. Fuck. Fuck.
Fuck. Fuck. Fuck. Fuck. Fuck. Fuck. Fuck. Fuck. Fuck. Fuck. Fuck.
Fuck. Fuck. Fuck. Fuck. Fuck. Fuck. Fuck. Fuck. Fuck. Fuck. Fuck.
Fuck. Fuck. Fuck. Fuck. Fuck. Fuck. Fuck. Fuck. Fuck. Fuck. Fuck.
Fuck. Fuck. Fuck. Fuck. Fuck. Fuck. Fuck. Fuck. Fuck. Fuck. Fuck.
Fuck. Fuck. Fuck. Fuck. Fuck. Fuck. Fuck. Fuck. Fuck. Fuck. Fuck.
Fuck. Fuck. Fuck. Fuck. Fuck. Fuck. Fuck. Fuck. Fuck. Fuck. Fuck.
Fuck. Fuck. Fuck. Fuck. Fuck. Fuck. Fuck. Fuck. Fuck. Fuck. Fuck.
Fuck. Fuck. Fuck. Fuck. Fuck. Fuck. Fuck. Fuck. Fuck. Fuck. Fuck.
Fuck. Fuck. Fuck. Fuck. Fuck. Fuck. Fuck. Fuck. Fuck. Fuck. Fuck.
Fuck. Fuck. Fuck. Fuck. Fuck. Fuck. Fuck. Fuck. Fuck. Fuck. Fuck.
Fuck. Fuck. Fuck. Fuck. Fuck. Fuck. Fuck. Fuck. Fuck. Fuck. Fuck.

Fuck. Fuck. Fuck. Fuck. Fuck. Fuck. Fuck. Fuck. Fuck. Fuck. Fuck.
Fuck. Fuck. Fuck. Fuck. Fuck. Fuck. Fuck. Fuck. Fuck. Fuck. Fuck.
Fuck. Fuck. Fuck. Fuck. Fuck. Fuck. Fuck. Fuck. Fuck. Fuck. Fuck.
Fuck. Fuck. Fuck. Fuck. Fuck. Fuck. Fuck. Fuck. Fuck. Fuck. Fuck.
Fuck. Fuck. Fuck. Fuck. Fuck. Fuck. Fuck. Fuck. Fuck. Fuck. Fuck.
Fuck. Fuck. Fuck. Fuck. Fuck. Fuck. Fuck. Fuck. Fuck. Fuck. Fuck.
Fuck. Fuck. Fuck. Fuck. Fuck. Fuck. Fuck. Fuck. Fuck. Fuck. Fuck.
Fuck. Fuck. Fuck. Fuck. Fuck. Fuck. Fuck. Fuck. Fuck. Fuck. Fuck.
Fuck. Fuck. Fuck. Fuck. Fuck. Fuck. Fuck. Fuck. Fuck. Fuck. Fuck.
Fuck. Fuck. Fuck. Fuck. Fuck. Fuck. Fuck. Fuck. Fuck. Fuck. Fuck.
Fuck. Fuck. Fuck. Fuck. Fuck. Fuck. Fuck. Fuck. Fuck. Fuck. Fuck.
Fuck. Fuck. Fuck. Fuck. Fuck. Fuck. Fuck. Fuck. Fuck. Fuck. Fuck.
Fuck. Fuck. Fuck. Fuck. Fuck. Fuck. Fuck. Fuck. Fuck. Fuck. Fuck.
Fuck. Fuck. Fuck. Fuck. Fuck. Fuck. Fuck. Fuck. Fuck. Fuck. Fuck.
Fuck. Fuck. Fuck. Fuck. Fuck. Fuck. Fuck. Fuck. Fuck. Fuck. Fuck.
Fuck. Fuck. Fuck. Fuck. Fuck. Fuck. Fuck. Fuck. Fuck. Fuck. Fuck.
Fuck. Fuck. Fuck. Fuck. Fuck. Fuck. Fuck. Fuck. Fuck. Fuck. Fuck.
Fuck. Fuck. Fuck. Fuck. Fuck. Fuck. Fuck. Fuck. Fuck. Fuck. Fuck.
Fuck. Fuck. Fuck. Fuck. Fuck. Fuck. Fuck. Fuck. Fuck. Fuck. Fuck.
Fuck. Fuck. Fuck. Fuck. Fuck. Fuck. Fuck. Fuck. Fuck. Fuck. Fuck.
Fuck. Fuck. Fuck. Fuck. Fuck. Fuck. Fuck. Fuck. Fuck. Fuck. Fuck.
Fuck. Fuck. Fuck. Fuck. Fuck. Fuck. Fuck. Fuck. Fuck. Fuck. Fuck.
Fuck. Fuck. Fuck. Fuck. Fuck. Fuck. Fuck. Fuck. Fuck. Fuck. Fuck.
Fuck. Fuck. Fuck. Fuck. Fuck. Fuck. Fuck. Fuck. Fuck. Fuck. Fuck.
Fuck. Fuck. Fuck. Fuck. Fuck. Fuck. Fuck. Fuck. Fuck. Fuck. Fuck.
Fuck. Fuck. Fuck. Fuck. Fuck. Fuck. Fuck. Fuck. Fuck. Fuck. Fuck.
Fuck. Fuck. Fuck. Fuck. Fuck. Fuck. Fuck. Fuck. Fuck. Fuck. Fuck.
Fuck. Fuck. Fuck. Fuck. Fuck. Fuck. Fuck. Fuck. Fuck. Fuck. Fuck.
Fuck. Fuck. Fuck. Fuck. Fuck. Fuck. Fuck. Fuck. Fuck. Fuck. Fuck.
Fuck. Fuck. Fuck. Fuck. Fuck. Fuck. Fuck. Fuck. Fuck. Fuck. Fuck.
Fuck. Fuck. Fuck. Fuck. Fuck. Fuck. Fuck. Fuck. Fuck. Fuck. Fuck.
Fuck. Fuck. Fuck. Fuck. Fuck. Fuck. Fuck. Fuck. Fuck. Fuck. Fuck.
Fuck. Fuck. Fuck. Fuck. Fuck. Fuck. Fuck. Fuck. Fuck. Fuck. Fuck.
Fuck. Fuck. Fuck. Fuck. Fuck. Fuck. Fuck. Fuck. Fuck. Fuck. Fuck.
Fuck. Fuck. Fuck. Fuck. Fuck. Fuck. Fuck. Fuck. Fuck. Fuck. Fuck.
Fuck. Fuck. Fuck. Fuck. Fuck. Fuck. Fuck. Fuck. Fuck. Fuck. Fuck.

Fuck. Fuck. Fuck. Fuck. Fuck. Fuck. Fuck. Fuck. Fuck. Fuck. Fuck.
Fuck. Fuck. Fuck. Fuck. Fuck. Fuck. Fuck. Fuck. Fuck. Fuck. Fuck.
Fuck. Fuck. Fuck. Fuck. Fuck. Fuck. Fuck. Fuck. Fuck. Fuck. Fuck.
Fuck. Fuck. Fuck. Fuck. Fuck. Fuck. Fuck. Fuck. Fuck. Fuck. Fuck.
Fuck. Fuck. Fuck. Fuck. Fuck. Fuck. Fuck. Fuck. Fuck. Fuck. Fuck.
Fuck. Fuck. Fuck. Fuck. Fuck. Fuck. Fuck. Fuck. Fuck. Fuck. Fuck.
Fuck. Fuck. Fuck. Fuck. Fuck. Fuck. Fuck. Fuck. Fuck. Fuck. Fuck.
Fuck. Fuck. Fuck. Fuck. Fuck. Fuck. Fuck. Fuck. Fuck. Fuck. Fuck.
Fuck. Fuck. Fuck. Fuck. Fuck. Fuck. Fuck. Fuck. Fuck. Fuck. Fuck.
Fuck. Fuck. Fuck. Fuck. Fuck. Fuck. Fuck. Fuck. Fuck. Fuck. Fuck.
Fuck. Fuck. Fuck. Fuck. Fuck. Fuck. Fuck. Fuck. Fuck. Fuck. Fuck.
Fuck. Fuck. Fuck. Fuck. Fuck. Fuck. Fuck. Fuck. Fuck. Fuck. Fuck.
Fuck. Fuck. Fuck. Fuck. Fuck. Fuck. Fuck. Fuck. Fuck. Fuck. Fuck.
Fuck. Fuck. Fuck. Fuck. Fuck. Fuck. Fuck. Fuck. Fuck. Fuck. Fuck.
Fuck. Fuck. Fuck. Fuck. Fuck. Fuck. Fuck. Fuck. Fuck. Fuck. Fuck.
Fuck. Fuck. Fuck. Fuck. Fuck. Fuck. Fuck. Fuck. Fuck. Fuck. Fuck.
Fuck. Fuck. Fuck. Fuck. Fuck. Fuck. Fuck. Fuck. Fuck. Fuck. Fuck.
Fuck. Fuck. Fuck. Fuck. Fuck. Fuck. Fuck. Fuck. Fuck. Fuck. Fuck.
Fuck. Fuck. Fuck. Fuck. Fuck. Fuck. Fuck. Fuck. Fuck. Fuck. Fuck.
Fuck. Fuck. Fuck. Fuck. Fuck. Fuck. Fuck. Fuck. Fuck. Fuck. Fuck.
Fuck. Fuck. Fuck. Fuck. Fuck. Fuck. Fuck. Fuck. Fuck. Fuck. Fuck.
Fuck. Fuck. Fuck. Fuck. Fuck. Fuck. Fuck. Fuck. Fuck. Fuck. Fuck.
Fuck. Fuck. Fuck. Fuck. Fuck. Fuck. Fuck. Fuck. Fuck. Fuck. Fuck.
Fuck. Fuck. Fuck. Fuck. Fuck. Fuck. Fuck. Fuck. Fuck. Fuck. Fuck.
Fuck. Fuck. Fuck. Fuck. Fuck. Fuck. Fuck. Fuck. Fuck. Fuck. Fuck.
Fuck. Fuck. Fuck. Fuck. Fuck. Fuck. Fuck. Fuck. Fuck. Fuck. Fuck.
Fuck. Fuck. Fuck. Fuck. Fuck. Fuck. Fuck. Fuck. Fuck. Fuck. Fuck.
Fuck. Fuck. Fuck. Fuck. Fuck. Fuck. Fuck. Fuck. Fuck. Fuck. Fuck.
Fuck. Fuck. Fuck. Fuck. Fuck. Fuck. Fuck. Fuck. Fuck. Fuck. Fuck.
Fuck. Fuck. Fuck. Fuck. Fuck. Fuck. Fuck. Fuck. Fuck. Fuck. Fuck.
Fuck. Fuck. Fuck. Fuck. Fuck. Fuck. Fuck. Fuck. Fuck. Fuck. Fuck.
Fuck. Fuck. Fuck. Fuck. Fuck. Fuck. Fuck. Fuck. Fuck. Fuck. Fuck.
Fuck. Fuck. Fuck. Fuck. Fuck. Fuck. Fuck. Fuck. Fuck. Fuck. Fuck.
Fuck. Fuck. Fuck. Fuck. Fuck. Fuck. Fuck. Fuck. Fuck. Fuck. Fuck.
Fuck. Fuck. Fuck. Fuck. Fuck. Fuck. Fuck. Fuck. Fuck. Fuck. Fuck.
Fuck. Fuck. Fuck. Fuck. Fuck. Fuck. Fuck. Fuck. Fuck. Fuck. Fuck.
Fuck. Fuck. Fuck. Fuck. Fuck. Fuck. Fuck. Fuck. Fuck. Fuck. Fuck.
Fuck. Fuck. Fuck. Fuck. Fuck. Fuck. Fuck. Fuck. Fuck. Fuck. Fuck.

Fuck. Fuck. Fuck. Fuck. Fuck. Fuck. Fuck. Fuck. Fuck. Fuck. Fuck.
Fuck. Fuck. Fuck. Fuck. Fuck. Fuck. Fuck. Fuck. Fuck. Fuck. Fuck.
Fuck. Fuck. Fuck. Fuck. Fuck. Fuck. Fuck. Fuck. Fuck. Fuck. Fuck.
Fuck. Fuck. Fuck. Fuck. Fuck. Fuck. Fuck. Fuck. Fuck. Fuck. Fuck.
Fuck. Fuck. Fuck. Fuck. Fuck. Fuck. Fuck. Fuck. Fuck. Fuck. Fuck.
Fuck. Fuck. Fuck. Fuck. Fuck. Fuck. Fuck. Fuck. Fuck. Fuck. Fuck.
Fuck. Fuck. Fuck. Fuck. Fuck. Fuck. Fuck. Fuck. Fuck. Fuck. Fuck.
Fuck. Fuck. Fuck. Fuck. Fuck. Fuck. Fuck. Fuck. Fuck. Fuck. Fuck.
Fuck. Fuck. Fuck. Fuck. Fuck. Fuck. Fuck. Fuck. Fuck. Fuck. Fuck.
Fuck. Fuck. Fuck. Fuck. Fuck. Fuck. Fuck. Fuck. Fuck. Fuck. Fuck.
Fuck. Fuck. Fuck. Fuck. Fuck. Fuck. Fuck. Fuck. Fuck. Fuck. Fuck.
Fuck. Fuck. Fuck. Fuck. Fuck. Fuck. Fuck. Fuck. Fuck. Fuck. Fuck.
Fuck. Fuck. Fuck. Fuck. Fuck. Fuck. Fuck. Fuck. Fuck. Fuck. Fuck.
Fuck. Fuck. Fuck. Fuck. Fuck. Fuck. Fuck. Fuck. Fuck. Fuck. Fuck.
Fuck. Fuck. Fuck. Fuck. Fuck. Fuck. Fuck. Fuck. Fuck. Fuck. Fuck.
Fuck. Fuck. Fuck. Fuck. Fuck. Fuck. Fuck. Fuck. Fuck. Fuck. Fuck.
Fuck. Fuck. Fuck. Fuck. Fuck. Fuck. Fuck. Fuck. Fuck. Fuck. Fuck.
Fuck. Fuck. Fuck. Fuck. Fuck. Fuck. Fuck. Fuck. Fuck. Fuck. Fuck.
Fuck. Fuck. Fuck. Fuck. Fuck. Fuck. Fuck. Fuck. Fuck. Fuck. Fuck.
Fuck. Fuck. Fuck. Fuck. Fuck. Fuck. Fuck. Fuck. Fuck. Fuck. Fuck.
Fuck. Fuck. Fuck. Fuck. Fuck. Fuck. Fuck. Fuck. Fuck. Fuck. Fuck.
Fuck. Fuck. Fuck. Fuck. Fuck. Fuck. Fuck. Fuck. Fuck. Fuck. Fuck.
Fuck. Fuck. Fuck. Fuck. Fuck. Fuck. Fuck. Fuck. Fuck. Fuck. Fuck.
Fuck. Fuck. Fuck. Fuck. Fuck. Fuck. Fuck. Fuck. Fuck. Fuck. Fuck.
Fuck. Fuck. Fuck. Fuck. Fuck. Fuck. Fuck. Fuck. Fuck. Fuck. Fuck.
Fuck. Fuck. Fuck. Fuck. Fuck. Fuck. Fuck. Fuck. Fuck. Fuck. Fuck.
Fuck. Fuck. Fuck. Fuck. Fuck. Fuck. Fuck. Fuck. Fuck. Fuck. Fuck.
Fuck. Fuck. Fuck. Fuck. Fuck. Fuck. Fuck. Fuck. Fuck. Fuck. Fuck.
Fuck. Fuck. Fuck. Fuck. Fuck. Fuck. Fuck. Fuck. Fuck. Fuck. Fuck.
Fuck. Fuck. Fuck. Fuck. Fuck. Fuck. Fuck. Fuck. Fuck. Fuck. Fuck.
Fuck. Fuck. Fuck. Fuck. Fuck. Fuck. Fuck. Fuck. Fuck. Fuck. Fuck.
Fuck. Fuck. Fuck. Fuck. Fuck. Fuck. Fuck. Fuck. Fuck. Fuck. Fuck.
Fuck. Fuck. Fuck. Fuck. Fuck. Fuck. Fuck. Fuck. Fuck. Fuck. Fuck.
Fuck. Fuck. Fuck. Fuck. Fuck. Fuck. Fuck. Fuck. Fuck. Fuck. Fuck.
Fuck. Fuck. Fuck. Fuck. Fuck. Fuck. Fuck. Fuck. Fuck. Fuck. Fuck.

Fuck. Fuck. Fuck. Fuck. Fuck. Fuck. Fuck. Fuck. Fuck. Fuck. Fuck.
Fuck. Fuck. Fuck. Fuck. Fuck. Fuck. Fuck. Fuck. Fuck. Fuck. Fuck.
Fuck. Fuck. Fuck. Fuck. Fuck. Fuck. Fuck. Fuck. Fuck. Fuck. Fuck.
Fuck. Fuck. Fuck. Fuck. Fuck. Fuck. Fuck. Fuck. Fuck. Fuck. Fuck.
Fuck. Fuck. Fuck. Fuck. Fuck. Fuck. Fuck. Fuck. Fuck. Fuck. Fuck.
Fuck. Fuck. Fuck. Fuck. Fuck. Fuck. Fuck. Fuck. Fuck. Fuck. Fuck.
Fuck. Fuck. Fuck. Fuck. Fuck. Fuck. Fuck. Fuck. Fuck. Fuck. Fuck.
Fuck. Fuck. Fuck. Fuck. Fuck. Fuck. Fuck. Fuck. Fuck. Fuck. Fuck.
Fuck. Fuck. Fuck. Fuck. Fuck. Fuck. Fuck. Fuck. Fuck. Fuck. Fuck.
Fuck. Fuck. Fuck. Fuck. Fuck. Fuck. Fuck. Fuck. Fuck. Fuck. Fuck.
Fuck. Fuck. Fuck. Fuck. Fuck. Fuck. Fuck. Fuck. Fuck. Fuck. Fuck.
Fuck. Fuck. Fuck. Fuck. Fuck. Fuck. Fuck. Fuck. Fuck. Fuck. Fuck.
Fuck. Fuck. Fuck. Fuck. Fuck. Fuck. Fuck. Fuck. Fuck. Fuck. Fuck.
Fuck. Fuck. Fuck. Fuck. Fuck. Fuck. Fuck. Fuck. Fuck. Fuck. Fuck.
Fuck. Fuck. Fuck. Fuck. Fuck. Fuck. Fuck. Fuck. Fuck. Fuck. Fuck.
Fuck. Fuck. Fuck. Fuck. Fuck. Fuck. Fuck. Fuck. Fuck. Fuck. Fuck.
Fuck. Fuck. Fuck. Fuck. Fuck. Fuck. Fuck. Fuck. Fuck. Fuck. Fuck.
Fuck. Fuck. Fuck. Fuck. Fuck. Fuck. Fuck. Fuck. Fuck. Fuck. Fuck.
Fuck. Fuck. Fuck. Fuck. Fuck. Fuck. Fuck. Fuck. Fuck. Fuck. Fuck.
Fuck. Fuck. Fuck. Fuck. Fuck. Fuck. Fuck. Fuck. Fuck. Fuck. Fuck.
Fuck. Fuck. Fuck. Fuck. Fuck. Fuck. Fuck. Fuck. Fuck. Fuck. Fuck.
Fuck. Fuck. Fuck. Fuck. Fuck. Fuck. Fuck. Fuck. Fuck. Fuck. Fuck.
Fuck. Fuck. Fuck. Fuck. Fuck. Fuck. Fuck. Fuck. Fuck. Fuck. Fuck.
Fuck. Fuck. Fuck. Fuck. Fuck. Fuck. Fuck. Fuck. Fuck. Fuck. Fuck.
Fuck. Fuck. Fuck. Fuck. Fuck. Fuck. Fuck. Fuck. Fuck. Fuck. Fuck.
Fuck. Fuck. Fuck. Fuck. Fuck. Fuck. Fuck. Fuck. Fuck. Fuck. Fuck.
Fuck. Fuck. Fuck. Fuck. Fuck. Fuck. Fuck. Fuck. Fuck. Fuck. Fuck.
Fuck. Fuck. Fuck. Fuck. Fuck. Fuck. Fuck. Fuck. Fuck. Fuck. Fuck.
Fuck. Fuck. Fuck. Fuck. Fuck. Fuck. Fuck. Fuck. Fuck. Fuck. Fuck.
Fuck. Fuck. Fuck. Fuck. Fuck. Fuck. Fuck. Fuck. Fuck. Fuck. Fuck.
Fuck. Fuck. Fuck. Fuck. Fuck. Fuck. Fuck. Fuck. Fuck. Fuck. Fuck.
Fuck. Fuck. Fuck. Fuck. Fuck. Fuck. Fuck. Fuck. Fuck. Fuck. Fuck.
Fuck. Fuck. Fuck. Fuck. Fuck. Fuck. Fuck. Fuck. Fuck. Fuck. Fuck.
Fuck. Fuck. Fuck. Fuck. Fuck. Fuck. Fuck. Fuck. Fuck. Fuck. Fuck.
Fuck. Fuck. Fuck. Fuck. Fuck. Fuck. Fuck. Fuck. Fuck. Fuck. Fuck.
Fuck. Fuck. Fuck. Fuck. Fuck. Fuck. Fuck. Fuck. Fuck. Fuck. Fuck.

Fuck. Fuck. Fuck. Fuck. Fuck. Fuck. Fuck. Fuck. Fuck. Fuck. Fuck.
Fuck. Fuck. Fuck. Fuck. Fuck. Fuck. Fuck. Fuck. Fuck. Fuck. Fuck.
Fuck. Fuck. Fuck. Fuck. Fuck. Fuck. Fuck. Fuck. Fuck. Fuck. Fuck.
Fuck. Fuck. Fuck. Fuck. Fuck. Fuck. Fuck. Fuck. Fuck. Fuck. Fuck.
Fuck. Fuck. Fuck. Fuck. Fuck. Fuck. Fuck. Fuck. Fuck. Fuck. Fuck.
Fuck. Fuck. Fuck. Fuck. Fuck. Fuck. Fuck. Fuck. Fuck. Fuck. Fuck.
Fuck. Fuck. Fuck. Fuck. Fuck. Fuck. Fuck. Fuck. Fuck. Fuck. Fuck.
Fuck. Fuck. Fuck. Fuck. Fuck. Fuck. Fuck. Fuck. Fuck. Fuck. Fuck.
Fuck. Fuck. Fuck. Fuck. Fuck. Fuck. Fuck. Fuck. Fuck. Fuck. Fuck.
Fuck. Fuck. Fuck. Fuck. Fuck. Fuck. Fuck. Fuck. Fuck. Fuck. Fuck.
Fuck. Fuck. Fuck. Fuck. Fuck. Fuck. Fuck. Fuck. Fuck. Fuck. Fuck.
Fuck. Fuck. Fuck. Fuck. Fuck. Fuck. Fuck. Fuck. Fuck. Fuck. Fuck.
Fuck. Fuck. Fuck. Fuck. Fuck. Fuck. Fuck. Fuck. Fuck. Fuck. Fuck.
Fuck. Fuck. Fuck. Fuck. Fuck. Fuck. Fuck. Fuck. Fuck. Fuck. Fuck.
Fuck. Fuck. Fuck. Fuck. Fuck. Fuck. Fuck. Fuck. Fuck. Fuck. Fuck.
Fuck. Fuck. Fuck. Fuck. Fuck. Fuck. Fuck. Fuck. Fuck. Fuck. Fuck.
Fuck. Fuck. Fuck. Fuck. Fuck. Fuck. Fuck. Fuck. Fuck. Fuck. Fuck.
Fuck. Fuck. Fuck. Fuck. Fuck. Fuck. Fuck. Fuck. Fuck. Fuck. Fuck.
Fuck. Fuck. Fuck. Fuck. Fuck. Fuck. Fuck. Fuck. Fuck. Fuck. Fuck.
Fuck. Fuck. Fuck. Fuck. Fuck. Fuck. Fuck. Fuck. Fuck. Fuck. Fuck.
Fuck. Fuck. Fuck. Fuck. Fuck. Fuck. Fuck. Fuck. Fuck. Fuck. Fuck.
Fuck. Fuck. Fuck. Fuck. Fuck. Fuck. Fuck. Fuck. Fuck. Fuck. Fuck.
Fuck. Fuck. Fuck. Fuck. Fuck. Fuck. Fuck. Fuck. Fuck. Fuck. Fuck.
Fuck. Fuck. Fuck. Fuck. Fuck. Fuck. Fuck. Fuck. Fuck. Fuck. Fuck.
Fuck. Fuck. Fuck. Fuck. Fuck. Fuck. Fuck. Fuck. Fuck. Fuck. Fuck.
Fuck. Fuck. Fuck. Fuck. Fuck. Fuck. Fuck. Fuck. Fuck. Fuck. Fuck.
Fuck. Fuck. Fuck. Fuck. Fuck. Fuck. Fuck. Fuck. Fuck. Fuck. Fuck.
Fuck. Fuck. Fuck. Fuck. Fuck. Fuck. Fuck. Fuck. Fuck. Fuck. Fuck.
Fuck. Fuck. Fuck. Fuck. Fuck. Fuck. Fuck. Fuck. Fuck. Fuck. Fuck.
Fuck. Fuck. Fuck. Fuck. Fuck. Fuck. Fuck. Fuck. Fuck. Fuck. Fuck.
Fuck. Fuck. Fuck. Fuck. Fuck. Fuck. Fuck. Fuck. Fuck. Fuck. Fuck.
Fuck. Fuck. Fuck. Fuck. Fuck. Fuck. Fuck. Fuck. Fuck. Fuck. Fuck.
Fuck. Fuck. Fuck. Fuck. Fuck. Fuck. Fuck. Fuck. Fuck. Fuck. Fuck.
Fuck. Fuck. Fuck. Fuck. Fuck. Fuck. Fuck. Fuck. Fuck. Fuck. Fuck.
Fuck. Fuck. Fuck. Fuck. Fuck. Fuck. Fuck. Fuck. Fuck. Fuck. Fuck.
Fuck. Fuck. Fuck. Fuck. Fuck. Fuck. Fuck. Fuck. Fuck. Fuck. Fuck.

Fuck. Fuck. Fuck. Fuck. Fuck. Fuck. Fuck. Fuck. Fuck. Fuck. Fuck.
Fuck. Fuck. Fuck. Fuck. Fuck. Fuck. Fuck. Fuck. Fuck. Fuck. Fuck.
Fuck. Fuck. Fuck. Fuck. Fuck. Fuck. Fuck. Fuck. Fuck. Fuck. Fuck.
Fuck. Fuck. Fuck. Fuck. Fuck. Fuck. Fuck. Fuck. Fuck. Fuck. Fuck.
Fuck. Fuck. Fuck. Fuck. Fuck. Fuck. Fuck. Fuck. Fuck. Fuck. Fuck.
Fuck. Fuck. Fuck. Fuck. Fuck. Fuck. Fuck. Fuck. Fuck. Fuck. Fuck.
Fuck. Fuck. Fuck. Fuck. Fuck. Fuck. Fuck. Fuck. Fuck. Fuck. Fuck.
Fuck. Fuck. Fuck. Fuck. Fuck. Fuck. Fuck. Fuck. Fuck. Fuck. Fuck.
Fuck. Fuck. Fuck. Fuck. Fuck. Fuck. Fuck. Fuck. Fuck. Fuck. Fuck.
Fuck. Fuck. Fuck. Fuck. Fuck. Fuck. Fuck. Fuck. Fuck. Fuck. Fuck.
Fuck. Fuck. Fuck. Fuck. Fuck. Fuck. Fuck. Fuck. Fuck. Fuck. Fuck.
Fuck. Fuck. Fuck. Fuck. Fuck. Fuck. Fuck. Fuck. Fuck. Fuck. Fuck.
Fuck. Fuck. Fuck. Fuck. Fuck. Fuck. Fuck. Fuck. Fuck. Fuck. Fuck.
Fuck. Fuck. Fuck. Fuck. Fuck. Fuck. Fuck. Fuck. Fuck. Fuck. Fuck.
Fuck. Fuck. Fuck. Fuck. Fuck. Fuck. Fuck. Fuck. Fuck. Fuck. Fuck.
Fuck. Fuck. Fuck. Fuck. Fuck. Fuck. Fuck. Fuck. Fuck. Fuck. Fuck.
Fuck. Fuck. Fuck. Fuck. Fuck. Fuck. Fuck. Fuck. Fuck. Fuck. Fuck.
Fuck. Fuck. Fuck. Fuck. Fuck. Fuck. Fuck. Fuck. Fuck. Fuck. Fuck.
Fuck. Fuck. Fuck. Fuck. Fuck. Fuck. Fuck. Fuck. Fuck. Fuck. Fuck.
Fuck. Fuck. Fuck. Fuck. Fuck. Fuck. Fuck. Fuck. Fuck. Fuck. Fuck.
Fuck. Fuck. Fuck. Fuck. Fuck. Fuck. Fuck. Fuck. Fuck. Fuck. Fuck.
Fuck. Fuck. Fuck. Fuck. Fuck. Fuck. Fuck. Fuck. Fuck. Fuck. Fuck.
Fuck. Fuck. Fuck. Fuck. Fuck. Fuck. Fuck. Fuck. Fuck. Fuck. Fuck.
Fuck. Fuck. Fuck. Fuck. Fuck. Fuck. Fuck. Fuck. Fuck. Fuck. Fuck.
Fuck. Fuck. Fuck. Fuck. Fuck. Fuck. Fuck. Fuck. Fuck. Fuck. Fuck.
Fuck. Fuck. Fuck. Fuck. Fuck. Fuck. Fuck. Fuck. Fuck. Fuck. Fuck.
Fuck. Fuck. Fuck. Fuck. Fuck. Fuck. Fuck. Fuck. Fuck. Fuck. Fuck.
Fuck. Fuck. Fuck. Fuck. Fuck. Fuck. Fuck. Fuck. Fuck. Fuck. Fuck.
Fuck. Fuck. Fuck. Fuck. Fuck. Fuck. Fuck. Fuck. Fuck. Fuck. Fuck.
Fuck. Fuck. Fuck. Fuck. Fuck. Fuck. Fuck. Fuck. Fuck. Fuck. Fuck.
Fuck. Fuck. Fuck. Fuck. Fuck. Fuck. Fuck. Fuck. Fuck. Fuck. Fuck.
Fuck. Fuck. Fuck. Fuck. Fuck. Fuck. Fuck. Fuck. Fuck. Fuck. Fuck.
Fuck. Fuck. Fuck. Fuck. Fuck. Fuck. Fuck. Fuck. Fuck. Fuck. Fuck.
Fuck. Fuck. Fuck. Fuck. Fuck. Fuck. Fuck. Fuck. Fuck. Fuck. Fuck.
Fuck. Fuck. Fuck. Fuck. Fuck. Fuck. Fuck. Fuck. Fuck. Fuck. Fuck.
Fuck. Fuck. Fuck. Fuck. Fuck. Fuck. Fuck. Fuck. Fuck. Fuck. Fuck.
Fuck. Fuck. Fuck. Fuck. Fuck. Fuck. Fuck. Fuck. Fuck. Fuck. Fuck.

Fuck. Fuck. Fuck. Fuck. Fuck. Fuck. Fuck. Fuck. Fuck. Fuck. Fuck.
Fuck. Fuck. Fuck. Fuck. Fuck. Fuck. Fuck. Fuck. Fuck. Fuck. Fuck.
Fuck. Fuck. Fuck. Fuck. Fuck. Fuck. Fuck. Fuck. Fuck. Fuck. Fuck.
Fuck. Fuck. Fuck. Fuck. Fuck. Fuck. Fuck. Fuck. Fuck. Fuck. Fuck.
Fuck. Fuck. Fuck. Fuck. Fuck. Fuck. Fuck. Fuck. Fuck. Fuck. Fuck.
Fuck. Fuck. Fuck. Fuck. Fuck. Fuck. Fuck. Fuck. Fuck. Fuck. Fuck.
Fuck. Fuck. Fuck. Fuck. Fuck. Fuck. Fuck. Fuck. Fuck. Fuck. Fuck.
Fuck. Fuck. Fuck. Fuck. Fuck. Fuck. Fuck. Fuck. Fuck. Fuck. Fuck.
Fuck. Fuck. Fuck. Fuck. Fuck. Fuck. Fuck. Fuck. Fuck. Fuck. Fuck.
Fuck. Fuck. Fuck. Fuck. Fuck. Fuck. Fuck. Fuck. Fuck. Fuck. Fuck.
Fuck. Fuck. Fuck. Fuck. Fuck. Fuck. Fuck. Fuck. Fuck. Fuck. Fuck.
Fuck. Fuck. Fuck. Fuck. Fuck. Fuck. Fuck. Fuck. Fuck. Fuck. Fuck.
Fuck. Fuck. Fuck. Fuck. Fuck. Fuck. Fuck. Fuck. Fuck. Fuck. Fuck.
Fuck. Fuck. Fuck. Fuck. Fuck. Fuck. Fuck. Fuck. Fuck. Fuck. Fuck.
Fuck. Fuck. Fuck. Fuck. Fuck. Fuck. Fuck. Fuck. Fuck. Fuck. Fuck.
Fuck. Fuck. Fuck. Fuck. Fuck. Fuck. Fuck. Fuck. Fuck. Fuck. Fuck.
Fuck. Fuck. Fuck. Fuck. Fuck. Fuck. Fuck. Fuck. Fuck. Fuck. Fuck.
Fuck. Fuck. Fuck. Fuck. Fuck. Fuck. Fuck. Fuck. Fuck. Fuck. Fuck.
Fuck. Fuck. Fuck. Fuck. Fuck. Fuck. Fuck. Fuck. Fuck. Fuck. Fuck.
Fuck. Fuck. Fuck. Fuck. Fuck. Fuck. Fuck. Fuck. Fuck. Fuck. Fuck.
Fuck. Fuck. Fuck. Fuck. Fuck. Fuck. Fuck. Fuck. Fuck. Fuck. Fuck.
Fuck. Fuck. Fuck. Fuck. Fuck. Fuck. Fuck. Fuck. Fuck. Fuck. Fuck.
Fuck. Fuck. Fuck. Fuck. Fuck. Fuck. Fuck. Fuck. Fuck. Fuck. Fuck.
Fuck. Fuck. Fuck. Fuck. Fuck. Fuck. Fuck. Fuck. Fuck. Fuck. Fuck.
Fuck. Fuck. Fuck. Fuck. Fuck. Fuck. Fuck. Fuck. Fuck. Fuck. Fuck.
Fuck. Fuck. Fuck. Fuck. Fuck. Fuck. Fuck. Fuck. Fuck. Fuck. Fuck.
Fuck. Fuck. Fuck. Fuck. Fuck. Fuck. Fuck. Fuck. Fuck. Fuck. Fuck.
Fuck. Fuck. Fuck. Fuck. Fuck. Fuck. Fuck. Fuck. Fuck. Fuck. Fuck.
Fuck. Fuck. Fuck. Fuck. Fuck. Fuck. Fuck. Fuck. Fuck. Fuck. Fuck.
Fuck. Fuck. Fuck. Fuck. Fuck. Fuck. Fuck. Fuck. Fuck. Fuck. Fuck.
Fuck. Fuck. Fuck. Fuck. Fuck. Fuck. Fuck. Fuck. Fuck. Fuck. Fuck.
Fuck. Fuck. Fuck. Fuck. Fuck. Fuck. Fuck. Fuck. Fuck. Fuck. Fuck.
Fuck. Fuck. Fuck. Fuck. Fuck. Fuck. Fuck. Fuck. Fuck. Fuck. Fuck.
Fuck. Fuck. Fuck. Fuck. Fuck. Fuck. Fuck. Fuck. Fuck. Fuck. Fuck.
Fuck. Fuck. Fuck. Fuck. Fuck. Fuck. Fuck. Fuck. Fuck. Fuck. Fuck.
Fuck. Fuck. Fuck. Fuck. Fuck. Fuck. Fuck. Fuck. Fuck. Fuck. Fuck.

Fuck. Fuck. Fuck. Fuck. Fuck. Fuck. Fuck. Fuck. Fuck. Fuck. Fuck.
Fuck. Fuck. Fuck. Fuck. Fuck. Fuck. Fuck. Fuck. Fuck. Fuck. Fuck.
Fuck. Fuck. Fuck. Fuck. Fuck. Fuck. Fuck. Fuck. Fuck. Fuck. Fuck.
Fuck. Fuck. Fuck. Fuck. Fuck. Fuck. Fuck. Fuck. Fuck. Fuck. Fuck.
Fuck. Fuck. Fuck. Fuck. Fuck. Fuck. Fuck. Fuck. Fuck. Fuck. Fuck.
Fuck. Fuck. Fuck. Fuck. Fuck. Fuck. Fuck. Fuck. Fuck. Fuck. Fuck.
Fuck. Fuck. Fuck. Fuck. Fuck. Fuck. Fuck. Fuck. Fuck. Fuck. Fuck.
Fuck. Fuck. Fuck. Fuck. Fuck. Fuck. Fuck. Fuck. Fuck. Fuck. Fuck.
Fuck. Fuck. Fuck. Fuck. Fuck. Fuck. Fuck. Fuck. Fuck. Fuck. Fuck.
Fuck. Fuck. Fuck. Fuck. Fuck. Fuck. Fuck. Fuck. Fuck. Fuck. Fuck.
Fuck. Fuck. Fuck. Fuck. Fuck. Fuck. Fuck. Fuck. Fuck. Fuck. Fuck.
Fuck. Fuck. Fuck. Fuck. Fuck. Fuck. Fuck. Fuck. Fuck. Fuck. Fuck.
Fuck. Fuck. Fuck. Fuck. Fuck. Fuck. Fuck. Fuck. Fuck. Fuck. Fuck.
Fuck. Fuck. Fuck. Fuck. Fuck. Fuck. Fuck. Fuck. Fuck. Fuck. Fuck.
Fuck. Fuck. Fuck. Fuck. Fuck. Fuck. Fuck. Fuck. Fuck. Fuck. Fuck.
Fuck. Fuck. Fuck. Fuck. Fuck. Fuck. Fuck. Fuck. Fuck. Fuck. Fuck.
Fuck. Fuck. Fuck. Fuck. Fuck. Fuck. Fuck. Fuck. Fuck. Fuck. Fuck.
Fuck. Fuck. Fuck. Fuck. Fuck. Fuck. Fuck. Fuck. Fuck. Fuck. Fuck.
Fuck. Fuck. Fuck. Fuck. Fuck. Fuck. Fuck. Fuck. Fuck. Fuck. Fuck.
Fuck. Fuck. Fuck. Fuck. Fuck. Fuck. Fuck. Fuck. Fuck. Fuck. Fuck.
Fuck. Fuck. Fuck. Fuck. Fuck. Fuck. Fuck. Fuck. Fuck. Fuck. Fuck.
Fuck. Fuck. Fuck. Fuck. Fuck. Fuck. Fuck. Fuck. Fuck. Fuck. Fuck.
Fuck. Fuck. Fuck. Fuck. Fuck. Fuck. Fuck. Fuck. Fuck. Fuck. Fuck.
Fuck. Fuck. Fuck. Fuck. Fuck. Fuck. Fuck. Fuck. Fuck. Fuck. Fuck.
Fuck. Fuck. Fuck. Fuck. Fuck. Fuck. Fuck. Fuck. Fuck. Fuck. Fuck.
Fuck. Fuck. Fuck. Fuck. Fuck. Fuck. Fuck. Fuck. Fuck. Fuck. Fuck.
Fuck. Fuck. Fuck. Fuck. Fuck. Fuck. Fuck. Fuck. Fuck. Fuck. Fuck.
Fuck. Fuck. Fuck. Fuck. Fuck. Fuck. Fuck. Fuck. Fuck. Fuck. Fuck.
Fuck. Fuck. Fuck. Fuck. Fuck. Fuck. Fuck. Fuck. Fuck. Fuck. Fuck.
Fuck. Fuck. Fuck. Fuck. Fuck. Fuck. Fuck. Fuck. Fuck. Fuck. Fuck.
Fuck. Fuck. Fuck. Fuck. Fuck. Fuck. Fuck. Fuck. Fuck. Fuck. Fuck.
Fuck. Fuck. Fuck. Fuck. Fuck. Fuck. Fuck. Fuck. Fuck. Fuck. Fuck.
Fuck. Fuck. Fuck. Fuck. Fuck. Fuck. Fuck. Fuck. Fuck. Fuck. Fuck.
Fuck. Fuck. Fuck. Fuck. Fuck. Fuck. Fuck. Fuck. Fuck. Fuck. Fuck.
Fuck. Fuck. Fuck. Fuck. Fuck. Fuck. Fuck. Fuck. Fuck. Fuck. Fuck.
Fuck. Fuck. Fuck. Fuck. Fuck. Fuck. Fuck. Fuck. Fuck. Fuck. Fuck.
Fuck. Fuck. Fuck. Fuck. Fuck. Fuck. Fuck. Fuck. Fuck. Fuck. Fuck.
Fuck. Fuck. Fuck. Fuck. Fuck. Fuck. Fuck. Fuck. Fuck. Fuck. Fuck.

Fuck. Fuck. Fuck. Fuck. Fuck. Fuck. Fuck. Fuck. Fuck. Fuck. Fuck.
Fuck. Fuck. Fuck. Fuck. Fuck. Fuck. Fuck. Fuck. Fuck. Fuck. Fuck.
Fuck. Fuck. Fuck. Fuck. Fuck. Fuck. Fuck. Fuck. Fuck. Fuck. Fuck.
Fuck. Fuck. Fuck. Fuck. Fuck. Fuck. Fuck. Fuck. Fuck. Fuck. Fuck.
Fuck. Fuck. Fuck. Fuck. Fuck. Fuck. Fuck. Fuck. Fuck. Fuck. Fuck.
Fuck. Fuck. Fuck. Fuck. Fuck. Fuck. Fuck. Fuck. Fuck. Fuck. Fuck.
Fuck. Fuck. Fuck. Fuck. Fuck. Fuck. Fuck. Fuck. Fuck. Fuck. Fuck.
Fuck. Fuck. Fuck. Fuck. Fuck. Fuck. Fuck. Fuck. Fuck. Fuck. Fuck.
Fuck. Fuck. Fuck. Fuck. Fuck. Fuck. Fuck. Fuck. Fuck. Fuck. Fuck.
Fuck. Fuck. Fuck. Fuck. Fuck. Fuck. Fuck. Fuck. Fuck. Fuck. Fuck.
Fuck. Fuck. Fuck. Fuck. Fuck. Fuck. Fuck. Fuck. Fuck. Fuck. Fuck.
Fuck. Fuck. Fuck. Fuck. Fuck. Fuck. Fuck. Fuck. Fuck. Fuck. Fuck.
Fuck. Fuck. Fuck. Fuck. Fuck. Fuck. Fuck. Fuck. Fuck. Fuck. Fuck.
Fuck. Fuck. Fuck. Fuck. Fuck. Fuck. Fuck. Fuck. Fuck. Fuck. Fuck.
Fuck. Fuck. Fuck. Fuck. Fuck. Fuck. Fuck. Fuck. Fuck. Fuck. Fuck.
Fuck. Fuck. Fuck. Fuck. Fuck. Fuck. Fuck. Fuck. Fuck. Fuck. Fuck.
Fuck. Fuck. Fuck. Fuck. Fuck. Fuck. Fuck. Fuck. Fuck. Fuck. Fuck.
Fuck. Fuck. Fuck. Fuck. Fuck. Fuck. Fuck. Fuck. Fuck. Fuck. Fuck.
Fuck. Fuck. Fuck. Fuck. Fuck. Fuck. Fuck. Fuck. Fuck. Fuck. Fuck.
Fuck. Fuck. Fuck. Fuck. Fuck. Fuck. Fuck. Fuck. Fuck. Fuck. Fuck.
Fuck. Fuck. Fuck. Fuck. Fuck. Fuck. Fuck. Fuck. Fuck. Fuck. Fuck.
Fuck. Fuck. Fuck. Fuck. Fuck. Fuck. Fuck. Fuck. Fuck. Fuck. Fuck.
Fuck. Fuck. Fuck. Fuck. Fuck. Fuck. Fuck. Fuck. Fuck. Fuck. Fuck.
Fuck. Fuck. Fuck. Fuck. Fuck. Fuck. Fuck. Fuck. Fuck. Fuck. Fuck.
Fuck. Fuck. Fuck. Fuck. Fuck. Fuck. Fuck. Fuck. Fuck. Fuck. Fuck.
Fuck. Fuck. Fuck. Fuck. Fuck. Fuck. Fuck. Fuck. Fuck. Fuck. Fuck.
Fuck. Fuck. Fuck. Fuck. Fuck. Fuck. Fuck. Fuck. Fuck. Fuck. Fuck.
Fuck. Fuck. Fuck. Fuck. Fuck. Fuck. Fuck. Fuck. Fuck. Fuck. Fuck.
Fuck. Fuck. Fuck. Fuck. Fuck. Fuck. Fuck. Fuck. Fuck. Fuck. Fuck.
Fuck. Fuck. Fuck. Fuck. Fuck. Fuck. Fuck. Fuck. Fuck. Fuck. Fuck.
Fuck. Fuck. Fuck. Fuck. Fuck. Fuck. Fuck. Fuck. Fuck. Fuck. Fuck.
Fuck. Fuck. Fuck. Fuck. Fuck. Fuck. Fuck. Fuck. Fuck. Fuck. Fuck.
Fuck. Fuck. Fuck. Fuck. Fuck. Fuck. Fuck. Fuck. Fuck. Fuck. Fuck.
Fuck. Fuck. Fuck. Fuck. Fuck. Fuck. Fuck. Fuck. Fuck. Fuck. Fuck.
Fuck. Fuck. Fuck. Fuck. Fuck. Fuck. Fuck. Fuck. Fuck. Fuck. Fuck.
Fuck. Fuck. Fuck. Fuck. Fuck. Fuck. Fuck. Fuck. Fuck. Fuck. Fuck.

Fuck. Fuck. Fuck. Fuck. Fuck. Fuck. Fuck. Fuck. Fuck. Fuck. Fuck.
Fuck. Fuck. Fuck. Fuck. Fuck. Fuck. Fuck. Fuck. Fuck. Fuck. Fuck.
Fuck. Fuck. Fuck. Fuck. Fuck. Fuck. Fuck. Fuck. Fuck. Fuck. Fuck.
Fuck. Fuck. Fuck. Fuck. Fuck. Fuck. Fuck. Fuck. Fuck. Fuck. Fuck.
Fuck. Fuck. Fuck. Fuck. Fuck. Fuck. Fuck. Fuck. Fuck. Fuck. Fuck.
Fuck. Fuck. Fuck. Fuck. Fuck. Fuck. Fuck. Fuck. Fuck. Fuck. Fuck.
Fuck. Fuck. Fuck. Fuck. Fuck. Fuck. Fuck. Fuck. Fuck. Fuck. Fuck.
Fuck. Fuck. Fuck. Fuck. Fuck. Fuck. Fuck. Fuck. Fuck. Fuck. Fuck.
Fuck. Fuck. Fuck. Fuck. Fuck. Fuck. Fuck. Fuck. Fuck. Fuck. Fuck.
Fuck. Fuck. Fuck. Fuck. Fuck. Fuck. Fuck. Fuck. Fuck. Fuck. Fuck.
Fuck. Fuck. Fuck. Fuck. Fuck. Fuck. Fuck. Fuck. Fuck. Fuck. Fuck.
Fuck. Fuck. Fuck. Fuck. Fuck. Fuck. Fuck. Fuck. Fuck. Fuck. Fuck.
Fuck. Fuck. Fuck. Fuck. Fuck. Fuck. Fuck. Fuck. Fuck. Fuck. Fuck.
Fuck. Fuck. Fuck. Fuck. Fuck. Fuck. Fuck. Fuck. Fuck. Fuck. Fuck.
Fuck. Fuck. Fuck. Fuck. Fuck. Fuck. Fuck. Fuck. Fuck. Fuck. Fuck.
Fuck. Fuck. Fuck. Fuck. Fuck. Fuck. Fuck. Fuck. Fuck. Fuck. Fuck.
Fuck. Fuck. Fuck. Fuck. Fuck. Fuck. Fuck. Fuck. Fuck. Fuck. Fuck.
Fuck. Fuck. Fuck. Fuck. Fuck. Fuck. Fuck. Fuck. Fuck. Fuck. Fuck.
Fuck. Fuck. Fuck. Fuck. Fuck. Fuck. Fuck. Fuck. Fuck. Fuck. Fuck.
Fuck. Fuck. Fuck. Fuck. Fuck. Fuck. Fuck. Fuck. Fuck. Fuck. Fuck.
Fuck. Fuck. Fuck. Fuck. Fuck. Fuck. Fuck. Fuck. Fuck. Fuck. Fuck.
Fuck. Fuck. Fuck. Fuck. Fuck. Fuck. Fuck. Fuck. Fuck. Fuck. Fuck.
Fuck. Fuck. Fuck. Fuck. Fuck. Fuck. Fuck. Fuck. Fuck. Fuck. Fuck.
Fuck. Fuck. Fuck. Fuck. Fuck. Fuck. Fuck. Fuck. Fuck. Fuck. Fuck.
Fuck. Fuck. Fuck. Fuck. Fuck. Fuck. Fuck. Fuck. Fuck. Fuck. Fuck.
Fuck. Fuck. Fuck. Fuck. Fuck. Fuck. Fuck. Fuck. Fuck. Fuck. Fuck.
Fuck. Fuck. Fuck. Fuck. Fuck. Fuck. Fuck. Fuck. Fuck. Fuck. Fuck.
Fuck. Fuck. Fuck. Fuck. Fuck. Fuck. Fuck. Fuck. Fuck. Fuck. Fuck.
Fuck. Fuck. Fuck. Fuck. Fuck. Fuck. Fuck. Fuck. Fuck. Fuck. Fuck.
Fuck. Fuck. Fuck. Fuck. Fuck. Fuck. Fuck. Fuck. Fuck. Fuck. Fuck.
Fuck. Fuck. Fuck. Fuck. Fuck. Fuck. Fuck. Fuck. Fuck. Fuck. Fuck.
Fuck. Fuck. Fuck. Fuck. Fuck. Fuck. Fuck. Fuck. Fuck. Fuck. Fuck.
Fuck. Fuck. Fuck. Fuck. Fuck. Fuck. Fuck. Fuck. Fuck. Fuck. Fuck.
Fuck. Fuck. Fuck. Fuck. Fuck. Fuck. Fuck. Fuck. Fuck. Fuck. Fuck.
Fuck. Fuck. Fuck. Fuck. Fuck. Fuck. Fuck. Fuck. Fuck. Fuck. Fuck.
Fuck. Fuck. Fuck. Fuck. Fuck. Fuck. Fuck. Fuck. Fuck. Fuck. Fuck.

Fuck. Fuck. Fuck. Fuck. Fuck. Fuck. Fuck. Fuck. Fuck. Fuck. Fuck.
Fuck. Fuck. Fuck. Fuck. Fuck. Fuck. Fuck. Fuck. Fuck. Fuck. Fuck.
Fuck. Fuck. Fuck. Fuck. Fuck. Fuck. Fuck. Fuck. Fuck. Fuck. Fuck.
Fuck. Fuck. Fuck. Fuck. Fuck. Fuck. Fuck. Fuck. Fuck. Fuck. Fuck.
Fuck. Fuck. Fuck. Fuck. Fuck. Fuck. Fuck. Fuck. Fuck. Fuck. Fuck.
Fuck. Fuck. Fuck. Fuck. Fuck. Fuck. Fuck. Fuck. Fuck. Fuck. Fuck.
Fuck. Fuck. Fuck. Fuck. Fuck. Fuck. Fuck. Fuck. Fuck. Fuck. Fuck.
Fuck. Fuck. Fuck. Fuck. Fuck. Fuck. Fuck. Fuck. Fuck. Fuck. Fuck.
Fuck. Fuck. Fuck. Fuck. Fuck. Fuck. Fuck. Fuck. Fuck. Fuck. Fuck.
Fuck. Fuck. Fuck. Fuck. Fuck. Fuck. Fuck. Fuck. Fuck. Fuck. Fuck.
Fuck. Fuck. Fuck. Fuck. Fuck. Fuck. Fuck. Fuck. Fuck. Fuck. Fuck.
Fuck. Fuck. Fuck. Fuck. Fuck. Fuck. Fuck. Fuck. Fuck. Fuck. Fuck.
Fuck. Fuck. Fuck. Fuck. Fuck. Fuck. Fuck. Fuck. Fuck. Fuck. Fuck.
Fuck. Fuck. Fuck. Fuck. Fuck. Fuck. Fuck. Fuck. Fuck. Fuck. Fuck.
Fuck. Fuck. Fuck. Fuck. Fuck. Fuck. Fuck. Fuck. Fuck. Fuck. Fuck.
Fuck. Fuck. Fuck. Fuck. Fuck. Fuck. Fuck. Fuck. Fuck. Fuck. Fuck.
Fuck. Fuck. Fuck. Fuck. Fuck. Fuck. Fuck. Fuck. Fuck. Fuck. Fuck.
Fuck. Fuck. Fuck. Fuck. Fuck. Fuck. Fuck. Fuck. Fuck. Fuck. Fuck.
Fuck. Fuck. Fuck. Fuck. Fuck. Fuck. Fuck. Fuck. Fuck. Fuck. Fuck.
Fuck. Fuck. Fuck. Fuck. Fuck. Fuck. Fuck. Fuck. Fuck. Fuck. Fuck.
Fuck. Fuck. Fuck. Fuck. Fuck. Fuck. Fuck. Fuck. Fuck. Fuck. Fuck.
Fuck. Fuck. Fuck. Fuck. Fuck. Fuck. Fuck. Fuck. Fuck. Fuck. Fuck.
Fuck. Fuck. Fuck. Fuck. Fuck. Fuck. Fuck. Fuck. Fuck. Fuck. Fuck.
Fuck. Fuck. Fuck. Fuck. Fuck. Fuck. Fuck. Fuck. Fuck. Fuck. Fuck.
Fuck. Fuck. Fuck. Fuck. Fuck. Fuck. Fuck. Fuck. Fuck. Fuck. Fuck.
Fuck. Fuck. Fuck. Fuck. Fuck. Fuck. Fuck. Fuck. Fuck. Fuck. Fuck.
Fuck. Fuck. Fuck. Fuck. Fuck. Fuck. Fuck. Fuck. Fuck. Fuck. Fuck.
Fuck. Fuck. Fuck. Fuck. Fuck. Fuck. Fuck. Fuck. Fuck. Fuck. Fuck.
Fuck. Fuck. Fuck. Fuck. Fuck. Fuck. Fuck. Fuck. Fuck. Fuck. Fuck.
Fuck. Fuck. Fuck. Fuck. Fuck. Fuck. Fuck. Fuck. Fuck. Fuck. Fuck.
Fuck. Fuck. Fuck. Fuck. Fuck. Fuck. Fuck. Fuck. Fuck. Fuck. Fuck.
Fuck. Fuck. Fuck. Fuck. Fuck. Fuck. Fuck. Fuck. Fuck. Fuck. Fuck.
Fuck. Fuck. Fuck. Fuck. Fuck. Fuck. Fuck. Fuck. Fuck. Fuck. Fuck.
Fuck. Fuck. Fuck. Fuck. Fuck. Fuck. Fuck. Fuck. Fuck. Fuck. Fuck.
Fuck. Fuck. Fuck. Fuck. Fuck. Fuck. Fuck. Fuck. Fuck. Fuck. Fuck.
Fuck. Fuck. Fuck. Fuck. Fuck. Fuck. Fuck. Fuck. Fuck. Fuck. Fuck.
Fuck. Fuck. Fuck. Fuck. Fuck. Fuck. Fuck. Fuck. Fuck. Fuck. Fuck.
Fuck. Fuck. Fuck. Fuck. Fuck. Fuck. Fuck. Fuck. Fuck. Fuck. Fuck.

Fuck. Fuck. Fuck. Fuck. Fuck. Fuck. Fuck. Fuck. Fuck. Fuck. Fuck.
Fuck. Fuck. Fuck. Fuck. Fuck. Fuck. Fuck. Fuck. Fuck. Fuck. Fuck.
Fuck. Fuck. Fuck. Fuck. Fuck. Fuck. Fuck. Fuck. Fuck. Fuck. Fuck.
Fuck. Fuck. Fuck. Fuck. Fuck. Fuck. Fuck. Fuck. Fuck. Fuck. Fuck.
Fuck. Fuck. Fuck. Fuck. Fuck. Fuck. Fuck. Fuck. Fuck. Fuck. Fuck.
Fuck. Fuck. Fuck. Fuck. Fuck. Fuck. Fuck. Fuck. Fuck. Fuck. Fuck.
Fuck. Fuck. Fuck. Fuck. Fuck. Fuck. Fuck. Fuck. Fuck. Fuck. Fuck.
Fuck. Fuck. Fuck. Fuck. Fuck. Fuck. Fuck. Fuck. Fuck. Fuck. Fuck.
Fuck. Fuck. Fuck. Fuck. Fuck. Fuck. Fuck. Fuck. Fuck. Fuck. Fuck.
Fuck. Fuck. Fuck. Fuck. Fuck. Fuck. Fuck. Fuck. Fuck. Fuck. Fuck.
Fuck. Fuck. Fuck. Fuck. Fuck. Fuck. Fuck. Fuck. Fuck. Fuck. Fuck.
Fuck. Fuck. Fuck. Fuck. Fuck. Fuck. Fuck. Fuck. Fuck. Fuck. Fuck.
Fuck. Fuck. Fuck. Fuck. Fuck. Fuck. Fuck. Fuck. Fuck. Fuck. Fuck.
Fuck. Fuck. Fuck. Fuck. Fuck. Fuck. Fuck. Fuck. Fuck. Fuck. Fuck.
Fuck. Fuck. Fuck. Fuck. Fuck. Fuck. Fuck. Fuck. Fuck. Fuck. Fuck.
Fuck. Fuck. Fuck. Fuck. Fuck. Fuck. Fuck. Fuck. Fuck. Fuck. Fuck.
Fuck. Fuck. Fuck. Fuck. Fuck. Fuck. Fuck. Fuck. Fuck. Fuck. Fuck.
Fuck. Fuck. Fuck. Fuck. Fuck. Fuck. Fuck. Fuck. Fuck. Fuck. Fuck.
Fuck. Fuck. Fuck. Fuck. Fuck. Fuck. Fuck. Fuck. Fuck. Fuck. Fuck.
Fuck. Fuck. Fuck. Fuck. Fuck. Fuck. Fuck. Fuck. Fuck. Fuck. Fuck.
Fuck. Fuck. Fuck. Fuck. Fuck. Fuck. Fuck. Fuck. Fuck. Fuck. Fuck.
Fuck. Fuck. Fuck. Fuck. Fuck. Fuck. Fuck. Fuck. Fuck. Fuck. Fuck.
Fuck. Fuck. Fuck. Fuck. Fuck. Fuck. Fuck. Fuck. Fuck. Fuck. Fuck.
Fuck. Fuck. Fuck. Fuck. Fuck. Fuck. Fuck. Fuck. Fuck. Fuck. Fuck.
Fuck. Fuck. Fuck. Fuck. Fuck. Fuck. Fuck. Fuck. Fuck. Fuck. Fuck.
Fuck. Fuck. Fuck. Fuck. Fuck. Fuck. Fuck. Fuck. Fuck. Fuck. Fuck.
Fuck. Fuck. Fuck. Fuck. Fuck. Fuck. Fuck. Fuck. Fuck. Fuck. Fuck.
Fuck. Fuck. Fuck. Fuck. Fuck. Fuck. Fuck. Fuck. Fuck. Fuck. Fuck.
Fuck. Fuck. Fuck. Fuck. Fuck. Fuck. Fuck. Fuck. Fuck. Fuck. Fuck.
Fuck. Fuck. Fuck. Fuck. Fuck. Fuck. Fuck. Fuck. Fuck. Fuck. Fuck.
Fuck. Fuck. Fuck. Fuck. Fuck. Fuck. Fuck. Fuck. Fuck. Fuck. Fuck.
Fuck. Fuck. Fuck. Fuck. Fuck. Fuck. Fuck. Fuck. Fuck. Fuck. Fuck.
Fuck. Fuck. Fuck. Fuck. Fuck. Fuck. Fuck. Fuck. Fuck. Fuck. Fuck.
Fuck. Fuck. Fuck. Fuck. Fuck. Fuck. Fuck. Fuck. Fuck. Fuck. Fuck.
Fuck. Fuck. Fuck. Fuck. Fuck. Fuck. Fuck. Fuck. Fuck. Fuck. Fuck.
Fuck. Fuck. Fuck. Fuck. Fuck. Fuck. Fuck. Fuck. Fuck. Fuck. Fuck.
Fuck. Fuck. Fuck. Fuck. Fuck. Fuck. Fuck. Fuck. Fuck. Fuck. Fuck.

Fuck. Fuck. Fuck. Fuck. Fuck. Fuck. Fuck. Fuck. Fuck. Fuck. Fuck.
Fuck. Fuck. Fuck. Fuck. Fuck. Fuck. Fuck. Fuck. Fuck. Fuck. Fuck.
Fuck. Fuck. Fuck. Fuck. Fuck. Fuck. Fuck. Fuck. Fuck. Fuck. Fuck.
Fuck. Fuck. Fuck. Fuck. Fuck. Fuck. Fuck. Fuck. Fuck. Fuck. Fuck.
Fuck. Fuck. Fuck. Fuck. Fuck. Fuck. Fuck. Fuck. Fuck. Fuck. Fuck.
Fuck. Fuck. Fuck. Fuck. Fuck. Fuck. Fuck. Fuck. Fuck. Fuck. Fuck.
Fuck. Fuck. Fuck. Fuck. Fuck. Fuck. Fuck. Fuck. Fuck. Fuck. Fuck.
Fuck. Fuck. Fuck. Fuck. Fuck. Fuck. Fuck. Fuck. Fuck. Fuck. Fuck.
Fuck. Fuck. Fuck. Fuck. Fuck. Fuck. Fuck. Fuck. Fuck. Fuck. Fuck.
Fuck. Fuck. Fuck. Fuck. Fuck. Fuck. Fuck. Fuck. Fuck. Fuck. Fuck.
Fuck. Fuck. Fuck. Fuck. Fuck. Fuck. Fuck. Fuck. Fuck. Fuck. Fuck.
Fuck. Fuck. Fuck. Fuck. Fuck. Fuck. Fuck. Fuck. Fuck. Fuck. Fuck.
Fuck. Fuck. Fuck. Fuck. Fuck. Fuck. Fuck. Fuck. Fuck. Fuck. Fuck.
Fuck. Fuck. Fuck. Fuck. Fuck. Fuck. Fuck. Fuck. Fuck. Fuck. Fuck.
Fuck. Fuck. Fuck. Fuck. Fuck. Fuck. Fuck. Fuck. Fuck. Fuck. Fuck.
Fuck. Fuck. Fuck. Fuck. Fuck. Fuck. Fuck. Fuck. Fuck. Fuck. Fuck.
Fuck. Fuck. Fuck. Fuck. Fuck. Fuck. Fuck. Fuck. Fuck. Fuck. Fuck.
Fuck. Fuck. Fuck. Fuck. Fuck. Fuck. Fuck. Fuck. Fuck. Fuck. Fuck.
Fuck. Fuck. Fuck. Fuck. Fuck. Fuck. Fuck. Fuck. Fuck. Fuck. Fuck.
Fuck. Fuck. Fuck. Fuck. Fuck. Fuck. Fuck. Fuck. Fuck. Fuck. Fuck.
Fuck. Fuck. Fuck. Fuck. Fuck. Fuck. Fuck. Fuck. Fuck. Fuck. Fuck.
Fuck. Fuck. Fuck. Fuck. Fuck. Fuck. Fuck. Fuck. Fuck. Fuck. Fuck.
Fuck. Fuck. Fuck. Fuck. Fuck. Fuck. Fuck. Fuck. Fuck. Fuck. Fuck.
Fuck. Fuck. Fuck. Fuck. Fuck. Fuck. Fuck. Fuck. Fuck. Fuck. Fuck.
Fuck. Fuck. Fuck. Fuck. Fuck. Fuck. Fuck. Fuck. Fuck. Fuck. Fuck.
Fuck. Fuck. Fuck. Fuck. Fuck. Fuck. Fuck. Fuck. Fuck. Fuck. Fuck.
Fuck. Fuck. Fuck. Fuck. Fuck. Fuck. Fuck. Fuck. Fuck. Fuck. Fuck.
Fuck. Fuck. Fuck. Fuck. Fuck. Fuck. Fuck. Fuck. Fuck. Fuck. Fuck.
Fuck. Fuck. Fuck. Fuck. Fuck. Fuck. Fuck. Fuck. Fuck. Fuck. Fuck.
Fuck. Fuck. Fuck. Fuck. Fuck. Fuck. Fuck. Fuck. Fuck. Fuck. Fuck.
Fuck. Fuck. Fuck. Fuck. Fuck. Fuck. Fuck. Fuck. Fuck. Fuck. Fuck.
Fuck. Fuck. Fuck. Fuck. Fuck. Fuck. Fuck. Fuck. Fuck. Fuck. Fuck.
Fuck. Fuck. Fuck. Fuck. Fuck. Fuck. Fuck. Fuck. Fuck. Fuck. Fuck.
Fuck. Fuck. Fuck. Fuck. Fuck. Fuck. Fuck. Fuck. Fuck. Fuck. Fuck.
Fuck. Fuck. Fuck. Fuck. Fuck. Fuck. Fuck. Fuck. Fuck. Fuck. Fuck.

Fuck. Fuck. Fuck. Fuck. Fuck. Fuck. Fuck. Fuck. Fuck. Fuck. Fuck.
Fuck. Fuck. Fuck. Fuck. Fuck. Fuck. Fuck. Fuck. Fuck. Fuck. Fuck.
Fuck. Fuck. Fuck. Fuck. Fuck. Fuck. Fuck. Fuck. Fuck. Fuck. Fuck.
Fuck. Fuck. Fuck. Fuck. Fuck. Fuck. Fuck. Fuck. Fuck. Fuck. Fuck.
Fuck. Fuck. Fuck. Fuck. Fuck. Fuck. Fuck. Fuck. Fuck. Fuck. Fuck.
Fuck. Fuck. Fuck. Fuck. Fuck. Fuck. Fuck. Fuck. Fuck. Fuck. Fuck.
Fuck. Fuck. Fuck. Fuck. Fuck. Fuck. Fuck. Fuck. Fuck. Fuck. Fuck.
Fuck. Fuck. Fuck. Fuck. Fuck. Fuck. Fuck. Fuck. Fuck. Fuck. Fuck.
Fuck. Fuck. Fuck. Fuck. Fuck. Fuck. Fuck. Fuck. Fuck. Fuck. Fuck.
Fuck. Fuck. Fuck. Fuck. Fuck. Fuck. Fuck. Fuck. Fuck. Fuck. Fuck.
Fuck. Fuck. Fuck. Fuck. Fuck. Fuck. Fuck. Fuck. Fuck. Fuck. Fuck.
Fuck. Fuck. Fuck. Fuck. Fuck. Fuck. Fuck. Fuck. Fuck. Fuck. Fuck.
Fuck. Fuck. Fuck. Fuck. Fuck. Fuck. Fuck. Fuck. Fuck. Fuck. Fuck.
Fuck. Fuck. Fuck. Fuck. Fuck. Fuck. Fuck. Fuck. Fuck. Fuck. Fuck.
Fuck. Fuck. Fuck. Fuck. Fuck. Fuck. Fuck. Fuck. Fuck. Fuck. Fuck.
Fuck. Fuck. Fuck. Fuck. Fuck. Fuck. Fuck. Fuck. Fuck. Fuck. Fuck.
Fuck. Fuck. Fuck. Fuck. Fuck. Fuck. Fuck. Fuck. Fuck. Fuck. Fuck.
Fuck. Fuck. Fuck. Fuck. Fuck. Fuck. Fuck. Fuck. Fuck. Fuck. Fuck.
Fuck. Fuck. Fuck. Fuck. Fuck. Fuck. Fuck. Fuck. Fuck. Fuck. Fuck.
Fuck. Fuck. Fuck. Fuck. Fuck. Fuck. Fuck. Fuck. Fuck. Fuck. Fuck.
Fuck. Fuck. Fuck. Fuck. Fuck. Fuck. Fuck. Fuck. Fuck. Fuck. Fuck.
Fuck. Fuck. Fuck. Fuck. Fuck. Fuck. Fuck. Fuck. Fuck. Fuck. Fuck.
Fuck. Fuck. Fuck. Fuck. Fuck. Fuck. Fuck. Fuck. Fuck. Fuck. Fuck.
Fuck. Fuck. Fuck. Fuck. Fuck. Fuck. Fuck. Fuck. Fuck. Fuck. Fuck.
Fuck. Fuck. Fuck. Fuck. Fuck. Fuck. Fuck. Fuck. Fuck. Fuck. Fuck.
Fuck. Fuck. Fuck. Fuck. Fuck. Fuck. Fuck. Fuck. Fuck. Fuck. Fuck.
Fuck. Fuck. Fuck. Fuck. Fuck. Fuck. Fuck. Fuck. Fuck. Fuck. Fuck.
Fuck. Fuck. Fuck. Fuck. Fuck. Fuck. Fuck. Fuck. Fuck. Fuck. Fuck.
Fuck. Fuck. Fuck. Fuck. Fuck. Fuck. Fuck. Fuck. Fuck. Fuck. Fuck.
Fuck. Fuck. Fuck. Fuck. Fuck. Fuck. Fuck. Fuck. Fuck. Fuck. Fuck.
Fuck. Fuck. Fuck. Fuck. Fuck. Fuck. Fuck. Fuck. Fuck. Fuck. Fuck.
Fuck. Fuck. Fuck. Fuck. Fuck. Fuck. Fuck. Fuck. Fuck. Fuck. Fuck.
Fuck. Fuck. Fuck. Fuck. Fuck. Fuck. Fuck. Fuck. Fuck. Fuck. Fuck.
Fuck. Fuck. Fuck. Fuck. Fuck. Fuck. Fuck. Fuck. Fuck. Fuck. Fuck.
Fuck. Fuck. Fuck. Fuck. Fuck. Fuck. Fuck. Fuck. Fuck. Fuck. Fuck.
Fuck. Fuck. Fuck. Fuck. Fuck. Fuck. Fuck. Fuck. Fuck. Fuck. Fuck.
Fuck. Fuck. Fuck. Fuck. Fuck. Fuck. Fuck. Fuck. Fuck. Fuck. Fuck.
Fuck. Fuck. Fuck. Fuck. Fuck. Fuck. Fuck. Fuck. Fuck. Fuck. Fuck.

Fuck. Fuck. Fuck. Fuck. Fuck. Fuck. Fuck. Fuck. Fuck. Fuck. Fuck.
Fuck. Fuck. Fuck. Fuck. Fuck. Fuck. Fuck. Fuck. Fuck. Fuck. Fuck.
Fuck. Fuck. Fuck. Fuck. Fuck. Fuck. Fuck. Fuck. Fuck. Fuck. Fuck.
Fuck. Fuck. Fuck. Fuck. Fuck. Fuck. Fuck. Fuck. Fuck. Fuck. Fuck.
Fuck. Fuck. Fuck. Fuck. Fuck. Fuck. Fuck. Fuck. Fuck. Fuck. Fuck.
Fuck. Fuck. Fuck. Fuck. Fuck. Fuck. Fuck. Fuck. Fuck. Fuck. Fuck.
Fuck. Fuck. Fuck. Fuck. Fuck. Fuck. Fuck. Fuck. Fuck. Fuck. Fuck.
Fuck. Fuck. Fuck. Fuck. Fuck. Fuck. Fuck. Fuck. Fuck. Fuck. Fuck.
Fuck. Fuck. Fuck. Fuck. Fuck. Fuck. Fuck. Fuck. Fuck. Fuck. Fuck.
Fuck. Fuck. Fuck. Fuck. Fuck. Fuck. Fuck. Fuck. Fuck. Fuck. Fuck.
Fuck. Fuck. Fuck. Fuck. Fuck. Fuck. Fuck. Fuck. Fuck. Fuck. Fuck.
Fuck. Fuck. Fuck. Fuck. Fuck. Fuck. Fuck. Fuck. Fuck. Fuck. Fuck.
Fuck. Fuck. Fuck. Fuck. Fuck. Fuck. Fuck. Fuck. Fuck. Fuck. Fuck.
Fuck. Fuck. Fuck. Fuck. Fuck. Fuck. Fuck. Fuck. Fuck. Fuck. Fuck.
Fuck. Fuck. Fuck. Fuck. Fuck. Fuck. Fuck. Fuck. Fuck. Fuck. Fuck.
Fuck. Fuck. Fuck. Fuck. Fuck. Fuck. Fuck. Fuck. Fuck. Fuck. Fuck.
Fuck. Fuck. Fuck. Fuck. Fuck. Fuck. Fuck. Fuck. Fuck. Fuck. Fuck.
Fuck. Fuck. Fuck. Fuck. Fuck. Fuck. Fuck. Fuck. Fuck. Fuck. Fuck.
Fuck. Fuck. Fuck. Fuck. Fuck. Fuck. Fuck. Fuck. Fuck. Fuck. Fuck.
Fuck. Fuck. Fuck. Fuck. Fuck. Fuck. Fuck. Fuck. Fuck. Fuck. Fuck.
Fuck. Fuck. Fuck. Fuck. Fuck. Fuck. Fuck. Fuck. Fuck. Fuck. Fuck.
Fuck. Fuck. Fuck. Fuck. Fuck. Fuck. Fuck. Fuck. Fuck. Fuck. Fuck.
Fuck. Fuck. Fuck. Fuck. Fuck. Fuck. Fuck. Fuck. Fuck. Fuck. Fuck.
Fuck. Fuck. Fuck. Fuck. Fuck. Fuck. Fuck. Fuck. Fuck. Fuck. Fuck.
Fuck. Fuck. Fuck. Fuck. Fuck. Fuck. Fuck. Fuck. Fuck. Fuck. Fuck.
Fuck. Fuck. Fuck. Fuck. Fuck. Fuck. Fuck. Fuck. Fuck. Fuck. Fuck.
Fuck. Fuck. Fuck. Fuck. Fuck. Fuck. Fuck. Fuck. Fuck. Fuck. Fuck.
Fuck. Fuck. Fuck. Fuck. Fuck. Fuck. Fuck. Fuck. Fuck. Fuck. Fuck.
Fuck. Fuck. Fuck. Fuck. Fuck. Fuck. Fuck. Fuck. Fuck. Fuck. Fuck.
Fuck. Fuck. Fuck. Fuck. Fuck. Fuck. Fuck. Fuck. Fuck. Fuck. Fuck.
Fuck. Fuck. Fuck. Fuck. Fuck. Fuck. Fuck. Fuck. Fuck. Fuck. Fuck.
Fuck. Fuck. Fuck. Fuck. Fuck. Fuck. Fuck. Fuck. Fuck. Fuck. Fuck.
Fuck. Fuck. Fuck. Fuck. Fuck. Fuck. Fuck. Fuck. Fuck. Fuck. Fuck.
Fuck. Fuck. Fuck. Fuck. Fuck. Fuck. Fuck. Fuck. Fuck. Fuck. Fuck.
Fuck. Fuck. Fuck. Fuck. Fuck. Fuck. Fuck. Fuck. Fuck. Fuck. Fuck.

Fuck. Fuck. Fuck. Fuck. Fuck. Fuck. Fuck. Fuck. Fuck. Fuck. Fuck.
Fuck. Fuck. Fuck. Fuck. Fuck. Fuck. Fuck. Fuck. Fuck. Fuck. Fuck.
Fuck. Fuck. Fuck. Fuck. Fuck. Fuck. Fuck. Fuck. Fuck. Fuck. Fuck.
Fuck. Fuck. Fuck. Fuck. Fuck. Fuck. Fuck. Fuck. Fuck. Fuck. Fuck.
Fuck. Fuck. Fuck. Fuck. Fuck. Fuck. Fuck. Fuck. Fuck. Fuck. Fuck.
Fuck. Fuck. Fuck. Fuck. Fuck. Fuck. Fuck. Fuck. Fuck. Fuck. Fuck.
Fuck. Fuck. Fuck. Fuck. Fuck. Fuck. Fuck. Fuck. Fuck. Fuck. Fuck.
Fuck. Fuck. Fuck. Fuck. Fuck. Fuck. Fuck. Fuck. Fuck. Fuck. Fuck.
Fuck. Fuck. Fuck. Fuck. Fuck. Fuck. Fuck. Fuck. Fuck. Fuck. Fuck.
Fuck. Fuck. Fuck. Fuck. Fuck. Fuck. Fuck. Fuck. Fuck. Fuck. Fuck.
Fuck. Fuck. Fuck. Fuck. Fuck. Fuck. Fuck. Fuck. Fuck. Fuck. Fuck.
Fuck. Fuck. Fuck. Fuck. Fuck. Fuck. Fuck. Fuck. Fuck. Fuck. Fuck.
Fuck. Fuck. Fuck. Fuck. Fuck. Fuck. Fuck. Fuck. Fuck. Fuck. Fuck.
Fuck. Fuck. Fuck. Fuck. Fuck. Fuck. Fuck. Fuck. Fuck. Fuck. Fuck.
Fuck. Fuck. Fuck. Fuck. Fuck. Fuck. Fuck. Fuck. Fuck. Fuck. Fuck.
Fuck. Fuck. Fuck. Fuck. Fuck. Fuck. Fuck. Fuck. Fuck. Fuck. Fuck.
Fuck. Fuck. Fuck. Fuck. Fuck. Fuck. Fuck. Fuck. Fuck. Fuck. Fuck.
Fuck. Fuck. Fuck. Fuck. Fuck. Fuck. Fuck. Fuck. Fuck. Fuck. Fuck.
Fuck. Fuck. Fuck. Fuck. Fuck. Fuck. Fuck. Fuck. Fuck. Fuck. Fuck.
Fuck. Fuck. Fuck. Fuck. Fuck. Fuck. Fuck. Fuck. Fuck. Fuck. Fuck.
Fuck. Fuck. Fuck. Fuck. Fuck. Fuck. Fuck. Fuck. Fuck. Fuck. Fuck.
Fuck. Fuck. Fuck. Fuck. Fuck. Fuck. Fuck. Fuck. Fuck. Fuck. Fuck.
Fuck. Fuck. Fuck. Fuck. Fuck. Fuck. Fuck. Fuck. Fuck. Fuck. Fuck.
Fuck. Fuck. Fuck. Fuck. Fuck. Fuck. Fuck. Fuck. Fuck. Fuck. Fuck.
Fuck. Fuck. Fuck. Fuck. Fuck. Fuck. Fuck. Fuck. Fuck. Fuck. Fuck.
Fuck. Fuck. Fuck. Fuck. Fuck. Fuck. Fuck. Fuck. Fuck. Fuck. Fuck.
Fuck. Fuck. Fuck. Fuck. Fuck. Fuck. Fuck. Fuck. Fuck. Fuck. Fuck.
Fuck. Fuck. Fuck. Fuck. Fuck. Fuck. Fuck. Fuck. Fuck. Fuck. Fuck.
Fuck. Fuck. Fuck. Fuck. Fuck. Fuck. Fuck. Fuck. Fuck. Fuck. Fuck.
Fuck. Fuck. Fuck. Fuck. Fuck. Fuck. Fuck. Fuck. Fuck. Fuck. Fuck.
Fuck. Fuck. Fuck. Fuck. Fuck. Fuck. Fuck. Fuck. Fuck. Fuck. Fuck.
Fuck. Fuck. Fuck. Fuck. Fuck. Fuck. Fuck. Fuck. Fuck. Fuck. Fuck.
Fuck. Fuck. Fuck. Fuck. Fuck. Fuck. Fuck. Fuck. Fuck. Fuck. Fuck.
Fuck. Fuck. Fuck. Fuck. Fuck. Fuck. Fuck. Fuck. Fuck. Fuck. Fuck.
Fuck. Fuck. Fuck. Fuck. Fuck. Fuck. Fuck. Fuck. Fuck. Fuck. Fuck.
Fuck. Fuck. Fuck. Fuck. Fuck. Fuck. Fuck. Fuck. Fuck. Fuck. Fuck.

Fuck. Fuck. Fuck. Fuck. Fuck. Fuck. Fuck. Fuck. Fuck. Fuck. Fuck.
Fuck. Fuck. Fuck. Fuck. Fuck. Fuck. Fuck. Fuck. Fuck. Fuck. Fuck.
Fuck. Fuck. Fuck. Fuck. Fuck. Fuck. Fuck. Fuck. Fuck. Fuck. Fuck.
Fuck. Fuck. Fuck. Fuck. Fuck. Fuck. Fuck. Fuck. Fuck. Fuck. Fuck.
Fuck. Fuck. Fuck. Fuck. Fuck. Fuck. Fuck. Fuck. Fuck. Fuck. Fuck.
Fuck. Fuck. Fuck. Fuck. Fuck. Fuck. Fuck. Fuck. Fuck. Fuck. Fuck.
Fuck. Fuck. Fuck. Fuck. Fuck. Fuck. Fuck. Fuck. Fuck. Fuck. Fuck.
Fuck. Fuck. Fuck. Fuck. Fuck. Fuck. Fuck. Fuck. Fuck. Fuck. Fuck.
Fuck. Fuck. Fuck. Fuck. Fuck. Fuck. Fuck. Fuck. Fuck. Fuck. Fuck.
Fuck. Fuck. Fuck. Fuck. Fuck. Fuck. Fuck. Fuck. Fuck. Fuck. Fuck.
Fuck. Fuck. Fuck. Fuck. Fuck. Fuck. Fuck. Fuck. Fuck. Fuck. Fuck.
Fuck. Fuck. Fuck. Fuck. Fuck. Fuck. Fuck. Fuck. Fuck. Fuck. Fuck.
Fuck. Fuck. Fuck. Fuck. Fuck. Fuck. Fuck. Fuck. Fuck. Fuck. Fuck.
Fuck. Fuck. Fuck. Fuck. Fuck. Fuck. Fuck. Fuck. Fuck. Fuck. Fuck.
Fuck. Fuck. Fuck. Fuck. Fuck. Fuck. Fuck. Fuck. Fuck. Fuck. Fuck.
Fuck. Fuck. Fuck. Fuck. Fuck. Fuck. Fuck. Fuck. Fuck. Fuck. Fuck.
Fuck. Fuck. Fuck. Fuck. Fuck. Fuck. Fuck. Fuck. Fuck. Fuck. Fuck.
Fuck. Fuck. Fuck. Fuck. Fuck. Fuck. Fuck. Fuck. Fuck. Fuck. Fuck.
Fuck. Fuck. Fuck. Fuck. Fuck. Fuck. Fuck. Fuck. Fuck. Fuck. Fuck.
Fuck. Fuck. Fuck. Fuck. Fuck. Fuck. Fuck. Fuck. Fuck. Fuck. Fuck.
Fuck. Fuck. Fuck. Fuck. Fuck. Fuck. Fuck. Fuck. Fuck. Fuck. Fuck.
Fuck. Fuck. Fuck. Fuck. Fuck. Fuck. Fuck. Fuck. Fuck. Fuck. Fuck.
Fuck. Fuck. Fuck. Fuck. Fuck. Fuck. Fuck. Fuck. Fuck. Fuck. Fuck.
Fuck. Fuck. Fuck. Fuck. Fuck. Fuck. Fuck. Fuck. Fuck. Fuck. Fuck.
Fuck. Fuck. Fuck. Fuck. Fuck. Fuck. Fuck. Fuck. Fuck. Fuck. Fuck.
Fuck. Fuck. Fuck. Fuck. Fuck. Fuck. Fuck. Fuck. Fuck. Fuck. Fuck.
Fuck. Fuck. Fuck. Fuck. Fuck. Fuck. Fuck. Fuck. Fuck. Fuck. Fuck.
Fuck. Fuck. Fuck. Fuck. Fuck. Fuck. Fuck. Fuck. Fuck. Fuck. Fuck.
Fuck. Fuck. Fuck. Fuck. Fuck. Fuck. Fuck. Fuck. Fuck. Fuck. Fuck.
Fuck. Fuck. Fuck. Fuck. Fuck. Fuck. Fuck. Fuck. Fuck. Fuck. Fuck.
Fuck. Fuck. Fuck. Fuck. Fuck. Fuck. Fuck. Fuck. Fuck. Fuck. Fuck.
Fuck. Fuck. Fuck. Fuck. Fuck. Fuck. Fuck. Fuck. Fuck. Fuck. Fuck.
Fuck. Fuck. Fuck. Fuck. Fuck. Fuck. Fuck. Fuck. Fuck. Fuck. Fuck.
Fuck. Fuck. Fuck. Fuck. Fuck. Fuck. Fuck. Fuck. Fuck. Fuck. Fuck.
Fuck. Fuck. Fuck. Fuck. Fuck. Fuck. Fuck. Fuck. Fuck. Fuck. Fuck.
Fuck. Fuck. Fuck. Fuck. Fuck. Fuck. Fuck. Fuck. Fuck. Fuck. Fuck.
Fuck. Fuck. Fuck. Fuck. Fuck. Fuck. Fuck. Fuck. Fuck. Fuck. Fuck.
Fuck. Fuck. Fuck. Fuck. Fuck. Fuck. Fuck. Fuck. Fuck. Fuck. Fuck.

Fuck. Fuck. Fuck. Fuck. Fuck. Fuck. Fuck. Fuck. Fuck. Fuck. Fuck.
Fuck. Fuck. Fuck. Fuck. Fuck. Fuck. Fuck. Fuck. Fuck. Fuck. Fuck.
Fuck. Fuck. Fuck. Fuck. Fuck. Fuck. Fuck. Fuck. Fuck. Fuck. Fuck.
Fuck. Fuck. Fuck. Fuck. Fuck. Fuck. Fuck. Fuck. Fuck. Fuck. Fuck.
Fuck. Fuck. Fuck. Fuck. Fuck. Fuck. Fuck. Fuck. Fuck. Fuck. Fuck.
Fuck. Fuck. Fuck. Fuck. Fuck. Fuck. Fuck. Fuck. Fuck. Fuck. Fuck.
Fuck. Fuck. Fuck. Fuck. Fuck. Fuck. Fuck. Fuck. Fuck. Fuck. Fuck.
Fuck. Fuck. Fuck. Fuck. Fuck. Fuck. Fuck. Fuck. Fuck. Fuck. Fuck.
Fuck. Fuck. Fuck. Fuck. Fuck. Fuck. Fuck. Fuck. Fuck. Fuck. Fuck.
Fuck. Fuck. Fuck. Fuck. Fuck. Fuck. Fuck. Fuck. Fuck. Fuck. Fuck.
Fuck. Fuck. Fuck. Fuck. Fuck. Fuck. Fuck. Fuck. Fuck. Fuck. Fuck.
Fuck. Fuck. Fuck. Fuck. Fuck. Fuck. Fuck. Fuck. Fuck. Fuck. Fuck.
Fuck. Fuck. Fuck. Fuck. Fuck. Fuck. Fuck. Fuck. Fuck. Fuck. Fuck.
Fuck. Fuck. Fuck. Fuck. Fuck. Fuck. Fuck. Fuck. Fuck. Fuck. Fuck.
Fuck. Fuck. Fuck. Fuck. Fuck. Fuck. Fuck. Fuck. Fuck. Fuck. Fuck.
Fuck. Fuck. Fuck. Fuck. Fuck. Fuck. Fuck. Fuck. Fuck. Fuck. Fuck.
Fuck. Fuck. Fuck. Fuck. Fuck. Fuck. Fuck. Fuck. Fuck. Fuck. Fuck.
Fuck. Fuck. Fuck. Fuck. Fuck. Fuck. Fuck. Fuck. Fuck. Fuck. Fuck.
Fuck. Fuck. Fuck. Fuck. Fuck. Fuck. Fuck. Fuck. Fuck. Fuck. Fuck.
Fuck. Fuck. Fuck. Fuck. Fuck. Fuck. Fuck. Fuck. Fuck. Fuck. Fuck.
Fuck. Fuck. Fuck. Fuck. Fuck. Fuck. Fuck. Fuck. Fuck. Fuck. Fuck.
Fuck. Fuck. Fuck. Fuck. Fuck. Fuck. Fuck. Fuck. Fuck. Fuck. Fuck.
Fuck. Fuck. Fuck. Fuck. Fuck. Fuck. Fuck. Fuck. Fuck. Fuck. Fuck.
Fuck. Fuck. Fuck. Fuck. Fuck. Fuck. Fuck. Fuck. Fuck. Fuck. Fuck.
Fuck. Fuck. Fuck. Fuck. Fuck. Fuck. Fuck. Fuck. Fuck. Fuck. Fuck.
Fuck. Fuck. Fuck. Fuck. Fuck. Fuck. Fuck. Fuck. Fuck. Fuck. Fuck.
Fuck. Fuck. Fuck. Fuck. Fuck. Fuck. Fuck. Fuck. Fuck. Fuck. Fuck.
Fuck. Fuck. Fuck. Fuck. Fuck. Fuck. Fuck. Fuck. Fuck. Fuck. Fuck.
Fuck. Fuck. Fuck. Fuck. Fuck. Fuck. Fuck. Fuck. Fuck. Fuck. Fuck.
Fuck. Fuck. Fuck. Fuck. Fuck. Fuck. Fuck. Fuck. Fuck. Fuck. Fuck.
Fuck. Fuck. Fuck. Fuck. Fuck. Fuck. Fuck. Fuck. Fuck. Fuck. Fuck.
Fuck. Fuck. Fuck. Fuck. Fuck. Fuck. Fuck. Fuck. Fuck. Fuck. Fuck.
Fuck. Fuck. Fuck. Fuck. Fuck. Fuck. Fuck. Fuck. Fuck. Fuck. Fuck.
Fuck. Fuck. Fuck. Fuck. Fuck. Fuck. Fuck. Fuck. Fuck. Fuck. Fuck.
Fuck. Fuck. Fuck. Fuck. Fuck. Fuck. Fuck. Fuck. Fuck. Fuck. Fuck.
Fuck. Fuck. Fuck. Fuck. Fuck. Fuck. Fuck. Fuck. Fuck. Fuck. Fuck.

Fuck. Fuck. Fuck. Fuck. Fuck. Fuck. Fuck. Fuck. Fuck. Fuck. Fuck.
Fuck. Fuck. Fuck. Fuck. Fuck. Fuck. Fuck. Fuck. Fuck. Fuck. Fuck.
Fuck. Fuck. Fuck. Fuck. Fuck. Fuck. Fuck. Fuck. Fuck. Fuck. Fuck.
Fuck. Fuck. Fuck. Fuck. Fuck. Fuck. Fuck. Fuck. Fuck. Fuck. Fuck.
Fuck. Fuck. Fuck. Fuck. Fuck. Fuck. Fuck. Fuck. Fuck. Fuck. Fuck.
Fuck. Fuck. Fuck. Fuck. Fuck. Fuck. Fuck. Fuck. Fuck. Fuck. Fuck.
Fuck. Fuck. Fuck. Fuck. Fuck. Fuck. Fuck. Fuck. Fuck. Fuck. Fuck.
Fuck. Fuck. Fuck. Fuck. Fuck. Fuck. Fuck. Fuck. Fuck. Fuck. Fuck.
Fuck. Fuck. Fuck. Fuck. Fuck. Fuck. Fuck. Fuck. Fuck. Fuck. Fuck.
Fuck. Fuck. Fuck. Fuck. Fuck. Fuck. Fuck. Fuck. Fuck. Fuck. Fuck.
Fuck. Fuck. Fuck. Fuck. Fuck. Fuck. Fuck. Fuck. Fuck. Fuck. Fuck.
Fuck. Fuck. Fuck. Fuck. Fuck. Fuck. Fuck. Fuck. Fuck. Fuck. Fuck.
Fuck. Fuck. Fuck. Fuck. Fuck. Fuck. Fuck. Fuck. Fuck. Fuck. Fuck.
Fuck. Fuck. Fuck. Fuck. Fuck. Fuck. Fuck. Fuck. Fuck. Fuck.

Fuck. Fuck. Fuck. Fuck. Fuck. Fuck. Fuck. Fuck. Fuck. Fuck. Fuck.
Fuck. Fuck. Fuck. Fuck. Fuck. Fuck. Fuck. Fuck. Fuck. Fuck. Fuck.
Fuck. Fuck. Fuck. Fuck. Fuck. Fuck. Fuck. Fuck. Fuck. Fuck. Fuck.
Fuck. Fuck. Fuck. Fuck. Fuck. Fuck. Fuck. Fuck. Fuck. Fuck. Fuck.
Fuck. Fuck. Fuck. Fuck. Fuck. Fuck. Fuck. Fuck. Fuck. Fuck. Fuck.
Fuck. Fuck. Fuck. Fuck. Fuck. Fuck. Fuck. Fuck. Fuck. Fuck. Fuck.
Fuck. Fuck. Fuck. Fuck. Fuck. Fuck. Fuck. Fuck. Fuck. Fuck. Fuck.
Fuck. Fuck. Fuck. Fuck. Fuck. Fuck. Fuck. Fuck. Fuck. Fuck. Fuck.
Fuck. Fuck. Fuck. Fuck. Fuck. Fuck. Fuck. Fuck. Fuck. Fuck. Fuck.
Fuck. Fuck. Fuck. Fuck. Fuck. Fuck. Fuck. Fuck. Fuck. Fuck. Fuck.
Fuck. Fuck. Fuck. Fuck. Fuck. Fuck. Fuck. Fuck. Fuck. Fuck. Fuck.
Fuck. Fuck. Fuck. Fuck. Fuck. Fuck. Fuck. Fuck. Fuck. Fuck. Fuck.
Fuck. Fuck. Fuck. Fuck. Fuck. Fuck. Fuck. Fuck. Fuck. Fuck. Fuck.
Fuck. Fuck. Fuck. Fuck. Fuck. Fuck. Fuck. Fuck. Fuck. Fuck. Fuck.
Fuck. Fuck. Fuck. Fuck. Fuck. Fuck. Fuck. Fuck. Fuck. Fuck. Fuck.
Fuck. Fuck. Fuck. Fuck. Fuck. Fuck. Fuck. Fuck. Fuck. Fuck. Fuck.
Fuck. Fuck. Fuck. Fuck. Fuck. Fuck. Fuck. Fuck. Fuck. Fuck. Fuck.
Fuck. Fuck. Fuck. Fuck. Fuck. Fuck. Fuck. Fuck. Fuck. Fuck. Fuck.
Fuck. Fuck. Fuck. Fuck. Fuck. Fuck. Fuck. Fuck. Fuck. Fuck. Fuck.
Fuck. Fuck. Fuck. Fuck. Fuck. Fuck. Fuck. Fuck. Fuck. Fuck. Fuck.
Fuck. Fuck. Fuck. Fuck. Fuck. Fuck. Fuck. Fuck. Fuck. Fuck. Fuck.
Fuck. Fuck. Fuck. Fuck. Fuck. Fuck. Fuck. Fuck. Fuck. Fuck. Fuck.
Fuck. Fuck. Fuck. Fuck. Fuck. Fuck. Fuck. Fuck. Fuck. Fuck. Fuck.
Fuck. Fuck. Fuck. Fuck. Fuck. Fuck. Fuck. Fuck. Fuck. Fuck. Fuck.
Fuck. Fuck. Fuck. Fuck. Fuck. Fuck. Fuck. Fuck. Fuck. Fuck. Fuck.
Fuck. Fuck. Fuck. Fuck. Fuck. Fuck. Fuck. Fuck. Fuck. Fuck. Fuck.
Fuck. Fuck. Fuck. Fuck. Fuck. Fuck. Fuck. Fuck. Fuck. Fuck. Fuck.
Fuck. Fuck. Fuck. Fuck. Fuck. Fuck. Fuck. Fuck. Fuck. Fuck. Fuck.
Fuck. Fuck. Fuck. Fuck. Fuck. Fuck. Fuck. Fuck. Fuck. Fuck. Fuck.
Fuck. Fuck. Fuck. Fuck. Fuck. Fuck. Fuck. Fuck. Fuck. Fuck. Fuck.
Fuck. Fuck. Fuck. Fuck. Fuck. Fuck. Fuck. Fuck. Fuck. Fuck. Fuck.
Fuck. Fuck. Fuck. Fuck. Fuck. Fuck. Fuck. Fuck. Fuck. Fuck. Fuck.
Fuck. Fuck. Fuck. Fuck. Fuck. Fuck. Fuck. Fuck. Fuck. Fuck. Fuck.
Fuck. Fuck. Fuck. Fuck. Fuck. Fuck. Fuck. Fuck. Fuck. Fuck. Fuck.
Fuck. Fuck. Fuck. Fuck. Fuck. Fuck. Fuck. Fuck. Fuck. Fuck. Fuck.
Fuck. Fuck. Fuck. Fuck. Fuck. Fuck. Fuck. Fuck. Fuck. Fuck. Fuck.
Fuck. Fuck. Fuck. Fuck. Fuck. Fuck. Fuck. Fuck. Fuck. Fuck. Fuck.
Fuck. Fuck. Fuck. Fuck. Fuck. Fuck. Fuck. Fuck. Fuck. Fuck. Fuck.
Fuck. Fuck. Fuck. Fuck. Fuck. Fuck. Fuck. Fuck. Fuck. Fuck. Fuck.
Fuck. Fuck. Fuck. Fuck. Fuck. Fuck. Fuck. Fuck. Fuck. Fuck. Fuck.

Fuck. Fuck. Fuck. Fuck. Fuck. Fuck. Fuck. Fuck. Fuck. Fuck. Fuck.
Fuck. Fuck. Fuck. Fuck. Fuck. Fuck. Fuck. Fuck. Fuck. Fuck. Fuck.
Fuck. Fuck. Fuck. Fuck. Fuck. Fuck. Fuck. Fuck. Fuck. Fuck. Fuck.
Fuck. Fuck. Fuck. Fuck. Fuck. Fuck. Fuck. Fuck. Fuck. Fuck. Fuck.
Fuck. Fuck. Fuck. Fuck. Fuck. Fuck. Fuck. Fuck. Fuck. Fuck. Fuck.
Fuck. Fuck. Fuck. Fuck. Fuck. Fuck. Fuck. Fuck. Fuck. Fuck. Fuck.
Fuck. Fuck. Fuck. Fuck. Fuck. Fuck. Fuck. Fuck. Fuck. Fuck. Fuck.
Fuck. Fuck. Fuck. Fuck. Fuck. Fuck. Fuck. Fuck. Fuck. Fuck. Fuck.
Fuck. Fuck. Fuck. Fuck. Fuck. Fuck. Fuck. Fuck. Fuck. Fuck. Fuck.
Fuck. Fuck. Fuck. Fuck. Fuck. Fuck. Fuck. Fuck. Fuck. Fuck. Fuck.
Fuck. Fuck. Fuck. Fuck. Fuck. Fuck. Fuck. Fuck. Fuck. Fuck. Fuck.
Fuck. Fuck. Fuck. Fuck. Fuck. Fuck. Fuck. Fuck. Fuck. Fuck. Fuck.
Fuck. Fuck. Fuck. Fuck. Fuck. Fuck. Fuck. Fuck. Fuck. Fuck. Fuck.
Fuck. Fuck. Fuck. Fuck. Fuck. Fuck. Fuck. Fuck. Fuck. Fuck. Fuck.
Fuck. Fuck. Fuck. Fuck. Fuck. Fuck. Fuck. Fuck. Fuck. Fuck. Fuck.
Fuck. Fuck. Fuck. Fuck. Fuck. Fuck. Fuck. Fuck. Fuck. Fuck. Fuck.
Fuck. Fuck. Fuck. Fuck. Fuck. Fuck. Fuck. Fuck. Fuck. Fuck. Fuck.
Fuck. Fuck. Fuck. Fuck. Fuck. Fuck. Fuck. Fuck. Fuck. Fuck. Fuck.
Fuck. Fuck. Fuck. Fuck. Fuck. Fuck. Fuck. Fuck. Fuck. Fuck. Fuck.
Fuck. Fuck. Fuck. Fuck. Fuck. Fuck. Fuck. Fuck. Fuck. Fuck. Fuck.
Fuck. Fuck. Fuck. Fuck. Fuck. Fuck. Fuck. Fuck. Fuck. Fuck. Fuck.
Fuck. Fuck. Fuck. Fuck. Fuck. Fuck. Fuck. Fuck. Fuck. Fuck. Fuck.
Fuck. Fuck. Fuck. Fuck. Fuck. Fuck. Fuck. Fuck. Fuck. Fuck. Fuck.
Fuck. Fuck. Fuck. Fuck. Fuck. Fuck. Fuck. Fuck. Fuck. Fuck. Fuck.
Fuck. Fuck. Fuck. Fuck. Fuck. Fuck. Fuck. Fuck. Fuck. Fuck. Fuck.
Fuck. Fuck. Fuck. Fuck. Fuck. Fuck. Fuck. Fuck. Fuck. Fuck. Fuck.
Fuck. Fuck. Fuck. Fuck. Fuck. Fuck. Fuck. Fuck. Fuck. Fuck. Fuck.
Fuck. Fuck. Fuck. Fuck. Fuck. Fuck. Fuck. Fuck. Fuck. Fuck. Fuck.
Fuck. Fuck. Fuck. Fuck. Fuck. Fuck. Fuck. Fuck. Fuck. Fuck. Fuck.
Fuck. Fuck. Fuck. Fuck. Fuck. Fuck. Fuck. Fuck. Fuck. Fuck. Fuck.
Fuck. Fuck. Fuck. Fuck. Fuck. Fuck. Fuck. Fuck. Fuck. Fuck. Fuck.
Fuck. Fuck. Fuck. Fuck. Fuck. Fuck. Fuck. Fuck. Fuck. Fuck. Fuck.
Fuck. Fuck. Fuck. Fuck. Fuck. Fuck. Fuck. Fuck. Fuck. Fuck. Fuck.
Fuck. Fuck. Fuck. Fuck. Fuck. Fuck. Fuck. Fuck. Fuck. Fuck. Fuck.
Fuck. Fuck. Fuck. Fuck. Fuck. Fuck. Fuck. Fuck. Fuck. Fuck. Fuck.
Fuck. Fuck. Fuck. Fuck. Fuck. Fuck. Fuck. Fuck. Fuck. Fuck. Fuck.
Fuck. Fuck. Fuck. Fuck. Fuck. Fuck. Fuck. Fuck. Fuck. Fuck. Fuck.

Fuck. Fuck. Fuck. Fuck. Fuck. Fuck. Fuck. Fuck. Fuck. Fuck. Fuck.
Fuck. Fuck. Fuck. Fuck. Fuck. Fuck. Fuck. Fuck. Fuck. Fuck. Fuck.
Fuck. Fuck. Fuck. Fuck. Fuck. Fuck. Fuck. Fuck. Fuck. Fuck. Fuck.
Fuck. Fuck. Fuck. Fuck. Fuck. Fuck. Fuck. Fuck. Fuck. Fuck. Fuck.
Fuck. Fuck. Fuck. Fuck. Fuck. Fuck. Fuck. Fuck. Fuck. Fuck. Fuck.
Fuck. Fuck. Fuck. Fuck. Fuck. Fuck. Fuck. Fuck. Fuck. Fuck. Fuck.
Fuck. Fuck. Fuck. Fuck. Fuck. Fuck. Fuck. Fuck. Fuck. Fuck. Fuck.
Fuck. Fuck. Fuck. Fuck. Fuck. Fuck. Fuck. Fuck. Fuck. Fuck. Fuck.
Fuck. Fuck. Fuck. Fuck. Fuck. Fuck. Fuck. Fuck. Fuck. Fuck. Fuck.
Fuck. Fuck. Fuck. Fuck. Fuck. Fuck. Fuck. Fuck. Fuck. Fuck. Fuck.
Fuck. Fuck. Fuck. Fuck. Fuck. Fuck. Fuck. Fuck. Fuck. Fuck. Fuck.
Fuck. Fuck. Fuck. Fuck. Fuck. Fuck. Fuck. Fuck. Fuck. Fuck. Fuck.
Fuck. Fuck. Fuck. Fuck. Fuck. Fuck. Fuck. Fuck. Fuck. Fuck. Fuck.
Fuck. Fuck. Fuck. Fuck. Fuck. Fuck. Fuck. Fuck. Fuck. Fuck. Fuck.
Fuck. Fuck. Fuck. Fuck. Fuck. Fuck. Fuck. Fuck. Fuck. Fuck. Fuck.
Fuck. Fuck. Fuck. Fuck. Fuck. Fuck. Fuck. Fuck. Fuck. Fuck. Fuck.
Fuck. Fuck. Fuck. Fuck. Fuck. Fuck. Fuck. Fuck. Fuck. Fuck. Fuck.
Fuck. Fuck. Fuck. Fuck. Fuck. Fuck. Fuck. Fuck. Fuck. Fuck. Fuck.
Fuck. Fuck. Fuck. Fuck. Fuck. Fuck. Fuck. Fuck. Fuck. Fuck. Fuck.
Fuck. Fuck. Fuck. Fuck. Fuck. Fuck. Fuck. Fuck. Fuck. Fuck. Fuck.
Fuck. Fuck. Fuck. Fuck. Fuck. Fuck. Fuck. Fuck. Fuck. Fuck. Fuck.
Fuck. Fuck. Fuck. Fuck. Fuck. Fuck. Fuck. Fuck. Fuck. Fuck. Fuck.
Fuck. Fuck. Fuck. Fuck. Fuck. Fuck. Fuck. Fuck. Fuck. Fuck. Fuck.
Fuck. Fuck. Fuck. Fuck. Fuck. Fuck. Fuck. Fuck. Fuck. Fuck. Fuck.
Fuck. Fuck. Fuck. Fuck. Fuck. Fuck. Fuck. Fuck. Fuck. Fuck. Fuck.
Fuck. Fuck. Fuck. Fuck. Fuck. Fuck. Fuck. Fuck. Fuck. Fuck. Fuck.
Fuck. Fuck. Fuck. Fuck. Fuck. Fuck. Fuck. Fuck. Fuck. Fuck. Fuck.
Fuck. Fuck. Fuck. Fuck. Fuck. Fuck. Fuck. Fuck. Fuck. Fuck. Fuck.
Fuck. Fuck. Fuck. Fuck. Fuck. Fuck. Fuck. Fuck. Fuck. Fuck. Fuck.
Fuck. Fuck. Fuck. Fuck. Fuck. Fuck. Fuck. Fuck. Fuck. Fuck. Fuck.
Fuck. Fuck. Fuck. Fuck. Fuck. Fuck. Fuck. Fuck. Fuck. Fuck. Fuck.
Fuck. Fuck. Fuck. Fuck. Fuck. Fuck. Fuck. Fuck. Fuck. Fuck. Fuck.
Fuck. Fuck. Fuck. Fuck. Fuck. Fuck. Fuck. Fuck. Fuck. Fuck. Fuck.
Fuck. Fuck. Fuck. Fuck. Fuck. Fuck. Fuck. Fuck. Fuck. Fuck. Fuck.
Fuck. Fuck. Fuck. Fuck. Fuck. Fuck. Fuck. Fuck. Fuck. Fuck. Fuck.
Fuck. Fuck. Fuck. Fuck. Fuck. Fuck. Fuck. Fuck. Fuck. Fuck. Fuck.
Fuck. Fuck. Fuck. Fuck. Fuck. Fuck. Fuck. Fuck. Fuck. Fuck. Fuck.
Fuck. Fuck. Fuck. Fuck. Fuck. Fuck. Fuck. Fuck. Fuck. Fuck. Fuck.

Fuck. Fuck. Fuck. Fuck. Fuck. Fuck. Fuck. Fuck. Fuck. Fuck. Fuck.
Fuck. Fuck. Fuck. Fuck. Fuck. Fuck. Fuck. Fuck. Fuck. Fuck. Fuck.
Fuck. Fuck. Fuck. Fuck. Fuck. Fuck. Fuck. Fuck. Fuck. Fuck. Fuck.
Fuck. Fuck. Fuck. Fuck. Fuck. Fuck. Fuck. Fuck. Fuck. Fuck. Fuck.
Fuck. Fuck. Fuck. Fuck. Fuck. Fuck. Fuck. Fuck. Fuck. Fuck. Fuck.
Fuck. Fuck. Fuck. Fuck. Fuck. Fuck. Fuck. Fuck. Fuck. Fuck. Fuck.
Fuck. Fuck. Fuck. Fuck. Fuck. Fuck. Fuck. Fuck. Fuck. Fuck. Fuck.
Fuck. Fuck. Fuck. Fuck. Fuck. Fuck. Fuck. Fuck. Fuck. Fuck. Fuck.
Fuck. Fuck. Fuck. Fuck. Fuck. Fuck. Fuck. Fuck. Fuck. Fuck. Fuck.
Fuck. Fuck. Fuck. Fuck. Fuck. Fuck. Fuck. Fuck. Fuck. Fuck. Fuck.
Fuck. Fuck. Fuck. Fuck. Fuck. Fuck. Fuck. Fuck. Fuck. Fuck. Fuck.
Fuck. Fuck. Fuck. Fuck. Fuck. Fuck. Fuck. Fuck. Fuck. Fuck. Fuck.
Fuck. Fuck. Fuck. Fuck. Fuck. Fuck. Fuck. Fuck. Fuck. Fuck. Fuck.
Fuck. Fuck. Fuck. Fuck. Fuck. Fuck. Fuck. Fuck. Fuck. Fuck. Fuck.
Fuck. Fuck. Fuck. Fuck. Fuck. Fuck. Fuck. Fuck. Fuck. Fuck. Fuck.
Fuck. Fuck. Fuck. Fuck. Fuck. Fuck. Fuck. Fuck. Fuck. Fuck. Fuck.
Fuck. Fuck. Fuck. Fuck. Fuck. Fuck. Fuck. Fuck. Fuck. Fuck. Fuck.
Fuck. Fuck. Fuck. Fuck. Fuck. Fuck. Fuck. Fuck. Fuck. Fuck. Fuck.
Fuck. Fuck. Fuck. Fuck. Fuck. Fuck. Fuck. Fuck. Fuck. Fuck. Fuck.
Fuck. Fuck. Fuck. Fuck. Fuck. Fuck. Fuck. Fuck. Fuck. Fuck. Fuck.
Fuck. Fuck. Fuck. Fuck. Fuck. Fuck. Fuck. Fuck. Fuck. Fuck. Fuck.
Fuck. Fuck. Fuck. Fuck. Fuck. Fuck. Fuck. Fuck. Fuck. Fuck. Fuck.
Fuck. Fuck. Fuck. Fuck. Fuck. Fuck. Fuck. Fuck. Fuck. Fuck. Fuck.
Fuck. Fuck. Fuck. Fuck. Fuck. Fuck. Fuck. Fuck. Fuck. Fuck. Fuck.
Fuck. Fuck. Fuck. Fuck. Fuck. Fuck. Fuck. Fuck. Fuck. Fuck. Fuck.
Fuck. Fuck. Fuck. Fuck. Fuck. Fuck. Fuck. Fuck. Fuck. Fuck. Fuck.
Fuck. Fuck. Fuck. Fuck. Fuck. Fuck. Fuck. Fuck. Fuck. Fuck. Fuck.
Fuck. Fuck. Fuck. Fuck. Fuck. Fuck. Fuck. Fuck. Fuck. Fuck. Fuck.
Fuck. Fuck. Fuck. Fuck. Fuck. Fuck. Fuck. Fuck. Fuck. Fuck. Fuck.
Fuck. Fuck. Fuck. Fuck. Fuck. Fuck. Fuck. Fuck. Fuck. Fuck. Fuck.
Fuck. Fuck. Fuck. Fuck. Fuck. Fuck. Fuck. Fuck. Fuck. Fuck. Fuck.
Fuck. Fuck. Fuck. Fuck. Fuck. Fuck. Fuck. Fuck. Fuck. Fuck. Fuck.
Fuck. Fuck. Fuck. Fuck. Fuck. Fuck. Fuck. Fuck. Fuck. Fuck. Fuck.
Fuck. Fuck. Fuck. Fuck. Fuck. Fuck. Fuck. Fuck. Fuck. Fuck. Fuck.
Fuck. Fuck. Fuck. Fuck. Fuck. Fuck. Fuck. Fuck. Fuck. Fuck. Fuck.
Fuck. Fuck. Fuck. Fuck. Fuck. Fuck. Fuck. Fuck. Fuck. Fuck. Fuck.
Fuck. Fuck. Fuck. Fuck. Fuck. Fuck. Fuck. Fuck. Fuck. Fuck. Fuck.
Fuck. Fuck. Fuck. Fuck. Fuck. Fuck. Fuck. Fuck. Fuck. Fuck. Fuck.

Fuck. Fuck. Fuck. Fuck. Fuck. Fuck. Fuck. Fuck. Fuck. Fuck. Fuck.
Fuck. Fuck. Fuck. Fuck. Fuck. Fuck. Fuck. Fuck. Fuck. Fuck. Fuck.
Fuck. Fuck. Fuck. Fuck. Fuck. Fuck. Fuck. Fuck. Fuck. Fuck. Fuck.
Fuck. Fuck. Fuck. Fuck. Fuck. Fuck. Fuck. Fuck. Fuck. Fuck. Fuck.
Fuck. Fuck. Fuck. Fuck. Fuck. Fuck. Fuck. Fuck. Fuck. Fuck. Fuck.
Fuck. Fuck. Fuck. Fuck. Fuck. Fuck. Fuck. Fuck. Fuck. Fuck. Fuck.
Fuck. Fuck. Fuck. Fuck. Fuck. Fuck. Fuck. Fuck. Fuck. Fuck. Fuck.
Fuck. Fuck. Fuck. Fuck. Fuck. Fuck. Fuck. Fuck. Fuck. Fuck. Fuck.
Fuck. Fuck. Fuck. Fuck. Fuck. Fuck. Fuck. Fuck. Fuck. Fuck. Fuck.
Fuck. Fuck. Fuck. Fuck. Fuck. Fuck. Fuck. Fuck. Fuck. Fuck. Fuck.
Fuck. Fuck. Fuck. Fuck. Fuck. Fuck. Fuck. Fuck. Fuck. Fuck. Fuck.
Fuck. Fuck. Fuck. Fuck. Fuck. Fuck. Fuck. Fuck. Fuck. Fuck. Fuck.
Fuck. Fuck. Fuck. Fuck. Fuck. Fuck. Fuck. Fuck. Fuck. Fuck. Fuck.
Fuck. Fuck. Fuck. Fuck. Fuck. Fuck. Fuck. Fuck. Fuck. Fuck. Fuck.
Fuck. Fuck. Fuck. Fuck. Fuck. Fuck. Fuck. Fuck. Fuck. Fuck. Fuck.
Fuck. Fuck. Fuck. Fuck. Fuck. Fuck. Fuck. Fuck. Fuck. Fuck. Fuck.
Fuck. Fuck. Fuck. Fuck. Fuck. Fuck. Fuck. Fuck. Fuck. Fuck. Fuck.
Fuck. Fuck. Fuck. Fuck. Fuck. Fuck. Fuck. Fuck. Fuck. Fuck. Fuck.
Fuck. Fuck. Fuck. Fuck. Fuck. Fuck. Fuck. Fuck. Fuck. Fuck. Fuck.
Fuck. Fuck. Fuck. Fuck. Fuck. Fuck. Fuck. Fuck. Fuck. Fuck. Fuck.
Fuck. Fuck. Fuck. Fuck. Fuck. Fuck. Fuck. Fuck. Fuck. Fuck. Fuck.
Fuck. Fuck. Fuck. Fuck. Fuck. Fuck. Fuck. Fuck. Fuck. Fuck. Fuck.
Fuck. Fuck. Fuck. Fuck. Fuck. Fuck. Fuck. Fuck. Fuck. Fuck. Fuck.
Fuck. Fuck. Fuck. Fuck. Fuck. Fuck. Fuck. Fuck. Fuck. Fuck. Fuck.
Fuck. Fuck. Fuck. Fuck. Fuck. Fuck. Fuck. Fuck. Fuck. Fuck. Fuck.
Fuck. Fuck. Fuck. Fuck. Fuck. Fuck. Fuck. Fuck. Fuck. Fuck. Fuck.
Fuck. Fuck. Fuck. Fuck. Fuck. Fuck. Fuck. Fuck. Fuck. Fuck. Fuck.
Fuck. Fuck. Fuck. Fuck. Fuck. Fuck. Fuck. Fuck. Fuck. Fuck. Fuck.
Fuck. Fuck. Fuck. Fuck. Fuck. Fuck. Fuck. Fuck. Fuck. Fuck. Fuck.
Fuck. Fuck. Fuck. Fuck. Fuck. Fuck. Fuck. Fuck. Fuck. Fuck. Fuck.
Fuck. Fuck. Fuck. Fuck. Fuck. Fuck. Fuck. Fuck. Fuck. Fuck. Fuck.
Fuck. Fuck. Fuck. Fuck. Fuck. Fuck. Fuck. Fuck. Fuck. Fuck. Fuck.
Fuck. Fuck. Fuck. Fuck. Fuck. Fuck. Fuck. Fuck. Fuck. Fuck. Fuck.
Fuck. Fuck. Fuck. Fuck. Fuck. Fuck. Fuck. Fuck. Fuck. Fuck. Fuck.
Fuck. Fuck. Fuck. Fuck. Fuck. Fuck. Fuck. Fuck. Fuck. Fuck. Fuck.
Fuck. Fuck. Fuck. Fuck. Fuck. Fuck. Fuck. Fuck. Fuck. Fuck. Fuck.
Fuck. Fuck. Fuck. Fuck. Fuck. Fuck. Fuck. Fuck. Fuck. Fuck. Fuck.

Fuck. Fuck. Fuck. Fuck. Fuck. Fuck. Fuck. Fuck. Fuck. Fuck. Fuck.
Fuck. Fuck. Fuck. Fuck. Fuck. Fuck. Fuck. Fuck. Fuck. Fuck. Fuck.
Fuck. Fuck. Fuck. Fuck. Fuck. Fuck. Fuck. Fuck. Fuck. Fuck. Fuck.
Fuck. Fuck. Fuck. Fuck. Fuck. Fuck. Fuck. Fuck. Fuck. Fuck. Fuck.
Fuck. Fuck. Fuck. Fuck. Fuck. Fuck. Fuck. Fuck. Fuck. Fuck. Fuck.
Fuck. Fuck. Fuck. Fuck. Fuck. Fuck. Fuck. Fuck. Fuck. Fuck. Fuck.
Fuck. Fuck. Fuck. Fuck. Fuck. Fuck. Fuck. Fuck. Fuck. Fuck. Fuck.
Fuck. Fuck. Fuck. Fuck. Fuck. Fuck. Fuck. Fuck. Fuck. Fuck. Fuck.
Fuck. Fuck. Fuck. Fuck. Fuck. Fuck. Fuck. Fuck. Fuck. Fuck. Fuck.
Fuck. Fuck. Fuck. Fuck. Fuck. Fuck. Fuck. Fuck. Fuck. Fuck. Fuck.
Fuck. Fuck. Fuck. Fuck. Fuck. Fuck. Fuck. Fuck. Fuck. Fuck. Fuck.
Fuck. Fuck. Fuck. Fuck. Fuck. Fuck. Fuck. Fuck. Fuck. Fuck. Fuck.
Fuck. Fuck. Fuck. Fuck. Fuck. Fuck. Fuck. Fuck. Fuck. Fuck. Fuck.
Fuck. Fuck. Fuck. Fuck. Fuck. Fuck. Fuck. Fuck. Fuck. Fuck. Fuck.
Fuck. Fuck. Fuck. Fuck. Fuck. Fuck. Fuck. Fuck. Fuck. Fuck. Fuck.
Fuck. Fuck. Fuck. Fuck. Fuck. Fuck. Fuck. Fuck. Fuck. Fuck. Fuck.
Fuck. Fuck. Fuck. Fuck. Fuck. Fuck. Fuck. Fuck. Fuck. Fuck. Fuck.
Fuck. Fuck. Fuck. Fuck. Fuck. Fuck. Fuck. Fuck. Fuck. Fuck. Fuck.
Fuck. Fuck. Fuck. Fuck. Fuck. Fuck. Fuck. Fuck. Fuck. Fuck. Fuck.
Fuck. Fuck. Fuck. Fuck. Fuck. Fuck. Fuck. Fuck. Fuck. Fuck. Fuck.
Fuck. Fuck. Fuck. Fuck. Fuck. Fuck. Fuck. Fuck. Fuck. Fuck. Fuck.
Fuck. Fuck. Fuck. Fuck. Fuck. Fuck. Fuck. Fuck. Fuck. Fuck. Fuck.
Fuck. Fuck. Fuck. Fuck. Fuck. Fuck. Fuck. Fuck. Fuck. Fuck. Fuck.
Fuck. Fuck. Fuck. Fuck. Fuck. Fuck. Fuck. Fuck. Fuck. Fuck. Fuck.
Fuck. Fuck. Fuck. Fuck. Fuck. Fuck. Fuck. Fuck. Fuck. Fuck. Fuck.
Fuck. Fuck. Fuck. Fuck. Fuck. Fuck. Fuck. Fuck. Fuck. Fuck. Fuck.
Fuck. Fuck. Fuck. Fuck. Fuck. Fuck. Fuck. Fuck. Fuck. Fuck. Fuck.
Fuck. Fuck. Fuck. Fuck. Fuck. Fuck. Fuck. Fuck. Fuck. Fuck. Fuck.
Fuck. Fuck. Fuck. Fuck. Fuck. Fuck. Fuck. Fuck. Fuck. Fuck. Fuck.
Fuck. Fuck. Fuck. Fuck. Fuck. Fuck. Fuck. Fuck. Fuck. Fuck. Fuck.
Fuck. Fuck. Fuck. Fuck. Fuck. Fuck. Fuck. Fuck. Fuck. Fuck. Fuck.
Fuck. Fuck. Fuck. Fuck. Fuck. Fuck. Fuck. Fuck. Fuck. Fuck. Fuck.
Fuck. Fuck. Fuck. Fuck. Fuck. Fuck. Fuck. Fuck. Fuck. Fuck. Fuck.
Fuck. Fuck. Fuck. Fuck. Fuck. Fuck. Fuck. Fuck. Fuck. Fuck. Fuck.
Fuck. Fuck. Fuck. Fuck. Fuck. Fuck. Fuck. Fuck. Fuck. Fuck. Fuck.
Fuck. Fuck. Fuck. Fuck. Fuck. Fuck. Fuck. Fuck. Fuck. Fuck. Fuck.
Fuck. Fuck. Fuck. Fuck. Fuck. Fuck. Fuck. Fuck. Fuck. Fuck. Fuck.
Fuck. Fuck. Fuck. Fuck. Fuck. Fuck. Fuck. Fuck. Fuck. Fuck. Fuck.
Fuck. Fuck. Fuck. Fuck. Fuck. Fuck. Fuck. Fuck. Fuck. Fuck. Fuck.

Fuck. Fuck. Fuck. Fuck. Fuck. Fuck. Fuck. Fuck. Fuck. Fuck. Fuck.
Fuck. Fuck. Fuck. Fuck. Fuck. Fuck. Fuck. Fuck. Fuck. Fuck. Fuck.
Fuck. Fuck. Fuck. Fuck. Fuck. Fuck. Fuck. Fuck. Fuck. Fuck. Fuck.
Fuck. Fuck. Fuck. Fuck. Fuck. Fuck. Fuck. Fuck. Fuck. Fuck. Fuck.
Fuck. Fuck. Fuck. Fuck. Fuck. Fuck. Fuck. Fuck. Fuck. Fuck. Fuck.
Fuck. Fuck. Fuck. Fuck. Fuck. Fuck. Fuck. Fuck. Fuck. Fuck. Fuck.
Fuck. Fuck. Fuck. Fuck. Fuck. Fuck. Fuck. Fuck. Fuck. Fuck. Fuck.
Fuck. Fuck. Fuck. Fuck. Fuck. Fuck. Fuck. Fuck. Fuck. Fuck. Fuck.
Fuck. Fuck. Fuck. Fuck. Fuck. Fuck. Fuck. Fuck. Fuck. Fuck. Fuck.
Fuck. Fuck. Fuck. Fuck. Fuck. Fuck. Fuck. Fuck. Fuck. Fuck. Fuck.
Fuck. Fuck. Fuck. Fuck. Fuck. Fuck. Fuck. Fuck. Fuck. Fuck. Fuck.
Fuck. Fuck. Fuck. Fuck. Fuck. Fuck. Fuck. Fuck. Fuck. Fuck. Fuck.
Fuck. Fuck. Fuck. Fuck. Fuck. Fuck. Fuck. Fuck. Fuck. Fuck. Fuck.
Fuck. Fuck. Fuck. Fuck. Fuck. Fuck. Fuck. Fuck. Fuck. Fuck. Fuck.
Fuck. Fuck. Fuck. Fuck. Fuck. Fuck. Fuck. Fuck. Fuck. Fuck. Fuck.
Fuck. Fuck. Fuck. Fuck. Fuck. Fuck. Fuck. Fuck. Fuck. Fuck. Fuck.
Fuck. Fuck. Fuck. Fuck. Fuck. Fuck. Fuck. Fuck. Fuck. Fuck. Fuck.
Fuck. Fuck. Fuck. Fuck. Fuck. Fuck. Fuck. Fuck. Fuck. Fuck. Fuck.
Fuck. Fuck. Fuck. Fuck. Fuck. Fuck. Fuck. Fuck. Fuck. Fuck. Fuck.
Fuck. Fuck. Fuck. Fuck. Fuck. Fuck. Fuck. Fuck. Fuck. Fuck. Fuck.
Fuck. Fuck. Fuck. Fuck. Fuck. Fuck. Fuck. Fuck. Fuck. Fuck. Fuck.
Fuck. Fuck. Fuck. Fuck. Fuck. Fuck. Fuck. Fuck. Fuck. Fuck. Fuck.
Fuck. Fuck. Fuck. Fuck. Fuck. Fuck. Fuck. Fuck. Fuck. Fuck. Fuck.
Fuck. Fuck. Fuck. Fuck. Fuck. Fuck. Fuck. Fuck. Fuck. Fuck. Fuck.
Fuck. Fuck. Fuck. Fuck. Fuck. Fuck. Fuck. Fuck. Fuck. Fuck. Fuck.
Fuck. Fuck. Fuck. Fuck. Fuck. Fuck. Fuck. Fuck. Fuck. Fuck. Fuck.
Fuck. Fuck. Fuck. Fuck. Fuck. Fuck. Fuck. Fuck. Fuck. Fuck. Fuck.
Fuck. Fuck. Fuck. Fuck. Fuck. Fuck. Fuck. Fuck. Fuck. Fuck. Fuck.
Fuck. Fuck. Fuck. Fuck. Fuck. Fuck. Fuck. Fuck. Fuck. Fuck. Fuck.
Fuck. Fuck. Fuck. Fuck. Fuck. Fuck. Fuck. Fuck. Fuck. Fuck. Fuck.
Fuck. Fuck. Fuck. Fuck. Fuck. Fuck. Fuck. Fuck. Fuck. Fuck. Fuck.
Fuck. Fuck. Fuck. Fuck. Fuck. Fuck. Fuck. Fuck. Fuck. Fuck. Fuck.
Fuck. Fuck. Fuck. Fuck. Fuck. Fuck. Fuck. Fuck. Fuck. Fuck. Fuck.
Fuck. Fuck. Fuck. Fuck. Fuck. Fuck. Fuck. Fuck. Fuck. Fuck. Fuck.
Fuck. Fuck. Fuck. Fuck. Fuck. Fuck. Fuck. Fuck. Fuck. Fuck. Fuck.
Fuck. Fuck. Fuck. Fuck. Fuck. Fuck. Fuck. Fuck. Fuck. Fuck. Fuck.
Fuck. Fuck. Fuck. Fuck. Fuck. Fuck. Fuck. Fuck. Fuck. Fuck. Fuck.

Fuck. Fuck. Fuck. Fuck. Fuck. Fuck. Fuck. Fuck. Fuck. Fuck. Fuck.
Fuck. Fuck. Fuck. Fuck. Fuck. Fuck. Fuck. Fuck. Fuck. Fuck. Fuck.
Fuck. Fuck. Fuck. Fuck. Fuck. Fuck. Fuck. Fuck. Fuck. Fuck. Fuck.
Fuck. Fuck. Fuck. Fuck. Fuck. Fuck. Fuck. Fuck. Fuck. Fuck. Fuck.
Fuck. Fuck. Fuck. Fuck. Fuck. Fuck. Fuck. Fuck. Fuck. Fuck. Fuck.
Fuck. Fuck. Fuck. Fuck. Fuck. Fuck. Fuck. Fuck. Fuck. Fuck. Fuck.
Fuck. Fuck. Fuck. Fuck. Fuck. Fuck. Fuck. Fuck. Fuck. Fuck. Fuck.
Fuck. Fuck. Fuck. Fuck. Fuck. Fuck. Fuck. Fuck. Fuck. Fuck. Fuck.
Fuck. Fuck. Fuck. Fuck. Fuck. Fuck. Fuck. Fuck. Fuck. Fuck. Fuck.
Fuck. Fuck. Fuck. Fuck. Fuck. Fuck. Fuck. Fuck. Fuck. Fuck. Fuck.
Fuck. Fuck. Fuck. Fuck. Fuck. Fuck. Fuck. Fuck. Fuck. Fuck. Fuck.
Fuck. Fuck. Fuck. Fuck. Fuck. Fuck. Fuck. Fuck. Fuck. Fuck. Fuck.
Fuck. Fuck. Fuck. Fuck. Fuck. Fuck. Fuck. Fuck. Fuck. Fuck. Fuck.
Fuck. Fuck. Fuck. Fuck. Fuck. Fuck. Fuck. Fuck. Fuck. Fuck. Fuck.
Fuck. Fuck. Fuck. Fuck. Fuck. Fuck. Fuck. Fuck. Fuck. Fuck. Fuck.
Fuck. Fuck. Fuck. Fuck. Fuck. Fuck. Fuck. Fuck. Fuck. Fuck. Fuck.
Fuck. Fuck. Fuck. Fuck. Fuck. Fuck. Fuck. Fuck. Fuck. Fuck. Fuck.
Fuck. Fuck. Fuck. Fuck. Fuck. Fuck. Fuck. Fuck. Fuck. Fuck. Fuck.
Fuck. Fuck. Fuck. Fuck. Fuck. Fuck. Fuck. Fuck. Fuck. Fuck. Fuck.
Fuck. Fuck. Fuck. Fuck. Fuck. Fuck. Fuck. Fuck. Fuck. Fuck. Fuck.
Fuck. Fuck. Fuck. Fuck. Fuck. Fuck. Fuck. Fuck. Fuck. Fuck. Fuck.
Fuck. Fuck. Fuck. Fuck. Fuck. Fuck. Fuck. Fuck. Fuck. Fuck. Fuck.
Fuck. Fuck. Fuck. Fuck. Fuck. Fuck. Fuck. Fuck. Fuck. Fuck. Fuck.
Fuck. Fuck. Fuck. Fuck. Fuck. Fuck. Fuck. Fuck. Fuck. Fuck. Fuck.
Fuck. Fuck. Fuck. Fuck. Fuck. Fuck. Fuck. Fuck. Fuck. Fuck. Fuck.
Fuck. Fuck. Fuck. Fuck. Fuck. Fuck. Fuck. Fuck. Fuck. Fuck. Fuck.
Fuck. Fuck. Fuck. Fuck. Fuck. Fuck. Fuck. Fuck. Fuck. Fuck. Fuck.
Fuck. Fuck. Fuck. Fuck. Fuck. Fuck. Fuck. Fuck. Fuck. Fuck. Fuck.
Fuck. Fuck. Fuck. Fuck. Fuck. Fuck. Fuck. Fuck. Fuck. Fuck. Fuck.
Fuck. Fuck. Fuck. Fuck. Fuck. Fuck. Fuck. Fuck. Fuck. Fuck. Fuck.
Fuck. Fuck. Fuck. Fuck. Fuck. Fuck. Fuck. Fuck. Fuck. Fuck. Fuck.
Fuck. Fuck. Fuck. Fuck. Fuck. Fuck. Fuck. Fuck. Fuck. Fuck. Fuck.
Fuck. Fuck. Fuck. Fuck. Fuck. Fuck. Fuck. Fuck. Fuck. Fuck. Fuck.

Fuck. Fuck. Fuck. Fuck. Fuck. Fuck. Fuck. Fuck. Fuck. Fuck. Fuck.
Fuck. Fuck. Fuck. Fuck. Fuck. Fuck. Fuck. Fuck. Fuck. Fuck. Fuck.
Fuck. Fuck. Fuck. Fuck. Fuck. Fuck. Fuck. Fuck. Fuck. Fuck. Fuck.
Fuck. Fuck. Fuck. Fuck. Fuck. Fuck. Fuck. Fuck. Fuck. Fuck. Fuck.
Fuck. Fuck. Fuck. Fuck. Fuck. Fuck. Fuck. Fuck. Fuck. Fuck. Fuck.
Fuck. Fuck. Fuck. Fuck. Fuck. Fuck. Fuck. Fuck. Fuck. Fuck. Fuck.
Fuck. Fuck. Fuck. Fuck. Fuck. Fuck. Fuck. Fuck. Fuck. Fuck. Fuck.
Fuck. Fuck. Fuck. Fuck. Fuck. Fuck. Fuck. Fuck. Fuck. Fuck. Fuck.
Fuck. Fuck. Fuck. Fuck. Fuck. Fuck. Fuck. Fuck. Fuck. Fuck. Fuck.
Fuck. Fuck. Fuck. Fuck. Fuck. Fuck. Fuck. Fuck. Fuck. Fuck. Fuck.
Fuck. Fuck. Fuck. Fuck. Fuck. Fuck. Fuck. Fuck. Fuck. Fuck. Fuck.
Fuck. Fuck. Fuck. Fuck. Fuck. Fuck. Fuck. Fuck. Fuck. Fuck. Fuck.
Fuck. Fuck. Fuck. Fuck. Fuck. Fuck. Fuck. Fuck. Fuck. Fuck. Fuck.
Fuck. Fuck. Fuck. Fuck. Fuck. Fuck. Fuck. Fuck. Fuck. Fuck. Fuck.
Fuck. Fuck. Fuck. Fuck. Fuck. Fuck. Fuck. Fuck. Fuck. Fuck. Fuck.
Fuck. Fuck. Fuck. Fuck. Fuck. Fuck. Fuck. Fuck. Fuck. Fuck. Fuck.
Fuck. Fuck. Fuck. Fuck. Fuck. Fuck. Fuck. Fuck. Fuck. Fuck. Fuck.
Fuck. Fuck. Fuck. Fuck. Fuck. Fuck. Fuck. Fuck. Fuck. Fuck. Fuck.
Fuck. Fuck. Fuck. Fuck. Fuck. Fuck. Fuck. Fuck. Fuck. Fuck. Fuck.
Fuck. Fuck. Fuck. Fuck. Fuck. Fuck. Fuck. Fuck. Fuck. Fuck. Fuck.
Fuck. Fuck. Fuck. Fuck. Fuck. Fuck. Fuck. Fuck. Fuck. Fuck. Fuck.
Fuck. Fuck. Fuck. Fuck. Fuck. Fuck. Fuck. Fuck. Fuck. Fuck. Fuck.
Fuck. Fuck. Fuck. Fuck. Fuck. Fuck. Fuck. Fuck. Fuck. Fuck. Fuck.
Fuck. Fuck. Fuck. Fuck. Fuck. Fuck. Fuck. Fuck. Fuck. Fuck. Fuck.
Fuck. Fuck. Fuck. Fuck. Fuck. Fuck. Fuck. Fuck. Fuck. Fuck. Fuck.
Fuck. Fuck. Fuck. Fuck. Fuck. Fuck. Fuck. Fuck. Fuck. Fuck. Fuck.
Fuck. Fuck. Fuck. Fuck. Fuck. Fuck. Fuck. Fuck. Fuck. Fuck. Fuck.
Fuck. Fuck. Fuck. Fuck. Fuck. Fuck. Fuck. Fuck. Fuck. Fuck. Fuck.
Fuck. Fuck. Fuck. Fuck. Fuck. Fuck. Fuck. Fuck. Fuck. Fuck. Fuck.
Fuck. Fuck. Fuck. Fuck. Fuck. Fuck. Fuck. Fuck. Fuck. Fuck. Fuck.
Fuck. Fuck. Fuck. Fuck. Fuck. Fuck. Fuck. Fuck. Fuck. Fuck. Fuck.
Fuck. Fuck. Fuck. Fuck. Fuck. Fuck. Fuck. Fuck. Fuck. Fuck. Fuck.
Fuck. Fuck. Fuck. Fuck. Fuck. Fuck. Fuck. Fuck. Fuck. Fuck. Fuck.
Fuck. Fuck. Fuck. Fuck. Fuck. Fuck. Fuck. Fuck. Fuck. Fuck. Fuck.
Fuck. Fuck. Fuck. Fuck. Fuck. Fuck. Fuck. Fuck. Fuck. Fuck. Fuck.
Fuck. Fuck. Fuck. Fuck. Fuck. Fuck. Fuck. Fuck. Fuck. Fuck. Fuck.

Fuck. Fuck. Fuck. Fuck. Fuck. Fuck. Fuck. Fuck. Fuck. Fuck. Fuck.
Fuck. Fuck. Fuck. Fuck. Fuck. Fuck. Fuck. Fuck. Fuck. Fuck. Fuck.
Fuck. Fuck. Fuck. Fuck. Fuck. Fuck. Fuck. Fuck. Fuck. Fuck. Fuck.
Fuck. Fuck. Fuck. Fuck. Fuck. Fuck. Fuck. Fuck. Fuck. Fuck. Fuck.
Fuck. Fuck. Fuck. Fuck. Fuck. Fuck. Fuck. Fuck. Fuck. Fuck. Fuck.
Fuck. Fuck. Fuck. Fuck. Fuck. Fuck. Fuck. Fuck. Fuck. Fuck. Fuck.
Fuck. Fuck. Fuck. Fuck. Fuck. Fuck. Fuck. Fuck. Fuck. Fuck. Fuck.
Fuck. Fuck. Fuck. Fuck. Fuck. Fuck. Fuck. Fuck. Fuck. Fuck. Fuck.
Fuck. Fuck. Fuck. Fuck. Fuck. Fuck. Fuck. Fuck. Fuck. Fuck. Fuck.
Fuck. Fuck. Fuck. Fuck. Fuck. Fuck. Fuck. Fuck. Fuck. Fuck. Fuck.
Fuck. Fuck. Fuck. Fuck. Fuck. Fuck. Fuck. Fuck. Fuck. Fuck. Fuck.
Fuck. Fuck. Fuck. Fuck. Fuck. Fuck. Fuck. Fuck. Fuck. Fuck. Fuck.
Fuck. Fuck. Fuck. Fuck. Fuck. Fuck. Fuck. Fuck. Fuck. Fuck. Fuck.
Fuck. Fuck. Fuck. Fuck. Fuck. Fuck. Fuck. Fuck. Fuck. Fuck. Fuck.
Fuck. Fuck. Fuck. Fuck. Fuck. Fuck. Fuck. Fuck. Fuck. Fuck. Fuck.
Fuck. Fuck. Fuck. Fuck. Fuck. Fuck. Fuck. Fuck. Fuck. Fuck. Fuck.
Fuck. Fuck. Fuck. Fuck. Fuck. Fuck. Fuck. Fuck. Fuck. Fuck. Fuck.
Fuck. Fuck. Fuck. Fuck. Fuck. Fuck. Fuck. Fuck. Fuck. Fuck. Fuck.
Fuck. Fuck. Fuck. Fuck. Fuck. Fuck. Fuck. Fuck. Fuck. Fuck. Fuck.
Fuck. Fuck. Fuck. Fuck. Fuck. Fuck. Fuck. Fuck. Fuck. Fuck. Fuck.
Fuck. Fuck. Fuck. Fuck. Fuck. Fuck. Fuck. Fuck. Fuck. Fuck. Fuck.
Fuck. Fuck. Fuck. Fuck. Fuck. Fuck. Fuck. Fuck. Fuck. Fuck. Fuck.
Fuck. Fuck. Fuck. Fuck. Fuck. Fuck. Fuck. Fuck. Fuck. Fuck. Fuck.
Fuck. Fuck. Fuck. Fuck. Fuck. Fuck. Fuck. Fuck. Fuck. Fuck. Fuck.
Fuck. Fuck. Fuck. Fuck. Fuck. Fuck. Fuck. Fuck. Fuck. Fuck. Fuck.
Fuck. Fuck. Fuck. Fuck. Fuck. Fuck. Fuck. Fuck. Fuck. Fuck. Fuck.
Fuck. Fuck. Fuck. Fuck. Fuck. Fuck. Fuck. Fuck. Fuck. Fuck. Fuck.
Fuck. Fuck. Fuck. Fuck. Fuck. Fuck. Fuck. Fuck. Fuck. Fuck. Fuck.
Fuck. Fuck. Fuck. Fuck. Fuck. Fuck. Fuck. Fuck. Fuck. Fuck. Fuck.
Fuck. Fuck. Fuck. Fuck. Fuck. Fuck. Fuck. Fuck. Fuck. Fuck. Fuck.
Fuck. Fuck. Fuck. Fuck. Fuck. Fuck. Fuck. Fuck. Fuck. Fuck. Fuck.
Fuck. Fuck. Fuck. Fuck. Fuck. Fuck. Fuck. Fuck. Fuck. Fuck. Fuck.
Fuck. Fuck. Fuck. Fuck. Fuck. Fuck. Fuck. Fuck. Fuck. Fuck. Fuck.
Fuck. Fuck. Fuck. Fuck. Fuck. Fuck. Fuck. Fuck. Fuck. Fuck. Fuck.
Fuck. Fuck. Fuck. Fuck. Fuck. Fuck. Fuck. Fuck. Fuck. Fuck. Fuck.
Fuck. Fuck. Fuck. Fuck. Fuck. Fuck. Fuck. Fuck. Fuck. Fuck. Fuck.

Fuck. Fuck. Fuck. Fuck. Fuck. Fuck. Fuck. Fuck. Fuck. Fuck. Fuck.
Fuck. Fuck. Fuck. Fuck. Fuck. Fuck. Fuck. Fuck. Fuck. Fuck. Fuck.
Fuck. Fuck. Fuck. Fuck. Fuck. Fuck. Fuck. Fuck. Fuck. Fuck. Fuck.
Fuck. Fuck. Fuck. Fuck. Fuck. Fuck. Fuck. Fuck. Fuck. Fuck. Fuck.
Fuck. Fuck. Fuck. Fuck. Fuck. Fuck. Fuck. Fuck. Fuck. Fuck. Fuck.
Fuck. Fuck. Fuck. Fuck. Fuck. Fuck. Fuck. Fuck. Fuck. Fuck. Fuck.
Fuck. Fuck. Fuck. Fuck. Fuck. Fuck. Fuck. Fuck. Fuck. Fuck. Fuck.
Fuck. Fuck. Fuck. Fuck. Fuck. Fuck. Fuck. Fuck. Fuck. Fuck. Fuck.
Fuck. Fuck. Fuck. Fuck. Fuck. Fuck. Fuck. Fuck. Fuck. Fuck. Fuck.
Fuck. Fuck. Fuck. Fuck. Fuck. Fuck. Fuck. Fuck. Fuck. Fuck. Fuck.
Fuck. Fuck. Fuck. Fuck. Fuck. Fuck. Fuck. Fuck. Fuck. Fuck. Fuck.
Fuck. Fuck. Fuck. Fuck. Fuck. Fuck. Fuck. Fuck. Fuck. Fuck. Fuck.
Fuck. Fuck. Fuck. Fuck. Fuck. Fuck. Fuck. Fuck. Fuck. Fuck. Fuck.
Fuck. Fuck. Fuck. Fuck. Fuck. Fuck. Fuck. Fuck. Fuck. Fuck. Fuck.
Fuck. Fuck. Fuck. Fuck. Fuck. Fuck. Fuck. Fuck. Fuck. Fuck. Fuck.
Fuck. Fuck. Fuck. Fuck. Fuck. Fuck. Fuck. Fuck. Fuck. Fuck. Fuck.
Fuck. Fuck. Fuck. Fuck. Fuck. Fuck. Fuck. Fuck. Fuck. Fuck. Fuck.
Fuck. Fuck. Fuck. Fuck. Fuck. Fuck. Fuck. Fuck. Fuck. Fuck. Fuck.
Fuck. Fuck. Fuck. Fuck. Fuck. Fuck. Fuck. Fuck. Fuck. Fuck. Fuck.
Fuck. Fuck. Fuck. Fuck. Fuck. Fuck. Fuck. Fuck. Fuck. Fuck. Fuck.
Fuck. Fuck. Fuck. Fuck. Fuck. Fuck. Fuck. Fuck. Fuck. Fuck. Fuck.
Fuck. Fuck. Fuck. Fuck. Fuck. Fuck. Fuck. Fuck. Fuck. Fuck. Fuck.
Fuck. Fuck. Fuck. Fuck. Fuck. Fuck. Fuck. Fuck. Fuck. Fuck. Fuck.
Fuck. Fuck. Fuck. Fuck. Fuck. Fuck. Fuck. Fuck. Fuck. Fuck. Fuck.
Fuck. Fuck. Fuck. Fuck. Fuck. Fuck. Fuck. Fuck. Fuck. Fuck. Fuck.
Fuck. Fuck. Fuck. Fuck. Fuck. Fuck. Fuck. Fuck. Fuck. Fuck. Fuck.
Fuck. Fuck. Fuck. Fuck. Fuck. Fuck. Fuck. Fuck. Fuck. Fuck. Fuck.
Fuck. Fuck. Fuck. Fuck. Fuck. Fuck. Fuck. Fuck. Fuck. Fuck. Fuck.
Fuck. Fuck. Fuck. Fuck. Fuck. Fuck. Fuck. Fuck. Fuck. Fuck. Fuck.
Fuck. Fuck. Fuck. Fuck. Fuck. Fuck. Fuck. Fuck. Fuck. Fuck. Fuck.
Fuck. Fuck. Fuck. Fuck. Fuck. Fuck. Fuck. Fuck. Fuck. Fuck. Fuck.
Fuck. Fuck. Fuck. Fuck. Fuck. Fuck. Fuck. Fuck. Fuck. Fuck. Fuck.
Fuck. Fuck. Fuck. Fuck. Fuck. Fuck. Fuck. Fuck. Fuck. Fuck. Fuck.
Fuck. Fuck. Fuck. Fuck. Fuck. Fuck. Fuck. Fuck. Fuck. Fuck. Fuck.
Fuck. Fuck. Fuck. Fuck. Fuck. Fuck. Fuck. Fuck. Fuck. Fuck. Fuck.
Fuck. Fuck. Fuck. Fuck. Fuck. Fuck. Fuck. Fuck. Fuck. Fuck. Fuck.

Fuck. Fuck. Fuck. Fuck. Fuck. Fuck. Fuck. Fuck. Fuck. Fuck. Fuck.
Fuck. Fuck. Fuck. Fuck. Fuck. Fuck. Fuck. Fuck. Fuck. Fuck. Fuck.
Fuck. Fuck. Fuck. Fuck. Fuck. Fuck. Fuck. Fuck. Fuck. Fuck. Fuck.
Fuck. Fuck. Fuck. Fuck. Fuck. Fuck. Fuck. Fuck. Fuck. Fuck. Fuck.
Fuck. Fuck. Fuck. Fuck. Fuck. Fuck. Fuck. Fuck. Fuck. Fuck. Fuck.
Fuck. Fuck. Fuck. Fuck. Fuck. Fuck. Fuck. Fuck. Fuck. Fuck. Fuck.
Fuck. Fuck. Fuck. Fuck. Fuck. Fuck. Fuck. Fuck. Fuck. Fuck. Fuck.
Fuck. Fuck. Fuck. Fuck. Fuck. Fuck. Fuck. Fuck. Fuck. Fuck. Fuck.
Fuck. Fuck. Fuck. Fuck. Fuck. Fuck. Fuck. Fuck. Fuck. Fuck. Fuck.
Fuck. Fuck. Fuck. Fuck. Fuck. Fuck. Fuck. Fuck. Fuck. Fuck. Fuck.
Fuck. Fuck. Fuck. Fuck. Fuck. Fuck. Fuck. Fuck. Fuck. Fuck. Fuck.
Fuck. Fuck. Fuck. Fuck. Fuck. Fuck. Fuck. Fuck. Fuck. Fuck. Fuck.
Fuck. Fuck. Fuck. Fuck. Fuck. Fuck. Fuck. Fuck. Fuck. Fuck. Fuck.
Fuck. Fuck. Fuck. Fuck. Fuck. Fuck. Fuck. Fuck. Fuck. Fuck. Fuck.
Fuck. Fuck. Fuck. Fuck. Fuck. Fuck. Fuck. Fuck. Fuck. Fuck. Fuck.
Fuck. Fuck. Fuck. Fuck. Fuck. Fuck. Fuck. Fuck. Fuck. Fuck. Fuck.
Fuck. Fuck. Fuck. Fuck. Fuck. Fuck. Fuck. Fuck. Fuck. Fuck. Fuck.
Fuck. Fuck. Fuck. Fuck. Fuck. Fuck. Fuck. Fuck. Fuck. Fuck. Fuck.
Fuck. Fuck. Fuck. Fuck. Fuck. Fuck. Fuck. Fuck. Fuck. Fuck. Fuck.
Fuck. Fuck. Fuck. Fuck. Fuck. Fuck. Fuck. Fuck. Fuck. Fuck. Fuck.
Fuck. Fuck. Fuck. Fuck. Fuck. Fuck. Fuck. Fuck. Fuck. Fuck. Fuck.
Fuck. Fuck. Fuck. Fuck. Fuck. Fuck. Fuck. Fuck. Fuck. Fuck. Fuck.
Fuck. Fuck. Fuck. Fuck. Fuck. Fuck. Fuck. Fuck. Fuck. Fuck. Fuck.
Fuck. Fuck. Fuck. Fuck. Fuck. Fuck. Fuck. Fuck. Fuck. Fuck. Fuck.
Fuck. Fuck. Fuck. Fuck. Fuck. Fuck. Fuck. Fuck. Fuck. Fuck. Fuck.
Fuck. Fuck. Fuck. Fuck. Fuck. Fuck. Fuck. Fuck. Fuck. Fuck. Fuck.
Fuck. Fuck. Fuck. Fuck. Fuck. Fuck. Fuck. Fuck. Fuck. Fuck. Fuck.
Fuck. Fuck. Fuck. Fuck. Fuck. Fuck. Fuck. Fuck. Fuck. Fuck. Fuck.
Fuck. Fuck. Fuck. Fuck. Fuck. Fuck. Fuck. Fuck. Fuck. Fuck. Fuck.
Fuck. Fuck. Fuck. Fuck. Fuck. Fuck. Fuck. Fuck. Fuck. Fuck. Fuck.
Fuck. Fuck. Fuck. Fuck. Fuck. Fuck. Fuck. Fuck. Fuck. Fuck. Fuck.
Fuck. Fuck. Fuck. Fuck. Fuck. Fuck. Fuck. Fuck. Fuck. Fuck. Fuck.
Fuck. Fuck. Fuck. Fuck. Fuck. Fuck. Fuck. Fuck. Fuck. Fuck. Fuck.
Fuck. Fuck. Fuck. Fuck. Fuck. Fuck. Fuck. Fuck. Fuck. Fuck. Fuck.
Fuck. Fuck. Fuck. Fuck. Fuck. Fuck. Fuck. Fuck. Fuck. Fuck. Fuck.
Fuck. Fuck. Fuck. Fuck. Fuck. Fuck. Fuck. Fuck. Fuck. Fuck. Fuck.

Fuck. Fuck. Fuck. Fuck. Fuck. Fuck. Fuck. Fuck. Fuck. Fuck. Fuck.
Fuck. Fuck. Fuck. Fuck. Fuck. Fuck. Fuck. Fuck. Fuck. Fuck. Fuck.
Fuck. Fuck. Fuck. Fuck. Fuck. Fuck. Fuck. Fuck. Fuck. Fuck. Fuck.
Fuck. Fuck. Fuck. Fuck. Fuck. Fuck. Fuck. Fuck. Fuck. Fuck. Fuck.
Fuck. Fuck. Fuck. Fuck. Fuck. Fuck. Fuck. Fuck. Fuck. Fuck. Fuck.
Fuck. Fuck. Fuck. Fuck. Fuck. Fuck. Fuck. Fuck. Fuck. Fuck. Fuck.
Fuck. Fuck. Fuck. Fuck. Fuck. Fuck. Fuck. Fuck. Fuck. Fuck. Fuck.
Fuck. Fuck. Fuck. Fuck. Fuck. Fuck. Fuck. Fuck. Fuck. Fuck. Fuck.
Fuck. Fuck. Fuck. Fuck. Fuck. Fuck. Fuck. Fuck. Fuck. Fuck. Fuck.
Fuck. Fuck. Fuck. Fuck. Fuck. Fuck. Fuck. Fuck. Fuck. Fuck. Fuck.
Fuck. Fuck. Fuck. Fuck. Fuck. Fuck. Fuck. Fuck. Fuck. Fuck. Fuck.
Fuck. Fuck. Fuck. Fuck. Fuck. Fuck. Fuck. Fuck. Fuck. Fuck. Fuck.
Fuck. Fuck. Fuck. Fuck. Fuck. Fuck. Fuck. Fuck. Fuck. Fuck. Fuck.
Fuck. Fuck. Fuck. Fuck. Fuck. Fuck. Fuck. Fuck. Fuck. Fuck. Fuck.
Fuck. Fuck. Fuck. Fuck. Fuck. Fuck. Fuck. Fuck. Fuck. Fuck. Fuck.
Fuck. Fuck. Fuck. Fuck. Fuck. Fuck. Fuck. Fuck. Fuck. Fuck. Fuck.
Fuck. Fuck. Fuck. Fuck. Fuck. Fuck. Fuck. Fuck. Fuck. Fuck. Fuck.
Fuck. Fuck. Fuck. Fuck. Fuck. Fuck. Fuck. Fuck. Fuck. Fuck. Fuck.
Fuck. Fuck. Fuck. Fuck. Fuck. Fuck. Fuck. Fuck. Fuck. Fuck. Fuck.
Fuck. Fuck. Fuck. Fuck. Fuck. Fuck. Fuck. Fuck. Fuck. Fuck. Fuck.
Fuck. Fuck. Fuck. Fuck. Fuck. Fuck. Fuck. Fuck. Fuck. Fuck. Fuck.
Fuck. Fuck. Fuck. Fuck. Fuck. Fuck. Fuck. Fuck. Fuck. Fuck. Fuck.
Fuck. Fuck. Fuck. Fuck. Fuck. Fuck. Fuck. Fuck. Fuck. Fuck. Fuck.
Fuck. Fuck. Fuck. Fuck. Fuck. Fuck. Fuck. Fuck. Fuck. Fuck. Fuck.
Fuck. Fuck. Fuck. Fuck. Fuck. Fuck. Fuck. Fuck. Fuck. Fuck. Fuck.
Fuck. Fuck. Fuck. Fuck. Fuck. Fuck. Fuck. Fuck. Fuck. Fuck. Fuck.
Fuck. Fuck. Fuck. Fuck. Fuck. Fuck. Fuck. Fuck. Fuck. Fuck. Fuck.
Fuck. Fuck. Fuck. Fuck. Fuck. Fuck. Fuck. Fuck. Fuck. Fuck. Fuck.
Fuck. Fuck. Fuck. Fuck. Fuck. Fuck. Fuck. Fuck. Fuck. Fuck. Fuck.
Fuck. Fuck. Fuck. Fuck. Fuck. Fuck. Fuck. Fuck. Fuck. Fuck. Fuck.
Fuck. Fuck. Fuck. Fuck. Fuck. Fuck. Fuck. Fuck. Fuck. Fuck. Fuck.
Fuck. Fuck. Fuck. Fuck. Fuck. Fuck. Fuck. Fuck. Fuck. Fuck. Fuck.
Fuck. Fuck. Fuck. Fuck. Fuck. Fuck. Fuck. Fuck. Fuck. Fuck. Fuck.
Fuck. Fuck. Fuck. Fuck. Fuck. Fuck. Fuck. Fuck. Fuck. Fuck. Fuck.
Fuck. Fuck. Fuck. Fuck. Fuck. Fuck. Fuck. Fuck. Fuck. Fuck. Fuck.
Fuck. Fuck. Fuck. Fuck. Fuck. Fuck. Fuck. Fuck. Fuck. Fuck. Fuck.
Fuck. Fuck. Fuck. Fuck. Fuck. Fuck. Fuck. Fuck. Fuck. Fuck. Fuck.

Fuck. Fuck. Fuck. Fuck. Fuck. Fuck. Fuck. Fuck. Fuck. Fuck. Fuck.
Fuck. Fuck. Fuck. Fuck. Fuck. Fuck. Fuck. Fuck. Fuck. Fuck. Fuck.
Fuck. Fuck. Fuck. Fuck. Fuck. Fuck. Fuck. Fuck. Fuck. Fuck. Fuck.
Fuck. Fuck. Fuck. Fuck. Fuck. Fuck. Fuck. Fuck. Fuck. Fuck. Fuck.
Fuck. Fuck. Fuck. Fuck. Fuck. Fuck. Fuck. Fuck. Fuck. Fuck. Fuck.
Fuck. Fuck. Fuck. Fuck. Fuck. Fuck. Fuck. Fuck. Fuck. Fuck. Fuck.
Fuck. Fuck. Fuck. Fuck. Fuck. Fuck. Fuck. Fuck. Fuck. Fuck. Fuck.
Fuck. Fuck. Fuck. Fuck. Fuck. Fuck. Fuck. Fuck. Fuck. Fuck. Fuck.
Fuck. Fuck. Fuck. Fuck. Fuck. Fuck. Fuck. Fuck. Fuck. Fuck. Fuck.
Fuck. Fuck. Fuck. Fuck. Fuck. Fuck. Fuck. Fuck. Fuck. Fuck. Fuck.
Fuck. Fuck. Fuck. Fuck. Fuck. Fuck. Fuck. Fuck. Fuck. Fuck. Fuck.
Fuck. Fuck. Fuck. Fuck. Fuck. Fuck. Fuck. Fuck. Fuck. Fuck. Fuck.
Fuck. Fuck. Fuck. Fuck. Fuck. Fuck. Fuck. Fuck. Fuck. Fuck. Fuck.
Fuck. Fuck. Fuck. Fuck. Fuck. Fuck. Fuck. Fuck. Fuck. Fuck. Fuck.
Fuck. Fuck. Fuck. Fuck. Fuck. Fuck. Fuck. Fuck. Fuck. Fuck. Fuck.
Fuck. Fuck. Fuck. Fuck. Fuck. Fuck. Fuck. Fuck. Fuck. Fuck. Fuck.
Fuck. Fuck. Fuck. Fuck. Fuck. Fuck. Fuck. Fuck. Fuck. Fuck. Fuck.
Fuck. Fuck. Fuck. Fuck. Fuck. Fuck. Fuck. Fuck. Fuck. Fuck. Fuck.
Fuck. Fuck. Fuck. Fuck. Fuck. Fuck. Fuck. Fuck. Fuck. Fuck. Fuck.
Fuck. Fuck. Fuck. Fuck. Fuck. Fuck. Fuck. Fuck. Fuck. Fuck. Fuck.
Fuck. Fuck. Fuck. Fuck. Fuck. Fuck. Fuck. Fuck. Fuck. Fuck. Fuck.
Fuck. Fuck. Fuck. Fuck. Fuck. Fuck. Fuck. Fuck. Fuck. Fuck. Fuck.
Fuck. Fuck. Fuck. Fuck. Fuck. Fuck. Fuck. Fuck. Fuck. Fuck. Fuck.
Fuck. Fuck. Fuck. Fuck. Fuck. Fuck. Fuck. Fuck. Fuck. Fuck. Fuck.
Fuck. Fuck. Fuck. Fuck. Fuck. Fuck. Fuck. Fuck. Fuck. Fuck. Fuck.
Fuck. Fuck. Fuck. Fuck. Fuck. Fuck. Fuck. Fuck. Fuck. Fuck. Fuck.
Fuck. Fuck. Fuck. Fuck. Fuck. Fuck. Fuck. Fuck. Fuck. Fuck. Fuck.
Fuck. Fuck. Fuck. Fuck. Fuck. Fuck. Fuck. Fuck. Fuck. Fuck. Fuck.
Fuck. Fuck. Fuck. Fuck. Fuck. Fuck. Fuck. Fuck. Fuck. Fuck. Fuck.
Fuck. Fuck. Fuck. Fuck. Fuck. Fuck. Fuck. Fuck. Fuck. Fuck. Fuck.
Fuck. Fuck. Fuck. Fuck. Fuck. Fuck. Fuck. Fuck. Fuck. Fuck. Fuck.
Fuck. Fuck. Fuck. Fuck. Fuck. Fuck. Fuck. Fuck. Fuck. Fuck. Fuck.
Fuck. Fuck. Fuck. Fuck. Fuck. Fuck. Fuck. Fuck. Fuck. Fuck. Fuck.
Fuck. Fuck. Fuck. Fuck. Fuck. Fuck. Fuck. Fuck. Fuck. Fuck. Fuck.
Fuck. Fuck. Fuck. Fuck. Fuck. Fuck. Fuck. Fuck. Fuck. Fuck. Fuck.
Fuck. Fuck. Fuck. Fuck. Fuck. Fuck. Fuck. Fuck. Fuck. Fuck. Fuck.

Fuck. Fuck. Fuck. Fuck. Fuck. Fuck. Fuck. Fuck. Fuck. Fuck. Fuck.
Fuck. Fuck. Fuck. Fuck. Fuck. Fuck. Fuck. Fuck. Fuck. Fuck. Fuck.
Fuck. Fuck. Fuck. Fuck. Fuck. Fuck. Fuck. Fuck. Fuck. Fuck. Fuck.
Fuck. Fuck. Fuck. Fuck. Fuck. Fuck. Fuck. Fuck. Fuck. Fuck. Fuck.
Fuck. Fuck. Fuck. Fuck. Fuck. Fuck. Fuck. Fuck. Fuck. Fuck. Fuck.
Fuck. Fuck. Fuck. Fuck. Fuck. Fuck. Fuck. Fuck. Fuck. Fuck. Fuck.
Fuck. Fuck. Fuck. Fuck. Fuck. Fuck. Fuck. Fuck. Fuck. Fuck. Fuck.
Fuck. Fuck. Fuck. Fuck. Fuck. Fuck. Fuck. Fuck. Fuck. Fuck. Fuck.
Fuck. Fuck. Fuck. Fuck. Fuck. Fuck. Fuck. Fuck. Fuck. Fuck. Fuck.
Fuck. Fuck. Fuck. Fuck. Fuck. Fuck. Fuck. Fuck. Fuck. Fuck. Fuck.
Fuck. Fuck. Fuck. Fuck. Fuck. Fuck. Fuck. Fuck. Fuck. Fuck. Fuck.
Fuck. Fuck. Fuck. Fuck. Fuck. Fuck. Fuck. Fuck. Fuck. Fuck. Fuck.
Fuck. Fuck. Fuck. Fuck. Fuck. Fuck. Fuck. Fuck. Fuck. Fuck. Fuck.
Fuck. Fuck. Fuck. Fuck. Fuck. Fuck. Fuck. Fuck. Fuck. Fuck. Fuck.
Fuck. Fuck. Fuck. Fuck. Fuck. Fuck. Fuck. Fuck. Fuck. Fuck. Fuck.
Fuck. Fuck. Fuck. Fuck. Fuck. Fuck. Fuck. Fuck. Fuck. Fuck. Fuck.
Fuck. Fuck. Fuck. Fuck. Fuck. Fuck. Fuck. Fuck. Fuck. Fuck. Fuck.
Fuck. Fuck. Fuck. Fuck. Fuck. Fuck. Fuck. Fuck. Fuck. Fuck. Fuck.
Fuck. Fuck. Fuck. Fuck. Fuck. Fuck. Fuck. Fuck. Fuck. Fuck. Fuck.
Fuck. Fuck. Fuck. Fuck. Fuck. Fuck. Fuck. Fuck. Fuck. Fuck. Fuck.
Fuck. Fuck. Fuck. Fuck. Fuck. Fuck. Fuck. Fuck. Fuck. Fuck. Fuck.
Fuck. Fuck. Fuck. Fuck. Fuck. Fuck. Fuck. Fuck. Fuck. Fuck. Fuck.
Fuck. Fuck. Fuck. Fuck. Fuck. Fuck. Fuck. Fuck. Fuck. Fuck. Fuck.
Fuck. Fuck. Fuck. Fuck. Fuck. Fuck. Fuck. Fuck. Fuck. Fuck. Fuck.
Fuck. Fuck. Fuck. Fuck. Fuck. Fuck. Fuck. Fuck. Fuck. Fuck. Fuck.
Fuck. Fuck. Fuck. Fuck. Fuck. Fuck. Fuck. Fuck. Fuck. Fuck. Fuck.
Fuck. Fuck. Fuck. Fuck. Fuck. Fuck. Fuck. Fuck. Fuck. Fuck. Fuck.
Fuck. Fuck. Fuck. Fuck. Fuck. Fuck. Fuck. Fuck. Fuck. Fuck. Fuck.
Fuck. Fuck. Fuck. Fuck. Fuck. Fuck. Fuck. Fuck. Fuck. Fuck. Fuck.
Fuck. Fuck. Fuck. Fuck. Fuck. Fuck. Fuck. Fuck. Fuck. Fuck. Fuck.
Fuck. Fuck. Fuck. Fuck. Fuck. Fuck. Fuck. Fuck. Fuck. Fuck. Fuck.
Fuck. Fuck. Fuck. Fuck. Fuck. Fuck. Fuck. Fuck. Fuck. Fuck. Fuck.
Fuck. Fuck. Fuck. Fuck. Fuck. Fuck. Fuck. Fuck. Fuck. Fuck. Fuck.
Fuck. Fuck. Fuck. Fuck. Fuck. Fuck. Fuck. Fuck. Fuck. Fuck. Fuck.
Fuck. Fuck. Fuck. Fuck. Fuck. Fuck. Fuck. Fuck. Fuck. Fuck. Fuck.
Fuck. Fuck. Fuck. Fuck. Fuck. Fuck. Fuck. Fuck. Fuck. Fuck. Fuck.
Fuck. Fuck. Fuck. Fuck. Fuck. Fuck. Fuck. Fuck. Fuck. Fuck. Fuck.
Fuck. Fuck. Fuck. Fuck. Fuck. Fuck. Fuck. Fuck. Fuck. Fuck. Fuck.

Fuck. Fuck. Fuck. Fuck. Fuck. Fuck. Fuck. Fuck. Fuck. Fuck. Fuck.
Fuck. Fuck. Fuck. Fuck. Fuck. Fuck. Fuck. Fuck. Fuck. Fuck. Fuck.
Fuck. Fuck. Fuck. Fuck. Fuck. Fuck. Fuck. Fuck. Fuck. Fuck. Fuck.
Fuck. Fuck. Fuck. Fuck. Fuck. Fuck. Fuck. Fuck. Fuck. Fuck. Fuck.
Fuck. Fuck. Fuck. Fuck. Fuck. Fuck. Fuck. Fuck. Fuck. Fuck. Fuck.
Fuck. Fuck. Fuck. Fuck. Fuck. Fuck. Fuck. Fuck. Fuck. Fuck. Fuck.
Fuck. Fuck. Fuck. Fuck. Fuck. Fuck. Fuck. Fuck. Fuck. Fuck. Fuck.
Fuck. Fuck. Fuck. Fuck. Fuck. Fuck. Fuck. Fuck. Fuck. Fuck. Fuck.
Fuck. Fuck. Fuck. Fuck. Fuck. Fuck. Fuck. Fuck. Fuck. Fuck. Fuck.
Fuck. Fuck. Fuck. Fuck. Fuck. Fuck. Fuck. Fuck. Fuck. Fuck. Fuck.
Fuck. Fuck. Fuck. Fuck. Fuck. Fuck. Fuck. Fuck. Fuck. Fuck. Fuck.
Fuck. Fuck. Fuck. Fuck. Fuck. Fuck. Fuck. Fuck. Fuck. Fuck. Fuck.
Fuck. Fuck. Fuck. Fuck. Fuck. Fuck. Fuck. Fuck. Fuck. Fuck. Fuck.
Fuck. Fuck. Fuck. Fuck. Fuck. Fuck. Fuck. Fuck. Fuck. Fuck. Fuck.
Fuck. Fuck. Fuck. Fuck. Fuck. Fuck. Fuck. Fuck. Fuck. Fuck. Fuck.
Fuck. Fuck. Fuck. Fuck. Fuck. Fuck. Fuck. Fuck. Fuck. Fuck. Fuck.
Fuck. Fuck. Fuck. Fuck. Fuck. Fuck. Fuck. Fuck. Fuck. Fuck. Fuck.
Fuck. Fuck. Fuck. Fuck. Fuck. Fuck. Fuck. Fuck. Fuck. Fuck. Fuck.
Fuck. Fuck. Fuck. Fuck. Fuck. Fuck. Fuck. Fuck. Fuck. Fuck. Fuck.
Fuck. Fuck. Fuck. Fuck. Fuck. Fuck. Fuck. Fuck. Fuck. Fuck. Fuck.
Fuck. Fuck. Fuck. Fuck. Fuck. Fuck. Fuck. Fuck. Fuck. Fuck. Fuck.
Fuck. Fuck. Fuck. Fuck. Fuck. Fuck. Fuck. Fuck. Fuck. Fuck. Fuck.
Fuck. Fuck. Fuck. Fuck. Fuck. Fuck. Fuck. Fuck. Fuck. Fuck. Fuck.
Fuck. Fuck. Fuck. Fuck. Fuck. Fuck. Fuck. Fuck. Fuck. Fuck. Fuck.
Fuck. Fuck. Fuck. Fuck. Fuck. Fuck. Fuck. Fuck. Fuck. Fuck. Fuck.
Fuck. Fuck. Fuck. Fuck. Fuck. Fuck. Fuck. Fuck. Fuck. Fuck. Fuck.
Fuck. Fuck. Fuck. Fuck. Fuck. Fuck. Fuck. Fuck. Fuck. Fuck. Fuck.
Fuck. Fuck. Fuck. Fuck. Fuck. Fuck. Fuck. Fuck. Fuck. Fuck. Fuck.
Fuck. Fuck. Fuck. Fuck. Fuck. Fuck. Fuck. Fuck. Fuck. Fuck. Fuck.
Fuck. Fuck. Fuck. Fuck. Fuck. Fuck. Fuck. Fuck. Fuck. Fuck. Fuck.
Fuck. Fuck. Fuck. Fuck. Fuck. Fuck. Fuck. Fuck. Fuck. Fuck. Fuck.
Fuck. Fuck. Fuck. Fuck. Fuck. Fuck. Fuck. Fuck. Fuck. Fuck. Fuck.
Fuck. Fuck. Fuck. Fuck. Fuck. Fuck. Fuck. Fuck. Fuck. Fuck. Fuck.
Fuck. Fuck. Fuck. Fuck. Fuck. Fuck. Fuck. Fuck. Fuck. Fuck. Fuck.
Fuck. Fuck. Fuck. Fuck. Fuck. Fuck. Fuck. Fuck. Fuck. Fuck. Fuck.

Fuck. Fuck. Fuck. Fuck. Fuck. Fuck. Fuck. Fuck. Fuck. Fuck. Fuck.
Fuck. Fuck. Fuck. Fuck. Fuck. Fuck. Fuck. Fuck. Fuck. Fuck. Fuck.
Fuck. Fuck. Fuck. Fuck. Fuck. Fuck. Fuck. Fuck. Fuck. Fuck. Fuck.
Fuck. Fuck. Fuck. Fuck. Fuck. Fuck. Fuck. Fuck. Fuck. Fuck. Fuck.
Fuck. Fuck. Fuck. Fuck. Fuck. Fuck. Fuck. Fuck. Fuck. Fuck. Fuck.
Fuck. Fuck. Fuck. Fuck. Fuck. Fuck. Fuck. Fuck. Fuck. Fuck. Fuck.
Fuck. Fuck. Fuck. Fuck. Fuck. Fuck. Fuck. Fuck. Fuck. Fuck. Fuck.
Fuck. Fuck. Fuck. Fuck. Fuck. Fuck. Fuck. Fuck. Fuck. Fuck. Fuck.
Fuck. Fuck. Fuck. Fuck. Fuck. Fuck. Fuck. Fuck. Fuck. Fuck. Fuck.
Fuck. Fuck. Fuck. Fuck. Fuck. Fuck. Fuck. Fuck. Fuck. Fuck. Fuck.
Fuck. Fuck. Fuck. Fuck. Fuck. Fuck. Fuck. Fuck. Fuck. Fuck. Fuck.
Fuck. Fuck. Fuck. Fuck. Fuck. Fuck. Fuck. Fuck. Fuck. Fuck. Fuck.
Fuck. Fuck. Fuck. Fuck. Fuck. Fuck. Fuck. Fuck. Fuck. Fuck. Fuck.
Fuck. Fuck. Fuck. Fuck. Fuck. Fuck. Fuck. Fuck. Fuck. Fuck. Fuck.
Fuck. Fuck. Fuck. Fuck. Fuck. Fuck. Fuck. Fuck. Fuck. Fuck. Fuck.
Fuck. Fuck. Fuck. Fuck. Fuck. Fuck. Fuck. Fuck. Fuck. Fuck. Fuck.
Fuck. Fuck. Fuck. Fuck. Fuck. Fuck. Fuck. Fuck. Fuck. Fuck. Fuck.
Fuck. Fuck. Fuck. Fuck. Fuck. Fuck. Fuck. Fuck. Fuck. Fuck. Fuck.
Fuck. Fuck. Fuck. Fuck. Fuck. Fuck. Fuck. Fuck. Fuck. Fuck. Fuck.
Fuck. Fuck. Fuck. Fuck. Fuck. Fuck. Fuck. Fuck. Fuck. Fuck. Fuck.
Fuck. Fuck. Fuck. Fuck. Fuck. Fuck. Fuck. Fuck. Fuck. Fuck. Fuck.
Fuck. Fuck. Fuck. Fuck. Fuck. Fuck. Fuck. Fuck. Fuck. Fuck. Fuck.
Fuck. Fuck. Fuck. Fuck. Fuck. Fuck. Fuck. Fuck. Fuck. Fuck. Fuck.
Fuck. Fuck. Fuck. Fuck. Fuck. Fuck. Fuck. Fuck. Fuck. Fuck. Fuck.
Fuck. Fuck. Fuck. Fuck. Fuck. Fuck. Fuck. Fuck. Fuck. Fuck. Fuck.
Fuck. Fuck. Fuck. Fuck. Fuck. Fuck. Fuck. Fuck. Fuck. Fuck. Fuck.
Fuck. Fuck. Fuck. Fuck. Fuck. Fuck. Fuck. Fuck. Fuck. Fuck. Fuck.
Fuck. Fuck. Fuck. Fuck. Fuck. Fuck. Fuck. Fuck. Fuck. Fuck. Fuck.
Fuck. Fuck. Fuck. Fuck. Fuck. Fuck. Fuck. Fuck. Fuck. Fuck. Fuck.
Fuck. Fuck. Fuck. Fuck. Fuck. Fuck. Fuck. Fuck. Fuck. Fuck. Fuck.
Fuck. Fuck. Fuck. Fuck. Fuck. Fuck. Fuck. Fuck. Fuck. Fuck. Fuck.
Fuck. Fuck. Fuck. Fuck. Fuck. Fuck. Fuck. Fuck. Fuck. Fuck. Fuck.
Fuck. Fuck. Fuck. Fuck. Fuck. Fuck. Fuck. Fuck. Fuck. Fuck. Fuck.
Fuck. Fuck. Fuck. Fuck. Fuck. Fuck. Fuck. Fuck. Fuck. Fuck. Fuck.
Fuck. Fuck. Fuck. Fuck. Fuck. Fuck. Fuck. Fuck. Fuck. Fuck. Fuck.
Fuck. Fuck. Fuck. Fuck. Fuck. Fuck. Fuck. Fuck. Fuck. Fuck. Fuck.

Fuck. Fuck. Fuck. Fuck. Fuck. Fuck. Fuck. Fuck. Fuck. Fuck. Fuck.
Fuck. Fuck. Fuck. Fuck. Fuck. Fuck. Fuck. Fuck. Fuck. Fuck. Fuck.
Fuck. Fuck. Fuck. Fuck. Fuck. Fuck. Fuck. Fuck. Fuck. Fuck. Fuck.
Fuck. Fuck. Fuck. Fuck. Fuck. Fuck. Fuck. Fuck. Fuck. Fuck. Fuck.
Fuck. Fuck. Fuck. Fuck. Fuck. Fuck. Fuck. Fuck. Fuck. Fuck. Fuck.
Fuck. Fuck. Fuck. Fuck. Fuck. Fuck. Fuck. Fuck. Fuck. Fuck. Fuck.
Fuck. Fuck. Fuck. Fuck. Fuck. Fuck. Fuck. Fuck. Fuck. Fuck. Fuck.
Fuck. Fuck. Fuck. Fuck. Fuck. Fuck. Fuck. Fuck. Fuck. Fuck. Fuck.
Fuck. Fuck. Fuck. Fuck. Fuck. Fuck. Fuck. Fuck. Fuck. Fuck. Fuck.
Fuck. Fuck. Fuck. Fuck. Fuck. Fuck. Fuck. Fuck. Fuck. Fuck. Fuck.
Fuck. Fuck. Fuck. Fuck. Fuck. Fuck. Fuck. Fuck. Fuck. Fuck. Fuck.
Fuck. Fuck. Fuck. Fuck. Fuck. Fuck. Fuck. Fuck. Fuck. Fuck. Fuck.
Fuck. Fuck. Fuck. Fuck. Fuck. Fuck. Fuck. Fuck. Fuck. Fuck. Fuck.
Fuck. Fuck. Fuck. Fuck. Fuck. Fuck. Fuck. Fuck. Fuck. Fuck. Fuck.
Fuck. Fuck. Fuck. Fuck. Fuck. Fuck. Fuck. Fuck. Fuck. Fuck. Fuck.
Fuck. Fuck. Fuck. Fuck. Fuck. Fuck. Fuck. Fuck. Fuck. Fuck. Fuck.
Fuck. Fuck. Fuck. Fuck. Fuck. Fuck. Fuck. Fuck. Fuck. Fuck. Fuck.
Fuck. Fuck. Fuck. Fuck. Fuck. Fuck. Fuck. Fuck. Fuck. Fuck. Fuck.
Fuck. Fuck. Fuck. Fuck. Fuck. Fuck. Fuck. Fuck. Fuck. Fuck. Fuck.
Fuck. Fuck. Fuck. Fuck. Fuck. Fuck. Fuck. Fuck. Fuck. Fuck. Fuck.
Fuck. Fuck. Fuck. Fuck. Fuck. Fuck. Fuck. Fuck. Fuck. Fuck. Fuck.
Fuck. Fuck. Fuck. Fuck. Fuck. Fuck. Fuck. Fuck. Fuck. Fuck. Fuck.
Fuck. Fuck. Fuck. Fuck. Fuck. Fuck. Fuck. Fuck. Fuck. Fuck. Fuck.
Fuck. Fuck. Fuck. Fuck. Fuck. Fuck. Fuck. Fuck. Fuck. Fuck. Fuck.
Fuck. Fuck. Fuck. Fuck. Fuck. Fuck. Fuck. Fuck. Fuck. Fuck. Fuck.
Fuck. Fuck. Fuck. Fuck. Fuck. Fuck. Fuck. Fuck. Fuck. Fuck. Fuck.
Fuck. Fuck. Fuck. Fuck. Fuck. Fuck. Fuck. Fuck. Fuck. Fuck. Fuck.
Fuck. Fuck. Fuck. Fuck. Fuck. Fuck. Fuck. Fuck. Fuck. Fuck. Fuck.
Fuck. Fuck. Fuck. Fuck. Fuck. Fuck. Fuck. Fuck. Fuck. Fuck. Fuck.
Fuck. Fuck. Fuck. Fuck. Fuck. Fuck. Fuck. Fuck. Fuck. Fuck. Fuck.
Fuck. Fuck. Fuck. Fuck. Fuck. Fuck. Fuck. Fuck. Fuck. Fuck. Fuck.
Fuck. Fuck. Fuck. Fuck. Fuck. Fuck. Fuck. Fuck. Fuck. Fuck. Fuck.
Fuck. Fuck. Fuck. Fuck. Fuck. Fuck. Fuck. Fuck. Fuck. Fuck. Fuck.
Fuck. Fuck. Fuck. Fuck. Fuck. Fuck. Fuck. Fuck. Fuck. Fuck. Fuck.
Fuck. Fuck. Fuck. Fuck. Fuck. Fuck. Fuck. Fuck. Fuck. Fuck. Fuck.
Fuck. Fuck. Fuck. Fuck. Fuck. Fuck. Fuck. Fuck. Fuck. Fuck. Fuck.
Fuck. Fuck. Fuck. Fuck. Fuck. Fuck. Fuck. Fuck. Fuck. Fuck. Fuck.

Fuck. Fuck. Fuck. Fuck. Fuck. Fuck. Fuck. Fuck. Fuck. Fuck. Fuck.
Fuck. Fuck. Fuck. Fuck. Fuck. Fuck. Fuck. Fuck. Fuck. Fuck. Fuck.
Fuck. Fuck. Fuck. Fuck. Fuck. Fuck. Fuck. Fuck. Fuck. Fuck. Fuck.
Fuck. Fuck. Fuck. Fuck. Fuck. Fuck. Fuck. Fuck. Fuck. Fuck. Fuck.
Fuck. Fuck. Fuck. Fuck. Fuck. Fuck. Fuck. Fuck. Fuck. Fuck. Fuck.
Fuck. Fuck. Fuck. Fuck. Fuck. Fuck. Fuck. Fuck. Fuck. Fuck. Fuck.
Fuck. Fuck. Fuck. Fuck. Fuck. Fuck. Fuck. Fuck. Fuck. Fuck. Fuck.
Fuck. Fuck. Fuck. Fuck. Fuck. Fuck. Fuck. Fuck. Fuck. Fuck. Fuck.
Fuck. Fuck. Fuck. Fuck. Fuck. Fuck. Fuck. Fuck. Fuck. Fuck. Fuck.
Fuck. Fuck. Fuck. Fuck. Fuck. Fuck. Fuck. Fuck. Fuck. Fuck. Fuck.
Fuck. Fuck. Fuck. Fuck. Fuck. Fuck. Fuck. Fuck. Fuck. Fuck. Fuck.
Fuck. Fuck. Fuck. Fuck. Fuck. Fuck. Fuck. Fuck. Fuck. Fuck. Fuck.
Fuck. Fuck. Fuck. Fuck. Fuck. Fuck. Fuck. Fuck. Fuck. Fuck. Fuck.
Fuck. Fuck. Fuck. Fuck. Fuck. Fuck. Fuck. Fuck. Fuck. Fuck. Fuck.
Fuck. Fuck. Fuck. Fuck. Fuck. Fuck. Fuck. Fuck. Fuck. Fuck. Fuck.
Fuck. Fuck. Fuck. Fuck. Fuck. Fuck. Fuck. Fuck. Fuck. Fuck. Fuck.
Fuck. Fuck. Fuck. Fuck. Fuck. Fuck. Fuck. Fuck. Fuck. Fuck. Fuck.
Fuck. Fuck. Fuck. Fuck. Fuck. Fuck. Fuck. Fuck. Fuck. Fuck. Fuck.
Fuck. Fuck. Fuck. Fuck. Fuck. Fuck. Fuck. Fuck. Fuck. Fuck. Fuck.
Fuck. Fuck. Fuck. Fuck. Fuck. Fuck. Fuck. Fuck. Fuck. Fuck. Fuck.
Fuck. Fuck. Fuck. Fuck. Fuck. Fuck. Fuck. Fuck. Fuck. Fuck. Fuck.
Fuck. Fuck. Fuck. Fuck. Fuck. Fuck. Fuck. Fuck. Fuck. Fuck. Fuck.
Fuck. Fuck. Fuck. Fuck. Fuck. Fuck. Fuck. Fuck. Fuck. Fuck. Fuck.
Fuck. Fuck. Fuck. Fuck. Fuck. Fuck. Fuck. Fuck. Fuck. Fuck. Fuck.
Fuck. Fuck. Fuck. Fuck. Fuck. Fuck. Fuck. Fuck. Fuck. Fuck. Fuck.
Fuck. Fuck. Fuck. Fuck. Fuck. Fuck. Fuck. Fuck. Fuck. Fuck. Fuck.
Fuck. Fuck. Fuck. Fuck. Fuck. Fuck. Fuck. Fuck. Fuck. Fuck. Fuck.
Fuck. Fuck. Fuck. Fuck. Fuck. Fuck. Fuck. Fuck. Fuck. Fuck. Fuck.
Fuck. Fuck. Fuck. Fuck. Fuck. Fuck. Fuck. Fuck. Fuck. Fuck. Fuck.
Fuck. Fuck. Fuck. Fuck. Fuck. Fuck. Fuck. Fuck. Fuck. Fuck. Fuck.
Fuck. Fuck. Fuck. Fuck. Fuck. Fuck. Fuck. Fuck. Fuck. Fuck. Fuck.
Fuck. Fuck. Fuck. Fuck. Fuck. Fuck. Fuck. Fuck. Fuck. Fuck. Fuck.
Fuck. Fuck. Fuck. Fuck. Fuck. Fuck. Fuck. Fuck. Fuck. Fuck. Fuck.
Fuck. Fuck. Fuck. Fuck. Fuck. Fuck. Fuck. Fuck. Fuck. Fuck. Fuck.
Fuck. Fuck. Fuck. Fuck. Fuck. Fuck. Fuck. Fuck. Fuck. Fuck. Fuck.
Fuck. Fuck. Fuck. Fuck. Fuck. Fuck. Fuck. Fuck. Fuck. Fuck. Fuck.
Fuck. Fuck. Fuck. Fuck. Fuck. Fuck. Fuck. Fuck. Fuck. Fuck. Fuck.
Fuck. Fuck. Fuck. Fuck. Fuck. Fuck. Fuck. Fuck. Fuck. Fuck. Fuck.

Fuck. Fuck. Fuck. Fuck. Fuck. Fuck. Fuck. Fuck. Fuck. Fuck. Fuck.
Fuck. Fuck. Fuck. Fuck. Fuck. Fuck. Fuck. Fuck. Fuck. Fuck. Fuck.
Fuck. Fuck. Fuck. Fuck. Fuck. Fuck. Fuck. Fuck. Fuck. Fuck. Fuck.
Fuck. Fuck. Fuck. Fuck. Fuck. Fuck. Fuck. Fuck. Fuck. Fuck. Fuck.
Fuck. Fuck. Fuck. Fuck. Fuck. Fuck. Fuck. Fuck. Fuck. Fuck. Fuck.
Fuck. Fuck. Fuck. Fuck. Fuck. Fuck. Fuck. Fuck. Fuck. Fuck. Fuck.
Fuck. Fuck. Fuck. Fuck. Fuck. Fuck. Fuck. Fuck. Fuck. Fuck. Fuck.
Fuck. Fuck. Fuck. Fuck. Fuck. Fuck. Fuck. Fuck. Fuck. Fuck. Fuck.
Fuck. Fuck. Fuck. Fuck. Fuck. Fuck. Fuck. Fuck. Fuck. Fuck. Fuck.
Fuck. Fuck. Fuck. Fuck. Fuck. Fuck. Fuck. Fuck. Fuck. Fuck. Fuck.
Fuck. Fuck. Fuck. Fuck. Fuck. Fuck. Fuck. Fuck. Fuck. Fuck. Fuck.
Fuck. Fuck. Fuck. Fuck. Fuck. Fuck. Fuck. Fuck. Fuck. Fuck. Fuck.
Fuck. Fuck. Fuck. Fuck. Fuck. Fuck. Fuck. Fuck. Fuck. Fuck. Fuck.
Fuck. Fuck. Fuck. Fuck. Fuck. Fuck. Fuck. Fuck. Fuck. Fuck. Fuck.
Fuck. Fuck. Fuck. Fuck. Fuck. Fuck. Fuck. Fuck. Fuck. Fuck. Fuck.
Fuck. Fuck. Fuck. Fuck. Fuck. Fuck. Fuck. Fuck. Fuck. Fuck. Fuck.
Fuck. Fuck. Fuck. Fuck. Fuck. Fuck. Fuck. Fuck. Fuck. Fuck. Fuck.
Fuck. Fuck. Fuck. Fuck. Fuck. Fuck. Fuck. Fuck. Fuck. Fuck. Fuck.
Fuck. Fuck. Fuck. Fuck. Fuck. Fuck. Fuck. Fuck. Fuck. Fuck. Fuck.
Fuck. Fuck. Fuck. Fuck. Fuck. Fuck. Fuck. Fuck. Fuck. Fuck. Fuck.
Fuck. Fuck. Fuck. Fuck. Fuck. Fuck. Fuck. Fuck. Fuck. Fuck. Fuck.
Fuck. Fuck. Fuck. Fuck. Fuck. Fuck. Fuck. Fuck. Fuck. Fuck. Fuck.
Fuck. Fuck. Fuck. Fuck. Fuck. Fuck. Fuck. Fuck. Fuck. Fuck. Fuck.
Fuck. Fuck. Fuck. Fuck. Fuck. Fuck. Fuck. Fuck. Fuck. Fuck. Fuck.
Fuck. Fuck. Fuck. Fuck. Fuck. Fuck. Fuck. Fuck. Fuck. Fuck. Fuck.
Fuck. Fuck. Fuck. Fuck. Fuck. Fuck. Fuck. Fuck. Fuck. Fuck. Fuck.
Fuck. Fuck. Fuck. Fuck. Fuck. Fuck. Fuck. Fuck. Fuck. Fuck. Fuck.
Fuck. Fuck. Fuck. Fuck. Fuck. Fuck. Fuck. Fuck. Fuck. Fuck. Fuck.
Fuck. Fuck. Fuck. Fuck. Fuck. Fuck. Fuck. Fuck. Fuck. Fuck. Fuck.
Fuck. Fuck. Fuck. Fuck. Fuck. Fuck. Fuck. Fuck. Fuck. Fuck. Fuck.
Fuck. Fuck. Fuck. Fuck. Fuck. Fuck. Fuck. Fuck. Fuck. Fuck. Fuck.
Fuck. Fuck. Fuck. Fuck. Fuck. Fuck. Fuck. Fuck. Fuck. Fuck. Fuck.
Fuck. Fuck. Fuck. Fuck. Fuck. Fuck. Fuck. Fuck. Fuck. Fuck. Fuck.
Fuck. Fuck. Fuck. Fuck. Fuck. Fuck. Fuck. Fuck. Fuck. Fuck. Fuck.
Fuck. Fuck. Fuck. Fuck. Fuck. Fuck. Fuck. Fuck. Fuck. Fuck. Fuck.
Fuck. Fuck. Fuck. Fuck. Fuck. Fuck. Fuck. Fuck. Fuck. Fuck. Fuck.

Fuck. Fuck. Fuck. Fuck. Fuck. Fuck. Fuck. Fuck. Fuck. Fuck. Fuck.
Fuck. Fuck. Fuck. Fuck. Fuck. Fuck. Fuck. Fuck. Fuck. Fuck. Fuck.
Fuck. Fuck. Fuck. Fuck. Fuck. Fuck. Fuck. Fuck. Fuck. Fuck. Fuck.
Fuck. Fuck. Fuck. Fuck. Fuck. Fuck. Fuck. Fuck. Fuck. Fuck. Fuck.
Fuck. Fuck. Fuck. Fuck. Fuck. Fuck. Fuck. Fuck. Fuck. Fuck. Fuck.
Fuck. Fuck. Fuck. Fuck. Fuck. Fuck. Fuck. Fuck. Fuck. Fuck. Fuck.
Fuck. Fuck. Fuck. Fuck. Fuck. Fuck. Fuck. Fuck. Fuck. Fuck. Fuck.
Fuck. Fuck. Fuck. Fuck. Fuck. Fuck. Fuck. Fuck. Fuck. Fuck. Fuck.
Fuck. Fuck. Fuck. Fuck. Fuck. Fuck. Fuck. Fuck. Fuck. Fuck. Fuck.
Fuck. Fuck. Fuck. Fuck. Fuck. Fuck. Fuck. Fuck. Fuck. Fuck. Fuck.
Fuck. Fuck. Fuck. Fuck. Fuck. Fuck. Fuck. Fuck. Fuck. Fuck. Fuck.
Fuck. Fuck. Fuck. Fuck. Fuck. Fuck. Fuck. Fuck. Fuck. Fuck. Fuck.
Fuck. Fuck. Fuck. Fuck. Fuck. Fuck. Fuck. Fuck. Fuck. Fuck. Fuck.
Fuck. Fuck. Fuck. Fuck. Fuck. Fuck. Fuck. Fuck. Fuck. Fuck. Fuck.
Fuck. Fuck. Fuck. Fuck. Fuck. Fuck. Fuck. Fuck. Fuck. Fuck. Fuck.
Fuck. Fuck. Fuck. Fuck. Fuck. Fuck. Fuck. Fuck. Fuck. Fuck. Fuck.
Fuck. Fuck. Fuck. Fuck. Fuck. Fuck. Fuck. Fuck. Fuck. Fuck. Fuck.
Fuck. Fuck. Fuck. Fuck. Fuck. Fuck. Fuck. Fuck. Fuck. Fuck. Fuck.
Fuck. Fuck. Fuck. Fuck. Fuck. Fuck. Fuck. Fuck. Fuck. Fuck. Fuck.
Fuck. Fuck. Fuck. Fuck. Fuck. Fuck. Fuck. Fuck. Fuck. Fuck. Fuck.
Fuck. Fuck. Fuck. Fuck. Fuck. Fuck. Fuck. Fuck. Fuck. Fuck. Fuck.
Fuck. Fuck. Fuck. Fuck. Fuck. Fuck. Fuck. Fuck. Fuck. Fuck. Fuck.
Fuck. Fuck. Fuck. Fuck. Fuck. Fuck. Fuck. Fuck. Fuck. Fuck. Fuck.
Fuck. Fuck. Fuck. Fuck. Fuck. Fuck. Fuck. Fuck. Fuck. Fuck. Fuck.
Fuck. Fuck. Fuck. Fuck. Fuck. Fuck. Fuck. Fuck. Fuck. Fuck. Fuck.
Fuck. Fuck. Fuck. Fuck. Fuck. Fuck. Fuck. Fuck. Fuck. Fuck. Fuck.
Fuck. Fuck. Fuck. Fuck. Fuck. Fuck. Fuck. Fuck. Fuck. Fuck. Fuck.
Fuck. Fuck. Fuck. Fuck. Fuck. Fuck. Fuck. Fuck. Fuck. Fuck. Fuck.
Fuck. Fuck. Fuck. Fuck. Fuck. Fuck. Fuck. Fuck. Fuck. Fuck. Fuck.
Fuck. Fuck. Fuck. Fuck. Fuck. Fuck. Fuck. Fuck. Fuck. Fuck. Fuck.
Fuck. Fuck. Fuck. Fuck. Fuck. Fuck. Fuck. Fuck. Fuck. Fuck. Fuck.
Fuck. Fuck. Fuck. Fuck. Fuck. Fuck. Fuck. Fuck. Fuck. Fuck. Fuck.
Fuck. Fuck. Fuck. Fuck. Fuck. Fuck. Fuck. Fuck. Fuck. Fuck. Fuck.
Fuck. Fuck. Fuck. Fuck. Fuck. Fuck. Fuck. Fuck. Fuck. Fuck. Fuck.
Fuck. Fuck. Fuck. Fuck. Fuck. Fuck. Fuck. Fuck. Fuck. Fuck. Fuck.
Fuck. Fuck. Fuck. Fuck. Fuck. Fuck. Fuck. Fuck. Fuck. Fuck. Fuck.

Fuck. Fuck. Fuck. Fuck. Fuck. Fuck. Fuck. Fuck. Fuck. Fuck. Fuck.
Fuck. Fuck. Fuck. Fuck. Fuck. Fuck. Fuck. Fuck. Fuck. Fuck. Fuck.
Fuck. Fuck. Fuck. Fuck. Fuck. Fuck. Fuck. Fuck. Fuck. Fuck. Fuck.
Fuck. Fuck. Fuck. Fuck. Fuck. Fuck. Fuck. Fuck. Fuck. Fuck. Fuck.
Fuck. Fuck. Fuck. Fuck. Fuck. Fuck. Fuck. Fuck. Fuck. Fuck. Fuck.
Fuck. Fuck. Fuck. Fuck. Fuck. Fuck. Fuck. Fuck. Fuck. Fuck. Fuck.
Fuck. Fuck. Fuck. Fuck. Fuck. Fuck. Fuck. Fuck. Fuck. Fuck. Fuck.
Fuck. Fuck. Fuck. Fuck. Fuck. Fuck. Fuck. Fuck. Fuck. Fuck. Fuck.
Fuck. Fuck. Fuck. Fuck. Fuck. Fuck. Fuck. Fuck. Fuck. Fuck. Fuck.
Fuck. Fuck. Fuck. Fuck. Fuck. Fuck. Fuck. Fuck. Fuck. Fuck. Fuck.
Fuck. Fuck. Fuck. Fuck. Fuck. Fuck. Fuck. Fuck. Fuck. Fuck. Fuck.
Fuck. Fuck. Fuck. Fuck. Fuck. Fuck. Fuck. Fuck. Fuck. Fuck. Fuck.
Fuck. Fuck. Fuck. Fuck. Fuck. Fuck. Fuck. Fuck. Fuck. Fuck. Fuck.
Fuck. Fuck. Fuck. Fuck. Fuck. Fuck. Fuck. Fuck. Fuck. Fuck. Fuck.
Fuck. Fuck. Fuck. Fuck. Fuck. Fuck. Fuck. Fuck. Fuck. Fuck. Fuck.
Fuck. Fuck. Fuck. Fuck. Fuck. Fuck. Fuck. Fuck. Fuck. Fuck. Fuck.
Fuck. Fuck. Fuck. Fuck. Fuck. Fuck. Fuck. Fuck. Fuck. Fuck. Fuck.
Fuck. Fuck. Fuck. Fuck. Fuck. Fuck. Fuck. Fuck. Fuck. Fuck. Fuck.
Fuck. Fuck. Fuck. Fuck. Fuck. Fuck. Fuck. Fuck. Fuck. Fuck. Fuck.
Fuck. Fuck. Fuck. Fuck. Fuck. Fuck. Fuck. Fuck. Fuck. Fuck. Fuck.
Fuck. Fuck. Fuck. Fuck. Fuck. Fuck. Fuck. Fuck. Fuck. Fuck. Fuck.
Fuck. Fuck. Fuck. Fuck. Fuck. Fuck. Fuck. Fuck. Fuck. Fuck. Fuck.
Fuck. Fuck. Fuck. Fuck. Fuck. Fuck. Fuck. Fuck. Fuck. Fuck. Fuck.
Fuck. Fuck. Fuck. Fuck. Fuck. Fuck. Fuck. Fuck. Fuck. Fuck. Fuck.
Fuck. Fuck. Fuck. Fuck. Fuck. Fuck. Fuck. Fuck. Fuck. Fuck. Fuck.
Fuck. Fuck. Fuck. Fuck. Fuck. Fuck. Fuck. Fuck. Fuck. Fuck. Fuck.
Fuck. Fuck. Fuck. Fuck. Fuck. Fuck. Fuck. Fuck. Fuck. Fuck. Fuck.
Fuck. Fuck. Fuck. Fuck. Fuck. Fuck. Fuck. Fuck. Fuck. Fuck. Fuck.
Fuck. Fuck. Fuck. Fuck. Fuck. Fuck. Fuck. Fuck. Fuck. Fuck. Fuck.
Fuck. Fuck. Fuck. Fuck. Fuck. Fuck. Fuck. Fuck. Fuck. Fuck. Fuck.
Fuck. Fuck. Fuck. Fuck. Fuck. Fuck. Fuck. Fuck. Fuck. Fuck. Fuck.
Fuck. Fuck. Fuck. Fuck. Fuck. Fuck. Fuck. Fuck. Fuck. Fuck. Fuck.
Fuck. Fuck. Fuck. Fuck. Fuck. Fuck. Fuck. Fuck. Fuck. Fuck. Fuck.
Fuck. Fuck. Fuck. Fuck. Fuck. Fuck. Fuck. Fuck. Fuck. Fuck. Fuck.
Fuck. Fuck. Fuck. Fuck. Fuck. Fuck. Fuck. Fuck. Fuck. Fuck. Fuck.
Fuck. Fuck. Fuck. Fuck. Fuck. Fuck. Fuck. Fuck. Fuck. Fuck. Fuck.
Fuck. Fuck. Fuck. Fuck. Fuck. Fuck. Fuck. Fuck. Fuck. Fuck. Fuck.

Fuck. Fuck. Fuck. Fuck. Fuck. Fuck. Fuck. Fuck. Fuck. Fuck. Fuck.
Fuck. Fuck. Fuck. Fuck. Fuck. Fuck. Fuck. Fuck. Fuck. Fuck. Fuck.
Fuck. Fuck. Fuck. Fuck. Fuck. Fuck. Fuck. Fuck. Fuck. Fuck. Fuck.
Fuck. Fuck. Fuck. Fuck. Fuck. Fuck. Fuck. Fuck. Fuck. Fuck. Fuck.
Fuck. Fuck. Fuck. Fuck. Fuck. Fuck. Fuck. Fuck. Fuck. Fuck. Fuck.
Fuck. Fuck. Fuck. Fuck. Fuck. Fuck. Fuck. Fuck. Fuck. Fuck. Fuck.
Fuck. Fuck. Fuck. Fuck. Fuck. Fuck. Fuck. Fuck. Fuck. Fuck. Fuck.
Fuck. Fuck. Fuck. Fuck. Fuck. Fuck. Fuck. Fuck. Fuck. Fuck. Fuck.
Fuck. Fuck. Fuck. Fuck. Fuck. Fuck. Fuck. Fuck. Fuck. Fuck. Fuck.
Fuck. Fuck. Fuck. Fuck. Fuck. Fuck. Fuck. Fuck. Fuck. Fuck. Fuck.
Fuck. Fuck. Fuck. Fuck. Fuck. Fuck. Fuck. Fuck. Fuck. Fuck. Fuck.
Fuck. Fuck. Fuck. Fuck. Fuck. Fuck. Fuck. Fuck. Fuck. Fuck. Fuck.
Fuck. Fuck. Fuck. Fuck. Fuck. Fuck. Fuck. Fuck. Fuck. Fuck. Fuck.
Fuck. Fuck. Fuck. Fuck. Fuck. Fuck. Fuck. Fuck. Fuck. Fuck. Fuck.
Fuck. Fuck. Fuck. Fuck. Fuck. Fuck. Fuck. Fuck. Fuck. Fuck. Fuck.
Fuck. Fuck. Fuck. Fuck. Fuck. Fuck. Fuck. Fuck. Fuck. Fuck. Fuck.
Fuck. Fuck. Fuck. Fuck. Fuck. Fuck. Fuck. Fuck. Fuck. Fuck. Fuck.
Fuck. Fuck. Fuck. Fuck. Fuck. Fuck. Fuck. Fuck. Fuck. Fuck. Fuck.
Fuck. Fuck. Fuck. Fuck. Fuck. Fuck. Fuck. Fuck. Fuck. Fuck. Fuck.
Fuck. Fuck. Fuck. Fuck. Fuck. Fuck. Fuck. Fuck. Fuck. Fuck. Fuck.
Fuck. Fuck. Fuck. Fuck. Fuck. Fuck. Fuck. Fuck. Fuck. Fuck. Fuck.
Fuck. Fuck. Fuck. Fuck. Fuck. Fuck. Fuck. Fuck. Fuck. Fuck. Fuck.
Fuck. Fuck. Fuck. Fuck. Fuck. Fuck. Fuck. Fuck. Fuck. Fuck. Fuck.
Fuck. Fuck. Fuck. Fuck. Fuck. Fuck. Fuck. Fuck. Fuck. Fuck. Fuck.
Fuck. Fuck. Fuck. Fuck. Fuck. Fuck. Fuck. Fuck. Fuck. Fuck. Fuck.
Fuck. Fuck. Fuck. Fuck. Fuck. Fuck. Fuck. Fuck. Fuck. Fuck. Fuck.
Fuck. Fuck. Fuck. Fuck. Fuck. Fuck. Fuck. Fuck. Fuck. Fuck. Fuck.
Fuck. Fuck. Fuck. Fuck. Fuck. Fuck. Fuck. Fuck. Fuck. Fuck. Fuck.
Fuck. Fuck. Fuck. Fuck. Fuck. Fuck. Fuck. Fuck. Fuck. Fuck. Fuck.
Fuck. Fuck. Fuck. Fuck. Fuck. Fuck. Fuck. Fuck. Fuck. Fuck. Fuck.
Fuck. Fuck. Fuck. Fuck. Fuck. Fuck. Fuck. Fuck. Fuck. Fuck. Fuck.
Fuck. Fuck. Fuck. Fuck. Fuck. Fuck. Fuck. Fuck. Fuck. Fuck. Fuck.
Fuck. Fuck. Fuck. Fuck. Fuck. Fuck. Fuck. Fuck. Fuck. Fuck. Fuck.
Fuck. Fuck. Fuck. Fuck. Fuck. Fuck. Fuck. Fuck. Fuck. Fuck. Fuck.
Fuck. Fuck. Fuck. Fuck. Fuck. Fuck. Fuck. Fuck. Fuck. Fuck. Fuck.
Fuck. Fuck. Fuck. Fuck. Fuck. Fuck. Fuck. Fuck. Fuck. Fuck. Fuck.
Fuck. Fuck. Fuck. Fuck. Fuck. Fuck. Fuck. Fuck. Fuck. Fuck. Fuck.

Fuck. Fuck. Fuck. Fuck. Fuck. Fuck. Fuck. Fuck. Fuck. Fuck. Fuck.
Fuck. Fuck. Fuck. Fuck. Fuck. Fuck. Fuck. Fuck. Fuck. Fuck. Fuck.
Fuck. Fuck. Fuck. Fuck. Fuck. Fuck. Fuck. Fuck. Fuck. Fuck. Fuck.
Fuck. Fuck. Fuck. Fuck. Fuck. Fuck. Fuck. Fuck. Fuck. Fuck. Fuck.
Fuck. Fuck. Fuck. Fuck. Fuck. Fuck. Fuck. Fuck. Fuck. Fuck. Fuck.
Fuck. Fuck. Fuck. Fuck. Fuck. Fuck. Fuck. Fuck. Fuck. Fuck. Fuck.
Fuck. Fuck. Fuck. Fuck. Fuck. Fuck. Fuck. Fuck. Fuck. Fuck. Fuck.
Fuck. Fuck. Fuck. Fuck. Fuck. Fuck. Fuck. Fuck. Fuck. Fuck. Fuck.
Fuck. Fuck. Fuck. Fuck. Fuck. Fuck. Fuck. Fuck. Fuck. Fuck. Fuck.
Fuck. Fuck. Fuck. Fuck. Fuck. Fuck. Fuck. Fuck. Fuck. Fuck. Fuck.
Fuck. Fuck. Fuck. Fuck. Fuck. Fuck. Fuck. Fuck. Fuck. Fuck. Fuck.
Fuck. Fuck. Fuck. Fuck. Fuck. Fuck. Fuck. Fuck. Fuck. Fuck. Fuck.
Fuck. Fuck. Fuck. Fuck. Fuck. Fuck. Fuck. Fuck. Fuck. Fuck. Fuck.
Fuck. Fuck. Fuck. Fuck. Fuck. Fuck. Fuck. Fuck. Fuck. Fuck. Fuck.
Fuck. Fuck. Fuck. Fuck. Fuck. Fuck. Fuck. Fuck. Fuck. Fuck. Fuck.
Fuck. Fuck. Fuck. Fuck. Fuck. Fuck. Fuck. Fuck. Fuck. Fuck. Fuck.
Fuck. Fuck. Fuck. Fuck. Fuck. Fuck. Fuck. Fuck. Fuck. Fuck. Fuck.
Fuck. Fuck. Fuck. Fuck. Fuck. Fuck. Fuck. Fuck. Fuck. Fuck. Fuck.
Fuck. Fuck. Fuck. Fuck. Fuck. Fuck. Fuck. Fuck. Fuck. Fuck. Fuck.
Fuck. Fuck. Fuck. Fuck. Fuck. Fuck. Fuck. Fuck. Fuck. Fuck. Fuck.
Fuck. Fuck. Fuck. Fuck. Fuck. Fuck. Fuck. Fuck. Fuck. Fuck. Fuck.
Fuck. Fuck. Fuck. Fuck. Fuck. Fuck. Fuck. Fuck. Fuck. Fuck. Fuck.
Fuck. Fuck. Fuck. Fuck. Fuck. Fuck. Fuck. Fuck. Fuck.

Fuck. Fuck. Fuck. Fuck. Fuck. Fuck. Fuck. Fuck. Fuck. Fuck. Fuck.
Fuck. Fuck. Fuck. Fuck. Fuck. Fuck. Fuck. Fuck. Fuck. Fuck. Fuck.
Fuck. Fuck. Fuck. Fuck. Fuck. Fuck. Fuck. Fuck. Fuck. Fuck. Fuck.
Fuck. Fuck. Fuck. Fuck. Fuck. Fuck. Fuck. Fuck. Fuck. Fuck. Fuck.
Fuck. Fuck. Fuck. Fuck. Fuck. Fuck. Fuck. Fuck. Fuck. Fuck. Fuck.
Fuck. Fuck. Fuck. Fuck. Fuck. Fuck. Fuck. Fuck. Fuck. Fuck. Fuck.
Fuck. Fuck. Fuck. Fuck. Fuck. Fuck. Fuck. Fuck. Fuck. Fuck. Fuck.
Fuck. Fuck. Fuck. Fuck. Fuck. Fuck. Fuck. Fuck. Fuck. Fuck. Fuck.
Fuck. Fuck. Fuck. Fuck. Fuck. Fuck. Fuck. Fuck. Fuck. Fuck. Fuck.
Fuck. Fuck. Fuck. Fuck. Fuck. Fuck. Fuck. Fuck. Fuck. Fuck. Fuck.
Fuck. Fuck. Fuck. Fuck. Fuck. Fuck. Fuck. Fuck. Fuck. Fuck. Fuck.
Fuck. Fuck. Fuck. Fuck. Fuck. Fuck. Fuck. Fuck. Fuck. Fuck. Fuck.
Fuck. Fuck. Fuck. Fuck. Fuck. Fuck. Fuck. Fuck. Fuck. Fuck. Fuck.

Fuck. Fuck. Fuck. Fuck. Fuck. Fuck. Fuck. Fuck. Fuck. Fuck. Fuck.
Fuck. Fuck. Fuck. Fuck. Fuck. Fuck. Fuck. Fuck. Fuck. Fuck. Fuck.
Fuck. Fuck. Fuck. Fuck. Fuck. Fuck. Fuck. Fuck. Fuck. Fuck. Fuck.
Fuck. Fuck. Fuck. Fuck. Fuck. Fuck. Fuck. Fuck. Fuck. Fuck. Fuck.
Fuck. Fuck. Fuck. Fuck. Fuck. Fuck. Fuck. Fuck. Fuck. Fuck. Fuck.
Fuck. Fuck. Fuck. Fuck. Fuck. Fuck. Fuck. Fuck. Fuck. Fuck. Fuck.
Fuck. Fuck. Fuck. Fuck. Fuck. Fuck. Fuck. Fuck. Fuck. Fuck. Fuck.
Fuck. Fuck. Fuck. Fuck. Fuck. Fuck. Fuck. Fuck. Fuck. Fuck. Fuck.
Fuck. Fuck. Fuck. Fuck. Fuck. Fuck. Fuck. Fuck. Fuck. Fuck. Fuck.
Fuck. Fuck. Fuck. Fuck. Fuck. Fuck. Fuck. Fuck. Fuck. Fuck. Fuck.
Fuck. Fuck. Fuck. Fuck. Fuck. Fuck. Fuck. Fuck. Fuck. Fuck. Fuck.
Fuck. Fuck. Fuck. Fuck. Fuck. Fuck. Fuck. Fuck. Fuck. Fuck. Fuck.
Fuck. Fuck. Fuck. Fuck. Fuck. Fuck. Fuck. Fuck. Fuck. Fuck. Fuck.
Fuck. Fuck. Fuck. Fuck. Fuck. Fuck. Fuck. Fuck. Fuck. Fuck. Fuck.
Fuck. Fuck. Fuck. Fuck. Fuck. Fuck. Fuck. Fuck. Fuck. Fuck. Fuck.
Fuck. Fuck. Fuck. Fuck. Fuck. Fuck. Fuck. Fuck. Fuck. Fuck. Fuck.
Fuck. Fuck. Fuck. Fuck. Fuck. Fuck. Fuck. Fuck. Fuck. Fuck. Fuck.
Fuck. Fuck. Fuck. Fuck. Fuck. Fuck. Fuck. Fuck. Fuck. Fuck. Fuck.
Fuck. Fuck. Fuck. Fuck. Fuck. Fuck. Fuck. Fuck. Fuck. Fuck. Fuck.
Fuck. Fuck. Fuck. Fuck. Fuck. Fuck. Fuck. Fuck. Fuck. Fuck. Fuck.
Fuck. Fuck. Fuck. Fuck. Fuck. Fuck. Fuck. Fuck. Fuck. Fuck. Fuck.
Fuck. Fuck. Fuck. Fuck. Fuck. Fuck. Fuck. Fuck. Fuck. Fuck. Fuck.
Fuck. Fuck. Fuck. Fuck. Fuck. Fuck. Fuck. Fuck. Fuck. Fuck. Fuck.
Fuck. Fuck. Fuck. Fuck. Fuck. Fuck. Fuck. Fuck. Fuck. Fuck. Fuck.
Fuck. Fuck. Fuck. Fuck. Fuck. Fuck. Fuck. Fuck. Fuck. Fuck. Fuck.
Fuck. Fuck. Fuck. Fuck. Fuck. Fuck. Fuck. Fuck. Fuck. Fuck. Fuck.
Fuck. Fuck. Fuck. Fuck. Fuck. Fuck. Fuck. Fuck. Fuck. Fuck. Fuck.
Fuck. Fuck. Fuck. Fuck. Fuck. Fuck. Fuck. Fuck. Fuck. Fuck. Fuck.
Fuck. Fuck. Fuck. Fuck. Fuck. Fuck. Fuck. Fuck. Fuck. Fuck. Fuck.
Fuck. Fuck. Fuck. Fuck. Fuck. Fuck. Fuck. Fuck. Fuck. Fuck. Fuck.
Fuck. Fuck. Fuck. Fuck. Fuck. Fuck. Fuck. Fuck. Fuck. Fuck. Fuck.
Fuck. Fuck. Fuck. Fuck. Fuck. Fuck. Fuck. Fuck. Fuck. Fuck. Fuck.
Fuck. Fuck. Fuck. Fuck. Fuck. Fuck. Fuck. Fuck. Fuck. Fuck. Fuck.
Fuck. Fuck. Fuck. Fuck. Fuck. Fuck. Fuck. Fuck. Fuck. Fuck. Fuck.
Fuck. Fuck. Fuck. Fuck. Fuck. Fuck. Fuck. Fuck. Fuck. Fuck. Fuck.
Fuck. Fuck. Fuck. Fuck. Fuck. Fuck. Fuck. Fuck. Fuck. Fuck. Fuck.
Fuck. Fuck. Fuck. Fuck. Fuck. Fuck. Fuck. Fuck. Fuck. Fuck. Fuck.
Fuck. Fuck. Fuck. Fuck. Fuck. Fuck. Fuck. Fuck. Fuck. Fuck. Fuck.

Fuck. Fuck. Fuck. Fuck. Fuck. Fuck. Fuck. Fuck. Fuck. Fuck. Fuck.
Fuck. Fuck. Fuck. Fuck. Fuck. Fuck. Fuck. Fuck. Fuck. Fuck. Fuck.
Fuck. Fuck. Fuck. Fuck. Fuck. Fuck. Fuck. Fuck. Fuck. Fuck. Fuck.
Fuck. Fuck. Fuck. Fuck. Fuck. Fuck. Fuck. Fuck. Fuck. Fuck. Fuck.
Fuck. Fuck. Fuck. Fuck. Fuck. Fuck. Fuck. Fuck. Fuck. Fuck. Fuck.
Fuck. Fuck. Fuck. Fuck. Fuck. Fuck. Fuck. Fuck. Fuck. Fuck. Fuck.
Fuck. Fuck. Fuck. Fuck. Fuck. Fuck. Fuck. Fuck. Fuck. Fuck. Fuck.
Fuck. Fuck. Fuck. Fuck. Fuck. Fuck. Fuck. Fuck. Fuck. Fuck. Fuck.
Fuck. Fuck. Fuck. Fuck. Fuck. Fuck. Fuck. Fuck. Fuck. Fuck. Fuck.
Fuck. Fuck. Fuck. Fuck. Fuck. Fuck. Fuck. Fuck. Fuck. Fuck. Fuck.
Fuck. Fuck. Fuck. Fuck. Fuck. Fuck. Fuck. Fuck. Fuck. Fuck. Fuck.
Fuck. Fuck. Fuck. Fuck. Fuck. Fuck. Fuck. Fuck. Fuck. Fuck. Fuck.
Fuck. Fuck. Fuck. Fuck. Fuck. Fuck. Fuck. Fuck. Fuck. Fuck. Fuck.
Fuck. Fuck. Fuck. Fuck. Fuck. Fuck. Fuck. Fuck. Fuck. Fuck. Fuck.
Fuck. Fuck. Fuck. Fuck. Fuck. Fuck. Fuck. Fuck. Fuck. Fuck. Fuck.
Fuck. Fuck. Fuck. Fuck. Fuck. Fuck. Fuck. Fuck. Fuck. Fuck. Fuck.
Fuck. Fuck. Fuck. Fuck. Fuck. Fuck. Fuck. Fuck. Fuck. Fuck. Fuck.
Fuck. Fuck. Fuck. Fuck. Fuck. Fuck. Fuck. Fuck. Fuck. Fuck. Fuck.
Fuck. Fuck. Fuck. Fuck. Fuck. Fuck. Fuck. Fuck. Fuck. Fuck. Fuck.
Fuck. Fuck. Fuck. Fuck. Fuck. Fuck. Fuck. Fuck. Fuck. Fuck. Fuck.
Fuck. Fuck. Fuck. Fuck. Fuck. Fuck. Fuck. Fuck. Fuck. Fuck. Fuck.
Fuck. Fuck. Fuck. Fuck. Fuck. Fuck. Fuck. Fuck. Fuck. Fuck. Fuck.
Fuck. Fuck. Fuck. Fuck. Fuck. Fuck. Fuck. Fuck. Fuck. Fuck. Fuck.
Fuck. Fuck. Fuck. Fuck. Fuck. Fuck. Fuck. Fuck. Fuck. Fuck. Fuck.
Fuck. Fuck. Fuck. Fuck. Fuck. Fuck. Fuck. Fuck. Fuck. Fuck. Fuck.
Fuck. Fuck. Fuck. Fuck. Fuck. Fuck. Fuck. Fuck. Fuck. Fuck. Fuck.
Fuck. Fuck. Fuck. Fuck. Fuck. Fuck. Fuck. Fuck. Fuck. Fuck. Fuck.
Fuck. Fuck. Fuck. Fuck. Fuck. Fuck. Fuck. Fuck. Fuck. Fuck. Fuck.
Fuck. Fuck. Fuck. Fuck. Fuck. Fuck. Fuck. Fuck. Fuck. Fuck. Fuck.
Fuck. Fuck. Fuck. Fuck. Fuck. Fuck. Fuck. Fuck. Fuck. Fuck. Fuck.
Fuck. Fuck. Fuck. Fuck. Fuck. Fuck. Fuck. Fuck. Fuck. Fuck. Fuck.
Fuck. Fuck. Fuck. Fuck. Fuck. Fuck. Fuck. Fuck. Fuck. Fuck. Fuck.
Fuck. Fuck. Fuck. Fuck. Fuck. Fuck. Fuck. Fuck. Fuck. Fuck. Fuck.
Fuck. Fuck. Fuck. Fuck. Fuck. Fuck. Fuck. Fuck. Fuck. Fuck. Fuck.
Fuck. Fuck. Fuck. Fuck. Fuck. Fuck. Fuck. Fuck. Fuck. Fuck. Fuck.
Fuck. Fuck. Fuck. Fuck. Fuck. Fuck. Fuck. Fuck. Fuck. Fuck. Fuck.
Fuck. Fuck. Fuck. Fuck. Fuck. Fuck. Fuck. Fuck. Fuck. Fuck. Fuck.
Fuck. Fuck. Fuck. Fuck. Fuck. Fuck. Fuck. Fuck. Fuck. Fuck. Fuck.

Fuck. Fuck. Fuck. Fuck. Fuck. Fuck. Fuck. Fuck. Fuck. Fuck. Fuck.
Fuck. Fuck. Fuck. Fuck. Fuck. Fuck. Fuck. Fuck. Fuck. Fuck. Fuck.
Fuck. Fuck. Fuck. Fuck. Fuck. Fuck. Fuck. Fuck. Fuck. Fuck. Fuck.
Fuck. Fuck. Fuck. Fuck. Fuck. Fuck. Fuck. Fuck. Fuck. Fuck. Fuck.
Fuck. Fuck. Fuck. Fuck. Fuck. Fuck. Fuck. Fuck. Fuck. Fuck. Fuck.
Fuck. Fuck. Fuck. Fuck. Fuck. Fuck. Fuck. Fuck. Fuck. Fuck. Fuck.
Fuck. Fuck. Fuck. Fuck. Fuck. Fuck. Fuck. Fuck. Fuck. Fuck. Fuck.
Fuck. Fuck. Fuck. Fuck. Fuck. Fuck. Fuck. Fuck. Fuck. Fuck. Fuck.
Fuck. Fuck. Fuck. Fuck. Fuck. Fuck. Fuck. Fuck. Fuck. Fuck. Fuck.
Fuck. Fuck. Fuck. Fuck. Fuck. Fuck. Fuck. Fuck. Fuck. Fuck. Fuck.
Fuck. Fuck. Fuck. Fuck. Fuck. Fuck. Fuck. Fuck. Fuck. Fuck. Fuck.
Fuck. Fuck. Fuck. Fuck. Fuck. Fuck. Fuck. Fuck. Fuck. Fuck. Fuck.
Fuck. Fuck. Fuck. Fuck. Fuck. Fuck. Fuck. Fuck. Fuck. Fuck. Fuck.
Fuck. Fuck. Fuck. Fuck. Fuck. Fuck. Fuck. Fuck. Fuck. Fuck. Fuck.
Fuck. Fuck. Fuck. Fuck. Fuck. Fuck. Fuck. Fuck. Fuck. Fuck. Fuck.
Fuck. Fuck. Fuck. Fuck. Fuck. Fuck. Fuck. Fuck. Fuck. Fuck. Fuck.
Fuck. Fuck. Fuck. Fuck. Fuck. Fuck. Fuck. Fuck. Fuck. Fuck. Fuck.
Fuck. Fuck. Fuck. Fuck. Fuck. Fuck. Fuck. Fuck. Fuck. Fuck. Fuck.
Fuck. Fuck. Fuck. Fuck. Fuck. Fuck. Fuck. Fuck. Fuck. Fuck. Fuck.
Fuck. Fuck. Fuck. Fuck. Fuck. Fuck. Fuck. Fuck. Fuck. Fuck. Fuck.
Fuck. Fuck. Fuck. Fuck. Fuck. Fuck. Fuck. Fuck. Fuck. Fuck. Fuck.
Fuck. Fuck. Fuck. Fuck. Fuck. Fuck. Fuck. Fuck. Fuck. Fuck. Fuck.
Fuck. Fuck. Fuck. Fuck. Fuck. Fuck. Fuck. Fuck. Fuck. Fuck. Fuck.
Fuck. Fuck. Fuck. Fuck. Fuck. Fuck. Fuck. Fuck. Fuck. Fuck. Fuck.
Fuck. Fuck. Fuck. Fuck. Fuck. Fuck. Fuck. Fuck. Fuck. Fuck. Fuck.
Fuck. Fuck. Fuck. Fuck. Fuck. Fuck. Fuck. Fuck. Fuck. Fuck. Fuck.
Fuck. Fuck. Fuck. Fuck. Fuck. Fuck. Fuck. Fuck. Fuck. Fuck. Fuck.
Fuck. Fuck. Fuck. Fuck. Fuck. Fuck. Fuck. Fuck. Fuck. Fuck. Fuck.
Fuck. Fuck. Fuck. Fuck. Fuck. Fuck. Fuck. Fuck. Fuck. Fuck. Fuck.
Fuck. Fuck. Fuck. Fuck. Fuck. Fuck. Fuck. Fuck. Fuck. Fuck. Fuck.
Fuck. Fuck. Fuck. Fuck. Fuck. Fuck. Fuck. Fuck. Fuck. Fuck. Fuck.
Fuck. Fuck. Fuck. Fuck. Fuck. Fuck. Fuck. Fuck. Fuck. Fuck. Fuck.
Fuck. Fuck. Fuck. Fuck. Fuck. Fuck. Fuck. Fuck. Fuck. Fuck. Fuck.
Fuck. Fuck. Fuck. Fuck. Fuck. Fuck. Fuck. Fuck. Fuck. Fuck. Fuck.
Fuck. Fuck. Fuck. Fuck. Fuck. Fuck. Fuck. Fuck. Fuck. Fuck. Fuck.
Fuck. Fuck. Fuck. Fuck. Fuck. Fuck. Fuck. Fuck. Fuck. Fuck. Fuck.
Fuck. Fuck. Fuck. Fuck. Fuck. Fuck. Fuck. Fuck. Fuck. Fuck. Fuck.

Fuck. Fuck. Fuck. Fuck. Fuck. Fuck. Fuck. Fuck. Fuck. Fuck. Fuck.
Fuck. Fuck. Fuck. Fuck. Fuck. Fuck. Fuck. Fuck. Fuck. Fuck. Fuck.
Fuck. Fuck. Fuck. Fuck. Fuck. Fuck. Fuck. Fuck. Fuck. Fuck. Fuck.
Fuck. Fuck. Fuck. Fuck. Fuck. Fuck. Fuck. Fuck. Fuck. Fuck. Fuck.
Fuck. Fuck. Fuck. Fuck. Fuck. Fuck. Fuck. Fuck. Fuck. Fuck. Fuck.
Fuck. Fuck. Fuck. Fuck. Fuck. Fuck. Fuck. Fuck. Fuck. Fuck. Fuck.
Fuck. Fuck. Fuck. Fuck. Fuck. Fuck. Fuck. Fuck. Fuck. Fuck. Fuck.
Fuck. Fuck. Fuck. Fuck. Fuck. Fuck. Fuck. Fuck. Fuck. Fuck. Fuck.
Fuck. Fuck. Fuck. Fuck. Fuck. Fuck. Fuck. Fuck. Fuck. Fuck. Fuck.
Fuck. Fuck. Fuck. Fuck. Fuck. Fuck. Fuck. Fuck. Fuck. Fuck. Fuck.
Fuck. Fuck. Fuck. Fuck. Fuck. Fuck. Fuck. Fuck. Fuck. Fuck. Fuck.
Fuck. Fuck. Fuck. Fuck. Fuck. Fuck. Fuck. Fuck. Fuck. Fuck. Fuck.
Fuck. Fuck. Fuck. Fuck. Fuck. Fuck. Fuck. Fuck. Fuck. Fuck. Fuck.
Fuck. Fuck. Fuck. Fuck. Fuck. Fuck. Fuck. Fuck. Fuck. Fuck. Fuck.
Fuck. Fuck. Fuck. Fuck. Fuck. Fuck. Fuck. Fuck. Fuck. Fuck. Fuck.
Fuck. Fuck. Fuck. Fuck. Fuck. Fuck. Fuck. Fuck. Fuck. Fuck. Fuck.
Fuck. Fuck. Fuck. Fuck. Fuck. Fuck. Fuck. Fuck. Fuck. Fuck. Fuck.
Fuck. Fuck. Fuck. Fuck. Fuck. Fuck. Fuck. Fuck. Fuck. Fuck. Fuck.
Fuck. Fuck. Fuck. Fuck. Fuck. Fuck. Fuck. Fuck. Fuck. Fuck. Fuck.
Fuck. Fuck. Fuck. Fuck. Fuck. Fuck. Fuck. Fuck. Fuck. Fuck. Fuck.
Fuck. Fuck. Fuck. Fuck. Fuck. Fuck. Fuck. Fuck. Fuck. Fuck. Fuck.
Fuck. Fuck. Fuck. Fuck. Fuck. Fuck. Fuck. Fuck. Fuck. Fuck. Fuck.
Fuck. Fuck. Fuck. Fuck. Fuck. Fuck. Fuck. Fuck. Fuck. Fuck. Fuck.
Fuck. Fuck. Fuck. Fuck. Fuck. Fuck. Fuck. Fuck. Fuck. Fuck. Fuck.
Fuck. Fuck. Fuck. Fuck. Fuck. Fuck. Fuck. Fuck. Fuck. Fuck. Fuck.
Fuck. Fuck. Fuck. Fuck. Fuck. Fuck. Fuck. Fuck. Fuck. Fuck. Fuck.
Fuck. Fuck. Fuck. Fuck. Fuck. Fuck. Fuck. Fuck. Fuck. Fuck. Fuck.
Fuck. Fuck. Fuck. Fuck. Fuck. Fuck. Fuck. Fuck. Fuck. Fuck. Fuck.
Fuck. Fuck. Fuck. Fuck. Fuck. Fuck. Fuck. Fuck. Fuck. Fuck. Fuck.
Fuck. Fuck. Fuck. Fuck. Fuck. Fuck. Fuck. Fuck. Fuck. Fuck. Fuck.
Fuck. Fuck. Fuck. Fuck. Fuck. Fuck. Fuck. Fuck. Fuck. Fuck. Fuck.
Fuck. Fuck. Fuck. Fuck. Fuck. Fuck. Fuck. Fuck. Fuck. Fuck. Fuck.
Fuck. Fuck. Fuck. Fuck. Fuck. Fuck. Fuck. Fuck. Fuck. Fuck. Fuck.
Fuck. Fuck. Fuck. Fuck. Fuck. Fuck. Fuck. Fuck. Fuck. Fuck. Fuck.
Fuck. Fuck. Fuck. Fuck. Fuck. Fuck. Fuck. Fuck. Fuck. Fuck. Fuck.
Fuck. Fuck. Fuck. Fuck. Fuck. Fuck. Fuck. Fuck. Fuck. Fuck. Fuck.
Fuck. Fuck. Fuck. Fuck. Fuck. Fuck. Fuck. Fuck. Fuck. Fuck. Fuck.

Fuck. Fuck. Fuck. Fuck. Fuck. Fuck. Fuck. Fuck. Fuck. Fuck. Fuck.
Fuck. Fuck. Fuck. Fuck. Fuck. Fuck. Fuck. Fuck. Fuck. Fuck. Fuck.
Fuck. Fuck. Fuck. Fuck. Fuck. Fuck. Fuck. Fuck. Fuck. Fuck. Fuck.
Fuck. Fuck. Fuck. Fuck. Fuck. Fuck. Fuck. Fuck. Fuck. Fuck. Fuck.
Fuck. Fuck. Fuck. Fuck. Fuck. Fuck. Fuck. Fuck. Fuck. Fuck. Fuck.
Fuck. Fuck. Fuck. Fuck. Fuck. Fuck. Fuck. Fuck. Fuck. Fuck. Fuck.
Fuck. Fuck. Fuck. Fuck. Fuck. Fuck. Fuck. Fuck. Fuck. Fuck. Fuck.
Fuck. Fuck. Fuck. Fuck. Fuck. Fuck. Fuck. Fuck. Fuck. Fuck. Fuck.
Fuck. Fuck. Fuck. Fuck. Fuck. Fuck. Fuck. Fuck. Fuck. Fuck. Fuck.
Fuck. Fuck. Fuck. Fuck. Fuck. Fuck. Fuck. Fuck. Fuck. Fuck. Fuck.
Fuck. Fuck. Fuck. Fuck. Fuck. Fuck. Fuck. Fuck. Fuck. Fuck. Fuck.
Fuck. Fuck. Fuck. Fuck. Fuck. Fuck. Fuck. Fuck. Fuck. Fuck. Fuck.
Fuck. Fuck. Fuck. Fuck. Fuck. Fuck. Fuck. Fuck. Fuck. Fuck. Fuck.
Fuck. Fuck. Fuck. Fuck. Fuck. Fuck. Fuck. Fuck. Fuck. Fuck. Fuck.
Fuck. Fuck. Fuck. Fuck. Fuck. Fuck. Fuck. Fuck. Fuck. Fuck. Fuck.
Fuck. Fuck. Fuck. Fuck. Fuck. Fuck. Fuck. Fuck. Fuck. Fuck. Fuck.
Fuck. Fuck. Fuck. Fuck. Fuck. Fuck. Fuck. Fuck. Fuck. Fuck. Fuck.
Fuck. Fuck. Fuck. Fuck. Fuck. Fuck. Fuck. Fuck. Fuck. Fuck. Fuck.
Fuck. Fuck. Fuck. Fuck. Fuck. Fuck. Fuck. Fuck. Fuck. Fuck. Fuck.
Fuck. Fuck. Fuck. Fuck. Fuck. Fuck. Fuck. Fuck. Fuck. Fuck. Fuck.
Fuck. Fuck. Fuck. Fuck. Fuck. Fuck. Fuck. Fuck. Fuck. Fuck. Fuck.
Fuck. Fuck. Fuck. Fuck. Fuck. Fuck. Fuck. Fuck. Fuck. Fuck. Fuck.
Fuck. Fuck. Fuck. Fuck. Fuck. Fuck. Fuck. Fuck. Fuck. Fuck. Fuck.
Fuck. Fuck. Fuck. Fuck. Fuck. Fuck. Fuck. Fuck. Fuck. Fuck. Fuck.
Fuck. Fuck. Fuck. Fuck. Fuck. Fuck. Fuck. Fuck. Fuck. Fuck. Fuck.
Fuck. Fuck. Fuck. Fuck. Fuck. Fuck. Fuck. Fuck. Fuck. Fuck. Fuck.
Fuck. Fuck. Fuck. Fuck. Fuck. Fuck. Fuck. Fuck. Fuck. Fuck. Fuck.
Fuck. Fuck. Fuck. Fuck. Fuck. Fuck. Fuck. Fuck. Fuck. Fuck. Fuck.
Fuck. Fuck. Fuck. Fuck. Fuck. Fuck. Fuck. Fuck. Fuck. Fuck. Fuck.
Fuck. Fuck. Fuck. Fuck. Fuck. Fuck. Fuck. Fuck. Fuck. Fuck. Fuck.
Fuck. Fuck. Fuck. Fuck. Fuck. Fuck. Fuck. Fuck. Fuck. Fuck. Fuck.
Fuck. Fuck. Fuck. Fuck. Fuck. Fuck. Fuck. Fuck. Fuck. Fuck. Fuck.
Fuck. Fuck. Fuck. Fuck. Fuck. Fuck. Fuck. Fuck. Fuck. Fuck. Fuck.
Fuck. Fuck. Fuck. Fuck. Fuck. Fuck. Fuck. Fuck. Fuck. Fuck. Fuck.
Fuck. Fuck. Fuck. Fuck. Fuck. Fuck. Fuck. Fuck. Fuck. Fuck. Fuck.
Fuck. Fuck. Fuck. Fuck. Fuck. Fuck. Fuck. Fuck. Fuck. Fuck. Fuck.
Fuck. Fuck. Fuck. Fuck. Fuck. Fuck. Fuck. Fuck. Fuck. Fuck. Fuck.

Fuck. Fuck. Fuck. Fuck. Fuck. Fuck. Fuck. Fuck. Fuck. Fuck. Fuck.
Fuck. Fuck. Fuck. Fuck. Fuck. Fuck. Fuck. Fuck. Fuck. Fuck. Fuck.
Fuck. Fuck. Fuck. Fuck. Fuck. Fuck. Fuck. Fuck. Fuck. Fuck. Fuck.
Fuck. Fuck. Fuck. Fuck. Fuck. Fuck. Fuck. Fuck. Fuck. Fuck. Fuck.
Fuck. Fuck. Fuck. Fuck. Fuck. Fuck. Fuck. Fuck. Fuck. Fuck. Fuck.
Fuck. Fuck. Fuck. Fuck. Fuck. Fuck. Fuck. Fuck. Fuck. Fuck. Fuck.
Fuck. Fuck. Fuck. Fuck. Fuck. Fuck. Fuck. Fuck. Fuck. Fuck. Fuck.
Fuck. Fuck. Fuck. Fuck. Fuck. Fuck. Fuck. Fuck. Fuck. Fuck. Fuck.
Fuck. Fuck. Fuck. Fuck. Fuck. Fuck. Fuck. Fuck. Fuck. Fuck. Fuck.
Fuck. Fuck. Fuck. Fuck. Fuck. Fuck. Fuck. Fuck. Fuck. Fuck. Fuck.
Fuck. Fuck. Fuck. Fuck. Fuck. Fuck. Fuck. Fuck. Fuck. Fuck. Fuck.
Fuck. Fuck. Fuck. Fuck. Fuck. Fuck. Fuck. Fuck. Fuck. Fuck. Fuck.
Fuck. Fuck. Fuck. Fuck. Fuck. Fuck. Fuck. Fuck. Fuck. Fuck. Fuck.
Fuck. Fuck. Fuck. Fuck. Fuck. Fuck. Fuck. Fuck. Fuck. Fuck. Fuck.
Fuck. Fuck. Fuck. Fuck. Fuck. Fuck. Fuck. Fuck. Fuck. Fuck. Fuck.
Fuck. Fuck. Fuck. Fuck. Fuck. Fuck. Fuck. Fuck. Fuck. Fuck. Fuck.
Fuck. Fuck. Fuck. Fuck. Fuck. Fuck. Fuck. Fuck. Fuck. Fuck. Fuck.
Fuck. Fuck. Fuck. Fuck. Fuck. Fuck. Fuck. Fuck. Fuck. Fuck. Fuck.
Fuck. Fuck. Fuck. Fuck. Fuck. Fuck. Fuck. Fuck. Fuck. Fuck. Fuck.
Fuck. Fuck. Fuck. Fuck. Fuck. Fuck. Fuck. Fuck. Fuck. Fuck. Fuck.
Fuck. Fuck. Fuck. Fuck. Fuck. Fuck. Fuck. Fuck. Fuck. Fuck. Fuck.
Fuck. Fuck. Fuck. Fuck. Fuck. Fuck. Fuck. Fuck. Fuck. Fuck. Fuck.
Fuck. Fuck. Fuck. Fuck. Fuck. Fuck. Fuck. Fuck. Fuck. Fuck. Fuck.
Fuck. Fuck. Fuck. Fuck. Fuck. Fuck. Fuck. Fuck. Fuck. Fuck. Fuck.
Fuck. Fuck. Fuck. Fuck. Fuck. Fuck. Fuck. Fuck. Fuck. Fuck. Fuck.
Fuck. Fuck. Fuck. Fuck. Fuck. Fuck. Fuck. Fuck. Fuck. Fuck. Fuck.
Fuck. Fuck. Fuck. Fuck. Fuck. Fuck. Fuck. Fuck. Fuck. Fuck. Fuck.
Fuck. Fuck. Fuck. Fuck. Fuck. Fuck. Fuck. Fuck. Fuck. Fuck. Fuck.
Fuck. Fuck. Fuck. Fuck. Fuck. Fuck. Fuck. Fuck. Fuck. Fuck. Fuck.
Fuck. Fuck. Fuck. Fuck. Fuck. Fuck. Fuck. Fuck. Fuck. Fuck. Fuck.
Fuck. Fuck. Fuck. Fuck. Fuck. Fuck. Fuck. Fuck. Fuck. Fuck. Fuck.
Fuck. Fuck. Fuck. Fuck. Fuck. Fuck. Fuck. Fuck. Fuck. Fuck. Fuck.
Fuck. Fuck. Fuck. Fuck. Fuck. Fuck. Fuck. Fuck. Fuck. Fuck. Fuck.
Fuck. Fuck. Fuck. Fuck. Fuck. Fuck. Fuck. Fuck. Fuck. Fuck. Fuck.
Fuck. Fuck. Fuck. Fuck. Fuck. Fuck. Fuck. Fuck. Fuck. Fuck. Fuck.
Fuck. Fuck. Fuck. Fuck. Fuck. Fuck. Fuck. Fuck. Fuck. Fuck. Fuck.

Fuck. Fuck. Fuck. Fuck. Fuck. Fuck. Fuck. Fuck. Fuck. Fuck. Fuck.
Fuck. Fuck. Fuck. Fuck. Fuck. Fuck. Fuck. Fuck. Fuck. Fuck. Fuck.
Fuck. Fuck. Fuck. Fuck. Fuck. Fuck. Fuck. Fuck. Fuck. Fuck. Fuck.
Fuck. Fuck. Fuck. Fuck. Fuck. Fuck. Fuck. Fuck. Fuck. Fuck. Fuck.
Fuck. Fuck. Fuck. Fuck. Fuck. Fuck. Fuck. Fuck. Fuck. Fuck. Fuck.
Fuck. Fuck. Fuck. Fuck. Fuck. Fuck. Fuck. Fuck. Fuck. Fuck. Fuck.
Fuck. Fuck. Fuck. Fuck. Fuck. Fuck. Fuck. Fuck. Fuck. Fuck. Fuck.
Fuck. Fuck. Fuck. Fuck. Fuck. Fuck. Fuck. Fuck. Fuck. Fuck. Fuck.
Fuck. Fuck. Fuck. Fuck. Fuck. Fuck. Fuck. Fuck. Fuck. Fuck. Fuck.
Fuck. Fuck. Fuck. Fuck. Fuck. Fuck. Fuck. Fuck. Fuck. Fuck. Fuck.
Fuck. Fuck. Fuck. Fuck. Fuck. Fuck. Fuck. Fuck. Fuck. Fuck. Fuck.
Fuck. Fuck. Fuck. Fuck. Fuck. Fuck. Fuck. Fuck. Fuck. Fuck. Fuck.
Fuck. Fuck. Fuck. Fuck. Fuck. Fuck. Fuck. Fuck. Fuck. Fuck. Fuck.
Fuck. Fuck. Fuck. Fuck. Fuck. Fuck. Fuck. Fuck. Fuck. Fuck. Fuck.
Fuck. Fuck. Fuck. Fuck. Fuck. Fuck. Fuck. Fuck. Fuck. Fuck. Fuck.
Fuck. Fuck. Fuck. Fuck. Fuck. Fuck. Fuck. Fuck. Fuck. Fuck. Fuck.
Fuck. Fuck. Fuck. Fuck. Fuck. Fuck. Fuck. Fuck. Fuck. Fuck. Fuck.
Fuck. Fuck. Fuck. Fuck. Fuck. Fuck. Fuck. Fuck. Fuck. Fuck. Fuck.
Fuck. Fuck. Fuck. Fuck. Fuck. Fuck. Fuck. Fuck. Fuck. Fuck. Fuck.
Fuck. Fuck. Fuck. Fuck. Fuck. Fuck. Fuck. Fuck. Fuck. Fuck. Fuck.
Fuck. Fuck. Fuck. Fuck. Fuck. Fuck. Fuck. Fuck. Fuck. Fuck. Fuck.
Fuck. Fuck. Fuck. Fuck. Fuck. Fuck. Fuck. Fuck. Fuck. Fuck. Fuck.
Fuck. Fuck. Fuck. Fuck. Fuck. Fuck. Fuck. Fuck. Fuck. Fuck. Fuck.
Fuck. Fuck. Fuck. Fuck. Fuck. Fuck. Fuck. Fuck. Fuck. Fuck. Fuck.
Fuck. Fuck. Fuck. Fuck. Fuck. Fuck. Fuck. Fuck. Fuck. Fuck. Fuck.
Fuck. Fuck. Fuck. Fuck. Fuck. Fuck. Fuck. Fuck. Fuck. Fuck. Fuck.
Fuck. Fuck. Fuck. Fuck. Fuck. Fuck. Fuck. Fuck. Fuck. Fuck. Fuck.
Fuck. Fuck. Fuck. Fuck. Fuck. Fuck. Fuck. Fuck. Fuck. Fuck. Fuck.
Fuck. Fuck. Fuck. Fuck. Fuck. Fuck. Fuck. Fuck. Fuck. Fuck. Fuck.
Fuck. Fuck. Fuck. Fuck. Fuck. Fuck. Fuck. Fuck. Fuck. Fuck. Fuck.
Fuck. Fuck. Fuck. Fuck. Fuck. Fuck. Fuck. Fuck. Fuck. Fuck. Fuck.
Fuck. Fuck. Fuck. Fuck. Fuck. Fuck. Fuck. Fuck. Fuck. Fuck. Fuck.
Fuck. Fuck. Fuck. Fuck. Fuck. Fuck. Fuck. Fuck. Fuck. Fuck. Fuck.
Fuck. Fuck. Fuck. Fuck. Fuck. Fuck. Fuck. Fuck. Fuck. Fuck. Fuck.
Fuck. Fuck. Fuck. Fuck. Fuck. Fuck. Fuck. Fuck. Fuck. Fuck. Fuck.
Fuck. Fuck. Fuck. Fuck. Fuck. Fuck. Fuck. Fuck. Fuck. Fuck. Fuck.

Fuck. Fuck. Fuck. Fuck. Fuck. Fuck. Fuck. Fuck. Fuck. Fuck. Fuck.
Fuck. Fuck. Fuck. Fuck. Fuck. Fuck. Fuck. Fuck. Fuck. Fuck. Fuck.
Fuck. Fuck. Fuck. Fuck. Fuck. Fuck. Fuck. Fuck. Fuck. Fuck. Fuck.
Fuck. Fuck. Fuck. Fuck. Fuck. Fuck. Fuck. Fuck. Fuck. Fuck. Fuck.
Fuck. Fuck. Fuck. Fuck. Fuck. Fuck. Fuck. Fuck. Fuck. Fuck. Fuck.
Fuck. Fuck. Fuck. Fuck. Fuck. Fuck. Fuck. Fuck. Fuck. Fuck. Fuck.
Fuck. Fuck. Fuck. Fuck. Fuck. Fuck. Fuck. Fuck. Fuck. Fuck. Fuck.
Fuck. Fuck. Fuck. Fuck. Fuck. Fuck. Fuck. Fuck. Fuck. Fuck. Fuck.
Fuck. Fuck. Fuck. Fuck. Fuck. Fuck. Fuck. Fuck. Fuck. Fuck. Fuck.
Fuck. Fuck. Fuck. Fuck. Fuck. Fuck. Fuck. Fuck. Fuck. Fuck. Fuck.
Fuck. Fuck. Fuck. Fuck. Fuck. Fuck. Fuck. Fuck. Fuck. Fuck. Fuck.
Fuck. Fuck. Fuck. Fuck. Fuck. Fuck. Fuck. Fuck. Fuck. Fuck. Fuck.
Fuck. Fuck. Fuck. Fuck. Fuck. Fuck. Fuck. Fuck. Fuck. Fuck. Fuck.
Fuck. Fuck. Fuck. Fuck. Fuck. Fuck. Fuck. Fuck. Fuck. Fuck. Fuck.
Fuck. Fuck. Fuck. Fuck. Fuck. Fuck. Fuck. Fuck. Fuck. Fuck. Fuck.
Fuck. Fuck. Fuck. Fuck. Fuck. Fuck. Fuck. Fuck. Fuck. Fuck. Fuck.
Fuck. Fuck. Fuck. Fuck. Fuck. Fuck. Fuck. Fuck. Fuck. Fuck. Fuck.
Fuck. Fuck. Fuck. Fuck. Fuck. Fuck. Fuck. Fuck. Fuck. Fuck. Fuck.
Fuck. Fuck. Fuck. Fuck. Fuck. Fuck. Fuck. Fuck. Fuck. Fuck. Fuck.
Fuck. Fuck. Fuck. Fuck. Fuck. Fuck. Fuck. Fuck. Fuck. Fuck. Fuck.
Fuck. Fuck. Fuck. Fuck. Fuck. Fuck. Fuck. Fuck. Fuck. Fuck. Fuck.
Fuck. Fuck. Fuck. Fuck. Fuck. Fuck. Fuck. Fuck. Fuck. Fuck. Fuck.
Fuck. Fuck. Fuck. Fuck. Fuck. Fuck. Fuck. Fuck. Fuck. Fuck. Fuck.
Fuck. Fuck. Fuck. Fuck. Fuck. Fuck. Fuck. Fuck. Fuck. Fuck. Fuck.
Fuck. Fuck. Fuck. Fuck. Fuck. Fuck. Fuck. Fuck. Fuck. Fuck. Fuck.
Fuck. Fuck. Fuck. Fuck. Fuck. Fuck. Fuck. Fuck. Fuck. Fuck. Fuck.
Fuck. Fuck. Fuck. Fuck. Fuck. Fuck. Fuck. Fuck. Fuck. Fuck. Fuck.
Fuck. Fuck. Fuck. Fuck. Fuck. Fuck. Fuck. Fuck. Fuck. Fuck. Fuck.
Fuck. Fuck. Fuck. Fuck. Fuck. Fuck. Fuck. Fuck. Fuck. Fuck. Fuck.
Fuck. Fuck. Fuck. Fuck. Fuck. Fuck. Fuck. Fuck. Fuck. Fuck. Fuck.
Fuck. Fuck. Fuck. Fuck. Fuck. Fuck. Fuck. Fuck. Fuck. Fuck. Fuck.
Fuck. Fuck. Fuck. Fuck. Fuck. Fuck. Fuck. Fuck. Fuck. Fuck. Fuck.
Fuck. Fuck. Fuck. Fuck. Fuck. Fuck. Fuck. Fuck. Fuck. Fuck. Fuck.
Fuck. Fuck. Fuck. Fuck. Fuck. Fuck. Fuck. Fuck. Fuck. Fuck. Fuck.
Fuck. Fuck. Fuck. Fuck. Fuck. Fuck. Fuck. Fuck. Fuck. Fuck. Fuck.
Fuck. Fuck. Fuck. Fuck. Fuck. Fuck. Fuck. Fuck. Fuck. Fuck. Fuck.
Fuck. Fuck. Fuck. Fuck. Fuck. Fuck. Fuck. Fuck. Fuck. Fuck. Fuck.
Fuck. Fuck. Fuck. Fuck. Fuck. Fuck. Fuck. Fuck. Fuck. Fuck. Fuck.

Fuck. Fuck. Fuck. Fuck. Fuck. Fuck. Fuck. Fuck. Fuck. Fuck. Fuck.
Fuck. Fuck. Fuck. Fuck. Fuck. Fuck. Fuck. Fuck. Fuck. Fuck. Fuck.
Fuck. Fuck. Fuck. Fuck. Fuck. Fuck. Fuck. Fuck. Fuck. Fuck. Fuck.
Fuck. Fuck. Fuck. Fuck. Fuck. Fuck. Fuck. Fuck. Fuck. Fuck. Fuck.
Fuck. Fuck. Fuck. Fuck. Fuck. Fuck. Fuck. Fuck. Fuck. Fuck. Fuck.
Fuck. Fuck. Fuck. Fuck. Fuck. Fuck. Fuck. Fuck. Fuck. Fuck. Fuck.
Fuck. Fuck. Fuck. Fuck. Fuck. Fuck. Fuck. Fuck. Fuck. Fuck. Fuck.
Fuck. Fuck. Fuck. Fuck. Fuck. Fuck. Fuck. Fuck. Fuck. Fuck. Fuck.
Fuck. Fuck. Fuck. Fuck. Fuck. Fuck. Fuck. Fuck. Fuck. Fuck. Fuck.
Fuck. Fuck. Fuck. Fuck. Fuck. Fuck. Fuck. Fuck. Fuck. Fuck. Fuck.
Fuck. Fuck. Fuck. Fuck. Fuck. Fuck. Fuck. Fuck. Fuck. Fuck. Fuck.
Fuck. Fuck. Fuck. Fuck. Fuck. Fuck. Fuck. Fuck. Fuck. Fuck. Fuck.
Fuck. Fuck. Fuck. Fuck. Fuck. Fuck. Fuck. Fuck. Fuck. Fuck. Fuck.
Fuck. Fuck. Fuck. Fuck. Fuck. Fuck. Fuck. Fuck. Fuck. Fuck. Fuck.
Fuck. Fuck. Fuck. Fuck. Fuck. Fuck. Fuck. Fuck. Fuck. Fuck. Fuck.
Fuck. Fuck. Fuck. Fuck. Fuck. Fuck. Fuck. Fuck. Fuck. Fuck. Fuck.
Fuck. Fuck. Fuck. Fuck. Fuck. Fuck. Fuck. Fuck. Fuck. Fuck. Fuck.
Fuck. Fuck. Fuck. Fuck. Fuck. Fuck. Fuck. Fuck. Fuck. Fuck. Fuck.
Fuck. Fuck. Fuck. Fuck. Fuck. Fuck. Fuck. Fuck. Fuck. Fuck. Fuck.
Fuck. Fuck. Fuck. Fuck. Fuck. Fuck. Fuck. Fuck. Fuck. Fuck. Fuck.
Fuck. Fuck. Fuck. Fuck. Fuck. Fuck. Fuck. Fuck. Fuck. Fuck. Fuck.
Fuck. Fuck. Fuck. Fuck. Fuck. Fuck. Fuck. Fuck. Fuck. Fuck. Fuck.
Fuck. Fuck. Fuck. Fuck. Fuck. Fuck. Fuck. Fuck. Fuck. Fuck. Fuck.
Fuck. Fuck. Fuck. Fuck. Fuck. Fuck. Fuck. Fuck. Fuck. Fuck. Fuck.
Fuck. Fuck. Fuck. Fuck. Fuck. Fuck. Fuck. Fuck. Fuck. Fuck. Fuck.
Fuck. Fuck. Fuck. Fuck. Fuck. Fuck. Fuck. Fuck. Fuck. Fuck. Fuck.
Fuck. Fuck. Fuck. Fuck. Fuck. Fuck. Fuck. Fuck. Fuck. Fuck. Fuck.
Fuck. Fuck. Fuck. Fuck. Fuck. Fuck. Fuck. Fuck. Fuck. Fuck. Fuck.
Fuck. Fuck. Fuck. Fuck. Fuck. Fuck. Fuck. Fuck. Fuck. Fuck. Fuck.
Fuck. Fuck. Fuck. Fuck. Fuck. Fuck. Fuck. Fuck. Fuck. Fuck. Fuck.
Fuck. Fuck. Fuck. Fuck. Fuck. Fuck. Fuck. Fuck. Fuck. Fuck. Fuck.
Fuck. Fuck. Fuck. Fuck. Fuck. Fuck. Fuck. Fuck. Fuck. Fuck. Fuck.
Fuck. Fuck. Fuck. Fuck. Fuck. Fuck. Fuck. Fuck. Fuck. Fuck. Fuck.
Fuck. Fuck. Fuck. Fuck. Fuck. Fuck. Fuck. Fuck. Fuck. Fuck. Fuck.

Fuck. Fuck. Fuck. Fuck. Fuck. Fuck. Fuck. Fuck. Fuck. Fuck. Fuck.
Fuck. Fuck. Fuck. Fuck. Fuck. Fuck. Fuck. Fuck. Fuck. Fuck. Fuck.
Fuck. Fuck. Fuck. Fuck. Fuck. Fuck. Fuck. Fuck. Fuck. Fuck. Fuck.
Fuck. Fuck. Fuck. Fuck. Fuck. Fuck. Fuck. Fuck. Fuck. Fuck. Fuck.
Fuck. Fuck. Fuck. Fuck. Fuck. Fuck. Fuck. Fuck. Fuck. Fuck. Fuck.
Fuck. Fuck. Fuck. Fuck. Fuck. Fuck. Fuck. Fuck. Fuck. Fuck. Fuck.
Fuck. Fuck. Fuck. Fuck. Fuck. Fuck. Fuck. Fuck. Fuck. Fuck. Fuck.
Fuck. Fuck. Fuck. Fuck. Fuck. Fuck. Fuck. Fuck. Fuck. Fuck. Fuck.
Fuck. Fuck. Fuck. Fuck. Fuck. Fuck. Fuck. Fuck. Fuck. Fuck. Fuck.
Fuck. Fuck. Fuck. Fuck. Fuck. Fuck. Fuck. Fuck. Fuck. Fuck. Fuck.
Fuck. Fuck. Fuck. Fuck. Fuck. Fuck. Fuck. Fuck. Fuck. Fuck. Fuck.
Fuck. Fuck. Fuck. Fuck. Fuck. Fuck. Fuck. Fuck. Fuck. Fuck. Fuck.
Fuck. Fuck. Fuck. Fuck. Fuck. Fuck. Fuck. Fuck. Fuck. Fuck. Fuck.
Fuck. Fuck. Fuck. Fuck. Fuck. Fuck. Fuck. Fuck. Fuck. Fuck. Fuck.
Fuck. Fuck. Fuck. Fuck. Fuck. Fuck. Fuck. Fuck. Fuck. Fuck. Fuck.
Fuck. Fuck. Fuck. Fuck. Fuck. Fuck. Fuck. Fuck. Fuck. Fuck. Fuck.
Fuck. Fuck. Fuck. Fuck. Fuck. Fuck. Fuck. Fuck. Fuck. Fuck. Fuck.
Fuck. Fuck. Fuck. Fuck. Fuck. Fuck. Fuck. Fuck. Fuck. Fuck. Fuck.
Fuck. Fuck. Fuck. Fuck. Fuck. Fuck. Fuck. Fuck. Fuck. Fuck. Fuck.
Fuck. Fuck. Fuck. Fuck. Fuck. Fuck. Fuck. Fuck. Fuck. Fuck. Fuck.
Fuck. Fuck. Fuck. Fuck. Fuck. Fuck. Fuck. Fuck. Fuck. Fuck. Fuck.
Fuck. Fuck. Fuck. Fuck. Fuck. Fuck. Fuck. Fuck. Fuck. Fuck. Fuck.
Fuck. Fuck. Fuck. Fuck. Fuck. Fuck. Fuck. Fuck. Fuck. Fuck. Fuck.
Fuck. Fuck. Fuck. Fuck. Fuck. Fuck. Fuck. Fuck. Fuck. Fuck. Fuck.
Fuck. Fuck. Fuck. Fuck. Fuck. Fuck. Fuck. Fuck. Fuck. Fuck. Fuck.
Fuck. Fuck. Fuck. Fuck. Fuck. Fuck. Fuck. Fuck. Fuck. Fuck. Fuck.
Fuck. Fuck. Fuck. Fuck. Fuck. Fuck. Fuck. Fuck. Fuck. Fuck. Fuck.
Fuck. Fuck. Fuck. Fuck. Fuck. Fuck. Fuck. Fuck. Fuck. Fuck. Fuck.
Fuck. Fuck. Fuck. Fuck. Fuck. Fuck. Fuck. Fuck. Fuck. Fuck. Fuck.
Fuck. Fuck. Fuck. Fuck. Fuck. Fuck. Fuck. Fuck. Fuck. Fuck. Fuck.
Fuck. Fuck. Fuck. Fuck. Fuck. Fuck. Fuck. Fuck. Fuck. Fuck. Fuck.
Fuck. Fuck. Fuck. Fuck. Fuck. Fuck. Fuck. Fuck. Fuck. Fuck. Fuck.
Fuck. Fuck. Fuck. Fuck. Fuck. Fuck. Fuck. Fuck. Fuck. Fuck. Fuck.
Fuck. Fuck. Fuck. Fuck. Fuck. Fuck. Fuck. Fuck. Fuck. Fuck. Fuck.
Fuck. Fuck. Fuck. Fuck. Fuck. Fuck. Fuck. Fuck. Fuck. Fuck. Fuck.
Fuck. Fuck. Fuck. Fuck. Fuck. Fuck. Fuck. Fuck. Fuck. Fuck. Fuck.

Fuck. Fuck. Fuck. Fuck. Fuck. Fuck. Fuck. Fuck. Fuck. Fuck. Fuck.
Fuck. Fuck. Fuck. Fuck. Fuck. Fuck. Fuck. Fuck. Fuck. Fuck. Fuck.
Fuck. Fuck. Fuck. Fuck. Fuck. Fuck. Fuck. Fuck. Fuck. Fuck. Fuck.
Fuck. Fuck. Fuck. Fuck. Fuck. Fuck. Fuck. Fuck. Fuck. Fuck. Fuck.
Fuck. Fuck. Fuck. Fuck. Fuck. Fuck. Fuck. Fuck. Fuck. Fuck. Fuck.
Fuck. Fuck. Fuck. Fuck. Fuck. Fuck. Fuck. Fuck. Fuck. Fuck. Fuck.
Fuck. Fuck. Fuck. Fuck. Fuck. Fuck. Fuck. Fuck. Fuck. Fuck. Fuck.
Fuck. Fuck. Fuck. Fuck. Fuck. Fuck. Fuck. Fuck. Fuck. Fuck. Fuck.
Fuck. Fuck. Fuck. Fuck. Fuck. Fuck. Fuck. Fuck. Fuck. Fuck. Fuck.
Fuck. Fuck. Fuck. Fuck. Fuck. Fuck. Fuck. Fuck. Fuck. Fuck. Fuck.
Fuck. Fuck. Fuck. Fuck. Fuck. Fuck. Fuck. Fuck. Fuck. Fuck. Fuck.
Fuck. Fuck. Fuck. Fuck. Fuck. Fuck. Fuck. Fuck. Fuck. Fuck. Fuck.
Fuck. Fuck. Fuck. Fuck. Fuck. Fuck. Fuck. Fuck. Fuck. Fuck. Fuck.
Fuck. Fuck. Fuck. Fuck. Fuck. Fuck. Fuck. Fuck. Fuck. Fuck. Fuck.
Fuck. Fuck. Fuck. Fuck. Fuck. Fuck. Fuck. Fuck. Fuck. Fuck. Fuck.
Fuck. Fuck. Fuck. Fuck. Fuck. Fuck. Fuck. Fuck. Fuck. Fuck. Fuck.
Fuck. Fuck. Fuck. Fuck. Fuck. Fuck. Fuck. Fuck. Fuck. Fuck. Fuck.
Fuck. Fuck. Fuck. Fuck. Fuck. Fuck. Fuck. Fuck. Fuck. Fuck. Fuck.
Fuck. Fuck. Fuck. Fuck. Fuck. Fuck. Fuck. Fuck. Fuck. Fuck. Fuck.
Fuck. Fuck. Fuck. Fuck. Fuck. Fuck. Fuck. Fuck. Fuck. Fuck. Fuck.
Fuck. Fuck. Fuck. Fuck. Fuck. Fuck. Fuck. Fuck. Fuck. Fuck. Fuck.
Fuck. Fuck. Fuck. Fuck. Fuck. Fuck. Fuck. Fuck. Fuck. Fuck. Fuck.
Fuck. Fuck. Fuck. Fuck. Fuck. Fuck. Fuck. Fuck. Fuck. Fuck. Fuck.
Fuck. Fuck. Fuck. Fuck. Fuck. Fuck. Fuck. Fuck. Fuck. Fuck. Fuck.
Fuck. Fuck. Fuck. Fuck. Fuck. Fuck. Fuck. Fuck. Fuck. Fuck. Fuck.
Fuck. Fuck. Fuck. Fuck. Fuck. Fuck. Fuck. Fuck. Fuck. Fuck. Fuck.
Fuck. Fuck. Fuck. Fuck. Fuck. Fuck. Fuck. Fuck. Fuck. Fuck. Fuck.
Fuck. Fuck. Fuck. Fuck. Fuck. Fuck. Fuck. Fuck. Fuck. Fuck. Fuck.
Fuck. Fuck. Fuck. Fuck. Fuck. Fuck. Fuck. Fuck. Fuck. Fuck. Fuck.
Fuck. Fuck. Fuck. Fuck. Fuck. Fuck. Fuck. Fuck. Fuck. Fuck. Fuck.
Fuck. Fuck. Fuck. Fuck. Fuck. Fuck. Fuck. Fuck. Fuck. Fuck. Fuck.
Fuck. Fuck. Fuck. Fuck. Fuck. Fuck. Fuck. Fuck. Fuck. Fuck. Fuck.
Fuck. Fuck. Fuck. Fuck. Fuck. Fuck. Fuck. Fuck. Fuck. Fuck. Fuck.
Fuck. Fuck. Fuck. Fuck. Fuck. Fuck. Fuck. Fuck. Fuck. Fuck. Fuck.
Fuck. Fuck. Fuck. Fuck. Fuck. Fuck. Fuck. Fuck. Fuck. Fuck. Fuck.
Fuck. Fuck. Fuck. Fuck. Fuck. Fuck. Fuck. Fuck. Fuck. Fuck. Fuck.
Fuck. Fuck. Fuck. Fuck. Fuck. Fuck. Fuck. Fuck. Fuck. Fuck. Fuck.

Fuck. Fuck. Fuck. Fuck. Fuck. Fuck. Fuck. Fuck. Fuck. Fuck. Fuck.
Fuck. Fuck. Fuck. Fuck. Fuck. Fuck. Fuck. Fuck. Fuck. Fuck. Fuck.
Fuck. Fuck. Fuck. Fuck. Fuck. Fuck. Fuck. Fuck. Fuck. Fuck. Fuck.
Fuck. Fuck. Fuck. Fuck. Fuck. Fuck. Fuck. Fuck. Fuck. Fuck. Fuck.
Fuck. Fuck. Fuck. Fuck. Fuck. Fuck. Fuck. Fuck. Fuck. Fuck. Fuck.
Fuck. Fuck. Fuck. Fuck. Fuck. Fuck. Fuck. Fuck. Fuck. Fuck. Fuck.
Fuck. Fuck. Fuck. Fuck. Fuck. Fuck. Fuck. Fuck. Fuck. Fuck. Fuck.
Fuck. Fuck. Fuck. Fuck. Fuck. Fuck. Fuck. Fuck. Fuck. Fuck. Fuck.
Fuck. Fuck. Fuck. Fuck. Fuck. Fuck. Fuck. Fuck. Fuck. Fuck. Fuck.
Fuck. Fuck. Fuck. Fuck. Fuck. Fuck. Fuck. Fuck. Fuck. Fuck. Fuck.
Fuck. Fuck. Fuck. Fuck. Fuck. Fuck. Fuck. Fuck. Fuck. Fuck. Fuck.
Fuck. Fuck. Fuck. Fuck. Fuck. Fuck. Fuck. Fuck. Fuck. Fuck. Fuck.
Fuck. Fuck. Fuck. Fuck. Fuck. Fuck. Fuck. Fuck. Fuck. Fuck. Fuck.
Fuck. Fuck. Fuck. Fuck. Fuck. Fuck. Fuck. Fuck. Fuck. Fuck. Fuck.
Fuck. Fuck. Fuck. Fuck. Fuck. Fuck. Fuck. Fuck. Fuck. Fuck. Fuck.
Fuck. Fuck. Fuck. Fuck. Fuck. Fuck. Fuck. Fuck. Fuck. Fuck. Fuck.
Fuck. Fuck. Fuck. Fuck. Fuck. Fuck. Fuck. Fuck. Fuck. Fuck. Fuck.
Fuck. Fuck. Fuck. Fuck. Fuck. Fuck. Fuck. Fuck. Fuck. Fuck. Fuck.
Fuck. Fuck. Fuck. Fuck. Fuck. Fuck. Fuck. Fuck. Fuck. Fuck. Fuck.
Fuck. Fuck. Fuck. Fuck. Fuck. Fuck. Fuck. Fuck. Fuck. Fuck. Fuck.
Fuck. Fuck. Fuck. Fuck. Fuck. Fuck. Fuck. Fuck. Fuck. Fuck. Fuck.
Fuck. Fuck. Fuck. Fuck. Fuck. Fuck. Fuck. Fuck. Fuck. Fuck. Fuck.
Fuck. Fuck. Fuck. Fuck. Fuck. Fuck. Fuck. Fuck. Fuck. Fuck. Fuck.
Fuck. Fuck. Fuck. Fuck. Fuck. Fuck. Fuck. Fuck. Fuck. Fuck. Fuck.
Fuck. Fuck. Fuck. Fuck. Fuck. Fuck. Fuck. Fuck. Fuck. Fuck. Fuck.
Fuck. Fuck. Fuck. Fuck. Fuck. Fuck. Fuck. Fuck. Fuck. Fuck. Fuck.
Fuck. Fuck. Fuck. Fuck. Fuck. Fuck. Fuck. Fuck. Fuck. Fuck. Fuck.
Fuck. Fuck. Fuck. Fuck. Fuck. Fuck. Fuck. Fuck. Fuck. Fuck. Fuck.
Fuck. Fuck. Fuck. Fuck. Fuck. Fuck. Fuck. Fuck. Fuck. Fuck. Fuck.
Fuck. Fuck. Fuck. Fuck. Fuck. Fuck. Fuck. Fuck. Fuck. Fuck. Fuck.
Fuck. Fuck. Fuck. Fuck. Fuck. Fuck. Fuck. Fuck. Fuck. Fuck. Fuck.
Fuck. Fuck. Fuck. Fuck. Fuck. Fuck. Fuck. Fuck. Fuck. Fuck. Fuck.
Fuck. Fuck. Fuck. Fuck. Fuck. Fuck. Fuck. Fuck. Fuck. Fuck. Fuck.
Fuck. Fuck. Fuck. Fuck. Fuck. Fuck. Fuck. Fuck. Fuck. Fuck. Fuck.
Fuck. Fuck. Fuck. Fuck. Fuck. Fuck. Fuck. Fuck. Fuck. Fuck. Fuck.

Fuck. Fuck. Fuck. Fuck. Fuck. Fuck. Fuck. Fuck. Fuck. Fuck. Fuck.
Fuck. Fuck. Fuck. Fuck. Fuck. Fuck. Fuck. Fuck. Fuck. Fuck. Fuck.
Fuck. Fuck. Fuck. Fuck. Fuck. Fuck. Fuck. Fuck. Fuck. Fuck. Fuck.
Fuck. Fuck. Fuck. Fuck. Fuck. Fuck. Fuck. Fuck. Fuck. Fuck. Fuck.
Fuck. Fuck. Fuck. Fuck. Fuck. Fuck. Fuck. Fuck. Fuck. Fuck. Fuck.
Fuck. Fuck. Fuck. Fuck. Fuck. Fuck. Fuck. Fuck. Fuck. Fuck. Fuck.
Fuck. Fuck. Fuck. Fuck. Fuck. Fuck. Fuck. Fuck. Fuck. Fuck. Fuck.
Fuck. Fuck. Fuck. Fuck. Fuck. Fuck. Fuck. Fuck. Fuck. Fuck. Fuck.
Fuck. Fuck. Fuck. Fuck. Fuck. Fuck. Fuck. Fuck. Fuck. Fuck. Fuck.
Fuck. Fuck. Fuck. Fuck. Fuck. Fuck. Fuck. Fuck. Fuck. Fuck. Fuck.
Fuck. Fuck. Fuck. Fuck. Fuck. Fuck. Fuck. Fuck. Fuck. Fuck. Fuck.
Fuck. Fuck. Fuck. Fuck. Fuck. Fuck. Fuck. Fuck. Fuck. Fuck. Fuck.
Fuck. Fuck. Fuck. Fuck. Fuck. Fuck. Fuck. Fuck. Fuck. Fuck. Fuck.
Fuck. Fuck. Fuck. Fuck. Fuck. Fuck. Fuck. Fuck. Fuck. Fuck. Fuck.
Fuck. Fuck. Fuck. Fuck. Fuck. Fuck. Fuck. Fuck. Fuck. Fuck. Fuck.
Fuck. Fuck. Fuck. Fuck. Fuck. Fuck. Fuck. Fuck. Fuck. Fuck. Fuck.
Fuck. Fuck. Fuck. Fuck. Fuck. Fuck. Fuck. Fuck. Fuck. Fuck. Fuck.
Fuck. Fuck. Fuck. Fuck. Fuck. Fuck. Fuck. Fuck. Fuck. Fuck. Fuck.
Fuck. Fuck. Fuck. Fuck. Fuck. Fuck. Fuck. Fuck. Fuck. Fuck. Fuck.
Fuck. Fuck. Fuck. Fuck. Fuck. Fuck. Fuck. Fuck. Fuck. Fuck. Fuck.
Fuck. Fuck. Fuck. Fuck. Fuck. Fuck. Fuck. Fuck. Fuck. Fuck. Fuck.
Fuck. Fuck. Fuck. Fuck. Fuck. Fuck. Fuck. Fuck. Fuck. Fuck. Fuck.
Fuck. Fuck. Fuck. Fuck. Fuck. Fuck. Fuck. Fuck. Fuck. Fuck. Fuck.
Fuck. Fuck. Fuck. Fuck. Fuck. Fuck. Fuck. Fuck. Fuck. Fuck. Fuck.
Fuck. Fuck. Fuck. Fuck. Fuck. Fuck. Fuck. Fuck. Fuck. Fuck. Fuck.
Fuck. Fuck. Fuck. Fuck. Fuck. Fuck. Fuck. Fuck. Fuck. Fuck. Fuck.
Fuck. Fuck. Fuck. Fuck. Fuck. Fuck. Fuck. Fuck. Fuck. Fuck. Fuck.
Fuck. Fuck. Fuck. Fuck. Fuck. Fuck. Fuck. Fuck. Fuck. Fuck. Fuck.
Fuck. Fuck. Fuck. Fuck. Fuck. Fuck. Fuck. Fuck. Fuck. Fuck. Fuck.
Fuck. Fuck. Fuck. Fuck. Fuck. Fuck. Fuck. Fuck. Fuck. Fuck. Fuck.
Fuck. Fuck. Fuck. Fuck. Fuck. Fuck. Fuck. Fuck. Fuck. Fuck. Fuck.
Fuck. Fuck. Fuck. Fuck. Fuck. Fuck. Fuck. Fuck. Fuck. Fuck. Fuck.
Fuck. Fuck. Fuck. Fuck. Fuck. Fuck. Fuck. Fuck. Fuck. Fuck. Fuck.
Fuck. Fuck. Fuck. Fuck. Fuck. Fuck. Fuck. Fuck. Fuck. Fuck. Fuck.
Fuck. Fuck. Fuck. Fuck. Fuck. Fuck. Fuck. Fuck. Fuck. Fuck. Fuck.

Fuck. Fuck. Fuck. Fuck. Fuck. Fuck. Fuck. Fuck. Fuck. Fuck. Fuck.
Fuck. Fuck. Fuck. Fuck. Fuck. Fuck. Fuck. Fuck. Fuck. Fuck. Fuck.
Fuck. Fuck. Fuck. Fuck. Fuck. Fuck. Fuck. Fuck. Fuck. Fuck. Fuck.
Fuck. Fuck. Fuck. Fuck. Fuck. Fuck. Fuck. Fuck. Fuck. Fuck. Fuck.
Fuck. Fuck. Fuck. Fuck. Fuck. Fuck. Fuck. Fuck. Fuck. Fuck. Fuck.
Fuck. Fuck. Fuck. Fuck. Fuck. Fuck. Fuck. Fuck. Fuck. Fuck. Fuck.
Fuck. Fuck. Fuck. Fuck. Fuck. Fuck. Fuck. Fuck. Fuck. Fuck. Fuck.
Fuck. Fuck. Fuck. Fuck. Fuck. Fuck. Fuck. Fuck. Fuck. Fuck. Fuck.
Fuck. Fuck. Fuck. Fuck. Fuck. Fuck. Fuck. Fuck. Fuck. Fuck. Fuck.
Fuck. Fuck. Fuck. Fuck. Fuck. Fuck. Fuck. Fuck. Fuck. Fuck. Fuck.
Fuck. Fuck. Fuck. Fuck. Fuck. Fuck. Fuck. Fuck. Fuck. Fuck. Fuck.
Fuck. Fuck. Fuck. Fuck. Fuck. Fuck. Fuck. Fuck. Fuck. Fuck. Fuck.
Fuck. Fuck. Fuck. Fuck. Fuck. Fuck. Fuck. Fuck. Fuck. Fuck. Fuck.
Fuck. Fuck. Fuck. Fuck. Fuck. Fuck. Fuck. Fuck. Fuck. Fuck. Fuck.
Fuck. Fuck. Fuck. Fuck. Fuck. Fuck. Fuck. Fuck. Fuck. Fuck. Fuck.
Fuck. Fuck. Fuck. Fuck. Fuck. Fuck. Fuck. Fuck. Fuck. Fuck. Fuck.
Fuck. Fuck. Fuck. Fuck. Fuck. Fuck. Fuck. Fuck. Fuck. Fuck. Fuck.
Fuck. Fuck. Fuck. Fuck. Fuck. Fuck. Fuck. Fuck. Fuck. Fuck. Fuck.
Fuck. Fuck. Fuck. Fuck. Fuck. Fuck. Fuck. Fuck. Fuck. Fuck. Fuck.
Fuck. Fuck. Fuck. Fuck. Fuck. Fuck. Fuck. Fuck. Fuck. Fuck. Fuck.
Fuck. Fuck. Fuck. Fuck. Fuck. Fuck. Fuck. Fuck. Fuck. Fuck. Fuck.
Fuck. Fuck. Fuck. Fuck. Fuck. Fuck. Fuck. Fuck. Fuck. Fuck. Fuck.
Fuck. Fuck. Fuck. Fuck. Fuck. Fuck. Fuck. Fuck. Fuck. Fuck. Fuck.
Fuck. Fuck. Fuck. Fuck. Fuck. Fuck. Fuck. Fuck. Fuck. Fuck. Fuck.
Fuck. Fuck. Fuck. Fuck. Fuck. Fuck. Fuck. Fuck. Fuck. Fuck. Fuck.
Fuck. Fuck. Fuck. Fuck. Fuck. Fuck. Fuck. Fuck. Fuck. Fuck. Fuck.
Fuck. Fuck. Fuck. Fuck. Fuck. Fuck. Fuck. Fuck. Fuck. Fuck. Fuck.
Fuck. Fuck. Fuck. Fuck. Fuck. Fuck. Fuck. Fuck. Fuck. Fuck. Fuck.
Fuck. Fuck. Fuck. Fuck. Fuck. Fuck. Fuck. Fuck. Fuck. Fuck. Fuck.
Fuck. Fuck. Fuck. Fuck. Fuck. Fuck. Fuck. Fuck. Fuck. Fuck. Fuck.
Fuck. Fuck. Fuck. Fuck. Fuck. Fuck. Fuck. Fuck. Fuck. Fuck. Fuck.
Fuck. Fuck. Fuck. Fuck. Fuck. Fuck. Fuck. Fuck. Fuck. Fuck. Fuck.
Fuck. Fuck. Fuck. Fuck. Fuck. Fuck. Fuck. Fuck. Fuck. Fuck. Fuck.
Fuck. Fuck. Fuck. Fuck. Fuck. Fuck. Fuck. Fuck. Fuck. Fuck. Fuck.
Fuck. Fuck. Fuck. Fuck. Fuck. Fuck. Fuck. Fuck. Fuck. Fuck. Fuck.
Fuck. Fuck. Fuck. Fuck. Fuck. Fuck. Fuck. Fuck. Fuck. Fuck. Fuck.

Fuck. Fuck. Fuck. Fuck. Fuck. Fuck. Fuck. Fuck. Fuck. Fuck. Fuck.
Fuck. Fuck. Fuck. Fuck. Fuck. Fuck. Fuck. Fuck. Fuck. Fuck. Fuck.
Fuck. Fuck. Fuck. Fuck. Fuck. Fuck. Fuck. Fuck. Fuck. Fuck. Fuck.
Fuck. Fuck. Fuck. Fuck. Fuck. Fuck. Fuck. Fuck. Fuck. Fuck. Fuck.
Fuck. Fuck. Fuck. Fuck. Fuck. Fuck. Fuck. Fuck. Fuck. Fuck. Fuck.
Fuck. Fuck. Fuck. Fuck. Fuck. Fuck. Fuck. Fuck. Fuck. Fuck. Fuck.
Fuck. Fuck. Fuck. Fuck. Fuck. Fuck. Fuck. Fuck. Fuck. Fuck. Fuck.
Fuck. Fuck. Fuck. Fuck. Fuck. Fuck. Fuck. Fuck. Fuck. Fuck. Fuck.
Fuck. Fuck. Fuck. Fuck. Fuck. Fuck. Fuck. Fuck. Fuck. Fuck. Fuck.
Fuck. Fuck. Fuck. Fuck. Fuck. Fuck. Fuck. Fuck. Fuck. Fuck. Fuck.
Fuck. Fuck. Fuck. Fuck. Fuck. Fuck. Fuck. Fuck. Fuck. Fuck. Fuck.
Fuck. Fuck. Fuck. Fuck. Fuck. Fuck. Fuck. Fuck. Fuck. Fuck. Fuck.
Fuck. Fuck. Fuck. Fuck. Fuck. Fuck. Fuck. Fuck. Fuck. Fuck. Fuck.
Fuck. Fuck. Fuck. Fuck. Fuck. Fuck. Fuck. Fuck. Fuck. Fuck. Fuck.
Fuck. Fuck. Fuck. Fuck. Fuck. Fuck. Fuck. Fuck. Fuck. Fuck. Fuck.
Fuck. Fuck. Fuck. Fuck. Fuck. Fuck. Fuck. Fuck. Fuck. Fuck. Fuck.
Fuck. Fuck. Fuck. Fuck. Fuck. Fuck. Fuck. Fuck. Fuck. Fuck. Fuck.
Fuck. Fuck. Fuck. Fuck. Fuck. Fuck. Fuck. Fuck. Fuck. Fuck. Fuck.
Fuck. Fuck. Fuck. Fuck. Fuck. Fuck. Fuck. Fuck. Fuck. Fuck. Fuck.
Fuck. Fuck. Fuck. Fuck. Fuck. Fuck. Fuck. Fuck. Fuck. Fuck. Fuck.
Fuck. Fuck. Fuck. Fuck. Fuck. Fuck. Fuck. Fuck. Fuck. Fuck. Fuck.
Fuck. Fuck. Fuck. Fuck. Fuck. Fuck. Fuck. Fuck. Fuck. Fuck. Fuck.
Fuck. Fuck. Fuck. Fuck. Fuck. Fuck. Fuck. Fuck. Fuck. Fuck. Fuck.
Fuck. Fuck. Fuck. Fuck. Fuck. Fuck. Fuck. Fuck. Fuck. Fuck. Fuck.
Fuck. Fuck. Fuck. Fuck. Fuck. Fuck. Fuck. Fuck. Fuck. Fuck. Fuck.
Fuck. Fuck. Fuck. Fuck. Fuck. Fuck. Fuck. Fuck. Fuck. Fuck. Fuck.
Fuck. Fuck. Fuck. Fuck. Fuck. Fuck. Fuck. Fuck. Fuck. Fuck. Fuck.
Fuck. Fuck. Fuck. Fuck. Fuck. Fuck. Fuck. Fuck. Fuck. Fuck. Fuck.
Fuck. Fuck. Fuck. Fuck. Fuck. Fuck. Fuck. Fuck. Fuck. Fuck. Fuck.
Fuck. Fuck. Fuck. Fuck. Fuck. Fuck. Fuck. Fuck. Fuck. Fuck. Fuck.
Fuck. Fuck. Fuck. Fuck. Fuck. Fuck. Fuck. Fuck. Fuck. Fuck. Fuck.
Fuck. Fuck. Fuck. Fuck. Fuck. Fuck. Fuck. Fuck. Fuck. Fuck. Fuck.
Fuck. Fuck. Fuck. Fuck. Fuck. Fuck. Fuck. Fuck. Fuck. Fuck. Fuck.
Fuck. Fuck. Fuck. Fuck. Fuck. Fuck. Fuck. Fuck. Fuck. Fuck. Fuck.
Fuck. Fuck. Fuck. Fuck. Fuck. Fuck. Fuck. Fuck. Fuck. Fuck. Fuck.
Fuck. Fuck. Fuck. Fuck. Fuck. Fuck. Fuck. Fuck. Fuck. Fuck. Fuck.

Fuck. Fuck. Fuck. Fuck. Fuck. Fuck. Fuck. Fuck. Fuck. Fuck. Fuck.
Fuck. Fuck. Fuck. Fuck. Fuck. Fuck. Fuck. Fuck. Fuck. Fuck. Fuck.
Fuck. Fuck. Fuck. Fuck. Fuck. Fuck. Fuck. Fuck. Fuck. Fuck. Fuck.
Fuck. Fuck. Fuck. Fuck. Fuck. Fuck. Fuck. Fuck. Fuck. Fuck. Fuck.
Fuck. Fuck. Fuck. Fuck. Fuck. Fuck. Fuck. Fuck. Fuck. Fuck. Fuck.
Fuck. Fuck. Fuck. Fuck. Fuck. Fuck. Fuck. Fuck. Fuck. Fuck. Fuck.
Fuck. Fuck. Fuck. Fuck. Fuck. Fuck. Fuck. Fuck. Fuck. Fuck. Fuck.
Fuck. Fuck. Fuck. Fuck. Fuck. Fuck. Fuck. Fuck. Fuck. Fuck. Fuck.
Fuck. Fuck. Fuck. Fuck. Fuck. Fuck. Fuck. Fuck. Fuck. Fuck. Fuck.
Fuck. Fuck. Fuck. Fuck. Fuck. Fuck. Fuck. Fuck. Fuck. Fuck. Fuck.
Fuck. Fuck. Fuck. Fuck. Fuck. Fuck. Fuck. Fuck. Fuck. Fuck. Fuck.
Fuck. Fuck. Fuck. Fuck. Fuck. Fuck. Fuck. Fuck. Fuck. Fuck. Fuck.
Fuck. Fuck. Fuck. Fuck. Fuck. Fuck. Fuck. Fuck. Fuck. Fuck. Fuck.
Fuck. Fuck. Fuck. Fuck. Fuck. Fuck. Fuck. Fuck. Fuck. Fuck. Fuck.
Fuck. Fuck. Fuck. Fuck. Fuck. Fuck. Fuck. Fuck. Fuck. Fuck. Fuck.
Fuck. Fuck. Fuck. Fuck. Fuck. Fuck. Fuck. Fuck. Fuck. Fuck. Fuck.
Fuck. Fuck. Fuck. Fuck. Fuck. Fuck. Fuck. Fuck. Fuck. Fuck. Fuck.
Fuck. Fuck. Fuck. Fuck. Fuck. Fuck. Fuck. Fuck. Fuck. Fuck. Fuck.
Fuck. Fuck. Fuck. Fuck. Fuck. Fuck. Fuck. Fuck. Fuck. Fuck. Fuck.
Fuck. Fuck. Fuck. Fuck. Fuck. Fuck. Fuck. Fuck. Fuck. Fuck. Fuck.
Fuck. Fuck. Fuck. Fuck. Fuck. Fuck. Fuck. Fuck. Fuck. Fuck. Fuck.
Fuck. Fuck. Fuck. Fuck. Fuck. Fuck. Fuck. Fuck. Fuck. Fuck. Fuck.
Fuck. Fuck. Fuck. Fuck. Fuck. Fuck. Fuck. Fuck. Fuck. Fuck. Fuck.
Fuck. Fuck. Fuck. Fuck. Fuck. Fuck. Fuck. Fuck. Fuck. Fuck. Fuck.
Fuck. Fuck. Fuck. Fuck. Fuck. Fuck. Fuck. Fuck. Fuck. Fuck. Fuck.
Fuck. Fuck. Fuck. Fuck. Fuck. Fuck. Fuck. Fuck. Fuck. Fuck. Fuck.
Fuck. Fuck. Fuck. Fuck. Fuck. Fuck. Fuck. Fuck. Fuck. Fuck. Fuck.
Fuck. Fuck. Fuck. Fuck. Fuck. Fuck. Fuck. Fuck. Fuck. Fuck. Fuck.
Fuck. Fuck. Fuck. Fuck. Fuck. Fuck. Fuck. Fuck. Fuck. Fuck. Fuck.
Fuck. Fuck. Fuck. Fuck. Fuck. Fuck. Fuck. Fuck. Fuck. Fuck. Fuck.
Fuck. Fuck. Fuck. Fuck. Fuck. Fuck. Fuck. Fuck. Fuck. Fuck. Fuck.
Fuck. Fuck. Fuck. Fuck. Fuck. Fuck. Fuck. Fuck. Fuck. Fuck. Fuck.
Fuck. Fuck. Fuck. Fuck. Fuck. Fuck. Fuck. Fuck. Fuck. Fuck. Fuck.
Fuck. Fuck. Fuck. Fuck. Fuck. Fuck. Fuck. Fuck. Fuck. Fuck. Fuck.

Fuck. Fuck. Fuck. Fuck. Fuck. Fuck. Fuck. Fuck. Fuck. Fuck. Fuck.
Fuck. Fuck. Fuck. Fuck. Fuck. Fuck. Fuck. Fuck. Fuck. Fuck. Fuck.
Fuck. Fuck. Fuck. Fuck. Fuck. Fuck. Fuck. Fuck. Fuck. Fuck. Fuck.
Fuck. Fuck. Fuck. Fuck. Fuck. Fuck. Fuck. Fuck. Fuck. Fuck. Fuck.
Fuck. Fuck. Fuck. Fuck. Fuck. Fuck. Fuck. Fuck. Fuck. Fuck. Fuck.
Fuck. Fuck. Fuck. Fuck. Fuck. Fuck. Fuck. Fuck. Fuck. Fuck. Fuck.
Fuck. Fuck. Fuck. Fuck. Fuck. Fuck. Fuck. Fuck. Fuck. Fuck. Fuck.
Fuck. Fuck. Fuck. Fuck. Fuck. Fuck. Fuck. Fuck. Fuck. Fuck. Fuck.
Fuck. Fuck. Fuck. Fuck. Fuck. Fuck. Fuck. Fuck. Fuck. Fuck. Fuck.
Fuck. Fuck. Fuck. Fuck. Fuck. Fuck. Fuck. Fuck. Fuck. Fuck. Fuck.
Fuck. Fuck. Fuck. Fuck. Fuck. Fuck. Fuck. Fuck. Fuck. Fuck. Fuck.
Fuck. Fuck. Fuck. Fuck. Fuck. Fuck. Fuck. Fuck. Fuck. Fuck. Fuck.
Fuck. Fuck. Fuck. Fuck. Fuck. Fuck. Fuck. Fuck. Fuck. Fuck. Fuck.
Fuck. Fuck. Fuck. Fuck. Fuck. Fuck. Fuck. Fuck. Fuck. Fuck. Fuck.
Fuck. Fuck. Fuck. Fuck. Fuck. Fuck. Fuck. Fuck. Fuck. Fuck. Fuck.
Fuck. Fuck. Fuck. Fuck. Fuck. Fuck. Fuck. Fuck. Fuck. Fuck. Fuck.
Fuck. Fuck. Fuck. Fuck. Fuck. Fuck. Fuck. Fuck. Fuck. Fuck. Fuck.
Fuck. Fuck. Fuck. Fuck. Fuck. Fuck. Fuck. Fuck. Fuck. Fuck. Fuck.
Fuck. Fuck. Fuck. Fuck. Fuck. Fuck. Fuck. Fuck. Fuck. Fuck. Fuck.
Fuck. Fuck. Fuck. Fuck. Fuck. Fuck. Fuck. Fuck. Fuck. Fuck. Fuck.
Fuck. Fuck. Fuck. Fuck. Fuck. Fuck. Fuck. Fuck. Fuck. Fuck. Fuck.
Fuck. Fuck. Fuck. Fuck. Fuck. Fuck. Fuck. Fuck. Fuck. Fuck. Fuck.
Fuck. Fuck. Fuck. Fuck. Fuck. Fuck. Fuck. Fuck. Fuck. Fuck. Fuck.
Fuck. Fuck. Fuck. Fuck. Fuck. Fuck. Fuck. Fuck. Fuck. Fuck. Fuck.
Fuck. Fuck. Fuck. Fuck. Fuck. Fuck. Fuck. Fuck. Fuck. Fuck. Fuck.
Fuck. Fuck. Fuck. Fuck. Fuck. Fuck. Fuck. Fuck. Fuck. Fuck. Fuck.
Fuck. Fuck. Fuck. Fuck. Fuck. Fuck. Fuck. Fuck. Fuck. Fuck. Fuck.
Fuck. Fuck. Fuck. Fuck. Fuck. Fuck. Fuck. Fuck. Fuck. Fuck. Fuck.
Fuck. Fuck. Fuck. Fuck. Fuck. Fuck. Fuck. Fuck. Fuck. Fuck. Fuck.
Fuck. Fuck. Fuck. Fuck. Fuck. Fuck. Fuck. Fuck. Fuck. Fuck. Fuck.
Fuck. Fuck. Fuck. Fuck. Fuck. Fuck. Fuck. Fuck. Fuck. Fuck. Fuck.
Fuck. Fuck. Fuck. Fuck. Fuck. Fuck. Fuck. Fuck. Fuck. Fuck. Fuck.
Fuck. Fuck. Fuck. Fuck. Fuck. Fuck. Fuck. Fuck. Fuck. Fuck. Fuck.
Fuck. Fuck. Fuck. Fuck. Fuck. Fuck. Fuck. Fuck. Fuck. Fuck. Fuck.
Fuck. Fuck. Fuck. Fuck. Fuck. Fuck. Fuck. Fuck. Fuck. Fuck. Fuck.
Fuck. Fuck. Fuck. Fuck. Fuck. Fuck. Fuck. Fuck. Fuck. Fuck. Fuck.
Fuck. Fuck. Fuck. Fuck. Fuck. Fuck. Fuck. Fuck. Fuck. Fuck. Fuck.

Fuck. Fuck. Fuck. Fuck. Fuck. Fuck. Fuck. Fuck. Fuck. Fuck. Fuck.
Fuck. Fuck. Fuck. Fuck. Fuck. Fuck. Fuck. Fuck. Fuck. Fuck. Fuck.
Fuck. Fuck. Fuck. Fuck. Fuck. Fuck. Fuck. Fuck. Fuck. Fuck. Fuck.
Fuck. Fuck. Fuck. Fuck. Fuck. Fuck. Fuck. Fuck. Fuck. Fuck. Fuck.
Fuck. Fuck. Fuck. Fuck. Fuck. Fuck. Fuck. Fuck. Fuck. Fuck. Fuck.
Fuck. Fuck. Fuck. Fuck. Fuck. Fuck. Fuck. Fuck. Fuck. Fuck. Fuck.
Fuck. Fuck. Fuck. Fuck. Fuck. Fuck. Fuck. Fuck. Fuck. Fuck. Fuck.
Fuck. Fuck. Fuck. Fuck. Fuck. Fuck. Fuck. Fuck. Fuck. Fuck. Fuck.
Fuck. Fuck. Fuck. Fuck. Fuck. Fuck. Fuck. Fuck. Fuck. Fuck. Fuck.
Fuck. Fuck. Fuck. Fuck. Fuck. Fuck. Fuck. Fuck. Fuck. Fuck. Fuck.
Fuck. Fuck. Fuck. Fuck. Fuck. Fuck. Fuck. Fuck. Fuck. Fuck. Fuck.
Fuck. Fuck. Fuck. Fuck. Fuck. Fuck. Fuck. Fuck. Fuck. Fuck. Fuck.
Fuck. Fuck. Fuck. Fuck. Fuck. Fuck. Fuck. Fuck. Fuck. Fuck. Fuck.
Fuck. Fuck. Fuck. Fuck. Fuck. Fuck. Fuck. Fuck. Fuck. Fuck. Fuck.
Fuck. Fuck. Fuck. Fuck. Fuck. Fuck. Fuck. Fuck. Fuck. Fuck. Fuck.
Fuck. Fuck. Fuck. Fuck. Fuck. Fuck. Fuck. Fuck. Fuck. Fuck. Fuck.
Fuck. Fuck. Fuck. Fuck. Fuck. Fuck. Fuck. Fuck. Fuck. Fuck. Fuck.
Fuck. Fuck. Fuck. Fuck. Fuck. Fuck. Fuck. Fuck. Fuck. Fuck. Fuck.
Fuck. Fuck. Fuck. Fuck. Fuck. Fuck. Fuck. Fuck. Fuck. Fuck. Fuck.
Fuck. Fuck. Fuck. Fuck. Fuck. Fuck. Fuck. Fuck. Fuck. Fuck. Fuck.
Fuck. Fuck. Fuck. Fuck. Fuck. Fuck. Fuck. Fuck. Fuck. Fuck. Fuck.
Fuck. Fuck. Fuck. Fuck. Fuck. Fuck. Fuck. Fuck. Fuck. Fuck. Fuck.
Fuck. Fuck. Fuck. Fuck. Fuck. Fuck. Fuck. Fuck. Fuck. Fuck. Fuck.
Fuck. Fuck. Fuck. Fuck. Fuck. Fuck. Fuck. Fuck. Fuck. Fuck. Fuck.
Fuck. Fuck. Fuck. Fuck. Fuck. Fuck. Fuck. Fuck. Fuck. Fuck. Fuck.
Fuck. Fuck. Fuck. Fuck. Fuck. Fuck. Fuck. Fuck. Fuck. Fuck. Fuck.
Fuck. Fuck. Fuck. Fuck. Fuck. Fuck. Fuck. Fuck. Fuck. Fuck. Fuck.
Fuck. Fuck. Fuck. Fuck. Fuck. Fuck. Fuck. Fuck. Fuck. Fuck. Fuck.
Fuck. Fuck. Fuck. Fuck. Fuck. Fuck. Fuck. Fuck. Fuck. Fuck. Fuck.
Fuck. Fuck. Fuck. Fuck. Fuck. Fuck. Fuck. Fuck. Fuck. Fuck. Fuck.
Fuck. Fuck. Fuck. Fuck. Fuck. Fuck. Fuck. Fuck. Fuck. Fuck. Fuck.
Fuck. Fuck. Fuck. Fuck. Fuck. Fuck. Fuck. Fuck. Fuck. Fuck. Fuck.
Fuck. Fuck. Fuck. Fuck. Fuck. Fuck. Fuck. Fuck. Fuck. Fuck. Fuck.
Fuck. Fuck. Fuck. Fuck. Fuck. Fuck. Fuck. Fuck. Fuck. Fuck. Fuck.
Fuck. Fuck. Fuck. Fuck. Fuck. Fuck. Fuck. Fuck. Fuck. Fuck. Fuck.

Fuck. Fuck. Fuck. Fuck. Fuck. Fuck. Fuck. Fuck. Fuck. Fuck. Fuck.
Fuck. Fuck. Fuck. Fuck. Fuck. Fuck. Fuck. Fuck. Fuck. Fuck. Fuck.
Fuck. Fuck. Fuck. Fuck. Fuck. Fuck. Fuck. Fuck. Fuck. Fuck. Fuck.
Fuck. Fuck. Fuck. Fuck. Fuck. Fuck. Fuck. Fuck. Fuck. Fuck. Fuck.
Fuck. Fuck. Fuck. Fuck. Fuck. Fuck. Fuck. Fuck. Fuck. Fuck. Fuck.
Fuck. Fuck. Fuck. Fuck. Fuck. Fuck. Fuck. Fuck. Fuck. Fuck. Fuck.
Fuck. Fuck. Fuck. Fuck. Fuck. Fuck. Fuck. Fuck. Fuck. Fuck. Fuck.
Fuck. Fuck. Fuck. Fuck. Fuck. Fuck. Fuck. Fuck. Fuck. Fuck. Fuck.
Fuck. Fuck. Fuck. Fuck. Fuck. Fuck. Fuck. Fuck. Fuck. Fuck. Fuck.
Fuck. Fuck. Fuck. Fuck. Fuck. Fuck. Fuck. Fuck. Fuck. Fuck. Fuck.
Fuck. Fuck. Fuck. Fuck. Fuck. Fuck. Fuck. Fuck. Fuck. Fuck. Fuck.
Fuck. Fuck. Fuck. Fuck. Fuck. Fuck. Fuck. Fuck. Fuck. Fuck. Fuck.
Fuck. Fuck. Fuck. Fuck. Fuck. Fuck. Fuck. Fuck. Fuck. Fuck. Fuck.
Fuck. Fuck. Fuck. Fuck. Fuck. Fuck. Fuck. Fuck. Fuck. Fuck. Fuck.
Fuck. Fuck. Fuck. Fuck. Fuck. Fuck. Fuck. Fuck. Fuck. Fuck. Fuck.
Fuck. Fuck. Fuck. Fuck. Fuck. Fuck. Fuck. Fuck. Fuck. Fuck. Fuck.
Fuck. Fuck. Fuck. Fuck. Fuck. Fuck. Fuck. Fuck. Fuck. Fuck. Fuck.
Fuck. Fuck. Fuck. Fuck. Fuck. Fuck. Fuck. Fuck. Fuck. Fuck. Fuck.
Fuck. Fuck. Fuck. Fuck. Fuck. Fuck. Fuck. Fuck. Fuck. Fuck. Fuck.
Fuck. Fuck. Fuck. Fuck. Fuck. Fuck. Fuck. Fuck. Fuck. Fuck. Fuck.
Fuck. Fuck. Fuck. Fuck. Fuck. Fuck. Fuck. Fuck. Fuck. Fuck. Fuck.
Fuck. Fuck. Fuck. Fuck. Fuck. Fuck. Fuck. Fuck. Fuck. Fuck. Fuck.
Fuck. Fuck. Fuck. Fuck. Fuck. Fuck. Fuck. Fuck. Fuck. Fuck. Fuck.
Fuck. Fuck. Fuck. Fuck. Fuck. Fuck. Fuck. Fuck. Fuck. Fuck. Fuck.
Fuck. Fuck. Fuck. Fuck. Fuck. Fuck. Fuck. Fuck. Fuck. Fuck. Fuck.
Fuck. Fuck. Fuck. Fuck. Fuck. Fuck. Fuck. Fuck. Fuck. Fuck. Fuck.
Fuck. Fuck. Fuck. Fuck. Fuck. Fuck. Fuck. Fuck. Fuck. Fuck. Fuck.
Fuck. Fuck. Fuck. Fuck. Fuck. Fuck. Fuck. Fuck. Fuck. Fuck. Fuck.
Fuck. Fuck. Fuck. Fuck. Fuck. Fuck. Fuck. Fuck. Fuck. Fuck. Fuck.
Fuck. Fuck. Fuck. Fuck. Fuck. Fuck. Fuck. Fuck. Fuck. Fuck. Fuck.
Fuck. Fuck. Fuck. Fuck. Fuck. Fuck. Fuck. Fuck. Fuck. Fuck. Fuck.
Fuck. Fuck. Fuck. Fuck. Fuck. Fuck. Fuck. Fuck. Fuck. Fuck. Fuck.
Fuck. Fuck. Fuck. Fuck. Fuck. Fuck. Fuck. Fuck. Fuck. Fuck. Fuck.
Fuck. Fuck. Fuck. Fuck. Fuck. Fuck. Fuck. Fuck. Fuck. Fuck. Fuck.
Fuck. Fuck. Fuck. Fuck. Fuck. Fuck. Fuck. Fuck. Fuck. Fuck. Fuck.
Fuck. Fuck. Fuck. Fuck. Fuck. Fuck. Fuck. Fuck. Fuck. Fuck. Fuck.

Fuck. Fuck. Fuck. Fuck. Fuck. Fuck. Fuck. Fuck. Fuck. Fuck. Fuck.
Fuck. Fuck. Fuck. Fuck. Fuck. Fuck. Fuck. Fuck. Fuck. Fuck. Fuck.
Fuck. Fuck. Fuck. Fuck. Fuck. Fuck. Fuck. Fuck. Fuck. Fuck. Fuck.
Fuck. Fuck. Fuck. Fuck. Fuck. Fuck. Fuck. Fuck. Fuck. Fuck. Fuck.
Fuck. Fuck. Fuck. Fuck. Fuck. Fuck. Fuck. Fuck. Fuck. Fuck. Fuck.
Fuck. Fuck. Fuck. Fuck. Fuck. Fuck. Fuck. Fuck. Fuck. Fuck. Fuck.
Fuck. Fuck. Fuck. Fuck. Fuck. Fuck. Fuck. Fuck. Fuck. Fuck. Fuck.
Fuck. Fuck. Fuck. Fuck. Fuck. Fuck. Fuck. Fuck. Fuck. Fuck. Fuck.
Fuck. Fuck. Fuck. Fuck. Fuck. Fuck. Fuck. Fuck. Fuck. Fuck. Fuck.
Fuck. Fuck. Fuck. Fuck. Fuck. Fuck. Fuck. Fuck. Fuck. Fuck. Fuck.
Fuck. Fuck. Fuck. Fuck. Fuck. Fuck. Fuck. Fuck. Fuck. Fuck. Fuck.
Fuck. Fuck. Fuck. Fuck. Fuck. Fuck. Fuck. Fuck. Fuck. Fuck. Fuck.
Fuck. Fuck. Fuck. Fuck. Fuck. Fuck. Fuck. Fuck. Fuck. Fuck. Fuck.
Fuck. Fuck. Fuck. Fuck. Fuck. Fuck. Fuck. Fuck. Fuck. Fuck. Fuck.
Fuck. Fuck. Fuck. Fuck. Fuck. Fuck. Fuck. Fuck. Fuck. Fuck. Fuck.
Fuck. Fuck. Fuck. Fuck. Fuck. Fuck. Fuck. Fuck. Fuck. Fuck. Fuck.
Fuck. Fuck. Fuck. Fuck. Fuck. Fuck. Fuck. Fuck. Fuck. Fuck. Fuck.
Fuck. Fuck. Fuck. Fuck. Fuck. Fuck. Fuck. Fuck. Fuck. Fuck. Fuck.
Fuck. Fuck. Fuck. Fuck. Fuck. Fuck. Fuck. Fuck. Fuck. Fuck. Fuck.
Fuck. Fuck. Fuck. Fuck. Fuck. Fuck. Fuck. Fuck. Fuck. Fuck. Fuck.
Fuck. Fuck. Fuck. Fuck. Fuck. Fuck. Fuck. Fuck. Fuck. Fuck. Fuck.
Fuck. Fuck. Fuck. Fuck. Fuck. Fuck. Fuck. Fuck. Fuck. Fuck. Fuck.
Fuck. Fuck. Fuck. Fuck. Fuck. Fuck. Fuck. Fuck. Fuck. Fuck. Fuck.
Fuck. Fuck. Fuck. Fuck. Fuck. Fuck. Fuck. Fuck. Fuck. Fuck. Fuck.
Fuck. Fuck. Fuck. Fuck. Fuck. Fuck. Fuck. Fuck. Fuck. Fuck. Fuck.
Fuck. Fuck. Fuck. Fuck. Fuck. Fuck. Fuck. Fuck. Fuck. Fuck. Fuck.
Fuck. Fuck. Fuck. Fuck. Fuck. Fuck. Fuck. Fuck. Fuck. Fuck. Fuck.
Fuck. Fuck. Fuck. Fuck. Fuck. Fuck. Fuck. Fuck. Fuck. Fuck. Fuck.
Fuck. Fuck. Fuck. Fuck. Fuck. Fuck. Fuck. Fuck. Fuck. Fuck. Fuck.
Fuck. Fuck. Fuck. Fuck. Fuck. Fuck. Fuck. Fuck. Fuck. Fuck. Fuck.
Fuck. Fuck. Fuck. Fuck. Fuck. Fuck. Fuck. Fuck. Fuck. Fuck. Fuck.
Fuck. Fuck. Fuck. Fuck. Fuck. Fuck. Fuck. Fuck. Fuck. Fuck. Fuck.
Fuck. Fuck. Fuck. Fuck. Fuck. Fuck. Fuck. Fuck. Fuck. Fuck. Fuck.
Fuck. Fuck. Fuck. Fuck. Fuck. Fuck. Fuck. Fuck. Fuck. Fuck. Fuck.
Fuck. Fuck. Fuck. Fuck. Fuck. Fuck. Fuck. Fuck. Fuck. Fuck. Fuck.

Fuck. Fuck. Fuck. Fuck. Fuck. Fuck. Fuck. Fuck. Fuck. Fuck. Fuck.
Fuck. Fuck. Fuck. Fuck. Fuck. Fuck. Fuck. Fuck. Fuck. Fuck. Fuck.
Fuck. Fuck. Fuck. Fuck. Fuck. Fuck. Fuck. Fuck. Fuck. Fuck. Fuck.
Fuck. Fuck. Fuck. Fuck. Fuck. Fuck. Fuck. Fuck. Fuck. Fuck. Fuck.
Fuck. Fuck. Fuck. Fuck. Fuck. Fuck. Fuck. Fuck. Fuck. Fuck. Fuck.
Fuck. Fuck. Fuck. Fuck. Fuck. Fuck. Fuck. Fuck. Fuck. Fuck. Fuck.
Fuck. Fuck. Fuck. Fuck. Fuck. Fuck. Fuck. Fuck. Fuck. Fuck. Fuck.
Fuck. Fuck. Fuck. Fuck. Fuck. Fuck. Fuck. Fuck. Fuck. Fuck. Fuck.
Fuck. Fuck. Fuck. Fuck. Fuck. Fuck. Fuck. Fuck. Fuck. Fuck. Fuck.
Fuck. Fuck. Fuck. Fuck. Fuck. Fuck. Fuck. Fuck. Fuck. Fuck. Fuck.
Fuck. Fuck. Fuck. Fuck. Fuck. Fuck. Fuck. Fuck. Fuck. Fuck. Fuck.
Fuck. Fuck. Fuck. Fuck. Fuck. Fuck. Fuck. Fuck. Fuck. Fuck. Fuck.
Fuck. Fuck. Fuck. Fuck. Fuck. Fuck. Fuck. Fuck. Fuck. Fuck. Fuck.
Fuck. Fuck. Fuck. Fuck. Fuck. Fuck. Fuck. Fuck. Fuck. Fuck. Fuck.
Fuck. Fuck. Fuck. Fuck. Fuck. Fuck. Fuck. Fuck. Fuck. Fuck. Fuck.
Fuck. Fuck. Fuck. Fuck. Fuck. Fuck. Fuck. Fuck. Fuck. Fuck. Fuck.
Fuck. Fuck. Fuck. Fuck. Fuck. Fuck. Fuck. Fuck. Fuck. Fuck. Fuck.
Fuck. Fuck. Fuck. Fuck. Fuck. Fuck. Fuck. Fuck. Fuck. Fuck. Fuck.
Fuck. Fuck. Fuck. Fuck. Fuck. Fuck. Fuck. Fuck. Fuck. Fuck. Fuck.
Fuck. Fuck. Fuck. Fuck. Fuck. Fuck. Fuck. Fuck. Fuck. Fuck. Fuck.
Fuck. Fuck. Fuck. Fuck. Fuck. Fuck. Fuck. Fuck. Fuck. Fuck. Fuck.
Fuck. Fuck. Fuck. Fuck. Fuck. Fuck. Fuck. Fuck. Fuck. Fuck. Fuck.
Fuck. Fuck. Fuck. Fuck. Fuck. Fuck. Fuck. Fuck. Fuck. Fuck. Fuck.
Fuck. Fuck. Fuck. Fuck. Fuck. Fuck. Fuck. Fuck. Fuck. Fuck. Fuck.
Fuck. Fuck. Fuck. Fuck. Fuck. Fuck. Fuck. Fuck. Fuck. Fuck. Fuck.
Fuck. Fuck. Fuck. Fuck. Fuck. Fuck. Fuck. Fuck. Fuck. Fuck. Fuck.
Fuck. Fuck. Fuck. Fuck. Fuck. Fuck. Fuck. Fuck. Fuck. Fuck. Fuck.
Fuck. Fuck. Fuck. Fuck. Fuck. Fuck. Fuck. Fuck. Fuck. Fuck. Fuck.
Fuck. Fuck. Fuck. Fuck. Fuck. Fuck. Fuck. Fuck. Fuck. Fuck. Fuck.
Fuck. Fuck. Fuck. Fuck. Fuck. Fuck. Fuck. Fuck. Fuck. Fuck. Fuck.
Fuck. Fuck. Fuck. Fuck. Fuck. Fuck. Fuck. Fuck. Fuck. Fuck. Fuck.
Fuck. Fuck. Fuck. Fuck. Fuck. Fuck. Fuck. Fuck. Fuck. Fuck. Fuck.
Fuck. Fuck. Fuck. Fuck. Fuck. Fuck. Fuck. Fuck. Fuck. Fuck. Fuck.
Fuck. Fuck. Fuck. Fuck. Fuck. Fuck. Fuck. Fuck. Fuck. Fuck. Fuck.
Fuck. Fuck. Fuck. Fuck. Fuck. Fuck. Fuck. Fuck. Fuck. Fuck. Fuck.
Fuck. Fuck. Fuck. Fuck. Fuck. Fuck. Fuck. Fuck. Fuck. Fuck. Fuck.
Fuck. Fuck. Fuck. Fuck. Fuck. Fuck. Fuck. Fuck. Fuck. Fuck. Fuck.

Fuck. Fuck. Fuck. Fuck. Fuck. Fuck. Fuck. Fuck. Fuck. Fuck. Fuck.
Fuck. Fuck. Fuck. Fuck. Fuck. Fuck. Fuck. Fuck. Fuck. Fuck. Fuck.
Fuck. Fuck. Fuck. Fuck. Fuck. Fuck. Fuck. Fuck. Fuck. Fuck. Fuck.
Fuck. Fuck. Fuck. Fuck. Fuck. Fuck. Fuck. Fuck. Fuck. Fuck. Fuck.
Fuck. Fuck. Fuck. Fuck. Fuck. Fuck. Fuck. Fuck. Fuck. Fuck. Fuck.
Fuck. Fuck. Fuck. Fuck. Fuck. Fuck. Fuck. Fuck. Fuck. Fuck. Fuck.
Fuck. Fuck. Fuck. Fuck. Fuck. Fuck. Fuck. Fuck. Fuck. Fuck. Fuck.
Fuck. Fuck. Fuck. Fuck. Fuck. Fuck. Fuck. Fuck. Fuck. Fuck. Fuck.
Fuck. Fuck. Fuck. Fuck. Fuck. Fuck. Fuck. Fuck. Fuck. Fuck. Fuck.
Fuck. Fuck. Fuck. Fuck. Fuck. Fuck. Fuck. Fuck. Fuck. Fuck. Fuck.
Fuck. Fuck. Fuck. Fuck. Fuck. Fuck. Fuck. Fuck. Fuck. Fuck. Fuck.
Fuck. Fuck. Fuck. Fuck. Fuck. Fuck. Fuck. Fuck. Fuck. Fuck. Fuck.
Fuck. Fuck. Fuck. Fuck. Fuck. Fuck. Fuck. Fuck. Fuck. Fuck. Fuck.
Fuck. Fuck. Fuck. Fuck. Fuck. Fuck. Fuck. Fuck. Fuck. Fuck. Fuck.
Fuck. Fuck. Fuck. Fuck. Fuck. Fuck. Fuck. Fuck. Fuck. Fuck. Fuck.
Fuck. Fuck. Fuck. Fuck. Fuck. Fuck. Fuck. Fuck. Fuck. Fuck. Fuck.
Fuck. Fuck. Fuck. Fuck. Fuck. Fuck. Fuck. Fuck. Fuck. Fuck. Fuck.
Fuck. Fuck. Fuck. Fuck. Fuck. Fuck. Fuck. Fuck. Fuck. Fuck. Fuck.
Fuck. Fuck. Fuck. Fuck. Fuck. Fuck. Fuck. Fuck. Fuck. Fuck. Fuck.
Fuck. Fuck. Fuck. Fuck. Fuck. Fuck. Fuck. Fuck. Fuck. Fuck. Fuck.
Fuck. Fuck. Fuck. Fuck. Fuck. Fuck. Fuck. Fuck. Fuck. Fuck. Fuck.
Fuck. Fuck. Fuck. Fuck. Fuck. Fuck. Fuck. Fuck. Fuck. Fuck. Fuck.
Fuck. Fuck. Fuck. Fuck. Fuck. Fuck. Fuck. Fuck. Fuck. Fuck. Fuck.
Fuck. Fuck. Fuck. Fuck. Fuck. Fuck. Fuck. Fuck. Fuck. Fuck. Fuck.
Fuck. Fuck. Fuck. Fuck. Fuck. Fuck. Fuck. Fuck. Fuck. Fuck. Fuck.
Fuck. Fuck. Fuck. Fuck. Fuck. Fuck. Fuck. Fuck. Fuck. Fuck. Fuck.
Fuck. Fuck. Fuck. Fuck. Fuck. Fuck. Fuck. Fuck. Fuck. Fuck. Fuck.
Fuck. Fuck. Fuck. Fuck. Fuck. Fuck. Fuck. Fuck. Fuck. Fuck. Fuck.
Fuck. Fuck. Fuck. Fuck. Fuck. Fuck. Fuck. Fuck. Fuck. Fuck. Fuck.
Fuck. Fuck. Fuck. Fuck. Fuck. Fuck. Fuck. Fuck. Fuck. Fuck. Fuck.
Fuck. Fuck. Fuck. Fuck. Fuck. Fuck. Fuck. Fuck. Fuck. Fuck. Fuck.
Fuck. Fuck. Fuck. Fuck. Fuck. Fuck. Fuck. Fuck. Fuck. Fuck. Fuck.
Fuck. Fuck. Fuck. Fuck. Fuck. Fuck. Fuck. Fuck. Fuck. Fuck. Fuck.
Fuck. Fuck. Fuck. Fuck. Fuck. Fuck. Fuck. Fuck. Fuck. Fuck. Fuck.
Fuck. Fuck. Fuck. Fuck. Fuck. Fuck. Fuck. Fuck. Fuck. Fuck. Fuck.
Fuck. Fuck. Fuck. Fuck. Fuck. Fuck. Fuck. Fuck. Fuck. Fuck. Fuck.
Fuck. Fuck. Fuck. Fuck. Fuck. Fuck. Fuck. Fuck. Fuck. Fuck. Fuck.

Fuck. Fuck. Fuck. Fuck. Fuck. Fuck. Fuck. Fuck. Fuck. Fuck. Fuck.
Fuck. Fuck. Fuck. Fuck. Fuck. Fuck. Fuck. Fuck. Fuck. Fuck. Fuck.
Fuck. Fuck. Fuck. Fuck. Fuck. Fuck. Fuck. Fuck. Fuck. Fuck. Fuck.
Fuck. Fuck. Fuck. Fuck. Fuck. Fuck. Fuck. Fuck. Fuck. Fuck. Fuck.
Fuck. Fuck. Fuck. Fuck. Fuck. Fuck. Fuck. Fuck. Fuck. Fuck. Fuck.
Fuck. Fuck. Fuck. Fuck. Fuck. Fuck. Fuck. Fuck. Fuck. Fuck. Fuck.
Fuck. Fuck. Fuck. Fuck. Fuck. Fuck. Fuck. Fuck. Fuck. Fuck. Fuck.
Fuck. Fuck. Fuck. Fuck. Fuck. Fuck. Fuck. Fuck. Fuck. Fuck. Fuck.
Fuck. Fuck. Fuck. Fuck. Fuck. Fuck. Fuck. Fuck. Fuck. Fuck. Fuck.
Fuck. Fuck. Fuck. Fuck. Fuck. Fuck. Fuck. Fuck. Fuck. Fuck. Fuck.
Fuck. Fuck. Fuck. Fuck. Fuck. Fuck. Fuck. Fuck. Fuck. Fuck. Fuck.
Fuck. Fuck. Fuck. Fuck. Fuck. Fuck. Fuck. Fuck. Fuck. Fuck. Fuck.
Fuck. Fuck. Fuck. Fuck. Fuck. Fuck. Fuck. Fuck. Fuck. Fuck. Fuck.
Fuck. Fuck. Fuck. Fuck. Fuck. Fuck. Fuck. Fuck. Fuck. Fuck. Fuck.
Fuck. Fuck. Fuck. Fuck. Fuck. Fuck. Fuck. Fuck. Fuck. Fuck. Fuck.
Fuck. Fuck. Fuck. Fuck. Fuck. Fuck. Fuck. Fuck. Fuck. Fuck. Fuck.
Fuck. Fuck. Fuck. Fuck. Fuck. Fuck. Fuck. Fuck. Fuck. Fuck. Fuck.
Fuck. Fuck. Fuck. Fuck. Fuck. Fuck. Fuck. Fuck. Fuck. Fuck. Fuck.
Fuck. Fuck. Fuck. Fuck. Fuck. Fuck. Fuck. Fuck. Fuck. Fuck. Fuck.
Fuck. Fuck. Fuck. Fuck. Fuck. Fuck. Fuck. Fuck. Fuck. Fuck. Fuck.
Fuck. Fuck. Fuck. Fuck. Fuck. Fuck. Fuck. Fuck. Fuck. Fuck. Fuck.
Fuck. Fuck. Fuck. Fuck. Fuck. Fuck. Fuck. Fuck. Fuck. Fuck. Fuck.
Fuck. Fuck. Fuck. Fuck. Fuck. Fuck. Fuck. Fuck. Fuck. Fuck. Fuck.
Fuck. Fuck. Fuck. Fuck. Fuck. Fuck. Fuck. Fuck. Fuck. Fuck. Fuck.
Fuck. Fuck. Fuck. Fuck. Fuck. Fuck. Fuck. Fuck. Fuck. Fuck. Fuck.
Fuck. Fuck. Fuck. Fuck. Fuck. Fuck. Fuck. Fuck. Fuck. Fuck. Fuck.
Fuck. Fuck. Fuck. Fuck. Fuck. Fuck. Fuck. Fuck. Fuck. Fuck. Fuck.
Fuck. Fuck. Fuck. Fuck. Fuck. Fuck. Fuck. Fuck. Fuck. Fuck. Fuck.
Fuck. Fuck. Fuck. Fuck. Fuck. Fuck. Fuck. Fuck. Fuck. Fuck. Fuck.
Fuck. Fuck. Fuck. Fuck. Fuck. Fuck. Fuck. Fuck. Fuck. Fuck. Fuck.
Fuck. Fuck. Fuck. Fuck. Fuck. Fuck. Fuck. Fuck. Fuck. Fuck. Fuck.
Fuck. Fuck. Fuck. Fuck. Fuck. Fuck. Fuck. Fuck. Fuck. Fuck. Fuck.
Fuck. Fuck. Fuck. Fuck. Fuck. Fuck. Fuck. Fuck. Fuck. Fuck. Fuck.
Fuck. Fuck. Fuck. Fuck. Fuck. Fuck. Fuck. Fuck. Fuck. Fuck. Fuck.
Fuck. Fuck. Fuck. Fuck. Fuck. Fuck. Fuck. Fuck. Fuck. Fuck. Fuck.
Fuck. Fuck. Fuck. Fuck. Fuck. Fuck. Fuck. Fuck. Fuck. Fuck. Fuck.

Fuck. Fuck. Fuck. Fuck. Fuck. Fuck. Fuck. Fuck. Fuck. Fuck. Fuck.
Fuck. Fuck. Fuck. Fuck. Fuck. Fuck. Fuck. Fuck. Fuck. Fuck. Fuck.
Fuck. Fuck. Fuck. Fuck. Fuck. Fuck. Fuck. Fuck. Fuck. Fuck. Fuck.
Fuck. Fuck. Fuck. Fuck. Fuck. Fuck. Fuck. Fuck. Fuck. Fuck. Fuck.
Fuck. Fuck. Fuck. Fuck. Fuck. Fuck. Fuck. Fuck. Fuck. Fuck. Fuck.
Fuck. Fuck. Fuck. Fuck. Fuck. Fuck. Fuck. Fuck. Fuck. Fuck. Fuck.
Fuck. Fuck. Fuck. Fuck. Fuck. Fuck. Fuck. Fuck. Fuck. Fuck. Fuck.
Fuck. Fuck. Fuck. Fuck. Fuck. Fuck. Fuck. Fuck. Fuck. Fuck. Fuck.
Fuck. Fuck. Fuck. Fuck. Fuck. Fuck. Fuck. Fuck. Fuck. Fuck. Fuck.
Fuck. Fuck. Fuck. Fuck. Fuck. Fuck. Fuck. Fuck. Fuck. Fuck. Fuck.
Fuck. Fuck. Fuck. Fuck. Fuck. Fuck. Fuck. Fuck. Fuck. Fuck. Fuck.
Fuck. Fuck. Fuck. Fuck.

F

U

C

K

FUCK

Fuck. Fuck. Fuck. Fuck. Fuck. Fuck. Fuck. Fuck. Fuck.
Fuck. Fuck. Fuck. Fuck. Fuck. Fuck. Fuck. Fuck. Fuck.
Fuck. Fuck. Fuck. Fuck. Fuck. Fuck. Fuck. Fuck. Fuck.
Fuck. Fuck. Fuck. Fuck. Fuck. Fuck. Fuck. Fuck. Fuck.
Fuck. Fuck. Fuck. Fuck. Fuck. Fuck. Fuck. Fuck. Fuck.
Fuck. Fuck. Fuck. Fuck. Fuck. Fuck. Fuck. Fuck. Fuck.
Fuck. Fuck. Fuck. Fuck. Fuck. Fuck. Fuck. Fuck. Fuck.
Fuck. Fuck. Fuck. Fuck. Fuck. Fuck. Fuck. Fuck. Fuck.
Fuck. Fuck. Fuck. Fuck. Fuck. Fuck. Fuck. Fuck. Fuck.
Fuck. Fuck. Fuck. Fuck. Fuck. Fuck. Fuck. Fuck. Fuck.
Fuck. Fuck. Fuck. Fuck. Fuck. Fuck. Fuck. Fuck. Fuck.
Fuck. Fuck. Fuck. Fuck. Fuck. Fuck. Fuck. Fuck. Fuck.
Fuck. Fuck. Fuck. Fuck. Fuck. Fuck. Fuck. Fuck. Fuck.
Fuck. Fuck. Fuck. Fuck. Fuck. Fuck. Fuck. Fuck. Fuck.
Fuck. Fuck. Fuck. Fuck. Fuck. Fuck. Fuck. Fuck. Fuck.
Fuck. Fuck. Fuck. Fuck. Fuck. Fuck. Fuck. Fuck. Fuck.
Fuck. Fuck. Fuck. Fuck. Fuck. Fuck. Fuck. Fuck. Fuck.
Fuck. Fuck. Fuck. Fuck. Fuck. Fuck. Fuck. Fuck. Fuck.
Fuck. Fuck. Fuck. Fuck. Fuck. Fuck. Fuck. Fuck. Fuck.
Fuck. Fuck. Fuck. Fuck. Fuck. Fuck. Fuck. Fuck. Fuck.
Fuck. Fuck. Fuck. Fuck. Fuck. Fuck. Fuck. Fuck. Fuck.
Fuck. Fuck. Fuck. Fuck. Fuck. Fuck. Fuck. Fuck. Fuck.
Fuck. Fuck. Fuck. Fuck. Fuck. Fuck. Fuck. Fuck. Fuck.
Fuck. Fuck. Fuck. Fuck. Fuck. Fuck. Fuck. Fuck. Fuck.
Fuck. Fuck. Fuck. Fuck. Fuck. Fuck. Fuck. Fuck. Fuck.
Fuck. Fuck. Fuck. Fuck. Fuck. Fuck. Fuck. Fuck. Fuck.
Fuck. Fuck. Fuck. Fuck. Fuck. Fuck. Fuck. Fuck. Fuck.
Fuck. Fuck. Fuck. Fuck. Fuck. Fuck. Fuck. Fuck. Fuck.
Fuck. Fuck. Fuck. Fuck. Fuck. Fuck. Fuck. Fuck. Fuck.
Fuck. Fuck. Fuck. Fuck. Fuck. Fuck. Fuck. Fuck. Fuck.
Fuck. Fuck. Fuck. Fuck. Fuck. Fuck. Fuck. Fuck. Fuck.
Fuck. Fuck. Fuck. Fuck. Fuck. Fuck. Fuck. Fuck. Fuck.
Fuck. Fuck. Fuck. Fuck. Fuck. Fuck. Fuck. Fuck. Fuck.
Fuck. Fuck. Fuck. Fuck. Fuck. Fuck. Fuck. Fuck. Fuck.

Fuck. Fuck. Fuck. Fuck. Fuck. Fuck. Fuck. Fuck. Fuck.
Fuck. Fuck. Fuck. Fuck. Fuck. Fuck. Fuck. Fuck. Fuck.
Fuck. Fuck. Fuck. Fuck. Fuck. Fuck. Fuck. Fuck. Fuck.
Fuck. Fuck. Fuck. Fuck. Fuck. Fuck. Fuck. Fuck. Fuck.
Fuck. Fuck. Fuck. Fuck. Fuck. Fuck. Fuck. Fuck. Fuck.
Fuck. Fuck. Fuck. Fuck. Fuck. Fuck. Fuck. Fuck. Fuck.
Fuck. Fuck. Fuck. Fuck. Fuck. Fuck. Fuck. Fuck. Fuck.
Fuck. Fuck. Fuck. Fuck. Fuck. Fuck. Fuck. Fuck. Fuck.
Fuck. Fuck. Fuck. Fuck. Fuck. Fuck. Fuck. Fuck. Fuck.
Fuck. Fuck. Fuck. Fuck. Fuck. Fuck. Fuck. Fuck. Fuck.
Fuck. Fuck. Fuck. Fuck. Fuck. Fuck. Fuck. Fuck. Fuck.
Fuck. Fuck. Fuck. Fuck. Fuck. Fuck. Fuck. Fuck. Fuck.
Fuck. Fuck. Fuck. Fuck. Fuck. Fuck. Fuck. Fuck. Fuck.
Fuck. Fuck. Fuck. Fuck. Fuck. Fuck. Fuck. Fuck. Fuck.
Fuck. Fuck. Fuck. Fuck. Fuck. Fuck. Fuck. Fuck. Fuck.
Fuck. Fuck. Fuck. Fuck. Fuck. Fuck. Fuck. Fuck. Fuck.
Fuck. Fuck. Fuck. Fuck. Fuck. Fuck. Fuck. Fuck. Fuck.
Fuck. Fuck. Fuck. Fuck. Fuck. Fuck. Fuck. Fuck. Fuck.
Fuck. Fuck. Fuck. Fuck. Fuck. Fuck. Fuck. Fuck. Fuck.
Fuck. Fuck. Fuck. Fuck. Fuck. Fuck. Fuck. Fuck. Fuck.
Fuck. Fuck. Fuck. Fuck. Fuck. Fuck. Fuck. Fuck. Fuck.
Fuck. Fuck. Fuck. Fuck. Fuck. Fuck. Fuck. Fuck. Fuck.
Fuck. Fuck. Fuck. Fuck. Fuck. Fuck. Fuck. Fuck. Fuck.
Fuck. Fuck. Fuck. Fuck. Fuck. Fuck. Fuck. Fuck. Fuck.
Fuck. Fuck. Fuck. Fuck. Fuck. Fuck. Fuck. Fuck. Fuck.
Fuck. Fuck. Fuck. Fuck. Fuck. Fuck. Fuck. Fuck. Fuck.
Fuck. Fuck. Fuck. Fuck. Fuck. Fuck. Fuck. Fuck. Fuck.
Fuck. Fuck. Fuck. Fuck. Fuck. Fuck. Fuck. Fuck. Fuck.
Fuck. Fuck. Fuck. Fuck. Fuck. Fuck. Fuck. Fuck. Fuck.
Fuck. Fuck. Fuck. Fuck. Fuck. Fuck. Fuck. Fuck. Fuck.
Fuck. Fuck. Fuck. Fuck. Fuck. Fuck. Fuck. Fuck. Fuck.
Fuck. Fuck. Fuck. Fuck. Fuck. Fuck. Fuck. Fuck. Fuck.
Fuck. Fuck. Fuck. Fuck. Fuck. Fuck. Fuck. Fuck. Fuck.

Fuck. Fuck. Fuck. Fuck. Fuck. Fuck. Fuck. Fuck. Fuck.
Fuck. Fuck. Fuck. Fuck. Fuck. Fuck. Fuck. Fuck. Fuck.
Fuck. Fuck. Fuck. Fuck. Fuck. Fuck. Fuck. Fuck. Fuck.
Fuck. Fuck. Fuck. Fuck. Fuck. Fuck. Fuck. Fuck. Fuck.
Fuck. Fuck. Fuck. Fuck. Fuck. Fuck. Fuck. Fuck. Fuck.
Fuck. Fuck. Fuck. Fuck. Fuck. Fuck. Fuck. Fuck. Fuck.
Fuck. Fuck. Fuck. Fuck. Fuck. Fuck. Fuck. Fuck. Fuck.
Fuck. Fuck. Fuck. Fuck. Fuck. Fuck. Fuck. Fuck. Fuck.
Fuck. Fuck. Fuck. Fuck. Fuck. Fuck. Fuck. Fuck. Fuck.
Fuck. Fuck. Fuck. Fuck. Fuck. Fuck. Fuck. Fuck. Fuck.
Fuck. Fuck. Fuck. Fuck. Fuck. Fuck. Fuck. Fuck. Fuck.
Fuck. Fuck. Fuck. Fuck. Fuck. Fuck. Fuck. Fuck. Fuck.
Fuck. Fuck. Fuck. Fuck. Fuck. Fuck. Fuck. Fuck. Fuck.
Fuck. Fuck. Fuck. Fuck. Fuck. Fuck. Fuck. Fuck. Fuck.
Fuck. Fuck. Fuck. Fuck. Fuck. Fuck. Fuck. Fuck. Fuck.
Fuck. Fuck. Fuck. Fuck. Fuck. Fuck. Fuck. Fuck. Fuck.
Fuck. Fuck. Fuck. Fuck. Fuck. Fuck. Fuck. Fuck. Fuck.
Fuck. Fuck. Fuck. Fuck. Fuck. Fuck. Fuck. Fuck. Fuck.
Fuck. Fuck. Fuck. Fuck. Fuck. Fuck. Fuck. Fuck. Fuck.
Fuck. Fuck. Fuck. Fuck. Fuck. Fuck. Fuck. Fuck. Fuck.
Fuck. Fuck. Fuck. Fuck. Fuck. Fuck. Fuck. Fuck. Fuck.
Fuck. Fuck. Fuck. Fuck. Fuck. Fuck. Fuck. Fuck. Fuck.
Fuck. Fuck. Fuck. Fuck. Fuck. Fuck. Fuck. Fuck. Fuck.
Fuck. Fuck. Fuck. Fuck. Fuck. Fuck. Fuck. Fuck. Fuck.
Fuck. Fuck. Fuck. Fuck. Fuck. Fuck. Fuck. Fuck. Fuck.
Fuck. Fuck. Fuck. Fuck. Fuck. Fuck. Fuck. Fuck. Fuck.
Fuck. Fuck. Fuck. Fuck. Fuck. Fuck. Fuck. Fuck. Fuck.
Fuck. Fuck. Fuck. Fuck. Fuck. Fuck. Fuck. Fuck. Fuck.
Fuck. Fuck. Fuck. Fuck. Fuck. Fuck. Fuck. Fuck. Fuck.
Fuck. Fuck. Fuck. Fuck. Fuck. Fuck. Fuck. Fuck. Fuck.
Fuck. Fuck. Fuck. Fuck. Fuck. Fuck. Fuck. Fuck. Fuck.
Fuck. Fuck. Fuck. Fuck. Fuck. Fuck. Fuck. Fuck. Fuck.
Fuck. Fuck. Fuck. Fuck. Fuck. Fuck. Fuck. Fuck. Fuck.

Fuck. Fuck. Fuck. Fuck. Fuck. Fuck. Fuck. Fuck. Fuck.
Fuck. Fuck. Fuck. Fuck. Fuck. Fuck. Fuck. Fuck. Fuck.
Fuck. Fuck. Fuck. Fuck. Fuck. Fuck. Fuck. Fuck. Fuck.
Fuck. Fuck. Fuck. Fuck. Fuck. Fuck. Fuck. Fuck. Fuck.
Fuck. Fuck. Fuck. Fuck. Fuck. Fuck. Fuck. Fuck. Fuck.
Fuck. Fuck. Fuck. Fuck. Fuck. Fuck. Fuck. Fuck. Fuck.
Fuck. Fuck. Fuck. Fuck. Fuck. Fuck. Fuck. Fuck. Fuck.
Fuck. Fuck. Fuck. Fuck. Fuck. Fuck. Fuck. Fuck. Fuck.
Fuck. Fuck. Fuck. Fuck. Fuck. Fuck. Fuck. Fuck. Fuck.
Fuck. Fuck. Fuck. Fuck. Fuck. Fuck. Fuck. Fuck. Fuck.
Fuck. Fuck. Fuck. Fuck. Fuck. Fuck. Fuck. Fuck. Fuck.
Fuck. Fuck. Fuck. Fuck. Fuck. Fuck. Fuck. Fuck. Fuck.
Fuck. Fuck. Fuck. Fuck. Fuck. Fuck. Fuck. Fuck. Fuck.
Fuck. Fuck. Fuck. Fuck. Fuck. Fuck. Fuck. Fuck. Fuck.
Fuck. Fuck. Fuck. Fuck. Fuck. Fuck. Fuck. Fuck. Fuck.
Fuck. Fuck. Fuck. Fuck. Fuck. Fuck. Fuck. Fuck. Fuck.
Fuck. Fuck. Fuck. Fuck. Fuck. Fuck. Fuck. Fuck. Fuck.
Fuck. Fuck. Fuck. Fuck. Fuck. Fuck. Fuck. Fuck. Fuck.
Fuck. Fuck. Fuck. Fuck. Fuck. Fuck. Fuck. Fuck. Fuck.
Fuck. Fuck. Fuck. Fuck. Fuck. Fuck. Fuck. Fuck. Fuck.
Fuck. Fuck. Fuck. Fuck. Fuck. Fuck. Fuck. Fuck. Fuck.
Fuck. Fuck. Fuck. Fuck. Fuck. Fuck. Fuck. Fuck. Fuck.
Fuck. Fuck. Fuck. Fuck. Fuck. Fuck. Fuck. Fuck. Fuck.
Fuck. Fuck. Fuck. Fuck. Fuck. Fuck. Fuck. Fuck. Fuck.
Fuck. Fuck. Fuck. Fuck. Fuck. Fuck. Fuck. Fuck. Fuck.
Fuck. Fuck. Fuck. Fuck. Fuck. Fuck. Fuck. Fuck. Fuck.
Fuck. Fuck. Fuck. Fuck. Fuck. Fuck. Fuck. Fuck. Fuck.
Fuck. Fuck. Fuck. Fuck. Fuck. Fuck. Fuck. Fuck. Fuck.
Fuck. Fuck. Fuck. Fuck. Fuck. Fuck. Fuck. Fuck. Fuck.
Fuck. Fuck. Fuck. Fuck. Fuck. Fuck. Fuck. Fuck. Fuck.
Fuck. Fuck. Fuck. Fuck. Fuck. Fuck. Fuck. Fuck. Fuck.
Fuck. Fuck. Fuck. Fuck. Fuck. Fuck. Fuck. Fuck. Fuck.
Fuck. Fuck. Fuck. Fuck. Fuck. Fuck. Fuck. Fuck. Fuck.

Fuck. Fuck. Fuck. Fuck. Fuck. Fuck. Fuck. Fuck. Fuck.
Fuck. Fuck. Fuck. Fuck. Fuck. Fuck. Fuck. Fuck. Fuck.
Fuck. Fuck. Fuck. Fuck. Fuck. Fuck. Fuck. Fuck. Fuck.
Fuck. Fuck. Fuck. Fuck. Fuck. Fuck. Fuck. Fuck. Fuck.
Fuck. Fuck. Fuck. Fuck. Fuck. Fuck. Fuck. Fuck. Fuck.
Fuck. Fuck. Fuck. Fuck. Fuck. Fuck. Fuck. Fuck. Fuck.
Fuck. Fuck. Fuck. Fuck. Fuck. Fuck. Fuck. Fuck. Fuck.
Fuck. Fuck. Fuck. Fuck. Fuck. Fuck. Fuck. Fuck. Fuck.
Fuck. Fuck. Fuck. Fuck. Fuck. Fuck. Fuck. Fuck. Fuck.
Fuck. Fuck. Fuck. Fuck. Fuck. Fuck. Fuck. Fuck. Fuck.
Fuck. Fuck. Fuck. Fuck. Fuck. Fuck. Fuck. Fuck. Fuck.
Fuck. Fuck. Fuck. Fuck. Fuck. Fuck. Fuck. Fuck. Fuck.
Fuck. Fuck. Fuck. Fuck. Fuck. Fuck. Fuck. Fuck. Fuck.
Fuck. Fuck. Fuck. Fuck. Fuck. Fuck. Fuck. Fuck. Fuck.
Fuck. Fuck. Fuck. Fuck. Fuck. Fuck. Fuck. Fuck. Fuck.
Fuck. Fuck. Fuck. Fuck. Fuck. Fuck. Fuck. Fuck. Fuck.
Fuck. Fuck. Fuck. Fuck. Fuck. Fuck. Fuck. Fuck. Fuck.
Fuck. Fuck. Fuck. Fuck. Fuck. Fuck. Fuck. Fuck. Fuck.
Fuck. Fuck. Fuck. Fuck. Fuck. Fuck. Fuck. Fuck. Fuck.
Fuck. Fuck. Fuck. Fuck. Fuck. Fuck. Fuck. Fuck. Fuck.
Fuck. Fuck. Fuck. Fuck. Fuck. Fuck. Fuck. Fuck. Fuck.
Fuck. Fuck. Fuck. Fuck. Fuck. Fuck. Fuck. Fuck. Fuck.
Fuck. Fuck. Fuck. Fuck. Fuck. Fuck. Fuck. Fuck. Fuck.
Fuck. Fuck. Fuck. Fuck. Fuck. Fuck. Fuck. Fuck. Fuck.
Fuck. Fuck. Fuck. Fuck. Fuck. Fuck. Fuck. Fuck. Fuck.
Fuck. Fuck. Fuck. Fuck. Fuck. Fuck. Fuck. Fuck. Fuck.
Fuck. Fuck. Fuck. Fuck. Fuck. Fuck. Fuck. Fuck. Fuck.
Fuck. Fuck. Fuck. Fuck. Fuck. Fuck. Fuck. Fuck. Fuck.
Fuck. Fuck. Fuck. Fuck. Fuck. Fuck. Fuck. Fuck. Fuck.
Fuck. Fuck. Fuck. Fuck. Fuck. Fuck. Fuck. Fuck. Fuck.
Fuck. Fuck. Fuck. Fuck. Fuck. Fuck. Fuck. Fuck. Fuck.
Fuck. Fuck. Fuck. Fuck. Fuck. Fuck. Fuck. Fuck. Fuck.
Fuck. Fuck. Fuck. Fuck. Fuck. Fuck. Fuck. Fuck. Fuck.

Fuck. Fuck. Fuck. Fuck. Fuck. Fuck. Fuck. Fuck. Fuck.
Fuck. Fuck. Fuck. Fuck. Fuck. Fuck. Fuck. Fuck. Fuck.
Fuck. Fuck. Fuck. Fuck. Fuck. Fuck. Fuck. Fuck. Fuck.
Fuck. Fuck. Fuck. Fuck. Fuck. Fuck. Fuck. Fuck. Fuck.
Fuck. Fuck. Fuck. Fuck. Fuck. Fuck. Fuck. Fuck. Fuck.
Fuck. Fuck. Fuck. Fuck. Fuck. Fuck. Fuck. Fuck. Fuck.
Fuck. Fuck. Fuck. Fuck. Fuck. Fuck. Fuck. Fuck. Fuck.
Fuck. Fuck. Fuck. Fuck. Fuck. Fuck. Fuck. Fuck. Fuck.
Fuck. Fuck. Fuck. Fuck. Fuck. Fuck. Fuck. Fuck. Fuck.
Fuck. Fuck. Fuck. Fuck. Fuck. Fuck. Fuck. Fuck. Fuck.
Fuck. Fuck. Fuck. Fuck. Fuck. Fuck. Fuck. Fuck. Fuck.
Fuck. Fuck. Fuck. Fuck. Fuck. Fuck. Fuck. Fuck. Fuck.
Fuck. Fuck. Fuck. Fuck. Fuck. Fuck. Fuck. Fuck. Fuck.
Fuck. Fuck. Fuck. Fuck. Fuck. Fuck. Fuck. Fuck. Fuck.
Fuck. Fuck. Fuck. Fuck. Fuck. Fuck. Fuck. Fuck. Fuck.
Fuck. Fuck. Fuck. Fuck. Fuck. Fuck. Fuck. Fuck. Fuck.
Fuck. Fuck. Fuck. Fuck. Fuck. Fuck. Fuck. Fuck. Fuck.
Fuck. Fuck. Fuck. Fuck. Fuck. Fuck. Fuck. Fuck. Fuck.
Fuck. Fuck. Fuck. Fuck. Fuck. Fuck. Fuck. Fuck. Fuck.
Fuck. Fuck. Fuck. Fuck. Fuck. Fuck. Fuck. Fuck. Fuck.
Fuck. Fuck. Fuck. Fuck. Fuck. Fuck. Fuck. Fuck. Fuck.
Fuck. Fuck. Fuck. Fuck. Fuck. Fuck. Fuck. Fuck. Fuck.
Fuck. Fuck. Fuck. Fuck. Fuck. Fuck. Fuck. Fuck. Fuck.
Fuck. Fuck. Fuck. Fuck. Fuck. Fuck. Fuck. Fuck. Fuck.
Fuck. Fuck. Fuck. Fuck. Fuck. Fuck. Fuck. Fuck. Fuck.
Fuck. Fuck. Fuck. Fuck. Fuck. Fuck. Fuck. Fuck. Fuck.
Fuck. Fuck. Fuck. Fuck. Fuck. Fuck. Fuck. Fuck. Fuck.
Fuck. Fuck. Fuck. Fuck. Fuck. Fuck. Fuck. Fuck. Fuck.
Fuck. Fuck. Fuck. Fuck. Fuck. Fuck. Fuck. Fuck. Fuck.
Fuck. Fuck. Fuck. Fuck. Fuck. Fuck. Fuck. Fuck. Fuck.
Fuck. Fuck. Fuck. Fuck. Fuck. Fuck. Fuck. Fuck. Fuck.
Fuck. Fuck. Fuck. Fuck. Fuck. Fuck. Fuck. Fuck. Fuck.
Fuck. Fuck. Fuck. Fuck. Fuck. Fuck. Fuck. Fuck. Fuck.
Fuck. Fuck. Fuck. Fuck. Fuck. Fuck. Fuck. Fuck. Fuck.

Fuck. Fuck. Fuck. Fuck. Fuck. Fuck. Fuck. Fuck. Fuck.
Fuck. Fuck. Fuck. Fuck. Fuck. Fuck. Fuck. Fuck. Fuck.
Fuck. Fuck. Fuck. Fuck. Fuck. Fuck. Fuck. Fuck. Fuck.
Fuck. Fuck. Fuck. Fuck. Fuck. Fuck. Fuck. Fuck. Fuck.
Fuck. Fuck. Fuck. Fuck. Fuck. Fuck. Fuck. Fuck. Fuck.
Fuck. Fuck. Fuck. Fuck. Fuck. Fuck. Fuck. Fuck. Fuck.
Fuck. Fuck. Fuck. Fuck. Fuck. Fuck. Fuck. Fuck. Fuck.
Fuck. Fuck. Fuck. Fuck. Fuck. Fuck. Fuck. Fuck. Fuck.
Fuck. Fuck. Fuck. Fuck. Fuck. Fuck. Fuck. Fuck. Fuck.
Fuck. Fuck. Fuck. Fuck. Fuck. Fuck. Fuck. Fuck. Fuck.
Fuck. Fuck. Fuck. Fuck. Fuck. Fuck. Fuck. Fuck. Fuck.
Fuck. Fuck. Fuck. Fuck. Fuck. Fuck. Fuck. Fuck. Fuck.
Fuck. Fuck. Fuck. Fuck. Fuck. Fuck. Fuck. Fuck. Fuck.
Fuck. Fuck. Fuck. Fuck. Fuck. Fuck. Fuck. Fuck. Fuck.
Fuck. Fuck. Fuck. Fuck. Fuck. Fuck. Fuck. Fuck. Fuck.
Fuck. Fuck. Fuck. Fuck. Fuck. Fuck. Fuck. Fuck. Fuck.
Fuck. Fuck. Fuck. Fuck. Fuck. Fuck. Fuck. Fuck. Fuck.
Fuck. Fuck. Fuck. Fuck. Fuck. Fuck. Fuck. Fuck. Fuck.
Fuck. Fuck. Fuck. Fuck. Fuck. Fuck. Fuck. Fuck. Fuck.
Fuck. Fuck. Fuck. Fuck. Fuck. Fuck. Fuck. Fuck. Fuck.
Fuck. Fuck. Fuck. Fuck. Fuck. Fuck. Fuck. Fuck. Fuck.
Fuck. Fuck. Fuck. Fuck. Fuck. Fuck. Fuck. Fuck. Fuck.
Fuck. Fuck. Fuck. Fuck. Fuck. Fuck. Fuck. Fuck. Fuck.
Fuck. Fuck. Fuck. Fuck. Fuck. Fuck. Fuck. Fuck. Fuck.
Fuck. Fuck. Fuck. Fuck. Fuck. Fuck. Fuck. Fuck. Fuck.
Fuck. Fuck. Fuck. Fuck. Fuck. Fuck. Fuck. Fuck. Fuck.
Fuck. Fuck. Fuck. Fuck. Fuck. Fuck. Fuck. Fuck. Fuck.
Fuck. Fuck. Fuck. Fuck. Fuck. Fuck. Fuck. Fuck. Fuck.
Fuck. Fuck. Fuck. Fuck. Fuck. Fuck. Fuck. Fuck. Fuck.
Fuck. Fuck. Fuck. Fuck. Fuck. Fuck. Fuck. Fuck. Fuck.
Fuck. Fuck. Fuck. Fuck. Fuck. Fuck. Fuck. Fuck. Fuck.
Fuck. Fuck. Fuck. Fuck. Fuck. Fuck. Fuck. Fuck. Fuck.
Fuck. Fuck. Fuck. Fuck. Fuck. Fuck. Fuck. Fuck. Fuck.
Fuck. Fuck. Fuck. Fuck. Fuck. Fuck. Fuck. Fuck. Fuck.

Fuck. Fuck. Fuck. Fuck. Fuck. Fuck. Fuck. Fuck. Fuck.
Fuck. Fuck. Fuck. Fuck. Fuck. Fuck. Fuck. Fuck. Fuck.
Fuck. Fuck. Fuck. Fuck. Fuck. Fuck. Fuck. Fuck. Fuck.
Fuck. Fuck. Fuck. Fuck. Fuck. Fuck. Fuck. Fuck. Fuck.
Fuck. Fuck. Fuck. Fuck. Fuck. Fuck. Fuck. Fuck. Fuck.
Fuck. Fuck. Fuck. Fuck. Fuck. Fuck. Fuck. Fuck. Fuck.
Fuck. Fuck. Fuck. Fuck. Fuck. Fuck. Fuck. Fuck. Fuck.
Fuck. Fuck. Fuck. Fuck. Fuck. Fuck. Fuck. Fuck. Fuck.
Fuck. Fuck. Fuck. Fuck. Fuck. Fuck. Fuck. Fuck. Fuck.
Fuck. Fuck. Fuck. Fuck. Fuck. Fuck. Fuck. Fuck. Fuck.
Fuck. Fuck. Fuck. Fuck. Fuck. Fuck. Fuck. Fuck. Fuck.
Fuck. Fuck. Fuck. Fuck. Fuck. Fuck. Fuck. Fuck. Fuck.
Fuck. Fuck. Fuck. Fuck. Fuck. Fuck. Fuck. Fuck. Fuck.
Fuck. Fuck. Fuck. Fuck. Fuck. Fuck. Fuck. Fuck. Fuck.
Fuck. Fuck. Fuck. Fuck. Fuck. Fuck. Fuck. Fuck. Fuck.
Fuck. Fuck. Fuck. Fuck. Fuck. Fuck. Fuck. Fuck. Fuck.
Fuck. Fuck. Fuck. Fuck. Fuck. Fuck. Fuck. Fuck. Fuck.
Fuck. Fuck. Fuck. Fuck. Fuck. Fuck. Fuck. Fuck. Fuck.
Fuck. Fuck. Fuck. Fuck. Fuck. Fuck. Fuck. Fuck. Fuck.
Fuck. Fuck. Fuck. Fuck. Fuck. Fuck. Fuck. Fuck. Fuck.
Fuck. Fuck. Fuck. Fuck. Fuck. Fuck. Fuck. Fuck. Fuck.
Fuck. Fuck. Fuck. Fuck. Fuck. Fuck. Fuck. Fuck. Fuck.
Fuck. Fuck. Fuck. Fuck. Fuck. Fuck. Fuck. Fuck. Fuck.
Fuck. Fuck. Fuck. Fuck. Fuck. Fuck. Fuck. Fuck. Fuck.
Fuck. Fuck. Fuck. Fuck. Fuck. Fuck. Fuck. Fuck. Fuck.
Fuck. Fuck. Fuck. Fuck. Fuck. Fuck. Fuck. Fuck. Fuck.
Fuck. Fuck. Fuck. Fuck. Fuck. Fuck. Fuck. Fuck. Fuck.
Fuck. Fuck. Fuck. Fuck. Fuck. Fuck. Fuck. Fuck. Fuck.
Fuck. Fuck. Fuck. Fuck. Fuck. Fuck. Fuck. Fuck. Fuck.
Fuck. Fuck. Fuck. Fuck. Fuck. Fuck. Fuck. Fuck. Fuck.
Fuck. Fuck. Fuck. Fuck. Fuck. Fuck. Fuck. Fuck. Fuck.
Fuck. Fuck. Fuck. Fuck. Fuck. Fuck. Fuck. Fuck. Fuck.
Fuck. Fuck. Fuck. Fuck. Fuck. Fuck. Fuck. Fuck. Fuck.
Fuck. Fuck. Fuck. Fuck. Fuck. Fuck. Fuck. Fuck. Fuck.
Fuck. Fuck. Fuck. Fuck. Fuck. Fuck. Fuck. Fuck. Fuck.

Fuck. Fuck. Fuck. Fuck. Fuck. Fuck. Fuck. Fuck. Fuck.
Fuck. Fuck. Fuck. Fuck. Fuck. Fuck. Fuck. Fuck. Fuck.
Fuck. Fuck. Fuck. Fuck. Fuck. Fuck. Fuck. Fuck. Fuck.
Fuck. Fuck. Fuck. Fuck. Fuck. Fuck. Fuck. Fuck. Fuck.
Fuck. Fuck. Fuck. Fuck. Fuck. Fuck. Fuck. Fuck. Fuck.
Fuck. Fuck. Fuck. Fuck. Fuck. Fuck. Fuck. Fuck. Fuck.
Fuck. Fuck. Fuck. Fuck. Fuck. Fuck. Fuck. Fuck. Fuck.
Fuck. Fuck. Fuck. Fuck. Fuck. Fuck. Fuck. Fuck. Fuck.
Fuck. Fuck. Fuck. Fuck. Fuck. Fuck. Fuck. Fuck. Fuck.
Fuck. Fuck. Fuck. Fuck. Fuck. Fuck. Fuck. Fuck. Fuck.
Fuck. Fuck. Fuck. Fuck. Fuck. Fuck. Fuck. Fuck. Fuck.
Fuck. Fuck. Fuck. Fuck. Fuck. Fuck. Fuck. Fuck. Fuck.
Fuck. Fuck. Fuck. Fuck. Fuck. Fuck. Fuck. Fuck. Fuck.
Fuck. Fuck. Fuck. Fuck. Fuck. Fuck. Fuck. Fuck. Fuck.
Fuck. Fuck. Fuck. Fuck. Fuck. Fuck. Fuck. Fuck. Fuck.
Fuck. Fuck. Fuck. Fuck. Fuck. Fuck. Fuck. Fuck. Fuck.
Fuck. Fuck. Fuck. Fuck. Fuck. Fuck. Fuck. Fuck. Fuck.
Fuck. Fuck. Fuck. Fuck. Fuck. Fuck. Fuck. Fuck. Fuck.
Fuck. Fuck. Fuck. Fuck. Fuck. Fuck. Fuck. Fuck. Fuck.
Fuck. Fuck. Fuck. Fuck. Fuck. Fuck. Fuck. Fuck. Fuck.
Fuck. Fuck. Fuck. Fuck. Fuck. Fuck. Fuck. Fuck. Fuck.
Fuck. Fuck. Fuck. Fuck. Fuck. Fuck. Fuck. Fuck. Fuck.
Fuck. Fuck. Fuck. Fuck. Fuck. Fuck. Fuck. Fuck. Fuck.
Fuck. Fuck. Fuck. Fuck. Fuck. Fuck. Fuck. Fuck. Fuck.
Fuck. Fuck. Fuck. Fuck. Fuck. Fuck. Fuck. Fuck. Fuck.
Fuck. Fuck. Fuck. Fuck. Fuck. Fuck. Fuck. Fuck. Fuck.
Fuck. Fuck. Fuck. Fuck. Fuck. Fuck. Fuck. Fuck. Fuck.
Fuck. Fuck. Fuck. Fuck. Fuck. Fuck. Fuck. Fuck. Fuck.
Fuck. Fuck. Fuck. Fuck. Fuck. Fuck. Fuck. Fuck. Fuck.
Fuck. Fuck. Fuck. Fuck. Fuck. Fuck. Fuck. Fuck. Fuck.
Fuck. Fuck. Fuck. Fuck. Fuck. Fuck. Fuck. Fuck. Fuck.
Fuck. Fuck. Fuck. Fuck. Fuck. Fuck. Fuck. Fuck. Fuck.
Fuck. Fuck. Fuck. Fuck. Fuck. Fuck. Fuck. Fuck. Fuck.

Fuck. Fuck. Fuck. Fuck. Fuck. Fuck. Fuck. Fuck. Fuck.
Fuck. Fuck. Fuck. Fuck. Fuck. Fuck. Fuck. Fuck. Fuck.
Fuck. Fuck. Fuck. Fuck. Fuck. Fuck. Fuck. Fuck. Fuck.
Fuck. Fuck. Fuck. Fuck. Fuck. Fuck. Fuck. Fuck. Fuck.
Fuck. Fuck. Fuck. Fuck. Fuck. Fuck. Fuck. Fuck. Fuck.
Fuck. Fuck. Fuck. Fuck. Fuck. Fuck. Fuck. Fuck. Fuck.
Fuck. Fuck. Fuck. Fuck. Fuck. Fuck. Fuck. Fuck. Fuck.
Fuck. Fuck. Fuck. Fuck. Fuck. Fuck. Fuck. Fuck. Fuck.
Fuck. Fuck. Fuck. Fuck. Fuck. Fuck. Fuck. Fuck. Fuck.
Fuck. Fuck. Fuck. Fuck. Fuck. Fuck. Fuck. Fuck. Fuck.
Fuck. Fuck. Fuck. Fuck. Fuck. Fuck. Fuck. Fuck. Fuck.
Fuck. Fuck. Fuck. Fuck. Fuck. Fuck. Fuck. Fuck. Fuck.
Fuck. Fuck. Fuck. Fuck. Fuck. Fuck. Fuck. Fuck. Fuck.
Fuck. Fuck. Fuck. Fuck. Fuck. Fuck. Fuck. Fuck. Fuck.
Fuck. Fuck. Fuck. Fuck. Fuck. Fuck. Fuck. Fuck. Fuck.
Fuck. Fuck. Fuck. Fuck. Fuck. Fuck. Fuck. Fuck. Fuck.
Fuck. Fuck. Fuck. Fuck. Fuck. Fuck. Fuck. Fuck. Fuck.
Fuck. Fuck. Fuck. Fuck. Fuck. Fuck. Fuck. Fuck. Fuck.
Fuck. Fuck. Fuck. Fuck. Fuck. Fuck. Fuck. Fuck. Fuck.
Fuck. Fuck. Fuck. Fuck. Fuck. Fuck. Fuck. Fuck. Fuck.
Fuck. Fuck. Fuck. Fuck. Fuck. Fuck. Fuck. Fuck. Fuck.
Fuck. Fuck. Fuck. Fuck. Fuck. Fuck. Fuck. Fuck. Fuck.
Fuck. Fuck. Fuck. Fuck. Fuck. Fuck. Fuck. Fuck. Fuck.
Fuck. Fuck. Fuck. Fuck. Fuck. Fuck. Fuck. Fuck. Fuck.
Fuck. Fuck. Fuck. Fuck. Fuck. Fuck. Fuck. Fuck. Fuck.
Fuck. Fuck. Fuck. Fuck. Fuck. Fuck. Fuck. Fuck. Fuck.
Fuck. Fuck. Fuck. Fuck. Fuck. Fuck. Fuck. Fuck. Fuck.
Fuck. Fuck. Fuck. Fuck. Fuck. Fuck. Fuck. Fuck. Fuck.
Fuck. Fuck. Fuck. Fuck. Fuck. Fuck. Fuck. Fuck. Fuck.
Fuck. Fuck. Fuck. Fuck. Fuck. Fuck. Fuck. Fuck. Fuck.
Fuck. Fuck. Fuck. Fuck. Fuck. Fuck. Fuck. Fuck. Fuck.
Fuck. Fuck. Fuck. Fuck. Fuck. Fuck. Fuck. Fuck. Fuck.
Fuck. Fuck. Fuck. Fuck. Fuck. Fuck. Fuck. Fuck. Fuck.

Fuck. Fuck. Fuck. Fuck. Fuck. Fuck. Fuck. Fuck. Fuck.
Fuck. Fuck. Fuck. Fuck. Fuck. Fuck. Fuck. Fuck. Fuck.
Fuck. Fuck. Fuck. Fuck. Fuck. Fuck. Fuck. Fuck. Fuck.
Fuck. Fuck. Fuck. Fuck. Fuck. Fuck. Fuck. Fuck. Fuck.
Fuck. Fuck. Fuck. Fuck. Fuck. Fuck. Fuck. Fuck. Fuck.
Fuck. Fuck. Fuck. Fuck. Fuck. Fuck. Fuck. Fuck. Fuck.
Fuck. Fuck. Fuck. Fuck. Fuck. Fuck. Fuck. Fuck. Fuck.
Fuck. Fuck. Fuck. Fuck. Fuck. Fuck. Fuck. Fuck. Fuck.
Fuck. Fuck. Fuck. Fuck. Fuck. Fuck. Fuck. Fuck. Fuck.
Fuck. Fuck. Fuck. Fuck. Fuck. Fuck. Fuck. Fuck. Fuck.
Fuck. Fuck. Fuck. Fuck. Fuck. Fuck. Fuck. Fuck. Fuck.
Fuck. Fuck. Fuck. Fuck. Fuck. Fuck. Fuck. Fuck. Fuck.
Fuck. Fuck. Fuck. Fuck. Fuck. Fuck. Fuck. Fuck. Fuck.
Fuck. Fuck. Fuck. Fuck. Fuck. Fuck. Fuck. Fuck. Fuck.
Fuck. Fuck. Fuck. Fuck. Fuck. Fuck. Fuck. Fuck. Fuck.
Fuck. Fuck. Fuck. Fuck. Fuck. Fuck. Fuck. Fuck. Fuck.
Fuck. Fuck. Fuck. Fuck. Fuck. Fuck. Fuck. Fuck. Fuck.
Fuck. Fuck. Fuck. Fuck. Fuck. Fuck. Fuck. Fuck. Fuck.
Fuck. Fuck. Fuck. Fuck. Fuck. Fuck. Fuck. Fuck. Fuck.
Fuck. Fuck. Fuck. Fuck. Fuck. Fuck. Fuck. Fuck. Fuck.
Fuck. Fuck. Fuck. Fuck. Fuck. Fuck. Fuck. Fuck. Fuck.
Fuck. Fuck. Fuck. Fuck. Fuck. Fuck. Fuck. Fuck. Fuck.
Fuck. Fuck. Fuck. Fuck. Fuck. Fuck. Fuck. Fuck. Fuck.
Fuck. Fuck. Fuck. Fuck. Fuck. Fuck. Fuck. Fuck. Fuck.
Fuck. Fuck. Fuck. Fuck. Fuck. Fuck. Fuck. Fuck. Fuck.
Fuck. Fuck. Fuck. Fuck. Fuck. Fuck. Fuck. Fuck. Fuck.
Fuck. Fuck. Fuck. Fuck. Fuck. Fuck. Fuck. Fuck. Fuck.
Fuck. Fuck. Fuck. Fuck. Fuck. Fuck. Fuck. Fuck. Fuck.
Fuck. Fuck. Fuck. Fuck. Fuck. Fuck. Fuck. Fuck. Fuck.
Fuck. Fuck. Fuck. Fuck. Fuck. Fuck. Fuck. Fuck. Fuck.
Fuck. Fuck. Fuck. Fuck. Fuck. Fuck. Fuck. Fuck. Fuck.
Fuck. Fuck. Fuck. Fuck. Fuck. Fuck. Fuck. Fuck. Fuck.

Fuck. Fuck. Fuck. Fuck. Fuck. Fuck. Fuck. Fuck. Fuck.
Fuck. Fuck. Fuck. Fuck. Fuck. Fuck. Fuck. Fuck. Fuck.
Fuck. Fuck. Fuck. Fuck. Fuck. Fuck. Fuck. Fuck. Fuck.
Fuck. Fuck. Fuck. Fuck. Fuck. Fuck. Fuck. Fuck. Fuck.
Fuck. Fuck. Fuck. Fuck. Fuck. Fuck. Fuck. Fuck. Fuck.
Fuck. Fuck. Fuck. Fuck. Fuck. Fuck. Fuck. Fuck. Fuck.
Fuck. Fuck. Fuck. Fuck. Fuck. Fuck. Fuck. Fuck. Fuck.
Fuck. Fuck. Fuck. Fuck. Fuck. Fuck. Fuck. Fuck. Fuck.
Fuck. Fuck. Fuck. Fuck. Fuck. Fuck. Fuck. Fuck. Fuck.
Fuck. Fuck. Fuck. Fuck. Fuck. Fuck. Fuck. Fuck. Fuck.
Fuck. Fuck. Fuck. Fuck. Fuck. Fuck. Fuck. Fuck. Fuck.
Fuck. Fuck. Fuck. Fuck. Fuck. Fuck. Fuck. Fuck. Fuck.
Fuck. Fuck. Fuck. Fuck. Fuck. Fuck. Fuck. Fuck. Fuck.
Fuck. Fuck. Fuck. Fuck. Fuck. Fuck. Fuck. Fuck. Fuck.
Fuck. Fuck. Fuck. Fuck. Fuck. Fuck. Fuck. Fuck. Fuck.
Fuck. Fuck. Fuck. Fuck. Fuck. Fuck. Fuck. Fuck. Fuck.
Fuck. Fuck. Fuck. Fuck. Fuck. Fuck. Fuck. Fuck. Fuck.
Fuck. Fuck. Fuck. Fuck. Fuck. Fuck. Fuck. Fuck. Fuck.
Fuck. Fuck. Fuck. Fuck. Fuck. Fuck. Fuck. Fuck. Fuck.
Fuck. Fuck. Fuck. Fuck. Fuck. Fuck. Fuck. Fuck. Fuck.
Fuck. Fuck. Fuck. Fuck. Fuck. Fuck. Fuck. Fuck. Fuck.
Fuck. Fuck. Fuck. Fuck. Fuck. Fuck. Fuck. Fuck. Fuck.
Fuck. Fuck. Fuck. Fuck. Fuck. Fuck. Fuck. Fuck. Fuck.
Fuck. Fuck. Fuck. Fuck. Fuck. Fuck. Fuck. Fuck. Fuck.
Fuck. Fuck. Fuck. Fuck. Fuck. Fuck. Fuck. Fuck. Fuck.
Fuck. Fuck. Fuck. Fuck. Fuck. Fuck. Fuck. Fuck. Fuck.
Fuck. Fuck. Fuck. Fuck. Fuck. Fuck. Fuck. Fuck. Fuck.
Fuck. Fuck. Fuck. Fuck. Fuck. Fuck. Fuck. Fuck. Fuck.
Fuck. Fuck. Fuck. Fuck. Fuck. Fuck. Fuck. Fuck. Fuck.
Fuck. Fuck. Fuck. Fuck. Fuck. Fuck. Fuck. Fuck. Fuck.
Fuck. Fuck. Fuck. Fuck. Fuck. Fuck. Fuck. Fuck. Fuck.
Fuck. Fuck. Fuck. Fuck. Fuck. Fuck. Fuck. Fuck. Fuck.
Fuck. Fuck. Fuck. Fuck. Fuck. Fuck. Fuck. Fuck. Fuck.
Fuck. Fuck. Fuck. Fuck. Fuck. Fuck. Fuck. Fuck. Fuck.
Fuck. Fuck. Fuck. Fuck. Fuck. Fuck. Fuck. Fuck. Fuck.

Fuck. Fuck. Fuck. Fuck. Fuck. Fuck. Fuck. Fuck. Fuck.
Fuck. Fuck. Fuck. Fuck. Fuck. Fuck. Fuck. Fuck. Fuck.
Fuck. Fuck. Fuck. Fuck. Fuck. Fuck. Fuck. Fuck. Fuck.
Fuck. Fuck. Fuck. Fuck. Fuck. Fuck. Fuck. Fuck. Fuck.
Fuck. Fuck. Fuck. Fuck. Fuck. Fuck. Fuck. Fuck. Fuck.
Fuck. Fuck. Fuck. Fuck. Fuck. Fuck. Fuck. Fuck. Fuck.
Fuck. Fuck. Fuck. Fuck. Fuck. Fuck. Fuck. Fuck. Fuck.
Fuck. Fuck. Fuck. Fuck. Fuck. Fuck. Fuck. Fuck. Fuck.
Fuck. Fuck. Fuck. Fuck. Fuck. Fuck. Fuck. Fuck. Fuck.
Fuck. Fuck. Fuck. Fuck. Fuck. Fuck. Fuck. Fuck. Fuck.
Fuck. Fuck. Fuck. Fuck. Fuck. Fuck. Fuck. Fuck. Fuck.
Fuck. Fuck. Fuck. Fuck. Fuck. Fuck. Fuck. Fuck. Fuck.
Fuck. Fuck. Fuck. Fuck. Fuck. Fuck. Fuck. Fuck. Fuck.
Fuck. Fuck. Fuck. Fuck. Fuck. Fuck. Fuck. Fuck. Fuck.
Fuck. Fuck. Fuck. Fuck. Fuck. Fuck. Fuck. Fuck. Fuck.
Fuck. Fuck. Fuck. Fuck. Fuck. Fuck. Fuck. Fuck. Fuck.
Fuck. Fuck. Fuck. Fuck. Fuck. Fuck. Fuck. Fuck. Fuck.
Fuck. Fuck. Fuck. Fuck. Fuck. Fuck. Fuck. Fuck. Fuck.
Fuck. Fuck. Fuck. Fuck. Fuck. Fuck. Fuck. Fuck. Fuck.
Fuck. Fuck. Fuck. Fuck. Fuck. Fuck. Fuck. Fuck. Fuck.
Fuck. Fuck. Fuck. Fuck. Fuck. Fuck. Fuck. Fuck. Fuck.
Fuck. Fuck. Fuck. Fuck. Fuck. Fuck. Fuck. Fuck. Fuck.
Fuck. Fuck. Fuck. Fuck. Fuck. Fuck. Fuck. Fuck. Fuck.
Fuck. Fuck. Fuck. Fuck. Fuck. Fuck. Fuck. Fuck. Fuck.
Fuck. Fuck. Fuck. Fuck. Fuck. Fuck. Fuck. Fuck. Fuck.
Fuck. Fuck. Fuck. Fuck. Fuck. Fuck. Fuck. Fuck. Fuck.
Fuck. Fuck. Fuck. Fuck. Fuck. Fuck. Fuck. Fuck. Fuck.
Fuck. Fuck. Fuck. Fuck. Fuck. Fuck. Fuck. Fuck. Fuck.
Fuck. Fuck. Fuck. Fuck. Fuck. Fuck. Fuck. Fuck. Fuck.
Fuck. Fuck. Fuck. Fuck. Fuck. Fuck. Fuck. Fuck. Fuck.
Fuck. Fuck. Fuck. Fuck. Fuck. Fuck. Fuck. Fuck. Fuck.
Fuck. Fuck. Fuck. Fuck. Fuck. Fuck. Fuck. Fuck. Fuck.
Fuck. Fuck. Fuck. Fuck. Fuck. Fuck. Fuck. Fuck. Fuck.
Fuck. Fuck. Fuck. Fuck. Fuck. Fuck. Fuck. Fuck. Fuck.
Fuck. Fuck. Fuck. Fuck. Fuck. Fuck. Fuck. Fuck. Fuck.

Fuck. Fuck. Fuck. Fuck. Fuck. Fuck. Fuck. Fuck. Fuck.
Fuck. Fuck. Fuck. Fuck. Fuck. Fuck. Fuck. Fuck. Fuck.
Fuck. Fuck. Fuck. Fuck. Fuck. Fuck. Fuck. Fuck. Fuck.
Fuck. Fuck. Fuck. Fuck. Fuck. Fuck. Fuck. Fuck. Fuck.
Fuck. Fuck. Fuck. Fuck. Fuck. Fuck. Fuck. Fuck. Fuck.
Fuck. Fuck. Fuck. Fuck. Fuck. Fuck. Fuck. Fuck. Fuck.
Fuck. Fuck. Fuck. Fuck. Fuck. Fuck. Fuck. Fuck. Fuck.
Fuck. Fuck. Fuck. Fuck. Fuck. Fuck. Fuck. Fuck. Fuck.
Fuck. Fuck. Fuck. Fuck. Fuck. Fuck. Fuck. Fuck. Fuck.
Fuck. Fuck. Fuck. Fuck. Fuck. Fuck. Fuck. Fuck. Fuck.
Fuck. Fuck. Fuck. Fuck. Fuck. Fuck. Fuck. Fuck. Fuck.
Fuck. Fuck. Fuck. Fuck. Fuck. Fuck. Fuck. Fuck. Fuck.
Fuck. Fuck. Fuck. Fuck. Fuck. Fuck. Fuck. Fuck. Fuck.
Fuck. Fuck. Fuck. Fuck. Fuck. Fuck. Fuck. Fuck. Fuck.
Fuck. Fuck. Fuck. Fuck. Fuck. Fuck. Fuck. Fuck. Fuck.
Fuck. Fuck. Fuck. Fuck. Fuck. Fuck. Fuck. Fuck. Fuck.
Fuck. Fuck. Fuck. Fuck. Fuck. Fuck. Fuck. Fuck. Fuck.
Fuck. Fuck. Fuck. Fuck. Fuck. Fuck. Fuck. Fuck. Fuck.
Fuck. Fuck. Fuck. Fuck. Fuck. Fuck. Fuck. Fuck. Fuck.
Fuck. Fuck. Fuck. Fuck. Fuck. Fuck. Fuck. Fuck. Fuck.
Fuck. Fuck. Fuck. Fuck. Fuck. Fuck. Fuck. Fuck. Fuck.
Fuck. Fuck. Fuck. Fuck. Fuck. Fuck. Fuck. Fuck. Fuck.
Fuck. Fuck. Fuck. Fuck. Fuck. Fuck. Fuck. Fuck. Fuck.
Fuck. Fuck. Fuck. Fuck. Fuck. Fuck. Fuck. Fuck. Fuck.
Fuck. Fuck. Fuck. Fuck. Fuck. Fuck. Fuck. Fuck. Fuck.
Fuck. Fuck. Fuck. Fuck. Fuck. Fuck. Fuck. Fuck. Fuck.
Fuck. Fuck. Fuck. Fuck. Fuck. Fuck. Fuck. Fuck. Fuck.
Fuck. Fuck. Fuck. Fuck. Fuck. Fuck. Fuck. Fuck. Fuck.
Fuck. Fuck. Fuck. Fuck. Fuck. Fuck. Fuck. Fuck. Fuck.
Fuck. Fuck. Fuck. Fuck. Fuck. Fuck. Fuck. Fuck. Fuck.
Fuck. Fuck. Fuck. Fuck. Fuck. Fuck. Fuck. Fuck. Fuck.
Fuck. Fuck. Fuck. Fuck. Fuck. Fuck. Fuck. Fuck. Fuck.
Fuck. Fuck. Fuck. Fuck. Fuck. Fuck. Fuck. Fuck. Fuck.

Fuck. Fuck. Fuck. Fuck. Fuck. Fuck. Fuck. Fuck. Fuck.
Fuck. Fuck. Fuck. Fuck. Fuck. Fuck. Fuck. Fuck. Fuck.
Fuck. Fuck. Fuck. Fuck. Fuck. Fuck. Fuck. Fuck. Fuck.
Fuck. Fuck. Fuck. Fuck. Fuck. Fuck. Fuck. Fuck. Fuck.
Fuck. Fuck. Fuck. Fuck. Fuck. Fuck. Fuck. Fuck. Fuck.
Fuck. Fuck. Fuck. Fuck. Fuck. Fuck. Fuck. Fuck. Fuck.
Fuck. Fuck. Fuck. Fuck. Fuck. Fuck. Fuck. Fuck. Fuck.
Fuck. Fuck. Fuck. Fuck. Fuck. Fuck. Fuck. Fuck. Fuck.
Fuck. Fuck. Fuck. Fuck. Fuck. Fuck. Fuck. Fuck. Fuck.
Fuck. Fuck. Fuck. Fuck. Fuck. Fuck. Fuck. Fuck. Fuck.
Fuck. Fuck. Fuck. Fuck. Fuck. Fuck. Fuck. Fuck. Fuck.
Fuck. Fuck. Fuck. Fuck. Fuck. Fuck. Fuck. Fuck. Fuck.
Fuck. Fuck. Fuck. Fuck. Fuck. Fuck. Fuck. Fuck. Fuck.
Fuck. Fuck. Fuck. Fuck. Fuck. Fuck. Fuck. Fuck. Fuck.
Fuck. Fuck. Fuck. Fuck. Fuck. Fuck. Fuck. Fuck. Fuck.
Fuck. Fuck. Fuck. Fuck. Fuck. Fuck. Fuck. Fuck. Fuck.
Fuck. Fuck. Fuck. Fuck. Fuck. Fuck. Fuck. Fuck. Fuck.
Fuck. Fuck. Fuck. Fuck. Fuck. Fuck. Fuck. Fuck. Fuck.
Fuck. Fuck. Fuck. Fuck. Fuck. Fuck. Fuck. Fuck. Fuck.
Fuck. Fuck. Fuck. Fuck. Fuck. Fuck. Fuck. Fuck. Fuck.
Fuck. Fuck. Fuck. Fuck. Fuck. Fuck. Fuck. Fuck. Fuck.
Fuck. Fuck. Fuck. Fuck. Fuck. Fuck. Fuck. Fuck. Fuck.
Fuck. Fuck. Fuck. Fuck. Fuck. Fuck. Fuck. Fuck. Fuck.
Fuck. Fuck. Fuck. Fuck. Fuck. Fuck. Fuck. Fuck. Fuck.
Fuck. Fuck. Fuck. Fuck. Fuck. Fuck. Fuck. Fuck. Fuck.
Fuck. Fuck. Fuck. Fuck. Fuck. Fuck. Fuck. Fuck. Fuck.
Fuck. Fuck. Fuck. Fuck. Fuck. Fuck. Fuck. Fuck. Fuck.
Fuck. Fuck. Fuck. Fuck. Fuck. Fuck. Fuck. Fuck. Fuck.
Fuck. Fuck. Fuck. Fuck. Fuck. Fuck. Fuck. Fuck. Fuck.
Fuck. Fuck. Fuck. Fuck. Fuck. Fuck. Fuck. Fuck. Fuck.

Fuck. Fuck. Fuck. Fuck. Fuck. Fuck. Fuck. Fuck. Fuck.
Fuck. Fuck. Fuck. Fuck. Fuck. Fuck. Fuck. Fuck. Fuck.
Fuck. Fuck. Fuck. Fuck. Fuck. Fuck. Fuck. Fuck. Fuck.
Fuck. Fuck. Fuck. Fuck. Fuck. Fuck. Fuck. Fuck. Fuck.
Fuck. Fuck. Fuck. Fuck. Fuck. Fuck. Fuck. Fuck. Fuck.
Fuck. Fuck. Fuck. Fuck. Fuck. Fuck. Fuck. Fuck. Fuck.
Fuck. Fuck. Fuck. Fuck. Fuck. Fuck. Fuck. Fuck. Fuck.
Fuck. Fuck. Fuck. Fuck. Fuck. Fuck. Fuck. Fuck. Fuck.
Fuck. Fuck. Fuck. Fuck. Fuck. Fuck. Fuck. Fuck. Fuck.
Fuck. Fuck. Fuck. Fuck. Fuck. Fuck. Fuck. Fuck. Fuck.
Fuck. Fuck. Fuck. Fuck. Fuck. Fuck. Fuck. Fuck. Fuck.
Fuck. Fuck. Fuck. Fuck. Fuck. Fuck. Fuck. Fuck. Fuck.
Fuck. Fuck. Fuck. Fuck. Fuck. Fuck. Fuck. Fuck. Fuck.
Fuck. Fuck. Fuck. Fuck. Fuck. Fuck. Fuck. Fuck. Fuck.
Fuck. Fuck. Fuck. Fuck. Fuck. Fuck. Fuck. Fuck. Fuck.
Fuck. Fuck. Fuck. Fuck. Fuck. Fuck. Fuck. Fuck. Fuck.
Fuck. Fuck. Fuck. Fuck. Fuck. Fuck. Fuck. Fuck. Fuck.
Fuck. Fuck. Fuck. Fuck. Fuck. Fuck. Fuck. Fuck. Fuck.
Fuck. Fuck. Fuck. Fuck. Fuck. Fuck. Fuck. Fuck. Fuck.
Fuck. Fuck. Fuck. Fuck. Fuck. Fuck. Fuck. Fuck. Fuck.
Fuck. Fuck. Fuck. Fuck. Fuck. Fuck. Fuck. Fuck. Fuck.
Fuck. Fuck. Fuck. Fuck. Fuck. Fuck. Fuck. Fuck. Fuck.
Fuck. Fuck. Fuck. Fuck. Fuck. Fuck. Fuck. Fuck. Fuck.
Fuck. Fuck. Fuck. Fuck. Fuck. Fuck. Fuck. Fuck. Fuck.
Fuck. Fuck. Fuck. Fuck. Fuck. Fuck. Fuck. Fuck. Fuck.
Fuck. Fuck. Fuck. Fuck. Fuck. Fuck. Fuck. Fuck. Fuck.
Fuck. Fuck. Fuck. Fuck. Fuck. Fuck. Fuck. Fuck. Fuck.
Fuck. Fuck. Fuck. Fuck. Fuck. Fuck. Fuck. Fuck. Fuck.
Fuck. Fuck. Fuck. Fuck. Fuck. Fuck. Fuck. Fuck. Fuck.
Fuck. Fuck. Fuck. Fuck. Fuck. Fuck. Fuck. Fuck. Fuck.
Fuck. Fuck. Fuck. Fuck. Fuck. Fuck. Fuck. Fuck. Fuck.
Fuck. Fuck. Fuck. Fuck. Fuck. Fuck. Fuck. Fuck. Fuck.
Fuck. Fuck. Fuck. Fuck. Fuck. Fuck. Fuck. Fuck. Fuck.
Fuck. Fuck. Fuck. Fuck. Fuck. Fuck. Fuck. Fuck. Fuck.
Fuck. Fuck. Fuck. Fuck. Fuck. Fuck. Fuck. Fuck. Fuck.

Fuck. Fuck. Fuck. Fuck. Fuck. Fuck. Fuck. Fuck. Fuck.
Fuck. Fuck. Fuck. Fuck. Fuck. Fuck. Fuck. Fuck. Fuck.
Fuck. Fuck. Fuck. Fuck. Fuck. Fuck. Fuck. Fuck. Fuck.
Fuck. Fuck. Fuck. Fuck. Fuck. Fuck. Fuck. Fuck. Fuck.
Fuck. Fuck. Fuck. Fuck. Fuck. Fuck. Fuck. Fuck. Fuck.
Fuck. Fuck. Fuck. Fuck. Fuck. Fuck. Fuck. Fuck. Fuck.
Fuck. Fuck. Fuck. Fuck. Fuck. Fuck. Fuck. Fuck. Fuck.
Fuck. Fuck. Fuck. Fuck. Fuck. Fuck. Fuck. Fuck. Fuck.
Fuck. Fuck. Fuck. Fuck. Fuck. Fuck. Fuck. Fuck. Fuck.
Fuck. Fuck. Fuck. Fuck. Fuck. Fuck. Fuck. Fuck. Fuck.
Fuck. Fuck. Fuck. Fuck. Fuck. Fuck. Fuck. Fuck. Fuck.
Fuck. Fuck. Fuck. Fuck. Fuck. Fuck. Fuck. Fuck. Fuck.
Fuck. Fuck. Fuck. Fuck. Fuck. Fuck. Fuck. Fuck. Fuck.
Fuck. Fuck. Fuck. Fuck. Fuck. Fuck. Fuck. Fuck. Fuck.
Fuck. Fuck. Fuck. Fuck. Fuck. Fuck. Fuck. Fuck. Fuck.
Fuck. Fuck. Fuck. Fuck. Fuck. Fuck. Fuck. Fuck. Fuck.
Fuck. Fuck. Fuck. Fuck. Fuck. Fuck. Fuck. Fuck. Fuck.
Fuck. Fuck. Fuck. Fuck. Fuck. Fuck. Fuck. Fuck. Fuck.
Fuck. Fuck. Fuck. Fuck. Fuck. Fuck. Fuck. Fuck. Fuck.
Fuck. Fuck. Fuck. Fuck. Fuck. Fuck. Fuck. Fuck. Fuck.
Fuck. Fuck. Fuck. Fuck. Fuck. Fuck. Fuck. Fuck. Fuck.
Fuck. Fuck. Fuck. Fuck. Fuck. Fuck. Fuck. Fuck. Fuck.
Fuck. Fuck. Fuck. Fuck. Fuck. Fuck. Fuck. Fuck. Fuck.
Fuck. Fuck. Fuck. Fuck. Fuck. Fuck. Fuck. Fuck. Fuck.
Fuck. Fuck. Fuck. Fuck. Fuck. Fuck. Fuck. Fuck. Fuck.
Fuck. Fuck. Fuck. Fuck. Fuck. Fuck. Fuck. Fuck. Fuck.
Fuck. Fuck. Fuck. Fuck. Fuck. Fuck. Fuck. Fuck. Fuck.
Fuck. Fuck. Fuck. Fuck. Fuck. Fuck. Fuck. Fuck. Fuck.
Fuck. Fuck. Fuck. Fuck. Fuck. Fuck. Fuck. Fuck. Fuck.
Fuck. Fuck. Fuck. Fuck. Fuck. Fuck. Fuck. Fuck. Fuck.
Fuck. Fuck. Fuck. Fuck. Fuck. Fuck. Fuck. Fuck. Fuck.
Fuck. Fuck. Fuck. Fuck. Fuck. Fuck. Fuck. Fuck. Fuck.
Fuck. Fuck. Fuck. Fuck. Fuck. Fuck. Fuck. Fuck. Fuck.

Fuck. Fuck. Fuck. Fuck. Fuck. Fuck. Fuck. Fuck. Fuck.
Fuck. Fuck. Fuck. Fuck. Fuck. Fuck. Fuck. Fuck. Fuck.
Fuck. Fuck. Fuck. Fuck. Fuck. Fuck. Fuck. Fuck. Fuck.
Fuck. Fuck. Fuck. Fuck. Fuck. Fuck. Fuck. Fuck. Fuck.
Fuck. Fuck. Fuck. Fuck. Fuck. Fuck. Fuck. Fuck. Fuck.
Fuck. Fuck. Fuck. Fuck. Fuck. Fuck. Fuck. Fuck. Fuck.
Fuck. Fuck. Fuck. Fuck. Fuck. Fuck. Fuck. Fuck. Fuck.
Fuck. Fuck. Fuck. Fuck. Fuck. Fuck. Fuck. Fuck. Fuck.
Fuck. Fuck. Fuck. Fuck. Fuck. Fuck. Fuck. Fuck. Fuck.
Fuck. Fuck. Fuck. Fuck. Fuck. Fuck. Fuck. Fuck. Fuck.
Fuck. Fuck. Fuck. Fuck. Fuck. Fuck. Fuck. Fuck. Fuck.
Fuck. Fuck. Fuck. Fuck. Fuck. Fuck. Fuck. Fuck. Fuck.
Fuck. Fuck. Fuck. Fuck. Fuck. Fuck. Fuck. Fuck. Fuck.
Fuck. Fuck. Fuck. Fuck. Fuck. Fuck. Fuck. Fuck. Fuck.
Fuck. Fuck. Fuck. Fuck. Fuck. Fuck. Fuck. Fuck. Fuck.
Fuck. Fuck. Fuck. Fuck. Fuck. Fuck. Fuck. Fuck. Fuck.
Fuck. Fuck. Fuck. Fuck. Fuck. Fuck. Fuck. Fuck. Fuck.
Fuck. Fuck. Fuck. Fuck. Fuck. Fuck. Fuck. Fuck. Fuck.
Fuck. Fuck. Fuck. Fuck. Fuck. Fuck. Fuck. Fuck. Fuck.
Fuck. Fuck. Fuck. Fuck. Fuck. Fuck. Fuck. Fuck. Fuck.
Fuck. Fuck. Fuck. Fuck. Fuck. Fuck. Fuck. Fuck. Fuck.
Fuck. Fuck. Fuck. Fuck. Fuck. Fuck. Fuck. Fuck. Fuck.
Fuck. Fuck. Fuck. Fuck. Fuck. Fuck. Fuck. Fuck. Fuck.
Fuck. Fuck. Fuck. Fuck. Fuck. Fuck. Fuck. Fuck. Fuck.
Fuck. Fuck. Fuck. Fuck. Fuck. Fuck. Fuck. Fuck. Fuck.
Fuck. Fuck. Fuck. Fuck. Fuck. Fuck. Fuck. Fuck. Fuck.
Fuck. Fuck. Fuck. Fuck. Fuck. Fuck. Fuck. Fuck. Fuck.
Fuck. Fuck. Fuck. Fuck. Fuck. Fuck. Fuck. Fuck. Fuck.
Fuck. Fuck. Fuck. Fuck. Fuck. Fuck. Fuck. Fuck. Fuck.
Fuck. Fuck. Fuck. Fuck. Fuck. Fuck. Fuck. Fuck. Fuck.
Fuck. Fuck. Fuck. Fuck. Fuck. Fuck. Fuck. Fuck. Fuck.
Fuck. Fuck. Fuck. Fuck. Fuck. Fuck. Fuck. Fuck. Fuck.
Fuck. Fuck. Fuck. Fuck. Fuck. Fuck. Fuck. Fuck. Fuck.
Fuck. Fuck. Fuck. Fuck. Fuck. Fuck. Fuck. Fuck. Fuck.
Fuck. Fuck. Fuck. Fuck. Fuck. Fuck. Fuck. Fuck. Fuck.

Fuck. Fuck. Fuck. Fuck. Fuck. Fuck. Fuck. Fuck. Fuck.
Fuck. Fuck. Fuck. Fuck. Fuck. Fuck. Fuck. Fuck. Fuck.
Fuck. Fuck. Fuck. Fuck. Fuck. Fuck. Fuck. Fuck. Fuck.
Fuck. Fuck. Fuck. Fuck. Fuck. Fuck. Fuck. Fuck. Fuck.
Fuck. Fuck. Fuck. Fuck. Fuck. Fuck. Fuck. Fuck. Fuck.
Fuck. Fuck. Fuck. Fuck. Fuck. Fuck. Fuck. Fuck. Fuck.
Fuck. Fuck. Fuck. Fuck. Fuck. Fuck. Fuck. Fuck. Fuck.
Fuck. Fuck. Fuck. Fuck. Fuck. Fuck. Fuck. Fuck. Fuck.
Fuck. Fuck. Fuck. Fuck. Fuck. Fuck. Fuck. Fuck. Fuck.
Fuck. Fuck. Fuck. Fuck. Fuck. Fuck. Fuck. Fuck. Fuck.
Fuck. Fuck. Fuck. Fuck. Fuck. Fuck. Fuck. Fuck. Fuck.
Fuck. Fuck. Fuck. Fuck. Fuck. Fuck. Fuck. Fuck. Fuck.
Fuck. Fuck. Fuck. Fuck. Fuck. Fuck. Fuck. Fuck. Fuck.
Fuck. Fuck. Fuck. Fuck. Fuck. Fuck. Fuck. Fuck. Fuck.
Fuck. Fuck. Fuck. Fuck. Fuck. Fuck. Fuck. Fuck. Fuck.
Fuck. Fuck. Fuck. Fuck. Fuck. Fuck. Fuck. Fuck. Fuck.
Fuck. Fuck. Fuck. Fuck. Fuck. Fuck. Fuck. Fuck. Fuck.
Fuck. Fuck. Fuck. Fuck. Fuck. Fuck. Fuck. Fuck. Fuck.
Fuck. Fuck. Fuck. Fuck. Fuck. Fuck. Fuck. Fuck. Fuck.
Fuck. Fuck. Fuck. Fuck. Fuck. Fuck. Fuck. Fuck. Fuck.
Fuck. Fuck. Fuck. Fuck. Fuck. Fuck. Fuck. Fuck. Fuck.
Fuck. Fuck. Fuck. Fuck. Fuck. Fuck. Fuck. Fuck. Fuck.
Fuck. Fuck. Fuck. Fuck. Fuck. Fuck. Fuck. Fuck. Fuck.
Fuck. Fuck. Fuck. Fuck. Fuck. Fuck. Fuck. Fuck. Fuck.
Fuck. Fuck. Fuck. Fuck. Fuck. Fuck. Fuck. Fuck. Fuck.
Fuck. Fuck. Fuck. Fuck. Fuck. Fuck. Fuck. Fuck. Fuck.
Fuck. Fuck. Fuck. Fuck. Fuck. Fuck. Fuck. Fuck. Fuck.
Fuck. Fuck. Fuck. Fuck. Fuck. Fuck. Fuck. Fuck. Fuck.
Fuck. Fuck. Fuck. Fuck. Fuck. Fuck. Fuck. Fuck. Fuck.
Fuck. Fuck. Fuck. Fuck. Fuck. Fuck. Fuck. Fuck. Fuck.
Fuck. Fuck. Fuck. Fuck. Fuck. Fuck. Fuck. Fuck. Fuck.

Fuck. Fuck. Fuck. Fuck. Fuck. Fuck. Fuck. Fuck. Fuck.
Fuck. Fuck. Fuck. Fuck. Fuck. Fuck. Fuck. Fuck. Fuck.
Fuck. Fuck. Fuck. Fuck. Fuck. Fuck. Fuck. Fuck. Fuck.
Fuck. Fuck. Fuck. Fuck. Fuck. Fuck. Fuck. Fuck. Fuck.
Fuck. Fuck. Fuck. Fuck. Fuck. Fuck. Fuck. Fuck. Fuck.
Fuck. Fuck. Fuck. Fuck. Fuck. Fuck. Fuck. Fuck. Fuck.
Fuck. Fuck. Fuck. Fuck. Fuck. Fuck. Fuck. Fuck. Fuck.
Fuck. Fuck. Fuck. Fuck. Fuck. Fuck. Fuck. Fuck. Fuck.
Fuck. Fuck. Fuck. Fuck. Fuck. Fuck. Fuck. Fuck. Fuck.
Fuck. Fuck. Fuck. Fuck. Fuck. Fuck. Fuck. Fuck. Fuck.
Fuck. Fuck. Fuck. Fuck. Fuck. Fuck. Fuck. Fuck. Fuck.
Fuck. Fuck. Fuck. Fuck. Fuck. Fuck. Fuck. Fuck. Fuck.
Fuck. Fuck. Fuck. Fuck. Fuck. Fuck. Fuck. Fuck. Fuck.
Fuck. Fuck. Fuck. Fuck. Fuck. Fuck. Fuck. Fuck. Fuck.
Fuck. Fuck. Fuck. Fuck. Fuck. Fuck. Fuck. Fuck. Fuck.
Fuck. Fuck. Fuck. Fuck. Fuck. Fuck. Fuck. Fuck. Fuck.
Fuck. Fuck. Fuck. Fuck. Fuck. Fuck. Fuck. Fuck. Fuck.
Fuck. Fuck. Fuck. Fuck. Fuck. Fuck. Fuck. Fuck. Fuck.
Fuck. Fuck. Fuck. Fuck. Fuck. Fuck. Fuck. Fuck. Fuck.
Fuck. Fuck. Fuck. Fuck. Fuck. Fuck. Fuck. Fuck. Fuck.
Fuck. Fuck. Fuck. Fuck. Fuck. Fuck. Fuck. Fuck. Fuck.
Fuck. Fuck. Fuck. Fuck. Fuck. Fuck. Fuck. Fuck. Fuck.
Fuck. Fuck. Fuck. Fuck. Fuck. Fuck. Fuck. Fuck. Fuck.
Fuck. Fuck. Fuck. Fuck. Fuck. Fuck. Fuck. Fuck. Fuck.
Fuck. Fuck. Fuck. Fuck. Fuck. Fuck. Fuck. Fuck. Fuck.
Fuck. Fuck. Fuck. Fuck. Fuck. Fuck. Fuck. Fuck. Fuck.
Fuck. Fuck. Fuck. Fuck. Fuck. Fuck. Fuck. Fuck. Fuck.
Fuck. Fuck. Fuck. Fuck. Fuck. Fuck. Fuck. Fuck. Fuck.
Fuck. Fuck. Fuck. Fuck. Fuck. Fuck. Fuck. Fuck. Fuck.
Fuck. Fuck. Fuck. Fuck. Fuck. Fuck. Fuck. Fuck. Fuck.
Fuck. Fuck. Fuck. Fuck. Fuck. Fuck. Fuck. Fuck. Fuck.
Fuck. Fuck. Fuck. Fuck. Fuck. Fuck. Fuck. Fuck. Fuck.

Fuck. Fuck. Fuck. Fuck. Fuck. Fuck. Fuck. Fuck. Fuck.
Fuck. Fuck. Fuck. Fuck. Fuck. Fuck. Fuck. Fuck. Fuck.
Fuck. Fuck. Fuck. Fuck. Fuck. Fuck. Fuck. Fuck. Fuck.
Fuck. Fuck. Fuck. Fuck. Fuck. Fuck. Fuck. Fuck. Fuck.
Fuck. Fuck. Fuck. Fuck. Fuck. Fuck. Fuck. Fuck. Fuck.
Fuck. Fuck. Fuck. Fuck. Fuck. Fuck. Fuck. Fuck. Fuck.
Fuck. Fuck. Fuck. Fuck. Fuck. Fuck. Fuck. Fuck. Fuck.
Fuck. Fuck. Fuck. Fuck. Fuck. Fuck. Fuck. Fuck. Fuck.
Fuck. Fuck. Fuck. Fuck. Fuck. Fuck. Fuck. Fuck. Fuck.
Fuck. Fuck. Fuck. Fuck. Fuck. Fuck. Fuck. Fuck. Fuck.
Fuck. Fuck. Fuck. Fuck. Fuck. Fuck. Fuck. Fuck. Fuck.
Fuck. Fuck. Fuck. Fuck. Fuck. Fuck. Fuck. Fuck. Fuck.
Fuck. Fuck. Fuck. Fuck. Fuck. Fuck. Fuck. Fuck. Fuck.
Fuck. Fuck. Fuck. Fuck. Fuck. Fuck. Fuck. Fuck. Fuck.
Fuck. Fuck. Fuck. Fuck. Fuck. Fuck. Fuck. Fuck. Fuck.
Fuck. Fuck. Fuck. Fuck. Fuck. Fuck. Fuck. Fuck. Fuck.
Fuck. Fuck. Fuck. Fuck. Fuck. Fuck. Fuck. Fuck. Fuck.
Fuck. Fuck. Fuck. Fuck. Fuck. Fuck. Fuck. Fuck. Fuck.
Fuck. Fuck. Fuck. Fuck. Fuck. Fuck. Fuck. Fuck. Fuck.
Fuck. Fuck. Fuck. Fuck. Fuck. Fuck. Fuck. Fuck. Fuck.
Fuck. Fuck. Fuck. Fuck. Fuck. Fuck. Fuck. Fuck. Fuck.
Fuck. Fuck. Fuck. Fuck. Fuck. Fuck. Fuck. Fuck. Fuck.
Fuck. Fuck. Fuck. Fuck. Fuck. Fuck. Fuck. Fuck. Fuck.
Fuck. Fuck. Fuck. Fuck. Fuck. Fuck. Fuck. Fuck. Fuck.
Fuck. Fuck. Fuck. Fuck. Fuck. Fuck. Fuck. Fuck. Fuck.
Fuck. Fuck. Fuck. Fuck. Fuck. Fuck. Fuck. Fuck. Fuck.
Fuck. Fuck. Fuck. Fuck. Fuck. Fuck. Fuck. Fuck. Fuck.
Fuck. Fuck. Fuck. Fuck. Fuck. Fuck. Fuck. Fuck. Fuck.
Fuck. Fuck. Fuck. Fuck. Fuck. Fuck. Fuck. Fuck. Fuck.
Fuck. Fuck. Fuck. Fuck. Fuck. Fuck. Fuck. Fuck. Fuck.
Fuck. Fuck. Fuck. Fuck. Fuck. Fuck. Fuck. Fuck. Fuck.
Fuck. Fuck. Fuck. Fuck. Fuck. Fuck. Fuck. Fuck. Fuck.
Fuck. Fuck. Fuck. Fuck. Fuck. Fuck. Fuck. Fuck. Fuck.
Fuck. Fuck. Fuck. Fuck. Fuck. Fuck. Fuck. Fuck. Fuck.

Fuck. Fuck. Fuck. Fuck. Fuck. Fuck. Fuck. Fuck. Fuck.
Fuck. Fuck. Fuck. Fuck. Fuck. Fuck. Fuck. Fuck. Fuck.
Fuck. Fuck. Fuck. Fuck. Fuck. Fuck. Fuck. Fuck. Fuck.
Fuck. Fuck. Fuck. Fuck. Fuck. Fuck. Fuck. Fuck. Fuck.
Fuck. Fuck. Fuck. Fuck. Fuck. Fuck. Fuck. Fuck. Fuck.
Fuck. Fuck. Fuck. Fuck. Fuck. Fuck. Fuck. Fuck. Fuck.
Fuck. Fuck. Fuck. Fuck. Fuck. Fuck. Fuck. Fuck. Fuck.
Fuck. Fuck. Fuck. Fuck. Fuck. Fuck. Fuck. Fuck. Fuck.
Fuck. Fuck. Fuck. Fuck. Fuck. Fuck. Fuck. Fuck. Fuck.
Fuck. Fuck. Fuck. Fuck. Fuck. Fuck. Fuck. Fuck. Fuck.
Fuck. Fuck. Fuck. Fuck. Fuck. Fuck. Fuck. Fuck. Fuck.
Fuck. Fuck. Fuck. Fuck. Fuck. Fuck. Fuck. Fuck. Fuck.
Fuck. Fuck. Fuck. Fuck. Fuck. Fuck. Fuck. Fuck. Fuck.
Fuck. Fuck. Fuck. Fuck. Fuck. Fuck. Fuck. Fuck. Fuck.
Fuck. Fuck. Fuck. Fuck. Fuck. Fuck. Fuck. Fuck. Fuck.
Fuck. Fuck. Fuck. Fuck. Fuck. Fuck. Fuck. Fuck. Fuck.
Fuck. Fuck. Fuck. Fuck. Fuck. Fuck. Fuck. Fuck. Fuck.
Fuck. Fuck. Fuck. Fuck. Fuck. Fuck. Fuck. Fuck. Fuck.
Fuck. Fuck. Fuck. Fuck. Fuck. Fuck. Fuck. Fuck. Fuck.
Fuck. Fuck. Fuck. Fuck. Fuck. Fuck. Fuck. Fuck. Fuck.
Fuck. Fuck. Fuck. Fuck. Fuck. Fuck. Fuck. Fuck. Fuck.
Fuck. Fuck. Fuck. Fuck. Fuck. Fuck. Fuck. Fuck. Fuck.
Fuck. Fuck. Fuck. Fuck. Fuck. Fuck. Fuck. Fuck. Fuck.
Fuck. Fuck. Fuck. Fuck. Fuck. Fuck. Fuck. Fuck. Fuck.
Fuck. Fuck. Fuck. Fuck. Fuck. Fuck. Fuck. Fuck. Fuck.
Fuck. Fuck. Fuck. Fuck. Fuck. Fuck. Fuck. Fuck. Fuck.
Fuck. Fuck. Fuck. Fuck. Fuck. Fuck. Fuck. Fuck. Fuck.
Fuck. Fuck. Fuck. Fuck. Fuck. Fuck. Fuck. Fuck. Fuck.
Fuck. Fuck. Fuck. Fuck. Fuck. Fuck. Fuck. Fuck. Fuck.
Fuck. Fuck. Fuck. Fuck. Fuck. Fuck. Fuck. Fuck. Fuck.
Fuck. Fuck. Fuck. Fuck. Fuck. Fuck. Fuck. Fuck. Fuck.
Fuck. Fuck. Fuck. Fuck. Fuck. Fuck. Fuck. Fuck. Fuck.
Fuck. Fuck. Fuck. Fuck. Fuck. Fuck. Fuck. Fuck. Fuck.
Fuck. Fuck. Fuck. Fuck. Fuck. Fuck. Fuck. Fuck. Fuck.

Fuck. Fuck. Fuck. Fuck. Fuck. Fuck. Fuck. Fuck. Fuck.
Fuck. Fuck. Fuck. Fuck. Fuck. Fuck. Fuck. Fuck. Fuck.
Fuck. Fuck. Fuck. Fuck. Fuck. Fuck. Fuck. Fuck. Fuck.
Fuck. Fuck. Fuck. Fuck. Fuck. Fuck. Fuck. Fuck. Fuck.
Fuck. Fuck. Fuck. Fuck. Fuck. Fuck. Fuck. Fuck. Fuck.
Fuck. Fuck. Fuck. Fuck. Fuck. Fuck. Fuck. Fuck. Fuck.
Fuck. Fuck. Fuck. Fuck. Fuck. Fuck. Fuck. Fuck. Fuck.
Fuck. Fuck. Fuck. Fuck. Fuck. Fuck. Fuck. Fuck. Fuck.
Fuck. Fuck. Fuck. Fuck. Fuck. Fuck. Fuck. Fuck. Fuck.
Fuck. Fuck. Fuck. Fuck. Fuck. Fuck. Fuck. Fuck. Fuck.
Fuck. Fuck. Fuck. Fuck. Fuck. Fuck. Fuck. Fuck. Fuck.
Fuck. Fuck. Fuck. Fuck. Fuck. Fuck. Fuck. Fuck. Fuck.
Fuck. Fuck. Fuck. Fuck. Fuck. Fuck. Fuck. Fuck. Fuck.
Fuck. Fuck. Fuck. Fuck. Fuck. Fuck. Fuck. Fuck. Fuck.
Fuck. Fuck. Fuck. Fuck. Fuck. Fuck. Fuck. Fuck. Fuck.
Fuck. Fuck. Fuck. Fuck. Fuck. Fuck. Fuck. Fuck. Fuck.
Fuck. Fuck. Fuck. Fuck. Fuck. Fuck. Fuck. Fuck. Fuck.
Fuck. Fuck. Fuck. Fuck. Fuck. Fuck. Fuck. Fuck. Fuck.
Fuck. Fuck. Fuck. Fuck. Fuck. Fuck. Fuck. Fuck. Fuck.
Fuck. Fuck. Fuck. Fuck. Fuck. Fuck. Fuck. Fuck. Fuck.
Fuck. Fuck. Fuck. Fuck. Fuck. Fuck. Fuck. Fuck. Fuck.
Fuck. Fuck. Fuck. Fuck. Fuck. Fuck. Fuck. Fuck. Fuck.
Fuck. Fuck. Fuck. Fuck. Fuck. Fuck. Fuck. Fuck. Fuck.
Fuck. Fuck. Fuck. Fuck. Fuck. Fuck. Fuck. Fuck. Fuck.
Fuck. Fuck. Fuck. Fuck. Fuck. Fuck. Fuck. Fuck. Fuck.
Fuck. Fuck. Fuck. Fuck. Fuck. Fuck. Fuck. Fuck. Fuck.
Fuck. Fuck. Fuck. Fuck. Fuck. Fuck. Fuck. Fuck. Fuck.
Fuck. Fuck. Fuck. Fuck. Fuck. Fuck. Fuck. Fuck. Fuck.
Fuck. Fuck. Fuck. Fuck. Fuck. Fuck. Fuck. Fuck. Fuck.
Fuck. Fuck. Fuck. Fuck. Fuck. Fuck. Fuck. Fuck. Fuck.
Fuck. Fuck. Fuck. Fuck. Fuck. Fuck. Fuck. Fuck. Fuck.
Fuck. Fuck. Fuck. Fuck. Fuck. Fuck. Fuck. Fuck. Fuck.
Fuck. Fuck. Fuck. Fuck. Fuck. Fuck. Fuck. Fuck. Fuck.
Fuck. Fuck. Fuck. Fuck. Fuck. Fuck. Fuck. Fuck. Fuck.

Fuck. Fuck. Fuck. Fuck. Fuck. Fuck. Fuck. Fuck. Fuck.
Fuck. Fuck. Fuck. Fuck. Fuck. Fuck. Fuck. Fuck. Fuck.
Fuck. Fuck. Fuck. Fuck. Fuck. Fuck. Fuck. Fuck. Fuck.
Fuck. Fuck. Fuck. Fuck. Fuck. Fuck. Fuck. Fuck. Fuck.
Fuck. Fuck. Fuck. Fuck. Fuck. Fuck. Fuck. Fuck. Fuck.
Fuck. Fuck. Fuck. Fuck. Fuck. Fuck. Fuck. Fuck. Fuck.
Fuck. Fuck. Fuck. Fuck. Fuck. Fuck. Fuck. Fuck. Fuck.
Fuck. Fuck. Fuck. Fuck. Fuck. Fuck. Fuck. Fuck. Fuck.
Fuck. Fuck. Fuck. Fuck. Fuck. Fuck. Fuck. Fuck. Fuck.
Fuck. Fuck. Fuck. Fuck. Fuck. Fuck. Fuck. Fuck. Fuck.
Fuck. Fuck. Fuck. Fuck. Fuck. Fuck. Fuck. Fuck. Fuck.
Fuck. Fuck. Fuck. Fuck. Fuck. Fuck. Fuck. Fuck. Fuck.
Fuck. Fuck. Fuck. Fuck. Fuck. Fuck. Fuck. Fuck. Fuck.
Fuck. Fuck. Fuck. Fuck. Fuck. Fuck. Fuck. Fuck. Fuck.
Fuck. Fuck. Fuck. Fuck. Fuck. Fuck. Fuck. Fuck. Fuck.
Fuck. Fuck. Fuck. Fuck. Fuck. Fuck. Fuck. Fuck. Fuck.
Fuck. Fuck. Fuck. Fuck. Fuck. Fuck. Fuck. Fuck. Fuck.
Fuck. Fuck. Fuck. Fuck. Fuck. Fuck. Fuck. Fuck. Fuck.
Fuck. Fuck. Fuck. Fuck. Fuck. Fuck. Fuck. Fuck. Fuck.
Fuck. Fuck. Fuck. Fuck. Fuck. Fuck. Fuck. Fuck. Fuck.
Fuck. Fuck. Fuck. Fuck. Fuck. Fuck. Fuck. Fuck. Fuck.
Fuck. Fuck. Fuck. Fuck. Fuck. Fuck. Fuck. Fuck. Fuck.
Fuck. Fuck. Fuck. Fuck. Fuck. Fuck. Fuck. Fuck. Fuck.
Fuck. Fuck. Fuck. Fuck. Fuck. Fuck. Fuck. Fuck. Fuck.
Fuck. Fuck. Fuck. Fuck. Fuck. Fuck. Fuck. Fuck. Fuck.
Fuck. Fuck. Fuck. Fuck. Fuck. Fuck. Fuck. Fuck. Fuck.
Fuck. Fuck. Fuck. Fuck. Fuck. Fuck. Fuck. Fuck. Fuck.
Fuck. Fuck. Fuck. Fuck. Fuck. Fuck. Fuck. Fuck. Fuck.
Fuck. Fuck. Fuck. Fuck. Fuck. Fuck. Fuck. Fuck. Fuck.
Fuck. Fuck. Fuck. Fuck. Fuck. Fuck. Fuck. Fuck. Fuck.
Fuck. Fuck. Fuck. Fuck. Fuck. Fuck. Fuck. Fuck. Fuck.
Fuck. Fuck. Fuck. Fuck. Fuck. Fuck. Fuck. Fuck. Fuck.
Fuck. Fuck. Fuck. Fuck. Fuck. Fuck. Fuck. Fuck. Fuck.

Fuck. Fuck. Fuck. Fuck. Fuck. Fuck. Fuck. Fuck. Fuck.
Fuck. Fuck. Fuck. Fuck. Fuck. Fuck. Fuck. Fuck. Fuck.
Fuck. Fuck. Fuck. Fuck. Fuck. Fuck. Fuck. Fuck. Fuck.
Fuck. Fuck. Fuck. Fuck. Fuck. Fuck. Fuck. Fuck. Fuck.
Fuck. Fuck. Fuck. Fuck. Fuck. Fuck. Fuck. Fuck. Fuck.
Fuck. Fuck. Fuck. Fuck. Fuck. Fuck. Fuck. Fuck. Fuck.
Fuck. Fuck. Fuck. Fuck. Fuck. Fuck. Fuck. Fuck. Fuck.
Fuck. Fuck. Fuck. Fuck. Fuck. Fuck. Fuck. Fuck. Fuck.
Fuck. Fuck. Fuck. Fuck. Fuck. Fuck. Fuck. Fuck. Fuck.
Fuck. Fuck. Fuck. Fuck. Fuck. Fuck. Fuck. Fuck. Fuck.
Fuck. Fuck. Fuck. Fuck. Fuck. Fuck. Fuck. Fuck. Fuck.
Fuck. Fuck. Fuck. Fuck. Fuck. Fuck. Fuck. Fuck. Fuck.
Fuck. Fuck. Fuck. Fuck. Fuck. Fuck. Fuck. Fuck. Fuck.
Fuck. Fuck. Fuck. Fuck. Fuck. Fuck. Fuck. Fuck. Fuck.
Fuck. Fuck. Fuck. Fuck. Fuck. Fuck. Fuck. Fuck. Fuck.
Fuck. Fuck. Fuck. Fuck. Fuck. Fuck. Fuck. Fuck. Fuck.
Fuck. Fuck. Fuck. Fuck. Fuck. Fuck. Fuck. Fuck. Fuck.
Fuck. Fuck. Fuck. Fuck. Fuck. Fuck. Fuck. Fuck. Fuck.
Fuck. Fuck. Fuck. Fuck. Fuck. Fuck. Fuck. Fuck. Fuck.
Fuck. Fuck. Fuck. Fuck. Fuck. Fuck. Fuck. Fuck. Fuck.
Fuck. Fuck. Fuck. Fuck. Fuck. Fuck. Fuck. Fuck. Fuck.
Fuck. Fuck. Fuck. Fuck. Fuck. Fuck. Fuck. Fuck. Fuck.
Fuck. Fuck. Fuck. Fuck. Fuck. Fuck. Fuck. Fuck. Fuck.
Fuck. Fuck. Fuck. Fuck. Fuck. Fuck. Fuck. Fuck. Fuck.
Fuck. Fuck. Fuck. Fuck. Fuck. Fuck. Fuck. Fuck. Fuck.
Fuck. Fuck. Fuck. Fuck. Fuck. Fuck. Fuck. Fuck. Fuck.
Fuck. Fuck. Fuck. Fuck. Fuck. Fuck. Fuck. Fuck. Fuck.
Fuck. Fuck. Fuck. Fuck. Fuck. Fuck. Fuck. Fuck. Fuck.
Fuck. Fuck. Fuck. Fuck. Fuck. Fuck. Fuck. Fuck. Fuck.
Fuck. Fuck. Fuck. Fuck. Fuck. Fuck. Fuck. Fuck. Fuck.
Fuck. Fuck. Fuck. Fuck. Fuck. Fuck. Fuck. Fuck. Fuck.
Fuck. Fuck. Fuck. Fuck. Fuck. Fuck. Fuck. Fuck. Fuck.

Fuck. Fuck. Fuck. Fuck. Fuck. Fuck. Fuck. Fuck. Fuck.
Fuck. Fuck. Fuck. Fuck. Fuck. Fuck. Fuck. Fuck. Fuck.
Fuck. Fuck. Fuck. Fuck. Fuck. Fuck. Fuck. Fuck. Fuck.
Fuck. Fuck. Fuck. Fuck. Fuck. Fuck. Fuck. Fuck. Fuck.
Fuck. Fuck. Fuck. Fuck. Fuck. Fuck. Fuck. Fuck. Fuck.
Fuck. Fuck. Fuck. Fuck. Fuck. Fuck. Fuck. Fuck. Fuck.
Fuck. Fuck. Fuck. Fuck. Fuck. Fuck. Fuck. Fuck. Fuck.
Fuck. Fuck. Fuck. Fuck. Fuck. Fuck. Fuck. Fuck. Fuck.
Fuck. Fuck. Fuck. Fuck. Fuck. Fuck. Fuck. Fuck. Fuck.
Fuck. Fuck. Fuck. Fuck. Fuck. Fuck. Fuck. Fuck. Fuck.
Fuck. Fuck. Fuck. Fuck. Fuck. Fuck. Fuck. Fuck. Fuck.
Fuck. Fuck. Fuck. Fuck. Fuck. Fuck. Fuck. Fuck. Fuck.
Fuck. Fuck. Fuck. Fuck. Fuck. Fuck. Fuck. Fuck. Fuck.
Fuck. Fuck. Fuck. Fuck. Fuck. Fuck. Fuck. Fuck. Fuck.
Fuck. Fuck. Fuck. Fuck. Fuck. Fuck. Fuck. Fuck. Fuck.
Fuck. Fuck. Fuck. Fuck. Fuck. Fuck. Fuck. Fuck. Fuck.
Fuck. Fuck. Fuck. Fuck. Fuck. Fuck. Fuck. Fuck. Fuck.
Fuck. Fuck. Fuck. Fuck. Fuck. Fuck. Fuck. Fuck. Fuck.
Fuck. Fuck. Fuck. Fuck. Fuck. Fuck. Fuck. Fuck. Fuck.
Fuck. Fuck. Fuck. Fuck. Fuck. Fuck. Fuck. Fuck. Fuck.
Fuck. Fuck. Fuck. Fuck. Fuck. Fuck. Fuck. Fuck. Fuck.
Fuck. Fuck. Fuck. Fuck. Fuck. Fuck. Fuck. Fuck. Fuck.
Fuck. Fuck. Fuck. Fuck. Fuck. Fuck. Fuck. Fuck. Fuck.
Fuck. Fuck. Fuck. Fuck. Fuck. Fuck. Fuck. Fuck. Fuck.
Fuck. Fuck. Fuck. Fuck. Fuck. Fuck. Fuck. Fuck. Fuck.
Fuck. Fuck. Fuck. Fuck. Fuck. Fuck. Fuck. Fuck. Fuck.
Fuck. Fuck. Fuck. Fuck. Fuck. Fuck. Fuck. Fuck. Fuck.
Fuck. Fuck. Fuck. Fuck. Fuck. Fuck. Fuck. Fuck. Fuck.
Fuck. Fuck. Fuck. Fuck. Fuck. Fuck. Fuck. Fuck. Fuck.
Fuck. Fuck. Fuck. Fuck. Fuck. Fuck. Fuck. Fuck. Fuck.
Fuck. Fuck. Fuck. Fuck. Fuck. Fuck. Fuck. Fuck. Fuck.
Fuck. Fuck. Fuck. Fuck. Fuck. Fuck. Fuck. Fuck. Fuck.
Fuck. Fuck. Fuck. Fuck. Fuck. Fuck. Fuck. Fuck. Fuck.

Fuck. Fuck. Fuck. Fuck. Fuck. Fuck. Fuck. Fuck. Fuck.
Fuck. Fuck. Fuck. Fuck. Fuck. Fuck. Fuck. Fuck. Fuck.
Fuck. Fuck. Fuck. Fuck. Fuck. Fuck. Fuck. Fuck. Fuck.
Fuck. Fuck. Fuck. Fuck. Fuck. Fuck. Fuck. Fuck. Fuck.
Fuck. Fuck. Fuck. Fuck. Fuck. Fuck. Fuck. Fuck. Fuck.
Fuck. Fuck. Fuck. Fuck. Fuck. Fuck. Fuck. Fuck. Fuck.
Fuck. Fuck. Fuck. Fuck. Fuck. Fuck. Fuck. Fuck. Fuck.
Fuck. Fuck. Fuck. Fuck. Fuck. Fuck. Fuck. Fuck. Fuck.
Fuck. Fuck. Fuck. Fuck. Fuck. Fuck. Fuck. Fuck. Fuck.
Fuck. Fuck. Fuck. Fuck. Fuck. Fuck. Fuck. Fuck. Fuck.
Fuck. Fuck. Fuck. Fuck. Fuck. Fuck. Fuck. Fuck. Fuck.
Fuck. Fuck. Fuck. Fuck. Fuck. Fuck. Fuck. Fuck. Fuck.
Fuck. Fuck. Fuck. Fuck. Fuck. Fuck. Fuck. Fuck. Fuck.
Fuck. Fuck. Fuck. Fuck. Fuck. Fuck. Fuck. Fuck. Fuck.
Fuck. Fuck. Fuck. Fuck. Fuck. Fuck. Fuck. Fuck. Fuck.
Fuck. Fuck. Fuck. Fuck. Fuck. Fuck. Fuck. Fuck. Fuck.
Fuck. Fuck. Fuck. Fuck. Fuck. Fuck. Fuck. Fuck. Fuck.
Fuck. Fuck. Fuck. Fuck. Fuck. Fuck. Fuck. Fuck. Fuck.
Fuck. Fuck. Fuck. Fuck. Fuck. Fuck. Fuck. Fuck. Fuck.
Fuck. Fuck. Fuck. Fuck. Fuck. Fuck. Fuck. Fuck. Fuck.
Fuck. Fuck. Fuck. Fuck. Fuck. Fuck. Fuck. Fuck. Fuck.
Fuck. Fuck. Fuck. Fuck. Fuck. Fuck. Fuck. Fuck. Fuck.
Fuck. Fuck. Fuck. Fuck. Fuck. Fuck. Fuck. Fuck. Fuck.
Fuck. Fuck. Fuck. Fuck. Fuck. Fuck. Fuck. Fuck. Fuck.
Fuck. Fuck. Fuck. Fuck. Fuck. Fuck. Fuck. Fuck. Fuck.
Fuck. Fuck. Fuck. Fuck. Fuck. Fuck. Fuck. Fuck. Fuck.
Fuck. Fuck. Fuck. Fuck. Fuck. Fuck. Fuck. Fuck. Fuck.
Fuck. Fuck. Fuck. Fuck. Fuck. Fuck. Fuck. Fuck. Fuck.
Fuck. Fuck. Fuck. Fuck. Fuck. Fuck. Fuck. Fuck. Fuck.
Fuck. Fuck. Fuck. Fuck. Fuck. Fuck. Fuck. Fuck. Fuck.
Fuck. Fuck. Fuck. Fuck. Fuck. Fuck. Fuck. Fuck. Fuck.
Fuck. Fuck. Fuck. Fuck. Fuck. Fuck. Fuck. Fuck. Fuck.
Fuck. Fuck. Fuck. Fuck. Fuck. Fuck. Fuck. Fuck. Fuck.
Fuck. Fuck. Fuck. Fuck. Fuck. Fuck. Fuck. Fuck. Fuck.

Fuck. Fuck. Fuck. Fuck. Fuck. Fuck. Fuck. Fuck. Fuck.
Fuck. Fuck. Fuck. Fuck. Fuck. Fuck. Fuck. Fuck. Fuck.
Fuck. Fuck. Fuck. Fuck. Fuck. Fuck. Fuck. Fuck. Fuck.
Fuck. Fuck. Fuck. Fuck. Fuck. Fuck. Fuck. Fuck. Fuck.
Fuck. Fuck. Fuck. Fuck. Fuck. Fuck. Fuck. Fuck. Fuck.
Fuck. Fuck. Fuck. Fuck. Fuck. Fuck. Fuck. Fuck. Fuck.
Fuck. Fuck. Fuck. Fuck. Fuck. Fuck. Fuck. Fuck. Fuck.
Fuck. Fuck. Fuck. Fuck. Fuck. Fuck. Fuck. Fuck. Fuck.
Fuck. Fuck. Fuck. Fuck. Fuck. Fuck. Fuck. Fuck. Fuck.
Fuck. Fuck. Fuck. Fuck. Fuck. Fuck. Fuck. Fuck. Fuck.
Fuck. Fuck. Fuck. Fuck. Fuck. Fuck. Fuck. Fuck. Fuck.
Fuck. Fuck. Fuck. Fuck. Fuck. Fuck. Fuck. Fuck. Fuck.
Fuck. Fuck. Fuck. Fuck. Fuck. Fuck. Fuck. Fuck. Fuck.
Fuck. Fuck. Fuck. Fuck. Fuck. Fuck. Fuck. Fuck. Fuck.
Fuck. Fuck. Fuck. Fuck. Fuck. Fuck. Fuck. Fuck. Fuck.
Fuck. Fuck. Fuck. Fuck. Fuck. Fuck. Fuck. Fuck. Fuck.
Fuck. Fuck. Fuck. Fuck. Fuck. Fuck. Fuck. Fuck. Fuck.
Fuck. Fuck. Fuck. Fuck. Fuck. Fuck. Fuck. Fuck. Fuck.
Fuck. Fuck. Fuck. Fuck. Fuck. Fuck. Fuck. Fuck. Fuck.
Fuck. Fuck. Fuck. Fuck. Fuck. Fuck. Fuck. Fuck. Fuck.
Fuck. Fuck. Fuck. Fuck. Fuck. Fuck. Fuck. Fuck. Fuck.
Fuck. Fuck. Fuck. Fuck. Fuck. Fuck. Fuck. Fuck. Fuck.
Fuck. Fuck. Fuck. Fuck. Fuck. Fuck. Fuck. Fuck. Fuck.
Fuck. Fuck. Fuck. Fuck. Fuck. Fuck. Fuck. Fuck. Fuck.
Fuck. Fuck. Fuck. Fuck. Fuck. Fuck. Fuck. Fuck. Fuck.
Fuck. Fuck. Fuck. Fuck. Fuck. Fuck. Fuck. Fuck. Fuck.
Fuck. Fuck. Fuck. Fuck. Fuck. Fuck. Fuck. Fuck. Fuck.
Fuck. Fuck. Fuck. Fuck. Fuck. Fuck. Fuck. Fuck. Fuck.
Fuck. Fuck. Fuck. Fuck. Fuck. Fuck. Fuck. Fuck. Fuck.
Fuck. Fuck. Fuck. Fuck. Fuck. Fuck. Fuck. Fuck. Fuck.
Fuck. Fuck. Fuck. Fuck. Fuck. Fuck. Fuck. Fuck. Fuck.
Fuck. Fuck. Fuck. Fuck. Fuck. Fuck. Fuck. Fuck. Fuck.
Fuck. Fuck. Fuck. Fuck. Fuck. Fuck. Fuck. Fuck. Fuck.

Fuck. Fuck. Fuck. Fuck. Fuck. Fuck. Fuck. Fuck. Fuck.
Fuck. Fuck. Fuck. Fuck. Fuck. Fuck. Fuck. Fuck. Fuck.
Fuck. Fuck. Fuck. Fuck. Fuck. Fuck. Fuck. Fuck. Fuck.
Fuck. Fuck. Fuck. Fuck. Fuck. Fuck. Fuck. Fuck. Fuck.
Fuck. Fuck. Fuck. Fuck. Fuck. Fuck. Fuck. Fuck. Fuck.
Fuck. Fuck. Fuck. Fuck. Fuck. Fuck. Fuck. Fuck. Fuck.
Fuck. Fuck. Fuck. Fuck. Fuck. Fuck. Fuck. Fuck. Fuck.
Fuck. Fuck. Fuck. Fuck. Fuck. Fuck. Fuck. Fuck. Fuck.
Fuck. Fuck. Fuck. Fuck. Fuck. Fuck. Fuck. Fuck. Fuck.
Fuck. Fuck. Fuck. Fuck. Fuck. Fuck. Fuck. Fuck. Fuck.
Fuck. Fuck. Fuck. Fuck. Fuck. Fuck. Fuck. Fuck. Fuck.
Fuck. Fuck. Fuck. Fuck. Fuck. Fuck. Fuck. Fuck. Fuck.
Fuck. Fuck. Fuck. Fuck. Fuck. Fuck. Fuck. Fuck. Fuck.
Fuck. Fuck. Fuck. Fuck. Fuck. Fuck. Fuck. Fuck. Fuck.
Fuck. Fuck. Fuck. Fuck. Fuck. Fuck. Fuck. Fuck. Fuck.
Fuck. Fuck. Fuck. Fuck. Fuck. Fuck. Fuck. Fuck. Fuck.
Fuck. Fuck. Fuck. Fuck. Fuck. Fuck. Fuck. Fuck. Fuck.
Fuck. Fuck. Fuck. Fuck. Fuck. Fuck. Fuck. Fuck. Fuck.
Fuck. Fuck. Fuck. Fuck. Fuck. Fuck. Fuck. Fuck. Fuck.
Fuck. Fuck. Fuck. Fuck. Fuck. Fuck. Fuck. Fuck. Fuck.
Fuck. Fuck. Fuck. Fuck. Fuck. Fuck. Fuck. Fuck. Fuck.
Fuck. Fuck. Fuck. Fuck. Fuck. Fuck. Fuck. Fuck. Fuck.
Fuck. Fuck. Fuck. Fuck. Fuck. Fuck. Fuck. Fuck. Fuck.
Fuck. Fuck. Fuck. Fuck. Fuck. Fuck. Fuck. Fuck. Fuck.
Fuck. Fuck. Fuck. Fuck. Fuck. Fuck. Fuck. Fuck. Fuck.
Fuck. Fuck. Fuck. Fuck. Fuck. Fuck. Fuck. Fuck. Fuck.
Fuck. Fuck. Fuck. Fuck. Fuck. Fuck. Fuck. Fuck. Fuck.
Fuck. Fuck. Fuck. Fuck. Fuck. Fuck. Fuck. Fuck. Fuck.
Fuck. Fuck. Fuck. Fuck. Fuck. Fuck. Fuck. Fuck. Fuck.
Fuck. Fuck. Fuck. Fuck. Fuck. Fuck. Fuck. Fuck. Fuck.
Fuck. Fuck. Fuck. Fuck. Fuck. Fuck. Fuck. Fuck. Fuck.
Fuck. Fuck. Fuck. Fuck. Fuck. Fuck. Fuck. Fuck. Fuck.

Fuck. Fuck. Fuck. Fuck. Fuck. Fuck. Fuck. Fuck. Fuck.
Fuck. Fuck. Fuck. Fuck. Fuck. Fuck. Fuck. Fuck. Fuck.
Fuck. Fuck. Fuck. Fuck. Fuck. Fuck. Fuck. Fuck. Fuck.
Fuck. Fuck. Fuck. Fuck. Fuck. Fuck. Fuck. Fuck. Fuck.
Fuck. Fuck. Fuck. Fuck. Fuck. Fuck. Fuck. Fuck. Fuck.
Fuck. Fuck. Fuck. Fuck. Fuck. Fuck. Fuck. Fuck. Fuck.
Fuck. Fuck. Fuck. Fuck. Fuck. Fuck. Fuck. Fuck. Fuck.
Fuck. Fuck. Fuck. Fuck. Fuck. Fuck. Fuck. Fuck. Fuck.
Fuck. Fuck. Fuck. Fuck. Fuck. Fuck. Fuck. Fuck. Fuck.
Fuck. Fuck. Fuck. Fuck. Fuck. Fuck. Fuck. Fuck. Fuck.
Fuck. Fuck. Fuck. Fuck. Fuck. Fuck. Fuck. Fuck. Fuck.
Fuck. Fuck. Fuck. Fuck. Fuck. Fuck. Fuck. Fuck. Fuck.
Fuck. Fuck. Fuck. Fuck. Fuck. Fuck. Fuck. Fuck. Fuck.
Fuck. Fuck. Fuck. Fuck. Fuck. Fuck. Fuck. Fuck. Fuck.
Fuck. Fuck. Fuck. Fuck. Fuck. Fuck. Fuck. Fuck. Fuck.
Fuck. Fuck. Fuck. Fuck. Fuck. Fuck. Fuck. Fuck. Fuck.
Fuck. Fuck. Fuck. Fuck. Fuck. Fuck. Fuck. Fuck. Fuck.
Fuck. Fuck. Fuck. Fuck. Fuck. Fuck. Fuck. Fuck. Fuck.
Fuck. Fuck. Fuck. Fuck. Fuck. Fuck. Fuck. Fuck. Fuck.
Fuck. Fuck. Fuck. Fuck. Fuck. Fuck. Fuck. Fuck. Fuck.
Fuck. Fuck. Fuck. Fuck. Fuck. Fuck. Fuck. Fuck. Fuck.
Fuck. Fuck. Fuck. Fuck. Fuck. Fuck. Fuck. Fuck. Fuck.
Fuck. Fuck. Fuck. Fuck. Fuck. Fuck. Fuck. Fuck. Fuck.
Fuck. Fuck. Fuck. Fuck. Fuck. Fuck. Fuck. Fuck. Fuck.
Fuck. Fuck. Fuck. Fuck. Fuck. Fuck. Fuck. Fuck. Fuck.
Fuck. Fuck. Fuck. Fuck. Fuck. Fuck. Fuck. Fuck. Fuck.
Fuck. Fuck. Fuck. Fuck. Fuck. Fuck. Fuck. Fuck. Fuck.
Fuck. Fuck. Fuck. Fuck. Fuck. Fuck. Fuck. Fuck. Fuck.
Fuck. Fuck. Fuck. Fuck. Fuck. Fuck. Fuck. Fuck. Fuck.
Fuck. Fuck. Fuck. Fuck. Fuck. Fuck. Fuck. Fuck. Fuck.
Fuck. Fuck. Fuck. Fuck. Fuck. Fuck. Fuck. Fuck. Fuck.
Fuck. Fuck. Fuck. Fuck. Fuck. Fuck. Fuck. Fuck. Fuck.
Fuck. Fuck. Fuck. Fuck. Fuck. Fuck. Fuck. Fuck. Fuck.
Fuck. Fuck. Fuck. Fuck. Fuck. Fuck. Fuck. Fuck. Fuck.
Fuck. Fuck. Fuck. Fuck. Fuck. Fuck. Fuck. Fuck. Fuck.

Fuck. Fuck. Fuck. Fuck. Fuck. Fuck. Fuck. Fuck. Fuck.
Fuck. Fuck. Fuck. Fuck. Fuck. Fuck. Fuck. Fuck. Fuck.
Fuck. Fuck. Fuck. Fuck. Fuck. Fuck. Fuck. Fuck. Fuck.
Fuck. Fuck. Fuck. Fuck. Fuck. Fuck. Fuck. Fuck. Fuck.
Fuck. Fuck. Fuck. Fuck. Fuck. Fuck. Fuck. Fuck. Fuck.
Fuck. Fuck. Fuck. Fuck. Fuck. Fuck. Fuck. Fuck. Fuck.
Fuck. Fuck. Fuck. Fuck. Fuck. Fuck. Fuck. Fuck. Fuck.
Fuck. Fuck. Fuck. Fuck. Fuck. Fuck. Fuck. Fuck. Fuck.
Fuck. Fuck. Fuck. Fuck. Fuck. Fuck. Fuck. Fuck. Fuck.
Fuck. Fuck. Fuck. Fuck. Fuck. Fuck. Fuck. Fuck. Fuck.
Fuck. Fuck. Fuck. Fuck. Fuck. Fuck. Fuck. Fuck. Fuck.
Fuck. Fuck. Fuck. Fuck. Fuck. Fuck. Fuck. Fuck. Fuck.
Fuck. Fuck. Fuck. Fuck. Fuck. Fuck. Fuck. Fuck. Fuck.
Fuck. Fuck. Fuck. Fuck. Fuck. Fuck. Fuck. Fuck. Fuck.
Fuck. Fuck. Fuck. Fuck. Fuck. Fuck. Fuck. Fuck. Fuck.
Fuck. Fuck. Fuck. Fuck. Fuck. Fuck. Fuck. Fuck. Fuck.
Fuck. Fuck. Fuck. Fuck. Fuck. Fuck. Fuck. Fuck. Fuck.
Fuck. Fuck. Fuck. Fuck. Fuck. Fuck. Fuck. Fuck. Fuck.
Fuck. Fuck. Fuck. Fuck. Fuck. Fuck. Fuck. Fuck. Fuck.
Fuck. Fuck. Fuck. Fuck. Fuck. Fuck. Fuck. Fuck. Fuck.
Fuck. Fuck. Fuck. Fuck. Fuck. Fuck. Fuck. Fuck. Fuck.
Fuck. Fuck. Fuck. Fuck. Fuck. Fuck. Fuck. Fuck. Fuck.
Fuck. Fuck. Fuck. Fuck. Fuck. Fuck. Fuck. Fuck. Fuck.
Fuck. Fuck. Fuck. Fuck. Fuck. Fuck. Fuck. Fuck. Fuck.
Fuck. Fuck. Fuck. Fuck. Fuck. Fuck. Fuck. Fuck. Fuck.
Fuck. Fuck. Fuck. Fuck. Fuck. Fuck. Fuck. Fuck. Fuck.
Fuck. Fuck. Fuck. Fuck. Fuck. Fuck. Fuck. Fuck. Fuck.
Fuck. Fuck. Fuck. Fuck. Fuck. Fuck. Fuck. Fuck. Fuck.
Fuck. Fuck. Fuck. Fuck. Fuck. Fuck. Fuck. Fuck. Fuck.
Fuck. Fuck. Fuck. Fuck. Fuck. Fuck. Fuck. Fuck. Fuck.
Fuck. Fuck. Fuck. Fuck. Fuck. Fuck. Fuck. Fuck. Fuck.
Fuck. Fuck. Fuck. Fuck. Fuck. Fuck. Fuck. Fuck. Fuck.
Fuck. Fuck. Fuck. Fuck. Fuck. Fuck. Fuck. Fuck. Fuck.

Fuck. Fuck. Fuck. Fuck. Fuck. Fuck. Fuck. Fuck. Fuck.
Fuck. Fuck. Fuck. Fuck. Fuck. Fuck. Fuck. Fuck. Fuck.
Fuck. Fuck. Fuck. Fuck. Fuck. Fuck. Fuck. Fuck. Fuck.
Fuck. Fuck. Fuck. Fuck. Fuck. Fuck. Fuck. Fuck. Fuck.
Fuck. Fuck. Fuck. Fuck. Fuck. Fuck. Fuck. Fuck. Fuck.
Fuck. Fuck. Fuck. Fuck. Fuck. Fuck. Fuck. Fuck. Fuck.
Fuck. Fuck. Fuck. Fuck. Fuck. Fuck. Fuck. Fuck. Fuck.
Fuck. Fuck. Fuck. Fuck. Fuck. Fuck. Fuck. Fuck. Fuck.
Fuck. Fuck. Fuck. Fuck. Fuck. Fuck. Fuck. Fuck. Fuck.
Fuck. Fuck. Fuck. Fuck. Fuck. Fuck. Fuck. Fuck. Fuck.
Fuck. Fuck. Fuck. Fuck. Fuck. Fuck. Fuck. Fuck. Fuck.
Fuck. Fuck. Fuck. Fuck. Fuck. Fuck. Fuck. Fuck. Fuck.
Fuck. Fuck. Fuck. Fuck. Fuck. Fuck. Fuck. Fuck. Fuck.
Fuck. Fuck. Fuck. Fuck. Fuck. Fuck. Fuck. Fuck. Fuck.
Fuck. Fuck. Fuck. Fuck. Fuck. Fuck. Fuck. Fuck. Fuck.
Fuck. Fuck. Fuck. Fuck. Fuck. Fuck. Fuck. Fuck. Fuck.
Fuck. Fuck. Fuck. Fuck. Fuck. Fuck. Fuck. Fuck. Fuck.
Fuck. Fuck. Fuck. Fuck. Fuck. Fuck. Fuck. Fuck. Fuck.
Fuck. Fuck. Fuck. Fuck. Fuck. Fuck. Fuck. Fuck. Fuck.
Fuck. Fuck. Fuck. Fuck. Fuck. Fuck. Fuck. Fuck. Fuck.
Fuck. Fuck. Fuck. Fuck. Fuck. Fuck. Fuck. Fuck. Fuck.
Fuck. Fuck. Fuck. Fuck. Fuck. Fuck. Fuck. Fuck. Fuck.
Fuck. Fuck. Fuck. Fuck. Fuck. Fuck. Fuck. Fuck. Fuck.
Fuck. Fuck. Fuck. Fuck. Fuck. Fuck. Fuck. Fuck. Fuck.
Fuck. Fuck. Fuck. Fuck. Fuck. Fuck. Fuck. Fuck. Fuck.
Fuck. Fuck. Fuck. Fuck. Fuck. Fuck. Fuck. Fuck. Fuck.
Fuck. Fuck. Fuck. Fuck. Fuck. Fuck. Fuck. Fuck. Fuck.
Fuck. Fuck. Fuck. Fuck. Fuck. Fuck. Fuck. Fuck. Fuck.
Fuck. Fuck. Fuck. Fuck. Fuck. Fuck. Fuck. Fuck. Fuck.
Fuck. Fuck. Fuck. Fuck. Fuck. Fuck. Fuck. Fuck. Fuck.
Fuck. Fuck. Fuck. Fuck. Fuck. Fuck. Fuck. Fuck. Fuck.
Fuck. Fuck. Fuck. Fuck. Fuck. Fuck. Fuck. Fuck. Fuck.
Fuck. Fuck. Fuck. Fuck. Fuck. Fuck. Fuck. Fuck. Fuck.

Fuck. Fuck. Fuck. Fuck. Fuck. Fuck. Fuck. Fuck. Fuck.
Fuck. Fuck. Fuck. Fuck. Fuck. Fuck. Fuck. Fuck. Fuck.
Fuck. Fuck. Fuck. Fuck. Fuck. Fuck. Fuck. Fuck. Fuck.
Fuck. Fuck. Fuck. Fuck. Fuck. Fuck. Fuck. Fuck. Fuck.
Fuck. Fuck. Fuck. Fuck. Fuck. Fuck. Fuck. Fuck. Fuck.
Fuck. Fuck. Fuck. Fuck. Fuck. Fuck. Fuck. Fuck. Fuck.
Fuck. Fuck. Fuck. Fuck. Fuck. Fuck. Fuck. Fuck. Fuck.
Fuck. Fuck. Fuck. Fuck. Fuck. Fuck. Fuck. Fuck. Fuck.
Fuck. Fuck. Fuck. Fuck. Fuck. Fuck. Fuck. Fuck. Fuck.
Fuck. Fuck. Fuck. Fuck. Fuck. Fuck. Fuck. Fuck. Fuck.
Fuck. Fuck. Fuck. Fuck. Fuck. Fuck. Fuck. Fuck. Fuck.
Fuck. Fuck. Fuck. Fuck. Fuck. Fuck. Fuck. Fuck. Fuck.
Fuck. Fuck. Fuck. Fuck. Fuck. Fuck. Fuck. Fuck. Fuck.
Fuck. Fuck. Fuck. Fuck. Fuck. Fuck. Fuck. Fuck. Fuck.
Fuck. Fuck. Fuck. Fuck. Fuck. Fuck. Fuck. Fuck. Fuck.
Fuck. Fuck. Fuck. Fuck. Fuck. Fuck. Fuck. Fuck. Fuck.
Fuck. Fuck. Fuck. Fuck. Fuck. Fuck. Fuck. Fuck. Fuck.
Fuck. Fuck. Fuck. Fuck. Fuck. Fuck. Fuck. Fuck. Fuck.
Fuck. Fuck. Fuck. Fuck. Fuck. Fuck. Fuck. Fuck. Fuck.
Fuck. Fuck. Fuck. Fuck. Fuck. Fuck. Fuck. Fuck. Fuck.
Fuck. Fuck. Fuck. Fuck. Fuck. Fuck. Fuck. Fuck. Fuck.
Fuck. Fuck. Fuck. Fuck. Fuck. Fuck. Fuck. Fuck. Fuck.
Fuck. Fuck. Fuck. Fuck. Fuck. Fuck. Fuck. Fuck. Fuck.
Fuck. Fuck. Fuck. Fuck. Fuck. Fuck. Fuck. Fuck. Fuck.
Fuck. Fuck. Fuck. Fuck. Fuck. Fuck. Fuck. Fuck. Fuck.
Fuck. Fuck. Fuck. Fuck. Fuck. Fuck. Fuck. Fuck. Fuck.
Fuck. Fuck. Fuck. Fuck. Fuck. Fuck. Fuck. Fuck. Fuck.
Fuck. Fuck. Fuck. Fuck. Fuck. Fuck. Fuck. Fuck. Fuck.
Fuck. Fuck. Fuck. Fuck. Fuck. Fuck. Fuck. Fuck. Fuck.
Fuck. Fuck. Fuck. Fuck. Fuck. Fuck. Fuck. Fuck. Fuck.
Fuck. Fuck. Fuck. Fuck. Fuck. Fuck. Fuck. Fuck. Fuck.
Fuck. Fuck. Fuck. Fuck. Fuck. Fuck. Fuck. Fuck. Fuck.

Fuck. Fuck. Fuck. Fuck. Fuck. Fuck. Fuck. Fuck. Fuck.
Fuck. Fuck. Fuck. Fuck. Fuck. Fuck. Fuck. Fuck. Fuck.
Fuck. Fuck. Fuck. Fuck. Fuck. Fuck. Fuck. Fuck. Fuck.
Fuck. Fuck. Fuck. Fuck. Fuck. Fuck. Fuck. Fuck. Fuck.
Fuck. Fuck. Fuck. Fuck. Fuck. Fuck. Fuck. Fuck. Fuck.
Fuck. Fuck. Fuck. Fuck. Fuck. Fuck. Fuck. Fuck. Fuck.
Fuck. Fuck. Fuck. Fuck. Fuck. Fuck. Fuck. Fuck. Fuck.
Fuck. Fuck. Fuck. Fuck. Fuck. Fuck. Fuck. Fuck. Fuck.
Fuck. Fuck. Fuck. Fuck. Fuck. Fuck. Fuck. Fuck. Fuck.
Fuck. Fuck. Fuck. Fuck. Fuck. Fuck. Fuck. Fuck. Fuck.
Fuck. Fuck. Fuck. Fuck. Fuck. Fuck. Fuck. Fuck. Fuck.
Fuck. Fuck. Fuck. Fuck. Fuck. Fuck. Fuck. Fuck. Fuck.
Fuck. Fuck. Fuck. Fuck. Fuck. Fuck. Fuck. Fuck. Fuck.
Fuck. Fuck. Fuck. Fuck. Fuck. Fuck. Fuck. Fuck. Fuck.
Fuck. Fuck. Fuck. Fuck. Fuck. Fuck. Fuck. Fuck. Fuck.
Fuck. Fuck. Fuck. Fuck. Fuck. Fuck. Fuck. Fuck. Fuck.
Fuck. Fuck. Fuck. Fuck. Fuck. Fuck. Fuck. Fuck. Fuck.
Fuck. Fuck. Fuck. Fuck. Fuck. Fuck. Fuck. Fuck. Fuck.
Fuck. Fuck. Fuck. Fuck. Fuck. Fuck. Fuck. Fuck. Fuck.
Fuck. Fuck. Fuck. Fuck. Fuck. Fuck. Fuck. Fuck. Fuck.
Fuck. Fuck. Fuck. Fuck. Fuck. Fuck. Fuck. Fuck. Fuck.
Fuck. Fuck. Fuck. Fuck. Fuck. Fuck. Fuck. Fuck. Fuck.
Fuck. Fuck. Fuck. Fuck. Fuck. Fuck. Fuck. Fuck. Fuck.
Fuck. Fuck. Fuck. Fuck.

Fuck. Fuck. Fuck. Fuck. Fuck. Fuck. Fuck. Fuck. Fuck.
Fuck. Fuck. Fuck. Fuck. Fuck. Fuck. Fuck. Fuck. Fuck.
Fuck. Fuck. Fuck. Fuck. Fuck. Fuck. Fuck. Fuck. Fuck.
Fuck. Fuck. Fuck. Fuck. Fuck. Fuck. Fuck. Fuck. Fuck.
Fuck. Fuck. Fuck. Fuck. Fuck. Fuck. Fuck. Fuck. Fuck.
Fuck. Fuck. Fuck. Fuck. Fuck. Fuck. Fuck. Fuck. Fuck.
Fuck. Fuck. Fuck. Fuck. Fuck. Fuck. Fuck. Fuck. Fuck.
Fuck. Fuck. Fuck. Fuck. Fuck. Fuck. Fuck. Fuck. Fuck.
Fuck. Fuck. Fuck. Fuck. Fuck. Fuck. Fuck. Fuck. Fuck.

Fuck. Fuck. Fuck. Fuck. Fuck. Fuck. Fuck. Fuck. Fuck.
Fuck. Fuck. Fuck. Fuck. Fuck. Fuck. Fuck. Fuck. Fuck.
Fuck. Fuck. Fuck. Fuck. Fuck. Fuck. Fuck. Fuck. Fuck.
Fuck. Fuck. Fuck. Fuck. Fuck. Fuck. Fuck. Fuck. Fuck.
Fuck. Fuck. Fuck. Fuck. Fuck. Fuck. Fuck. Fuck. Fuck.
Fuck. Fuck. Fuck. Fuck. Fuck. Fuck. Fuck. Fuck. Fuck.
Fuck. Fuck. Fuck. Fuck. Fuck. Fuck. Fuck. Fuck. Fuck.
Fuck. Fuck. Fuck. Fuck. Fuck. Fuck. Fuck. Fuck. Fuck.
Fuck. Fuck. Fuck. Fuck. Fuck. Fuck. Fuck. Fuck. Fuck.
Fuck. Fuck. Fuck. Fuck. Fuck. Fuck. Fuck. Fuck. Fuck.
Fuck. Fuck. Fuck. Fuck. Fuck. Fuck. Fuck. Fuck. Fuck.
Fuck. Fuck. Fuck. Fuck. Fuck. Fuck. Fuck. Fuck. Fuck.
Fuck. Fuck. Fuck. Fuck. Fuck. Fuck. Fuck. Fuck. Fuck.
Fuck. Fuck. Fuck. Fuck. Fuck. Fuck. Fuck. Fuck. Fuck.
Fuck. Fuck. Fuck. Fuck. Fuck. Fuck. Fuck. Fuck. Fuck.
Fuck. Fuck. Fuck. Fuck. Fuck. Fuck. Fuck. Fuck. Fuck.
Fuck. Fuck. Fuck. Fuck. Fuck. Fuck. Fuck. Fuck. Fuck.
Fuck. Fuck. Fuck. Fuck. Fuck. Fuck. Fuck. Fuck. Fuck.
Fuck. Fuck. Fuck. Fuck. Fuck. Fuck. Fuck. Fuck. Fuck.
Fuck. Fuck. Fuck. Fuck. Fuck. Fuck. Fuck. Fuck. Fuck.
Fuck. Fuck. Fuck. Fuck. Fuck. Fuck. Fuck. Fuck. Fuck.
Fuck. Fuck. Fuck. Fuck. Fuck. Fuck. Fuck. Fuck. Fuck.
Fuck. Fuck. Fuck. Fuck. Fuck. Fuck. Fuck. Fuck. Fuck.
Fuck. Fuck. Fuck. Fuck. Fuck. Fuck. Fuck. Fuck. Fuck.
Fuck. Fuck. Fuck. Fuck. Fuck. Fuck. Fuck. Fuck. Fuck.
Fuck. Fuck. Fuck. Fuck. Fuck. Fuck. Fuck. Fuck. Fuck.
Fuck. Fuck. Fuck. Fuck. Fuck. Fuck. Fuck. Fuck. Fuck.
Fuck. Fuck. Fuck. Fuck. Fuck. Fuck. Fuck. Fuck. Fuck.
Fuck. Fuck. Fuck. Fuck. Fuck. Fuck. Fuck. Fuck. Fuck.
Fuck. Fuck. Fuck. Fuck. Fuck. Fuck. Fuck. Fuck. Fuck.
Fuck. Fuck. Fuck. Fuck. Fuck. Fuck. Fuck. Fuck. Fuck.
Fuck. Fuck. Fuck. Fuck. Fuck. Fuck. Fuck. Fuck. Fuck.
Fuck. Fuck. Fuck. Fuck. Fuck. Fuck. Fuck. Fuck. Fuck.

Fuck. Fuck. Fuck. Fuck. Fuck. Fuck. Fuck. Fuck. Fuck.
Fuck. Fuck. Fuck. Fuck. Fuck. Fuck. Fuck. Fuck. Fuck.
Fuck. Fuck. Fuck. Fuck. Fuck. Fuck. Fuck. Fuck. Fuck.
Fuck. Fuck. Fuck. Fuck. Fuck. Fuck. Fuck. Fuck. Fuck.
Fuck. Fuck. Fuck. Fuck. Fuck. Fuck. Fuck. Fuck. Fuck.
Fuck. Fuck. Fuck. Fuck. Fuck. Fuck. Fuck. Fuck. Fuck.
Fuck. Fuck. Fuck. Fuck. Fuck. Fuck. Fuck. Fuck. Fuck.
Fuck. Fuck. Fuck. Fuck. Fuck. Fuck. Fuck. Fuck. Fuck.
Fuck. Fuck. Fuck. Fuck. Fuck. Fuck. Fuck. Fuck. Fuck.
Fuck. Fuck. Fuck. Fuck. Fuck. Fuck. Fuck. Fuck. Fuck.
Fuck. Fuck. Fuck. Fuck. Fuck. Fuck. Fuck. Fuck. Fuck.
Fuck. Fuck. Fuck. Fuck. Fuck. Fuck. Fuck. Fuck. Fuck.
Fuck. Fuck. Fuck. Fuck. Fuck. Fuck. Fuck. Fuck. Fuck.
Fuck. Fuck. Fuck. Fuck. Fuck. Fuck. Fuck. Fuck. Fuck.
Fuck. Fuck. Fuck. Fuck. Fuck. Fuck. Fuck. Fuck. Fuck.
Fuck. Fuck. Fuck. Fuck. Fuck. Fuck. Fuck. Fuck. Fuck.
Fuck. Fuck. Fuck. Fuck. Fuck. Fuck. Fuck. Fuck. Fuck.
Fuck. Fuck. Fuck. Fuck. Fuck. Fuck. Fuck. Fuck. Fuck.
Fuck. Fuck. Fuck. Fuck. Fuck. Fuck. Fuck. Fuck. Fuck.
Fuck. Fuck. Fuck. Fuck. Fuck. Fuck. Fuck. Fuck. Fuck.
Fuck. Fuck. Fuck. Fuck. Fuck. Fuck. Fuck. Fuck. Fuck.
Fuck. Fuck. Fuck. Fuck. Fuck. Fuck. Fuck. Fuck. Fuck.
Fuck. Fuck. Fuck. Fuck. Fuck. Fuck. Fuck. Fuck. Fuck.
Fuck. Fuck. Fuck. Fuck. Fuck. Fuck. Fuck. Fuck. Fuck.
Fuck. Fuck. Fuck. Fuck. Fuck. Fuck. Fuck. Fuck. Fuck.
Fuck. Fuck. Fuck. Fuck. Fuck. Fuck. Fuck. Fuck. Fuck.
Fuck. Fuck. Fuck. Fuck. Fuck. Fuck. Fuck. Fuck. Fuck.
Fuck. Fuck. Fuck. Fuck. Fuck. Fuck. Fuck. Fuck. Fuck.
Fuck. Fuck. Fuck. Fuck. Fuck. Fuck. Fuck. Fuck. Fuck.
Fuck. Fuck. Fuck. Fuck. Fuck. Fuck. Fuck. Fuck. Fuck.
Fuck. Fuck. Fuck. Fuck. Fuck. Fuck. Fuck. Fuck. Fuck.
Fuck. Fuck. Fuck. Fuck. Fuck. Fuck. Fuck. Fuck. Fuck.
Fuck. Fuck. Fuck. Fuck. Fuck. Fuck. Fuck. Fuck. Fuck.

Fuck. Fuck. Fuck. Fuck. Fuck. Fuck. Fuck. Fuck. Fuck.
Fuck. Fuck. Fuck. Fuck. Fuck. Fuck. Fuck. Fuck. Fuck.
Fuck. Fuck. Fuck. Fuck. Fuck. Fuck. Fuck. Fuck. Fuck.
Fuck. Fuck. Fuck. Fuck. Fuck. Fuck. Fuck. Fuck. Fuck.
Fuck. Fuck. Fuck. Fuck. Fuck. Fuck. Fuck. Fuck. Fuck.
Fuck. Fuck. Fuck. Fuck. Fuck. Fuck. Fuck. Fuck. Fuck.
Fuck. Fuck. Fuck. Fuck. Fuck. Fuck. Fuck. Fuck. Fuck.
Fuck. Fuck. Fuck. Fuck. Fuck. Fuck. Fuck. Fuck. Fuck.
Fuck. Fuck. Fuck. Fuck. Fuck. Fuck. Fuck. Fuck. Fuck.
Fuck. Fuck. Fuck. Fuck. Fuck. Fuck. Fuck. Fuck. Fuck.
Fuck. Fuck. Fuck. Fuck. Fuck. Fuck. Fuck. Fuck. Fuck.
Fuck. Fuck. Fuck. Fuck. Fuck. Fuck. Fuck. Fuck. Fuck.
Fuck. Fuck. Fuck. Fuck. Fuck. Fuck. Fuck. Fuck. Fuck.
Fuck. Fuck. Fuck. Fuck. Fuck. Fuck. Fuck. Fuck. Fuck.
Fuck. Fuck. Fuck. Fuck. Fuck. Fuck. Fuck. Fuck. Fuck.
Fuck. Fuck. Fuck. Fuck. Fuck. Fuck. Fuck. Fuck. Fuck.
Fuck. Fuck. Fuck. Fuck. Fuck. Fuck. Fuck. Fuck. Fuck.
Fuck. Fuck. Fuck. Fuck. Fuck. Fuck. Fuck. Fuck. Fuck.
Fuck. Fuck. Fuck. Fuck. Fuck. Fuck. Fuck. Fuck. Fuck.
Fuck. Fuck. Fuck. Fuck. Fuck. Fuck. Fuck. Fuck. Fuck.
Fuck. Fuck. Fuck. Fuck. Fuck. Fuck. Fuck. Fuck. Fuck.
Fuck. Fuck. Fuck. Fuck. Fuck. Fuck. Fuck. Fuck. Fuck.
Fuck. Fuck. Fuck. Fuck. Fuck. Fuck. Fuck. Fuck. Fuck.
Fuck. Fuck. Fuck. Fuck. Fuck. Fuck. Fuck. Fuck. Fuck.
Fuck. Fuck. Fuck. Fuck. Fuck. Fuck. Fuck. Fuck. Fuck.
Fuck. Fuck. Fuck. Fuck. Fuck. Fuck. Fuck. Fuck. Fuck.
Fuck. Fuck. Fuck. Fuck. Fuck. Fuck. Fuck. Fuck. Fuck.
Fuck. Fuck. Fuck. Fuck. Fuck. Fuck. Fuck. Fuck. Fuck.
Fuck. Fuck. Fuck. Fuck. Fuck. Fuck. Fuck. Fuck. Fuck.
Fuck. Fuck. Fuck. Fuck. Fuck. Fuck. Fuck. Fuck. Fuck.
Fuck. Fuck. Fuck. Fuck. Fuck. Fuck. Fuck. Fuck. Fuck.
Fuck. Fuck. Fuck. Fuck. Fuck. Fuck. Fuck. Fuck. Fuck.

Fuck. Fuck. Fuck. Fuck. Fuck. Fuck. Fuck. Fuck. Fuck.
Fuck. Fuck. Fuck. Fuck. Fuck. Fuck. Fuck. Fuck. Fuck.
Fuck. Fuck. Fuck. Fuck. Fuck. Fuck. Fuck. Fuck. Fuck.
Fuck. Fuck. Fuck. Fuck. Fuck. Fuck. Fuck. Fuck. Fuck.
Fuck. Fuck. Fuck. Fuck. Fuck. Fuck. Fuck. Fuck. Fuck.
Fuck. Fuck. Fuck. Fuck. Fuck. Fuck. Fuck. Fuck. Fuck.
Fuck. Fuck. Fuck. Fuck. Fuck. Fuck. Fuck. Fuck. Fuck.
Fuck. Fuck. Fuck. Fuck. Fuck. Fuck. Fuck. Fuck. Fuck.
Fuck. Fuck. Fuck. Fuck. Fuck. Fuck. Fuck. Fuck. Fuck.
Fuck. Fuck. Fuck. Fuck. Fuck. Fuck. Fuck. Fuck. Fuck.
Fuck. Fuck. Fuck. Fuck. Fuck. Fuck. Fuck. Fuck. Fuck.
Fuck. Fuck. Fuck. Fuck. Fuck. Fuck. Fuck. Fuck. Fuck.
Fuck. Fuck. Fuck. Fuck. Fuck. Fuck. Fuck. Fuck. Fuck.
Fuck. Fuck. Fuck. Fuck. Fuck. Fuck. Fuck. Fuck. Fuck.
Fuck. Fuck. Fuck. Fuck. Fuck. Fuck. Fuck. Fuck. Fuck.
Fuck. Fuck. Fuck. Fuck. Fuck. Fuck. Fuck. Fuck. Fuck.
Fuck. Fuck. Fuck. Fuck. Fuck. Fuck. Fuck. Fuck. Fuck.
Fuck. Fuck. Fuck. Fuck. Fuck. Fuck. Fuck. Fuck. Fuck.
Fuck. Fuck. Fuck. Fuck. Fuck. Fuck. Fuck. Fuck. Fuck.
Fuck. Fuck. Fuck. Fuck. Fuck. Fuck. Fuck. Fuck. Fuck.
Fuck. Fuck. Fuck. Fuck. Fuck. Fuck. Fuck. Fuck. Fuck.
Fuck. Fuck. Fuck. Fuck. Fuck. Fuck. Fuck. Fuck. Fuck.
Fuck. Fuck. Fuck. Fuck. Fuck. Fuck. Fuck. Fuck. Fuck.
Fuck. Fuck. Fuck. Fuck. Fuck. Fuck. Fuck. Fuck. Fuck.
Fuck. Fuck. Fuck. Fuck. Fuck. Fuck. Fuck. Fuck. Fuck.
Fuck. Fuck. Fuck. Fuck. Fuck. Fuck. Fuck. Fuck. Fuck.
Fuck. Fuck. Fuck. Fuck. Fuck. Fuck. Fuck. Fuck. Fuck.
Fuck. Fuck. Fuck. Fuck. Fuck. Fuck. Fuck. Fuck. Fuck.
Fuck. Fuck. Fuck. Fuck. Fuck. Fuck. Fuck. Fuck. Fuck.
Fuck. Fuck. Fuck. Fuck. Fuck. Fuck. Fuck. Fuck. Fuck.
Fuck. Fuck. Fuck. Fuck. Fuck. Fuck. Fuck. Fuck. Fuck.
Fuck. Fuck. Fuck. Fuck. Fuck. Fuck. Fuck. Fuck. Fuck.
Fuck. Fuck. Fuck. Fuck. Fuck. Fuck. Fuck. Fuck. Fuck.

Fuck. Fuck. Fuck. Fuck. Fuck. Fuck. Fuck. Fuck. Fuck.
Fuck. Fuck. Fuck. Fuck. Fuck. Fuck. Fuck. Fuck. Fuck.
Fuck. Fuck. Fuck. Fuck. Fuck. Fuck. Fuck. Fuck. Fuck.
Fuck. Fuck. Fuck. Fuck. Fuck. Fuck. Fuck. Fuck. Fuck.
Fuck. Fuck. Fuck. Fuck. Fuck. Fuck. Fuck. Fuck. Fuck.
Fuck. Fuck. Fuck. Fuck. Fuck. Fuck. Fuck. Fuck. Fuck.
Fuck. Fuck. Fuck. Fuck. Fuck. Fuck. Fuck. Fuck. Fuck.
Fuck. Fuck. Fuck. Fuck. Fuck. Fuck. Fuck. Fuck. Fuck.
Fuck. Fuck. Fuck. Fuck. Fuck. Fuck. Fuck. Fuck. Fuck.
Fuck. Fuck. Fuck. Fuck. Fuck. Fuck. Fuck. Fuck. Fuck.
Fuck. Fuck. Fuck. Fuck. Fuck. Fuck. Fuck. Fuck. Fuck.
Fuck. Fuck. Fuck. Fuck. Fuck. Fuck. Fuck. Fuck. Fuck.
Fuck. Fuck. Fuck. Fuck. Fuck. Fuck. Fuck. Fuck. Fuck.
Fuck. Fuck. Fuck. Fuck. Fuck. Fuck. Fuck. Fuck. Fuck.
Fuck. Fuck. Fuck. Fuck. Fuck. Fuck. Fuck. Fuck. Fuck.
Fuck. Fuck. Fuck. Fuck. Fuck. Fuck. Fuck. Fuck. Fuck.
Fuck. Fuck. Fuck. Fuck. Fuck. Fuck. Fuck. Fuck. Fuck.
Fuck. Fuck. Fuck. Fuck. Fuck. Fuck. Fuck. Fuck. Fuck.
Fuck. Fuck. Fuck. Fuck. Fuck. Fuck. Fuck. Fuck. Fuck.
Fuck. Fuck. Fuck. Fuck. Fuck. Fuck. Fuck. Fuck. Fuck.
Fuck. Fuck. Fuck. Fuck. Fuck. Fuck. Fuck. Fuck. Fuck.
Fuck. Fuck. Fuck. Fuck. Fuck. Fuck. Fuck. Fuck. Fuck.
Fuck. Fuck. Fuck. Fuck. Fuck. Fuck. Fuck. Fuck. Fuck.
Fuck. Fuck. Fuck. Fuck. Fuck. Fuck. Fuck. Fuck. Fuck.
Fuck. Fuck. Fuck. Fuck. Fuck. Fuck. Fuck. Fuck. Fuck.
Fuck. Fuck. Fuck. Fuck. Fuck. Fuck. Fuck. Fuck. Fuck.
Fuck. Fuck. Fuck. Fuck. Fuck. Fuck. Fuck. Fuck. Fuck.
Fuck. Fuck. Fuck. Fuck. Fuck. Fuck. Fuck. Fuck. Fuck.
Fuck. Fuck. Fuck. Fuck. Fuck. Fuck. Fuck. Fuck. Fuck.
Fuck. Fuck. Fuck. Fuck. Fuck. Fuck. Fuck. Fuck. Fuck.
Fuck. Fuck. Fuck. Fuck. Fuck. Fuck. Fuck. Fuck. Fuck.
Fuck. Fuck. Fuck. Fuck. Fuck. Fuck. Fuck. Fuck. Fuck.
Fuck. Fuck. Fuck. Fuck. Fuck. Fuck. Fuck. Fuck. Fuck.
Fuck. Fuck. Fuck. Fuck. Fuck. Fuck. Fuck. Fuck. Fuck.

Fuck. Fuck. Fuck. Fuck. Fuck. Fuck. Fuck. Fuck. Fuck.
Fuck. Fuck. Fuck. Fuck. Fuck. Fuck. Fuck. Fuck. Fuck.
Fuck. Fuck. Fuck. Fuck. Fuck. Fuck. Fuck. Fuck. Fuck.
Fuck. Fuck. Fuck. Fuck. Fuck. Fuck. Fuck. Fuck. Fuck.
Fuck. Fuck. Fuck. Fuck. Fuck. Fuck. Fuck. Fuck. Fuck.
Fuck. Fuck. Fuck. Fuck. Fuck. Fuck. Fuck. Fuck. Fuck.
Fuck. Fuck. Fuck. Fuck. Fuck. Fuck. Fuck. Fuck. Fuck.
Fuck. Fuck. Fuck. Fuck. Fuck. Fuck. Fuck. Fuck. Fuck.
Fuck. Fuck. Fuck. Fuck. Fuck. Fuck. Fuck. Fuck. Fuck.
Fuck. Fuck. Fuck. Fuck. Fuck. Fuck. Fuck. Fuck. Fuck.
Fuck. Fuck. Fuck. Fuck. Fuck. Fuck. Fuck. Fuck. Fuck.
Fuck. Fuck. Fuck. Fuck. Fuck. Fuck. Fuck. Fuck. Fuck.
Fuck. Fuck. Fuck. Fuck. Fuck. Fuck. Fuck. Fuck. Fuck.
Fuck. Fuck. Fuck. Fuck. Fuck. Fuck. Fuck. Fuck. Fuck.
Fuck. Fuck. Fuck. Fuck. Fuck. Fuck. Fuck. Fuck. Fuck.
Fuck. Fuck. Fuck. Fuck. Fuck. Fuck. Fuck. Fuck. Fuck.
Fuck. Fuck. Fuck. Fuck. Fuck. Fuck. Fuck. Fuck. Fuck.
Fuck. Fuck. Fuck. Fuck. Fuck. Fuck. Fuck. Fuck. Fuck.
Fuck. Fuck. Fuck. Fuck. Fuck. Fuck. Fuck. Fuck. Fuck.
Fuck. Fuck. Fuck. Fuck. Fuck. Fuck. Fuck. Fuck. Fuck.
Fuck. Fuck. Fuck. Fuck. Fuck. Fuck. Fuck. Fuck. Fuck.
Fuck. Fuck. Fuck. Fuck. Fuck. Fuck. Fuck. Fuck. Fuck.
Fuck. Fuck. Fuck. Fuck. Fuck. Fuck. Fuck. Fuck. Fuck.
Fuck. Fuck. Fuck. Fuck. Fuck. Fuck. Fuck. Fuck. Fuck.
Fuck. Fuck. Fuck. Fuck. Fuck. Fuck. Fuck. Fuck. Fuck.
Fuck. Fuck. Fuck. Fuck. Fuck. Fuck. Fuck. Fuck. Fuck.
Fuck. Fuck. Fuck. Fuck. Fuck. Fuck. Fuck. Fuck. Fuck.
Fuck. Fuck. Fuck. Fuck. Fuck. Fuck. Fuck. Fuck. Fuck.
Fuck. Fuck. Fuck. Fuck. Fuck. Fuck. Fuck. Fuck. Fuck.
Fuck. Fuck. Fuck. Fuck. Fuck. Fuck. Fuck. Fuck. Fuck.
Fuck. Fuck. Fuck. Fuck. Fuck. Fuck. Fuck. Fuck. Fuck.
Fuck. Fuck. Fuck. Fuck. Fuck. Fuck. Fuck. Fuck. Fuck.
Fuck. Fuck. Fuck. Fuck. Fuck. Fuck. Fuck. Fuck. Fuck.

Fuck. Fuck. Fuck. Fuck. Fuck. Fuck. Fuck. Fuck. Fuck.
Fuck. Fuck. Fuck. Fuck. Fuck. Fuck. Fuck. Fuck. Fuck.
Fuck. Fuck. Fuck. Fuck. Fuck. Fuck. Fuck. Fuck. Fuck.
Fuck. Fuck. Fuck. Fuck. Fuck. Fuck. Fuck. Fuck. Fuck.
Fuck. Fuck. Fuck. Fuck. Fuck. Fuck. Fuck. Fuck. Fuck.
Fuck. Fuck. Fuck. Fuck. Fuck. Fuck. Fuck. Fuck. Fuck.
Fuck. Fuck. Fuck. Fuck. Fuck. Fuck. Fuck. Fuck. Fuck.
Fuck. Fuck. Fuck. Fuck. Fuck. Fuck. Fuck. Fuck. Fuck.
Fuck. Fuck. Fuck. Fuck. Fuck. Fuck. Fuck. Fuck. Fuck.
Fuck. Fuck. Fuck. Fuck. Fuck. Fuck. Fuck. Fuck. Fuck.
Fuck. Fuck. Fuck. Fuck. Fuck. Fuck. Fuck. Fuck. Fuck.
Fuck. Fuck. Fuck. Fuck. Fuck. Fuck. Fuck. Fuck. Fuck.
Fuck. Fuck. Fuck. Fuck. Fuck. Fuck. Fuck. Fuck. Fuck.
Fuck. Fuck. Fuck. Fuck. Fuck. Fuck. Fuck. Fuck. Fuck.
Fuck. Fuck. Fuck. Fuck. Fuck. Fuck. Fuck. Fuck. Fuck.
Fuck. Fuck. Fuck. Fuck. Fuck. Fuck. Fuck. Fuck. Fuck.
Fuck. Fuck. Fuck. Fuck. Fuck. Fuck. Fuck. Fuck. Fuck.
Fuck. Fuck. Fuck. Fuck. Fuck. Fuck. Fuck. Fuck. Fuck.
Fuck. Fuck. Fuck. Fuck. Fuck. Fuck. Fuck. Fuck. Fuck.
Fuck. Fuck. Fuck. Fuck. Fuck. Fuck. Fuck. Fuck. Fuck.
Fuck. Fuck. Fuck. Fuck. Fuck. Fuck. Fuck. Fuck. Fuck.
Fuck. Fuck. Fuck. Fuck. Fuck. Fuck. Fuck. Fuck. Fuck.
Fuck. Fuck. Fuck. Fuck. Fuck. Fuck. Fuck. Fuck. Fuck.
Fuck. Fuck. Fuck. Fuck. Fuck. Fuck. Fuck. Fuck. Fuck.
Fuck. Fuck. Fuck. Fuck. Fuck. Fuck. Fuck. Fuck. Fuck.
Fuck. Fuck. Fuck. Fuck. Fuck. Fuck. Fuck. Fuck. Fuck.
Fuck. Fuck. Fuck. Fuck. Fuck. Fuck. Fuck. Fuck. Fuck.
Fuck. Fuck. Fuck. Fuck. Fuck. Fuck. Fuck. Fuck. Fuck.
Fuck. Fuck. Fuck. Fuck. Fuck. Fuck. Fuck. Fuck. Fuck.
Fuck. Fuck. Fuck. Fuck. Fuck. Fuck. Fuck. Fuck. Fuck.
Fuck. Fuck. Fuck. Fuck. Fuck. Fuck. Fuck. Fuck. Fuck.
Fuck. Fuck. Fuck. Fuck. Fuck. Fuck. Fuck. Fuck. Fuck.
Fuck. Fuck. Fuck. Fuck. Fuck. Fuck. Fuck. Fuck. Fuck.

Fuck. Fuck. Fuck. Fuck. Fuck. Fuck. Fuck. Fuck. Fuck.
Fuck. Fuck. Fuck. Fuck. Fuck. Fuck. Fuck. Fuck. Fuck.
Fuck. Fuck. Fuck. Fuck. Fuck. Fuck. Fuck. Fuck. Fuck.
Fuck. Fuck. Fuck. Fuck. Fuck. Fuck. Fuck. Fuck. Fuck.
Fuck. Fuck. Fuck. Fuck. Fuck. Fuck. Fuck. Fuck. Fuck.
Fuck. Fuck. Fuck. Fuck. Fuck. Fuck. Fuck. Fuck. Fuck.
Fuck. Fuck. Fuck. Fuck. Fuck. Fuck. Fuck. Fuck. Fuck.
Fuck. Fuck. Fuck. Fuck. Fuck. Fuck. Fuck. Fuck. Fuck.
Fuck. Fuck. Fuck. Fuck. Fuck. Fuck. Fuck. Fuck. Fuck.
Fuck. Fuck. Fuck. Fuck. Fuck. Fuck. Fuck. Fuck. Fuck.
Fuck. Fuck. Fuck. Fuck. Fuck. Fuck. Fuck. Fuck. Fuck.
Fuck. Fuck. Fuck. Fuck. Fuck. Fuck. Fuck. Fuck. Fuck.
Fuck. Fuck. Fuck. Fuck. Fuck. Fuck. Fuck. Fuck. Fuck.
Fuck. Fuck. Fuck. Fuck. Fuck. Fuck. Fuck. Fuck. Fuck.
Fuck. Fuck. Fuck. Fuck. Fuck. Fuck. Fuck. Fuck. Fuck.
Fuck. Fuck. Fuck. Fuck. Fuck. Fuck. Fuck. Fuck. Fuck.
Fuck. Fuck. Fuck. Fuck. Fuck. Fuck. Fuck. Fuck. Fuck.
Fuck. Fuck. Fuck. Fuck. Fuck. Fuck. Fuck. Fuck. Fuck.
Fuck. Fuck. Fuck. Fuck. Fuck. Fuck. Fuck. Fuck. Fuck.
Fuck. Fuck. Fuck. Fuck. Fuck. Fuck. Fuck. Fuck. Fuck.
Fuck. Fuck. Fuck. Fuck. Fuck. Fuck. Fuck. Fuck. Fuck.
Fuck. Fuck. Fuck. Fuck. Fuck. Fuck. Fuck. Fuck. Fuck.
Fuck. Fuck. Fuck. Fuck. Fuck. Fuck. Fuck. Fuck. Fuck.
Fuck. Fuck. Fuck. Fuck. Fuck. Fuck. Fuck. Fuck. Fuck.
Fuck. Fuck. Fuck. Fuck. Fuck. Fuck. Fuck. Fuck. Fuck.
Fuck. Fuck. Fuck. Fuck. Fuck. Fuck. Fuck. Fuck. Fuck.
Fuck. Fuck. Fuck. Fuck. Fuck. Fuck. Fuck. Fuck. Fuck.
Fuck. Fuck. Fuck. Fuck. Fuck. Fuck. Fuck. Fuck. Fuck.
Fuck. Fuck. Fuck. Fuck. Fuck. Fuck. Fuck. Fuck. Fuck.
Fuck. Fuck. Fuck. Fuck. Fuck. Fuck. Fuck. Fuck. Fuck.
Fuck. Fuck. Fuck. Fuck. Fuck. Fuck. Fuck. Fuck. Fuck.
Fuck. Fuck. Fuck. Fuck. Fuck. Fuck. Fuck. Fuck. Fuck.
Fuck. Fuck. Fuck. Fuck. Fuck. Fuck. Fuck. Fuck. Fuck.
Fuck. Fuck. Fuck. Fuck. Fuck. Fuck. Fuck. Fuck. Fuck.
Fuck. Fuck. Fuck. Fuck. Fuck. Fuck. Fuck. Fuck. Fuck.

Fuck. Fuck. Fuck. Fuck. Fuck. Fuck. Fuck. Fuck. Fuck.
Fuck. Fuck. Fuck. Fuck. Fuck. Fuck. Fuck. Fuck. Fuck.
Fuck. Fuck. Fuck. Fuck. Fuck. Fuck. Fuck. Fuck. Fuck.
Fuck. Fuck. Fuck. Fuck. Fuck. Fuck. Fuck. Fuck. Fuck.
Fuck. Fuck. Fuck. Fuck. Fuck. Fuck. Fuck. Fuck. Fuck.
Fuck. Fuck. Fuck. Fuck. Fuck. Fuck. Fuck. Fuck. Fuck.
Fuck. Fuck. Fuck. Fuck. Fuck. Fuck. Fuck. Fuck. Fuck.
Fuck. Fuck. Fuck. Fuck. Fuck. Fuck. Fuck. Fuck. Fuck.
Fuck. Fuck. Fuck. Fuck. Fuck. Fuck. Fuck. Fuck. Fuck.
Fuck. Fuck. Fuck. Fuck. Fuck. Fuck. Fuck. Fuck. Fuck.
Fuck. Fuck. Fuck. Fuck. Fuck. Fuck. Fuck. Fuck. Fuck.
Fuck. Fuck. Fuck. Fuck. Fuck. Fuck. Fuck. Fuck. Fuck.
Fuck. Fuck. Fuck. Fuck. Fuck. Fuck. Fuck. Fuck. Fuck.
Fuck. Fuck. Fuck. Fuck. Fuck. Fuck. Fuck. Fuck. Fuck.
Fuck. Fuck. Fuck. Fuck. Fuck. Fuck. Fuck. Fuck. Fuck.
Fuck. Fuck. Fuck. Fuck. Fuck. Fuck. Fuck. Fuck. Fuck.
Fuck. Fuck. Fuck. Fuck. Fuck. Fuck. Fuck. Fuck. Fuck.
Fuck. Fuck. Fuck. Fuck. Fuck. Fuck. Fuck. Fuck. Fuck.
Fuck. Fuck. Fuck. Fuck. Fuck. Fuck. Fuck. Fuck. Fuck.
Fuck. Fuck. Fuck. Fuck. Fuck. Fuck. Fuck. Fuck. Fuck.
Fuck. Fuck. Fuck. Fuck. Fuck. Fuck. Fuck. Fuck. Fuck.
Fuck. Fuck. Fuck. Fuck. Fuck. Fuck. Fuck. Fuck. Fuck.
Fuck. Fuck. Fuck. Fuck. Fuck. Fuck. Fuck. Fuck. Fuck.
Fuck. Fuck. Fuck. Fuck. Fuck. Fuck. Fuck. Fuck. Fuck.
Fuck. Fuck. Fuck. Fuck. Fuck. Fuck. Fuck. Fuck. Fuck.
Fuck. Fuck. Fuck. Fuck. Fuck. Fuck. Fuck. Fuck. Fuck.
Fuck. Fuck. Fuck. Fuck. Fuck. Fuck. Fuck. Fuck. Fuck.
Fuck. Fuck. Fuck. Fuck. Fuck. Fuck. Fuck. Fuck. Fuck.
Fuck. Fuck. Fuck. Fuck. Fuck. Fuck. Fuck. Fuck. Fuck.
Fuck. Fuck. Fuck. Fuck. Fuck. Fuck. Fuck. Fuck. Fuck.
Fuck. Fuck. Fuck. Fuck. Fuck. Fuck. Fuck. Fuck. Fuck.
Fuck. Fuck. Fuck. Fuck. Fuck. Fuck. Fuck. Fuck. Fuck.
Fuck. Fuck. Fuck. Fuck. Fuck. Fuck. Fuck. Fuck. Fuck.

Fuck. Fuck. Fuck. Fuck. Fuck. Fuck. Fuck. Fuck. Fuck.
Fuck. Fuck. Fuck. Fuck. Fuck. Fuck. Fuck. Fuck. Fuck.
Fuck. Fuck. Fuck. Fuck. Fuck. Fuck. Fuck. Fuck. Fuck.
Fuck. Fuck. Fuck. Fuck. Fuck. Fuck. Fuck. Fuck. Fuck.
Fuck. Fuck. Fuck. Fuck. Fuck. Fuck. Fuck. Fuck. Fuck.
Fuck. Fuck. Fuck. Fuck. Fuck. Fuck. Fuck. Fuck. Fuck.
Fuck. Fuck. Fuck. Fuck. Fuck. Fuck. Fuck. Fuck. Fuck.
Fuck. Fuck. Fuck. Fuck. Fuck. Fuck. Fuck. Fuck. Fuck.
Fuck. Fuck. Fuck. Fuck. Fuck. Fuck. Fuck. Fuck. Fuck.
Fuck. Fuck. Fuck. Fuck. Fuck. Fuck. Fuck. Fuck. Fuck.
Fuck. Fuck. Fuck. Fuck. Fuck. Fuck. Fuck. Fuck. Fuck.
Fuck. Fuck. Fuck. Fuck. Fuck. Fuck. Fuck. Fuck. Fuck.
Fuck. Fuck. Fuck. Fuck. Fuck. Fuck. Fuck. Fuck. Fuck.
Fuck. Fuck. Fuck. Fuck. Fuck. Fuck. Fuck. Fuck. Fuck.
Fuck. Fuck. Fuck. Fuck. Fuck. Fuck. Fuck. Fuck. Fuck.
Fuck. Fuck. Fuck. Fuck. Fuck. Fuck. Fuck. Fuck. Fuck.
Fuck. Fuck. Fuck. Fuck. Fuck. Fuck. Fuck. Fuck. Fuck.
Fuck. Fuck. Fuck. Fuck. Fuck. Fuck. Fuck. Fuck. Fuck.
Fuck. Fuck. Fuck. Fuck. Fuck. Fuck. Fuck. Fuck. Fuck.
Fuck. Fuck. Fuck. Fuck. Fuck. Fuck. Fuck. Fuck. Fuck.
Fuck. Fuck. Fuck. Fuck. Fuck. Fuck. Fuck. Fuck. Fuck.
Fuck. Fuck. Fuck. Fuck. Fuck. Fuck. Fuck. Fuck. Fuck.
Fuck. Fuck. Fuck. Fuck. Fuck. Fuck. Fuck. Fuck. Fuck.
Fuck. Fuck. Fuck. Fuck. Fuck. Fuck. Fuck. Fuck. Fuck.
Fuck. Fuck. Fuck. Fuck. Fuck. Fuck. Fuck. Fuck. Fuck.
Fuck. Fuck. Fuck. Fuck. Fuck. Fuck. Fuck. Fuck. Fuck.
Fuck. Fuck. Fuck. Fuck. Fuck. Fuck. Fuck. Fuck. Fuck.
Fuck. Fuck. Fuck. Fuck. Fuck. Fuck. Fuck. Fuck. Fuck.
Fuck. Fuck. Fuck. Fuck. Fuck. Fuck. Fuck. Fuck. Fuck.
Fuck. Fuck. Fuck. Fuck. Fuck. Fuck. Fuck. Fuck. Fuck.
Fuck. Fuck. Fuck. Fuck. Fuck. Fuck. Fuck. Fuck. Fuck.
Fuck. Fuck. Fuck. Fuck. Fuck. Fuck. Fuck. Fuck. Fuck.
Fuck. Fuck. Fuck. Fuck. Fuck. Fuck. Fuck. Fuck. Fuck.
Fuck. Fuck. Fuck. Fuck. Fuck. Fuck. Fuck. Fuck. Fuck.
Fuck. Fuck. Fuck. Fuck. Fuck. Fuck. Fuck. Fuck. Fuck.

Fuck. Fuck. Fuck. Fuck. Fuck. Fuck. Fuck. Fuck. Fuck.
Fuck. Fuck. Fuck. Fuck. Fuck. Fuck. Fuck. Fuck. Fuck.
Fuck. Fuck. Fuck. Fuck. Fuck. Fuck. Fuck. Fuck. Fuck.
Fuck. Fuck. Fuck. Fuck. Fuck. Fuck. Fuck. Fuck. Fuck.
Fuck. Fuck. Fuck. Fuck. Fuck. Fuck. Fuck. Fuck. Fuck.
Fuck. Fuck. Fuck. Fuck. Fuck. Fuck. Fuck. Fuck. Fuck.
Fuck. Fuck. Fuck. Fuck. Fuck. Fuck. Fuck. Fuck. Fuck.
Fuck. Fuck. Fuck. Fuck. Fuck. Fuck. Fuck. Fuck. Fuck.
Fuck. Fuck. Fuck. Fuck. Fuck. Fuck. Fuck. Fuck. Fuck.
Fuck. Fuck. Fuck. Fuck. Fuck. Fuck. Fuck. Fuck. Fuck.
Fuck. Fuck. Fuck. Fuck. Fuck. Fuck. Fuck. Fuck. Fuck.
Fuck. Fuck. Fuck. Fuck. Fuck. Fuck. Fuck. Fuck. Fuck.
Fuck. Fuck. Fuck. Fuck. Fuck. Fuck. Fuck. Fuck. Fuck.
Fuck. Fuck. Fuck. Fuck. Fuck. Fuck. Fuck. Fuck. Fuck.
Fuck. Fuck. Fuck. Fuck. Fuck. Fuck. Fuck. Fuck. Fuck.
Fuck. Fuck. Fuck. Fuck. Fuck. Fuck. Fuck. Fuck. Fuck.
Fuck. Fuck. Fuck. Fuck. Fuck. Fuck. Fuck. Fuck. Fuck.
Fuck. Fuck. Fuck. Fuck. Fuck. Fuck. Fuck. Fuck. Fuck.
Fuck. Fuck. Fuck. Fuck. Fuck. Fuck. Fuck. Fuck. Fuck.
Fuck. Fuck. Fuck. Fuck. Fuck. Fuck. Fuck. Fuck. Fuck.
Fuck. Fuck. Fuck. Fuck. Fuck. Fuck. Fuck. Fuck. Fuck.
Fuck. Fuck. Fuck. Fuck. Fuck. Fuck. Fuck. Fuck. Fuck.
Fuck. Fuck. Fuck. Fuck. Fuck. Fuck. Fuck. Fuck. Fuck.
Fuck. Fuck. Fuck. Fuck. Fuck. Fuck. Fuck. Fuck. Fuck.
Fuck. Fuck. Fuck. Fuck. Fuck. Fuck. Fuck. Fuck. Fuck.
Fuck. Fuck. Fuck. Fuck. Fuck. Fuck. Fuck. Fuck. Fuck.
Fuck. Fuck. Fuck. Fuck. Fuck. Fuck. Fuck. Fuck. Fuck.
Fuck. Fuck. Fuck. Fuck. Fuck. Fuck. Fuck. Fuck. Fuck.
Fuck. Fuck. Fuck. Fuck. Fuck. Fuck. Fuck. Fuck. Fuck.
Fuck. Fuck. Fuck. Fuck. Fuck. Fuck. Fuck. Fuck. Fuck.
Fuck. Fuck. Fuck. Fuck. Fuck. Fuck. Fuck. Fuck. Fuck.
Fuck. Fuck. Fuck. Fuck. Fuck. Fuck. Fuck. Fuck. Fuck.
Fuck. Fuck. Fuck. Fuck. Fuck. Fuck. Fuck. Fuck. Fuck.

Fuck. Fuck. Fuck. Fuck. Fuck. Fuck. Fuck. Fuck. Fuck.
Fuck. Fuck. Fuck. Fuck. Fuck. Fuck. Fuck. Fuck. Fuck.
Fuck. Fuck. Fuck. Fuck. Fuck. Fuck. Fuck. Fuck. Fuck.
Fuck. Fuck. Fuck. Fuck. Fuck. Fuck. Fuck. Fuck. Fuck.
Fuck. Fuck. Fuck. Fuck. Fuck. Fuck. Fuck. Fuck. Fuck.
Fuck. Fuck. Fuck. Fuck. Fuck. Fuck. Fuck. Fuck. Fuck.
Fuck. Fuck. Fuck. Fuck. Fuck. Fuck. Fuck. Fuck. Fuck.
Fuck. Fuck. Fuck. Fuck. Fuck. Fuck. Fuck. Fuck. Fuck.
Fuck. Fuck. Fuck. Fuck. Fuck. Fuck. Fuck. Fuck. Fuck.
Fuck. Fuck. Fuck. Fuck. Fuck. Fuck. Fuck. Fuck. Fuck.
Fuck. Fuck. Fuck. Fuck. Fuck. Fuck. Fuck. Fuck. Fuck.
Fuck. Fuck. Fuck. Fuck. Fuck. Fuck. Fuck. Fuck. Fuck.
Fuck. Fuck. Fuck. Fuck. Fuck. Fuck. Fuck. Fuck. Fuck.
Fuck. Fuck. Fuck. Fuck. Fuck. Fuck. Fuck. Fuck. Fuck.
Fuck. Fuck. Fuck. Fuck. Fuck. Fuck. Fuck. Fuck. Fuck.
Fuck. Fuck. Fuck. Fuck. Fuck. Fuck. Fuck. Fuck. Fuck.
Fuck. Fuck. Fuck. Fuck. Fuck. Fuck. Fuck. Fuck. Fuck.
Fuck. Fuck. Fuck. Fuck. Fuck. Fuck. Fuck. Fuck. Fuck.
Fuck. Fuck. Fuck. Fuck. Fuck. Fuck. Fuck. Fuck. Fuck.
Fuck. Fuck. Fuck. Fuck. Fuck. Fuck. Fuck. Fuck. Fuck.
Fuck. Fuck. Fuck. Fuck. Fuck. Fuck. Fuck. Fuck. Fuck.
Fuck. Fuck. Fuck. Fuck. Fuck. Fuck. Fuck. Fuck. Fuck.
Fuck. Fuck. Fuck. Fuck. Fuck. Fuck. Fuck. Fuck. Fuck.
Fuck. Fuck. Fuck. Fuck. Fuck. Fuck. Fuck. Fuck. Fuck.
Fuck. Fuck. Fuck. Fuck. Fuck. Fuck. Fuck. Fuck. Fuck.
Fuck. Fuck. Fuck. Fuck. Fuck. Fuck. Fuck. Fuck. Fuck.
Fuck. Fuck. Fuck. Fuck. Fuck. Fuck. Fuck. Fuck. Fuck.
Fuck. Fuck. Fuck. Fuck. Fuck. Fuck. Fuck. Fuck. Fuck.
Fuck. Fuck. Fuck. Fuck. Fuck. Fuck. Fuck. Fuck. Fuck.
Fuck. Fuck. Fuck. Fuck. Fuck. Fuck. Fuck. Fuck. Fuck.
Fuck. Fuck. Fuck. Fuck. Fuck. Fuck. Fuck. Fuck. Fuck.
Fuck. Fuck. Fuck. Fuck. Fuck. Fuck. Fuck. Fuck. Fuck.
Fuck. Fuck. Fuck. Fuck. Fuck. Fuck. Fuck. Fuck. Fuck.
Fuck. Fuck. Fuck. Fuck. Fuck. Fuck. Fuck. Fuck. Fuck.
Fuck. Fuck. Fuck. Fuck. Fuck. Fuck. Fuck. Fuck. Fuck.

Fuck. Fuck. Fuck. Fuck. Fuck. Fuck. Fuck. Fuck. Fuck.
Fuck. Fuck. Fuck. Fuck. Fuck. Fuck. Fuck. Fuck. Fuck.
Fuck. Fuck. Fuck. Fuck. Fuck. Fuck. Fuck. Fuck. Fuck.
Fuck. Fuck. Fuck. Fuck. Fuck. Fuck. Fuck. Fuck. Fuck.
Fuck. Fuck. Fuck. Fuck. Fuck. Fuck. Fuck. Fuck. Fuck.
Fuck. Fuck. Fuck. Fuck. Fuck. Fuck. Fuck. Fuck. Fuck.
Fuck. Fuck. Fuck. Fuck. Fuck. Fuck. Fuck. Fuck. Fuck.
Fuck. Fuck. Fuck. Fuck. Fuck. Fuck. Fuck. Fuck. Fuck.
Fuck. Fuck. Fuck. Fuck. Fuck. Fuck. Fuck. Fuck. Fuck.
Fuck. Fuck. Fuck. Fuck. Fuck. Fuck. Fuck. Fuck. Fuck.
Fuck. Fuck. Fuck. Fuck. Fuck. Fuck. Fuck. Fuck. Fuck.
Fuck. Fuck. Fuck. Fuck. Fuck. Fuck. Fuck. Fuck. Fuck.
Fuck. Fuck. Fuck. Fuck. Fuck. Fuck. Fuck. Fuck. Fuck.
Fuck. Fuck. Fuck. Fuck. Fuck. Fuck. Fuck. Fuck. Fuck.
Fuck. Fuck. Fuck. Fuck. Fuck. Fuck. Fuck. Fuck. Fuck.
Fuck. Fuck. Fuck. Fuck. Fuck. Fuck. Fuck. Fuck. Fuck.
Fuck. Fuck. Fuck. Fuck. Fuck. Fuck. Fuck. Fuck. Fuck.
Fuck. Fuck. Fuck. Fuck. Fuck. Fuck. Fuck. Fuck. Fuck.
Fuck. Fuck. Fuck. Fuck. Fuck. Fuck. Fuck. Fuck. Fuck.
Fuck. Fuck. Fuck. Fuck. Fuck. Fuck. Fuck. Fuck. Fuck.
Fuck. Fuck. Fuck. Fuck. Fuck. Fuck. Fuck. Fuck. Fuck.
Fuck. Fuck. Fuck. Fuck. Fuck. Fuck. Fuck. Fuck. Fuck.
Fuck. Fuck. Fuck. Fuck. Fuck. Fuck. Fuck. Fuck. Fuck.
Fuck. Fuck. Fuck. Fuck. Fuck. Fuck. Fuck. Fuck. Fuck.
Fuck. Fuck. Fuck. Fuck. Fuck. Fuck. Fuck. Fuck. Fuck.
Fuck. Fuck. Fuck. Fuck. Fuck. Fuck. Fuck. Fuck. Fuck.
Fuck. Fuck. Fuck. Fuck. Fuck. Fuck. Fuck. Fuck. Fuck.
Fuck. Fuck. Fuck. Fuck. Fuck. Fuck. Fuck. Fuck. Fuck.
Fuck. Fuck. Fuck. Fuck. Fuck. Fuck. Fuck. Fuck. Fuck.
Fuck. Fuck. Fuck. Fuck. Fuck. Fuck. Fuck. Fuck. Fuck.
Fuck. Fuck. Fuck. Fuck. Fuck. Fuck. Fuck. Fuck. Fuck.

Fuck. Fuck. Fuck. Fuck. Fuck. Fuck. Fuck. Fuck. Fuck.
Fuck. Fuck. Fuck. Fuck. Fuck. Fuck. Fuck. Fuck. Fuck.
Fuck. Fuck. Fuck. Fuck. Fuck. Fuck. Fuck. Fuck. Fuck.
Fuck. Fuck. Fuck. Fuck. Fuck. Fuck. Fuck. Fuck. Fuck.
Fuck. Fuck. Fuck. Fuck. Fuck. Fuck. Fuck. Fuck. Fuck.
Fuck. Fuck. Fuck. Fuck. Fuck. Fuck. Fuck. Fuck. Fuck.
Fuck. Fuck. Fuck. Fuck. Fuck. Fuck. Fuck. Fuck. Fuck.
Fuck. Fuck. Fuck. Fuck. Fuck. Fuck. Fuck. Fuck. Fuck.
Fuck. Fuck. Fuck. Fuck. Fuck. Fuck. Fuck. Fuck. Fuck.
Fuck. Fuck. Fuck. Fuck. Fuck. Fuck. Fuck. Fuck. Fuck.
Fuck. Fuck. Fuck. Fuck. Fuck. Fuck. Fuck. Fuck. Fuck.
Fuck. Fuck. Fuck. Fuck. Fuck. Fuck. Fuck. Fuck. Fuck.
Fuck. Fuck. Fuck. Fuck. Fuck. Fuck. Fuck. Fuck. Fuck.
Fuck. Fuck. Fuck. Fuck. Fuck. Fuck. Fuck. Fuck. Fuck.
Fuck. Fuck. Fuck. Fuck. Fuck. Fuck. Fuck. Fuck. Fuck.
Fuck. Fuck. Fuck. Fuck. Fuck. Fuck. Fuck. Fuck. Fuck.
Fuck. Fuck. Fuck. Fuck. Fuck. Fuck. Fuck. Fuck. Fuck.
Fuck. Fuck. Fuck. Fuck. Fuck. Fuck. Fuck. Fuck. Fuck.
Fuck. Fuck. Fuck. Fuck. Fuck. Fuck. Fuck. Fuck. Fuck.
Fuck. Fuck. Fuck. Fuck. Fuck. Fuck. Fuck. Fuck. Fuck.
Fuck. Fuck. Fuck. Fuck. Fuck. Fuck. Fuck. Fuck. Fuck.
Fuck. Fuck. Fuck. Fuck. Fuck. Fuck. Fuck. Fuck. Fuck.
Fuck. Fuck. Fuck. Fuck. Fuck. Fuck. Fuck. Fuck. Fuck.
Fuck. Fuck. Fuck. Fuck. Fuck. Fuck. Fuck. Fuck. Fuck.
Fuck. Fuck. Fuck. Fuck. Fuck. Fuck. Fuck. Fuck. Fuck.
Fuck. Fuck. Fuck. Fuck. Fuck. Fuck. Fuck. Fuck. Fuck.
Fuck. Fuck. Fuck. Fuck. Fuck. Fuck. Fuck. Fuck. Fuck.
Fuck. Fuck. Fuck. Fuck. Fuck. Fuck. Fuck. Fuck. Fuck.
Fuck. Fuck. Fuck. Fuck. Fuck. Fuck. Fuck. Fuck. Fuck.
Fuck. Fuck. Fuck. Fuck. Fuck. Fuck. Fuck. Fuck. Fuck.

Fuck. Fuck. Fuck. Fuck. Fuck. Fuck. Fuck. Fuck. Fuck.
Fuck. Fuck. Fuck. Fuck. Fuck. Fuck. Fuck. Fuck. Fuck.
Fuck. Fuck. Fuck. Fuck. Fuck. Fuck. Fuck. Fuck. Fuck.
Fuck. Fuck. Fuck. Fuck. Fuck. Fuck. Fuck. Fuck. Fuck.
Fuck. Fuck. Fuck. Fuck. Fuck. Fuck. Fuck. Fuck. Fuck.
Fuck. Fuck. Fuck. Fuck. Fuck. Fuck. Fuck. Fuck. Fuck.
Fuck. Fuck. Fuck. Fuck. Fuck. Fuck. Fuck. Fuck. Fuck.
Fuck. Fuck. Fuck. Fuck. Fuck. Fuck. Fuck. Fuck. Fuck.
Fuck. Fuck. Fuck. Fuck. Fuck. Fuck. Fuck. Fuck. Fuck.
Fuck. Fuck. Fuck. Fuck. Fuck. Fuck. Fuck. Fuck. Fuck.
Fuck. Fuck. Fuck. Fuck. Fuck. Fuck. Fuck. Fuck. Fuck.
Fuck. Fuck. Fuck. Fuck. Fuck. Fuck. Fuck. Fuck. Fuck.
Fuck. Fuck. Fuck. Fuck. Fuck. Fuck. Fuck. Fuck. Fuck.
Fuck. Fuck. Fuck. Fuck. Fuck. Fuck. Fuck. Fuck. Fuck.
Fuck. Fuck. Fuck. Fuck. Fuck. Fuck. Fuck. Fuck. Fuck.
Fuck. Fuck. Fuck. Fuck. Fuck. Fuck. Fuck. Fuck. Fuck.
Fuck. Fuck. Fuck. Fuck. Fuck. Fuck. Fuck. Fuck. Fuck.
Fuck. Fuck. Fuck. Fuck. Fuck. Fuck. Fuck. Fuck. Fuck.
Fuck. Fuck. Fuck. Fuck. Fuck. Fuck. Fuck. Fuck. Fuck.
Fuck. Fuck. Fuck. Fuck. Fuck. Fuck. Fuck. Fuck. Fuck.
Fuck. Fuck. Fuck. Fuck. Fuck. Fuck. Fuck. Fuck. Fuck.
Fuck. Fuck. Fuck. Fuck. Fuck. Fuck. Fuck. Fuck. Fuck.
Fuck. Fuck. Fuck. Fuck. Fuck. Fuck. Fuck. Fuck. Fuck.
Fuck. Fuck. Fuck. Fuck. Fuck. Fuck. Fuck. Fuck. Fuck.
Fuck. Fuck. Fuck. Fuck. Fuck. Fuck. Fuck. Fuck. Fuck.
Fuck. Fuck. Fuck. Fuck. Fuck. Fuck. Fuck. Fuck. Fuck.
Fuck. Fuck. Fuck. Fuck. Fuck. Fuck. Fuck. Fuck. Fuck.
Fuck. Fuck. Fuck. Fuck. Fuck. Fuck. Fuck. Fuck. Fuck.
Fuck. Fuck. Fuck. Fuck. Fuck. Fuck. Fuck. Fuck. Fuck.
Fuck. Fuck. Fuck. Fuck. Fuck. Fuck. Fuck. Fuck. Fuck.
Fuck. Fuck. Fuck. Fuck. Fuck. Fuck. Fuck. Fuck. Fuck.
Fuck. Fuck. Fuck. Fuck. Fuck. Fuck. Fuck. Fuck. Fuck.
Fuck. Fuck. Fuck. Fuck. Fuck. Fuck. Fuck. Fuck. Fuck.

Fuck. Fuck. Fuck. Fuck. Fuck. Fuck. Fuck. Fuck. Fuck.
Fuck. Fuck. Fuck. Fuck. Fuck. Fuck. Fuck. Fuck. Fuck.
Fuck. Fuck. Fuck. Fuck. Fuck. Fuck. Fuck. Fuck. Fuck.
Fuck. Fuck. Fuck. Fuck. Fuck. Fuck. Fuck. Fuck. Fuck.
Fuck. Fuck. Fuck. Fuck. Fuck. Fuck. Fuck. Fuck. Fuck.
Fuck. Fuck. Fuck. Fuck. Fuck. Fuck. Fuck. Fuck. Fuck.
Fuck. Fuck. Fuck. Fuck. Fuck. Fuck. Fuck. Fuck. Fuck.
Fuck. Fuck. Fuck. Fuck. Fuck. Fuck. Fuck. Fuck. Fuck.
Fuck. Fuck. Fuck. Fuck. Fuck. Fuck. Fuck. Fuck. Fuck.
Fuck. Fuck. Fuck. Fuck. Fuck. Fuck. Fuck. Fuck. Fuck.
Fuck. Fuck. Fuck. Fuck. Fuck. Fuck. Fuck. Fuck. Fuck.
Fuck. Fuck. Fuck. Fuck. Fuck. Fuck. Fuck. Fuck. Fuck.
Fuck. Fuck. Fuck. Fuck. Fuck. Fuck. Fuck. Fuck. Fuck.
Fuck. Fuck. Fuck. Fuck. Fuck. Fuck. Fuck. Fuck. Fuck.
Fuck. Fuck. Fuck. Fuck. Fuck. Fuck. Fuck. Fuck. Fuck.
Fuck. Fuck. Fuck. Fuck. Fuck. Fuck. Fuck. Fuck. Fuck.
Fuck. Fuck. Fuck. Fuck. Fuck. Fuck. Fuck. Fuck. Fuck.
Fuck. Fuck. Fuck. Fuck. Fuck. Fuck. Fuck. Fuck. Fuck.
Fuck. Fuck. Fuck. Fuck. Fuck. Fuck. Fuck. Fuck. Fuck.
Fuck. Fuck. Fuck. Fuck. Fuck. Fuck. Fuck. Fuck. Fuck.
Fuck. Fuck. Fuck. Fuck. Fuck. Fuck. Fuck. Fuck. Fuck.
Fuck. Fuck. Fuck. Fuck. Fuck. Fuck. Fuck. Fuck. Fuck.
Fuck. Fuck. Fuck. Fuck. Fuck. Fuck. Fuck. Fuck. Fuck.
Fuck. Fuck. Fuck. Fuck. Fuck. Fuck. Fuck. Fuck. Fuck.
Fuck. Fuck. Fuck. Fuck. Fuck. Fuck. Fuck. Fuck. Fuck.
Fuck. Fuck. Fuck. Fuck. Fuck. Fuck. Fuck. Fuck. Fuck.
Fuck. Fuck. Fuck. Fuck. Fuck. Fuck. Fuck. Fuck. Fuck.
Fuck. Fuck. Fuck. Fuck. Fuck. Fuck. Fuck. Fuck. Fuck.
Fuck. Fuck. Fuck. Fuck. Fuck. Fuck. Fuck. Fuck. Fuck.
Fuck. Fuck. Fuck. Fuck. Fuck. Fuck. Fuck. Fuck. Fuck.
Fuck. Fuck. Fuck. Fuck. Fuck. Fuck. Fuck. Fuck. Fuck.
Fuck. Fuck. Fuck. Fuck. Fuck. Fuck. Fuck. Fuck. Fuck.
Fuck. Fuck. Fuck. Fuck. Fuck. Fuck. Fuck. Fuck. Fuck.
Fuck. Fuck. Fuck. Fuck. Fuck. Fuck. Fuck. Fuck. Fuck.

Fuck. Fuck. Fuck. Fuck. Fuck. Fuck. Fuck. Fuck. Fuck.
Fuck. Fuck. Fuck. Fuck. Fuck. Fuck. Fuck. Fuck. Fuck.
Fuck. Fuck. Fuck. Fuck. Fuck. Fuck. Fuck. Fuck. Fuck.
Fuck. Fuck. Fuck. Fuck. Fuck. Fuck. Fuck. Fuck. Fuck.
Fuck. Fuck. Fuck. Fuck. Fuck. Fuck. Fuck. Fuck. Fuck.
Fuck. Fuck. Fuck. Fuck. Fuck. Fuck. Fuck. Fuck. Fuck.
Fuck. Fuck. Fuck. Fuck. Fuck. Fuck. Fuck. Fuck. Fuck.
Fuck. Fuck. Fuck. Fuck. Fuck. Fuck. Fuck. Fuck. Fuck.
Fuck. Fuck. Fuck. Fuck. Fuck. Fuck. Fuck. Fuck. Fuck.
Fuck. Fuck. Fuck. Fuck. Fuck. Fuck. Fuck. Fuck. Fuck.
Fuck. Fuck. Fuck. Fuck. Fuck. Fuck. Fuck. Fuck. Fuck.
Fuck. Fuck. Fuck. Fuck. Fuck. Fuck. Fuck. Fuck. Fuck.
Fuck. Fuck. Fuck. Fuck. Fuck. Fuck. Fuck. Fuck. Fuck.
Fuck. Fuck. Fuck. Fuck. Fuck. Fuck. Fuck. Fuck. Fuck.
Fuck. Fuck. Fuck. Fuck. Fuck. Fuck. Fuck. Fuck. Fuck.
Fuck. Fuck. Fuck. Fuck. Fuck. Fuck. Fuck. Fuck. Fuck.
Fuck. Fuck. Fuck. Fuck. Fuck. Fuck. Fuck. Fuck. Fuck.
Fuck. Fuck. Fuck. Fuck. Fuck. Fuck. Fuck. Fuck. Fuck.
Fuck. Fuck. Fuck. Fuck. Fuck. Fuck. Fuck. Fuck. Fuck.
Fuck. Fuck. Fuck. Fuck. Fuck. Fuck. Fuck. Fuck. Fuck.
Fuck. Fuck. Fuck. Fuck. Fuck. Fuck. Fuck. Fuck. Fuck.
Fuck. Fuck. Fuck. Fuck. Fuck. Fuck. Fuck. Fuck. Fuck.
Fuck. Fuck. Fuck. Fuck. Fuck. Fuck. Fuck. Fuck. Fuck.
Fuck. Fuck. Fuck. Fuck. Fuck. Fuck. Fuck. Fuck. Fuck.
Fuck. Fuck. Fuck. Fuck. Fuck. Fuck. Fuck. Fuck. Fuck.
Fuck. Fuck. Fuck. Fuck. Fuck. Fuck. Fuck. Fuck. Fuck.
Fuck. Fuck. Fuck. Fuck. Fuck. Fuck. Fuck. Fuck. Fuck.
Fuck. Fuck. Fuck. Fuck. Fuck. Fuck. Fuck. Fuck. Fuck.
Fuck. Fuck. Fuck. Fuck. Fuck. Fuck. Fuck. Fuck. Fuck.
Fuck. Fuck. Fuck. Fuck. Fuck. Fuck. Fuck. Fuck. Fuck.
Fuck. Fuck. Fuck. Fuck. Fuck. Fuck. Fuck. Fuck. Fuck.
Fuck. Fuck. Fuck. Fuck. Fuck. Fuck. Fuck. Fuck. Fuck.
Fuck. Fuck. Fuck. Fuck. Fuck. Fuck. Fuck. Fuck. Fuck.
Fuck. Fuck. Fuck. Fuck. Fuck. Fuck. Fuck. Fuck. Fuck.
Fuck. Fuck. Fuck. Fuck. Fuck. Fuck. Fuck. Fuck. Fuck.

Fuck. Fuck. Fuck. Fuck. Fuck. Fuck. Fuck. Fuck. Fuck.
Fuck. Fuck. Fuck. Fuck. Fuck. Fuck. Fuck. Fuck. Fuck.
Fuck. Fuck. Fuck. Fuck. Fuck. Fuck. Fuck. Fuck. Fuck.
Fuck. Fuck. Fuck. Fuck. Fuck. Fuck. Fuck. Fuck. Fuck.
Fuck. Fuck. Fuck. Fuck. Fuck. Fuck. Fuck. Fuck. Fuck.
Fuck. Fuck. Fuck. Fuck. Fuck. Fuck. Fuck. Fuck. Fuck.
Fuck. Fuck. Fuck. Fuck. Fuck. Fuck. Fuck. Fuck. Fuck.
Fuck. Fuck. Fuck. Fuck. Fuck. Fuck. Fuck. Fuck. Fuck.
Fuck. Fuck. Fuck. Fuck. Fuck. Fuck. Fuck. Fuck. Fuck.
Fuck. Fuck. Fuck. Fuck. Fuck. Fuck. Fuck. Fuck. Fuck.
Fuck. Fuck. Fuck. Fuck. Fuck. Fuck. Fuck. Fuck. Fuck.
Fuck. Fuck. Fuck. Fuck. Fuck. Fuck. Fuck. Fuck. Fuck.
Fuck. Fuck. Fuck. Fuck. Fuck. Fuck. Fuck. Fuck. Fuck.
Fuck. Fuck. Fuck. Fuck. Fuck. Fuck. Fuck. Fuck. Fuck.
Fuck. Fuck. Fuck. Fuck. Fuck. Fuck. Fuck. Fuck. Fuck.
Fuck. Fuck. Fuck. Fuck. Fuck. Fuck. Fuck. Fuck. Fuck.
Fuck. Fuck. Fuck. Fuck. Fuck. Fuck. Fuck. Fuck. Fuck.
Fuck. Fuck. Fuck. Fuck. Fuck. Fuck. Fuck. Fuck. Fuck.
Fuck. Fuck. Fuck. Fuck. Fuck. Fuck. Fuck. Fuck. Fuck.
Fuck. Fuck. Fuck. Fuck. Fuck. Fuck. Fuck. Fuck. Fuck.
Fuck. Fuck. Fuck. Fuck. Fuck. Fuck. Fuck. Fuck. Fuck.
Fuck. Fuck. Fuck. Fuck. Fuck. Fuck. Fuck. Fuck. Fuck.
Fuck. Fuck. Fuck. Fuck. Fuck. Fuck. Fuck. Fuck. Fuck.
Fuck. Fuck. Fuck. Fuck. Fuck. Fuck. Fuck. Fuck. Fuck.
Fuck. Fuck. Fuck. Fuck. Fuck. Fuck. Fuck. Fuck. Fuck.
Fuck. Fuck. Fuck. Fuck. Fuck. Fuck. Fuck. Fuck. Fuck.
Fuck. Fuck. Fuck. Fuck. Fuck. Fuck. Fuck. Fuck. Fuck.
Fuck. Fuck. Fuck. Fuck. Fuck. Fuck. Fuck. Fuck. Fuck.
Fuck. Fuck. Fuck. Fuck. Fuck. Fuck. Fuck. Fuck. Fuck.
Fuck. Fuck. Fuck. Fuck. Fuck. Fuck. Fuck. Fuck. Fuck.
Fuck. Fuck. Fuck. Fuck. Fuck. Fuck. Fuck. Fuck. Fuck.
Fuck. Fuck. Fuck. Fuck. Fuck. Fuck. Fuck. Fuck. Fuck.
Fuck. Fuck. Fuck. Fuck. Fuck. Fuck. Fuck. Fuck. Fuck.

Fuck. Fuck. Fuck. Fuck. Fuck. Fuck. Fuck. Fuck. Fuck.
Fuck. Fuck. Fuck. Fuck. Fuck. Fuck. Fuck. Fuck. Fuck.
Fuck. Fuck. Fuck. Fuck. Fuck. Fuck. Fuck. Fuck. Fuck.
Fuck. Fuck. Fuck. Fuck. Fuck. Fuck. Fuck. Fuck. Fuck.
Fuck. Fuck. Fuck. Fuck. Fuck. Fuck. Fuck. Fuck. Fuck.
Fuck. Fuck. Fuck. Fuck. Fuck. Fuck. Fuck. Fuck. Fuck.
Fuck. Fuck. Fuck. Fuck. Fuck. Fuck. Fuck. Fuck. Fuck.
Fuck. Fuck. Fuck. Fuck. Fuck. Fuck. Fuck. Fuck. Fuck.
Fuck. Fuck. Fuck. Fuck. Fuck. Fuck. Fuck. Fuck. Fuck.
Fuck. Fuck. Fuck. Fuck. Fuck. Fuck. Fuck. Fuck. Fuck.
Fuck. Fuck. Fuck. Fuck. Fuck. Fuck. Fuck. Fuck. Fuck.
Fuck. Fuck. Fuck. Fuck. Fuck. Fuck. Fuck. Fuck. Fuck.
Fuck. Fuck. Fuck. Fuck. Fuck. Fuck. Fuck. Fuck. Fuck.
Fuck. Fuck. Fuck. Fuck. Fuck. Fuck. Fuck. Fuck. Fuck.
Fuck. Fuck. Fuck. Fuck. Fuck. Fuck. Fuck. Fuck. Fuck.
Fuck. Fuck. Fuck. Fuck. Fuck. Fuck. Fuck. Fuck. Fuck.
Fuck. Fuck. Fuck. Fuck. Fuck. Fuck. Fuck. Fuck. Fuck.
Fuck. Fuck. Fuck. Fuck. Fuck. Fuck. Fuck. Fuck. Fuck.
Fuck. Fuck. Fuck. Fuck. Fuck. Fuck. Fuck. Fuck. Fuck.
Fuck. Fuck. Fuck. Fuck. Fuck. Fuck. Fuck. Fuck. Fuck.
Fuck. Fuck. Fuck. Fuck. Fuck. Fuck. Fuck. Fuck. Fuck.
Fuck. Fuck. Fuck. Fuck. Fuck. Fuck. Fuck. Fuck. Fuck.
Fuck. Fuck. Fuck. Fuck. Fuck. Fuck. Fuck. Fuck. Fuck.
Fuck. Fuck. Fuck. Fuck. Fuck. Fuck. Fuck. Fuck. Fuck.
Fuck. Fuck. Fuck. Fuck. Fuck. Fuck. Fuck. Fuck. Fuck.
Fuck. Fuck. Fuck. Fuck. Fuck. Fuck. Fuck. Fuck. Fuck.
Fuck. Fuck. Fuck. Fuck. Fuck. Fuck. Fuck. Fuck. Fuck.
Fuck. Fuck. Fuck. Fuck. Fuck. Fuck. Fuck. Fuck. Fuck.
Fuck. Fuck. Fuck. Fuck. Fuck. Fuck. Fuck. Fuck. Fuck.
Fuck. Fuck. Fuck. Fuck. Fuck. Fuck. Fuck. Fuck. Fuck.
Fuck. Fuck. Fuck. Fuck. Fuck. Fuck. Fuck. Fuck. Fuck.
Fuck. Fuck. Fuck. Fuck. Fuck. Fuck. Fuck. Fuck. Fuck.
Fuck. Fuck. Fuck. Fuck. Fuck. Fuck. Fuck. Fuck. Fuck.

Fuck. Fuck. Fuck. Fuck. Fuck. Fuck. Fuck. Fuck. Fuck.
Fuck. Fuck. Fuck. Fuck. Fuck. Fuck. Fuck. Fuck. Fuck.
Fuck. Fuck. Fuck. Fuck. Fuck. Fuck. Fuck. Fuck. Fuck.
Fuck. Fuck. Fuck. Fuck. Fuck. Fuck. Fuck. Fuck. Fuck.
Fuck. Fuck. Fuck. Fuck. Fuck. Fuck. Fuck. Fuck. Fuck.
Fuck. Fuck. Fuck. Fuck. Fuck. Fuck. Fuck. Fuck. Fuck.
Fuck. Fuck. Fuck. Fuck. Fuck. Fuck. Fuck. Fuck. Fuck.
Fuck. Fuck. Fuck. Fuck. Fuck. Fuck. Fuck. Fuck. Fuck.
Fuck. Fuck. Fuck. Fuck. Fuck. Fuck. Fuck. Fuck. Fuck.
Fuck. Fuck. Fuck. Fuck. Fuck. Fuck. Fuck. Fuck. Fuck.
Fuck. Fuck. Fuck. Fuck. Fuck. Fuck. Fuck. Fuck. Fuck.
Fuck. Fuck. Fuck. Fuck. Fuck. Fuck. Fuck. Fuck. Fuck.
Fuck. Fuck. Fuck. Fuck. Fuck. Fuck. Fuck. Fuck. Fuck.
Fuck. Fuck. Fuck. Fuck. Fuck. Fuck. Fuck. Fuck. Fuck.
Fuck. Fuck. Fuck. Fuck. Fuck. Fuck. Fuck. Fuck. Fuck.
Fuck. Fuck. Fuck. Fuck. Fuck. Fuck. Fuck. Fuck. Fuck.
Fuck. Fuck. Fuck. Fuck. Fuck. Fuck. Fuck. Fuck. Fuck.
Fuck. Fuck. Fuck. Fuck. Fuck. Fuck. Fuck. Fuck. Fuck.
Fuck. Fuck. Fuck. Fuck. Fuck. Fuck. Fuck. Fuck. Fuck.
Fuck. Fuck. Fuck. Fuck. Fuck. Fuck. Fuck. Fuck. Fuck.
Fuck. Fuck. Fuck. Fuck. Fuck. Fuck. Fuck. Fuck. Fuck.
Fuck. Fuck. Fuck. Fuck. Fuck. Fuck. Fuck. Fuck. Fuck.
Fuck. Fuck. Fuck. Fuck. Fuck. Fuck. Fuck. Fuck. Fuck.
Fuck. Fuck. Fuck. Fuck. Fuck. Fuck. Fuck. Fuck. Fuck.
Fuck. Fuck. Fuck. Fuck. Fuck. Fuck. Fuck. Fuck. Fuck.
Fuck. Fuck. Fuck. Fuck. Fuck. Fuck. Fuck. Fuck. Fuck.
Fuck. Fuck. Fuck. Fuck. Fuck. Fuck. Fuck. Fuck. Fuck.
Fuck. Fuck. Fuck. Fuck. Fuck. Fuck. Fuck. Fuck. Fuck.
Fuck. Fuck. Fuck. Fuck. Fuck. Fuck. Fuck. Fuck. Fuck.
Fuck. Fuck. Fuck. Fuck. Fuck. Fuck. Fuck. Fuck. Fuck.
Fuck. Fuck. Fuck. Fuck. Fuck. Fuck. Fuck. Fuck. Fuck.
Fuck. Fuck. Fuck. Fuck. Fuck. Fuck. Fuck. Fuck. Fuck.
Fuck. Fuck. Fuck. Fuck. Fuck. Fuck. Fuck. Fuck. Fuck.
Fuck. Fuck. Fuck. Fuck. Fuck. Fuck. Fuck. Fuck. Fuck.

Fuck. Fuck. Fuck. Fuck. Fuck. Fuck. Fuck. Fuck. Fuck.
Fuck. Fuck. Fuck. Fuck. Fuck. Fuck. Fuck. Fuck. Fuck.
Fuck. Fuck. Fuck. Fuck. Fuck. Fuck. Fuck. Fuck. Fuck.
Fuck. Fuck. Fuck. Fuck. Fuck. Fuck. Fuck. Fuck. Fuck.
Fuck. Fuck. Fuck. Fuck. Fuck. Fuck. Fuck. Fuck. Fuck.
Fuck. Fuck. Fuck. Fuck. Fuck. Fuck. Fuck. Fuck. Fuck.
Fuck. Fuck. Fuck. Fuck. Fuck. Fuck. Fuck. Fuck. Fuck.
Fuck. Fuck. Fuck. Fuck. Fuck. Fuck. Fuck. Fuck. Fuck.
Fuck. Fuck. Fuck. Fuck. Fuck. Fuck. Fuck. Fuck. Fuck.
Fuck. Fuck. Fuck. Fuck. Fuck. Fuck. Fuck. Fuck. Fuck.
Fuck. Fuck. Fuck. Fuck. Fuck. Fuck. Fuck. Fuck. Fuck.
Fuck. Fuck. Fuck. Fuck. Fuck. Fuck. Fuck. Fuck. Fuck.
Fuck. Fuck. Fuck. Fuck. Fuck. Fuck. Fuck. Fuck. Fuck.
Fuck. Fuck. Fuck. Fuck. Fuck. Fuck. Fuck. Fuck. Fuck.
Fuck. Fuck. Fuck. Fuck. Fuck. Fuck. Fuck. Fuck. Fuck.
Fuck. Fuck. Fuck. Fuck. Fuck. Fuck. Fuck. Fuck. Fuck.
Fuck. Fuck. Fuck. Fuck. Fuck. Fuck. Fuck. Fuck. Fuck.
Fuck. Fuck. Fuck. Fuck. Fuck. Fuck. Fuck. Fuck. Fuck.
Fuck. Fuck. Fuck. Fuck. Fuck. Fuck. Fuck. Fuck. Fuck.
Fuck. Fuck. Fuck. Fuck. Fuck. Fuck. Fuck. Fuck. Fuck.
Fuck. Fuck. Fuck. Fuck. Fuck. Fuck. Fuck. Fuck. Fuck.
Fuck. Fuck. Fuck. Fuck. Fuck. Fuck. Fuck. Fuck. Fuck.
Fuck. Fuck. Fuck. Fuck. Fuck. Fuck. Fuck. Fuck. Fuck.
Fuck. Fuck. Fuck. Fuck. Fuck. Fuck. Fuck. Fuck. Fuck.
Fuck. Fuck. Fuck. Fuck. Fuck. Fuck. Fuck. Fuck. Fuck.
Fuck. Fuck. Fuck. Fuck. Fuck. Fuck. Fuck. Fuck. Fuck.
Fuck. Fuck. Fuck. Fuck. Fuck. Fuck. Fuck. Fuck. Fuck.
Fuck. Fuck. Fuck. Fuck. Fuck. Fuck. Fuck. Fuck. Fuck.
Fuck. Fuck. Fuck. Fuck. Fuck. Fuck. Fuck. Fuck. Fuck.
Fuck. Fuck. Fuck. Fuck. Fuck. Fuck. Fuck. Fuck. Fuck.
Fuck. Fuck. Fuck. Fuck. Fuck. Fuck. Fuck. Fuck. Fuck.
Fuck. Fuck. Fuck. Fuck. Fuck. Fuck. Fuck. Fuck. Fuck.
Fuck. Fuck. Fuck. Fuck. Fuck. Fuck. Fuck. Fuck. Fuck.
Fuck. Fuck. Fuck. Fuck. Fuck. Fuck. Fuck. Fuck. Fuck.

Fuck. Fuck. Fuck. Fuck. Fuck. Fuck. Fuck. Fuck. Fuck.
Fuck. Fuck. Fuck. Fuck. Fuck. Fuck. Fuck. Fuck. Fuck.
Fuck. Fuck. Fuck. Fuck. Fuck. Fuck. Fuck. Fuck. Fuck.
Fuck. Fuck. Fuck. Fuck. Fuck. Fuck. Fuck. Fuck. Fuck.
Fuck. Fuck. Fuck. Fuck. Fuck. Fuck. Fuck. Fuck. Fuck.
Fuck. Fuck. Fuck. Fuck. Fuck. Fuck. Fuck. Fuck. Fuck.
Fuck. Fuck. Fuck. Fuck. Fuck. Fuck. Fuck. Fuck. Fuck.
Fuck. Fuck. Fuck. Fuck. Fuck. Fuck. Fuck. Fuck. Fuck.
Fuck. Fuck. Fuck. Fuck. Fuck. Fuck. Fuck. Fuck. Fuck.
Fuck. Fuck. Fuck. Fuck. Fuck. Fuck. Fuck. Fuck. Fuck.
Fuck. Fuck. Fuck. Fuck. Fuck. Fuck. Fuck. Fuck. Fuck.
Fuck. Fuck. Fuck. Fuck. Fuck. Fuck. Fuck. Fuck. Fuck.
Fuck. Fuck. Fuck. Fuck. Fuck. Fuck. Fuck. Fuck. Fuck.
Fuck. Fuck. Fuck. Fuck. Fuck. Fuck. Fuck. Fuck. Fuck.
Fuck. Fuck. Fuck. Fuck. Fuck. Fuck. Fuck. Fuck. Fuck.
Fuck. Fuck. Fuck. Fuck. Fuck. Fuck. Fuck. Fuck. Fuck.
Fuck. Fuck. Fuck. Fuck. Fuck. Fuck. Fuck. Fuck. Fuck.
Fuck. Fuck. Fuck. Fuck. Fuck. Fuck. Fuck. Fuck. Fuck.
Fuck. Fuck. Fuck. Fuck. Fuck. Fuck. Fuck. Fuck. Fuck.
Fuck. Fuck. Fuck. Fuck. Fuck. Fuck. Fuck. Fuck. Fuck.
Fuck. Fuck. Fuck. Fuck. Fuck. Fuck. Fuck. Fuck. Fuck.
Fuck. Fuck. Fuck. Fuck. Fuck. Fuck. Fuck. Fuck. Fuck.
Fuck. Fuck. Fuck. Fuck. Fuck. Fuck. Fuck. Fuck. Fuck.
Fuck. Fuck. Fuck. Fuck. Fuck. Fuck. Fuck. Fuck. Fuck.
Fuck. Fuck. Fuck. Fuck. Fuck. Fuck. Fuck. Fuck. Fuck.
Fuck. Fuck. Fuck. Fuck. Fuck. Fuck. Fuck. Fuck. Fuck.
Fuck. Fuck. Fuck. Fuck. Fuck. Fuck. Fuck. Fuck. Fuck.
Fuck. Fuck. Fuck. Fuck. Fuck. Fuck. Fuck. Fuck. Fuck.
Fuck. Fuck. Fuck. Fuck. Fuck. Fuck. Fuck. Fuck. Fuck.
Fuck. Fuck. Fuck. Fuck. Fuck. Fuck. Fuck. Fuck. Fuck.
Fuck. Fuck. Fuck. Fuck. Fuck. Fuck. Fuck. Fuck. Fuck.
Fuck. Fuck. Fuck. Fuck. Fuck. Fuck. Fuck. Fuck. Fuck.
Fuck. Fuck. Fuck. Fuck. Fuck. Fuck. Fuck. Fuck. Fuck.
Fuck. Fuck. Fuck. Fuck. Fuck. Fuck. Fuck. Fuck. Fuck.

Fuck. Fuck. Fuck. Fuck. Fuck. Fuck. Fuck. Fuck. Fuck.
Fuck. Fuck. Fuck. Fuck. Fuck. Fuck. Fuck. Fuck. Fuck.
Fuck. Fuck. Fuck. Fuck. Fuck. Fuck. Fuck. Fuck. Fuck.
Fuck. Fuck. Fuck. Fuck. Fuck. Fuck. Fuck. Fuck. Fuck.
Fuck. Fuck. Fuck. Fuck. Fuck. Fuck. Fuck. Fuck. Fuck.
Fuck. Fuck. Fuck. Fuck. Fuck. Fuck. Fuck. Fuck. Fuck.
Fuck. Fuck. Fuck. Fuck. Fuck. Fuck. Fuck. Fuck. Fuck.
Fuck. Fuck. Fuck. Fuck. Fuck. Fuck. Fuck. Fuck. Fuck.
Fuck. Fuck. Fuck. Fuck. Fuck. Fuck. Fuck. Fuck. Fuck.
Fuck. Fuck. Fuck. Fuck. Fuck. Fuck. Fuck. Fuck. Fuck.
Fuck. Fuck. Fuck. Fuck. Fuck. Fuck. Fuck. Fuck. Fuck.
Fuck. Fuck. Fuck. Fuck. Fuck. Fuck. Fuck. Fuck. Fuck.
Fuck. Fuck. Fuck. Fuck. Fuck. Fuck. Fuck. Fuck. Fuck.
Fuck. Fuck. Fuck. Fuck. Fuck. Fuck. Fuck. Fuck. Fuck.
Fuck. Fuck. Fuck. Fuck. Fuck. Fuck. Fuck. Fuck. Fuck.
Fuck. Fuck. Fuck. Fuck. Fuck. Fuck. Fuck. Fuck. Fuck.
Fuck. Fuck. Fuck. Fuck. Fuck. Fuck. Fuck. Fuck. Fuck.
Fuck. Fuck. Fuck. Fuck. Fuck. Fuck. Fuck. Fuck. Fuck.
Fuck. Fuck. Fuck. Fuck. Fuck. Fuck. Fuck. Fuck. Fuck.
Fuck. Fuck. Fuck. Fuck. Fuck. Fuck. Fuck. Fuck. Fuck.
Fuck. Fuck. Fuck. Fuck. Fuck. Fuck. Fuck. Fuck. Fuck.
Fuck. Fuck. Fuck. Fuck. Fuck. Fuck. Fuck. Fuck. Fuck.
Fuck. Fuck. Fuck. Fuck. Fuck. Fuck. Fuck. Fuck. Fuck.
Fuck. Fuck. Fuck. Fuck. Fuck. Fuck. Fuck. Fuck. Fuck.
Fuck. Fuck. Fuck. Fuck. Fuck. Fuck. Fuck. Fuck. Fuck.
Fuck. Fuck. Fuck. Fuck. Fuck. Fuck. Fuck. Fuck. Fuck.
Fuck. Fuck. Fuck. Fuck. Fuck. Fuck. Fuck. Fuck. Fuck.
Fuck. Fuck. Fuck. Fuck. Fuck. Fuck. Fuck. Fuck. Fuck.
Fuck. Fuck. Fuck. Fuck. Fuck. Fuck. Fuck. Fuck. Fuck.
Fuck. Fuck. Fuck. Fuck. Fuck. Fuck. Fuck. Fuck. Fuck.
Fuck. Fuck. Fuck. Fuck. Fuck. Fuck. Fuck. Fuck. Fuck.
Fuck. Fuck. Fuck. Fuck. Fuck. Fuck. Fuck. Fuck. Fuck.
Fuck. Fuck. Fuck. Fuck. Fuck. Fuck. Fuck. Fuck. Fuck.

Fuck. Fuck. Fuck. Fuck. Fuck. Fuck. Fuck. Fuck. Fuck.
Fuck. Fuck. Fuck. Fuck. Fuck. Fuck. Fuck. Fuck. Fuck.
Fuck. Fuck. Fuck. Fuck. Fuck. Fuck. Fuck. Fuck. Fuck.
Fuck. Fuck. Fuck. Fuck. Fuck. Fuck. Fuck. Fuck. Fuck.
Fuck. Fuck. Fuck. Fuck. Fuck. Fuck. Fuck. Fuck. Fuck.
Fuck. Fuck. Fuck. Fuck. Fuck. Fuck. Fuck. Fuck. Fuck.
Fuck. Fuck. Fuck. Fuck. Fuck. Fuck. Fuck. Fuck. Fuck.
Fuck. Fuck. Fuck. Fuck. Fuck. Fuck. Fuck. Fuck. Fuck.
Fuck. Fuck. Fuck. Fuck. Fuck. Fuck. Fuck. Fuck. Fuck.
Fuck. Fuck. Fuck. Fuck. Fuck. Fuck. Fuck. Fuck. Fuck.
Fuck. Fuck. Fuck. Fuck. Fuck. Fuck. Fuck. Fuck. Fuck.
Fuck. Fuck. Fuck. Fuck. Fuck. Fuck. Fuck. Fuck. Fuck.
Fuck. Fuck. Fuck. Fuck. Fuck. Fuck. Fuck. Fuck. Fuck.
Fuck. Fuck. Fuck. Fuck. Fuck. Fuck. Fuck. Fuck. Fuck.
Fuck. Fuck. Fuck. Fuck. Fuck. Fuck. Fuck. Fuck. Fuck.
Fuck. Fuck. Fuck. Fuck. Fuck. Fuck. Fuck. Fuck. Fuck.
Fuck. Fuck. Fuck. Fuck. Fuck. Fuck. Fuck. Fuck. Fuck.
Fuck. Fuck. Fuck. Fuck. Fuck. Fuck. Fuck. Fuck. Fuck.
Fuck. Fuck. Fuck. Fuck. Fuck. Fuck. Fuck. Fuck. Fuck.
Fuck. Fuck. Fuck. Fuck. Fuck. Fuck. Fuck. Fuck. Fuck.
Fuck. Fuck. Fuck. Fuck. Fuck. Fuck. Fuck. Fuck. Fuck.
Fuck. Fuck. Fuck. Fuck. Fuck. Fuck. Fuck. Fuck. Fuck.
Fuck. Fuck. Fuck. Fuck. Fuck. Fuck. Fuck. Fuck. Fuck.
Fuck. Fuck. Fuck. Fuck. Fuck. Fuck. Fuck. Fuck. Fuck.
Fuck. Fuck. Fuck. Fuck. Fuck. Fuck. Fuck. Fuck. Fuck.
Fuck. Fuck. Fuck. Fuck. Fuck. Fuck. Fuck. Fuck. Fuck.
Fuck. Fuck. Fuck. Fuck. Fuck. Fuck. Fuck. Fuck. Fuck.
Fuck. Fuck. Fuck. Fuck. Fuck. Fuck. Fuck. Fuck. Fuck.
Fuck. Fuck. Fuck. Fuck. Fuck. Fuck. Fuck. Fuck. Fuck.
Fuck. Fuck. Fuck. Fuck. Fuck. Fuck. Fuck. Fuck. Fuck.
Fuck. Fuck. Fuck. Fuck. Fuck. Fuck. Fuck. Fuck. Fuck.
Fuck. Fuck. Fuck. Fuck. Fuck. Fuck. Fuck. Fuck. Fuck.
Fuck. Fuck. Fuck. Fuck. Fuck. Fuck. Fuck. Fuck. Fuck.
Fuck. Fuck. Fuck. Fuck. Fuck. Fuck. Fuck. Fuck. Fuck.

Fuck. Fuck. Fuck. Fuck. Fuck. Fuck. Fuck. Fuck. Fuck.
Fuck. Fuck. Fuck. Fuck. Fuck. Fuck. Fuck. Fuck. Fuck.
Fuck. Fuck. Fuck. Fuck. Fuck. Fuck. Fuck. Fuck. Fuck.
Fuck. Fuck. Fuck. Fuck. Fuck. Fuck. Fuck. Fuck. Fuck.
Fuck. Fuck. Fuck. Fuck. Fuck. Fuck. Fuck. Fuck. Fuck.
Fuck. Fuck. Fuck. Fuck. Fuck. Fuck. Fuck. Fuck. Fuck.
Fuck. Fuck. Fuck. Fuck. Fuck. Fuck. Fuck. Fuck. Fuck.
Fuck. Fuck. Fuck. Fuck. Fuck. Fuck. Fuck. Fuck. Fuck.
Fuck. Fuck. Fuck. Fuck. Fuck. Fuck. Fuck. Fuck. Fuck.
Fuck. Fuck. Fuck. Fuck. Fuck. Fuck. Fuck. Fuck. Fuck.
Fuck. Fuck. Fuck. Fuck. Fuck. Fuck. Fuck. Fuck. Fuck.
Fuck. Fuck. Fuck. Fuck. Fuck. Fuck. Fuck. Fuck. Fuck.
Fuck. Fuck. Fuck. Fuck. Fuck. Fuck. Fuck. Fuck. Fuck.
Fuck. Fuck. Fuck. Fuck. Fuck. Fuck. Fuck. Fuck. Fuck.
Fuck. Fuck. Fuck. Fuck. Fuck. Fuck. Fuck. Fuck. Fuck.
Fuck. Fuck. Fuck. Fuck. Fuck. Fuck. Fuck. Fuck. Fuck.
Fuck. Fuck. Fuck. Fuck. Fuck. Fuck. Fuck. Fuck. Fuck.
Fuck. Fuck. Fuck. Fuck. Fuck. Fuck. Fuck. Fuck. Fuck.
Fuck. Fuck. Fuck. Fuck. Fuck. Fuck. Fuck. Fuck. Fuck.
Fuck. Fuck. Fuck. Fuck. Fuck. Fuck. Fuck. Fuck. Fuck.
Fuck. Fuck. Fuck. Fuck. Fuck. Fuck. Fuck. Fuck. Fuck.
Fuck. Fuck. Fuck. Fuck. Fuck. Fuck. Fuck. Fuck. Fuck.
Fuck. Fuck. Fuck. Fuck. Fuck. Fuck. Fuck. Fuck. Fuck.
Fuck. Fuck. Fuck. Fuck. Fuck. Fuck. Fuck. Fuck. Fuck.
Fuck. Fuck. Fuck. Fuck. Fuck. Fuck. Fuck. Fuck. Fuck.
Fuck. Fuck. Fuck. Fuck. Fuck. Fuck. Fuck. Fuck. Fuck.
Fuck. Fuck. Fuck. Fuck. Fuck. Fuck. Fuck. Fuck. Fuck.
Fuck. Fuck. Fuck. Fuck. Fuck. Fuck. Fuck. Fuck. Fuck.
Fuck. Fuck. Fuck. Fuck. Fuck. Fuck. Fuck. Fuck. Fuck.
Fuck. Fuck. Fuck. Fuck. Fuck. Fuck. Fuck. Fuck. Fuck.
Fuck. Fuck. Fuck. Fuck. Fuck. Fuck. Fuck. Fuck. Fuck.
Fuck. Fuck. Fuck. Fuck. Fuck. Fuck. Fuck. Fuck. Fuck.

Fuck. Fuck. Fuck. Fuck. Fuck. Fuck. Fuck. Fuck. Fuck.
Fuck. Fuck. Fuck. Fuck. Fuck. Fuck. Fuck. Fuck. Fuck.
Fuck. Fuck. Fuck. Fuck. Fuck. Fuck. Fuck. Fuck. Fuck.
Fuck. Fuck. Fuck. Fuck. Fuck. Fuck. Fuck. Fuck. Fuck.
Fuck. Fuck. Fuck. Fuck. Fuck. Fuck. Fuck. Fuck. Fuck.
Fuck. Fuck. Fuck. Fuck. Fuck. Fuck. Fuck. Fuck. Fuck.
Fuck. Fuck. Fuck. Fuck. Fuck. Fuck. Fuck. Fuck. Fuck.
Fuck. Fuck. Fuck. Fuck. Fuck. Fuck. Fuck. Fuck. Fuck.
Fuck. Fuck. Fuck. Fuck. Fuck. Fuck. Fuck. Fuck. Fuck.
Fuck. Fuck. Fuck. Fuck. Fuck. Fuck. Fuck. Fuck. Fuck.
Fuck. Fuck. Fuck. Fuck. Fuck. Fuck. Fuck. Fuck. Fuck.
Fuck. Fuck. Fuck. Fuck. Fuck. Fuck. Fuck. Fuck. Fuck.
Fuck. Fuck. Fuck. Fuck. Fuck. Fuck. Fuck. Fuck. Fuck.
Fuck. Fuck. Fuck. Fuck. Fuck. Fuck. Fuck. Fuck. Fuck.
Fuck. Fuck. Fuck. Fuck. Fuck. Fuck. Fuck. Fuck. Fuck.
Fuck. Fuck. Fuck. Fuck. Fuck. Fuck. Fuck. Fuck. Fuck.
Fuck. Fuck. Fuck. Fuck. Fuck. Fuck. Fuck. Fuck. Fuck.
Fuck. Fuck. Fuck. Fuck. Fuck. Fuck. Fuck. Fuck. Fuck.
Fuck. Fuck. Fuck. Fuck. Fuck. Fuck. Fuck. Fuck. Fuck.
Fuck. Fuck. Fuck. Fuck. Fuck. Fuck. Fuck. Fuck. Fuck.
Fuck. Fuck. Fuck. Fuck. Fuck. Fuck. Fuck. Fuck. Fuck.
Fuck. Fuck. Fuck. Fuck. Fuck. Fuck. Fuck. Fuck. Fuck.
Fuck. Fuck. Fuck. Fuck. Fuck. Fuck. Fuck. Fuck. Fuck.
Fuck. Fuck. Fuck. Fuck. Fuck. Fuck. Fuck. Fuck. Fuck.
Fuck. Fuck. Fuck. Fuck. Fuck. Fuck. Fuck. Fuck. Fuck.
Fuck. Fuck. Fuck. Fuck. Fuck. Fuck. Fuck. Fuck. Fuck.
Fuck. Fuck. Fuck. Fuck. Fuck. Fuck. Fuck. Fuck. Fuck.
Fuck. Fuck. Fuck. Fuck. Fuck. Fuck. Fuck. Fuck. Fuck.
Fuck. Fuck. Fuck. Fuck. Fuck. Fuck. Fuck. Fuck. Fuck.
Fuck. Fuck. Fuck. Fuck. Fuck. Fuck. Fuck. Fuck. Fuck.
Fuck. Fuck. Fuck. Fuck. Fuck. Fuck. Fuck. Fuck. Fuck.
Fuck. Fuck. Fuck. Fuck. Fuck. Fuck. Fuck. Fuck. Fuck.
Fuck. Fuck. Fuck. Fuck. Fuck. Fuck. Fuck. Fuck. Fuck.
Fuck. Fuck. Fuck. Fuck. Fuck. Fuck. Fuck. Fuck. Fuck.

Fuck. Fuck. Fuck. Fuck. Fuck. Fuck. Fuck. Fuck. Fuck.
Fuck. Fuck. Fuck. Fuck. Fuck. Fuck. Fuck. Fuck. Fuck.
Fuck. Fuck. Fuck. Fuck. Fuck. Fuck. Fuck. Fuck. Fuck.
Fuck. Fuck. Fuck. Fuck. Fuck. Fuck. Fuck. Fuck. Fuck.
Fuck. Fuck. Fuck. Fuck. Fuck. Fuck. Fuck. Fuck. Fuck.
Fuck. Fuck. Fuck. Fuck. Fuck. Fuck. Fuck. Fuck. Fuck.
Fuck. Fuck. Fuck. Fuck. Fuck. Fuck. Fuck. Fuck. Fuck.
Fuck. Fuck. Fuck. Fuck. Fuck. Fuck. Fuck. Fuck. Fuck.
Fuck. Fuck. Fuck. Fuck. Fuck. Fuck. Fuck. Fuck. Fuck.
Fuck. Fuck. Fuck. Fuck. Fuck. Fuck. Fuck. Fuck. Fuck.
Fuck. Fuck. Fuck. Fuck. Fuck. Fuck. Fuck. Fuck. Fuck.
Fuck. Fuck. Fuck. Fuck. Fuck. Fuck. Fuck. Fuck. Fuck.
Fuck. Fuck. Fuck. Fuck. Fuck. Fuck. Fuck. Fuck. Fuck.
Fuck. Fuck. Fuck. Fuck. Fuck. Fuck. Fuck. Fuck. Fuck.
Fuck. Fuck. Fuck. Fuck. Fuck. Fuck. Fuck. Fuck. Fuck.
Fuck. Fuck. Fuck. Fuck. Fuck. Fuck. Fuck. Fuck. Fuck.
Fuck. Fuck. Fuck. Fuck. Fuck. Fuck. Fuck. Fuck. Fuck.
Fuck. Fuck. Fuck. Fuck. Fuck. Fuck. Fuck. Fuck. Fuck.
Fuck. Fuck. Fuck. Fuck. Fuck. Fuck. Fuck. Fuck. Fuck.
Fuck. Fuck. Fuck. Fuck. Fuck. Fuck. Fuck. Fuck. Fuck.
Fuck. Fuck. Fuck. Fuck. Fuck. Fuck. Fuck. Fuck. Fuck.
Fuck. Fuck. Fuck. Fuck. Fuck. Fuck. Fuck. Fuck. Fuck.
Fuck. Fuck. Fuck. Fuck. Fuck. Fuck. Fuck. Fuck. Fuck.
Fuck. Fuck. Fuck. Fuck. Fuck. Fuck. Fuck. Fuck. Fuck.
Fuck. Fuck. Fuck. Fuck. Fuck. Fuck. Fuck. Fuck. Fuck.
Fuck. Fuck. Fuck. Fuck. Fuck. Fuck. Fuck. Fuck. Fuck.
Fuck. Fuck. Fuck. Fuck. Fuck. Fuck. Fuck. Fuck. Fuck.
Fuck. Fuck. Fuck. Fuck. Fuck. Fuck. Fuck. Fuck. Fuck.
Fuck. Fuck. Fuck. Fuck. Fuck. Fuck. Fuck. Fuck. Fuck.
Fuck. Fuck. Fuck. Fuck. Fuck. Fuck. Fuck. Fuck. Fuck.
Fuck. Fuck. Fuck. Fuck. Fuck. Fuck. Fuck. Fuck. Fuck.
Fuck. Fuck. Fuck. Fuck. Fuck. Fuck. Fuck. Fuck. Fuck.
Fuck. Fuck. Fuck. Fuck. Fuck. Fuck. Fuck. Fuck. Fuck.

Fuck. Fuck. Fuck. Fuck. Fuck. Fuck. Fuck. Fuck. Fuck.
Fuck. Fuck. Fuck. Fuck. Fuck. Fuck. Fuck. Fuck. Fuck.
Fuck. Fuck. Fuck. Fuck. Fuck. Fuck. Fuck. Fuck. Fuck.
Fuck. Fuck. Fuck. Fuck. Fuck. Fuck. Fuck. Fuck. Fuck.
Fuck. Fuck. Fuck. Fuck. Fuck. Fuck. Fuck. Fuck. Fuck.
Fuck. Fuck. Fuck. Fuck. Fuck. Fuck. Fuck. Fuck. Fuck.
Fuck. Fuck. Fuck. Fuck. Fuck. Fuck. Fuck. Fuck. Fuck.
Fuck. Fuck. Fuck. Fuck. Fuck. Fuck. Fuck. Fuck. Fuck.
Fuck. Fuck. Fuck. Fuck. Fuck. Fuck. Fuck. Fuck. Fuck.
Fuck. Fuck. Fuck. Fuck. Fuck. Fuck. Fuck. Fuck. Fuck.
Fuck. Fuck. Fuck. Fuck. Fuck. Fuck. Fuck. Fuck. Fuck.
Fuck. Fuck. Fuck. Fuck. Fuck. Fuck. Fuck. Fuck. Fuck.
Fuck. Fuck. Fuck. Fuck. Fuck. Fuck. Fuck. Fuck. Fuck.
Fuck. Fuck. Fuck. Fuck. Fuck. Fuck. Fuck. Fuck. Fuck.
Fuck. Fuck. Fuck. Fuck. Fuck. Fuck. Fuck. Fuck. Fuck.
Fuck. Fuck. Fuck. Fuck. Fuck. Fuck. Fuck. Fuck. Fuck.
Fuck. Fuck. Fuck. Fuck. Fuck. Fuck. Fuck. Fuck. Fuck.
Fuck. Fuck. Fuck. Fuck. Fuck. Fuck. Fuck. Fuck. Fuck.
Fuck. Fuck. Fuck. Fuck. Fuck. Fuck. Fuck. Fuck. Fuck.
Fuck. Fuck. Fuck. Fuck. Fuck. Fuck. Fuck. Fuck. Fuck.
Fuck. Fuck. Fuck. Fuck. Fuck. Fuck. Fuck. Fuck. Fuck.
Fuck. Fuck. Fuck. Fuck. Fuck. Fuck. Fuck. Fuck. Fuck.
Fuck. Fuck. Fuck. Fuck. Fuck. Fuck. Fuck. Fuck. Fuck.
Fuck. Fuck. Fuck. Fuck. Fuck. Fuck. Fuck. Fuck. Fuck.
Fuck. Fuck. Fuck. Fuck. Fuck. Fuck. Fuck. Fuck. Fuck.
Fuck. Fuck. Fuck. Fuck. Fuck. Fuck. Fuck. Fuck. Fuck.
Fuck. Fuck. Fuck. Fuck. Fuck. Fuck. Fuck. Fuck. Fuck.
Fuck. Fuck. Fuck. Fuck. Fuck. Fuck. Fuck. Fuck. Fuck.
Fuck. Fuck. Fuck. Fuck. Fuck. Fuck. Fuck. Fuck. Fuck.
Fuck. Fuck. Fuck. Fuck. Fuck. Fuck. Fuck. Fuck. Fuck.
Fuck. Fuck. Fuck. Fuck. Fuck. Fuck. Fuck. Fuck. Fuck.
Fuck. Fuck. Fuck. Fuck. Fuck. Fuck. Fuck. Fuck. Fuck.

Fuck. Fuck. Fuck. Fuck. Fuck. Fuck. Fuck. Fuck. Fuck.
Fuck. Fuck. Fuck. Fuck. Fuck. Fuck. Fuck. Fuck. Fuck.
Fuck. Fuck. Fuck. Fuck. Fuck. Fuck. Fuck. Fuck. Fuck.
Fuck. Fuck. Fuck. Fuck. Fuck. Fuck. Fuck. Fuck. Fuck.
Fuck. Fuck. Fuck. Fuck. Fuck. Fuck. Fuck. Fuck. Fuck.
Fuck. Fuck. Fuck. Fuck. Fuck. Fuck. Fuck. Fuck. Fuck.
Fuck. Fuck. Fuck. Fuck. Fuck. Fuck. Fuck. Fuck. Fuck.
Fuck. Fuck. Fuck. Fuck. Fuck. Fuck. Fuck. Fuck. Fuck.
Fuck. Fuck. Fuck. Fuck. Fuck. Fuck. Fuck. Fuck. Fuck.
Fuck. Fuck. Fuck. Fuck. Fuck. Fuck. Fuck. Fuck. Fuck.
Fuck. Fuck. Fuck. Fuck. Fuck. Fuck. Fuck. Fuck. Fuck.
Fuck. Fuck. Fuck. Fuck. Fuck. Fuck. Fuck. Fuck. Fuck.
Fuck. Fuck. Fuck. Fuck. Fuck. Fuck. Fuck. Fuck. Fuck.
Fuck. Fuck. Fuck. Fuck. Fuck. Fuck. Fuck. Fuck. Fuck.
Fuck. Fuck. Fuck. Fuck. Fuck. Fuck. Fuck. Fuck. Fuck.
Fuck. Fuck. Fuck. Fuck. Fuck. Fuck. Fuck. Fuck. Fuck.
Fuck. Fuck. Fuck. Fuck. Fuck. Fuck. Fuck. Fuck. Fuck.
Fuck. Fuck. Fuck. Fuck. Fuck. Fuck. Fuck. Fuck. Fuck.
Fuck. Fuck. Fuck. Fuck. Fuck. Fuck. Fuck. Fuck. Fuck.
Fuck. Fuck. Fuck. Fuck. Fuck. Fuck. Fuck. Fuck. Fuck.
Fuck. Fuck. Fuck. Fuck. Fuck. Fuck. Fuck. Fuck. Fuck.
Fuck. Fuck. Fuck. Fuck. Fuck. Fuck. Fuck. Fuck. Fuck.
Fuck. Fuck. Fuck. Fuck. Fuck. Fuck. Fuck. Fuck. Fuck.
Fuck. Fuck. Fuck. Fuck. Fuck. Fuck. Fuck. Fuck. Fuck.
Fuck. Fuck. Fuck. Fuck. Fuck. Fuck. Fuck. Fuck. Fuck.
Fuck. Fuck. Fuck. Fuck. Fuck. Fuck. Fuck. Fuck. Fuck.
Fuck. Fuck. Fuck. Fuck. Fuck. Fuck. Fuck. Fuck. Fuck.
Fuck. Fuck. Fuck. Fuck. Fuck. Fuck. Fuck. Fuck. Fuck.
Fuck. Fuck. Fuck. Fuck. Fuck. Fuck. Fuck. Fuck. Fuck.
Fuck. Fuck. Fuck. Fuck. Fuck. Fuck. Fuck. Fuck. Fuck.
Fuck. Fuck. Fuck. Fuck. Fuck. Fuck. Fuck. Fuck. Fuck.
Fuck. Fuck. Fuck. Fuck. Fuck. Fuck. Fuck. Fuck. Fuck.

Fuck. Fuck. Fuck. Fuck. Fuck. Fuck. Fuck. Fuck. Fuck.
Fuck. Fuck. Fuck. Fuck. Fuck. Fuck. Fuck. Fuck. Fuck.
Fuck. Fuck. Fuck. Fuck. Fuck. Fuck. Fuck. Fuck. Fuck.
Fuck. Fuck. Fuck. Fuck. Fuck. Fuck. Fuck. Fuck. Fuck.
Fuck. Fuck. Fuck. Fuck. Fuck. Fuck. Fuck. Fuck. Fuck.
Fuck. Fuck. Fuck. Fuck. Fuck. Fuck. Fuck. Fuck. Fuck.
Fuck. Fuck. Fuck. Fuck. Fuck. Fuck. Fuck. Fuck. Fuck.
Fuck. Fuck. Fuck. Fuck. Fuck. Fuck. Fuck. Fuck. Fuck.
Fuck. Fuck. Fuck. Fuck. Fuck. Fuck. Fuck. Fuck. Fuck.
Fuck. Fuck. Fuck. Fuck. Fuck. Fuck. Fuck. Fuck. Fuck.
Fuck. Fuck. Fuck. Fuck. Fuck. Fuck. Fuck. Fuck. Fuck.
Fuck. Fuck. Fuck. Fuck. Fuck. Fuck. Fuck. Fuck. Fuck.
Fuck. Fuck. Fuck. Fuck. Fuck. Fuck. Fuck. Fuck. Fuck.
Fuck. Fuck. Fuck. Fuck. Fuck. Fuck. Fuck. Fuck. Fuck.
Fuck. Fuck. Fuck. Fuck. Fuck. Fuck. Fuck. Fuck. Fuck.
Fuck. Fuck. Fuck. Fuck. Fuck. Fuck. Fuck. Fuck. Fuck.
Fuck. Fuck. Fuck. Fuck. Fuck. Fuck. Fuck. Fuck. Fuck.
Fuck. Fuck. Fuck. Fuck. Fuck. Fuck. Fuck. Fuck. Fuck.
Fuck. Fuck. Fuck. Fuck. Fuck. Fuck. Fuck. Fuck. Fuck.
Fuck. Fuck. Fuck. Fuck. Fuck. Fuck. Fuck. Fuck. Fuck.
Fuck. Fuck. Fuck. Fuck. Fuck. Fuck. Fuck. Fuck. Fuck.
Fuck. Fuck. Fuck. Fuck. Fuck. Fuck. Fuck. Fuck. Fuck.
Fuck. Fuck. Fuck. Fuck. Fuck. Fuck. Fuck. Fuck. Fuck.
Fuck. Fuck. Fuck. Fuck. Fuck. Fuck. Fuck. Fuck. Fuck.
Fuck. Fuck. Fuck. Fuck. Fuck. Fuck. Fuck. Fuck. Fuck.
Fuck. Fuck. Fuck. Fuck. Fuck. Fuck. Fuck. Fuck. Fuck.
Fuck. Fuck. Fuck. Fuck. Fuck. Fuck. Fuck. Fuck. Fuck.
Fuck. Fuck. Fuck. Fuck. Fuck. Fuck. Fuck. Fuck. Fuck.
Fuck. Fuck. Fuck. Fuck. Fuck. Fuck. Fuck. Fuck. Fuck.
Fuck. Fuck. Fuck. Fuck. Fuck. Fuck. Fuck. Fuck. Fuck.
Fuck. Fuck. Fuck. Fuck. Fuck. Fuck. Fuck. Fuck. Fuck.
Fuck. Fuck. Fuck. Fuck. Fuck. Fuck. Fuck. Fuck. Fuck.
Fuck. Fuck. Fuck. Fuck. Fuck. Fuck. Fuck. Fuck. Fuck.

Fuck. Fuck. Fuck. Fuck. Fuck. Fuck. Fuck. Fuck. Fuck.
Fuck. Fuck. Fuck. Fuck. Fuck. Fuck. Fuck. Fuck. Fuck.
Fuck. Fuck. Fuck. Fuck. Fuck. Fuck. Fuck. Fuck. Fuck.
Fuck. Fuck. Fuck. Fuck. Fuck. Fuck. Fuck. Fuck. Fuck.
Fuck. Fuck. Fuck. Fuck. Fuck. Fuck. Fuck. Fuck. Fuck.
Fuck. Fuck. Fuck. Fuck. Fuck. Fuck. Fuck. Fuck. Fuck.
Fuck. Fuck. Fuck. Fuck. Fuck. Fuck. Fuck. Fuck. Fuck.
Fuck. Fuck. Fuck. Fuck. Fuck. Fuck. Fuck. Fuck. Fuck.
Fuck. Fuck. Fuck. Fuck. Fuck. Fuck. Fuck. Fuck. Fuck.
Fuck. Fuck. Fuck. Fuck. Fuck. Fuck. Fuck. Fuck. Fuck.
Fuck. Fuck. Fuck. Fuck. Fuck. Fuck. Fuck. Fuck. Fuck.
Fuck. Fuck. Fuck. Fuck. Fuck. Fuck. Fuck. Fuck. Fuck.
Fuck. Fuck. Fuck. Fuck. Fuck. Fuck. Fuck. Fuck. Fuck.
Fuck. Fuck. Fuck. Fuck. Fuck. Fuck. Fuck. Fuck. Fuck.
Fuck. Fuck. Fuck. Fuck. Fuck. Fuck. Fuck. Fuck. Fuck.
Fuck. Fuck. Fuck. Fuck. Fuck. Fuck. Fuck. Fuck. Fuck.
Fuck. Fuck. Fuck. Fuck. Fuck. Fuck. Fuck. Fuck. Fuck.
Fuck. Fuck. Fuck. Fuck. Fuck. Fuck. Fuck. Fuck. Fuck.
Fuck. Fuck. Fuck. Fuck. Fuck. Fuck. Fuck. Fuck. Fuck.
Fuck. Fuck. Fuck. Fuck. Fuck. Fuck. Fuck. Fuck. Fuck.
Fuck. Fuck. Fuck. Fuck. Fuck. Fuck. Fuck. Fuck. Fuck.
Fuck. Fuck. Fuck. Fuck. Fuck. Fuck. Fuck. Fuck. Fuck.
Fuck. Fuck. Fuck. Fuck. Fuck. Fuck. Fuck. Fuck. Fuck.
Fuck. Fuck. Fuck. Fuck. Fuck. Fuck. Fuck. Fuck. Fuck.
Fuck. Fuck. Fuck. Fuck. Fuck. Fuck. Fuck. Fuck.

Fuck. Fuck. Fuck. Fuck. Fuck. Fuck. Fuck. Fuck. Fuck.
Fuck. Fuck. Fuck. Fuck. Fuck. Fuck. Fuck. Fuck. Fuck.
Fuck. Fuck. Fuck. Fuck. Fuck. Fuck. Fuck. Fuck. Fuck.
Fuck. Fuck. Fuck. Fuck. Fuck. Fuck. Fuck. Fuck. Fuck.
Fuck. Fuck. Fuck. Fuck. Fuck. Fuck. Fuck. Fuck. Fuck.

Fuck. Fuck. Fuck. Fuck. Fuck. Fuck. Fuck. Fuck. Fuck.
Fuck. Fuck. Fuck. Fuck. Fuck. Fuck. Fuck. Fuck. Fuck.
Fuck. Fuck. Fuck. Fuck. Fuck. Fuck. Fuck. Fuck. Fuck.
Fuck. Fuck. Fuck. Fuck. Fuck. Fuck. Fuck. Fuck. Fuck.
Fuck. Fuck. Fuck. Fuck. Fuck. Fuck. Fuck. Fuck. Fuck.
Fuck. Fuck. Fuck. Fuck. Fuck. Fuck. Fuck. Fuck. Fuck.
Fuck. Fuck. Fuck. Fuck. Fuck. Fuck. Fuck. Fuck. Fuck.
Fuck. Fuck. Fuck. Fuck. Fuck. Fuck. Fuck. Fuck. Fuck.
Fuck. Fuck. Fuck. Fuck. Fuck. Fuck. Fuck. Fuck. Fuck.
Fuck. Fuck. Fuck. Fuck. Fuck. Fuck. Fuck. Fuck. Fuck.
Fuck. Fuck. Fuck. Fuck. Fuck. Fuck. Fuck. Fuck. Fuck.
Fuck. Fuck. Fuck. Fuck. Fuck. Fuck. Fuck. Fuck. Fuck.
Fuck. Fuck. Fuck. Fuck. Fuck. Fuck. Fuck. Fuck. Fuck.
Fuck. Fuck. Fuck. Fuck. Fuck. Fuck. Fuck. Fuck. Fuck.
Fuck. Fuck. Fuck. Fuck. Fuck. Fuck. Fuck. Fuck. Fuck.
Fuck. Fuck. Fuck. Fuck. Fuck. Fuck. Fuck. Fuck. Fuck.
Fuck. Fuck. Fuck. Fuck. Fuck. Fuck. Fuck. Fuck. Fuck.
Fuck. Fuck. Fuck. Fuck. Fuck. Fuck. Fuck. Fuck. Fuck.
Fuck. Fuck. Fuck. Fuck. Fuck. Fuck. Fuck. Fuck. Fuck.
Fuck. Fuck. Fuck. Fuck. Fuck. Fuck. Fuck. Fuck. Fuck.
Fuck. Fuck. Fuck. Fuck. Fuck. Fuck. Fuck. Fuck. Fuck.
Fuck. Fuck. Fuck. Fuck. Fuck. Fuck. Fuck. Fuck. Fuck.
Fuck. Fuck. Fuck. Fuck. Fuck. Fuck. Fuck. Fuck. Fuck.
Fuck. Fuck. Fuck. Fuck. Fuck. Fuck. Fuck. Fuck. Fuck.
Fuck. Fuck. Fuck. Fuck. Fuck. Fuck. Fuck. Fuck. Fuck.
Fuck. Fuck. Fuck. Fuck. Fuck. Fuck. Fuck. Fuck. Fuck.
Fuck. Fuck. Fuck. Fuck. Fuck. Fuck. Fuck. Fuck. Fuck.
Fuck. Fuck. Fuck. Fuck. Fuck. Fuck. Fuck. Fuck. Fuck.
Fuck. Fuck. Fuck. Fuck. Fuck. Fuck. Fuck. Fuck. Fuck.
Fuck. Fuck. Fuck. Fuck. Fuck. Fuck. Fuck. Fuck. Fuck.
Fuck. Fuck. Fuck. Fuck. Fuck. Fuck. Fuck. Fuck. Fuck.
Fuck. Fuck. Fuck. Fuck. Fuck. Fuck. Fuck. Fuck. Fuck.
Fuck. Fuck. Fuck. Fuck. Fuck. Fuck. Fuck. Fuck. Fuck.
Fuck. Fuck. Fuck. Fuck. Fuck. Fuck. Fuck. Fuck. Fuck.

Fuck. Fuck. Fuck. Fuck. Fuck. Fuck. Fuck. Fuck. Fuck.
Fuck. Fuck. Fuck. Fuck. Fuck. Fuck. Fuck. Fuck. Fuck.
Fuck. Fuck. Fuck. Fuck. Fuck. Fuck. Fuck. Fuck. Fuck.
Fuck. Fuck. Fuck. Fuck. Fuck. Fuck. Fuck. Fuck. Fuck.
Fuck. Fuck. Fuck. Fuck. Fuck. Fuck. Fuck. Fuck. Fuck.
Fuck. Fuck. Fuck. Fuck. Fuck. Fuck. Fuck. Fuck. Fuck.
Fuck. Fuck. Fuck. Fuck. Fuck. Fuck. Fuck. Fuck. Fuck.
Fuck. Fuck. Fuck. Fuck. Fuck. Fuck. Fuck. Fuck. Fuck.
Fuck. Fuck. Fuck. Fuck. Fuck. Fuck. Fuck. Fuck. Fuck.
Fuck. Fuck. Fuck. Fuck. Fuck. Fuck. Fuck. Fuck. Fuck.
Fuck. Fuck. Fuck. Fuck. Fuck. Fuck. Fuck. Fuck. Fuck.
Fuck. Fuck. Fuck. Fuck. Fuck. Fuck. Fuck. Fuck. Fuck.
Fuck. Fuck. Fuck. Fuck. Fuck. Fuck. Fuck. Fuck. Fuck.
Fuck. Fuck. Fuck. Fuck. Fuck. Fuck. Fuck. Fuck. Fuck.
Fuck. Fuck. Fuck. Fuck. Fuck. Fuck. Fuck. Fuck. Fuck.
Fuck. Fuck. Fuck. Fuck. Fuck. Fuck. Fuck. Fuck. Fuck.
Fuck. Fuck. Fuck. Fuck. Fuck. Fuck. Fuck. Fuck. Fuck.
Fuck. Fuck. Fuck. Fuck. Fuck. Fuck. Fuck. Fuck. Fuck.
Fuck. Fuck. Fuck. Fuck. Fuck. Fuck. Fuck. Fuck. Fuck.
Fuck. Fuck. Fuck. Fuck. Fuck. Fuck. Fuck. Fuck. Fuck.
Fuck. Fuck. Fuck. Fuck. Fuck. Fuck. Fuck. Fuck. Fuck.
Fuck. Fuck. Fuck. Fuck. Fuck. Fuck. Fuck. Fuck. Fuck.
Fuck. Fuck. Fuck. Fuck. Fuck. Fuck. Fuck. Fuck. Fuck.
Fuck. Fuck. Fuck. Fuck. Fuck. Fuck. Fuck. Fuck. Fuck.
Fuck. Fuck. Fuck. Fuck. Fuck. Fuck. Fuck. Fuck. Fuck.
Fuck. Fuck. Fuck. Fuck. Fuck. Fuck. Fuck. Fuck. Fuck.
Fuck. Fuck. Fuck. Fuck. Fuck. Fuck. Fuck. Fuck. Fuck.
Fuck. Fuck. Fuck. Fuck. Fuck. Fuck. Fuck. Fuck. Fuck.
Fuck. Fuck. Fuck. Fuck. Fuck. Fuck. Fuck. Fuck. Fuck.
Fuck. Fuck. Fuck. Fuck. Fuck. Fuck. Fuck. Fuck. Fuck.
Fuck. Fuck. Fuck. Fuck. Fuck. Fuck. Fuck. Fuck. Fuck.

Fuck. Fuck. Fuck. Fuck. Fuck. Fuck. Fuck. Fuck. Fuck.
Fuck. Fuck. Fuck. Fuck. Fuck. Fuck. Fuck. Fuck. Fuck.
Fuck. Fuck. Fuck. Fuck. Fuck. Fuck. Fuck. Fuck. Fuck.
Fuck. Fuck. Fuck. Fuck. Fuck. Fuck. Fuck. Fuck. Fuck.
Fuck. Fuck. Fuck. Fuck. Fuck. Fuck. Fuck. Fuck. Fuck.
Fuck. Fuck. Fuck. Fuck. Fuck. Fuck. Fuck. Fuck. Fuck.
Fuck. Fuck. Fuck. Fuck. Fuck. Fuck. Fuck. Fuck. Fuck.
Fuck. Fuck. Fuck. Fuck. Fuck. Fuck. Fuck. Fuck. Fuck.
Fuck. Fuck. Fuck. Fuck. Fuck. Fuck. Fuck. Fuck. Fuck.
Fuck. Fuck. Fuck. Fuck. Fuck. Fuck. Fuck. Fuck. Fuck.
Fuck. Fuck. Fuck. Fuck. Fuck. Fuck. Fuck. Fuck. Fuck.
Fuck. Fuck. Fuck. Fuck. Fuck. Fuck. Fuck. Fuck. Fuck.
Fuck. Fuck. Fuck. Fuck. Fuck. Fuck. Fuck. Fuck. Fuck.
Fuck. Fuck. Fuck. Fuck. Fuck. Fuck. Fuck. Fuck. Fuck.
Fuck. Fuck. Fuck. Fuck. Fuck. Fuck. Fuck. Fuck. Fuck.
Fuck. Fuck. Fuck. Fuck. Fuck. Fuck. Fuck. Fuck. Fuck.
Fuck. Fuck. Fuck. Fuck. Fuck. Fuck. Fuck. Fuck. Fuck.
Fuck. Fuck. Fuck. Fuck. Fuck. Fuck. Fuck. Fuck. Fuck.
Fuck. Fuck. Fuck. Fuck. Fuck. Fuck. Fuck. Fuck. Fuck.
Fuck. Fuck. Fuck. Fuck. Fuck. Fuck. Fuck. Fuck. Fuck.
Fuck. Fuck. Fuck. Fuck. Fuck. Fuck. Fuck. Fuck. Fuck.
Fuck. Fuck. Fuck. Fuck. Fuck. Fuck. Fuck. Fuck. Fuck.
Fuck. Fuck. Fuck. Fuck. Fuck. Fuck. Fuck. Fuck. Fuck.
Fuck. Fuck. Fuck. Fuck. Fuck. Fuck. Fuck. Fuck. Fuck.
Fuck. Fuck. Fuck. Fuck. Fuck. Fuck. Fuck. Fuck. Fuck.
Fuck. Fuck. Fuck. Fuck. Fuck. Fuck. Fuck. Fuck. Fuck.
Fuck. Fuck. Fuck. Fuck. Fuck. Fuck. Fuck. Fuck. Fuck.
Fuck. Fuck. Fuck. Fuck. Fuck. Fuck. Fuck. Fuck. Fuck.
Fuck. Fuck. Fuck. Fuck. Fuck. Fuck. Fuck. Fuck. Fuck.
Fuck. Fuck. Fuck. Fuck. Fuck. Fuck. Fuck. Fuck. Fuck.
Fuck. Fuck. Fuck. Fuck. Fuck. Fuck. Fuck. Fuck. Fuck.
Fuck. Fuck. Fuck. Fuck. Fuck. Fuck. Fuck. Fuck. Fuck.
Fuck. Fuck. Fuck. Fuck. Fuck. Fuck. Fuck. Fuck. Fuck.

Fuck. Fuck. Fuck. Fuck. Fuck. Fuck. Fuck. Fuck. Fuck.
Fuck. Fuck. Fuck. Fuck. Fuck. Fuck. Fuck. Fuck. Fuck.
Fuck. Fuck. Fuck. Fuck. Fuck. Fuck. Fuck. Fuck. Fuck.
Fuck. Fuck. Fuck. Fuck. Fuck. Fuck. Fuck. Fuck. Fuck.
Fuck. Fuck. Fuck. Fuck. Fuck. Fuck. Fuck. Fuck. Fuck.
Fuck. Fuck. Fuck. Fuck. Fuck. Fuck. Fuck. Fuck. Fuck.
Fuck. Fuck. Fuck. Fuck. Fuck. Fuck. Fuck. Fuck. Fuck.
Fuck. Fuck. Fuck. Fuck. Fuck. Fuck. Fuck. Fuck. Fuck.
Fuck. Fuck. Fuck. Fuck. Fuck. Fuck. Fuck. Fuck. Fuck.
Fuck. Fuck. Fuck. Fuck. Fuck. Fuck. Fuck. Fuck. Fuck.
Fuck. Fuck. Fuck. Fuck. Fuck. Fuck. Fuck. Fuck. Fuck.
Fuck. Fuck. Fuck. Fuck. Fuck. Fuck. Fuck. Fuck. Fuck.
Fuck. Fuck. Fuck. Fuck. Fuck. Fuck. Fuck. Fuck. Fuck.
Fuck. Fuck. Fuck. Fuck. Fuck. Fuck. Fuck. Fuck. Fuck.
Fuck. Fuck. Fuck. Fuck. Fuck. Fuck. Fuck. Fuck. Fuck.
Fuck. Fuck. Fuck. Fuck. Fuck. Fuck. Fuck. Fuck. Fuck.
Fuck. Fuck. Fuck. Fuck. Fuck. Fuck. Fuck. Fuck. Fuck.
Fuck. Fuck. Fuck. Fuck. Fuck. Fuck. Fuck. Fuck. Fuck.
Fuck. Fuck. Fuck. Fuck. Fuck. Fuck. Fuck. Fuck. Fuck.
Fuck. Fuck. Fuck. Fuck. Fuck. Fuck. Fuck. Fuck. Fuck.
Fuck. Fuck. Fuck. Fuck. Fuck. Fuck. Fuck. Fuck. Fuck.
Fuck. Fuck. Fuck. Fuck. Fuck. Fuck. Fuck. Fuck. Fuck.
Fuck. Fuck. Fuck. Fuck. Fuck. Fuck. Fuck. Fuck. Fuck.
Fuck. Fuck. Fuck. Fuck. Fuck. Fuck. Fuck. Fuck. Fuck.
Fuck. Fuck. Fuck. Fuck. Fuck. Fuck. Fuck. Fuck. Fuck.
Fuck. Fuck. Fuck. Fuck. Fuck. Fuck. Fuck. Fuck. Fuck.
Fuck. Fuck. Fuck. Fuck. Fuck. Fuck. Fuck. Fuck. Fuck.
Fuck. Fuck. Fuck. Fuck. Fuck. Fuck. Fuck. Fuck. Fuck.
Fuck. Fuck. Fuck. Fuck. Fuck. Fuck. Fuck. Fuck. Fuck.
Fuck. Fuck. Fuck. Fuck. Fuck. Fuck. Fuck. Fuck. Fuck.
Fuck. Fuck. Fuck. Fuck. Fuck. Fuck. Fuck. Fuck. Fuck.
Fuck. Fuck. Fuck. Fuck. Fuck. Fuck. Fuck. Fuck. Fuck.
Fuck. Fuck. Fuck. Fuck. Fuck. Fuck. Fuck. Fuck. Fuck.
Fuck. Fuck. Fuck. Fuck. Fuck. Fuck. Fuck. Fuck. Fuck.

Fuck. Fuck. Fuck. Fuck. Fuck. Fuck. Fuck. Fuck. Fuck.
Fuck. Fuck. Fuck. Fuck. Fuck. Fuck. Fuck. Fuck. Fuck.
Fuck. Fuck. Fuck. Fuck. Fuck. Fuck. Fuck. Fuck. Fuck.
Fuck. Fuck. Fuck. Fuck. Fuck. Fuck. Fuck. Fuck. Fuck.
Fuck. Fuck. Fuck. Fuck. Fuck. Fuck. Fuck. Fuck. Fuck.
Fuck. Fuck. Fuck. Fuck. Fuck. Fuck. Fuck. Fuck. Fuck.
Fuck. Fuck. Fuck. Fuck. Fuck. Fuck. Fuck. Fuck. Fuck.
Fuck. Fuck. Fuck. Fuck. Fuck. Fuck. Fuck. Fuck. Fuck.
Fuck. Fuck. Fuck. Fuck. Fuck. Fuck. Fuck. Fuck. Fuck.
Fuck. Fuck. Fuck. Fuck. Fuck. Fuck. Fuck. Fuck. Fuck.
Fuck. Fuck. Fuck. Fuck. Fuck. Fuck. Fuck. Fuck. Fuck.
Fuck. Fuck. Fuck. Fuck. Fuck. Fuck. Fuck. Fuck. Fuck.
Fuck. Fuck. Fuck. Fuck. Fuck. Fuck. Fuck. Fuck. Fuck.
Fuck. Fuck. Fuck. Fuck. Fuck. Fuck. Fuck. Fuck. Fuck.
Fuck. Fuck. Fuck. Fuck. Fuck. Fuck. Fuck. Fuck. Fuck.
Fuck. Fuck. Fuck. Fuck. Fuck. Fuck. Fuck. Fuck. Fuck.
Fuck. Fuck. Fuck. Fuck. Fuck. Fuck. Fuck. Fuck. Fuck.
Fuck. Fuck. Fuck. Fuck. Fuck. Fuck. Fuck. Fuck. Fuck.
Fuck. Fuck. Fuck. Fuck. Fuck. Fuck. Fuck. Fuck. Fuck.
Fuck. Fuck. Fuck. Fuck. Fuck. Fuck. Fuck. Fuck. Fuck.
Fuck. Fuck. Fuck. Fuck. Fuck. Fuck. Fuck. Fuck. Fuck.
Fuck. Fuck. Fuck. Fuck. Fuck. Fuck. Fuck. Fuck. Fuck.
Fuck. Fuck. Fuck. Fuck. Fuck. Fuck. Fuck. Fuck. Fuck.
Fuck. Fuck. Fuck. Fuck. Fuck. Fuck. Fuck. Fuck. Fuck.
Fuck. Fuck. Fuck. Fuck. Fuck. Fuck. Fuck. Fuck. Fuck.
Fuck. Fuck. Fuck. Fuck. Fuck. Fuck. Fuck. Fuck. Fuck.
Fuck. Fuck. Fuck. Fuck. Fuck. Fuck. Fuck. Fuck. Fuck.
Fuck. Fuck. Fuck. Fuck. Fuck. Fuck. Fuck. Fuck. Fuck.
Fuck. Fuck. Fuck. Fuck. Fuck. Fuck. Fuck. Fuck. Fuck.
Fuck. Fuck. Fuck. Fuck. Fuck. Fuck. Fuck. Fuck. Fuck.
Fuck. Fuck. Fuck. Fuck. Fuck. Fuck. Fuck. Fuck. Fuck.
Fuck. Fuck. Fuck. Fuck. Fuck. Fuck. Fuck. Fuck. Fuck.
Fuck. Fuck. Fuck. Fuck. Fuck. Fuck. Fuck. Fuck. Fuck.
Fuck. Fuck. Fuck. Fuck. Fuck. Fuck. Fuck. Fuck. Fuck.

Fuck. Fuck. Fuck. Fuck. Fuck. Fuck. Fuck. Fuck. Fuck.
Fuck. Fuck. Fuck. Fuck. Fuck. Fuck. Fuck. Fuck. Fuck.
Fuck. Fuck. Fuck. Fuck. Fuck. Fuck. Fuck. Fuck. Fuck.
Fuck. Fuck. Fuck. Fuck. Fuck. Fuck. Fuck. Fuck. Fuck.
Fuck. Fuck. Fuck. Fuck. Fuck. Fuck. Fuck. Fuck. Fuck.
Fuck. Fuck. Fuck. Fuck. Fuck. Fuck. Fuck. Fuck. Fuck.
Fuck. Fuck. Fuck. Fuck. Fuck. Fuck. Fuck. Fuck. Fuck.
Fuck. Fuck. Fuck. Fuck. Fuck. Fuck. Fuck. Fuck. Fuck.
Fuck. Fuck. Fuck. Fuck. Fuck. Fuck. Fuck. Fuck. Fuck.
Fuck. Fuck. Fuck. Fuck. Fuck. Fuck. Fuck. Fuck. Fuck.
Fuck. Fuck. Fuck. Fuck. Fuck. Fuck. Fuck. Fuck. Fuck.
Fuck. Fuck. Fuck. Fuck. Fuck. Fuck. Fuck. Fuck. Fuck.
Fuck. Fuck. Fuck. Fuck. Fuck. Fuck. Fuck. Fuck. Fuck.
Fuck. Fuck. Fuck. Fuck. Fuck. Fuck. Fuck. Fuck. Fuck.
Fuck. Fuck. Fuck. Fuck. Fuck. Fuck. Fuck. Fuck. Fuck.
Fuck. Fuck. Fuck. Fuck. Fuck. Fuck. Fuck. Fuck. Fuck.
Fuck. Fuck. Fuck. Fuck. Fuck. Fuck. Fuck. Fuck. Fuck.
Fuck. Fuck. Fuck. Fuck. Fuck. Fuck. Fuck. Fuck. Fuck.
Fuck. Fuck. Fuck. Fuck. Fuck. Fuck. Fuck. Fuck. Fuck.
Fuck. Fuck. Fuck. Fuck. Fuck. Fuck. Fuck. Fuck. Fuck.
Fuck. Fuck. Fuck. Fuck. Fuck. Fuck. Fuck. Fuck. Fuck.
Fuck. Fuck. Fuck. Fuck. Fuck. Fuck. Fuck. Fuck. Fuck.
Fuck. Fuck. Fuck. Fuck. Fuck. Fuck. Fuck. Fuck. Fuck.
Fuck. Fuck. Fuck. Fuck. Fuck. Fuck. Fuck. Fuck. Fuck.
Fuck. Fuck. Fuck. Fuck. Fuck. Fuck. Fuck. Fuck. Fuck.
Fuck. Fuck. Fuck. Fuck. Fuck. Fuck. Fuck. Fuck. Fuck.
Fuck. Fuck. Fuck. Fuck. Fuck. Fuck. Fuck. Fuck. Fuck.
Fuck. Fuck. Fuck. Fuck. Fuck. Fuck. Fuck. Fuck. Fuck.
Fuck. Fuck. Fuck. Fuck. Fuck. Fuck. Fuck. Fuck. Fuck.
Fuck. Fuck. Fuck. Fuck. Fuck. Fuck. Fuck. Fuck. Fuck.
Fuck. Fuck. Fuck. Fuck. Fuck. Fuck. Fuck. Fuck. Fuck.
Fuck. Fuck. Fuck. Fuck. Fuck. Fuck. Fuck. Fuck. Fuck.
Fuck. Fuck. Fuck. Fuck. Fuck. Fuck. Fuck. Fuck. Fuck.

Fuck. Fuck. Fuck. Fuck. Fuck. Fuck. Fuck. Fuck. Fuck.
Fuck. Fuck. Fuck. Fuck. Fuck. Fuck. Fuck. Fuck. Fuck.
Fuck. Fuck. Fuck. Fuck. Fuck. Fuck. Fuck. Fuck. Fuck.
Fuck. Fuck. Fuck. Fuck. Fuck. Fuck. Fuck. Fuck. Fuck.
Fuck. Fuck. Fuck. Fuck. Fuck. Fuck. Fuck. Fuck. Fuck.
Fuck. Fuck. Fuck. Fuck. Fuck. Fuck. Fuck. Fuck. Fuck.
Fuck. Fuck. Fuck. Fuck. Fuck. Fuck. Fuck. Fuck. Fuck.
Fuck. Fuck. Fuck. Fuck. Fuck. Fuck. Fuck. Fuck. Fuck.
Fuck. Fuck. Fuck. Fuck. Fuck. Fuck. Fuck. Fuck. Fuck.
Fuck. Fuck. Fuck. Fuck. Fuck. Fuck. Fuck. Fuck. Fuck.
Fuck. Fuck. Fuck. Fuck. Fuck. Fuck. Fuck. Fuck. Fuck.
Fuck. Fuck. Fuck. Fuck. Fuck. Fuck. Fuck. Fuck. Fuck.
Fuck. Fuck. Fuck. Fuck. Fuck. Fuck. Fuck. Fuck. Fuck.
Fuck. Fuck. Fuck. Fuck. Fuck. Fuck. Fuck. Fuck. Fuck.
Fuck. Fuck. Fuck. Fuck. Fuck. Fuck. Fuck. Fuck. Fuck.
Fuck. Fuck. Fuck. Fuck. Fuck. Fuck. Fuck. Fuck. Fuck.
Fuck. Fuck. Fuck. Fuck. Fuck. Fuck. Fuck. Fuck. Fuck.
Fuck. Fuck. Fuck. Fuck. Fuck. Fuck. Fuck. Fuck. Fuck.
Fuck. Fuck. Fuck. Fuck. Fuck. Fuck. Fuck. Fuck. Fuck.
Fuck. Fuck. Fuck. Fuck. Fuck. Fuck. Fuck. Fuck. Fuck.
Fuck. Fuck. Fuck. Fuck. Fuck. Fuck. Fuck. Fuck. Fuck.
Fuck. Fuck. Fuck. Fuck. Fuck. Fuck. Fuck. Fuck. Fuck.
Fuck. Fuck. Fuck. Fuck. Fuck. Fuck. Fuck. Fuck. Fuck.
Fuck. Fuck. Fuck. Fuck. Fuck. Fuck. Fuck. Fuck. Fuck.
Fuck. Fuck. Fuck. Fuck. Fuck. Fuck. Fuck. Fuck. Fuck.
Fuck. Fuck. Fuck. Fuck. Fuck. Fuck. Fuck. Fuck. Fuck.
Fuck. Fuck. Fuck. Fuck. Fuck. Fuck. Fuck. Fuck. Fuck.
Fuck. Fuck. Fuck. Fuck. Fuck. Fuck. Fuck. Fuck. Fuck.
Fuck. Fuck. Fuck. Fuck. Fuck. Fuck. Fuck. Fuck. Fuck.
Fuck. Fuck. Fuck. Fuck. Fuck. Fuck. Fuck. Fuck. Fuck.
Fuck. Fuck. Fuck. Fuck. Fuck. Fuck. Fuck. Fuck. Fuck.
Fuck. Fuck. Fuck. Fuck. Fuck. Fuck. Fuck. Fuck. Fuck.
Fuck. Fuck. Fuck. Fuck. Fuck. Fuck. Fuck. Fuck. Fuck.
Fuck. Fuck. Fuck. Fuck. Fuck. Fuck. Fuck. Fuck. Fuck.

Fuck. Fuck. Fuck. Fuck. Fuck. Fuck. Fuck. Fuck. Fuck.
Fuck. Fuck. Fuck. Fuck. Fuck. Fuck. Fuck. Fuck. Fuck.
Fuck. Fuck. Fuck. Fuck. Fuck. Fuck. Fuck. Fuck. Fuck.
Fuck. Fuck. Fuck. Fuck. Fuck. Fuck. Fuck. Fuck. Fuck.
Fuck. Fuck. Fuck. Fuck. Fuck. Fuck. Fuck. Fuck. Fuck.
Fuck. Fuck. Fuck. Fuck. Fuck. Fuck. Fuck. Fuck. Fuck.
Fuck. Fuck. Fuck. Fuck. Fuck. Fuck. Fuck. Fuck. Fuck.
Fuck. Fuck. Fuck. Fuck. Fuck. Fuck. Fuck. Fuck. Fuck.
Fuck. Fuck. Fuck. Fuck. Fuck. Fuck. Fuck. Fuck. Fuck.
Fuck. Fuck. Fuck. Fuck. Fuck. Fuck. Fuck. Fuck. Fuck.
Fuck. Fuck. Fuck. Fuck. Fuck. Fuck. Fuck. Fuck. Fuck.
Fuck. Fuck. Fuck. Fuck. Fuck. Fuck. Fuck. Fuck. Fuck.
Fuck. Fuck. Fuck. Fuck. Fuck. Fuck. Fuck. Fuck. Fuck.
Fuck. Fuck. Fuck. Fuck. Fuck. Fuck. Fuck. Fuck. Fuck.
Fuck. Fuck. Fuck. Fuck. Fuck. Fuck. Fuck. Fuck. Fuck.
Fuck. Fuck. Fuck. Fuck. Fuck. Fuck. Fuck. Fuck. Fuck.
Fuck. Fuck. Fuck. Fuck. Fuck. Fuck. Fuck. Fuck. Fuck.
Fuck. Fuck. Fuck. Fuck. Fuck. Fuck. Fuck. Fuck. Fuck.
Fuck. Fuck. Fuck. Fuck. Fuck. Fuck. Fuck. Fuck. Fuck.
Fuck. Fuck. Fuck. Fuck. Fuck. Fuck. Fuck. Fuck. Fuck.
Fuck. Fuck. Fuck. Fuck. Fuck. Fuck. Fuck. Fuck. Fuck.
Fuck. Fuck. Fuck. Fuck. Fuck. Fuck. Fuck. Fuck. Fuck.
Fuck. Fuck. Fuck. Fuck. Fuck. Fuck. Fuck. Fuck. Fuck.
Fuck. Fuck. Fuck. Fuck. Fuck. Fuck. Fuck. Fuck. Fuck.
Fuck. Fuck. Fuck. Fuck. Fuck. Fuck. Fuck. Fuck. Fuck.
Fuck. Fuck. Fuck. Fuck. Fuck. Fuck. Fuck. Fuck. Fuck.
Fuck. Fuck. Fuck. Fuck. Fuck. Fuck. Fuck. Fuck. Fuck.
Fuck. Fuck. Fuck. Fuck. Fuck. Fuck. Fuck. Fuck. Fuck.
Fuck. Fuck. Fuck. Fuck. Fuck. Fuck. Fuck. Fuck. Fuck.
Fuck. Fuck. Fuck. Fuck. Fuck. Fuck. Fuck. Fuck. Fuck.
Fuck. Fuck. Fuck. Fuck. Fuck. Fuck. Fuck. Fuck. Fuck.

Fuck. Fuck. Fuck. Fuck. Fuck. Fuck. Fuck. Fuck. Fuck.
Fuck. Fuck. Fuck. Fuck. Fuck. Fuck. Fuck. Fuck. Fuck.
Fuck. Fuck. Fuck. Fuck. Fuck. Fuck. Fuck. Fuck. Fuck.
Fuck. Fuck. Fuck. Fuck. Fuck. Fuck. Fuck. Fuck. Fuck.
Fuck. Fuck. Fuck. Fuck. Fuck. Fuck. Fuck. Fuck. Fuck.
Fuck. Fuck. Fuck. Fuck. Fuck. Fuck. Fuck. Fuck. Fuck.
Fuck. Fuck. Fuck. Fuck. Fuck. Fuck. Fuck. Fuck. Fuck.
Fuck. Fuck. Fuck. Fuck. Fuck. Fuck. Fuck. Fuck. Fuck.
Fuck. Fuck. Fuck. Fuck. Fuck. Fuck. Fuck. Fuck. Fuck.
Fuck. Fuck. Fuck. Fuck. Fuck. Fuck. Fuck. Fuck. Fuck.
Fuck. Fuck. Fuck. Fuck. Fuck. Fuck. Fuck. Fuck. Fuck.
Fuck. Fuck. Fuck. Fuck. Fuck. Fuck. Fuck. Fuck. Fuck.
Fuck. Fuck. Fuck. Fuck. Fuck. Fuck. Fuck. Fuck. Fuck.
Fuck. Fuck. Fuck. Fuck. Fuck. Fuck. Fuck. Fuck. Fuck.
Fuck. Fuck. Fuck. Fuck. Fuck. Fuck. Fuck. Fuck. Fuck.
Fuck. Fuck. Fuck. Fuck. Fuck. Fuck. Fuck. Fuck. Fuck.
Fuck. Fuck. Fuck. Fuck. Fuck. Fuck. Fuck. Fuck. Fuck.
Fuck. Fuck. Fuck. Fuck. Fuck. Fuck. Fuck. Fuck. Fuck.
Fuck. Fuck. Fuck. Fuck. Fuck. Fuck. Fuck. Fuck. Fuck.
Fuck. Fuck. Fuck. Fuck. Fuck. Fuck. Fuck. Fuck. Fuck.
Fuck. Fuck. Fuck. Fuck. Fuck. Fuck. Fuck. Fuck. Fuck.
Fuck. Fuck. Fuck. Fuck. Fuck. Fuck. Fuck. Fuck. Fuck.
Fuck. Fuck. Fuck. Fuck. Fuck. Fuck. Fuck. Fuck. Fuck.
Fuck. Fuck. Fuck. Fuck. Fuck. Fuck. Fuck. Fuck. Fuck.
Fuck. Fuck. Fuck. Fuck. Fuck. Fuck. Fuck. Fuck. Fuck.
Fuck. Fuck. Fuck. Fuck. Fuck. Fuck. Fuck. Fuck. Fuck.
Fuck. Fuck. Fuck. Fuck. Fuck. Fuck. Fuck. Fuck. Fuck.
Fuck. Fuck. Fuck. Fuck. Fuck. Fuck. Fuck. Fuck. Fuck.
Fuck. Fuck. Fuck. Fuck. Fuck. Fuck. Fuck. Fuck. Fuck.
Fuck. Fuck. Fuck. Fuck. Fuck. Fuck. Fuck. Fuck. Fuck.
Fuck. Fuck. Fuck. Fuck. Fuck. Fuck. Fuck. Fuck. Fuck.
Fuck. Fuck. Fuck. Fuck. Fuck. Fuck. Fuck. Fuck. Fuck.
Fuck. Fuck. Fuck. Fuck. Fuck. Fuck. Fuck. Fuck. Fuck.
Fuck. Fuck. Fuck. Fuck. Fuck. Fuck. Fuck. Fuck. Fuck.
Fuck. Fuck. Fuck. Fuck. Fuck. Fuck. Fuck. Fuck. Fuck.

Fuck. Fuck. Fuck. Fuck. Fuck. Fuck. Fuck. Fuck. Fuck.
Fuck. Fuck. Fuck. Fuck. Fuck. Fuck. Fuck. Fuck. Fuck.
Fuck. Fuck. Fuck. Fuck. Fuck. Fuck. Fuck. Fuck. Fuck.
Fuck. Fuck. Fuck. Fuck. Fuck. Fuck. Fuck. Fuck. Fuck.
Fuck. Fuck. Fuck. Fuck. Fuck. Fuck. Fuck. Fuck. Fuck.
Fuck. Fuck. Fuck. Fuck. Fuck. Fuck. Fuck. Fuck. Fuck.
Fuck. Fuck. Fuck. Fuck. Fuck. Fuck. Fuck. Fuck. Fuck.
Fuck. Fuck. Fuck. Fuck. Fuck. Fuck. Fuck. Fuck. Fuck.
Fuck. Fuck. Fuck. Fuck. Fuck. Fuck. Fuck. Fuck. Fuck.
Fuck. Fuck. Fuck. Fuck. Fuck. Fuck. Fuck. Fuck. Fuck.
Fuck. Fuck. Fuck. Fuck. Fuck. Fuck. Fuck. Fuck. Fuck.
Fuck. Fuck. Fuck. Fuck. Fuck. Fuck. Fuck. Fuck. Fuck.
Fuck. Fuck. Fuck. Fuck. Fuck. Fuck. Fuck. Fuck. Fuck.
Fuck. Fuck. Fuck. Fuck. Fuck. Fuck. Fuck. Fuck. Fuck.
Fuck. Fuck. Fuck. Fuck. Fuck. Fuck. Fuck. Fuck. Fuck.
Fuck. Fuck. Fuck. Fuck. Fuck. Fuck. Fuck. Fuck. Fuck.
Fuck. Fuck. Fuck. Fuck. Fuck. Fuck. Fuck. Fuck. Fuck.
Fuck. Fuck. Fuck. Fuck. Fuck. Fuck. Fuck. Fuck. Fuck.
Fuck. Fuck. Fuck. Fuck. Fuck. Fuck. Fuck. Fuck. Fuck.
Fuck. Fuck. Fuck. Fuck. Fuck. Fuck. Fuck. Fuck. Fuck.
Fuck. Fuck. Fuck. Fuck. Fuck. Fuck. Fuck. Fuck. Fuck.
Fuck. Fuck. Fuck. Fuck. Fuck. Fuck. Fuck. Fuck. Fuck.
Fuck. Fuck. Fuck. Fuck. Fuck. Fuck. Fuck. Fuck. Fuck.
Fuck. Fuck. Fuck. Fuck. Fuck. Fuck. Fuck. Fuck. Fuck.
Fuck. Fuck. Fuck. Fuck. Fuck. Fuck. Fuck. Fuck. Fuck.
Fuck. Fuck. Fuck. Fuck. Fuck. Fuck. Fuck. Fuck. Fuck.
Fuck. Fuck. Fuck. Fuck. Fuck. Fuck. Fuck. Fuck. Fuck.
Fuck. Fuck. Fuck. Fuck. Fuck. Fuck. Fuck. Fuck. Fuck.
Fuck. Fuck. Fuck. Fuck. Fuck. Fuck. Fuck. Fuck. Fuck.
Fuck. Fuck. Fuck. Fuck. Fuck. Fuck. Fuck. Fuck. Fuck.
Fuck. Fuck. Fuck. Fuck. Fuck. Fuck. Fuck. Fuck. Fuck.

Fuck. Fuck. Fuck. Fuck. Fuck. Fuck. Fuck. Fuck. Fuck.
Fuck. Fuck. Fuck. Fuck. Fuck. Fuck. Fuck. Fuck. Fuck.
Fuck. Fuck. Fuck. Fuck. Fuck. Fuck. Fuck. Fuck. Fuck.
Fuck. Fuck. Fuck. Fuck. Fuck. Fuck. Fuck. Fuck. Fuck.
Fuck. Fuck. Fuck. Fuck. Fuck. Fuck. Fuck. Fuck. Fuck.
Fuck. Fuck. Fuck. Fuck. Fuck. Fuck. Fuck. Fuck. Fuck.
Fuck. Fuck. Fuck. Fuck. Fuck. Fuck. Fuck. Fuck. Fuck.
Fuck. Fuck. Fuck. Fuck. Fuck. Fuck. Fuck. Fuck. Fuck.
Fuck. Fuck. Fuck. Fuck. Fuck. Fuck. Fuck. Fuck. Fuck.
Fuck. Fuck. Fuck. Fuck. Fuck. Fuck. Fuck. Fuck. Fuck.
Fuck. Fuck. Fuck. Fuck. Fuck. Fuck. Fuck. Fuck. Fuck.
Fuck. Fuck. Fuck. Fuck. Fuck. Fuck. Fuck. Fuck. Fuck.
Fuck. Fuck. Fuck. Fuck. Fuck. Fuck. Fuck. Fuck. Fuck.
Fuck. Fuck. Fuck. Fuck. Fuck. Fuck. Fuck. Fuck. Fuck.
Fuck. Fuck. Fuck. Fuck. Fuck. Fuck. Fuck. Fuck. Fuck.
Fuck. Fuck. Fuck. Fuck. Fuck. Fuck. Fuck. Fuck. Fuck.
Fuck. Fuck. Fuck. Fuck. Fuck. Fuck. Fuck. Fuck. Fuck.
Fuck. Fuck. Fuck. Fuck. Fuck. Fuck. Fuck. Fuck. Fuck.
Fuck. Fuck. Fuck. Fuck. Fuck. Fuck. Fuck. Fuck. Fuck.
Fuck. Fuck. Fuck. Fuck. Fuck. Fuck. Fuck. Fuck. Fuck.
Fuck. Fuck. Fuck. Fuck. Fuck. Fuck. Fuck. Fuck. Fuck.
Fuck. Fuck. Fuck. Fuck. Fuck. Fuck. Fuck. Fuck. Fuck.
Fuck. Fuck. Fuck. Fuck. Fuck. Fuck. Fuck. Fuck. Fuck.
Fuck. Fuck. Fuck. Fuck. Fuck. Fuck. Fuck. Fuck. Fuck.
Fuck. Fuck. Fuck. Fuck. Fuck. Fuck. Fuck. Fuck. Fuck.
Fuck. Fuck. Fuck. Fuck. Fuck. Fuck. Fuck. Fuck. Fuck.
Fuck. Fuck. Fuck. Fuck. Fuck. Fuck. Fuck. Fuck. Fuck.
Fuck. Fuck. Fuck. Fuck. Fuck. Fuck. Fuck. Fuck. Fuck.
Fuck. Fuck. Fuck. Fuck. Fuck. Fuck. Fuck. Fuck. Fuck.
Fuck. Fuck. Fuck. Fuck. Fuck. Fuck. Fuck. Fuck. Fuck.
Fuck. Fuck. Fuck. Fuck. Fuck. Fuck. Fuck. Fuck. Fuck.
Fuck. Fuck. Fuck. Fuck. Fuck. Fuck. Fuck. Fuck. Fuck.
Fuck. Fuck. Fuck. Fuck. Fuck. Fuck. Fuck. Fuck. Fuck.

Fuck. Fuck. Fuck. Fuck. Fuck. Fuck. Fuck. Fuck. Fuck.
Fuck. Fuck. Fuck. Fuck. Fuck. Fuck. Fuck. Fuck. Fuck.
Fuck. Fuck. Fuck. Fuck. Fuck. Fuck. Fuck. Fuck. Fuck.
Fuck. Fuck. Fuck. Fuck. Fuck. Fuck. Fuck. Fuck. Fuck.
Fuck. Fuck. Fuck. Fuck. Fuck. Fuck. Fuck. Fuck. Fuck.
Fuck. Fuck. Fuck. Fuck. Fuck. Fuck. Fuck. Fuck. Fuck.
Fuck. Fuck. Fuck. Fuck. Fuck. Fuck. Fuck. Fuck. Fuck.
Fuck. Fuck. Fuck. Fuck. Fuck. Fuck. Fuck. Fuck. Fuck.
Fuck. Fuck. Fuck. Fuck. Fuck. Fuck. Fuck. Fuck. Fuck.
Fuck. Fuck. Fuck. Fuck. Fuck. Fuck. Fuck. Fuck. Fuck.
Fuck. Fuck. Fuck. Fuck. Fuck. Fuck. Fuck. Fuck. Fuck.
Fuck. Fuck. Fuck. Fuck. Fuck. Fuck. Fuck. Fuck. Fuck.
Fuck. Fuck. Fuck. Fuck. Fuck. Fuck. Fuck. Fuck. Fuck.
Fuck. Fuck. Fuck. Fuck. Fuck. Fuck. Fuck. Fuck. Fuck.
Fuck. Fuck. Fuck. Fuck. Fuck. Fuck. Fuck. Fuck. Fuck.
Fuck. Fuck. Fuck. Fuck. Fuck. Fuck. Fuck. Fuck. Fuck.
Fuck. Fuck. Fuck. Fuck. Fuck. Fuck. Fuck. Fuck. Fuck.
Fuck. Fuck. Fuck. Fuck. Fuck. Fuck. Fuck. Fuck. Fuck.
Fuck. Fuck. Fuck. Fuck. Fuck. Fuck. Fuck. Fuck. Fuck.
Fuck. Fuck. Fuck. Fuck. Fuck. Fuck. Fuck. Fuck. Fuck.
Fuck. Fuck. Fuck. Fuck. Fuck. Fuck. Fuck. Fuck. Fuck.
Fuck. Fuck. Fuck. Fuck. Fuck. Fuck. Fuck. Fuck. Fuck.
Fuck. Fuck. Fuck. Fuck. Fuck. Fuck. Fuck. Fuck. Fuck.
Fuck. Fuck. Fuck. Fuck. Fuck. Fuck. Fuck. Fuck. Fuck.
Fuck. Fuck. Fuck. Fuck. Fuck. Fuck. Fuck. Fuck. Fuck.
Fuck. Fuck. Fuck. Fuck. Fuck. Fuck. Fuck. Fuck. Fuck.
Fuck. Fuck. Fuck. Fuck. Fuck. Fuck. Fuck. Fuck. Fuck.
Fuck. Fuck. Fuck. Fuck. Fuck. Fuck. Fuck. Fuck. Fuck.
Fuck. Fuck. Fuck. Fuck. Fuck. Fuck. Fuck. Fuck. Fuck.
Fuck. Fuck. Fuck. Fuck. Fuck. Fuck. Fuck. Fuck. Fuck.
Fuck. Fuck. Fuck. Fuck. Fuck. Fuck. Fuck. Fuck. Fuck.
Fuck. Fuck. Fuck. Fuck. Fuck. Fuck. Fuck. Fuck. Fuck.
Fuck. Fuck. Fuck. Fuck. Fuck. Fuck. Fuck. Fuck. Fuck.

Fuck. Fuck. Fuck. Fuck. Fuck. Fuck. Fuck. Fuck. Fuck.
Fuck. Fuck. Fuck. Fuck. Fuck. Fuck. Fuck. Fuck. Fuck.
Fuck. Fuck. Fuck. Fuck. Fuck. Fuck. Fuck. Fuck. Fuck.
Fuck. Fuck. Fuck. Fuck. Fuck. Fuck. Fuck. Fuck. Fuck.
Fuck. Fuck. Fuck. Fuck. Fuck. Fuck. Fuck. Fuck. Fuck.
Fuck. Fuck. Fuck. Fuck. Fuck. Fuck. Fuck. Fuck. Fuck.
Fuck. Fuck. Fuck. Fuck. Fuck. Fuck. Fuck. Fuck. Fuck.
Fuck. Fuck. Fuck. Fuck. Fuck. Fuck. Fuck. Fuck. Fuck.
Fuck. Fuck. Fuck. Fuck. Fuck. Fuck. Fuck. Fuck. Fuck.
Fuck. Fuck. Fuck. Fuck. Fuck. Fuck. Fuck. Fuck. Fuck.
Fuck. Fuck. Fuck. Fuck. Fuck. Fuck. Fuck. Fuck. Fuck.
Fuck. Fuck. Fuck. Fuck. Fuck. Fuck. Fuck. Fuck. Fuck.
Fuck. Fuck. Fuck. Fuck. Fuck. Fuck. Fuck. Fuck. Fuck.
Fuck. Fuck. Fuck. Fuck. Fuck. Fuck. Fuck. Fuck. Fuck.
Fuck. Fuck. Fuck. Fuck. Fuck. Fuck. Fuck. Fuck. Fuck.
Fuck. Fuck. Fuck. Fuck. Fuck. Fuck. Fuck. Fuck. Fuck.
Fuck. Fuck. Fuck. Fuck. Fuck. Fuck. Fuck. Fuck. Fuck.
Fuck. Fuck. Fuck. Fuck. Fuck. Fuck. Fuck. Fuck. Fuck.
Fuck. Fuck. Fuck. Fuck. Fuck. Fuck. Fuck. Fuck. Fuck.
Fuck. Fuck. Fuck. Fuck. Fuck. Fuck. Fuck. Fuck. Fuck.
Fuck. Fuck. Fuck. Fuck. Fuck. Fuck. Fuck. Fuck. Fuck.
Fuck. Fuck. Fuck. Fuck. Fuck. Fuck. Fuck. Fuck. Fuck.
Fuck. Fuck. Fuck. Fuck. Fuck. Fuck. Fuck. Fuck. Fuck.
Fuck. Fuck. Fuck. Fuck. Fuck. Fuck. Fuck. Fuck. Fuck.
Fuck. Fuck. Fuck. Fuck. Fuck. Fuck. Fuck. Fuck. Fuck.
Fuck. Fuck. Fuck. Fuck. Fuck. Fuck. Fuck. Fuck. Fuck.
Fuck. Fuck. Fuck. Fuck. Fuck. Fuck. Fuck. Fuck. Fuck.
Fuck. Fuck. Fuck. Fuck. Fuck. Fuck. Fuck. Fuck. Fuck.
Fuck. Fuck. Fuck. Fuck. Fuck. Fuck. Fuck. Fuck. Fuck.
Fuck. Fuck. Fuck. Fuck. Fuck. Fuck. Fuck. Fuck. Fuck.
Fuck. Fuck. Fuck. Fuck. Fuck. Fuck. Fuck. Fuck. Fuck.
Fuck. Fuck. Fuck. Fuck. Fuck. Fuck. Fuck. Fuck. Fuck.
Fuck. Fuck. Fuck. Fuck. Fuck. Fuck. Fuck. Fuck. Fuck.

Fuck. Fuck. Fuck. Fuck. Fuck. Fuck. Fuck. Fuck. Fuck.
Fuck. Fuck. Fuck. Fuck. Fuck. Fuck. Fuck. Fuck. Fuck.
Fuck. Fuck. Fuck. Fuck. Fuck. Fuck. Fuck. Fuck. Fuck.
Fuck. Fuck. Fuck. Fuck. Fuck. Fuck. Fuck. Fuck. Fuck.
Fuck. Fuck. Fuck. Fuck. Fuck. Fuck. Fuck. Fuck. Fuck.
Fuck. Fuck. Fuck. Fuck. Fuck. Fuck. Fuck. Fuck. Fuck.
Fuck. Fuck. Fuck. Fuck. Fuck. Fuck. Fuck. Fuck. Fuck.
Fuck. Fuck. Fuck. Fuck. Fuck. Fuck. Fuck. Fuck. Fuck.
Fuck. Fuck. Fuck. Fuck. Fuck. Fuck. Fuck. Fuck. Fuck.
Fuck. Fuck. Fuck. Fuck. Fuck. Fuck. Fuck. Fuck. Fuck.
Fuck. Fuck. Fuck. Fuck. Fuck. Fuck. Fuck. Fuck. Fuck.
Fuck. Fuck. Fuck. Fuck. Fuck. Fuck. Fuck. Fuck. Fuck.
Fuck. Fuck. Fuck. Fuck. Fuck. Fuck. Fuck. Fuck. Fuck.
Fuck. Fuck. Fuck. Fuck. Fuck. Fuck. Fuck. Fuck. Fuck.
Fuck. Fuck. Fuck. Fuck. Fuck. Fuck. Fuck. Fuck. Fuck.
Fuck. Fuck. Fuck. Fuck. Fuck. Fuck. Fuck. Fuck. Fuck.
Fuck. Fuck. Fuck. Fuck. Fuck. Fuck. Fuck. Fuck. Fuck.
Fuck. Fuck. Fuck. Fuck. Fuck. Fuck. Fuck. Fuck. Fuck.
Fuck. Fuck. Fuck. Fuck. Fuck. Fuck. Fuck. Fuck. Fuck.
Fuck. Fuck. Fuck. Fuck. Fuck. Fuck. Fuck. Fuck. Fuck.
Fuck. Fuck. Fuck. Fuck. Fuck. Fuck. Fuck. Fuck. Fuck.
Fuck. Fuck. Fuck. Fuck. Fuck. Fuck. Fuck. Fuck. Fuck.
Fuck. Fuck. Fuck. Fuck. Fuck. Fuck. Fuck. Fuck. Fuck.
Fuck. Fuck. Fuck. Fuck. Fuck. Fuck. Fuck. Fuck. Fuck.
Fuck. Fuck. Fuck. Fuck. Fuck. Fuck. Fuck. Fuck. Fuck.
Fuck. Fuck. Fuck. Fuck. Fuck. Fuck. Fuck. Fuck. Fuck.
Fuck. Fuck. Fuck. Fuck. Fuck. Fuck. Fuck. Fuck. Fuck.
Fuck. Fuck. Fuck. Fuck. Fuck. Fuck. Fuck. Fuck. Fuck.
Fuck. Fuck. Fuck. Fuck. Fuck. Fuck. Fuck. Fuck. Fuck.
Fuck. Fuck. Fuck. Fuck. Fuck. Fuck. Fuck. Fuck. Fuck.
Fuck. Fuck. Fuck. Fuck. Fuck. Fuck. Fuck. Fuck. Fuck.
Fuck. Fuck. Fuck. Fuck. Fuck. Fuck. Fuck. Fuck. Fuck.
Fuck. Fuck. Fuck. Fuck. Fuck. Fuck. Fuck. Fuck. Fuck.
Fuck. Fuck. Fuck. Fuck. Fuck. Fuck. Fuck. Fuck. Fuck.

Fuck. Fuck. Fuck. Fuck. Fuck. Fuck. Fuck. Fuck. Fuck.
Fuck. Fuck. Fuck. Fuck. Fuck. Fuck. Fuck. Fuck. Fuck.
Fuck. Fuck. Fuck. Fuck. Fuck. Fuck. Fuck. Fuck. Fuck.
Fuck. Fuck. Fuck. Fuck. Fuck. Fuck. Fuck. Fuck. Fuck.
Fuck. Fuck. Fuck. Fuck. Fuck. Fuck. Fuck. Fuck. Fuck.
Fuck. Fuck. Fuck. Fuck. Fuck. Fuck. Fuck. Fuck. Fuck.
Fuck. Fuck. Fuck. Fuck. Fuck. Fuck. Fuck. Fuck. Fuck.
Fuck. Fuck. Fuck. Fuck. Fuck. Fuck. Fuck. Fuck. Fuck.
Fuck. Fuck. Fuck. Fuck. Fuck. Fuck. Fuck. Fuck. Fuck.
Fuck. Fuck. Fuck. Fuck. Fuck. Fuck. Fuck. Fuck. Fuck.
Fuck. Fuck. Fuck. Fuck. Fuck. Fuck. Fuck. Fuck. Fuck.
Fuck. Fuck. Fuck. Fuck. Fuck. Fuck. Fuck. Fuck. Fuck.
Fuck. Fuck. Fuck. Fuck. Fuck. Fuck. Fuck. Fuck. Fuck.
Fuck. Fuck. Fuck. Fuck. Fuck. Fuck. Fuck. Fuck. Fuck.
Fuck. Fuck. Fuck. Fuck. Fuck. Fuck. Fuck. Fuck. Fuck.
Fuck. Fuck. Fuck. Fuck. Fuck. Fuck. Fuck. Fuck. Fuck.
Fuck. Fuck. Fuck. Fuck. Fuck. Fuck. Fuck. Fuck. Fuck.
Fuck. Fuck. Fuck. Fuck. Fuck. Fuck. Fuck. Fuck. Fuck.
Fuck. Fuck. Fuck. Fuck. Fuck. Fuck. Fuck. Fuck. Fuck.
Fuck. Fuck. Fuck. Fuck. Fuck. Fuck. Fuck. Fuck. Fuck.
Fuck. Fuck. Fuck. Fuck. Fuck. Fuck. Fuck. Fuck. Fuck.
Fuck. Fuck. Fuck. Fuck. Fuck. Fuck. Fuck. Fuck. Fuck.
Fuck. Fuck. Fuck. Fuck. Fuck. Fuck. Fuck. Fuck. Fuck.
Fuck. Fuck. Fuck. Fuck. Fuck. Fuck. Fuck. Fuck. Fuck.
Fuck. Fuck. Fuck. Fuck. Fuck. Fuck. Fuck. Fuck. Fuck.
Fuck. Fuck. Fuck. Fuck. Fuck. Fuck. Fuck. Fuck. Fuck.
Fuck. Fuck. Fuck. Fuck. Fuck. Fuck. Fuck. Fuck. Fuck.
Fuck. Fuck. Fuck. Fuck. Fuck. Fuck. Fuck. Fuck. Fuck.
Fuck. Fuck. Fuck. Fuck. Fuck. Fuck. Fuck. Fuck. Fuck.
Fuck. Fuck. Fuck. Fuck. Fuck. Fuck. Fuck. Fuck. Fuck.
Fuck. Fuck. Fuck. Fuck. Fuck. Fuck. Fuck. Fuck. Fuck.
Fuck. Fuck. Fuck. Fuck. Fuck. Fuck. Fuck. Fuck. Fuck.
Fuck. Fuck. Fuck. Fuck. Fuck. Fuck. Fuck. Fuck. Fuck.
Fuck. Fuck. Fuck. Fuck. Fuck. Fuck. Fuck. Fuck. Fuck.

Fuck. Fuck. Fuck. Fuck. Fuck. Fuck. Fuck. Fuck. Fuck.
Fuck. Fuck. Fuck. Fuck. Fuck. Fuck. Fuck. Fuck. Fuck.
Fuck. Fuck. Fuck. Fuck. Fuck. Fuck. Fuck. Fuck. Fuck.
Fuck. Fuck. Fuck. Fuck. Fuck. Fuck. Fuck. Fuck. Fuck.
Fuck. Fuck. Fuck. Fuck. Fuck. Fuck. Fuck. Fuck. Fuck.
Fuck. Fuck. Fuck. Fuck. Fuck. Fuck. Fuck. Fuck. Fuck.
Fuck. Fuck. Fuck. Fuck. Fuck. Fuck. Fuck. Fuck. Fuck.
Fuck. Fuck. Fuck. Fuck. Fuck. Fuck. Fuck. Fuck. Fuck.
Fuck. Fuck. Fuck. Fuck. Fuck. Fuck. Fuck. Fuck. Fuck.
Fuck. Fuck. Fuck. Fuck. Fuck. Fuck. Fuck. Fuck. Fuck.
Fuck. Fuck. Fuck. Fuck. Fuck. Fuck. Fuck. Fuck. Fuck.
Fuck. Fuck. Fuck. Fuck. Fuck. Fuck. Fuck. Fuck. Fuck.
Fuck. Fuck. Fuck. Fuck. Fuck. Fuck. Fuck. Fuck. Fuck.
Fuck. Fuck. Fuck. Fuck. Fuck. Fuck. Fuck. Fuck. Fuck.
Fuck. Fuck. Fuck. Fuck. Fuck. Fuck. Fuck. Fuck. Fuck.
Fuck. Fuck. Fuck. Fuck. Fuck. Fuck. Fuck. Fuck. Fuck.
Fuck. Fuck. Fuck. Fuck. Fuck. Fuck. Fuck. Fuck. Fuck.
Fuck. Fuck. Fuck. Fuck. Fuck. Fuck. Fuck. Fuck. Fuck.
Fuck. Fuck. Fuck. Fuck. Fuck. Fuck. Fuck. Fuck. Fuck.
Fuck. Fuck. Fuck. Fuck. Fuck. Fuck. Fuck. Fuck. Fuck.
Fuck. Fuck. Fuck. Fuck. Fuck. Fuck. Fuck. Fuck. Fuck.
Fuck. Fuck. Fuck. Fuck. Fuck. Fuck. Fuck. Fuck. Fuck.
Fuck. Fuck. Fuck. Fuck. Fuck. Fuck. Fuck. Fuck. Fuck.
Fuck. Fuck. Fuck. Fuck. Fuck. Fuck. Fuck. Fuck. Fuck.
Fuck. Fuck. Fuck. Fuck. Fuck. Fuck. Fuck. Fuck. Fuck.
Fuck. Fuck. Fuck. Fuck. Fuck. Fuck. Fuck. Fuck. Fuck.
Fuck. Fuck. Fuck. Fuck. Fuck. Fuck. Fuck. Fuck. Fuck.
Fuck. Fuck. Fuck. Fuck. Fuck. Fuck. Fuck. Fuck. Fuck.
Fuck. Fuck. Fuck. Fuck. Fuck. Fuck. Fuck. Fuck. Fuck.
Fuck. Fuck. Fuck. Fuck. Fuck. Fuck. Fuck. Fuck. Fuck.
Fuck. Fuck. Fuck. Fuck. Fuck. Fuck. Fuck. Fuck. Fuck.
Fuck. Fuck. Fuck. Fuck. Fuck. Fuck. Fuck. Fuck. Fuck.

Fuck. Fuck. Fuck. Fuck. Fuck. Fuck. Fuck. Fuck. Fuck.
Fuck. Fuck. Fuck. Fuck. Fuck. Fuck. Fuck. Fuck. Fuck.
Fuck. Fuck. Fuck. Fuck. Fuck. Fuck. Fuck. Fuck. Fuck.
Fuck. Fuck. Fuck. Fuck. Fuck. Fuck. Fuck. Fuck. Fuck.
Fuck. Fuck. Fuck. Fuck. Fuck. Fuck. Fuck. Fuck. Fuck.
Fuck. Fuck. Fuck. Fuck. Fuck. Fuck. Fuck. Fuck. Fuck.
Fuck. Fuck. Fuck. Fuck. Fuck. Fuck. Fuck. Fuck. Fuck.
Fuck. Fuck. Fuck. Fuck. Fuck. Fuck. Fuck. Fuck. Fuck.
Fuck. Fuck. Fuck. Fuck. Fuck. Fuck. Fuck. Fuck. Fuck.
Fuck. Fuck. Fuck. Fuck. Fuck. Fuck. Fuck. Fuck. Fuck.
Fuck. Fuck. Fuck. Fuck. Fuck. Fuck. Fuck. Fuck. Fuck.
Fuck. Fuck. Fuck. Fuck. Fuck. Fuck. Fuck. Fuck. Fuck.
Fuck. Fuck. Fuck. Fuck. Fuck. Fuck. Fuck. Fuck. Fuck.
Fuck. Fuck. Fuck. Fuck. Fuck. Fuck. Fuck. Fuck. Fuck.
Fuck. Fuck. Fuck. Fuck. Fuck. Fuck. Fuck. Fuck. Fuck.
Fuck. Fuck. Fuck. Fuck. Fuck. Fuck. Fuck. Fuck. Fuck.
Fuck. Fuck. Fuck. Fuck. Fuck. Fuck. Fuck. Fuck. Fuck.
Fuck. Fuck. Fuck. Fuck. Fuck. Fuck. Fuck. Fuck. Fuck.
Fuck. Fuck. Fuck. Fuck. Fuck. Fuck. Fuck. Fuck. Fuck.
Fuck. Fuck. Fuck. Fuck. Fuck. Fuck. Fuck. Fuck. Fuck.
Fuck. Fuck. Fuck. Fuck. Fuck. Fuck. Fuck. Fuck. Fuck.
Fuck. Fuck. Fuck. Fuck. Fuck. Fuck. Fuck. Fuck. Fuck.
Fuck. Fuck. Fuck. Fuck. Fuck. Fuck. Fuck. Fuck. Fuck.
Fuck. Fuck. Fuck. Fuck. Fuck. Fuck. Fuck. Fuck. Fuck.
Fuck. Fuck. Fuck. Fuck. Fuck. Fuck. Fuck. Fuck. Fuck.
Fuck. Fuck. Fuck. Fuck. Fuck. Fuck. Fuck. Fuck. Fuck.
Fuck. Fuck. Fuck. Fuck. Fuck. Fuck. Fuck. Fuck. Fuck.
Fuck. Fuck. Fuck. Fuck. Fuck. Fuck. Fuck. Fuck. Fuck.
Fuck. Fuck. Fuck. Fuck. Fuck. Fuck. Fuck. Fuck. Fuck.
Fuck. Fuck. Fuck. Fuck. Fuck. Fuck. Fuck. Fuck. Fuck.
Fuck. Fuck. Fuck. Fuck. Fuck. Fuck. Fuck. Fuck. Fuck.
Fuck. Fuck. Fuck. Fuck. Fuck. Fuck. Fuck. Fuck. Fuck.
Fuck. Fuck. Fuck. Fuck. Fuck. Fuck. Fuck. Fuck. Fuck.
Fuck. Fuck. Fuck. Fuck. Fuck. Fuck. Fuck. Fuck. Fuck.
Fuck. Fuck. Fuck. Fuck. Fuck. Fuck. Fuck. Fuck. Fuck.

Fuck. Fuck. Fuck. Fuck. Fuck. Fuck. Fuck. Fuck. Fuck. Fuck.
Fuck. Fuck. Fuck. Fuck. Fuck. Fuck. Fuck. Fuck. Fuck. Fuck.
Fuck. Fuck. Fuck. Fuck. Fuck. Fuck. Fuck. Fuck. Fuck. Fuck.
Fuck. Fuck. Fuck. Fuck. Fuck. Fuck. Fuck. Fuck. Fuck. Fuck.
Fuck. Fuck. Fuck. Fuck. Fuck. Fuck. Fuck. Fuck. Fuck. Fuck.
Fuck. Fuck. Fuck. Fuck. Fuck. Fuck. Fuck. Fuck. Fuck. Fuck.
Fuck. Fuck. Fuck. Fuck. Fuck. Fuck. Fuck. Fuck. Fuck. Fuck.
Fuck. Fuck. Fuck. Fuck. Fuck. Fuck. Fuck. Fuck. Fuck. Fuck.
Fuck. Fuck. Fuck. Fuck. Fuck. Fuck. Fuck. Fuck. Fuck. Fuck.
Fuck. Fuck. Fuck. Fuck. Fuck. Fuck. Fuck. Fuck. Fuck. Fuck.
Fuck. Fuck. Fuck. Fuck. Fuck. Fuck. Fuck. Fuck. Fuck. Fuck.
Fuck. Fuck. Fuck. Fuck. Fuck. Fuck. Fuck. Fuck. Fuck. Fuck.
Fuck. Fuck. Fuck. Fuck. Fuck. Fuck. Fuck. Fuck. Fuck. Fuck.
Fuck. Fuck. Fuck. Fuck. Fuck. Fuck. Fuck. Fuck. Fuck. Fuck.
Fuck. Fuck. Fuck. Fuck. Fuck. Fuck. Fuck. Fuck. Fuck. Fuck.
Fuck. Fuck. Fuck. Fuck. Fuck. Fuck. Fuck. Fuck. Fuck. Fuck.
Fuck. Fuck. Fuck. Fuck. Fuck. Fuck. Fuck. Fuck. Fuck. Fuck.
Fuck. Fuck. Fuck. Fuck. Fuck. Fuck. Fuck. Fuck. Fuck. Fuck.
Fuck. Fuck. Fuck. Fuck. Fuck. Fuck. Fuck. Fuck. Fuck. Fuck.
Fuck. Fuck. Fuck. Fuck. Fuck. Fuck. Fuck. Fuck. Fuck. Fuck.
Fuck. Fuck. Fuck. Fuck. Fuck. Fuck. Fuck. Fuck. Fuck. Fuck.
Fuck. Fuck. Fuck. Fuck. Fuck. Fuck. Fuck. Fuck. Fuck. Fuck.
Fuck. Fuck. Fuck. Fuck. Fuck. Fuck. Fuck. Fuck. Fuck. Fuck.
Fuck. Fuck. Fuck. Fuck. Fuck. Fuck. Fuck. Fuck. Fuck. Fuck.
Fuck. Fuck. Fuck. Fuck. Fuck. Fuck. Fuck. Fuck. Fuck. Fuck.
Fuck. Fuck. Fuck. Fuck. Fuck. Fuck. Fuck. Fuck. Fuck. Fuck.
Fuck. Fuck. Fuck. Fuck. Fuck. Fuck. Fuck. Fuck. Fuck. Fuck.
Fuck. Fuck. Fuck. Fuck. Fuck. Fuck. Fuck. Fuck. Fuck. Fuck.
Fuck. Fuck. Fuck. Fuck. Fuck. Fuck. Fuck. Fuck. Fuck. Fuck.
Fuck. Fuck. Fuck. Fuck. Fuck. Fuck. Fuck. Fuck. Fuck. Fuck.
Fuck. Fuck. Fuck. Fuck. Fuck. Fuck. Fuck. Fuck. Fuck. Fuck.

Fuck. Fuck. Fuck. Fuck. Fuck. Fuck. Fuck. Fuck. Fuck.
Fuck. Fuck. Fuck. Fuck. Fuck. Fuck. Fuck. Fuck. Fuck.
Fuck. Fuck. Fuck. Fuck. Fuck. Fuck. Fuck. Fuck. Fuck.
Fuck. Fuck. Fuck. Fuck. Fuck. Fuck. Fuck. Fuck. Fuck.
Fuck. Fuck. Fuck. Fuck. Fuck. Fuck. Fuck. Fuck. Fuck.
Fuck. Fuck. Fuck. Fuck. Fuck. Fuck. Fuck. Fuck. Fuck.
Fuck. Fuck. Fuck. Fuck. Fuck. Fuck. Fuck. Fuck. Fuck.
Fuck. Fuck. Fuck. Fuck. Fuck. Fuck. Fuck. Fuck. Fuck.
Fuck. Fuck. Fuck. Fuck. Fuck. Fuck. Fuck. Fuck. Fuck.
Fuck. Fuck. Fuck. Fuck. Fuck. Fuck. Fuck. Fuck. Fuck.
Fuck. Fuck. Fuck. Fuck. Fuck. Fuck. Fuck. Fuck. Fuck.
Fuck. Fuck. Fuck. Fuck. Fuck. Fuck. Fuck. Fuck. Fuck.
Fuck. Fuck. Fuck. Fuck. Fuck. Fuck. Fuck. Fuck. Fuck.
Fuck. Fuck. Fuck. Fuck. Fuck. Fuck. Fuck. Fuck. Fuck.
Fuck. Fuck. Fuck. Fuck. Fuck. Fuck. Fuck. Fuck. Fuck.
Fuck. Fuck. Fuck. Fuck. Fuck. Fuck. Fuck. Fuck. Fuck.
Fuck. Fuck. Fuck. Fuck. Fuck. Fuck. Fuck. Fuck. Fuck.
Fuck. Fuck. Fuck. Fuck. Fuck. Fuck. Fuck. Fuck. Fuck.
Fuck. Fuck. Fuck. Fuck. Fuck. Fuck. Fuck. Fuck. Fuck.
Fuck. Fuck. Fuck. Fuck. Fuck. Fuck. Fuck. Fuck. Fuck.
Fuck. Fuck. Fuck. Fuck. Fuck. Fuck. Fuck. Fuck. Fuck.
Fuck. Fuck. Fuck. Fuck. Fuck. Fuck. Fuck. Fuck. Fuck.
Fuck. Fuck. Fuck. Fuck. Fuck. Fuck. Fuck. Fuck. Fuck.
Fuck. Fuck. Fuck. Fuck. Fuck. Fuck. Fuck. Fuck. Fuck.
Fuck. Fuck. Fuck. Fuck. Fuck. Fuck. Fuck. Fuck. Fuck.
Fuck. Fuck. Fuck. Fuck. Fuck. Fuck. Fuck. Fuck. Fuck.
Fuck. Fuck. Fuck. Fuck. Fuck. Fuck. Fuck. Fuck. Fuck.
Fuck. Fuck. Fuck. Fuck. Fuck. Fuck. Fuck. Fuck. Fuck.
Fuck. Fuck. Fuck. Fuck. Fuck. Fuck. Fuck. Fuck. Fuck.
Fuck. Fuck. Fuck. Fuck. Fuck. Fuck. Fuck. Fuck. Fuck.
Fuck. Fuck. Fuck. Fuck. Fuck. Fuck. Fuck. Fuck. Fuck.
Fuck. Fuck. Fuck. Fuck. Fuck. Fuck. Fuck. Fuck. Fuck.
Fuck. Fuck. Fuck. Fuck. Fuck. Fuck. Fuck. Fuck. Fuck.
Fuck. Fuck. Fuck. Fuck. Fuck. Fuck. Fuck. Fuck. Fuck.

Fuck. Fuck. Fuck. Fuck. Fuck. Fuck. Fuck. Fuck. Fuck.
Fuck. Fuck. Fuck. Fuck. Fuck. Fuck. Fuck. Fuck. Fuck.
Fuck. Fuck. Fuck. Fuck. Fuck. Fuck. Fuck. Fuck. Fuck.
Fuck. Fuck. Fuck. Fuck. Fuck. Fuck. Fuck. Fuck. Fuck.
Fuck. Fuck. Fuck. Fuck. Fuck. Fuck. Fuck. Fuck. Fuck.
Fuck. Fuck. Fuck. Fuck. Fuck. Fuck. Fuck. Fuck. Fuck.
Fuck. Fuck. Fuck. Fuck. Fuck. Fuck. Fuck. Fuck. Fuck.
Fuck. Fuck. Fuck. Fuck. Fuck. Fuck. Fuck. Fuck. Fuck.
Fuck. Fuck. Fuck. Fuck. Fuck. Fuck. Fuck. Fuck. Fuck.
Fuck. Fuck. Fuck. Fuck. Fuck. Fuck. Fuck. Fuck. Fuck.
Fuck. Fuck. Fuck. Fuck. Fuck. Fuck. Fuck. Fuck. Fuck.
Fuck. Fuck. Fuck. Fuck. Fuck. Fuck. Fuck. Fuck. Fuck.
Fuck. Fuck. Fuck. Fuck. Fuck. Fuck. Fuck. Fuck. Fuck.
Fuck. Fuck. Fuck. Fuck. Fuck. Fuck. Fuck. Fuck. Fuck.
Fuck. Fuck. Fuck. Fuck. Fuck. Fuck. Fuck. Fuck. Fuck.
Fuck. Fuck. Fuck. Fuck. Fuck. Fuck. Fuck. Fuck. Fuck.
Fuck. Fuck. Fuck. Fuck. Fuck. Fuck. Fuck. Fuck. Fuck.
Fuck. Fuck. Fuck. Fuck. Fuck. Fuck. Fuck. Fuck. Fuck.
Fuck. Fuck. Fuck. Fuck. Fuck. Fuck. Fuck. Fuck. Fuck.
Fuck. Fuck. Fuck. Fuck. Fuck. Fuck. Fuck. Fuck. Fuck.
Fuck. Fuck. Fuck. Fuck. Fuck. Fuck. Fuck. Fuck. Fuck.
Fuck. Fuck. Fuck. Fuck. Fuck. Fuck. Fuck. Fuck. Fuck.
Fuck. Fuck. Fuck. Fuck. Fuck. Fuck. Fuck. Fuck. Fuck.
Fuck. Fuck. Fuck. Fuck. Fuck. Fuck. Fuck. Fuck. Fuck.
Fuck. Fuck. Fuck. Fuck. Fuck. Fuck. Fuck. Fuck. Fuck.
Fuck. Fuck. Fuck. Fuck. Fuck. Fuck. Fuck. Fuck. Fuck.
Fuck. Fuck. Fuck. Fuck. Fuck. Fuck. Fuck. Fuck. Fuck.
Fuck. Fuck. Fuck. Fuck. Fuck. Fuck. Fuck. Fuck. Fuck.
Fuck. Fuck. Fuck. Fuck. Fuck. Fuck. Fuck. Fuck. Fuck.
Fuck. Fuck. Fuck. Fuck. Fuck. Fuck. Fuck. Fuck. Fuck.
Fuck. Fuck. Fuck. Fuck. Fuck. Fuck. Fuck. Fuck. Fuck.
Fuck. Fuck. Fuck. Fuck. Fuck. Fuck. Fuck. Fuck. Fuck.
Fuck. Fuck. Fuck. Fuck. Fuck. Fuck. Fuck. Fuck. Fuck.
Fuck. Fuck. Fuck. Fuck. Fuck. Fuck. Fuck. Fuck. Fuck.

Fuck. Fuck. Fuck. Fuck. Fuck. Fuck. Fuck. Fuck. Fuck.
Fuck. Fuck. Fuck. Fuck. Fuck. Fuck. Fuck. Fuck. Fuck.
Fuck. Fuck. Fuck. Fuck. Fuck. Fuck. Fuck. Fuck. Fuck.
Fuck. Fuck. Fuck. Fuck. Fuck. Fuck. Fuck. Fuck. Fuck.
Fuck. Fuck. Fuck. Fuck. Fuck. Fuck. Fuck. Fuck. Fuck.
Fuck. Fuck. Fuck. Fuck. Fuck. Fuck. Fuck. Fuck. Fuck.
Fuck. Fuck. Fuck. Fuck. Fuck. Fuck. Fuck. Fuck. Fuck.
Fuck. Fuck. Fuck. Fuck. Fuck. Fuck. Fuck. Fuck. Fuck.
Fuck. Fuck. Fuck. Fuck. Fuck. Fuck. Fuck. Fuck. Fuck.
Fuck. Fuck. Fuck. Fuck. Fuck. Fuck. Fuck. Fuck. Fuck.
Fuck. Fuck. Fuck. Fuck. Fuck. Fuck. Fuck. Fuck. Fuck.
Fuck. Fuck. Fuck. Fuck. Fuck. Fuck. Fuck. Fuck. Fuck.
Fuck. Fuck. Fuck. Fuck. Fuck. Fuck. Fuck. Fuck. Fuck.
Fuck. Fuck. Fuck. Fuck. Fuck. Fuck. Fuck. Fuck. Fuck.
Fuck. Fuck. Fuck. Fuck. Fuck. Fuck. Fuck. Fuck. Fuck.
Fuck. Fuck. Fuck. Fuck. Fuck. Fuck. Fuck. Fuck. Fuck.
Fuck. Fuck. Fuck. Fuck. Fuck. Fuck. Fuck. Fuck. Fuck.
Fuck. Fuck. Fuck. Fuck. Fuck. Fuck. Fuck. Fuck. Fuck.
Fuck. Fuck. Fuck. Fuck. Fuck. Fuck. Fuck. Fuck. Fuck.
Fuck. Fuck. Fuck. Fuck. Fuck. Fuck. Fuck. Fuck. Fuck.
Fuck. Fuck. Fuck. Fuck. Fuck. Fuck. Fuck. Fuck. Fuck.
Fuck. Fuck. Fuck. Fuck. Fuck. Fuck. Fuck. Fuck. Fuck.
Fuck. Fuck. Fuck. Fuck. Fuck. Fuck. Fuck. Fuck. Fuck.
Fuck. Fuck. Fuck. Fuck. Fuck. Fuck. Fuck. Fuck. Fuck.
Fuck. Fuck. Fuck. Fuck. Fuck. Fuck. Fuck. Fuck. Fuck.
Fuck. Fuck. Fuck. Fuck. Fuck. Fuck. Fuck. Fuck. Fuck.
Fuck. Fuck. Fuck. Fuck. Fuck. Fuck. Fuck. Fuck. Fuck.
Fuck. Fuck. Fuck. Fuck. Fuck. Fuck. Fuck. Fuck. Fuck.
Fuck. Fuck. Fuck. Fuck. Fuck. Fuck. Fuck. Fuck. Fuck.
Fuck. Fuck. Fuck. Fuck. Fuck. Fuck. Fuck. Fuck. Fuck.
Fuck. Fuck. Fuck. Fuck. Fuck. Fuck. Fuck. Fuck. Fuck.
Fuck. Fuck. Fuck. Fuck. Fuck. Fuck. Fuck. Fuck. Fuck.
Fuck. Fuck. Fuck. Fuck. Fuck. Fuck. Fuck. Fuck. Fuck.

Fuck. Fuck. Fuck. Fuck. Fuck. Fuck. Fuck. Fuck. Fuck. Fuck.
Fuck. Fuck. Fuck. Fuck. Fuck. Fuck. Fuck. Fuck. Fuck. Fuck.
Fuck. Fuck. Fuck. Fuck. Fuck. Fuck. Fuck. Fuck. Fuck. Fuck.
Fuck. Fuck. Fuck. Fuck. Fuck. Fuck. Fuck. Fuck. Fuck. Fuck.
Fuck. Fuck. Fuck. Fuck. Fuck. Fuck. Fuck. Fuck. Fuck. Fuck.
Fuck. Fuck. Fuck. Fuck. Fuck. Fuck. Fuck. Fuck. Fuck. Fuck.
Fuck. Fuck. Fuck. Fuck. Fuck. Fuck. Fuck. Fuck. Fuck. Fuck.
Fuck. Fuck. Fuck. Fuck. Fuck. Fuck. Fuck. Fuck. Fuck. Fuck.
Fuck. Fuck. Fuck. Fuck. Fuck. Fuck. Fuck. Fuck. Fuck. Fuck.
Fuck. Fuck. Fuck. Fuck. Fuck. Fuck. Fuck. Fuck. Fuck. Fuck.
Fuck. Fuck. Fuck. Fuck. Fuck. Fuck. Fuck. Fuck. Fuck. Fuck.
Fuck. Fuck. Fuck. Fuck. Fuck. Fuck. Fuck. Fuck. Fuck. Fuck.
Fuck. Fuck. Fuck. Fuck. Fuck. Fuck. Fuck. Fuck. Fuck. Fuck.
Fuck. Fuck. Fuck. Fuck. Fuck. Fuck. Fuck. Fuck. Fuck. Fuck.
Fuck. Fuck. Fuck. Fuck. Fuck. Fuck. Fuck. Fuck. Fuck. Fuck.
Fuck. Fuck. Fuck. Fuck. Fuck. Fuck. Fuck. Fuck. Fuck. Fuck.
Fuck. Fuck. Fuck. Fuck. Fuck. Fuck. Fuck. Fuck. Fuck. Fuck.
Fuck. Fuck. Fuck. Fuck. Fuck. Fuck. Fuck. Fuck. Fuck. Fuck.
Fuck. Fuck. Fuck. Fuck. Fuck. Fuck. Fuck. Fuck. Fuck. Fuck.
Fuck. Fuck. Fuck. Fuck. Fuck. Fuck. Fuck. Fuck. Fuck. Fuck.
Fuck. Fuck. Fuck. Fuck. Fuck. Fuck. Fuck. Fuck. Fuck. Fuck.
Fuck. Fuck. Fuck. Fuck. Fuck. Fuck. Fuck. Fuck. Fuck. Fuck.
Fuck. Fuck. Fuck. Fuck. Fuck. Fuck. Fuck. Fuck. Fuck. Fuck.
Fuck. Fuck. Fuck. Fuck. Fuck. Fuck. Fuck. Fuck. Fuck. Fuck.
Fuck. Fuck. Fuck. Fuck. Fuck. Fuck. Fuck. Fuck. Fuck. Fuck.
Fuck. Fuck. Fuck. Fuck. Fuck. Fuck. Fuck. Fuck. Fuck. Fuck.
Fuck. Fuck. Fuck. Fuck. Fuck. Fuck. Fuck. Fuck. Fuck. Fuck.
Fuck. Fuck. Fuck. Fuck. Fuck. Fuck. Fuck. Fuck. Fuck. Fuck.
Fuck. Fuck. Fuck. Fuck. Fuck. Fuck. Fuck. Fuck. Fuck. Fuck.
Fuck. Fuck. Fuck. Fuck. Fuck. Fuck. Fuck. Fuck. Fuck. Fuck.
Fuck. Fuck. Fuck. Fuck. Fuck. Fuck. Fuck. Fuck. Fuck. Fuck.
Fuck. Fuck. Fuck. Fuck. Fuck. Fuck. Fuck. Fuck. Fuck. Fuck.
Fuck. Fuck. Fuck. Fuck. Fuck. Fuck. Fuck. Fuck. Fuck. Fuck.

Fuck. Fuck. Fuck. Fuck. Fuck. Fuck. Fuck. Fuck. Fuck.
Fuck. Fuck. Fuck. Fuck. Fuck. Fuck. Fuck. Fuck. Fuck.
Fuck. Fuck. Fuck. Fuck. Fuck. Fuck. Fuck. Fuck. Fuck.
Fuck. Fuck. Fuck. Fuck. Fuck. Fuck. Fuck. Fuck. Fuck.
Fuck. Fuck. Fuck. Fuck. Fuck. Fuck. Fuck. Fuck. Fuck.
Fuck. Fuck. Fuck. Fuck. Fuck. Fuck. Fuck. Fuck. Fuck.
Fuck. Fuck. Fuck. Fuck. Fuck. Fuck. Fuck. Fuck. Fuck.
Fuck. Fuck. Fuck. Fuck. Fuck. Fuck. Fuck. Fuck. Fuck.
Fuck. Fuck. Fuck. Fuck. Fuck. Fuck. Fuck. Fuck. Fuck.
Fuck. Fuck. Fuck. Fuck. Fuck. Fuck. Fuck. Fuck. Fuck.
Fuck. Fuck. Fuck. Fuck. Fuck. Fuck. Fuck. Fuck. Fuck.
Fuck. Fuck. Fuck. Fuck. Fuck. Fuck. Fuck. Fuck. Fuck.
Fuck. Fuck. Fuck. Fuck. Fuck. Fuck. Fuck. Fuck. Fuck.
Fuck. Fuck. Fuck. Fuck. Fuck. Fuck. Fuck. Fuck. Fuck.
Fuck. Fuck. Fuck. Fuck. Fuck. Fuck. Fuck. Fuck. Fuck.
Fuck. Fuck. Fuck. Fuck. Fuck. Fuck. Fuck. Fuck. Fuck.
Fuck. Fuck. Fuck. Fuck. Fuck. Fuck. Fuck. Fuck. Fuck.
Fuck. Fuck. Fuck. Fuck. Fuck. Fuck. Fuck. Fuck. Fuck.
Fuck. Fuck. Fuck. Fuck. Fuck. Fuck. Fuck. Fuck. Fuck.
Fuck. Fuck. Fuck. Fuck. Fuck. Fuck. Fuck. Fuck. Fuck.
Fuck. Fuck. Fuck. Fuck. Fuck. Fuck. Fuck. Fuck. Fuck.
Fuck. Fuck. Fuck. Fuck. Fuck. Fuck. Fuck. Fuck. Fuck.
Fuck. Fuck. Fuck. Fuck. Fuck. Fuck. Fuck. Fuck. Fuck.
Fuck. Fuck. Fuck. Fuck. Fuck. Fuck. Fuck. Fuck. Fuck.
Fuck. Fuck. Fuck. Fuck. Fuck. Fuck. Fuck. Fuck. Fuck.
Fuck. Fuck. Fuck. Fuck. Fuck. Fuck. Fuck. Fuck. Fuck.
Fuck. Fuck. Fuck. Fuck. Fuck. Fuck. Fuck. Fuck. Fuck.
Fuck. Fuck. Fuck. Fuck. Fuck. Fuck. Fuck. Fuck. Fuck.
Fuck. Fuck. Fuck. Fuck. Fuck. Fuck. Fuck. Fuck. Fuck.
Fuck. Fuck. Fuck. Fuck. Fuck. Fuck. Fuck. Fuck. Fuck.
Fuck. Fuck. Fuck. Fuck. Fuck. Fuck. Fuck. Fuck. Fuck.
Fuck. Fuck. Fuck. Fuck. Fuck. Fuck. Fuck. Fuck. Fuck.

Fuck. Fuck. Fuck. Fuck. Fuck. Fuck. Fuck. Fuck. Fuck.
Fuck. Fuck. Fuck. Fuck. Fuck. Fuck. Fuck. Fuck. Fuck.
Fuck. Fuck. Fuck. Fuck. Fuck. Fuck. Fuck. Fuck. Fuck.
Fuck. Fuck. Fuck. Fuck. Fuck. Fuck. Fuck. Fuck. Fuck.
Fuck. Fuck. Fuck. Fuck. Fuck. Fuck. Fuck. Fuck. Fuck.
Fuck. Fuck. Fuck. Fuck. Fuck. Fuck. Fuck. Fuck. Fuck.
Fuck. Fuck. Fuck. Fuck. Fuck. Fuck. Fuck. Fuck. Fuck.
Fuck. Fuck. Fuck. Fuck. Fuck. Fuck. Fuck. Fuck. Fuck.
Fuck. Fuck. Fuck. Fuck. Fuck. Fuck. Fuck. Fuck. Fuck.
Fuck. Fuck. Fuck. Fuck. Fuck. Fuck. Fuck. Fuck. Fuck.
Fuck. Fuck. Fuck. Fuck. Fuck. Fuck. Fuck. Fuck. Fuck.
Fuck. Fuck. Fuck. Fuck. Fuck. Fuck. Fuck. Fuck. Fuck.
Fuck. Fuck. Fuck. Fuck. Fuck. Fuck. Fuck. Fuck. Fuck.
Fuck. Fuck. Fuck. Fuck. Fuck. Fuck. Fuck. Fuck. Fuck.
Fuck. Fuck. Fuck. Fuck. Fuck. Fuck. Fuck. Fuck. Fuck.
Fuck. Fuck. Fuck. Fuck. Fuck. Fuck. Fuck. Fuck. Fuck.
Fuck. Fuck. Fuck. Fuck. Fuck. Fuck. Fuck. Fuck. Fuck.
Fuck. Fuck. Fuck. Fuck. Fuck. Fuck. Fuck. Fuck. Fuck.
Fuck. Fuck. Fuck. Fuck. Fuck. Fuck. Fuck. Fuck. Fuck.
Fuck. Fuck. Fuck. Fuck. Fuck. Fuck. Fuck. Fuck. Fuck.
Fuck. Fuck. Fuck. Fuck. Fuck. Fuck. Fuck. Fuck. Fuck.
Fuck. Fuck. Fuck. Fuck. Fuck. Fuck. Fuck. Fuck. Fuck.
Fuck. Fuck. Fuck. Fuck. Fuck. Fuck. Fuck. Fuck. Fuck.
Fuck. Fuck. Fuck. Fuck. Fuck. Fuck. Fuck. Fuck. Fuck.
Fuck. Fuck. Fuck. Fuck. Fuck. Fuck. Fuck. Fuck. Fuck.
Fuck. Fuck. Fuck. Fuck. Fuck. Fuck. Fuck. Fuck. Fuck.
Fuck. Fuck. Fuck. Fuck. Fuck. Fuck. Fuck. Fuck. Fuck.
Fuck. Fuck. Fuck. Fuck. Fuck. Fuck. Fuck. Fuck. Fuck.
Fuck. Fuck. Fuck. Fuck. Fuck. Fuck. Fuck. Fuck. Fuck.
Fuck. Fuck. Fuck. Fuck. Fuck. Fuck. Fuck. Fuck. Fuck.
Fuck. Fuck. Fuck. Fuck. Fuck. Fuck. Fuck. Fuck. Fuck.

Fuck. Fuck. Fuck. Fuck. Fuck. Fuck. Fuck. Fuck. Fuck.
Fuck. Fuck. Fuck. Fuck. Fuck. Fuck. Fuck. Fuck. Fuck.
Fuck. Fuck. Fuck. Fuck. Fuck. Fuck. Fuck. Fuck. Fuck.
Fuck. Fuck. Fuck. Fuck. Fuck. Fuck. Fuck. Fuck. Fuck.
Fuck. Fuck. Fuck. Fuck. Fuck. Fuck. Fuck. Fuck. Fuck.
Fuck. Fuck. Fuck. Fuck. Fuck. Fuck. Fuck. Fuck. Fuck.
Fuck. Fuck. Fuck. Fuck. Fuck. Fuck. Fuck. Fuck. Fuck.
Fuck. Fuck. Fuck. Fuck. Fuck. Fuck. Fuck. Fuck. Fuck.
Fuck. Fuck. Fuck. Fuck. Fuck. Fuck. Fuck. Fuck. Fuck.
Fuck. Fuck. Fuck. Fuck. Fuck. Fuck. Fuck. Fuck. Fuck.
Fuck. Fuck. Fuck. Fuck. Fuck. Fuck. Fuck. Fuck. Fuck.
Fuck. Fuck. Fuck. Fuck. Fuck. Fuck. Fuck. Fuck. Fuck.
Fuck. Fuck. Fuck. Fuck. Fuck. Fuck. Fuck. Fuck. Fuck.
Fuck. Fuck. Fuck. Fuck. Fuck. Fuck. Fuck. Fuck. Fuck.
Fuck. Fuck. Fuck. Fuck. Fuck. Fuck. Fuck. Fuck. Fuck.
Fuck. Fuck. Fuck. Fuck. Fuck. Fuck. Fuck. Fuck. Fuck.
Fuck. Fuck. Fuck. Fuck. Fuck. Fuck. Fuck. Fuck. Fuck.
Fuck. Fuck. Fuck. Fuck. Fuck. Fuck. Fuck. Fuck. Fuck.
Fuck. Fuck. Fuck. Fuck. Fuck. Fuck. Fuck. Fuck. Fuck.
Fuck. Fuck. Fuck. Fuck. Fuck. Fuck. Fuck. Fuck. Fuck.
Fuck. Fuck. Fuck. Fuck. Fuck. Fuck. Fuck. Fuck. Fuck.
Fuck. Fuck. Fuck. Fuck. Fuck. Fuck. Fuck. Fuck. Fuck.
Fuck. Fuck. Fuck. Fuck. Fuck. Fuck. Fuck. Fuck. Fuck.
Fuck. Fuck. Fuck. Fuck. Fuck. Fuck. Fuck. Fuck. Fuck.
Fuck. Fuck. Fuck. Fuck. Fuck. Fuck. Fuck. Fuck. Fuck.
Fuck. Fuck. Fuck. Fuck. Fuck. Fuck. Fuck. Fuck. Fuck.
Fuck. Fuck. Fuck. Fuck. Fuck. Fuck. Fuck. Fuck. Fuck.
Fuck. Fuck. Fuck. Fuck. Fuck. Fuck. Fuck. Fuck. Fuck.
Fuck. Fuck. Fuck. Fuck. Fuck. Fuck. Fuck. Fuck. Fuck.
Fuck. Fuck. Fuck. Fuck. Fuck. Fuck. Fuck. Fuck. Fuck.
Fuck. Fuck. Fuck. Fuck. Fuck. Fuck. Fuck. Fuck. Fuck.
Fuck. Fuck. Fuck. Fuck. Fuck. Fuck. Fuck. Fuck. Fuck.
Fuck. Fuck. Fuck. Fuck. Fuck. Fuck. Fuck. Fuck. Fuck.

Fuck. Fuck. Fuck. Fuck. Fuck. Fuck. Fuck. Fuck. Fuck.
Fuck. Fuck. Fuck. Fuck. Fuck. Fuck. Fuck. Fuck. Fuck.
Fuck. Fuck. Fuck. Fuck. Fuck. Fuck. Fuck. Fuck. Fuck.
Fuck. Fuck. Fuck. Fuck. Fuck. Fuck. Fuck. Fuck. Fuck.
Fuck. Fuck. Fuck. Fuck. Fuck. Fuck. Fuck. Fuck. Fuck.
Fuck. Fuck. Fuck. Fuck. Fuck. Fuck. Fuck. Fuck. Fuck.
Fuck. Fuck. Fuck. Fuck. Fuck. Fuck. Fuck. Fuck. Fuck.
Fuck. Fuck. Fuck. Fuck. Fuck. Fuck. Fuck. Fuck. Fuck.
Fuck. Fuck. Fuck. Fuck. Fuck. Fuck. Fuck. Fuck. Fuck.
Fuck. Fuck. Fuck. Fuck. Fuck. Fuck. Fuck. Fuck. Fuck.
Fuck. Fuck. Fuck. Fuck. Fuck. Fuck. Fuck. Fuck. Fuck.
Fuck. Fuck. Fuck. Fuck. Fuck. Fuck. Fuck. Fuck. Fuck.
Fuck. Fuck. Fuck. Fuck. Fuck. Fuck. Fuck. Fuck. Fuck.
Fuck. Fuck. Fuck. Fuck. Fuck. Fuck. Fuck. Fuck. Fuck.
Fuck. Fuck. Fuck. Fuck. Fuck. Fuck. Fuck. Fuck. Fuck.
Fuck. Fuck. Fuck. Fuck. Fuck. Fuck. Fuck. Fuck. Fuck.
Fuck. Fuck. Fuck. Fuck. Fuck. Fuck. Fuck. Fuck. Fuck.
Fuck. Fuck. Fuck. Fuck. Fuck. Fuck. Fuck. Fuck. Fuck.
Fuck. Fuck. Fuck. Fuck. Fuck. Fuck. Fuck. Fuck. Fuck.
Fuck. Fuck. Fuck. Fuck. Fuck. Fuck. Fuck. Fuck. Fuck.
Fuck. Fuck. Fuck. Fuck. Fuck. Fuck. Fuck. Fuck. Fuck.
Fuck. Fuck. Fuck. Fuck. Fuck. Fuck. Fuck. Fuck. Fuck.
Fuck. Fuck. Fuck. Fuck. Fuck. Fuck. Fuck. Fuck. Fuck.
Fuck. Fuck. Fuck. Fuck. Fuck. Fuck. Fuck. Fuck. Fuck.
Fuck. Fuck. Fuck. Fuck. Fuck. Fuck. Fuck. Fuck. Fuck.
Fuck. Fuck. Fuck. Fuck. Fuck. Fuck. Fuck. Fuck. Fuck.
Fuck. Fuck. Fuck. Fuck. Fuck. Fuck. Fuck. Fuck. Fuck.
Fuck. Fuck. Fuck. Fuck. Fuck. Fuck. Fuck. Fuck. Fuck.
Fuck. Fuck. Fuck. Fuck. Fuck. Fuck. Fuck. Fuck. Fuck.
Fuck. Fuck. Fuck. Fuck. Fuck. Fuck. Fuck. Fuck. Fuck.
Fuck. Fuck. Fuck. Fuck. Fuck. Fuck. Fuck. Fuck. Fuck.
Fuck. Fuck. Fuck. Fuck. Fuck. Fuck. Fuck. Fuck. Fuck.

Fuck. Fuck. Fuck. Fuck. Fuck. Fuck. Fuck. Fuck. Fuck.
Fuck. Fuck. Fuck. Fuck. Fuck. Fuck. Fuck. Fuck. Fuck.
Fuck. Fuck. Fuck. Fuck. Fuck. Fuck. Fuck. Fuck. Fuck.
Fuck. Fuck. Fuck. Fuck. Fuck. Fuck. Fuck. Fuck. Fuck.
Fuck. Fuck. Fuck. Fuck. Fuck. Fuck. Fuck. Fuck. Fuck.
Fuck. Fuck. Fuck. Fuck. Fuck. Fuck. Fuck. Fuck. Fuck.
Fuck. Fuck. Fuck. Fuck. Fuck. Fuck. Fuck. Fuck. Fuck.
Fuck. Fuck. Fuck. Fuck. Fuck. Fuck. Fuck. Fuck. Fuck.
Fuck. Fuck. Fuck. Fuck. Fuck. Fuck. Fuck. Fuck. Fuck.
Fuck. Fuck. Fuck. Fuck. Fuck. Fuck. Fuck. Fuck. Fuck.
Fuck. Fuck. Fuck. Fuck. Fuck. Fuck. Fuck. Fuck. Fuck.
Fuck. Fuck. Fuck. Fuck. Fuck. Fuck. Fuck. Fuck. Fuck.
Fuck. Fuck. Fuck. Fuck. Fuck. Fuck. Fuck. Fuck. Fuck.
Fuck. Fuck. Fuck. Fuck. Fuck. Fuck. Fuck. Fuck. Fuck.
Fuck. Fuck. Fuck. Fuck. Fuck. Fuck. Fuck. Fuck. Fuck.
Fuck. Fuck. Fuck. Fuck. Fuck. Fuck. Fuck. Fuck. Fuck.
Fuck. Fuck. Fuck. Fuck. Fuck. Fuck. Fuck. Fuck. Fuck.
Fuck. Fuck. Fuck. Fuck. Fuck. Fuck. Fuck. Fuck. Fuck.
Fuck. Fuck. Fuck. Fuck. Fuck. Fuck. Fuck. Fuck. Fuck.
Fuck. Fuck. Fuck. Fuck. Fuck. Fuck. Fuck. Fuck. Fuck.
Fuck. Fuck. Fuck. Fuck. Fuck. Fuck. Fuck. Fuck. Fuck.
Fuck. Fuck. Fuck. Fuck. Fuck. Fuck. Fuck. Fuck. Fuck.
Fuck. Fuck. Fuck. Fuck. Fuck. Fuck. Fuck. Fuck. Fuck.
Fuck. Fuck. Fuck. Fuck. Fuck. Fuck. Fuck. Fuck. Fuck.
Fuck. Fuck. Fuck. Fuck. Fuck. Fuck. Fuck. Fuck. Fuck.
Fuck. Fuck. Fuck. Fuck. Fuck. Fuck. Fuck. Fuck. Fuck.
Fuck. Fuck. Fuck. Fuck. Fuck. Fuck. Fuck. Fuck. Fuck.
Fuck. Fuck. Fuck. Fuck. Fuck. Fuck. Fuck. Fuck. Fuck.
Fuck. Fuck. Fuck. Fuck. Fuck. Fuck. Fuck. Fuck. Fuck.
Fuck. Fuck. Fuck. Fuck. Fuck. Fuck. Fuck. Fuck. Fuck.
Fuck. Fuck. Fuck. Fuck. Fuck. Fuck. Fuck. Fuck. Fuck.
Fuck. Fuck. Fuck. Fuck. Fuck. Fuck. Fuck. Fuck. Fuck.
Fuck. Fuck. Fuck. Fuck. Fuck. Fuck. Fuck. Fuck. Fuck.
Fuck. Fuck. Fuck. Fuck. Fuck. Fuck. Fuck. Fuck. Fuck.
Fuck. Fuck. Fuck. Fuck. Fuck. Fuck. Fuck. Fuck. Fuck.
Fuck. Fuck. Fuck. Fuck. Fuck. Fuck. Fuck. Fuck. Fuck.

Fuck. Fuck. Fuck. Fuck. Fuck. Fuck. Fuck. Fuck. Fuck.
Fuck. Fuck. Fuck. Fuck. Fuck. Fuck. Fuck. Fuck. Fuck.
Fuck. Fuck. Fuck. Fuck. Fuck. Fuck. Fuck. Fuck. Fuck.
Fuck. Fuck. Fuck. Fuck. Fuck. Fuck. Fuck. Fuck. Fuck.
Fuck. Fuck. Fuck. Fuck. Fuck. Fuck. Fuck. Fuck. Fuck.
Fuck. Fuck. Fuck. Fuck. Fuck. Fuck. Fuck. Fuck. Fuck.
Fuck. Fuck. Fuck. Fuck. Fuck. Fuck. Fuck. Fuck. Fuck.
Fuck. Fuck. Fuck. Fuck. Fuck. Fuck. Fuck. Fuck. Fuck.
Fuck. Fuck. Fuck. Fuck. Fuck. Fuck. Fuck. Fuck. Fuck.
Fuck. Fuck. Fuck. Fuck. Fuck. Fuck. Fuck. Fuck. Fuck.
Fuck. Fuck. Fuck. Fuck. Fuck. Fuck. Fuck. Fuck. Fuck.
Fuck. Fuck. Fuck. Fuck. Fuck. Fuck. Fuck. Fuck. Fuck.
Fuck. Fuck. Fuck. Fuck. Fuck. Fuck. Fuck. Fuck. Fuck.
Fuck. Fuck. Fuck. Fuck. Fuck. Fuck. Fuck. Fuck. Fuck.
Fuck. Fuck. Fuck. Fuck. Fuck. Fuck. Fuck. Fuck. Fuck.
Fuck. Fuck. Fuck. Fuck. Fuck. Fuck. Fuck. Fuck. Fuck.
Fuck. Fuck. Fuck. Fuck. Fuck. Fuck. Fuck. Fuck. Fuck.
Fuck. Fuck. Fuck. Fuck. Fuck. Fuck. Fuck. Fuck. Fuck.
Fuck. Fuck. Fuck. Fuck. Fuck. Fuck. Fuck. Fuck. Fuck.
Fuck. Fuck. Fuck. Fuck. Fuck. Fuck. Fuck. Fuck. Fuck.
Fuck. Fuck. Fuck. Fuck. Fuck. Fuck. Fuck. Fuck. Fuck.
Fuck. Fuck. Fuck. Fuck. Fuck. Fuck. Fuck. Fuck. Fuck.
Fuck. Fuck. Fuck. Fuck. Fuck. Fuck. Fuck. Fuck. Fuck.
Fuck. Fuck. Fuck. Fuck. Fuck. Fuck. Fuck. Fuck. Fuck.
Fuck. Fuck. Fuck. Fuck. Fuck. Fuck. Fuck. Fuck. Fuck.
Fuck. Fuck. Fuck. Fuck. Fuck. Fuck. Fuck. Fuck. Fuck.
Fuck. Fuck. Fuck. Fuck. Fuck. Fuck. Fuck. Fuck. Fuck.
Fuck. Fuck. Fuck. Fuck. Fuck. Fuck. Fuck. Fuck. Fuck.
Fuck. Fuck. Fuck. Fuck. Fuck. Fuck. Fuck. Fuck. Fuck.
Fuck. Fuck. Fuck. Fuck. Fuck. Fuck. Fuck. Fuck. Fuck.
Fuck. Fuck. Fuck. Fuck. Fuck. Fuck. Fuck. Fuck. Fuck.
Fuck. Fuck. Fuck. Fuck. Fuck. Fuck. Fuck. Fuck. Fuck.
Fuck. Fuck. Fuck. Fuck. Fuck. Fuck. Fuck. Fuck. Fuck.

Fuck. Fuck. Fuck. Fuck. Fuck. Fuck. Fuck. Fuck. Fuck.
Fuck. Fuck. Fuck. Fuck. Fuck. Fuck. Fuck. Fuck. Fuck.
Fuck. Fuck. Fuck. Fuck. Fuck. Fuck. Fuck. Fuck. Fuck.
Fuck. Fuck. Fuck. Fuck. Fuck. Fuck. Fuck. Fuck. Fuck.
Fuck. Fuck. Fuck. Fuck. Fuck. Fuck. Fuck. Fuck. Fuck.
Fuck. Fuck. Fuck. Fuck. Fuck. Fuck. Fuck. Fuck. Fuck.
Fuck. Fuck. Fuck. Fuck. Fuck. Fuck. Fuck. Fuck. Fuck.
Fuck. Fuck. Fuck. Fuck. Fuck. Fuck. Fuck. Fuck. Fuck.
Fuck. Fuck. Fuck. Fuck. Fuck. Fuck. Fuck. Fuck. Fuck.
Fuck. Fuck. Fuck. Fuck. Fuck. Fuck. Fuck. Fuck. Fuck.
Fuck. Fuck. Fuck. Fuck. Fuck. Fuck. Fuck. Fuck. Fuck.
Fuck. Fuck. Fuck. Fuck. Fuck. Fuck. Fuck. Fuck. Fuck.
Fuck. Fuck. Fuck. Fuck. Fuck. Fuck. Fuck. Fuck. Fuck.
Fuck. Fuck. Fuck. Fuck. Fuck. Fuck. Fuck. Fuck. Fuck.
Fuck. Fuck. Fuck. Fuck. Fuck. Fuck. Fuck. Fuck. Fuck.
Fuck. Fuck. Fuck. Fuck. Fuck. Fuck. Fuck. Fuck. Fuck.
Fuck. Fuck. Fuck. Fuck. Fuck. Fuck. Fuck. Fuck. Fuck.
Fuck. Fuck. Fuck. Fuck. Fuck. Fuck. Fuck. Fuck. Fuck.
Fuck. Fuck. Fuck. Fuck. Fuck. Fuck. Fuck. Fuck. Fuck.
Fuck. Fuck. Fuck. Fuck. Fuck. Fuck. Fuck. Fuck. Fuck.
Fuck. Fuck. Fuck. Fuck. Fuck. Fuck. Fuck. Fuck. Fuck.
Fuck. Fuck. Fuck. Fuck. Fuck. Fuck. Fuck. Fuck. Fuck.
Fuck. Fuck. Fuck. Fuck. Fuck. Fuck. Fuck. Fuck. Fuck.
Fuck. Fuck. Fuck. Fuck. Fuck. Fuck. Fuck. Fuck. Fuck.
Fuck. Fuck. Fuck. Fuck. Fuck. Fuck. Fuck. Fuck. Fuck.
Fuck. Fuck. Fuck. Fuck. Fuck. Fuck. Fuck. Fuck. Fuck.
Fuck. Fuck. Fuck. Fuck. Fuck. Fuck. Fuck. Fuck. Fuck.
Fuck. Fuck. Fuck. Fuck. Fuck. Fuck. Fuck. Fuck. Fuck.
Fuck. Fuck. Fuck. Fuck. Fuck. Fuck. Fuck. Fuck. Fuck.
Fuck. Fuck. Fuck. Fuck. Fuck. Fuck. Fuck. Fuck. Fuck.
Fuck. Fuck. Fuck. Fuck. Fuck. Fuck. Fuck. Fuck. Fuck.
Fuck. Fuck. Fuck. Fuck. Fuck. Fuck. Fuck. Fuck. Fuck.
Fuck. Fuck. Fuck. Fuck. Fuck. Fuck. Fuck. Fuck. Fuck.

Fuck. Fuck. Fuck. Fuck. Fuck. Fuck. Fuck. Fuck. Fuck.
Fuck. Fuck. Fuck. Fuck. Fuck. Fuck. Fuck. Fuck. Fuck.
Fuck. Fuck. Fuck. Fuck. Fuck. Fuck. Fuck. Fuck. Fuck.
Fuck. Fuck. Fuck. Fuck. Fuck. Fuck. Fuck. Fuck. Fuck.
Fuck. Fuck. Fuck. Fuck. Fuck. Fuck. Fuck. Fuck. Fuck.
Fuck. Fuck. Fuck. Fuck. Fuck. Fuck. Fuck. Fuck. Fuck.
Fuck. Fuck. Fuck. Fuck. Fuck. Fuck. Fuck. Fuck. Fuck.
Fuck. Fuck. Fuck. Fuck. Fuck. Fuck. Fuck. Fuck. Fuck.
Fuck. Fuck. Fuck. Fuck. Fuck. Fuck. Fuck. Fuck. Fuck.
Fuck. Fuck. Fuck. Fuck. Fuck. Fuck. Fuck. Fuck. Fuck.
Fuck. Fuck. Fuck. Fuck. Fuck. Fuck. Fuck. Fuck. Fuck.
Fuck. Fuck. Fuck. Fuck. Fuck. Fuck. Fuck. Fuck. Fuck.
Fuck. Fuck. Fuck. Fuck. Fuck. Fuck. Fuck. Fuck. Fuck.
Fuck. Fuck. Fuck. Fuck. Fuck. Fuck. Fuck. Fuck. Fuck.
Fuck. Fuck. Fuck. Fuck. Fuck. Fuck. Fuck. Fuck. Fuck.
Fuck. Fuck. Fuck. Fuck. Fuck. Fuck. Fuck. Fuck. Fuck.
Fuck. Fuck. Fuck. Fuck. Fuck. Fuck. Fuck. Fuck. Fuck.
Fuck. Fuck. Fuck. Fuck. Fuck. Fuck. Fuck. Fuck. Fuck.
Fuck. Fuck. Fuck. Fuck. Fuck. Fuck. Fuck. Fuck. Fuck.
Fuck. Fuck. Fuck. Fuck. Fuck. Fuck. Fuck. Fuck. Fuck.
Fuck. Fuck. Fuck. Fuck. Fuck. Fuck. Fuck. Fuck. Fuck.
Fuck. Fuck. Fuck. Fuck. Fuck. Fuck. Fuck. Fuck. Fuck.
Fuck. Fuck. Fuck. Fuck. Fuck. Fuck. Fuck. Fuck. Fuck.
Fuck. Fuck. Fuck. Fuck. Fuck. Fuck. Fuck. Fuck. Fuck.
Fuck. Fuck. Fuck. Fuck. Fuck. Fuck. Fuck. Fuck. Fuck.
Fuck. Fuck. Fuck. Fuck. Fuck. Fuck. Fuck. Fuck. Fuck.
Fuck. Fuck. Fuck. Fuck. Fuck. Fuck. Fuck. Fuck. Fuck.
Fuck. Fuck. Fuck. Fuck. Fuck. Fuck. Fuck. Fuck. Fuck.
Fuck. Fuck. Fuck. Fuck. Fuck. Fuck. Fuck. Fuck. Fuck.
Fuck. Fuck. Fuck. Fuck. Fuck. Fuck. Fuck. Fuck. Fuck.
Fuck. Fuck. Fuck. Fuck. Fuck. Fuck. Fuck. Fuck. Fuck.
Fuck. Fuck. Fuck. Fuck. Fuck. Fuck. Fuck. Fuck. Fuck.

Fuck. Fuck. Fuck. Fuck. Fuck. Fuck. Fuck. Fuck. Fuck.
Fuck. Fuck. Fuck. Fuck. Fuck. Fuck. Fuck. Fuck. Fuck.
Fuck. Fuck. Fuck. Fuck. Fuck. Fuck. Fuck. Fuck. Fuck.
Fuck. Fuck. Fuck. Fuck. Fuck. Fuck. Fuck. Fuck. Fuck.
Fuck. Fuck. Fuck. Fuck. Fuck. Fuck. Fuck. Fuck. Fuck.
Fuck. Fuck. Fuck. Fuck. Fuck. Fuck. Fuck. Fuck. Fuck.
Fuck. Fuck. Fuck. Fuck. Fuck. Fuck. Fuck. Fuck. Fuck.
Fuck. Fuck. Fuck. Fuck. Fuck. Fuck. Fuck. Fuck. Fuck.
Fuck. Fuck. Fuck. Fuck. Fuck. Fuck. Fuck. Fuck. Fuck.
Fuck. Fuck. Fuck. Fuck. Fuck. Fuck. Fuck. Fuck. Fuck.
Fuck. Fuck. Fuck. Fuck. Fuck. Fuck. Fuck. Fuck. Fuck.
Fuck. Fuck. Fuck. Fuck. Fuck. Fuck. Fuck. Fuck. Fuck.
Fuck. Fuck. Fuck. Fuck. Fuck. Fuck. Fuck. Fuck. Fuck.
Fuck. Fuck. Fuck. Fuck. Fuck. Fuck. Fuck. Fuck. Fuck.
Fuck. Fuck. Fuck. Fuck. Fuck. Fuck. Fuck. Fuck. Fuck.
Fuck. Fuck. Fuck. Fuck. Fuck. Fuck. Fuck. Fuck. Fuck.
Fuck. Fuck. Fuck. Fuck. Fuck. Fuck. Fuck. Fuck. Fuck.
Fuck. Fuck. Fuck. Fuck. Fuck. Fuck. Fuck. Fuck. Fuck.
Fuck. Fuck. Fuck. Fuck. Fuck. Fuck. Fuck. Fuck. Fuck.
Fuck. Fuck. Fuck. Fuck. Fuck. Fuck. Fuck. Fuck. Fuck.
Fuck. Fuck. Fuck. Fuck. Fuck. Fuck. Fuck. Fuck. Fuck.
Fuck. Fuck. Fuck. Fuck. Fuck. Fuck. Fuck. Fuck. Fuck.
Fuck. Fuck. Fuck. Fuck. Fuck. Fuck. Fuck. Fuck. Fuck.
Fuck. Fuck. Fuck. Fuck. Fuck. Fuck. Fuck. Fuck. Fuck.
Fuck. Fuck. Fuck. Fuck. Fuck. Fuck. Fuck. Fuck. Fuck.
Fuck. Fuck. Fuck. Fuck. Fuck. Fuck. Fuck. Fuck. Fuck.
Fuck. Fuck. Fuck. Fuck. Fuck. Fuck. Fuck. Fuck. Fuck.
Fuck. Fuck. Fuck. Fuck. Fuck. Fuck. Fuck. Fuck. Fuck.
Fuck. Fuck. Fuck. Fuck. Fuck. Fuck. Fuck. Fuck. Fuck.
Fuck. Fuck. Fuck. Fuck.

Fuck. Fuck. Fuck. Fuck. Fuck. Fuck. Fuck. Fuck. Fuck.
Fuck. Fuck. Fuck. Fuck. Fuck. Fuck. Fuck. Fuck. Fuck.
Fuck. Fuck. Fuck. Fuck. Fuck. Fuck. Fuck. Fuck. Fuck.
Fuck. Fuck. Fuck. Fuck. Fuck. Fuck. Fuck. Fuck. Fuck.
Fuck. Fuck. Fuck. Fuck. Fuck. Fuck. Fuck. Fuck. Fuck.
Fuck. Fuck. Fuck. Fuck. Fuck. Fuck. Fuck. Fuck. Fuck.
Fuck. Fuck. Fuck. Fuck. Fuck. Fuck. Fuck. Fuck. Fuck.
Fuck. Fuck. Fuck. Fuck. Fuck. Fuck. Fuck. Fuck. Fuck.
Fuck. Fuck. Fuck. Fuck. Fuck. Fuck. Fuck. Fuck. Fuck.
Fuck. Fuck. Fuck. Fuck. Fuck. Fuck. Fuck. Fuck. Fuck.
Fuck. Fuck. Fuck. Fuck. Fuck. Fuck. Fuck. Fuck. Fuck.
Fuck. Fuck. Fuck. Fuck. Fuck. Fuck. Fuck. Fuck. Fuck.
Fuck. Fuck. Fuck. Fuck. Fuck. Fuck. Fuck. Fuck. Fuck.
Fuck. Fuck. Fuck. Fuck. Fuck. Fuck. Fuck. Fuck. Fuck.
Fuck. Fuck. Fuck. Fuck. Fuck. Fuck. Fuck. Fuck. Fuck.
Fuck. Fuck. Fuck. Fuck. Fuck. Fuck. Fuck. Fuck. Fuck.
Fuck. Fuck. Fuck. Fuck. Fuck. Fuck. Fuck. Fuck. Fuck.
Fuck. Fuck. Fuck. Fuck. Fuck. Fuck. Fuck. Fuck. Fuck.
Fuck. Fuck. Fuck. Fuck. Fuck. Fuck. Fuck. Fuck. Fuck.
Fuck. Fuck. Fuck. Fuck. Fuck. Fuck. Fuck. Fuck. Fuck.
Fuck. Fuck. Fuck. Fuck. Fuck. Fuck. Fuck. Fuck. Fuck.
Fuck. Fuck. Fuck. Fuck. Fuck. Fuck. Fuck. Fuck. Fuck.
Fuck. Fuck. Fuck. Fuck. Fuck. Fuck. Fuck. Fuck. Fuck.
Fuck. Fuck. Fuck. Fuck. Fuck. Fuck. Fuck. Fuck. Fuck.
Fuck. Fuck. Fuck. Fuck. Fuck. Fuck. Fuck. Fuck. Fuck.
Fuck. Fuck. Fuck. Fuck. Fuck. Fuck. Fuck. Fuck. Fuck.
Fuck. Fuck. Fuck. Fuck. Fuck. Fuck. Fuck. Fuck. Fuck.
Fuck. Fuck. Fuck. Fuck. Fuck. Fuck. Fuck. Fuck. Fuck.
Fuck. Fuck. Fuck. Fuck. Fuck. Fuck. Fuck. Fuck. Fuck.
Fuck. Fuck. Fuck. Fuck. Fuck. Fuck. Fuck. Fuck. Fuck.
Fuck. Fuck. Fuck. Fuck. Fuck. Fuck. Fuck. Fuck. Fuck.

Fuck. Fuck. Fuck. Fuck. Fuck. Fuck. Fuck. Fuck. Fuck.
Fuck. Fuck. Fuck. Fuck. Fuck. Fuck. Fuck. Fuck. Fuck.
Fuck. Fuck. Fuck. Fuck. Fuck. Fuck. Fuck. Fuck. Fuck.
Fuck. Fuck. Fuck. Fuck. Fuck. Fuck. Fuck. Fuck. Fuck.
Fuck. Fuck. Fuck. Fuck. Fuck. Fuck. Fuck. Fuck. Fuck.
Fuck. Fuck. Fuck. Fuck. Fuck. Fuck. Fuck. Fuck. Fuck.
Fuck. Fuck. Fuck. Fuck. Fuck. Fuck. Fuck. Fuck. Fuck.
Fuck. Fuck. Fuck. Fuck. Fuck. Fuck. Fuck. Fuck. Fuck.
Fuck. Fuck. Fuck. Fuck. Fuck. Fuck. Fuck. Fuck. Fuck.
Fuck. Fuck. Fuck. Fuck. Fuck. Fuck. Fuck. Fuck. Fuck.
Fuck. Fuck. Fuck. Fuck. Fuck. Fuck. Fuck. Fuck. Fuck.
Fuck. Fuck. Fuck. Fuck. Fuck. Fuck. Fuck. Fuck. Fuck.
Fuck. Fuck. Fuck. Fuck. Fuck. Fuck. Fuck. Fuck. Fuck.
Fuck. Fuck. Fuck. Fuck. Fuck. Fuck. Fuck. Fuck. Fuck.
Fuck. Fuck. Fuck. Fuck. Fuck. Fuck. Fuck. Fuck. Fuck.
Fuck. Fuck. Fuck. Fuck. Fuck. Fuck. Fuck. Fuck. Fuck.
Fuck. Fuck. Fuck. Fuck. Fuck. Fuck. Fuck. Fuck. Fuck.
Fuck. Fuck. Fuck. Fuck. Fuck. Fuck. Fuck. Fuck. Fuck.
Fuck. Fuck. Fuck. Fuck. Fuck. Fuck. Fuck. Fuck. Fuck.
Fuck. Fuck. Fuck. Fuck. Fuck. Fuck. Fuck. Fuck. Fuck.
Fuck. Fuck. Fuck. Fuck. Fuck. Fuck. Fuck. Fuck. Fuck.
Fuck. Fuck. Fuck. Fuck. Fuck. Fuck. Fuck. Fuck. Fuck.
Fuck. Fuck. Fuck. Fuck. Fuck. Fuck. Fuck. Fuck. Fuck.
Fuck. Fuck. Fuck. Fuck. Fuck. Fuck. Fuck. Fuck. Fuck.
Fuck. Fuck. Fuck. Fuck. Fuck. Fuck. Fuck. Fuck. Fuck.
Fuck. Fuck. Fuck. Fuck. Fuck. Fuck. Fuck. Fuck. Fuck.
Fuck. Fuck. Fuck. Fuck. Fuck. Fuck. Fuck. Fuck. Fuck.
Fuck. Fuck. Fuck. Fuck. Fuck. Fuck. Fuck. Fuck. Fuck.
Fuck. Fuck. Fuck. Fuck. Fuck. Fuck. Fuck. Fuck. Fuck.
Fuck. Fuck. Fuck. Fuck. Fuck. Fuck. Fuck. Fuck. Fuck.
Fuck. Fuck. Fuck. Fuck. Fuck. Fuck. Fuck. Fuck. Fuck.
Fuck. Fuck. Fuck. Fuck. Fuck. Fuck. Fuck. Fuck. Fuck.
Fuck. Fuck. Fuck. Fuck. Fuck. Fuck. Fuck. Fuck. Fuck.

Fuck. Fuck. Fuck. Fuck. Fuck. Fuck. Fuck. Fuck. Fuck.
Fuck. Fuck. Fuck. Fuck. Fuck. Fuck. Fuck. Fuck. Fuck.
Fuck. Fuck. Fuck. Fuck. Fuck. Fuck. Fuck. Fuck. Fuck.
Fuck. Fuck. Fuck. Fuck. Fuck. Fuck. Fuck. Fuck. Fuck.
Fuck. Fuck. Fuck. Fuck. Fuck. Fuck. Fuck. Fuck. Fuck.
Fuck. Fuck. Fuck. Fuck. Fuck. Fuck. Fuck. Fuck. Fuck.
Fuck. Fuck. Fuck. Fuck. Fuck. Fuck. Fuck. Fuck. Fuck.
Fuck. Fuck. Fuck. Fuck. Fuck. Fuck. Fuck. Fuck. Fuck.
Fuck. Fuck. Fuck. Fuck. Fuck. Fuck. Fuck. Fuck. Fuck.
Fuck. Fuck. Fuck. Fuck. Fuck. Fuck. Fuck. Fuck. Fuck.
Fuck. Fuck. Fuck. Fuck. Fuck. Fuck. Fuck. Fuck. Fuck.
Fuck. Fuck. Fuck. Fuck. Fuck. Fuck. Fuck. Fuck. Fuck.
Fuck. Fuck. Fuck. Fuck. Fuck. Fuck. Fuck. Fuck. Fuck.
Fuck. Fuck. Fuck. Fuck. Fuck. Fuck. Fuck. Fuck. Fuck.
Fuck. Fuck. Fuck. Fuck. Fuck. Fuck. Fuck. Fuck. Fuck.
Fuck. Fuck. Fuck. Fuck. Fuck. Fuck. Fuck. Fuck. Fuck.
Fuck. Fuck. Fuck. Fuck. Fuck. Fuck. Fuck. Fuck. Fuck.
Fuck. Fuck. Fuck. Fuck. Fuck. Fuck. Fuck. Fuck. Fuck.
Fuck. Fuck. Fuck. Fuck. Fuck. Fuck. Fuck. Fuck. Fuck.
Fuck. Fuck. Fuck. Fuck. Fuck. Fuck. Fuck. Fuck. Fuck.
Fuck. Fuck. Fuck. Fuck. Fuck. Fuck. Fuck. Fuck. Fuck.
Fuck. Fuck. Fuck. Fuck. Fuck. Fuck. Fuck. Fuck. Fuck.
Fuck. Fuck. Fuck. Fuck. Fuck. Fuck. Fuck. Fuck. Fuck.
Fuck. Fuck. Fuck. Fuck. Fuck. Fuck. Fuck. Fuck. Fuck.
Fuck. Fuck. Fuck. Fuck. Fuck. Fuck. Fuck. Fuck. Fuck.
Fuck. Fuck. Fuck. Fuck. Fuck. Fuck. Fuck. Fuck. Fuck.
Fuck. Fuck. Fuck. Fuck. Fuck. Fuck. Fuck. Fuck. Fuck.
Fuck. Fuck. Fuck. Fuck. Fuck. Fuck. Fuck. Fuck. Fuck.
Fuck. Fuck. Fuck. Fuck. Fuck. Fuck. Fuck. Fuck. Fuck.
Fuck. Fuck. Fuck. Fuck. Fuck. Fuck. Fuck. Fuck. Fuck.
Fuck. Fuck. Fuck. Fuck. Fuck. Fuck. Fuck. Fuck. Fuck.
Fuck. Fuck. Fuck. Fuck. Fuck. Fuck. Fuck. Fuck. Fuck.
Fuck. Fuck. Fuck. Fuck. Fuck. Fuck. Fuck. Fuck. Fuck.

Fuck. Fuck. Fuck. Fuck. Fuck. Fuck. Fuck. Fuck. Fuck.
Fuck. Fuck. Fuck. Fuck. Fuck. Fuck. Fuck. Fuck. Fuck.
Fuck. Fuck. Fuck. Fuck. Fuck. Fuck. Fuck. Fuck. Fuck.
Fuck. Fuck. Fuck. Fuck. Fuck. Fuck. Fuck. Fuck. Fuck.
Fuck. Fuck. Fuck. Fuck. Fuck. Fuck. Fuck. Fuck. Fuck.
Fuck. Fuck. Fuck. Fuck. Fuck. Fuck. Fuck. Fuck. Fuck.
Fuck. Fuck. Fuck. Fuck. Fuck. Fuck. Fuck. Fuck. Fuck.
Fuck. Fuck. Fuck. Fuck. Fuck. Fuck. Fuck. Fuck. Fuck.
Fuck. Fuck. Fuck. Fuck. Fuck. Fuck. Fuck. Fuck. Fuck.
Fuck. Fuck. Fuck. Fuck. Fuck. Fuck. Fuck. Fuck. Fuck.
Fuck. Fuck. Fuck. Fuck. Fuck. Fuck. Fuck. Fuck. Fuck.
Fuck. Fuck. Fuck. Fuck. Fuck. Fuck. Fuck. Fuck. Fuck.
Fuck. Fuck. Fuck. Fuck. Fuck. Fuck. Fuck. Fuck. Fuck.
Fuck. Fuck. Fuck. Fuck. Fuck. Fuck. Fuck. Fuck. Fuck.
Fuck. Fuck. Fuck. Fuck. Fuck. Fuck. Fuck. Fuck. Fuck.
Fuck. Fuck. Fuck. Fuck. Fuck. Fuck. Fuck. Fuck. Fuck.
Fuck. Fuck. Fuck. Fuck. Fuck. Fuck. Fuck. Fuck. Fuck.
Fuck. Fuck. Fuck. Fuck. Fuck. Fuck. Fuck. Fuck. Fuck.
Fuck. Fuck. Fuck. Fuck. Fuck. Fuck. Fuck. Fuck. Fuck.
Fuck. Fuck. Fuck. Fuck. Fuck. Fuck. Fuck. Fuck. Fuck.
Fuck. Fuck. Fuck. Fuck. Fuck. Fuck. Fuck. Fuck. Fuck.
Fuck. Fuck. Fuck. Fuck. Fuck. Fuck. Fuck. Fuck. Fuck.
Fuck. Fuck. Fuck. Fuck. Fuck. Fuck. Fuck. Fuck. Fuck.
Fuck. Fuck. Fuck. Fuck. Fuck. Fuck. Fuck. Fuck. Fuck.
Fuck. Fuck. Fuck. Fuck. Fuck. Fuck. Fuck. Fuck. Fuck.
Fuck. Fuck. Fuck. Fuck. Fuck. Fuck. Fuck. Fuck. Fuck.
Fuck. Fuck. Fuck. Fuck. Fuck. Fuck. Fuck. Fuck. Fuck.
Fuck. Fuck. Fuck. Fuck. Fuck. Fuck. Fuck. Fuck. Fuck.
Fuck. Fuck. Fuck. Fuck. Fuck. Fuck. Fuck. Fuck. Fuck.
Fuck. Fuck. Fuck. Fuck. Fuck. Fuck. Fuck. Fuck. Fuck.
Fuck. Fuck. Fuck. Fuck. Fuck. Fuck. Fuck. Fuck. Fuck.
Fuck. Fuck. Fuck. Fuck. Fuck. Fuck. Fuck. Fuck. Fuck.
Fuck. Fuck. Fuck. Fuck. Fuck. Fuck. Fuck. Fuck. Fuck.
Fuck. Fuck. Fuck. Fuck. Fuck. Fuck. Fuck. Fuck. Fuck.
Fuck. Fuck. Fuck. Fuck. Fuck. Fuck. Fuck. Fuck. Fuck.

Fuck. Fuck. Fuck. Fuck. Fuck. Fuck. Fuck. Fuck. Fuck.
Fuck. Fuck. Fuck. Fuck. Fuck. Fuck. Fuck. Fuck. Fuck.
Fuck. Fuck. Fuck. Fuck. Fuck. Fuck. Fuck. Fuck. Fuck.
Fuck. Fuck. Fuck. Fuck. Fuck. Fuck. Fuck. Fuck. Fuck.
Fuck. Fuck. Fuck. Fuck. Fuck. Fuck. Fuck. Fuck. Fuck.
Fuck. Fuck. Fuck. Fuck. Fuck. Fuck. Fuck. Fuck. Fuck.
Fuck. Fuck. Fuck. Fuck. Fuck. Fuck. Fuck. Fuck. Fuck.
Fuck. Fuck. Fuck. Fuck. Fuck. Fuck. Fuck. Fuck. Fuck.
Fuck. Fuck. Fuck. Fuck. Fuck. Fuck. Fuck. Fuck. Fuck.
Fuck. Fuck. Fuck. Fuck. Fuck. Fuck. Fuck. Fuck. Fuck.
Fuck. Fuck. Fuck. Fuck. Fuck. Fuck. Fuck. Fuck. Fuck.
Fuck. Fuck. Fuck. Fuck. Fuck. Fuck. Fuck. Fuck. Fuck.
Fuck. Fuck. Fuck. Fuck. Fuck. Fuck. Fuck. Fuck. Fuck.
Fuck. Fuck. Fuck. Fuck. Fuck. Fuck. Fuck. Fuck. Fuck.
Fuck. Fuck. Fuck. Fuck. Fuck. Fuck. Fuck. Fuck. Fuck.
Fuck. Fuck. Fuck. Fuck. Fuck. Fuck. Fuck. Fuck. Fuck.
Fuck. Fuck. Fuck. Fuck. Fuck. Fuck. Fuck. Fuck. Fuck.
Fuck. Fuck. Fuck. Fuck. Fuck. Fuck. Fuck. Fuck. Fuck.
Fuck. Fuck. Fuck. Fuck. Fuck. Fuck. Fuck. Fuck. Fuck.
Fuck. Fuck. Fuck. Fuck. Fuck. Fuck. Fuck. Fuck. Fuck.
Fuck. Fuck. Fuck. Fuck. Fuck. Fuck. Fuck. Fuck. Fuck.
Fuck. Fuck. Fuck. Fuck. Fuck. Fuck. Fuck. Fuck. Fuck.
Fuck. Fuck. Fuck. Fuck. Fuck. Fuck. Fuck. Fuck. Fuck.
Fuck. Fuck. Fuck. Fuck. Fuck. Fuck. Fuck. Fuck. Fuck.
Fuck. Fuck. Fuck. Fuck. Fuck. Fuck. Fuck. Fuck. Fuck.
Fuck. Fuck. Fuck. Fuck. Fuck. Fuck. Fuck. Fuck. Fuck.
Fuck. Fuck. Fuck. Fuck. Fuck. Fuck. Fuck. Fuck. Fuck.
Fuck. Fuck. Fuck. Fuck. Fuck. Fuck. Fuck. Fuck. Fuck.
Fuck. Fuck. Fuck. Fuck. Fuck. Fuck. Fuck. Fuck. Fuck.
Fuck. Fuck. Fuck. Fuck. Fuck. Fuck. Fuck. Fuck. Fuck.
Fuck. Fuck. Fuck. Fuck. Fuck. Fuck. Fuck. Fuck. Fuck.
Fuck. Fuck. Fuck. Fuck. Fuck. Fuck. Fuck. Fuck. Fuck.
Fuck. Fuck. Fuck. Fuck. Fuck. Fuck. Fuck. Fuck. Fuck.

Fuck. Fuck. Fuck. Fuck. Fuck. Fuck. Fuck. Fuck. Fuck.
Fuck. Fuck. Fuck. Fuck. Fuck. Fuck. Fuck. Fuck. Fuck.
Fuck. Fuck. Fuck. Fuck. Fuck. Fuck. Fuck. Fuck. Fuck.
Fuck. Fuck. Fuck. Fuck. Fuck. Fuck. Fuck. Fuck. Fuck.
Fuck. Fuck. Fuck. Fuck. Fuck. Fuck. Fuck. Fuck. Fuck.
Fuck. Fuck. Fuck. Fuck. Fuck. Fuck. Fuck. Fuck. Fuck.
Fuck. Fuck. Fuck. Fuck. Fuck. Fuck. Fuck. Fuck. Fuck.
Fuck. Fuck. Fuck. Fuck. Fuck. Fuck. Fuck. Fuck. Fuck.
Fuck. Fuck. Fuck. Fuck. Fuck. Fuck. Fuck. Fuck. Fuck.
Fuck. Fuck. Fuck. Fuck. Fuck. Fuck. Fuck. Fuck. Fuck.
Fuck. Fuck. Fuck. Fuck. Fuck. Fuck. Fuck. Fuck. Fuck.
Fuck. Fuck. Fuck. Fuck. Fuck. Fuck. Fuck. Fuck. Fuck.
Fuck. Fuck. Fuck. Fuck. Fuck. Fuck. Fuck. Fuck. Fuck.
Fuck. Fuck. Fuck. Fuck. Fuck. Fuck. Fuck. Fuck. Fuck.
Fuck. Fuck. Fuck. Fuck. Fuck. Fuck. Fuck. Fuck. Fuck.
Fuck. Fuck. Fuck. Fuck. Fuck. Fuck. Fuck. Fuck. Fuck.
Fuck. Fuck. Fuck. Fuck. Fuck. Fuck. Fuck. Fuck. Fuck.
Fuck. Fuck. Fuck. Fuck. Fuck. Fuck. Fuck. Fuck. Fuck.
Fuck. Fuck. Fuck. Fuck. Fuck. Fuck. Fuck. Fuck. Fuck.
Fuck. Fuck. Fuck. Fuck. Fuck. Fuck. Fuck. Fuck. Fuck.
Fuck. Fuck. Fuck. Fuck. Fuck. Fuck. Fuck. Fuck. Fuck.
Fuck. Fuck. Fuck. Fuck. Fuck. Fuck. Fuck. Fuck. Fuck.
Fuck. Fuck. Fuck. Fuck. Fuck. Fuck. Fuck. Fuck. Fuck.
Fuck. Fuck. Fuck. Fuck. Fuck. Fuck. Fuck. Fuck. Fuck.
Fuck. Fuck. Fuck. Fuck. Fuck. Fuck. Fuck. Fuck. Fuck.
Fuck. Fuck. Fuck. Fuck. Fuck. Fuck. Fuck. Fuck. Fuck.
Fuck. Fuck. Fuck. Fuck. Fuck. Fuck. Fuck. Fuck. Fuck.
Fuck. Fuck. Fuck. Fuck. Fuck. Fuck. Fuck. Fuck. Fuck.
Fuck. Fuck. Fuck. Fuck. Fuck. Fuck. Fuck. Fuck. Fuck.
Fuck. Fuck. Fuck. Fuck. Fuck. Fuck. Fuck. Fuck. Fuck.
Fuck. Fuck. Fuck. Fuck. Fuck. Fuck. Fuck. Fuck. Fuck.
Fuck. Fuck. Fuck. Fuck. Fuck. Fuck. Fuck. Fuck. Fuck.
Fuck. Fuck. Fuck. Fuck. Fuck. Fuck. Fuck. Fuck. Fuck.
Fuck. Fuck. Fuck. Fuck. Fuck. Fuck. Fuck. Fuck. Fuck.

Fuck. Fuck. Fuck. Fuck. Fuck. Fuck. Fuck. Fuck. Fuck.
Fuck. Fuck. Fuck. Fuck. Fuck. Fuck. Fuck. Fuck. Fuck.
Fuck. Fuck. Fuck. Fuck. Fuck. Fuck. Fuck. Fuck. Fuck.
Fuck. Fuck. Fuck. Fuck. Fuck. Fuck. Fuck. Fuck. Fuck.
Fuck. Fuck. Fuck. Fuck. Fuck. Fuck. Fuck. Fuck. Fuck.
Fuck. Fuck. Fuck. Fuck. Fuck. Fuck. Fuck. Fuck. Fuck.
Fuck. Fuck. Fuck. Fuck. Fuck. Fuck. Fuck. Fuck. Fuck.
Fuck. Fuck. Fuck. Fuck. Fuck. Fuck. Fuck. Fuck. Fuck.
Fuck. Fuck. Fuck. Fuck. Fuck. Fuck. Fuck. Fuck. Fuck.
Fuck. Fuck. Fuck. Fuck. Fuck. Fuck. Fuck. Fuck. Fuck.
Fuck. Fuck. Fuck. Fuck. Fuck. Fuck. Fuck. Fuck. Fuck.
Fuck. Fuck. Fuck. Fuck. Fuck. Fuck. Fuck. Fuck. Fuck.
Fuck. Fuck. Fuck. Fuck. Fuck. Fuck. Fuck. Fuck. Fuck.
Fuck. Fuck. Fuck. Fuck. Fuck. Fuck. Fuck. Fuck. Fuck.
Fuck. Fuck. Fuck. Fuck. Fuck. Fuck. Fuck. Fuck. Fuck.
Fuck. Fuck. Fuck. Fuck. Fuck. Fuck. Fuck. Fuck. Fuck.
Fuck. Fuck. Fuck. Fuck. Fuck. Fuck. Fuck. Fuck. Fuck.
Fuck. Fuck. Fuck. Fuck. Fuck. Fuck. Fuck. Fuck. Fuck.
Fuck. Fuck. Fuck. Fuck. Fuck. Fuck. Fuck. Fuck. Fuck.
Fuck. Fuck. Fuck. Fuck. Fuck. Fuck. Fuck. Fuck. Fuck.
Fuck. Fuck. Fuck. Fuck. Fuck. Fuck. Fuck. Fuck. Fuck.
Fuck. Fuck. Fuck. Fuck. Fuck. Fuck. Fuck. Fuck. Fuck.
Fuck. Fuck. Fuck. Fuck. Fuck. Fuck. Fuck. Fuck. Fuck.
Fuck. Fuck. Fuck. Fuck. Fuck. Fuck. Fuck. Fuck. Fuck.
Fuck. Fuck. Fuck. Fuck. Fuck. Fuck. Fuck. Fuck. Fuck.
Fuck. Fuck. Fuck. Fuck. Fuck. Fuck. Fuck. Fuck. Fuck.
Fuck. Fuck. Fuck. Fuck. Fuck. Fuck. Fuck. Fuck. Fuck.
Fuck. Fuck. Fuck. Fuck. Fuck. Fuck. Fuck. Fuck. Fuck.
Fuck. Fuck. Fuck. Fuck. Fuck. Fuck. Fuck. Fuck. Fuck.
Fuck. Fuck. Fuck. Fuck. Fuck. Fuck. Fuck. Fuck. Fuck.

Fuck. Fuck. Fuck. Fuck. Fuck. Fuck. Fuck. Fuck. Fuck.
Fuck. Fuck. Fuck. Fuck. Fuck. Fuck. Fuck. Fuck. Fuck.
Fuck. Fuck. Fuck. Fuck. Fuck. Fuck. Fuck. Fuck. Fuck.
Fuck. Fuck. Fuck. Fuck. Fuck. Fuck. Fuck. Fuck. Fuck.
Fuck. Fuck. Fuck. Fuck. Fuck. Fuck. Fuck. Fuck. Fuck.
Fuck. Fuck. Fuck. Fuck. Fuck. Fuck. Fuck. Fuck. Fuck.
Fuck. Fuck. Fuck. Fuck. Fuck. Fuck. Fuck. Fuck. Fuck.
Fuck. Fuck. Fuck. Fuck. Fuck. Fuck. Fuck. Fuck. Fuck.
Fuck. Fuck. Fuck. Fuck. Fuck. Fuck. Fuck. Fuck. Fuck.
Fuck. Fuck. Fuck. Fuck. Fuck. Fuck. Fuck. Fuck. Fuck.
Fuck. Fuck. Fuck. Fuck. Fuck. Fuck. Fuck. Fuck. Fuck.
Fuck. Fuck. Fuck. Fuck. Fuck. Fuck. Fuck. Fuck. Fuck.
Fuck. Fuck. Fuck. Fuck. Fuck. Fuck. Fuck. Fuck. Fuck.
Fuck. Fuck. Fuck. Fuck. Fuck. Fuck. Fuck. Fuck. Fuck.
Fuck. Fuck. Fuck. Fuck. Fuck. Fuck. Fuck. Fuck. Fuck.
Fuck. Fuck. Fuck. Fuck. Fuck. Fuck. Fuck. Fuck. Fuck.
Fuck. Fuck. Fuck. Fuck. Fuck. Fuck. Fuck. Fuck. Fuck.
Fuck. Fuck. Fuck. Fuck. Fuck. Fuck. Fuck. Fuck. Fuck.
Fuck. Fuck. Fuck. Fuck. Fuck. Fuck. Fuck. Fuck. Fuck.
Fuck. Fuck. Fuck. Fuck. Fuck. Fuck. Fuck. Fuck. Fuck.
Fuck. Fuck. Fuck. Fuck. Fuck. Fuck. Fuck. Fuck. Fuck.
Fuck. Fuck. Fuck. Fuck. Fuck. Fuck. Fuck. Fuck. Fuck.
Fuck. Fuck. Fuck. Fuck. Fuck. Fuck. Fuck. Fuck. Fuck.
Fuck. Fuck. Fuck. Fuck. Fuck. Fuck. Fuck. Fuck. Fuck.
Fuck. Fuck. Fuck. Fuck. Fuck. Fuck. Fuck. Fuck. Fuck.
Fuck. Fuck. Fuck. Fuck. Fuck. Fuck. Fuck. Fuck. Fuck.
Fuck. Fuck. Fuck. Fuck. Fuck. Fuck. Fuck. Fuck. Fuck.
Fuck. Fuck. Fuck. Fuck. Fuck. Fuck. Fuck. Fuck. Fuck.
Fuck. Fuck. Fuck. Fuck. Fuck. Fuck. Fuck. Fuck. Fuck.
Fuck. Fuck. Fuck. Fuck. Fuck. Fuck. Fuck. Fuck. Fuck.
Fuck. Fuck. Fuck. Fuck. Fuck. Fuck. Fuck. Fuck. Fuck.
Fuck. Fuck. Fuck. Fuck. Fuck. Fuck. Fuck. Fuck. Fuck.
Fuck. Fuck. Fuck. Fuck. Fuck. Fuck. Fuck. Fuck. Fuck.
Fuck. Fuck. Fuck. Fuck. Fuck. Fuck. Fuck. Fuck. Fuck.

Fuck. Fuck. Fuck. Fuck. Fuck. Fuck. Fuck. Fuck. Fuck.
Fuck. Fuck. Fuck. Fuck. Fuck. Fuck. Fuck. Fuck. Fuck.
Fuck. Fuck. Fuck. Fuck. Fuck. Fuck. Fuck. Fuck. Fuck.
Fuck. Fuck. Fuck. Fuck. Fuck. Fuck. Fuck. Fuck. Fuck.
Fuck. Fuck. Fuck. Fuck. Fuck. Fuck. Fuck. Fuck. Fuck.
Fuck. Fuck. Fuck. Fuck. Fuck. Fuck. Fuck. Fuck. Fuck.
Fuck. Fuck. Fuck. Fuck. Fuck. Fuck. Fuck. Fuck. Fuck.
Fuck. Fuck. Fuck. Fuck. Fuck. Fuck. Fuck. Fuck. Fuck.
Fuck. Fuck. Fuck. Fuck. Fuck. Fuck. Fuck. Fuck. Fuck.
Fuck. Fuck. Fuck. Fuck. Fuck. Fuck. Fuck. Fuck. Fuck.
Fuck. Fuck. Fuck. Fuck. Fuck. Fuck. Fuck. Fuck. Fuck.
Fuck. Fuck. Fuck. Fuck. Fuck. Fuck. Fuck. Fuck. Fuck.
Fuck. Fuck. Fuck. Fuck. Fuck. Fuck. Fuck. Fuck. Fuck.
Fuck. Fuck. Fuck. Fuck. Fuck. Fuck. Fuck. Fuck. Fuck.
Fuck. Fuck. Fuck. Fuck. Fuck. Fuck. Fuck. Fuck. Fuck.
Fuck. Fuck. Fuck. Fuck. Fuck. Fuck. Fuck. Fuck. Fuck.
Fuck. Fuck. Fuck. Fuck. Fuck. Fuck. Fuck. Fuck. Fuck.
Fuck. Fuck. Fuck. Fuck. Fuck. Fuck. Fuck. Fuck. Fuck.
Fuck. Fuck. Fuck. Fuck. Fuck. Fuck. Fuck. Fuck. Fuck.
Fuck. Fuck. Fuck. Fuck. Fuck. Fuck. Fuck. Fuck. Fuck.
Fuck. Fuck. Fuck. Fuck. Fuck. Fuck. Fuck. Fuck. Fuck.
Fuck. Fuck. Fuck. Fuck. Fuck. Fuck. Fuck. Fuck. Fuck.
Fuck. Fuck. Fuck. Fuck. Fuck. Fuck. Fuck. Fuck. Fuck.
Fuck. Fuck. Fuck. Fuck. Fuck. Fuck. Fuck. Fuck. Fuck.
Fuck. Fuck. Fuck. Fuck. Fuck. Fuck. Fuck. Fuck. Fuck.
Fuck. Fuck. Fuck. Fuck. Fuck. Fuck. Fuck. Fuck. Fuck.
Fuck. Fuck. Fuck. Fuck. Fuck. Fuck. Fuck. Fuck. Fuck.
Fuck. Fuck. Fuck. Fuck. Fuck. Fuck. Fuck. Fuck. Fuck.
Fuck. Fuck. Fuck. Fuck. Fuck. Fuck. Fuck. Fuck. Fuck.
Fuck. Fuck. Fuck. Fuck. Fuck. Fuck. Fuck. Fuck. Fuck.
Fuck. Fuck. Fuck. Fuck. Fuck. Fuck. Fuck. Fuck. Fuck.
Fuck. Fuck. Fuck. Fuck. Fuck. Fuck. Fuck. Fuck. Fuck.

Fuck. Fuck. Fuck. Fuck. Fuck. Fuck. Fuck. Fuck. Fuck.
Fuck. Fuck. Fuck. Fuck. Fuck. Fuck. Fuck. Fuck. Fuck.
Fuck. Fuck. Fuck. Fuck. Fuck. Fuck. Fuck. Fuck. Fuck.
Fuck. Fuck. Fuck. Fuck. Fuck. Fuck. Fuck. Fuck. Fuck.
Fuck. Fuck. Fuck. Fuck. Fuck. Fuck. Fuck. Fuck. Fuck.
Fuck. Fuck. Fuck. Fuck. Fuck. Fuck. Fuck. Fuck. Fuck.
Fuck. Fuck. Fuck. Fuck. Fuck. Fuck. Fuck. Fuck. Fuck.
Fuck. Fuck. Fuck. Fuck. Fuck. Fuck. Fuck. Fuck. Fuck.
Fuck. Fuck. Fuck. Fuck. Fuck. Fuck. Fuck. Fuck. Fuck.
Fuck. Fuck. Fuck. Fuck. Fuck. Fuck. Fuck. Fuck. Fuck.
Fuck. Fuck. Fuck. Fuck. Fuck. Fuck. Fuck. Fuck. Fuck.
Fuck. Fuck. Fuck. Fuck. Fuck. Fuck. Fuck. Fuck. Fuck.
Fuck. Fuck. Fuck. Fuck. Fuck. Fuck. Fuck. Fuck. Fuck.
Fuck. Fuck. Fuck. Fuck. Fuck. Fuck. Fuck. Fuck. Fuck.
Fuck. Fuck. Fuck. Fuck. Fuck. Fuck. Fuck. Fuck. Fuck.
Fuck. Fuck. Fuck. Fuck. Fuck. Fuck. Fuck. Fuck. Fuck.
Fuck. Fuck. Fuck. Fuck. Fuck. Fuck. Fuck. Fuck. Fuck.
Fuck. Fuck. Fuck. Fuck. Fuck. Fuck. Fuck. Fuck. Fuck.
Fuck. Fuck. Fuck. Fuck. Fuck. Fuck. Fuck. Fuck. Fuck.
Fuck. Fuck. Fuck. Fuck. Fuck. Fuck. Fuck. Fuck. Fuck.
Fuck. Fuck. Fuck. Fuck. Fuck. Fuck. Fuck. Fuck. Fuck.
Fuck. Fuck. Fuck. Fuck. Fuck. Fuck. Fuck. Fuck. Fuck.
Fuck. Fuck. Fuck. Fuck. Fuck. Fuck. Fuck. Fuck. Fuck.
Fuck. Fuck. Fuck. Fuck. Fuck. Fuck. Fuck. Fuck. Fuck.
Fuck. Fuck. Fuck. Fuck. Fuck. Fuck. Fuck. Fuck. Fuck.
Fuck. Fuck. Fuck. Fuck. Fuck. Fuck. Fuck. Fuck. Fuck.
Fuck. Fuck. Fuck. Fuck. Fuck. Fuck. Fuck. Fuck. Fuck.
Fuck. Fuck. Fuck. Fuck. Fuck. Fuck. Fuck. Fuck. Fuck.
Fuck. Fuck. Fuck. Fuck. Fuck. Fuck. Fuck. Fuck. Fuck.
Fuck. Fuck. Fuck. Fuck. Fuck. Fuck. Fuck. Fuck. Fuck.
Fuck. Fuck. Fuck. Fuck. Fuck. Fuck. Fuck. Fuck. Fuck.
Fuck. Fuck. Fuck. Fuck. Fuck. Fuck. Fuck. Fuck. Fuck.
Fuck. Fuck. Fuck. Fuck. Fuck. Fuck. Fuck. Fuck. Fuck.
Fuck. Fuck. Fuck. Fuck. Fuck. Fuck. Fuck. Fuck. Fuck.
Fuck. Fuck. Fuck. Fuck. Fuck. Fuck. Fuck. Fuck. Fuck.

Fuck. Fuck. Fuck. Fuck. Fuck. Fuck. Fuck. Fuck. Fuck.
Fuck. Fuck. Fuck. Fuck. Fuck. Fuck. Fuck. Fuck. Fuck.
Fuck. Fuck. Fuck. Fuck. Fuck. Fuck. Fuck. Fuck. Fuck.
Fuck. Fuck. Fuck. Fuck. Fuck. Fuck. Fuck. Fuck. Fuck.
Fuck. Fuck. Fuck. Fuck. Fuck. Fuck. Fuck. Fuck. Fuck.
Fuck. Fuck. Fuck. Fuck. Fuck. Fuck. Fuck. Fuck. Fuck.
Fuck. Fuck. Fuck. Fuck. Fuck. Fuck. Fuck. Fuck. Fuck.
Fuck. Fuck. Fuck. Fuck. Fuck. Fuck. Fuck. Fuck. Fuck.
Fuck. Fuck. Fuck. Fuck. Fuck. Fuck. Fuck. Fuck. Fuck.
Fuck. Fuck. Fuck. Fuck. Fuck. Fuck. Fuck. Fuck. Fuck.
Fuck. Fuck. Fuck. Fuck. Fuck. Fuck. Fuck. Fuck. Fuck.
Fuck. Fuck. Fuck. Fuck. Fuck. Fuck. Fuck. Fuck. Fuck.
Fuck. Fuck. Fuck. Fuck. Fuck. Fuck. Fuck. Fuck. Fuck.
Fuck. Fuck. Fuck. Fuck. Fuck. Fuck. Fuck. Fuck. Fuck.
Fuck. Fuck. Fuck. Fuck. Fuck. Fuck. Fuck. Fuck. Fuck.
Fuck. Fuck. Fuck. Fuck. Fuck. Fuck. Fuck. Fuck. Fuck.
Fuck. Fuck. Fuck. Fuck. Fuck. Fuck. Fuck. Fuck. Fuck.
Fuck. Fuck. Fuck. Fuck. Fuck. Fuck. Fuck. Fuck. Fuck.
Fuck. Fuck. Fuck. Fuck. Fuck. Fuck. Fuck. Fuck. Fuck.
Fuck. Fuck. Fuck. Fuck. Fuck. Fuck. Fuck. Fuck. Fuck.
Fuck. Fuck. Fuck. Fuck. Fuck. Fuck. Fuck. Fuck. Fuck.
Fuck. Fuck. Fuck. Fuck. Fuck. Fuck. Fuck. Fuck. Fuck.
Fuck. Fuck. Fuck. Fuck. Fuck. Fuck. Fuck. Fuck. Fuck.
Fuck. Fuck. Fuck. Fuck. Fuck. Fuck. Fuck. Fuck. Fuck.
Fuck. Fuck. Fuck. Fuck. Fuck. Fuck. Fuck. Fuck. Fuck.
Fuck. Fuck. Fuck. Fuck. Fuck. Fuck. Fuck. Fuck. Fuck.
Fuck. Fuck. Fuck. Fuck. Fuck. Fuck. Fuck. Fuck. Fuck.
Fuck. Fuck. Fuck. Fuck. Fuck. Fuck. Fuck. Fuck. Fuck.
Fuck. Fuck. Fuck. Fuck. Fuck. Fuck. Fuck. Fuck. Fuck.
Fuck. Fuck. Fuck. Fuck. Fuck. Fuck. Fuck. Fuck. Fuck.
Fuck. Fuck. Fuck. Fuck. Fuck. Fuck. Fuck. Fuck. Fuck.
Fuck. Fuck. Fuck. Fuck. Fuck. Fuck. Fuck. Fuck. Fuck.
Fuck. Fuck. Fuck. Fuck. Fuck. Fuck. Fuck. Fuck. Fuck.

Fuck. Fuck. Fuck. Fuck. Fuck. Fuck. Fuck. Fuck. Fuck.
Fuck. Fuck. Fuck. Fuck. Fuck. Fuck. Fuck. Fuck. Fuck.
Fuck. Fuck. Fuck. Fuck. Fuck. Fuck. Fuck. Fuck. Fuck.
Fuck. Fuck. Fuck. Fuck. Fuck. Fuck. Fuck. Fuck. Fuck.
Fuck. Fuck. Fuck. Fuck. Fuck. Fuck. Fuck. Fuck. Fuck.
Fuck. Fuck. Fuck. Fuck. Fuck. Fuck. Fuck. Fuck. Fuck.
Fuck. Fuck. Fuck. Fuck. Fuck. Fuck. Fuck. Fuck. Fuck.
Fuck. Fuck. Fuck. Fuck. Fuck. Fuck. Fuck. Fuck. Fuck.
Fuck. Fuck. Fuck. Fuck. Fuck. Fuck. Fuck. Fuck. Fuck.
Fuck. Fuck. Fuck. Fuck. Fuck. Fuck. Fuck. Fuck. Fuck.
Fuck. Fuck. Fuck. Fuck. Fuck. Fuck. Fuck. Fuck. Fuck.
Fuck. Fuck. Fuck. Fuck. Fuck. Fuck. Fuck. Fuck. Fuck.
Fuck. Fuck. Fuck. Fuck. Fuck. Fuck. Fuck. Fuck. Fuck.
Fuck. Fuck. Fuck. Fuck. Fuck. Fuck. Fuck. Fuck. Fuck.
Fuck. Fuck. Fuck. Fuck. Fuck. Fuck. Fuck. Fuck. Fuck.
Fuck. Fuck. Fuck. Fuck. Fuck. Fuck. Fuck. Fuck. Fuck.
Fuck. Fuck. Fuck. Fuck. Fuck. Fuck. Fuck. Fuck. Fuck.
Fuck. Fuck. Fuck. Fuck. Fuck. Fuck. Fuck. Fuck. Fuck.
Fuck. Fuck. Fuck. Fuck. Fuck. Fuck. Fuck. Fuck. Fuck.
Fuck. Fuck. Fuck. Fuck. Fuck. Fuck. Fuck. Fuck. Fuck.
Fuck. Fuck. Fuck. Fuck. Fuck. Fuck. Fuck. Fuck. Fuck.
Fuck. Fuck. Fuck. Fuck. Fuck. Fuck. Fuck. Fuck. Fuck.
Fuck. Fuck. Fuck. Fuck. Fuck. Fuck. Fuck. Fuck. Fuck.
Fuck. Fuck. Fuck. Fuck. Fuck. Fuck. Fuck. Fuck. Fuck.
Fuck. Fuck. Fuck. Fuck. Fuck. Fuck. Fuck. Fuck. Fuck.
Fuck. Fuck. Fuck. Fuck. Fuck. Fuck. Fuck. Fuck. Fuck.
Fuck. Fuck. Fuck. Fuck. Fuck. Fuck. Fuck. Fuck. Fuck.
Fuck. Fuck. Fuck. Fuck. Fuck. Fuck. Fuck. Fuck. Fuck.
Fuck. Fuck. Fuck. Fuck. Fuck. Fuck. Fuck. Fuck. Fuck.
Fuck. Fuck. Fuck. Fuck. Fuck. Fuck. Fuck. Fuck. Fuck.
Fuck. Fuck. Fuck. Fuck. Fuck. Fuck. Fuck. Fuck. Fuck.
Fuck. Fuck. Fuck. Fuck. Fuck. Fuck. Fuck. Fuck. Fuck.
Fuck. Fuck. Fuck. Fuck. Fuck. Fuck. Fuck. Fuck. Fuck.

Fuck. Fuck. Fuck. Fuck. Fuck. Fuck. Fuck. Fuck. Fuck.
Fuck. Fuck. Fuck. Fuck. Fuck. Fuck. Fuck. Fuck. Fuck.
Fuck. Fuck. Fuck. Fuck. Fuck. Fuck. Fuck. Fuck. Fuck.
Fuck. Fuck. Fuck. Fuck. Fuck. Fuck. Fuck. Fuck. Fuck.
Fuck. Fuck. Fuck. Fuck. Fuck. Fuck. Fuck. Fuck. Fuck.
Fuck. Fuck. Fuck. Fuck. Fuck. Fuck. Fuck. Fuck. Fuck.
Fuck. Fuck. Fuck. Fuck. Fuck. Fuck. Fuck. Fuck. Fuck.
Fuck. Fuck. Fuck. Fuck. Fuck. Fuck. Fuck. Fuck. Fuck.
Fuck. Fuck. Fuck. Fuck. Fuck. Fuck. Fuck. Fuck. Fuck.
Fuck. Fuck. Fuck. Fuck. Fuck. Fuck. Fuck. Fuck. Fuck.
Fuck. Fuck. Fuck. Fuck. Fuck. Fuck. Fuck. Fuck. Fuck.
Fuck. Fuck. Fuck. Fuck. Fuck. Fuck. Fuck. Fuck. Fuck.
Fuck. Fuck. Fuck. Fuck. Fuck. Fuck. Fuck. Fuck. Fuck.
Fuck. Fuck. Fuck. Fuck. Fuck. Fuck. Fuck. Fuck. Fuck.
Fuck. Fuck. Fuck. Fuck. Fuck. Fuck. Fuck. Fuck. Fuck.
Fuck. Fuck. Fuck. Fuck. Fuck. Fuck. Fuck. Fuck. Fuck.
Fuck. Fuck. Fuck. Fuck. Fuck. Fuck. Fuck. Fuck. Fuck.
Fuck. Fuck. Fuck. Fuck. Fuck. Fuck. Fuck. Fuck. Fuck.
Fuck. Fuck. Fuck. Fuck. Fuck. Fuck. Fuck. Fuck. Fuck.
Fuck. Fuck. Fuck. Fuck. Fuck. Fuck. Fuck. Fuck. Fuck.
Fuck. Fuck. Fuck. Fuck. Fuck. Fuck. Fuck. Fuck. Fuck.
Fuck. Fuck. Fuck. Fuck. Fuck. Fuck. Fuck. Fuck. Fuck.
Fuck. Fuck. Fuck. Fuck. Fuck. Fuck. Fuck. Fuck. Fuck.
Fuck. Fuck. Fuck. Fuck. Fuck. Fuck. Fuck. Fuck. Fuck.
Fuck. Fuck. Fuck. Fuck. Fuck. Fuck. Fuck. Fuck. Fuck.
Fuck. Fuck. Fuck. Fuck. Fuck. Fuck. Fuck. Fuck. Fuck.
Fuck. Fuck. Fuck. Fuck. Fuck. Fuck. Fuck. Fuck. Fuck.
Fuck. Fuck. Fuck. Fuck. Fuck. Fuck. Fuck. Fuck. Fuck.
Fuck. Fuck. Fuck. Fuck. Fuck. Fuck. Fuck. Fuck. Fuck.
Fuck. Fuck. Fuck. Fuck. Fuck. Fuck. Fuck. Fuck. Fuck.
Fuck. Fuck. Fuck. Fuck. Fuck. Fuck. Fuck. Fuck. Fuck.
Fuck. Fuck. Fuck. Fuck. Fuck. Fuck. Fuck. Fuck. Fuck.
Fuck. Fuck. Fuck. Fuck. Fuck. Fuck. Fuck. Fuck. Fuck.
Fuck. Fuck. Fuck. Fuck. Fuck. Fuck. Fuck. Fuck. Fuck.

Fuck. Fuck. Fuck. Fuck. Fuck. Fuck. Fuck. Fuck. Fuck.
Fuck. Fuck. Fuck. Fuck. Fuck. Fuck. Fuck. Fuck. Fuck.
Fuck. Fuck. Fuck. Fuck. Fuck. Fuck. Fuck. Fuck. Fuck.
Fuck. Fuck. Fuck. Fuck. Fuck. Fuck. Fuck. Fuck. Fuck.
Fuck. Fuck. Fuck. Fuck. Fuck. Fuck. Fuck. Fuck. Fuck.
Fuck. Fuck. Fuck. Fuck. Fuck. Fuck. Fuck. Fuck. Fuck.
Fuck. Fuck. Fuck. Fuck. Fuck. Fuck. Fuck. Fuck. Fuck.
Fuck. Fuck. Fuck. Fuck. Fuck. Fuck. Fuck. Fuck. Fuck.
Fuck. Fuck. Fuck. Fuck. Fuck. Fuck. Fuck. Fuck. Fuck.
Fuck. Fuck. Fuck. Fuck. Fuck. Fuck. Fuck. Fuck. Fuck.
Fuck. Fuck. Fuck. Fuck. Fuck. Fuck. Fuck. Fuck. Fuck.
Fuck. Fuck. Fuck. Fuck. Fuck. Fuck. Fuck. Fuck. Fuck.
Fuck. Fuck. Fuck. Fuck. Fuck. Fuck. Fuck. Fuck. Fuck.
Fuck. Fuck. Fuck. Fuck. Fuck. Fuck. Fuck. Fuck. Fuck.
Fuck. Fuck. Fuck. Fuck. Fuck. Fuck. Fuck. Fuck. Fuck.
Fuck. Fuck. Fuck. Fuck. Fuck. Fuck. Fuck. Fuck. Fuck.
Fuck. Fuck. Fuck. Fuck. Fuck. Fuck. Fuck. Fuck. Fuck.
Fuck. Fuck. Fuck. Fuck. Fuck. Fuck. Fuck. Fuck. Fuck.
Fuck. Fuck. Fuck. Fuck. Fuck. Fuck. Fuck. Fuck. Fuck.
Fuck. Fuck. Fuck. Fuck. Fuck. Fuck. Fuck. Fuck. Fuck.
Fuck. Fuck. Fuck. Fuck. Fuck. Fuck. Fuck. Fuck. Fuck.
Fuck. Fuck. Fuck. Fuck. Fuck. Fuck. Fuck. Fuck. Fuck.
Fuck. Fuck. Fuck. Fuck. Fuck. Fuck. Fuck. Fuck. Fuck.
Fuck. Fuck. Fuck. Fuck. Fuck. Fuck. Fuck. Fuck. Fuck.
Fuck. Fuck. Fuck. Fuck. Fuck. Fuck. Fuck. Fuck. Fuck.
Fuck. Fuck. Fuck. Fuck. Fuck. Fuck. Fuck. Fuck. Fuck.
Fuck. Fuck. Fuck. Fuck. Fuck. Fuck. Fuck. Fuck. Fuck.
Fuck. Fuck. Fuck. Fuck. Fuck. Fuck. Fuck. Fuck. Fuck.
Fuck. Fuck. Fuck. Fuck. Fuck. Fuck. Fuck. Fuck. Fuck.
Fuck. Fuck. Fuck. Fuck. Fuck. Fuck. Fuck. Fuck. Fuck.
Fuck. Fuck. Fuck. Fuck. Fuck. Fuck. Fuck. Fuck. Fuck.
Fuck. Fuck. Fuck. Fuck. Fuck. Fuck. Fuck. Fuck. Fuck.
Fuck. Fuck. Fuck. Fuck. Fuck. Fuck. Fuck. Fuck. Fuck.

Fuck. Fuck. Fuck. Fuck. Fuck. Fuck. Fuck. Fuck. Fuck.
Fuck. Fuck. Fuck. Fuck. Fuck. Fuck. Fuck. Fuck. Fuck.
Fuck. Fuck. Fuck. Fuck. Fuck. Fuck. Fuck. Fuck. Fuck.
Fuck. Fuck. Fuck. Fuck. Fuck. Fuck. Fuck. Fuck. Fuck.
Fuck. Fuck. Fuck. Fuck. Fuck. Fuck. Fuck. Fuck. Fuck.
Fuck. Fuck. Fuck. Fuck. Fuck. Fuck. Fuck. Fuck. Fuck.
Fuck. Fuck. Fuck. Fuck. Fuck. Fuck. Fuck. Fuck. Fuck.
Fuck. Fuck. Fuck. Fuck. Fuck. Fuck. Fuck. Fuck. Fuck.
Fuck. Fuck. Fuck. Fuck. Fuck. Fuck. Fuck. Fuck. Fuck.
Fuck. Fuck. Fuck. Fuck. Fuck. Fuck. Fuck. Fuck. Fuck.
Fuck. Fuck. Fuck. Fuck. Fuck. Fuck. Fuck. Fuck. Fuck.
Fuck. Fuck. Fuck. Fuck. Fuck. Fuck. Fuck. Fuck. Fuck.
Fuck. Fuck. Fuck. Fuck. Fuck. Fuck. Fuck. Fuck. Fuck.
Fuck. Fuck. Fuck. Fuck. Fuck. Fuck. Fuck. Fuck. Fuck.
Fuck. Fuck. Fuck. Fuck. Fuck. Fuck. Fuck. Fuck. Fuck.
Fuck. Fuck. Fuck. Fuck. Fuck. Fuck. Fuck. Fuck. Fuck.
Fuck. Fuck. Fuck. Fuck. Fuck. Fuck. Fuck. Fuck. Fuck.
Fuck. Fuck. Fuck. Fuck. Fuck. Fuck. Fuck. Fuck. Fuck.
Fuck. Fuck. Fuck. Fuck. Fuck. Fuck. Fuck. Fuck. Fuck.
Fuck. Fuck. Fuck. Fuck. Fuck. Fuck. Fuck. Fuck. Fuck.
Fuck. Fuck. Fuck. Fuck. Fuck. Fuck. Fuck. Fuck. Fuck.
Fuck. Fuck. Fuck. Fuck. Fuck. Fuck. Fuck. Fuck. Fuck.
Fuck. Fuck. Fuck. Fuck. Fuck. Fuck. Fuck. Fuck. Fuck.
Fuck. Fuck. Fuck. Fuck. Fuck. Fuck. Fuck. Fuck. Fuck.
Fuck. Fuck. Fuck. Fuck. Fuck. Fuck. Fuck. Fuck. Fuck.
Fuck. Fuck. Fuck. Fuck. Fuck. Fuck. Fuck. Fuck. Fuck.
Fuck. Fuck. Fuck. Fuck. Fuck. Fuck. Fuck. Fuck. Fuck.
Fuck. Fuck. Fuck. Fuck. Fuck. Fuck. Fuck. Fuck. Fuck.
Fuck. Fuck. Fuck. Fuck. Fuck. Fuck. Fuck. Fuck. Fuck.
Fuck. Fuck. Fuck. Fuck. Fuck. Fuck. Fuck. Fuck. Fuck.
Fuck. Fuck. Fuck. Fuck. Fuck. Fuck. Fuck. Fuck. Fuck.
Fuck. Fuck. Fuck. Fuck. Fuck. Fuck. Fuck. Fuck. Fuck.
Fuck. Fuck. Fuck. Fuck. Fuck. Fuck. Fuck. Fuck. Fuck.
Fuck. Fuck. Fuck. Fuck. Fuck. Fuck. Fuck. Fuck. Fuck.

Fuck. Fuck. Fuck. Fuck. Fuck. Fuck. Fuck. Fuck. Fuck.
Fuck. Fuck. Fuck. Fuck. Fuck. Fuck. Fuck. Fuck. Fuck.
Fuck. Fuck. Fuck. Fuck. Fuck. Fuck. Fuck. Fuck. Fuck.
Fuck. Fuck. Fuck. Fuck. Fuck. Fuck. Fuck. Fuck. Fuck.
Fuck. Fuck. Fuck. Fuck. Fuck. Fuck. Fuck. Fuck. Fuck.
Fuck. Fuck. Fuck. Fuck. Fuck. Fuck. Fuck. Fuck. Fuck.
Fuck. Fuck. Fuck. Fuck. Fuck. Fuck. Fuck. Fuck. Fuck.
Fuck. Fuck. Fuck. Fuck. Fuck. Fuck. Fuck. Fuck. Fuck.
Fuck. Fuck. Fuck. Fuck. Fuck. Fuck. Fuck. Fuck. Fuck.
Fuck. Fuck. Fuck. Fuck. Fuck. Fuck. Fuck. Fuck. Fuck.
Fuck. Fuck. Fuck. Fuck. Fuck. Fuck. Fuck. Fuck. Fuck.
Fuck. Fuck. Fuck. Fuck. Fuck. Fuck. Fuck. Fuck. Fuck.
Fuck. Fuck. Fuck. Fuck. Fuck. Fuck. Fuck. Fuck. Fuck.
Fuck. Fuck. Fuck. Fuck. Fuck. Fuck. Fuck. Fuck. Fuck.
Fuck. Fuck. Fuck. Fuck. Fuck. Fuck. Fuck. Fuck. Fuck.
Fuck. Fuck. Fuck. Fuck. Fuck. Fuck. Fuck. Fuck. Fuck.
Fuck. Fuck. Fuck. Fuck. Fuck. Fuck. Fuck. Fuck. Fuck.
Fuck. Fuck. Fuck. Fuck. Fuck. Fuck. Fuck. Fuck. Fuck.
Fuck. Fuck. Fuck. Fuck. Fuck. Fuck. Fuck. Fuck. Fuck.
Fuck. Fuck. Fuck. Fuck. Fuck. Fuck. Fuck. Fuck. Fuck.
Fuck. Fuck. Fuck. Fuck. Fuck. Fuck. Fuck. Fuck. Fuck.
Fuck. Fuck. Fuck. Fuck. Fuck. Fuck. Fuck. Fuck. Fuck.
Fuck. Fuck. Fuck. Fuck. Fuck. Fuck. Fuck. Fuck. Fuck.
Fuck. Fuck. Fuck. Fuck. Fuck. Fuck. Fuck. Fuck. Fuck.
Fuck. Fuck. Fuck. Fuck. Fuck. Fuck. Fuck. Fuck. Fuck.
Fuck. Fuck. Fuck. Fuck. Fuck. Fuck. Fuck. Fuck. Fuck.
Fuck. Fuck. Fuck. Fuck. Fuck. Fuck. Fuck. Fuck. Fuck.
Fuck. Fuck. Fuck. Fuck. Fuck. Fuck. Fuck. Fuck. Fuck.
Fuck. Fuck. Fuck. Fuck. Fuck. Fuck. Fuck. Fuck. Fuck.
Fuck. Fuck. Fuck. Fuck. Fuck. Fuck. Fuck. Fuck. Fuck.
Fuck. Fuck. Fuck. Fuck. Fuck. Fuck. Fuck. Fuck. Fuck.
Fuck. Fuck. Fuck. Fuck. Fuck. Fuck. Fuck. Fuck. Fuck.
Fuck. Fuck. Fuck. Fuck. Fuck. Fuck. Fuck. Fuck. Fuck.
Fuck. Fuck. Fuck. Fuck. Fuck. Fuck. Fuck. Fuck. Fuck.

Fuck. Fuck. Fuck. Fuck. Fuck. Fuck. Fuck. Fuck. Fuck.
Fuck. Fuck. Fuck. Fuck. Fuck. Fuck. Fuck. Fuck. Fuck.
Fuck. Fuck. Fuck. Fuck. Fuck. Fuck. Fuck. Fuck. Fuck.
Fuck. Fuck. Fuck. Fuck. Fuck. Fuck. Fuck. Fuck. Fuck.
Fuck. Fuck. Fuck. Fuck. Fuck. Fuck. Fuck. Fuck. Fuck.
Fuck. Fuck. Fuck. Fuck. Fuck. Fuck. Fuck. Fuck. Fuck.
Fuck. Fuck. Fuck. Fuck. Fuck. Fuck. Fuck. Fuck. Fuck.
Fuck. Fuck. Fuck. Fuck. Fuck. Fuck. Fuck. Fuck. Fuck.
Fuck. Fuck. Fuck. Fuck. Fuck. Fuck. Fuck. Fuck. Fuck.
Fuck. Fuck. Fuck. Fuck. Fuck. Fuck. Fuck. Fuck. Fuck.
Fuck. Fuck. Fuck. Fuck. Fuck. Fuck. Fuck. Fuck. Fuck.
Fuck. Fuck. Fuck. Fuck. Fuck. Fuck. Fuck. Fuck. Fuck.
Fuck. Fuck. Fuck. Fuck. Fuck. Fuck. Fuck. Fuck. Fuck.
Fuck. Fuck. Fuck. Fuck. Fuck. Fuck. Fuck. Fuck. Fuck.
Fuck. Fuck. Fuck. Fuck. Fuck. Fuck. Fuck. Fuck. Fuck.
Fuck. Fuck. Fuck. Fuck. Fuck. Fuck. Fuck. Fuck. Fuck.
Fuck. Fuck. Fuck. Fuck. Fuck. Fuck. Fuck. Fuck. Fuck.
Fuck. Fuck. Fuck. Fuck. Fuck. Fuck. Fuck. Fuck. Fuck.
Fuck. Fuck. Fuck. Fuck. Fuck. Fuck. Fuck. Fuck. Fuck.
Fuck. Fuck. Fuck. Fuck. Fuck. Fuck. Fuck. Fuck. Fuck.
Fuck. Fuck. Fuck. Fuck. Fuck. Fuck. Fuck. Fuck. Fuck.
Fuck. Fuck. Fuck. Fuck. Fuck. Fuck. Fuck. Fuck. Fuck.
Fuck. Fuck. Fuck. Fuck. Fuck. Fuck. Fuck. Fuck. Fuck.
Fuck. Fuck. Fuck. Fuck. Fuck. Fuck. Fuck. Fuck. Fuck.
Fuck. Fuck. Fuck. Fuck. Fuck. Fuck. Fuck. Fuck. Fuck.
Fuck. Fuck. Fuck. Fuck. Fuck. Fuck. Fuck. Fuck. Fuck.
Fuck. Fuck. Fuck. Fuck. Fuck. Fuck. Fuck. Fuck. Fuck.
Fuck. Fuck. Fuck. Fuck. Fuck. Fuck. Fuck. Fuck. Fuck.
Fuck. Fuck. Fuck. Fuck. Fuck. Fuck. Fuck. Fuck. Fuck.
Fuck. Fuck. Fuck. Fuck. Fuck. Fuck. Fuck. Fuck. Fuck.
Fuck. Fuck. Fuck. Fuck. Fuck. Fuck. Fuck. Fuck. Fuck.
Fuck. Fuck. Fuck. Fuck. Fuck. Fuck. Fuck. Fuck. Fuck.

Fuck. Fuck. Fuck. Fuck. Fuck. Fuck. Fuck. Fuck. Fuck.
Fuck. Fuck. Fuck. Fuck. Fuck. Fuck. Fuck. Fuck. Fuck.
Fuck. Fuck. Fuck. Fuck. Fuck. Fuck. Fuck. Fuck. Fuck.
Fuck. Fuck. Fuck. Fuck. Fuck. Fuck. Fuck. Fuck. Fuck.
Fuck. Fuck. Fuck. Fuck. Fuck. Fuck. Fuck. Fuck. Fuck.
Fuck. Fuck. Fuck. Fuck. Fuck. Fuck. Fuck. Fuck. Fuck.
Fuck. Fuck. Fuck. Fuck. Fuck. Fuck. Fuck. Fuck. Fuck.
Fuck. Fuck. Fuck. Fuck. Fuck. Fuck. Fuck. Fuck. Fuck.
Fuck. Fuck. Fuck. Fuck. Fuck. Fuck. Fuck. Fuck. Fuck.
Fuck. Fuck. Fuck. Fuck. Fuck. Fuck. Fuck. Fuck. Fuck.
Fuck. Fuck. Fuck. Fuck. Fuck. Fuck. Fuck. Fuck. Fuck.
Fuck. Fuck. Fuck. Fuck. Fuck. Fuck. Fuck. Fuck. Fuck.
Fuck. Fuck. Fuck. Fuck. Fuck. Fuck. Fuck. Fuck. Fuck.
Fuck. Fuck. Fuck. Fuck. Fuck. Fuck. Fuck. Fuck. Fuck.
Fuck. Fuck. Fuck. Fuck. Fuck. Fuck. Fuck. Fuck. Fuck.
Fuck. Fuck. Fuck. Fuck. Fuck. Fuck. Fuck. Fuck. Fuck.
Fuck. Fuck. Fuck. Fuck. Fuck. Fuck. Fuck. Fuck. Fuck.
Fuck. Fuck. Fuck. Fuck. Fuck. Fuck. Fuck. Fuck. Fuck.
Fuck. Fuck. Fuck. Fuck. Fuck. Fuck. Fuck. Fuck. Fuck.
Fuck. Fuck. Fuck. Fuck. Fuck. Fuck. Fuck. Fuck. Fuck.
Fuck. Fuck. Fuck. Fuck. Fuck. Fuck. Fuck. Fuck. Fuck.
Fuck. Fuck. Fuck. Fuck. Fuck. Fuck. Fuck. Fuck. Fuck.
Fuck. Fuck. Fuck. Fuck. Fuck. Fuck. Fuck. Fuck. Fuck.
Fuck. Fuck. Fuck. Fuck. Fuck. Fuck. Fuck. Fuck. Fuck.
Fuck. Fuck. Fuck. Fuck. Fuck. Fuck. Fuck. Fuck. Fuck.
Fuck. Fuck. Fuck. Fuck. Fuck. Fuck. Fuck. Fuck. Fuck.
Fuck. Fuck. Fuck. Fuck. Fuck. Fuck. Fuck. Fuck. Fuck.
Fuck. Fuck. Fuck. Fuck. Fuck. Fuck. Fuck. Fuck. Fuck.
Fuck. Fuck. Fuck. Fuck. Fuck. Fuck. Fuck. Fuck. Fuck.
Fuck. Fuck. Fuck. Fuck. Fuck. Fuck. Fuck. Fuck. Fuck.
Fuck. Fuck. Fuck. Fuck. Fuck. Fuck. Fuck. Fuck. Fuck.
Fuck. Fuck. Fuck. Fuck. Fuck. Fuck. Fuck. Fuck. Fuck.

Fuck. Fuck. Fuck. Fuck. Fuck. Fuck. Fuck. Fuck. Fuck.
Fuck. Fuck. Fuck. Fuck. Fuck. Fuck. Fuck. Fuck. Fuck.
Fuck. Fuck. Fuck. Fuck. Fuck. Fuck. Fuck. Fuck. Fuck.
Fuck. Fuck. Fuck. Fuck. Fuck. Fuck. Fuck. Fuck. Fuck.
Fuck. Fuck. Fuck. Fuck. Fuck. Fuck. Fuck. Fuck. Fuck.
Fuck. Fuck. Fuck. Fuck. Fuck. Fuck. Fuck. Fuck. Fuck.
Fuck. Fuck. Fuck. Fuck. Fuck. Fuck. Fuck. Fuck. Fuck.
Fuck. Fuck. Fuck. Fuck. Fuck. Fuck. Fuck. Fuck. Fuck.
Fuck. Fuck. Fuck. Fuck. Fuck. Fuck. Fuck. Fuck. Fuck.
Fuck. Fuck. Fuck. Fuck. Fuck. Fuck. Fuck. Fuck. Fuck.
Fuck. Fuck. Fuck. Fuck. Fuck. Fuck. Fuck. Fuck. Fuck.
Fuck. Fuck. Fuck. Fuck. Fuck. Fuck. Fuck. Fuck. Fuck.
Fuck. Fuck. Fuck. Fuck. Fuck. Fuck. Fuck. Fuck. Fuck.
Fuck. Fuck. Fuck. Fuck. Fuck. Fuck. Fuck. Fuck. Fuck.
Fuck. Fuck. Fuck. Fuck. Fuck. Fuck. Fuck. Fuck. Fuck.
Fuck. Fuck. Fuck. Fuck. Fuck. Fuck. Fuck. Fuck. Fuck.
Fuck. Fuck. Fuck. Fuck. Fuck. Fuck. Fuck. Fuck. Fuck.
Fuck. Fuck. Fuck. Fuck. Fuck. Fuck. Fuck. Fuck. Fuck.
Fuck. Fuck. Fuck. Fuck. Fuck. Fuck. Fuck. Fuck. Fuck.
Fuck. Fuck. Fuck. Fuck. Fuck. Fuck. Fuck. Fuck. Fuck.
Fuck. Fuck. Fuck. Fuck. Fuck. Fuck. Fuck. Fuck. Fuck.
Fuck. Fuck. Fuck. Fuck. Fuck. Fuck. Fuck. Fuck. Fuck.
Fuck. Fuck. Fuck. Fuck. Fuck. Fuck. Fuck. Fuck. Fuck.
Fuck. Fuck. Fuck. Fuck. Fuck. Fuck. Fuck. Fuck. Fuck.
Fuck. Fuck. Fuck. Fuck. Fuck. Fuck. Fuck. Fuck. Fuck.
Fuck. Fuck. Fuck. Fuck. Fuck. Fuck. Fuck. Fuck. Fuck.
Fuck. Fuck. Fuck. Fuck. Fuck. Fuck. Fuck. Fuck. Fuck.
Fuck. Fuck. Fuck. Fuck. Fuck. Fuck. Fuck. Fuck. Fuck.
Fuck. Fuck. Fuck. Fuck. Fuck. Fuck. Fuck. Fuck. Fuck.
Fuck. Fuck. Fuck. Fuck. Fuck. Fuck. Fuck. Fuck. Fuck.
Fuck. Fuck. Fuck. Fuck. Fuck. Fuck. Fuck. Fuck. Fuck.
Fuck. Fuck. Fuck. Fuck. Fuck. Fuck. Fuck. Fuck. Fuck.

Fuck. Fuck. Fuck. Fuck. Fuck. Fuck. Fuck. Fuck. Fuck.
Fuck. Fuck. Fuck. Fuck. Fuck. Fuck. Fuck. Fuck. Fuck.
Fuck. Fuck. Fuck. Fuck. Fuck. Fuck. Fuck. Fuck. Fuck.
Fuck. Fuck. Fuck. Fuck. Fuck. Fuck. Fuck. Fuck. Fuck.
Fuck. Fuck. Fuck. Fuck. Fuck. Fuck. Fuck. Fuck. Fuck.
Fuck. Fuck. Fuck. Fuck. Fuck. Fuck. Fuck. Fuck. Fuck.
Fuck. Fuck. Fuck. Fuck. Fuck. Fuck. Fuck. Fuck. Fuck.
Fuck. Fuck. Fuck. Fuck. Fuck. Fuck. Fuck. Fuck. Fuck.
Fuck. Fuck. Fuck. Fuck. Fuck. Fuck. Fuck. Fuck. Fuck.
Fuck. Fuck. Fuck. Fuck. Fuck. Fuck. Fuck. Fuck. Fuck.
Fuck. Fuck. Fuck. Fuck. Fuck. Fuck. Fuck. Fuck. Fuck.
Fuck. Fuck. Fuck. Fuck. Fuck. Fuck. Fuck. Fuck. Fuck.
Fuck. Fuck. Fuck. Fuck. Fuck. Fuck. Fuck. Fuck. Fuck.
Fuck. Fuck. Fuck. Fuck. Fuck. Fuck. Fuck. Fuck. Fuck.
Fuck. Fuck. Fuck. Fuck. Fuck. Fuck. Fuck. Fuck. Fuck.
Fuck. Fuck. Fuck. Fuck. Fuck. Fuck. Fuck. Fuck. Fuck.
Fuck. Fuck. Fuck. Fuck. Fuck. Fuck. Fuck. Fuck. Fuck.
Fuck. Fuck. Fuck. Fuck. Fuck. Fuck. Fuck. Fuck. Fuck.
Fuck. Fuck. Fuck. Fuck. Fuck. Fuck. Fuck. Fuck. Fuck.
Fuck. Fuck. Fuck. Fuck. Fuck. Fuck. Fuck. Fuck. Fuck.
Fuck. Fuck. Fuck. Fuck. Fuck. Fuck. Fuck. Fuck. Fuck.
Fuck. Fuck. Fuck. Fuck. Fuck. Fuck. Fuck. Fuck. Fuck.
Fuck. Fuck. Fuck. Fuck. Fuck. Fuck. Fuck. Fuck. Fuck.
Fuck. Fuck. Fuck. Fuck. Fuck. Fuck. Fuck. Fuck. Fuck.
Fuck. Fuck. Fuck. Fuck. Fuck. Fuck. Fuck. Fuck. Fuck.
Fuck. Fuck. Fuck. Fuck. Fuck. Fuck. Fuck. Fuck. Fuck.
Fuck. Fuck. Fuck. Fuck. Fuck. Fuck. Fuck. Fuck. Fuck.
Fuck. Fuck. Fuck. Fuck. Fuck. Fuck. Fuck. Fuck. Fuck.
Fuck. Fuck. Fuck. Fuck. Fuck. Fuck. Fuck. Fuck. Fuck.
Fuck. Fuck. Fuck. Fuck. Fuck. Fuck. Fuck. Fuck. Fuck.
Fuck. Fuck. Fuck. Fuck. Fuck. Fuck. Fuck. Fuck. Fuck.
Fuck. Fuck. Fuck. Fuck. Fuck. Fuck. Fuck. Fuck. Fuck.
Fuck. Fuck. Fuck. Fuck. Fuck. Fuck. Fuck. Fuck. Fuck.

Fuck. Fuck. Fuck. Fuck. Fuck. Fuck. Fuck. Fuck. Fuck.
Fuck. Fuck. Fuck. Fuck. Fuck. Fuck. Fuck. Fuck. Fuck.
Fuck. Fuck. Fuck. Fuck. Fuck. Fuck. Fuck. Fuck. Fuck.
Fuck. Fuck. Fuck. Fuck. Fuck. Fuck. Fuck. Fuck. Fuck.
Fuck. Fuck. Fuck. Fuck. Fuck. Fuck. Fuck. Fuck. Fuck.
Fuck. Fuck. Fuck. Fuck. Fuck. Fuck. Fuck. Fuck. Fuck.
Fuck. Fuck. Fuck. Fuck. Fuck. Fuck. Fuck. Fuck. Fuck.
Fuck. Fuck. Fuck. Fuck. Fuck. Fuck. Fuck. Fuck. Fuck.
Fuck. Fuck. Fuck. Fuck. Fuck. Fuck. Fuck. Fuck. Fuck.
Fuck. Fuck. Fuck. Fuck. Fuck. Fuck. Fuck. Fuck. Fuck.
Fuck. Fuck. Fuck. Fuck. Fuck. Fuck. Fuck. Fuck. Fuck.
Fuck. Fuck. Fuck. Fuck. Fuck. Fuck. Fuck. Fuck. Fuck.
Fuck. Fuck. Fuck. Fuck. Fuck. Fuck. Fuck. Fuck. Fuck.
Fuck. Fuck. Fuck. Fuck. Fuck. Fuck. Fuck. Fuck. Fuck.
Fuck. Fuck. Fuck. Fuck. Fuck. Fuck. Fuck. Fuck. Fuck.
Fuck. Fuck. Fuck. Fuck. Fuck. Fuck. Fuck. Fuck. Fuck.
Fuck. Fuck. Fuck. Fuck. Fuck. Fuck. Fuck. Fuck. Fuck.
Fuck. Fuck. Fuck. Fuck. Fuck. Fuck. Fuck. Fuck. Fuck.
Fuck. Fuck. Fuck. Fuck. Fuck. Fuck. Fuck. Fuck. Fuck.
Fuck. Fuck. Fuck. Fuck. Fuck. Fuck. Fuck. Fuck. Fuck.
Fuck. Fuck. Fuck. Fuck. Fuck. Fuck. Fuck. Fuck. Fuck.
Fuck. Fuck. Fuck. Fuck. Fuck. Fuck. Fuck. Fuck. Fuck.
Fuck. Fuck. Fuck. Fuck. Fuck. Fuck. Fuck. Fuck. Fuck.
Fuck. Fuck. Fuck. Fuck. Fuck. Fuck. Fuck. Fuck. Fuck.
Fuck. Fuck. Fuck. Fuck. Fuck. Fuck. Fuck. Fuck. Fuck.
Fuck. Fuck. Fuck. Fuck. Fuck. Fuck. Fuck. Fuck. Fuck.
Fuck. Fuck. Fuck. Fuck. Fuck. Fuck. Fuck. Fuck. Fuck.
Fuck. Fuck. Fuck. Fuck. Fuck. Fuck. Fuck. Fuck. Fuck.
Fuck. Fuck. Fuck. Fuck. Fuck. Fuck. Fuck. Fuck. Fuck.
Fuck. Fuck. Fuck. Fuck. Fuck. Fuck. Fuck. Fuck. Fuck.
Fuck. Fuck. Fuck. Fuck. Fuck. Fuck. Fuck. Fuck. Fuck.
Fuck. Fuck. Fuck. Fuck. Fuck. Fuck. Fuck. Fuck. Fuck.
Fuck. Fuck. Fuck. Fuck. Fuck. Fuck. Fuck. Fuck. Fuck.
Fuck. Fuck. Fuck. Fuck. Fuck. Fuck. Fuck. Fuck. Fuck.

Fuck. Fuck. Fuck. Fuck. Fuck. Fuck. Fuck. Fuck. Fuck.
Fuck. Fuck. Fuck. Fuck. Fuck. Fuck. Fuck. Fuck. Fuck.
Fuck. Fuck. Fuck. Fuck. Fuck. Fuck. Fuck. Fuck. Fuck.
Fuck. Fuck. Fuck. Fuck. Fuck. Fuck. Fuck. Fuck. Fuck.
Fuck. Fuck. Fuck. Fuck. Fuck. Fuck. Fuck. Fuck. Fuck.
Fuck. Fuck. Fuck. Fuck. Fuck. Fuck. Fuck. Fuck. Fuck.
Fuck. Fuck. Fuck. Fuck. Fuck. Fuck. Fuck. Fuck. Fuck.
Fuck. Fuck. Fuck. Fuck. Fuck. Fuck. Fuck. Fuck. Fuck.
Fuck. Fuck. Fuck. Fuck. Fuck. Fuck. Fuck. Fuck. Fuck.
Fuck. Fuck. Fuck. Fuck. Fuck. Fuck. Fuck. Fuck. Fuck.
Fuck. Fuck. Fuck. Fuck. Fuck. Fuck. Fuck. Fuck. Fuck.
Fuck. Fuck. Fuck. Fuck. Fuck. Fuck. Fuck. Fuck. Fuck.
Fuck. Fuck. Fuck. Fuck. Fuck. Fuck. Fuck. Fuck. Fuck.
Fuck. Fuck. Fuck. Fuck. Fuck. Fuck. Fuck. Fuck. Fuck.
Fuck. Fuck. Fuck. Fuck. Fuck. Fuck. Fuck. Fuck. Fuck.
Fuck. Fuck. Fuck. Fuck. Fuck. Fuck. Fuck. Fuck. Fuck.
Fuck. Fuck. Fuck. Fuck. Fuck. Fuck. Fuck. Fuck. Fuck.
Fuck. Fuck. Fuck. Fuck. Fuck. Fuck. Fuck. Fuck. Fuck.
Fuck. Fuck. Fuck. Fuck. Fuck. Fuck. Fuck. Fuck. Fuck.
Fuck. Fuck. Fuck. Fuck. Fuck. Fuck. Fuck. Fuck. Fuck.
Fuck. Fuck. Fuck. Fuck. Fuck. Fuck. Fuck. Fuck. Fuck.
Fuck. Fuck. Fuck. Fuck. Fuck. Fuck. Fuck. Fuck. Fuck.
Fuck. Fuck. Fuck. Fuck. Fuck. Fuck. Fuck. Fuck. Fuck.
Fuck. Fuck. Fuck. Fuck. Fuck. Fuck. Fuck. Fuck. Fuck.
Fuck. Fuck. Fuck. Fuck. Fuck. Fuck. Fuck. Fuck. Fuck.
Fuck. Fuck. Fuck. Fuck. Fuck. Fuck. Fuck. Fuck. Fuck.
Fuck. Fuck. Fuck. Fuck. Fuck. Fuck. Fuck. Fuck. Fuck.
Fuck. Fuck. Fuck. Fuck. Fuck. Fuck. Fuck. Fuck. Fuck.
Fuck. Fuck. Fuck. Fuck. Fuck. Fuck. Fuck. Fuck. Fuck.
Fuck. Fuck. Fuck. Fuck. Fuck. Fuck. Fuck. Fuck. Fuck.
Fuck. Fuck. Fuck. Fuck. Fuck. Fuck. Fuck. Fuck. Fuck.
Fuck. Fuck. Fuck. Fuck. Fuck. Fuck. Fuck. Fuck. Fuck.
Fuck. Fuck. Fuck. Fuck. Fuck. Fuck. Fuck. Fuck. Fuck.

Fuck. Fuck. Fuck. Fuck. Fuck. Fuck. Fuck. Fuck. Fuck.
Fuck. Fuck. Fuck. Fuck. Fuck. Fuck. Fuck. Fuck. Fuck.
Fuck. Fuck. Fuck. Fuck. Fuck. Fuck. Fuck. Fuck. Fuck.
Fuck. Fuck. Fuck. Fuck. Fuck. Fuck. Fuck. Fuck. Fuck.
Fuck. Fuck. Fuck. Fuck. Fuck. Fuck. Fuck. Fuck. Fuck.
Fuck. Fuck. Fuck. Fuck. Fuck. Fuck. Fuck. Fuck. Fuck.
Fuck. Fuck. Fuck. Fuck. Fuck. Fuck. Fuck. Fuck. Fuck.
Fuck. Fuck. Fuck. Fuck. Fuck. Fuck. Fuck. Fuck. Fuck.
Fuck. Fuck. Fuck. Fuck. Fuck. Fuck. Fuck. Fuck. Fuck.
Fuck. Fuck. Fuck. Fuck. Fuck. Fuck. Fuck. Fuck. Fuck.
Fuck. Fuck. Fuck. Fuck. Fuck. Fuck. Fuck. Fuck. Fuck.
Fuck. Fuck. Fuck. Fuck. Fuck. Fuck. Fuck. Fuck. Fuck.
Fuck. Fuck. Fuck. Fuck. Fuck. Fuck. Fuck. Fuck. Fuck.
Fuck. Fuck. Fuck. Fuck. Fuck. Fuck. Fuck. Fuck. Fuck.
Fuck. Fuck. Fuck. Fuck. Fuck. Fuck. Fuck. Fuck. Fuck.
Fuck. Fuck. Fuck. Fuck. Fuck. Fuck. Fuck. Fuck. Fuck.
Fuck. Fuck. Fuck. Fuck. Fuck. Fuck. Fuck. Fuck. Fuck.
Fuck. Fuck. Fuck. Fuck. Fuck. Fuck. Fuck. Fuck. Fuck.
Fuck. Fuck. Fuck. Fuck. Fuck. Fuck. Fuck. Fuck. Fuck.
Fuck. Fuck. Fuck. Fuck. Fuck. Fuck. Fuck. Fuck. Fuck.
Fuck. Fuck. Fuck. Fuck. Fuck. Fuck. Fuck. Fuck. Fuck.
Fuck. Fuck. Fuck. Fuck. Fuck. Fuck. Fuck. Fuck. Fuck.
Fuck. Fuck. Fuck. Fuck. Fuck. Fuck. Fuck. Fuck. Fuck.
Fuck. Fuck. Fuck. Fuck. Fuck. Fuck. Fuck. Fuck. Fuck.
Fuck. Fuck. Fuck. Fuck. Fuck. Fuck. Fuck. Fuck. Fuck.
Fuck. Fuck. Fuck. Fuck. Fuck. Fuck. Fuck. Fuck. Fuck.
Fuck. Fuck. Fuck. Fuck. Fuck. Fuck. Fuck. Fuck. Fuck.
Fuck. Fuck. Fuck. Fuck. Fuck. Fuck. Fuck. Fuck. Fuck.
Fuck. Fuck. Fuck. Fuck. Fuck. Fuck. Fuck. Fuck. Fuck.
Fuck. Fuck. Fuck. Fuck. Fuck. Fuck. Fuck. Fuck. Fuck.
Fuck. Fuck. Fuck. Fuck. Fuck. Fuck. Fuck. Fuck. Fuck.
Fuck. Fuck. Fuck. Fuck. Fuck. Fuck. Fuck. Fuck. Fuck.
Fuck. Fuck. Fuck. Fuck. Fuck. Fuck. Fuck. Fuck. Fuck.
Fuck. Fuck. Fuck. Fuck. Fuck. Fuck. Fuck. Fuck. Fuck.

Fuck. Fuck. Fuck. Fuck. Fuck. Fuck. Fuck. Fuck. Fuck.
Fuck. Fuck. Fuck. Fuck. Fuck. Fuck. Fuck. Fuck. Fuck.
Fuck. Fuck. Fuck. Fuck. Fuck. Fuck. Fuck. Fuck. Fuck.
Fuck. Fuck. Fuck. Fuck. Fuck. Fuck. Fuck. Fuck. Fuck.
Fuck. Fuck. Fuck. Fuck. Fuck. Fuck. Fuck. Fuck. Fuck.
Fuck. Fuck. Fuck. Fuck. Fuck. Fuck. Fuck. Fuck. Fuck.
Fuck. Fuck. Fuck. Fuck. Fuck. Fuck. Fuck. Fuck. Fuck.
Fuck. Fuck. Fuck. Fuck. Fuck. Fuck. Fuck. Fuck. Fuck.
Fuck. Fuck. Fuck. Fuck. Fuck. Fuck. Fuck. Fuck. Fuck.
Fuck. Fuck. Fuck. Fuck. Fuck. Fuck. Fuck. Fuck. Fuck.
Fuck. Fuck. Fuck. Fuck. Fuck. Fuck. Fuck. Fuck. Fuck.
Fuck. Fuck. Fuck. Fuck. Fuck. Fuck. Fuck. Fuck. Fuck.
Fuck. Fuck. Fuck. Fuck. Fuck. Fuck. Fuck. Fuck. Fuck.
Fuck. Fuck. Fuck. Fuck. Fuck. Fuck. Fuck. Fuck. Fuck.
Fuck. Fuck. Fuck. Fuck. Fuck. Fuck. Fuck. Fuck. Fuck.
Fuck. Fuck. Fuck. Fuck. Fuck. Fuck. Fuck. Fuck. Fuck.
Fuck. Fuck. Fuck. Fuck. Fuck. Fuck. Fuck. Fuck. Fuck.
Fuck. Fuck. Fuck. Fuck. Fuck. Fuck. Fuck. Fuck. Fuck.
Fuck. Fuck. Fuck. Fuck. Fuck. Fuck. Fuck. Fuck. Fuck.
Fuck. Fuck. Fuck. Fuck. Fuck. Fuck. Fuck. Fuck. Fuck.
Fuck. Fuck. Fuck. Fuck. Fuck. Fuck. Fuck. Fuck. Fuck.
Fuck. Fuck. Fuck. Fuck. Fuck. Fuck. Fuck. Fuck. Fuck.
Fuck. Fuck. Fuck. Fuck. Fuck. Fuck. Fuck. Fuck. Fuck.
Fuck. Fuck. Fuck. Fuck. Fuck. Fuck. Fuck. Fuck. Fuck.
Fuck. Fuck. Fuck. Fuck. Fuck. Fuck. Fuck. Fuck. Fuck.
Fuck. Fuck. Fuck. Fuck. Fuck. Fuck. Fuck. Fuck. Fuck.
Fuck. Fuck. Fuck. Fuck. Fuck. Fuck. Fuck. Fuck. Fuck.
Fuck. Fuck. Fuck. Fuck. Fuck. Fuck. Fuck. Fuck. Fuck.
Fuck. Fuck. Fuck. Fuck. Fuck. Fuck. Fuck. Fuck. Fuck.
Fuck. Fuck. Fuck. Fuck. Fuck. Fuck. Fuck. Fuck. Fuck.
Fuck. Fuck. Fuck. Fuck. Fuck. Fuck. Fuck. Fuck. Fuck.
Fuck. Fuck. Fuck. Fuck. Fuck. Fuck. Fuck. Fuck. Fuck.
Fuck. Fuck. Fuck. Fuck. Fuck. Fuck. Fuck. Fuck. Fuck.

Fuck. Fuck. Fuck. Fuck. Fuck. Fuck. Fuck. Fuck. Fuck.
Fuck. Fuck. Fuck. Fuck. Fuck. Fuck. Fuck. Fuck. Fuck.
Fuck. Fuck. Fuck. Fuck. Fuck. Fuck. Fuck. Fuck. Fuck.
Fuck. Fuck. Fuck. Fuck. Fuck. Fuck. Fuck. Fuck. Fuck.
Fuck. Fuck. Fuck. Fuck. Fuck. Fuck. Fuck. Fuck. Fuck.
Fuck. Fuck. Fuck. Fuck. Fuck. Fuck. Fuck. Fuck. Fuck.
Fuck. Fuck. Fuck. Fuck. Fuck. Fuck. Fuck. Fuck. Fuck.
Fuck. Fuck. Fuck. Fuck. Fuck. Fuck. Fuck. Fuck. Fuck.
Fuck. Fuck. Fuck. Fuck. Fuck. Fuck. Fuck. Fuck. Fuck.
Fuck. Fuck. Fuck. Fuck. Fuck. Fuck. Fuck. Fuck. Fuck.
Fuck. Fuck. Fuck. Fuck. Fuck. Fuck. Fuck. Fuck. Fuck.
Fuck. Fuck. Fuck. Fuck. Fuck. Fuck. Fuck. Fuck. Fuck.
Fuck. Fuck. Fuck. Fuck. Fuck. Fuck. Fuck. Fuck. Fuck.
Fuck. Fuck. Fuck. Fuck. Fuck. Fuck. Fuck. Fuck. Fuck.
Fuck. Fuck. Fuck. Fuck. Fuck. Fuck. Fuck. Fuck. Fuck.
Fuck. Fuck. Fuck. Fuck. Fuck. Fuck. Fuck. Fuck. Fuck.
Fuck. Fuck. Fuck. Fuck. Fuck. Fuck. Fuck. Fuck. Fuck.
Fuck. Fuck. Fuck. Fuck. Fuck. Fuck. Fuck. Fuck. Fuck.
Fuck. Fuck. Fuck. Fuck. Fuck. Fuck. Fuck. Fuck. Fuck.
Fuck. Fuck. Fuck. Fuck. Fuck. Fuck. Fuck. Fuck. Fuck.
Fuck. Fuck. Fuck. Fuck. Fuck. Fuck. Fuck. Fuck. Fuck.
Fuck. Fuck. Fuck. Fuck. Fuck. Fuck. Fuck. Fuck. Fuck.
Fuck. Fuck. Fuck. Fuck. Fuck. Fuck. Fuck. Fuck. Fuck.
Fuck. Fuck. Fuck. Fuck. Fuck. Fuck. Fuck. Fuck. Fuck.
Fuck. Fuck. Fuck. Fuck. Fuck. Fuck. Fuck. Fuck. Fuck.
Fuck. Fuck. Fuck. Fuck. Fuck. Fuck. Fuck. Fuck. Fuck.
Fuck. Fuck. Fuck. Fuck. Fuck. Fuck. Fuck. Fuck. Fuck.
Fuck. Fuck. Fuck. Fuck. Fuck. Fuck. Fuck. Fuck. Fuck.
Fuck. Fuck. Fuck. Fuck. Fuck. Fuck. Fuck. Fuck. Fuck.
Fuck. Fuck. Fuck. Fuck. Fuck. Fuck. Fuck. Fuck. Fuck.
Fuck. Fuck. Fuck. Fuck. Fuck. Fuck. Fuck. Fuck. Fuck.
Fuck. Fuck. Fuck. Fuck. Fuck. Fuck. Fuck. Fuck. Fuck.
Fuck. Fuck. Fuck. Fuck. Fuck. Fuck. Fuck. Fuck. Fuck.

Fuck. Fuck. Fuck. Fuck. Fuck. Fuck. Fuck. Fuck. Fuck.
Fuck. Fuck. Fuck. Fuck. Fuck. Fuck. Fuck. Fuck. Fuck.
Fuck. Fuck. Fuck. Fuck. Fuck. Fuck. Fuck. Fuck. Fuck.
Fuck. Fuck. Fuck. Fuck. Fuck. Fuck. Fuck. Fuck. Fuck.
Fuck. Fuck. Fuck. Fuck. Fuck. Fuck. Fuck. Fuck. Fuck.
Fuck. Fuck. Fuck. Fuck. Fuck. Fuck. Fuck. Fuck. Fuck.
Fuck. Fuck. Fuck. Fuck. Fuck. Fuck. Fuck. Fuck. Fuck.
Fuck. Fuck. Fuck. Fuck. Fuck. Fuck. Fuck. Fuck. Fuck.
Fuck. Fuck. Fuck. Fuck. Fuck. Fuck. Fuck. Fuck. Fuck.
Fuck. Fuck. Fuck. Fuck. Fuck. Fuck. Fuck. Fuck. Fuck.
Fuck. Fuck. Fuck. Fuck. Fuck. Fuck. Fuck. Fuck. Fuck.
Fuck. Fuck. Fuck. Fuck. Fuck. Fuck. Fuck. Fuck. Fuck.
Fuck. Fuck. Fuck. Fuck. Fuck. Fuck. Fuck. Fuck. Fuck.
Fuck. Fuck. Fuck. Fuck. Fuck. Fuck. Fuck. Fuck. Fuck.
Fuck. Fuck. Fuck. Fuck. Fuck. Fuck. Fuck. Fuck. Fuck.
Fuck. Fuck. Fuck. Fuck. Fuck. Fuck. Fuck. Fuck. Fuck.
Fuck. Fuck. Fuck. Fuck. Fuck. Fuck. Fuck. Fuck. Fuck.
Fuck. Fuck. Fuck. Fuck. Fuck. Fuck. Fuck. Fuck. Fuck.
Fuck. Fuck. Fuck. Fuck. Fuck. Fuck. Fuck. Fuck. Fuck.
Fuck. Fuck. Fuck. Fuck. Fuck. Fuck. Fuck. Fuck. Fuck.
Fuck. Fuck. Fuck. Fuck. Fuck. Fuck. Fuck. Fuck. Fuck.
Fuck. Fuck. Fuck. Fuck. Fuck. Fuck. Fuck. Fuck. Fuck.
Fuck. Fuck. Fuck. Fuck. Fuck. Fuck. Fuck. Fuck. Fuck.
Fuck. Fuck. Fuck. Fuck. Fuck. Fuck. Fuck. Fuck. Fuck.
Fuck. Fuck. Fuck. Fuck. Fuck. Fuck. Fuck. Fuck. Fuck.
Fuck. Fuck. Fuck. Fuck. Fuck. Fuck. Fuck. Fuck. Fuck.
Fuck. Fuck. Fuck. Fuck. Fuck. Fuck. Fuck. Fuck. Fuck.
Fuck. Fuck. Fuck. Fuck. Fuck. Fuck. Fuck. Fuck. Fuck.
Fuck. Fuck. Fuck. Fuck. Fuck. Fuck. Fuck. Fuck. Fuck.
Fuck. Fuck. Fuck. Fuck. Fuck. Fuck. Fuck. Fuck. Fuck.
Fuck. Fuck. Fuck. Fuck. Fuck. Fuck. Fuck. Fuck. Fuck.
Fuck. Fuck. Fuck. Fuck. Fuck. Fuck. Fuck. Fuck. Fuck.
Fuck. Fuck. Fuck. Fuck. Fuck. Fuck. Fuck. Fuck. Fuck.

Fuck. Fuck. Fuck. Fuck. Fuck. Fuck. Fuck. Fuck. Fuck.
Fuck. Fuck. Fuck. Fuck. Fuck. Fuck. Fuck. Fuck. Fuck.
Fuck. Fuck. Fuck. Fuck. Fuck. Fuck. Fuck. Fuck. Fuck.
Fuck. Fuck. Fuck. Fuck. Fuck. Fuck. Fuck. Fuck. Fuck.
Fuck. Fuck. Fuck. Fuck. Fuck. Fuck. Fuck. Fuck. Fuck.
Fuck. Fuck. Fuck. Fuck. Fuck. Fuck. Fuck. Fuck. Fuck.
Fuck. Fuck. Fuck. Fuck. Fuck. Fuck. Fuck. Fuck. Fuck.
Fuck. Fuck. Fuck. Fuck. Fuck. Fuck. Fuck. Fuck. Fuck.
Fuck. Fuck. Fuck. Fuck. Fuck. Fuck. Fuck. Fuck. Fuck.
Fuck. Fuck. Fuck. Fuck. Fuck. Fuck. Fuck. Fuck. Fuck.
Fuck. Fuck. Fuck. Fuck. Fuck. Fuck. Fuck. Fuck. Fuck.
Fuck. Fuck. Fuck. Fuck. Fuck. Fuck. Fuck. Fuck. Fuck.
Fuck. Fuck. Fuck. Fuck. Fuck. Fuck. Fuck. Fuck. Fuck.
Fuck. Fuck. Fuck. Fuck. Fuck. Fuck. Fuck. Fuck. Fuck.
Fuck. Fuck. Fuck. Fuck. Fuck. Fuck. Fuck. Fuck. Fuck.
Fuck. Fuck. Fuck. Fuck. Fuck. Fuck. Fuck. Fuck. Fuck.
Fuck. Fuck. Fuck. Fuck. Fuck. Fuck. Fuck. Fuck. Fuck.
Fuck. Fuck. Fuck. Fuck. Fuck. Fuck. Fuck. Fuck. Fuck.
Fuck. Fuck. Fuck. Fuck. Fuck. Fuck. Fuck. Fuck. Fuck.
Fuck. Fuck. Fuck. Fuck. Fuck. Fuck. Fuck. Fuck. Fuck.
Fuck. Fuck. Fuck. Fuck. Fuck. Fuck. Fuck. Fuck. Fuck.
Fuck. Fuck. Fuck. Fuck. Fuck. Fuck. Fuck. Fuck. Fuck.
Fuck. Fuck. Fuck. Fuck. Fuck. Fuck. Fuck. Fuck. Fuck.
Fuck. Fuck. Fuck. Fuck. Fuck. Fuck. Fuck. Fuck. Fuck.
Fuck. Fuck. Fuck. Fuck. Fuck. Fuck. Fuck. Fuck. Fuck.
Fuck. Fuck. Fuck. Fuck. Fuck. Fuck. Fuck. Fuck. Fuck.
Fuck. Fuck. Fuck. Fuck. Fuck. Fuck. Fuck. Fuck. Fuck.
Fuck. Fuck. Fuck. Fuck. Fuck. Fuck. Fuck. Fuck. Fuck.
Fuck. Fuck. Fuck. Fuck. Fuck. Fuck. Fuck. Fuck. Fuck.
Fuck. Fuck. Fuck. Fuck. Fuck. Fuck. Fuck. Fuck. Fuck.
Fuck. Fuck. Fuck. Fuck. Fuck. Fuck. Fuck. Fuck. Fuck.
Fuck. Fuck. Fuck. Fuck. Fuck. Fuck. Fuck. Fuck. Fuck.
Fuck. Fuck. Fuck. Fuck. Fuck. Fuck. Fuck. Fuck. Fuck.
Fuck. Fuck. Fuck. Fuck. Fuck. Fuck. Fuck. Fuck. Fuck.
Fuck. Fuck. Fuck. Fuck. Fuck. Fuck. Fuck. Fuck. Fuck.

Fuck. Fuck. Fuck. Fuck. Fuck. Fuck. Fuck. Fuck. Fuck.
Fuck. Fuck. Fuck. Fuck. Fuck. Fuck. Fuck. Fuck. Fuck.
Fuck. Fuck. Fuck. Fuck. Fuck. Fuck. Fuck. Fuck. Fuck.
Fuck. Fuck. Fuck. Fuck. Fuck. Fuck. Fuck. Fuck. Fuck.
Fuck. Fuck. Fuck. Fuck. Fuck. Fuck. Fuck. Fuck. Fuck.
Fuck. Fuck. Fuck. Fuck. Fuck. Fuck. Fuck. Fuck. Fuck.
Fuck. Fuck. Fuck. Fuck. Fuck. Fuck. Fuck. Fuck. Fuck.
Fuck. Fuck. Fuck. Fuck. Fuck. Fuck. Fuck. Fuck. Fuck.
Fuck. Fuck. Fuck. Fuck. Fuck. Fuck. Fuck. Fuck. Fuck.
Fuck. Fuck. Fuck. Fuck. Fuck. Fuck. Fuck. Fuck. Fuck.
Fuck. Fuck. Fuck. Fuck. Fuck. Fuck. Fuck. Fuck. Fuck.
Fuck. Fuck. Fuck. Fuck. Fuck. Fuck. Fuck. Fuck. Fuck.
Fuck. Fuck. Fuck. Fuck. Fuck. Fuck. Fuck. Fuck. Fuck.
Fuck. Fuck. Fuck. Fuck. Fuck. Fuck. Fuck. Fuck. Fuck.
Fuck. Fuck. Fuck. Fuck. Fuck. Fuck. Fuck. Fuck. Fuck.
Fuck. Fuck. Fuck. Fuck. Fuck. Fuck. Fuck. Fuck. Fuck.
Fuck. Fuck. Fuck. Fuck. Fuck. Fuck. Fuck. Fuck. Fuck.
Fuck. Fuck. Fuck. Fuck. Fuck. Fuck. Fuck. Fuck. Fuck.
Fuck. Fuck. Fuck. Fuck. Fuck. Fuck. Fuck. Fuck. Fuck.
Fuck. Fuck. Fuck. Fuck. Fuck. Fuck. Fuck. Fuck. Fuck.
Fuck. Fuck. Fuck. Fuck. Fuck. Fuck. Fuck. Fuck. Fuck.
Fuck. Fuck. Fuck. Fuck. Fuck. Fuck. Fuck. Fuck. Fuck.
Fuck. Fuck. Fuck. Fuck. Fuck. Fuck. Fuck. Fuck. Fuck.
Fuck. Fuck. Fuck. Fuck. Fuck. Fuck. Fuck. Fuck. Fuck.
Fuck. Fuck. Fuck. Fuck. Fuck. Fuck. Fuck. Fuck. Fuck.
Fuck. Fuck. Fuck. Fuck. Fuck. Fuck. Fuck. Fuck. Fuck.
Fuck. Fuck. Fuck. Fuck. Fuck. Fuck. Fuck. Fuck. Fuck.
Fuck. Fuck. Fuck. Fuck. Fuck. Fuck. Fuck. Fuck. Fuck.
Fuck. Fuck. Fuck. Fuck. Fuck. Fuck. Fuck. Fuck. Fuck.
Fuck. Fuck. Fuck. Fuck. Fuck. Fuck. Fuck. Fuck. Fuck.
Fuck. Fuck. Fuck. Fuck. Fuck. Fuck. Fuck. Fuck. Fuck.
Fuck. Fuck. Fuck. Fuck. Fuck. Fuck. Fuck. Fuck. Fuck.
Fuck. Fuck. Fuck. Fuck. Fuck. Fuck. Fuck. Fuck. Fuck.

Fuck. Fuck. Fuck. Fuck. Fuck. Fuck. Fuck. Fuck. Fuck.
Fuck. Fuck. Fuck. Fuck. Fuck. Fuck. Fuck. Fuck. Fuck.
Fuck. Fuck. Fuck. Fuck. Fuck. Fuck. Fuck. Fuck. Fuck.
Fuck. Fuck. Fuck. Fuck. Fuck. Fuck. Fuck. Fuck. Fuck.
Fuck. Fuck. Fuck. Fuck. Fuck. Fuck. Fuck. Fuck. Fuck.
Fuck. Fuck. Fuck. Fuck. Fuck. Fuck. Fuck. Fuck. Fuck.
Fuck. Fuck. Fuck. Fuck. Fuck. Fuck. Fuck. Fuck. Fuck.
Fuck. Fuck. Fuck. Fuck. Fuck. Fuck. Fuck. Fuck. Fuck.
Fuck. Fuck. Fuck. Fuck. Fuck. Fuck. Fuck. Fuck. Fuck.
Fuck. Fuck. Fuck. Fuck. Fuck. Fuck. Fuck. Fuck. Fuck.
Fuck. Fuck. Fuck. Fuck. Fuck. Fuck. Fuck. Fuck. Fuck.
Fuck. Fuck. Fuck. Fuck. Fuck. Fuck. Fuck. Fuck. Fuck.
Fuck. Fuck. Fuck. Fuck. Fuck. Fuck. Fuck. Fuck. Fuck.
Fuck. Fuck. Fuck. Fuck. Fuck. Fuck. Fuck. Fuck. Fuck.
Fuck. Fuck. Fuck. Fuck. Fuck. Fuck. Fuck. Fuck. Fuck.
Fuck. Fuck. Fuck. Fuck. Fuck. Fuck. Fuck. Fuck. Fuck.
Fuck. Fuck. Fuck. Fuck. Fuck. Fuck. Fuck. Fuck. Fuck.
Fuck. Fuck. Fuck. Fuck. Fuck. Fuck. Fuck. Fuck. Fuck.
Fuck. Fuck. Fuck. Fuck. Fuck. Fuck. Fuck. Fuck. Fuck.
Fuck. Fuck. Fuck. Fuck. Fuck. Fuck. Fuck. Fuck. Fuck.
Fuck. Fuck. Fuck. Fuck. Fuck. Fuck. Fuck. Fuck. Fuck.
Fuck. Fuck. Fuck. Fuck. Fuck. Fuck. Fuck. Fuck. Fuck.
Fuck. Fuck. Fuck. Fuck. Fuck. Fuck. Fuck. Fuck. Fuck.
Fuck. Fuck. Fuck. Fuck. Fuck. Fuck. Fuck. Fuck. Fuck.
Fuck. Fuck. Fuck. Fuck. Fuck. Fuck. Fuck. Fuck. Fuck.
Fuck. Fuck. Fuck. Fuck. Fuck. Fuck. Fuck. Fuck. Fuck.
Fuck. Fuck. Fuck. Fuck. Fuck. Fuck. Fuck. Fuck. Fuck.
Fuck. Fuck. Fuck. Fuck. Fuck. Fuck. Fuck. Fuck. Fuck.
Fuck. Fuck. Fuck. Fuck. Fuck. Fuck. Fuck. Fuck. Fuck.
Fuck. Fuck. Fuck. Fuck. Fuck. Fuck. Fuck. Fuck. Fuck.
Fuck. Fuck. Fuck. Fuck. Fuck. Fuck. Fuck. Fuck. Fuck.
Fuck. Fuck. Fuck. Fuck. Fuck. Fuck. Fuck. Fuck. Fuck.
Fuck. Fuck. Fuck. Fuck. Fuck. Fuck. Fuck. Fuck. Fuck.

Fuck. Fuck. Fuck. Fuck. Fuck. Fuck. Fuck. Fuck. Fuck.
Fuck. Fuck. Fuck. Fuck. Fuck. Fuck. Fuck. Fuck. Fuck.
Fuck. Fuck. Fuck. Fuck. Fuck. Fuck. Fuck. Fuck. Fuck.
Fuck. Fuck. Fuck. Fuck. Fuck. Fuck. Fuck. Fuck. Fuck.
Fuck. Fuck. Fuck. Fuck. Fuck. Fuck. Fuck. Fuck. Fuck.
Fuck. Fuck. Fuck. Fuck. Fuck. Fuck. Fuck. Fuck. Fuck.
Fuck. Fuck. Fuck. Fuck. Fuck. Fuck. Fuck. Fuck. Fuck.
Fuck. Fuck. Fuck. Fuck. Fuck. Fuck. Fuck. Fuck. Fuck.
Fuck. Fuck. Fuck. Fuck. Fuck. Fuck. Fuck. Fuck. Fuck.
Fuck. Fuck. Fuck. Fuck. Fuck. Fuck. Fuck. Fuck. Fuck.
Fuck. Fuck. Fuck. Fuck. Fuck. Fuck. Fuck. Fuck. Fuck.
Fuck. Fuck. Fuck. Fuck. Fuck. Fuck. Fuck. Fuck. Fuck.
Fuck. Fuck. Fuck. Fuck. Fuck. Fuck. Fuck. Fuck. Fuck.
Fuck. Fuck. Fuck. Fuck. Fuck. Fuck. Fuck. Fuck. Fuck.
Fuck. Fuck. Fuck. Fuck. Fuck. Fuck. Fuck. Fuck. Fuck.
Fuck. Fuck. Fuck. Fuck. Fuck. Fuck. Fuck. Fuck. Fuck.
Fuck. Fuck. Fuck. Fuck. Fuck. Fuck. Fuck. Fuck. Fuck.
Fuck. Fuck. Fuck. Fuck. Fuck. Fuck. Fuck. Fuck. Fuck.
Fuck. Fuck. Fuck. Fuck. Fuck. Fuck. Fuck. Fuck. Fuck.
Fuck. Fuck. Fuck. Fuck. Fuck. Fuck. Fuck. Fuck. Fuck.
Fuck. Fuck. Fuck. Fuck. Fuck. Fuck. Fuck. Fuck. Fuck.
Fuck. Fuck. Fuck. Fuck. Fuck. Fuck. Fuck. Fuck. Fuck.
Fuck. Fuck. Fuck. Fuck. Fuck. Fuck. Fuck. Fuck. Fuck.
Fuck. Fuck. Fuck. Fuck. Fuck. Fuck. Fuck. Fuck. Fuck.
Fuck. Fuck. Fuck. Fuck. Fuck. Fuck. Fuck. Fuck. Fuck.
Fuck. Fuck. Fuck. Fuck. Fuck. Fuck. Fuck. Fuck. Fuck.
Fuck. Fuck. Fuck. Fuck. Fuck. Fuck. Fuck. Fuck. Fuck.
Fuck. Fuck. Fuck. Fuck. Fuck. Fuck. Fuck. Fuck. Fuck.
Fuck. Fuck. Fuck. Fuck. Fuck. Fuck. Fuck. Fuck. Fuck.
Fuck. Fuck. Fuck. Fuck. Fuck. Fuck. Fuck. Fuck. Fuck.
Fuck. Fuck. Fuck. Fuck. Fuck. Fuck. Fuck. Fuck. Fuck.
Fuck. Fuck. Fuck. Fuck. Fuck. Fuck. Fuck. Fuck. Fuck.

Fuck. Fuck. Fuck. Fuck. Fuck. Fuck. Fuck. Fuck. Fuck.
Fuck. Fuck. Fuck. Fuck. Fuck. Fuck. Fuck. Fuck. Fuck.
Fuck. Fuck. Fuck. Fuck. Fuck. Fuck. Fuck. Fuck. Fuck.
Fuck. Fuck. Fuck. Fuck. Fuck. Fuck. Fuck. Fuck. Fuck.
Fuck. Fuck. Fuck. Fuck. Fuck. Fuck. Fuck. Fuck. Fuck.
Fuck. Fuck. Fuck. Fuck. Fuck. Fuck. Fuck. Fuck. Fuck.
Fuck. Fuck. Fuck. Fuck. Fuck. Fuck. Fuck. Fuck. Fuck.
Fuck. Fuck. Fuck. Fuck. Fuck. Fuck. Fuck. Fuck. Fuck.
Fuck. Fuck. Fuck. Fuck. Fuck. Fuck. Fuck. Fuck. Fuck.
Fuck. Fuck. Fuck. Fuck. Fuck. Fuck. Fuck. Fuck. Fuck.
Fuck. Fuck. Fuck. Fuck. Fuck. Fuck. Fuck. Fuck. Fuck.
Fuck. Fuck. Fuck. Fuck. Fuck. Fuck. Fuck. Fuck. Fuck.
Fuck. Fuck. Fuck. Fuck. Fuck. Fuck. Fuck. Fuck. Fuck.
Fuck. Fuck. Fuck. Fuck. Fuck. Fuck. Fuck. Fuck. Fuck.
Fuck. Fuck. Fuck. Fuck. Fuck. Fuck. Fuck. Fuck. Fuck.
Fuck. Fuck. Fuck. Fuck. Fuck. Fuck. Fuck. Fuck. Fuck.
Fuck. Fuck. Fuck. Fuck. Fuck. Fuck. Fuck. Fuck. Fuck.
Fuck. Fuck. Fuck. Fuck. Fuck. Fuck. Fuck. Fuck. Fuck.
Fuck. Fuck. Fuck. Fuck. Fuck. Fuck. Fuck. Fuck. Fuck.
Fuck. Fuck. Fuck. Fuck. Fuck. Fuck. Fuck. Fuck. Fuck.
Fuck. Fuck. Fuck. Fuck. Fuck. Fuck. Fuck. Fuck. Fuck.
Fuck. Fuck. Fuck. Fuck. Fuck. Fuck. Fuck. Fuck. Fuck.
Fuck. Fuck. Fuck. Fuck. Fuck. Fuck. Fuck. Fuck. Fuck.
Fuck. Fuck. Fuck. Fuck. Fuck. Fuck. Fuck. Fuck. Fuck.
Fuck. Fuck. Fuck. Fuck. Fuck. Fuck. Fuck. Fuck. Fuck.
Fuck. Fuck. Fuck. Fuck. Fuck. Fuck. Fuck. Fuck. Fuck.
Fuck. Fuck. Fuck. Fuck. Fuck. Fuck. Fuck. Fuck. Fuck.
Fuck. Fuck. Fuck. Fuck. Fuck. Fuck. Fuck. Fuck. Fuck.
Fuck. Fuck. Fuck. Fuck. Fuck. Fuck. Fuck. Fuck. Fuck.
Fuck. Fuck. Fuck. Fuck. Fuck. Fuck. Fuck. Fuck. Fuck.
Fuck. Fuck. Fuck. Fuck. Fuck. Fuck. Fuck. Fuck. Fuck.
Fuck. Fuck. Fuck. Fuck. Fuck. Fuck. Fuck. Fuck. Fuck.

Fuck. Fuck. Fuck. Fuck. Fuck. Fuck. Fuck. Fuck. Fuck.
Fuck. Fuck. Fuck. Fuck. Fuck. Fuck. Fuck. Fuck. Fuck.
Fuck. Fuck. Fuck. Fuck. Fuck. Fuck. Fuck. Fuck. Fuck.
Fuck. Fuck. Fuck. Fuck. Fuck. Fuck. Fuck. Fuck. Fuck.
Fuck. Fuck. Fuck. Fuck. Fuck. Fuck. Fuck. Fuck. Fuck.
Fuck. Fuck. Fuck. Fuck. Fuck. Fuck. Fuck. Fuck. Fuck.
Fuck. Fuck. Fuck. Fuck. Fuck. Fuck. Fuck. Fuck. Fuck.
Fuck. Fuck. Fuck. Fuck. Fuck. Fuck. Fuck. Fuck. Fuck.
Fuck. Fuck. Fuck. Fuck. Fuck. Fuck. Fuck. Fuck. Fuck.
Fuck. Fuck. Fuck. Fuck. Fuck. Fuck. Fuck. Fuck. Fuck.
Fuck. Fuck. Fuck. Fuck. Fuck. Fuck. Fuck. Fuck. Fuck.
Fuck. Fuck. Fuck. Fuck. Fuck. Fuck. Fuck. Fuck. Fuck.
Fuck. Fuck. Fuck. Fuck. Fuck. Fuck. Fuck. Fuck. Fuck.
Fuck. Fuck. Fuck. Fuck. Fuck. Fuck. Fuck. Fuck. Fuck.
Fuck. Fuck. Fuck. Fuck. Fuck. Fuck. Fuck. Fuck. Fuck.
Fuck. Fuck. Fuck. Fuck. Fuck. Fuck. Fuck. Fuck. Fuck.
Fuck. Fuck. Fuck. Fuck. Fuck. Fuck. Fuck. Fuck. Fuck.
Fuck. Fuck. Fuck. Fuck. Fuck. Fuck. Fuck. Fuck. Fuck.
Fuck. Fuck. Fuck. Fuck. Fuck. Fuck. Fuck. Fuck. Fuck.
Fuck. Fuck. Fuck. Fuck. Fuck. Fuck. Fuck. Fuck. Fuck.
Fuck. Fuck. Fuck. Fuck. Fuck. Fuck. Fuck. Fuck. Fuck.
Fuck. Fuck. Fuck. Fuck. Fuck. Fuck. Fuck. Fuck. Fuck.
Fuck. Fuck. Fuck. Fuck. Fuck. Fuck. Fuck. Fuck. Fuck.
Fuck. Fuck. Fuck. Fuck. Fuck. Fuck. Fuck. Fuck. Fuck.
Fuck. Fuck. Fuck. Fuck. Fuck. Fuck. Fuck. Fuck. Fuck.
Fuck. Fuck. Fuck. Fuck. Fuck. Fuck. Fuck. Fuck. Fuck.
Fuck. Fuck. Fuck. Fuck. Fuck. Fuck. Fuck. Fuck. Fuck.
Fuck. Fuck. Fuck. Fuck. Fuck. Fuck. Fuck. Fuck. Fuck.
Fuck. Fuck. Fuck. Fuck. Fuck. Fuck. Fuck. Fuck. Fuck.
Fuck. Fuck. Fuck. Fuck. Fuck. Fuck. Fuck. Fuck. Fuck.
Fuck. Fuck. Fuck. Fuck. Fuck. Fuck. Fuck. Fuck. Fuck.
Fuck. Fuck. Fuck. Fuck. Fuck. Fuck. Fuck. Fuck. Fuck.
Fuck. Fuck. Fuck. Fuck. Fuck. Fuck. Fuck. Fuck. Fuck.
Fuck. Fuck. Fuck. Fuck. Fuck. Fuck. Fuck. Fuck. Fuck.

Fuck. Fuck. Fuck. Fuck. Fuck. Fuck. Fuck. Fuck. Fuck.
Fuck. Fuck. Fuck. Fuck. Fuck. Fuck. Fuck. Fuck. Fuck.
Fuck. Fuck. Fuck. Fuck. Fuck. Fuck. Fuck. Fuck. Fuck.
Fuck. Fuck. Fuck. Fuck. Fuck. Fuck. Fuck. Fuck. Fuck.
Fuck. Fuck. Fuck. Fuck. Fuck. Fuck. Fuck. Fuck. Fuck.
Fuck. Fuck. Fuck. Fuck. Fuck. Fuck. Fuck. Fuck. Fuck.
Fuck. Fuck. Fuck. Fuck. Fuck. Fuck. Fuck. Fuck. Fuck.
Fuck. Fuck. Fuck. Fuck. Fuck. Fuck. Fuck. Fuck. Fuck.
Fuck. Fuck. Fuck. Fuck. Fuck. Fuck. Fuck. Fuck. Fuck.
Fuck. Fuck. Fuck. Fuck. Fuck. Fuck. Fuck. Fuck. Fuck.
Fuck. Fuck. Fuck. Fuck. Fuck. Fuck. Fuck. Fuck. Fuck.
Fuck. Fuck. Fuck. Fuck. Fuck. Fuck. Fuck. Fuck. Fuck.
Fuck. Fuck. Fuck. Fuck. Fuck. Fuck. Fuck. Fuck. Fuck.
Fuck. Fuck. Fuck. Fuck. Fuck. Fuck. Fuck. Fuck. Fuck.
Fuck. Fuck. Fuck. Fuck. Fuck. Fuck. Fuck. Fuck. Fuck.
Fuck. Fuck. Fuck. Fuck. Fuck. Fuck. Fuck. Fuck. Fuck.
Fuck. Fuck. Fuck. Fuck. Fuck. Fuck. Fuck. Fuck. Fuck.
Fuck. Fuck. Fuck. Fuck. Fuck. Fuck. Fuck. Fuck. Fuck.
Fuck. Fuck. Fuck. Fuck. Fuck. Fuck. Fuck. Fuck. Fuck.
Fuck. Fuck. Fuck. Fuck. Fuck. Fuck. Fuck. Fuck. Fuck.
Fuck. Fuck. Fuck. Fuck. Fuck. Fuck. Fuck. Fuck. Fuck.
Fuck. Fuck. Fuck. Fuck. Fuck. Fuck. Fuck. Fuck. Fuck.
Fuck. Fuck. Fuck. Fuck. Fuck. Fuck. Fuck. Fuck. Fuck.
Fuck. Fuck. Fuck. Fuck. Fuck. Fuck. Fuck. Fuck. Fuck.
Fuck. Fuck. Fuck. Fuck. Fuck. Fuck. Fuck. Fuck. Fuck.
Fuck. Fuck. Fuck. Fuck. Fuck. Fuck. Fuck. Fuck. Fuck.
Fuck. Fuck. Fuck. Fuck. Fuck. Fuck. Fuck. Fuck. Fuck.
Fuck. Fuck. Fuck. Fuck. Fuck. Fuck. Fuck. Fuck. Fuck.
Fuck. Fuck. Fuck. Fuck. Fuck. Fuck. Fuck. Fuck. Fuck.
Fuck. Fuck. Fuck. Fuck. Fuck. Fuck. Fuck. Fuck. Fuck.
Fuck. Fuck. Fuck. Fuck. Fuck. Fuck. Fuck. Fuck. Fuck.
Fuck. Fuck. Fuck. Fuck. Fuck. Fuck. Fuck. Fuck. Fuck.
Fuck. Fuck. Fuck. Fuck. Fuck. Fuck. Fuck. Fuck. Fuck.
Fuck. Fuck. Fuck. Fuck. Fuck. Fuck. Fuck. Fuck. Fuck.

Fuck. Fuck. Fuck. Fuck. Fuck. Fuck. Fuck. Fuck. Fuck.
Fuck. Fuck. Fuck. Fuck. Fuck. Fuck. Fuck. Fuck. Fuck.
Fuck. Fuck. Fuck. Fuck. Fuck. Fuck. Fuck. Fuck. Fuck.
Fuck. Fuck. Fuck. Fuck. Fuck. Fuck. Fuck. Fuck. Fuck.
Fuck. Fuck. Fuck. Fuck. Fuck. Fuck. Fuck. Fuck. Fuck.
Fuck. Fuck. Fuck. Fuck. Fuck. Fuck. Fuck. Fuck. Fuck.
Fuck. Fuck. Fuck. Fuck. Fuck. Fuck. Fuck. Fuck. Fuck.
Fuck. Fuck. Fuck. Fuck. Fuck. Fuck. Fuck. Fuck. Fuck.
Fuck. Fuck. Fuck. Fuck. Fuck. Fuck. Fuck. Fuck. Fuck.
Fuck. Fuck. Fuck. Fuck. Fuck. Fuck. Fuck. Fuck. Fuck.
Fuck. Fuck. Fuck. Fuck. Fuck. Fuck. Fuck. Fuck. Fuck.
Fuck. Fuck. Fuck. Fuck. Fuck. Fuck. Fuck. Fuck. Fuck.
Fuck. Fuck. Fuck. Fuck. Fuck. Fuck. Fuck. Fuck. Fuck.
Fuck. Fuck. Fuck. Fuck. Fuck. Fuck. Fuck. Fuck. Fuck.
Fuck. Fuck. Fuck. Fuck. Fuck. Fuck. Fuck. Fuck. Fuck.
Fuck. Fuck. Fuck. Fuck. Fuck. Fuck. Fuck. Fuck. Fuck.
Fuck. Fuck. Fuck. Fuck. Fuck. Fuck. Fuck. Fuck. Fuck.
Fuck. Fuck. Fuck. Fuck. Fuck. Fuck. Fuck. Fuck. Fuck.
Fuck. Fuck. Fuck. Fuck. Fuck. Fuck. Fuck. Fuck. Fuck.
Fuck. Fuck. Fuck. Fuck. Fuck. Fuck. Fuck. Fuck. Fuck.
Fuck. Fuck. Fuck. Fuck. Fuck. Fuck. Fuck. Fuck. Fuck.
Fuck. Fuck. Fuck. Fuck. Fuck. Fuck. Fuck. Fuck. Fuck.
Fuck.

Fuck. Fuck. Fuck. Fuck. Fuck. Fuck. Fuck. Fuck. Fuck.
Fuck. Fuck. Fuck. Fuck. Fuck. Fuck. Fuck. Fuck. Fuck.
Fuck. Fuck. Fuck. Fuck. Fuck. Fuck. Fuck. Fuck. Fuck.
Fuck. Fuck. Fuck. Fuck. Fuck. Fuck. Fuck. Fuck. Fuck.
Fuck. Fuck. Fuck. Fuck. Fuck. Fuck. Fuck. Fuck. Fuck.
Fuck. Fuck. Fuck. Fuck. Fuck. Fuck. Fuck. Fuck. Fuck.
Fuck. Fuck. Fuck. Fuck. Fuck. Fuck. Fuck. Fuck. Fuck.
Fuck. Fuck. Fuck. Fuck. Fuck. Fuck. Fuck. Fuck. Fuck.
Fuck. Fuck. Fuck. Fuck. Fuck. Fuck. Fuck. Fuck. Fuck.

Fuck. Fuck. Fuck. Fuck. Fuck. Fuck. Fuck. Fuck. Fuck.
Fuck. Fuck. Fuck. Fuck. Fuck. Fuck. Fuck. Fuck. Fuck.
Fuck. Fuck. Fuck. Fuck. Fuck. Fuck. Fuck. Fuck. Fuck.
Fuck. Fuck. Fuck. Fuck. Fuck. Fuck. Fuck. Fuck. Fuck.
Fuck. Fuck. Fuck. Fuck. Fuck. Fuck. Fuck. Fuck. Fuck.
Fuck. Fuck. Fuck. Fuck. Fuck. Fuck. Fuck. Fuck. Fuck.
Fuck. Fuck. Fuck. Fuck. Fuck. Fuck. Fuck. Fuck. Fuck.
Fuck. Fuck. Fuck. Fuck. Fuck. Fuck. Fuck. Fuck. Fuck.
Fuck. Fuck. Fuck. Fuck. Fuck. Fuck. Fuck. Fuck. Fuck.
Fuck. Fuck. Fuck. Fuck. Fuck. Fuck. Fuck. Fuck. Fuck.
Fuck. Fuck. Fuck. Fuck. Fuck. Fuck. Fuck. Fuck. Fuck.
Fuck. Fuck. Fuck. Fuck. Fuck. Fuck. Fuck. Fuck. Fuck.
Fuck. Fuck. Fuck. Fuck. Fuck. Fuck. Fuck. Fuck. Fuck.
Fuck. Fuck. Fuck. Fuck. Fuck. Fuck. Fuck. Fuck. Fuck.
Fuck. Fuck. Fuck. Fuck. Fuck. Fuck. Fuck. Fuck. Fuck.
Fuck. Fuck. Fuck. Fuck. Fuck. Fuck. Fuck. Fuck. Fuck.
Fuck. Fuck. Fuck. Fuck. Fuck. Fuck. Fuck. Fuck. Fuck.
Fuck. Fuck. Fuck. Fuck. Fuck. Fuck. Fuck. Fuck. Fuck.
Fuck. Fuck. Fuck. Fuck. Fuck. Fuck. Fuck. Fuck. Fuck.
Fuck. Fuck. Fuck. Fuck. Fuck. Fuck. Fuck. Fuck. Fuck.
Fuck. Fuck. Fuck. Fuck. Fuck. Fuck. Fuck. Fuck. Fuck.
Fuck. Fuck. Fuck. Fuck. Fuck. Fuck. Fuck. Fuck. Fuck.
Fuck. Fuck. Fuck. Fuck. Fuck. Fuck. Fuck. Fuck. Fuck.
Fuck. Fuck. Fuck. Fuck. Fuck. Fuck. Fuck. Fuck. Fuck.
Fuck. Fuck. Fuck. Fuck. Fuck. Fuck. Fuck. Fuck. Fuck.
Fuck. Fuck. Fuck. Fuck. Fuck. Fuck. Fuck. Fuck. Fuck.
Fuck. Fuck. Fuck. Fuck. Fuck. Fuck. Fuck. Fuck. Fuck.
Fuck. Fuck. Fuck. Fuck. Fuck. Fuck. Fuck. Fuck. Fuck.
Fuck. Fuck. Fuck. Fuck. Fuck. Fuck. Fuck. Fuck. Fuck.
Fuck. Fuck. Fuck. Fuck. Fuck. Fuck. Fuck. Fuck. Fuck.
Fuck. Fuck. Fuck. Fuck. Fuck. Fuck. Fuck. Fuck. Fuck.
Fuck. Fuck. Fuck. Fuck. Fuck. Fuck. Fuck. Fuck. Fuck.

Fuck. Fuck. Fuck. Fuck. Fuck. Fuck. Fuck. Fuck. Fuck.
Fuck. Fuck. Fuck. Fuck. Fuck. Fuck. Fuck. Fuck. Fuck.
Fuck. Fuck. Fuck. Fuck. Fuck. Fuck. Fuck. Fuck. Fuck.
Fuck. Fuck. Fuck. Fuck. Fuck. Fuck. Fuck. Fuck. Fuck.
Fuck. Fuck. Fuck. Fuck. Fuck. Fuck. Fuck. Fuck. Fuck.
Fuck. Fuck. Fuck. Fuck. Fuck. Fuck. Fuck. Fuck. Fuck.
Fuck. Fuck. Fuck. Fuck. Fuck. Fuck. Fuck. Fuck. Fuck.
Fuck. Fuck. Fuck. Fuck. Fuck. Fuck. Fuck. Fuck. Fuck.
Fuck. Fuck. Fuck. Fuck. Fuck. Fuck. Fuck. Fuck. Fuck.
Fuck. Fuck. Fuck. Fuck. Fuck. Fuck. Fuck. Fuck. Fuck.
Fuck. Fuck. Fuck. Fuck. Fuck. Fuck. Fuck. Fuck. Fuck.
Fuck. Fuck. Fuck. Fuck. Fuck. Fuck. Fuck. Fuck. Fuck.
Fuck. Fuck. Fuck. Fuck. Fuck. Fuck. Fuck. Fuck. Fuck.
Fuck. Fuck. Fuck. Fuck. Fuck. Fuck. Fuck. Fuck. Fuck.
Fuck. Fuck. Fuck. Fuck. Fuck. Fuck. Fuck. Fuck. Fuck.
Fuck. Fuck. Fuck. Fuck. Fuck. Fuck. Fuck. Fuck. Fuck.
Fuck. Fuck. Fuck. Fuck. Fuck. Fuck. Fuck. Fuck. Fuck.
Fuck. Fuck. Fuck. Fuck. Fuck. Fuck. Fuck. Fuck. Fuck.
Fuck. Fuck. Fuck. Fuck. Fuck. Fuck. Fuck. Fuck. Fuck.
Fuck. Fuck. Fuck. Fuck. Fuck. Fuck. Fuck. Fuck. Fuck.
Fuck. Fuck. Fuck. Fuck. Fuck. Fuck. Fuck. Fuck. Fuck.
Fuck. Fuck. Fuck. Fuck. Fuck. Fuck. Fuck. Fuck. Fuck.
Fuck. Fuck. Fuck. Fuck. Fuck. Fuck. Fuck. Fuck. Fuck.
Fuck. Fuck. Fuck. Fuck. Fuck. Fuck. Fuck. Fuck. Fuck.
Fuck. Fuck. Fuck. Fuck. Fuck. Fuck. Fuck. Fuck. Fuck.
Fuck. Fuck. Fuck. Fuck. Fuck. Fuck. Fuck. Fuck. Fuck.
Fuck. Fuck. Fuck. Fuck. Fuck. Fuck. Fuck. Fuck. Fuck.
Fuck. Fuck. Fuck. Fuck. Fuck. Fuck. Fuck. Fuck. Fuck.
Fuck. Fuck. Fuck. Fuck. Fuck. Fuck. Fuck. Fuck. Fuck.
Fuck. Fuck. Fuck. Fuck. Fuck. Fuck. Fuck. Fuck. Fuck.
Fuck. Fuck. Fuck. Fuck. Fuck. Fuck. Fuck. Fuck. Fuck.
Fuck. Fuck. Fuck. Fuck. Fuck. Fuck. Fuck. Fuck. Fuck.
Fuck. Fuck. Fuck. Fuck. Fuck. Fuck. Fuck. Fuck. Fuck.

Fuck. Fuck. Fuck. Fuck. Fuck. Fuck. Fuck. Fuck. Fuck.
Fuck. Fuck. Fuck. Fuck. Fuck. Fuck. Fuck. Fuck. Fuck.
Fuck. Fuck. Fuck. Fuck. Fuck. Fuck. Fuck. Fuck. Fuck.
Fuck. Fuck. Fuck. Fuck. Fuck. Fuck. Fuck. Fuck. Fuck.
Fuck. Fuck. Fuck. Fuck. Fuck. Fuck. Fuck. Fuck. Fuck.
Fuck. Fuck. Fuck. Fuck. Fuck. Fuck. Fuck. Fuck. Fuck.
Fuck. Fuck. Fuck. Fuck. Fuck. Fuck. Fuck. Fuck. Fuck.
Fuck. Fuck. Fuck. Fuck. Fuck. Fuck. Fuck. Fuck. Fuck.
Fuck. Fuck. Fuck. Fuck. Fuck. Fuck. Fuck. Fuck. Fuck.
Fuck. Fuck. Fuck. Fuck. Fuck. Fuck. Fuck. Fuck. Fuck.
Fuck. Fuck. Fuck. Fuck. Fuck. Fuck. Fuck. Fuck. Fuck.
Fuck. Fuck. Fuck. Fuck. Fuck. Fuck. Fuck. Fuck. Fuck.
Fuck. Fuck. Fuck. Fuck. Fuck. Fuck. Fuck. Fuck. Fuck.
Fuck. Fuck. Fuck. Fuck. Fuck. Fuck. Fuck. Fuck. Fuck.
Fuck. Fuck. Fuck. Fuck. Fuck. Fuck. Fuck. Fuck. Fuck.
Fuck. Fuck. Fuck. Fuck. Fuck. Fuck. Fuck. Fuck. Fuck.
Fuck. Fuck. Fuck. Fuck. Fuck. Fuck. Fuck. Fuck. Fuck.
Fuck. Fuck. Fuck. Fuck. Fuck. Fuck. Fuck. Fuck. Fuck.
Fuck. Fuck. Fuck. Fuck. Fuck. Fuck. Fuck. Fuck. Fuck.
Fuck. Fuck. Fuck. Fuck. Fuck. Fuck. Fuck. Fuck. Fuck.
Fuck. Fuck. Fuck. Fuck. Fuck. Fuck. Fuck. Fuck. Fuck.
Fuck. Fuck. Fuck. Fuck. Fuck. Fuck. Fuck. Fuck. Fuck.
Fuck. Fuck. Fuck. Fuck. Fuck. Fuck. Fuck. Fuck. Fuck.
Fuck. Fuck. Fuck. Fuck. Fuck. Fuck. Fuck. Fuck. Fuck.
Fuck. Fuck. Fuck. Fuck. Fuck. Fuck. Fuck. Fuck. Fuck.
Fuck. Fuck. Fuck. Fuck. Fuck. Fuck. Fuck. Fuck. Fuck.
Fuck. Fuck. Fuck. Fuck. Fuck. Fuck. Fuck. Fuck. Fuck.
Fuck. Fuck. Fuck. Fuck. Fuck. Fuck. Fuck. Fuck. Fuck.
Fuck. Fuck. Fuck. Fuck. Fuck. Fuck. Fuck. Fuck. Fuck.
Fuck. Fuck. Fuck. Fuck. Fuck. Fuck. Fuck. Fuck. Fuck.
Fuck. Fuck. Fuck. Fuck. Fuck. Fuck. Fuck. Fuck. Fuck.
Fuck. Fuck. Fuck. Fuck. Fuck. Fuck. Fuck. Fuck. Fuck.

Fuck. Fuck. Fuck. Fuck. Fuck. Fuck. Fuck. Fuck. Fuck.
Fuck. Fuck. Fuck. Fuck. Fuck. Fuck. Fuck. Fuck. Fuck.
Fuck. Fuck. Fuck. Fuck. Fuck. Fuck. Fuck. Fuck. Fuck.
Fuck. Fuck. Fuck. Fuck. Fuck. Fuck. Fuck. Fuck. Fuck.
Fuck. Fuck. Fuck. Fuck. Fuck. Fuck. Fuck. Fuck. Fuck.
Fuck. Fuck. Fuck. Fuck. Fuck. Fuck. Fuck. Fuck. Fuck.
Fuck. Fuck. Fuck. Fuck. Fuck. Fuck. Fuck. Fuck. Fuck.
Fuck. Fuck. Fuck. Fuck. Fuck. Fuck. Fuck. Fuck. Fuck.
Fuck. Fuck. Fuck. Fuck. Fuck. Fuck. Fuck. Fuck. Fuck.
Fuck. Fuck. Fuck. Fuck. Fuck. Fuck. Fuck. Fuck. Fuck.
Fuck. Fuck. Fuck. Fuck. Fuck. Fuck. Fuck. Fuck. Fuck.
Fuck. Fuck. Fuck. Fuck. Fuck. Fuck. Fuck. Fuck. Fuck.
Fuck. Fuck. Fuck. Fuck. Fuck. Fuck. Fuck. Fuck. Fuck.
Fuck. Fuck. Fuck. Fuck. Fuck. Fuck. Fuck. Fuck. Fuck.
Fuck. Fuck. Fuck. Fuck. Fuck. Fuck. Fuck. Fuck. Fuck.
Fuck. Fuck. Fuck. Fuck. Fuck. Fuck. Fuck. Fuck. Fuck.
Fuck. Fuck. Fuck. Fuck. Fuck. Fuck. Fuck. Fuck. Fuck.
Fuck. Fuck. Fuck. Fuck. Fuck. Fuck. Fuck. Fuck. Fuck.
Fuck. Fuck. Fuck. Fuck. Fuck. Fuck. Fuck. Fuck. Fuck.
Fuck. Fuck. Fuck. Fuck. Fuck. Fuck. Fuck. Fuck. Fuck.
Fuck. Fuck. Fuck. Fuck. Fuck. Fuck. Fuck. Fuck. Fuck.
Fuck. Fuck. Fuck. Fuck. Fuck. Fuck. Fuck. Fuck. Fuck.
Fuck. Fuck. Fuck. Fuck. Fuck. Fuck. Fuck. Fuck. Fuck.
Fuck. Fuck. Fuck. Fuck. Fuck. Fuck. Fuck. Fuck. Fuck.
Fuck. Fuck. Fuck. Fuck. Fuck. Fuck. Fuck. Fuck. Fuck.
Fuck. Fuck. Fuck. Fuck. Fuck. Fuck. Fuck. Fuck. Fuck.
Fuck. Fuck. Fuck. Fuck. Fuck. Fuck. Fuck. Fuck. Fuck.
Fuck. Fuck. Fuck. Fuck. Fuck. Fuck. Fuck. Fuck. Fuck.
Fuck. Fuck. Fuck. Fuck. Fuck. Fuck. Fuck. Fuck. Fuck.
Fuck. Fuck. Fuck. Fuck. Fuck. Fuck. Fuck. Fuck. Fuck.
Fuck. Fuck. Fuck. Fuck. Fuck. Fuck. Fuck. Fuck. Fuck.
Fuck. Fuck. Fuck. Fuck. Fuck. Fuck. Fuck. Fuck. Fuck.

Fuck. Fuck. Fuck. Fuck. Fuck. Fuck. Fuck. Fuck. Fuck.
Fuck. Fuck. Fuck. Fuck. Fuck. Fuck. Fuck. Fuck. Fuck.
Fuck. Fuck. Fuck. Fuck. Fuck. Fuck. Fuck. Fuck. Fuck.
Fuck. Fuck. Fuck. Fuck. Fuck. Fuck. Fuck. Fuck. Fuck.
Fuck. Fuck. Fuck. Fuck. Fuck. Fuck. Fuck. Fuck. Fuck.
Fuck. Fuck. Fuck. Fuck. Fuck. Fuck. Fuck. Fuck. Fuck.
Fuck. Fuck. Fuck. Fuck. Fuck. Fuck. Fuck. Fuck. Fuck.
Fuck. Fuck. Fuck. Fuck. Fuck. Fuck. Fuck. Fuck. Fuck.
Fuck. Fuck. Fuck. Fuck. Fuck. Fuck. Fuck. Fuck. Fuck.
Fuck. Fuck. Fuck. Fuck. Fuck. Fuck. Fuck. Fuck. Fuck.
Fuck. Fuck. Fuck. Fuck. Fuck. Fuck. Fuck. Fuck. Fuck.
Fuck. Fuck. Fuck. Fuck. Fuck. Fuck. Fuck. Fuck. Fuck.
Fuck. Fuck. Fuck. Fuck. Fuck. Fuck. Fuck. Fuck. Fuck.
Fuck. Fuck. Fuck. Fuck. Fuck. Fuck. Fuck. Fuck. Fuck.
Fuck. Fuck. Fuck. Fuck. Fuck. Fuck. Fuck. Fuck. Fuck.
Fuck. Fuck. Fuck. Fuck. Fuck. Fuck. Fuck. Fuck. Fuck.
Fuck. Fuck. Fuck. Fuck. Fuck. Fuck. Fuck. Fuck. Fuck.
Fuck. Fuck. Fuck. Fuck. Fuck. Fuck. Fuck. Fuck. Fuck.
Fuck. Fuck. Fuck. Fuck. Fuck. Fuck. Fuck. Fuck. Fuck.
Fuck. Fuck. Fuck. Fuck. Fuck. Fuck. Fuck. Fuck. Fuck.
Fuck. Fuck. Fuck. Fuck. Fuck. Fuck. Fuck. Fuck. Fuck.
Fuck. Fuck. Fuck. Fuck. Fuck. Fuck. Fuck. Fuck. Fuck.
Fuck. Fuck. Fuck. Fuck. Fuck. Fuck. Fuck. Fuck. Fuck.
Fuck. Fuck. Fuck. Fuck. Fuck. Fuck. Fuck. Fuck. Fuck.
Fuck. Fuck. Fuck. Fuck. Fuck. Fuck. Fuck. Fuck. Fuck.
Fuck. Fuck. Fuck. Fuck. Fuck. Fuck. Fuck. Fuck. Fuck.
Fuck. Fuck. Fuck. Fuck. Fuck. Fuck. Fuck. Fuck. Fuck.
Fuck. Fuck. Fuck. Fuck. Fuck. Fuck. Fuck. Fuck. Fuck.
Fuck. Fuck. Fuck. Fuck. Fuck. Fuck. Fuck. Fuck. Fuck.
Fuck. Fuck. Fuck. Fuck. Fuck. Fuck. Fuck. Fuck. Fuck.
Fuck. Fuck. Fuck. Fuck. Fuck. Fuck. Fuck. Fuck. Fuck.
Fuck. Fuck. Fuck. Fuck. Fuck. Fuck. Fuck. Fuck. Fuck.

Fuck. Fuck. Fuck. Fuck. Fuck. Fuck. Fuck. Fuck. Fuck.
Fuck. Fuck. Fuck. Fuck. Fuck. Fuck. Fuck. Fuck. Fuck.
Fuck. Fuck. Fuck. Fuck. Fuck. Fuck. Fuck. Fuck. Fuck.
Fuck. Fuck. Fuck. Fuck. Fuck. Fuck. Fuck. Fuck. Fuck.
Fuck. Fuck. Fuck. Fuck. Fuck. Fuck. Fuck. Fuck. Fuck.
Fuck. Fuck. Fuck. Fuck. Fuck. Fuck. Fuck. Fuck. Fuck.
Fuck. Fuck. Fuck. Fuck. Fuck. Fuck. Fuck. Fuck. Fuck.
Fuck. Fuck. Fuck. Fuck. Fuck. Fuck. Fuck. Fuck. Fuck.
Fuck. Fuck. Fuck. Fuck. Fuck. Fuck. Fuck. Fuck. Fuck.
Fuck. Fuck. Fuck. Fuck. Fuck. Fuck. Fuck. Fuck. Fuck.
Fuck. Fuck. Fuck. Fuck. Fuck. Fuck. Fuck. Fuck. Fuck.
Fuck. Fuck. Fuck. Fuck. Fuck. Fuck. Fuck. Fuck. Fuck.
Fuck. Fuck. Fuck. Fuck. Fuck. Fuck. Fuck. Fuck. Fuck.
Fuck. Fuck. Fuck. Fuck. Fuck. Fuck. Fuck. Fuck. Fuck.
Fuck. Fuck. Fuck. Fuck. Fuck. Fuck. Fuck. Fuck. Fuck.
Fuck. Fuck. Fuck. Fuck. Fuck. Fuck. Fuck. Fuck. Fuck.
Fuck. Fuck. Fuck. Fuck. Fuck. Fuck. Fuck. Fuck. Fuck.
Fuck. Fuck. Fuck. Fuck. Fuck. Fuck. Fuck. Fuck. Fuck.
Fuck. Fuck. Fuck. Fuck. Fuck. Fuck. Fuck. Fuck. Fuck.
Fuck. Fuck. Fuck. Fuck. Fuck. Fuck. Fuck. Fuck. Fuck.
Fuck. Fuck. Fuck. Fuck. Fuck. Fuck. Fuck. Fuck. Fuck.
Fuck. Fuck. Fuck. Fuck. Fuck. Fuck. Fuck. Fuck. Fuck.
Fuck. Fuck. Fuck. Fuck. Fuck. Fuck. Fuck. Fuck. Fuck.
Fuck. Fuck. Fuck. Fuck. Fuck. Fuck. Fuck. Fuck. Fuck.
Fuck. Fuck. Fuck. Fuck. Fuck. Fuck. Fuck. Fuck. Fuck.
Fuck. Fuck. Fuck. Fuck. Fuck. Fuck. Fuck. Fuck. Fuck.
Fuck. Fuck. Fuck. Fuck. Fuck. Fuck. Fuck. Fuck. Fuck.
Fuck. Fuck. Fuck. Fuck. Fuck. Fuck. Fuck. Fuck. Fuck.
Fuck. Fuck. Fuck. Fuck. Fuck. Fuck. Fuck. Fuck. Fuck.
Fuck. Fuck. Fuck. Fuck. Fuck. Fuck. Fuck. Fuck. Fuck.
Fuck. Fuck. Fuck. Fuck. Fuck. Fuck. Fuck. Fuck. Fuck.
Fuck. Fuck. Fuck. Fuck. Fuck. Fuck. Fuck. Fuck. Fuck.
Fuck. Fuck. Fuck. Fuck. Fuck. Fuck. Fuck. Fuck. Fuck.

Fuck. Fuck. Fuck. Fuck. Fuck. Fuck. Fuck. Fuck. Fuck.
Fuck. Fuck. Fuck. Fuck. Fuck. Fuck. Fuck. Fuck. Fuck.
Fuck. Fuck. Fuck. Fuck. Fuck. Fuck. Fuck. Fuck. Fuck.
Fuck. Fuck. Fuck. Fuck. Fuck. Fuck. Fuck. Fuck. Fuck.
Fuck. Fuck. Fuck. Fuck. Fuck. Fuck. Fuck. Fuck. Fuck.
Fuck. Fuck. Fuck. Fuck. Fuck. Fuck. Fuck. Fuck. Fuck.
Fuck. Fuck. Fuck. Fuck. Fuck. Fuck. Fuck. Fuck. Fuck.
Fuck. Fuck. Fuck. Fuck. Fuck. Fuck. Fuck. Fuck. Fuck.
Fuck. Fuck. Fuck. Fuck. Fuck. Fuck. Fuck. Fuck. Fuck.
Fuck. Fuck. Fuck. Fuck. Fuck. Fuck. Fuck. Fuck. Fuck.
Fuck. Fuck. Fuck. Fuck. Fuck. Fuck. Fuck. Fuck. Fuck.
Fuck. Fuck. Fuck. Fuck. Fuck. Fuck. Fuck. Fuck. Fuck.
Fuck. Fuck. Fuck. Fuck. Fuck. Fuck. Fuck. Fuck. Fuck.
Fuck. Fuck. Fuck. Fuck. Fuck. Fuck. Fuck. Fuck. Fuck.
Fuck. Fuck. Fuck. Fuck. Fuck. Fuck. Fuck. Fuck. Fuck.
Fuck. Fuck. Fuck. Fuck. Fuck. Fuck. Fuck. Fuck. Fuck.
Fuck. Fuck. Fuck. Fuck. Fuck. Fuck. Fuck. Fuck. Fuck.
Fuck. Fuck. Fuck. Fuck. Fuck. Fuck. Fuck. Fuck. Fuck.
Fuck. Fuck. Fuck. Fuck. Fuck. Fuck. Fuck. Fuck. Fuck.
Fuck. Fuck. Fuck. Fuck. Fuck. Fuck. Fuck. Fuck. Fuck.
Fuck. Fuck. Fuck. Fuck. Fuck. Fuck. Fuck. Fuck. Fuck.
Fuck. Fuck. Fuck. Fuck. Fuck. Fuck. Fuck. Fuck. Fuck.
Fuck. Fuck. Fuck. Fuck. Fuck. Fuck. Fuck. Fuck. Fuck.
Fuck. Fuck. Fuck. Fuck. Fuck. Fuck. Fuck. Fuck. Fuck.
Fuck. Fuck. Fuck. Fuck. Fuck. Fuck. Fuck. Fuck. Fuck.
Fuck. Fuck. Fuck. Fuck. Fuck. Fuck. Fuck. Fuck. Fuck.
Fuck. Fuck. Fuck. Fuck. Fuck. Fuck. Fuck. Fuck. Fuck.
Fuck. Fuck. Fuck. Fuck. Fuck. Fuck. Fuck. Fuck. Fuck.
Fuck. Fuck. Fuck. Fuck. Fuck. Fuck. Fuck. Fuck. Fuck.
Fuck. Fuck. Fuck. Fuck. Fuck. Fuck. Fuck. Fuck. Fuck.
Fuck. Fuck. Fuck. Fuck. Fuck. Fuck. Fuck. Fuck. Fuck.
Fuck. Fuck. Fuck. Fuck. Fuck. Fuck. Fuck. Fuck. Fuck.

Fuck. Fuck. Fuck. Fuck. Fuck. Fuck. Fuck. Fuck. Fuck.
Fuck. Fuck. Fuck. Fuck. Fuck. Fuck. Fuck. Fuck. Fuck.
Fuck. Fuck. Fuck. Fuck. Fuck. Fuck. Fuck. Fuck. Fuck.
Fuck. Fuck. Fuck. Fuck. Fuck. Fuck. Fuck. Fuck. Fuck.
Fuck. Fuck. Fuck. Fuck. Fuck. Fuck. Fuck. Fuck. Fuck.
Fuck. Fuck. Fuck. Fuck. Fuck. Fuck. Fuck. Fuck. Fuck.
Fuck. Fuck. Fuck. Fuck. Fuck. Fuck. Fuck. Fuck. Fuck.
Fuck. Fuck. Fuck. Fuck. Fuck. Fuck. Fuck. Fuck. Fuck.
Fuck. Fuck. Fuck. Fuck. Fuck. Fuck. Fuck. Fuck. Fuck.
Fuck. Fuck. Fuck. Fuck. Fuck. Fuck. Fuck. Fuck. Fuck.
Fuck. Fuck. Fuck. Fuck. Fuck. Fuck. Fuck. Fuck. Fuck.
Fuck. Fuck. Fuck. Fuck. Fuck. Fuck. Fuck. Fuck. Fuck.
Fuck. Fuck. Fuck. Fuck. Fuck. Fuck. Fuck. Fuck. Fuck.
Fuck. Fuck. Fuck. Fuck. Fuck. Fuck. Fuck. Fuck. Fuck.
Fuck. Fuck. Fuck. Fuck. Fuck. Fuck. Fuck. Fuck. Fuck.
Fuck. Fuck. Fuck. Fuck. Fuck. Fuck. Fuck. Fuck. Fuck.
Fuck. Fuck. Fuck. Fuck. Fuck. Fuck. Fuck. Fuck. Fuck.
Fuck. Fuck. Fuck. Fuck. Fuck. Fuck. Fuck. Fuck. Fuck.
Fuck. Fuck. Fuck. Fuck. Fuck. Fuck. Fuck. Fuck. Fuck.
Fuck. Fuck. Fuck. Fuck. Fuck. Fuck. Fuck. Fuck. Fuck.
Fuck. Fuck. Fuck. Fuck. Fuck. Fuck. Fuck. Fuck. Fuck.
Fuck. Fuck. Fuck. Fuck. Fuck. Fuck. Fuck. Fuck. Fuck.
Fuck. Fuck. Fuck. Fuck. Fuck. Fuck. Fuck. Fuck. Fuck.
Fuck. Fuck. Fuck. Fuck. Fuck. Fuck. Fuck. Fuck. Fuck.
Fuck. Fuck. Fuck. Fuck. Fuck. Fuck. Fuck. Fuck. Fuck.
Fuck. Fuck. Fuck. Fuck. Fuck. Fuck. Fuck. Fuck. Fuck.
Fuck. Fuck. Fuck. Fuck. Fuck. Fuck. Fuck. Fuck. Fuck.
Fuck. Fuck. Fuck. Fuck. Fuck. Fuck. Fuck. Fuck. Fuck.
Fuck. Fuck. Fuck. Fuck. Fuck. Fuck. Fuck. Fuck. Fuck.
Fuck. Fuck. Fuck. Fuck. Fuck. Fuck. Fuck. Fuck. Fuck.
Fuck. Fuck. Fuck. Fuck. Fuck. Fuck. Fuck. Fuck. Fuck.
Fuck. Fuck. Fuck. Fuck. Fuck. Fuck. Fuck. Fuck. Fuck.
Fuck. Fuck. Fuck. Fuck. Fuck. Fuck. Fuck. Fuck. Fuck.

Fuck. Fuck. Fuck. Fuck. Fuck. Fuck. Fuck. Fuck. Fuck.
Fuck. Fuck. Fuck. Fuck. Fuck. Fuck. Fuck. Fuck. Fuck.
Fuck. Fuck. Fuck. Fuck. Fuck. Fuck. Fuck. Fuck. Fuck.
Fuck. Fuck. Fuck. Fuck. Fuck. Fuck. Fuck. Fuck. Fuck.
Fuck. Fuck. Fuck. Fuck. Fuck. Fuck. Fuck. Fuck. Fuck.
Fuck. Fuck. Fuck. Fuck. Fuck. Fuck. Fuck. Fuck. Fuck.
Fuck. Fuck. Fuck. Fuck. Fuck. Fuck. Fuck. Fuck. Fuck.
Fuck. Fuck. Fuck. Fuck. Fuck. Fuck. Fuck. Fuck. Fuck.
Fuck. Fuck. Fuck. Fuck. Fuck. Fuck. Fuck. Fuck. Fuck.
Fuck. Fuck. Fuck. Fuck. Fuck. Fuck. Fuck. Fuck. Fuck.
Fuck. Fuck. Fuck. Fuck. Fuck. Fuck. Fuck. Fuck. Fuck.
Fuck. Fuck. Fuck. Fuck. Fuck. Fuck. Fuck. Fuck. Fuck.
Fuck. Fuck. Fuck. Fuck. Fuck. Fuck. Fuck. Fuck. Fuck.
Fuck. Fuck. Fuck. Fuck. Fuck. Fuck. Fuck. Fuck. Fuck.
Fuck. Fuck. Fuck. Fuck. Fuck. Fuck. Fuck. Fuck. Fuck.
Fuck. Fuck. Fuck. Fuck. Fuck. Fuck. Fuck. Fuck. Fuck.
Fuck. Fuck. Fuck. Fuck. Fuck. Fuck. Fuck. Fuck. Fuck.
Fuck. Fuck. Fuck. Fuck. Fuck. Fuck. Fuck. Fuck. Fuck.
Fuck. Fuck. Fuck. Fuck. Fuck. Fuck. Fuck. Fuck. Fuck.
Fuck. Fuck. Fuck. Fuck. Fuck. Fuck. Fuck. Fuck. Fuck.
Fuck. Fuck. Fuck. Fuck. Fuck. Fuck. Fuck. Fuck. Fuck.
Fuck. Fuck. Fuck. Fuck. Fuck. Fuck. Fuck. Fuck. Fuck.
Fuck. Fuck. Fuck. Fuck. Fuck. Fuck. Fuck. Fuck. Fuck.
Fuck. Fuck. Fuck. Fuck. Fuck. Fuck. Fuck. Fuck. Fuck.
Fuck. Fuck. Fuck. Fuck. Fuck. Fuck. Fuck. Fuck. Fuck.
Fuck. Fuck. Fuck. Fuck. Fuck. Fuck. Fuck. Fuck. Fuck.
Fuck. Fuck. Fuck. Fuck. Fuck. Fuck. Fuck. Fuck. Fuck.
Fuck. Fuck. Fuck. Fuck. Fuck. Fuck. Fuck. Fuck. Fuck.
Fuck. Fuck. Fuck. Fuck. Fuck. Fuck. Fuck. Fuck. Fuck.
Fuck. Fuck. Fuck. Fuck. Fuck. Fuck. Fuck. Fuck. Fuck.
Fuck. Fuck. Fuck. Fuck. Fuck. Fuck. Fuck. Fuck. Fuck.
Fuck. Fuck. Fuck. Fuck. Fuck. Fuck. Fuck. Fuck. Fuck.
Fuck. Fuck. Fuck. Fuck. Fuck. Fuck. Fuck. Fuck. Fuck.

Fuck. Fuck. Fuck. Fuck. Fuck. Fuck. Fuck. Fuck. Fuck.
Fuck. Fuck. Fuck. Fuck. Fuck. Fuck. Fuck. Fuck. Fuck.
Fuck. Fuck. Fuck. Fuck. Fuck. Fuck. Fuck. Fuck. Fuck.
Fuck. Fuck. Fuck. Fuck. Fuck. Fuck. Fuck. Fuck. Fuck.
Fuck. Fuck. Fuck. Fuck. Fuck. Fuck. Fuck. Fuck. Fuck.
Fuck. Fuck. Fuck. Fuck. Fuck. Fuck. Fuck. Fuck. Fuck.
Fuck. Fuck. Fuck. Fuck. Fuck. Fuck. Fuck. Fuck. Fuck.
Fuck. Fuck. Fuck. Fuck. Fuck. Fuck. Fuck. Fuck. Fuck.
Fuck. Fuck. Fuck. Fuck. Fuck. Fuck. Fuck. Fuck. Fuck.
Fuck. Fuck. Fuck. Fuck. Fuck. Fuck. Fuck. Fuck. Fuck.
Fuck. Fuck. Fuck. Fuck. Fuck. Fuck. Fuck. Fuck. Fuck.
Fuck. Fuck. Fuck. Fuck. Fuck. Fuck. Fuck. Fuck. Fuck.
Fuck. Fuck. Fuck. Fuck. Fuck. Fuck. Fuck. Fuck. Fuck.
Fuck. Fuck. Fuck. Fuck. Fuck. Fuck. Fuck. Fuck. Fuck.
Fuck. Fuck. Fuck. Fuck. Fuck. Fuck. Fuck. Fuck. Fuck.
Fuck. Fuck. Fuck. Fuck. Fuck. Fuck. Fuck. Fuck. Fuck.
Fuck. Fuck. Fuck. Fuck. Fuck. Fuck. Fuck. Fuck. Fuck.
Fuck. Fuck. Fuck. Fuck. Fuck. Fuck. Fuck. Fuck. Fuck.
Fuck. Fuck. Fuck. Fuck. Fuck. Fuck. Fuck. Fuck. Fuck.
Fuck. Fuck. Fuck. Fuck. Fuck. Fuck. Fuck. Fuck. Fuck.
Fuck. Fuck. Fuck. Fuck. Fuck. Fuck. Fuck. Fuck. Fuck.
Fuck. Fuck. Fuck. Fuck. Fuck. Fuck. Fuck. Fuck. Fuck.
Fuck. Fuck. Fuck. Fuck. Fuck. Fuck. Fuck. Fuck. Fuck.
Fuck. Fuck. Fuck. Fuck. Fuck. Fuck. Fuck. Fuck. Fuck.
Fuck. Fuck. Fuck. Fuck. Fuck. Fuck. Fuck. Fuck. Fuck.
Fuck. Fuck. Fuck. Fuck. Fuck. Fuck. Fuck. Fuck. Fuck.
Fuck. Fuck. Fuck. Fuck. Fuck. Fuck. Fuck. Fuck. Fuck.
Fuck. Fuck. Fuck. Fuck. Fuck. Fuck. Fuck. Fuck. Fuck.
Fuck. Fuck. Fuck. Fuck. Fuck. Fuck. Fuck. Fuck. Fuck.
Fuck. Fuck. Fuck. Fuck. Fuck. Fuck. Fuck. Fuck. Fuck.
Fuck. Fuck. Fuck. Fuck. Fuck. Fuck. Fuck. Fuck. Fuck.
Fuck. Fuck. Fuck. Fuck. Fuck. Fuck. Fuck. Fuck. Fuck.
Fuck. Fuck. Fuck. Fuck. Fuck. Fuck. Fuck. Fuck. Fuck.

Fuck. Fuck. Fuck. Fuck. Fuck. Fuck. Fuck. Fuck. Fuck.
Fuck. Fuck. Fuck. Fuck. Fuck. Fuck. Fuck. Fuck. Fuck.
Fuck. Fuck. Fuck. Fuck. Fuck. Fuck. Fuck. Fuck. Fuck.
Fuck. Fuck. Fuck. Fuck. Fuck. Fuck. Fuck. Fuck. Fuck.
Fuck. Fuck. Fuck. Fuck. Fuck. Fuck. Fuck. Fuck. Fuck.
Fuck. Fuck. Fuck. Fuck. Fuck. Fuck. Fuck. Fuck. Fuck.
Fuck. Fuck. Fuck. Fuck. Fuck. Fuck. Fuck. Fuck. Fuck.
Fuck. Fuck. Fuck. Fuck. Fuck. Fuck. Fuck. Fuck. Fuck.
Fuck. Fuck. Fuck. Fuck. Fuck. Fuck. Fuck. Fuck. Fuck.
Fuck. Fuck. Fuck. Fuck. Fuck. Fuck. Fuck. Fuck. Fuck.
Fuck. Fuck. Fuck. Fuck. Fuck. Fuck. Fuck. Fuck. Fuck.
Fuck. Fuck. Fuck. Fuck. Fuck. Fuck. Fuck. Fuck. Fuck.
Fuck. Fuck. Fuck. Fuck. Fuck. Fuck. Fuck. Fuck. Fuck.
Fuck. Fuck. Fuck. Fuck. Fuck. Fuck. Fuck. Fuck. Fuck.
Fuck. Fuck. Fuck. Fuck. Fuck. Fuck. Fuck. Fuck. Fuck.
Fuck. Fuck. Fuck. Fuck. Fuck. Fuck. Fuck. Fuck. Fuck.
Fuck. Fuck. Fuck. Fuck. Fuck. Fuck. Fuck. Fuck. Fuck.
Fuck. Fuck. Fuck. Fuck. Fuck. Fuck. Fuck. Fuck. Fuck.
Fuck. Fuck. Fuck. Fuck. Fuck. Fuck. Fuck. Fuck. Fuck.
Fuck. Fuck. Fuck. Fuck. Fuck. Fuck. Fuck. Fuck. Fuck.
Fuck. Fuck. Fuck. Fuck. Fuck. Fuck. Fuck. Fuck. Fuck.
Fuck. Fuck. Fuck. Fuck. Fuck. Fuck. Fuck. Fuck. Fuck.
Fuck. Fuck. Fuck. Fuck. Fuck. Fuck. Fuck. Fuck. Fuck.
Fuck. Fuck. Fuck. Fuck. Fuck. Fuck. Fuck. Fuck. Fuck.
Fuck. Fuck. Fuck. Fuck. Fuck. Fuck. Fuck. Fuck. Fuck.
Fuck. Fuck. Fuck. Fuck. Fuck. Fuck. Fuck. Fuck. Fuck.
Fuck. Fuck. Fuck. Fuck. Fuck. Fuck. Fuck. Fuck. Fuck.
Fuck. Fuck. Fuck. Fuck. Fuck. Fuck. Fuck. Fuck. Fuck.
Fuck. Fuck. Fuck. Fuck. Fuck. Fuck. Fuck. Fuck. Fuck.
Fuck. Fuck. Fuck. Fuck. Fuck. Fuck. Fuck. Fuck. Fuck.
Fuck. Fuck. Fuck. Fuck. Fuck. Fuck. Fuck. Fuck. Fuck.
Fuck. Fuck. Fuck. Fuck. Fuck. Fuck. Fuck. Fuck. Fuck.

Fuck. Fuck. Fuck. Fuck. Fuck. Fuck. Fuck. Fuck. Fuck.
Fuck. Fuck. Fuck. Fuck. Fuck. Fuck. Fuck. Fuck. Fuck.
Fuck. Fuck. Fuck. Fuck. Fuck. Fuck. Fuck. Fuck. Fuck.
Fuck. Fuck. Fuck. Fuck. Fuck. Fuck. Fuck. Fuck. Fuck.
Fuck. Fuck. Fuck. Fuck. Fuck. Fuck. Fuck. Fuck. Fuck.
Fuck. Fuck. Fuck. Fuck. Fuck. Fuck. Fuck. Fuck. Fuck.
Fuck. Fuck. Fuck. Fuck. Fuck. Fuck. Fuck. Fuck. Fuck.
Fuck. Fuck. Fuck. Fuck. Fuck. Fuck. Fuck. Fuck. Fuck.
Fuck. Fuck. Fuck. Fuck. Fuck. Fuck. Fuck. Fuck. Fuck.
Fuck. Fuck. Fuck. Fuck. Fuck. Fuck. Fuck. Fuck. Fuck.
Fuck. Fuck. Fuck. Fuck. Fuck. Fuck. Fuck. Fuck. Fuck.
Fuck. Fuck. Fuck. Fuck. Fuck. Fuck. Fuck. Fuck. Fuck.
Fuck. Fuck. Fuck. Fuck. Fuck. Fuck. Fuck. Fuck. Fuck.
Fuck. Fuck. Fuck. Fuck. Fuck. Fuck. Fuck. Fuck. Fuck.
Fuck. Fuck. Fuck. Fuck. Fuck. Fuck. Fuck. Fuck. Fuck.
Fuck. Fuck. Fuck. Fuck. Fuck. Fuck. Fuck. Fuck. Fuck.
Fuck. Fuck. Fuck. Fuck. Fuck. Fuck. Fuck. Fuck. Fuck.
Fuck. Fuck. Fuck. Fuck. Fuck. Fuck. Fuck. Fuck. Fuck.
Fuck. Fuck. Fuck. Fuck. Fuck. Fuck. Fuck. Fuck. Fuck.
Fuck. Fuck. Fuck. Fuck. Fuck. Fuck. Fuck. Fuck. Fuck.
Fuck. Fuck. Fuck. Fuck. Fuck. Fuck. Fuck. Fuck. Fuck.
Fuck. Fuck. Fuck. Fuck. Fuck. Fuck. Fuck. Fuck. Fuck.
Fuck. Fuck. Fuck. Fuck. Fuck. Fuck. Fuck. Fuck. Fuck.
Fuck. Fuck. Fuck. Fuck. Fuck. Fuck. Fuck. Fuck. Fuck.
Fuck. Fuck. Fuck. Fuck. Fuck. Fuck. Fuck. Fuck. Fuck.
Fuck. Fuck. Fuck. Fuck. Fuck. Fuck. Fuck. Fuck. Fuck.
Fuck. Fuck. Fuck. Fuck. Fuck. Fuck. Fuck. Fuck. Fuck.
Fuck. Fuck. Fuck. Fuck. Fuck. Fuck. Fuck. Fuck. Fuck.
Fuck. Fuck. Fuck. Fuck. Fuck. Fuck. Fuck. Fuck. Fuck.
Fuck. Fuck. Fuck. Fuck. Fuck. Fuck. Fuck. Fuck. Fuck.
Fuck. Fuck. Fuck. Fuck. Fuck. Fuck. Fuck. Fuck. Fuck.
Fuck. Fuck. Fuck. Fuck. Fuck. Fuck. Fuck. Fuck. Fuck.

Fuck. Fuck. Fuck. Fuck. Fuck. Fuck. Fuck. Fuck. Fuck.
Fuck. Fuck. Fuck. Fuck. Fuck. Fuck. Fuck. Fuck. Fuck.
Fuck. Fuck. Fuck. Fuck. Fuck. Fuck. Fuck. Fuck. Fuck.
Fuck. Fuck. Fuck. Fuck. Fuck. Fuck. Fuck. Fuck. Fuck.
Fuck. Fuck. Fuck. Fuck. Fuck. Fuck. Fuck. Fuck. Fuck.
Fuck. Fuck. Fuck. Fuck. Fuck. Fuck. Fuck. Fuck. Fuck.
Fuck. Fuck. Fuck. Fuck. Fuck. Fuck. Fuck. Fuck. Fuck.
Fuck. Fuck. Fuck. Fuck. Fuck. Fuck. Fuck. Fuck. Fuck.
Fuck. Fuck. Fuck. Fuck. Fuck. Fuck. Fuck. Fuck. Fuck.
Fuck. Fuck. Fuck. Fuck. Fuck. Fuck. Fuck. Fuck. Fuck.
Fuck. Fuck. Fuck. Fuck. Fuck. Fuck. Fuck. Fuck. Fuck.
Fuck. Fuck. Fuck. Fuck. Fuck. Fuck. Fuck. Fuck. Fuck.
Fuck. Fuck. Fuck. Fuck. Fuck. Fuck. Fuck. Fuck. Fuck.
Fuck. Fuck. Fuck. Fuck. Fuck. Fuck. Fuck. Fuck. Fuck.
Fuck. Fuck. Fuck. Fuck. Fuck. Fuck. Fuck. Fuck. Fuck.
Fuck. Fuck. Fuck. Fuck. Fuck. Fuck. Fuck. Fuck. Fuck.
Fuck. Fuck. Fuck. Fuck. Fuck. Fuck. Fuck. Fuck. Fuck.
Fuck. Fuck. Fuck. Fuck. Fuck. Fuck. Fuck. Fuck. Fuck.
Fuck. Fuck. Fuck. Fuck. Fuck. Fuck. Fuck. Fuck. Fuck.
Fuck. Fuck. Fuck. Fuck. Fuck. Fuck. Fuck. Fuck. Fuck.
Fuck. Fuck. Fuck. Fuck. Fuck. Fuck. Fuck. Fuck. Fuck.
Fuck. Fuck. Fuck. Fuck. Fuck. Fuck. Fuck. Fuck. Fuck.
Fuck. Fuck. Fuck. Fuck. Fuck. Fuck. Fuck. Fuck. Fuck.
Fuck. Fuck. Fuck. Fuck. Fuck. Fuck. Fuck. Fuck. Fuck.
Fuck. Fuck. Fuck. Fuck. Fuck. Fuck. Fuck. Fuck. Fuck.
Fuck. Fuck. Fuck. Fuck. Fuck. Fuck. Fuck. Fuck. Fuck.
Fuck. Fuck. Fuck. Fuck. Fuck. Fuck. Fuck. Fuck. Fuck.
Fuck. Fuck. Fuck. Fuck. Fuck. Fuck. Fuck. Fuck. Fuck.
Fuck. Fuck. Fuck. Fuck. Fuck. Fuck. Fuck. Fuck. Fuck.
Fuck. Fuck. Fuck. Fuck. Fuck. Fuck. Fuck. Fuck. Fuck.
Fuck. Fuck. Fuck. Fuck. Fuck. Fuck. Fuck. Fuck. Fuck.
Fuck. Fuck. Fuck. Fuck. Fuck. Fuck. Fuck. Fuck. Fuck.
Fuck. Fuck. Fuck. Fuck. Fuck. Fuck. Fuck. Fuck. Fuck.
Fuck. Fuck. Fuck. Fuck. Fuck. Fuck. Fuck. Fuck. Fuck.

Fuck. Fuck. Fuck. Fuck. Fuck. Fuck. Fuck. Fuck. Fuck.
Fuck. Fuck. Fuck. Fuck. Fuck. Fuck. Fuck. Fuck. Fuck.
Fuck. Fuck. Fuck. Fuck. Fuck. Fuck. Fuck. Fuck. Fuck.
Fuck. Fuck. Fuck. Fuck. Fuck. Fuck. Fuck. Fuck. Fuck.
Fuck. Fuck. Fuck. Fuck. Fuck. Fuck. Fuck. Fuck. Fuck.
Fuck. Fuck. Fuck. Fuck. Fuck. Fuck. Fuck. Fuck. Fuck.
Fuck. Fuck. Fuck. Fuck. Fuck. Fuck. Fuck. Fuck. Fuck.
Fuck. Fuck. Fuck. Fuck. Fuck. Fuck. Fuck. Fuck. Fuck.
Fuck. Fuck. Fuck. Fuck. Fuck. Fuck. Fuck. Fuck. Fuck.
Fuck. Fuck. Fuck. Fuck. Fuck. Fuck. Fuck. Fuck. Fuck.
Fuck. Fuck. Fuck. Fuck. Fuck. Fuck. Fuck. Fuck. Fuck.
Fuck. Fuck. Fuck. Fuck. Fuck. Fuck. Fuck. Fuck. Fuck.
Fuck. Fuck. Fuck. Fuck. Fuck. Fuck. Fuck. Fuck. Fuck.
Fuck. Fuck. Fuck. Fuck. Fuck. Fuck. Fuck. Fuck. Fuck.
Fuck. Fuck. Fuck. Fuck. Fuck. Fuck. Fuck. Fuck. Fuck.
Fuck. Fuck. Fuck. Fuck. Fuck. Fuck. Fuck. Fuck. Fuck.
Fuck. Fuck. Fuck. Fuck. Fuck. Fuck. Fuck. Fuck. Fuck.
Fuck. Fuck. Fuck. Fuck. Fuck. Fuck. Fuck. Fuck. Fuck.
Fuck. Fuck. Fuck. Fuck. Fuck. Fuck. Fuck. Fuck. Fuck.
Fuck. Fuck. Fuck. Fuck. Fuck. Fuck. Fuck. Fuck. Fuck.
Fuck. Fuck. Fuck. Fuck. Fuck. Fuck. Fuck. Fuck. Fuck.
Fuck. Fuck. Fuck. Fuck. Fuck. Fuck. Fuck. Fuck. Fuck.
Fuck. Fuck. Fuck. Fuck. Fuck. Fuck. Fuck. Fuck. Fuck.
Fuck. Fuck. Fuck. Fuck. Fuck. Fuck. Fuck. Fuck. Fuck.
Fuck. Fuck. Fuck. Fuck. Fuck. Fuck. Fuck. Fuck. Fuck.
Fuck. Fuck. Fuck. Fuck. Fuck. Fuck. Fuck. Fuck. Fuck.
Fuck. Fuck. Fuck. Fuck. Fuck. Fuck. Fuck. Fuck. Fuck.
Fuck. Fuck. Fuck. Fuck. Fuck. Fuck. Fuck. Fuck. Fuck.
Fuck. Fuck. Fuck. Fuck. Fuck. Fuck. Fuck. Fuck. Fuck.
Fuck. Fuck. Fuck. Fuck. Fuck. Fuck. Fuck. Fuck. Fuck.
Fuck. Fuck. Fuck. Fuck. Fuck. Fuck. Fuck. Fuck. Fuck.
Fuck. Fuck. Fuck. Fuck. Fuck. Fuck. Fuck. Fuck. Fuck.
Fuck. Fuck. Fuck. Fuck. Fuck. Fuck. Fuck. Fuck. Fuck.
Fuck. Fuck. Fuck. Fuck. Fuck. Fuck. Fuck. Fuck. Fuck.

Fuck. Fuck. Fuck. Fuck. Fuck. Fuck. Fuck. Fuck. Fuck.
Fuck. Fuck. Fuck. Fuck. Fuck. Fuck. Fuck. Fuck. Fuck.
Fuck. Fuck. Fuck. Fuck. Fuck. Fuck. Fuck. Fuck. Fuck.
Fuck. Fuck. Fuck. Fuck. Fuck. Fuck. Fuck. Fuck. Fuck.
Fuck. Fuck. Fuck. Fuck. Fuck. Fuck. Fuck. Fuck. Fuck.
Fuck. Fuck. Fuck. Fuck. Fuck. Fuck. Fuck. Fuck. Fuck.
Fuck. Fuck. Fuck. Fuck. Fuck. Fuck. Fuck. Fuck. Fuck.
Fuck. Fuck. Fuck. Fuck. Fuck. Fuck. Fuck. Fuck. Fuck.
Fuck. Fuck. Fuck. Fuck. Fuck. Fuck. Fuck. Fuck. Fuck.
Fuck. Fuck. Fuck. Fuck. Fuck. Fuck. Fuck. Fuck. Fuck.
Fuck. Fuck. Fuck. Fuck. Fuck. Fuck. Fuck. Fuck. Fuck.
Fuck. Fuck. Fuck. Fuck. Fuck. Fuck. Fuck. Fuck. Fuck.
Fuck. Fuck. Fuck. Fuck. Fuck. Fuck. Fuck. Fuck. Fuck.
Fuck. Fuck. Fuck. Fuck. Fuck. Fuck. Fuck. Fuck. Fuck.
Fuck. Fuck. Fuck. Fuck. Fuck. Fuck. Fuck. Fuck. Fuck.
Fuck. Fuck. Fuck. Fuck. Fuck. Fuck. Fuck. Fuck. Fuck.
Fuck. Fuck. Fuck. Fuck. Fuck. Fuck. Fuck. Fuck. Fuck.
Fuck. Fuck. Fuck. Fuck. Fuck. Fuck. Fuck. Fuck. Fuck.
Fuck. Fuck. Fuck. Fuck. Fuck. Fuck. Fuck. Fuck. Fuck.
Fuck. Fuck. Fuck. Fuck. Fuck. Fuck. Fuck. Fuck. Fuck.
Fuck. Fuck. Fuck. Fuck. Fuck. Fuck. Fuck. Fuck. Fuck.
Fuck. Fuck. Fuck. Fuck. Fuck. Fuck. Fuck. Fuck. Fuck.
Fuck. Fuck. Fuck. Fuck. Fuck. Fuck. Fuck. Fuck. Fuck.
Fuck. Fuck. Fuck. Fuck. Fuck. Fuck. Fuck. Fuck. Fuck.
Fuck. Fuck. Fuck. Fuck. Fuck. Fuck. Fuck. Fuck. Fuck.
Fuck. Fuck. Fuck. Fuck. Fuck. Fuck. Fuck. Fuck. Fuck.
Fuck. Fuck. Fuck. Fuck. Fuck. Fuck. Fuck. Fuck. Fuck.
Fuck. Fuck. Fuck. Fuck. Fuck. Fuck. Fuck. Fuck. Fuck.
Fuck. Fuck. Fuck. Fuck. Fuck. Fuck. Fuck. Fuck. Fuck.
Fuck. Fuck. Fuck. Fuck. Fuck. Fuck. Fuck. Fuck. Fuck.
Fuck. Fuck. Fuck. Fuck. Fuck. Fuck. Fuck. Fuck. Fuck.
Fuck. Fuck. Fuck. Fuck. Fuck. Fuck. Fuck. Fuck. Fuck.
Fuck. Fuck. Fuck. Fuck. Fuck. Fuck. Fuck. Fuck. Fuck.

Fuck. Fuck. Fuck. Fuck. Fuck. Fuck. Fuck. Fuck. Fuck.
Fuck. Fuck. Fuck. Fuck. Fuck. Fuck. Fuck. Fuck. Fuck.
Fuck. Fuck. Fuck. Fuck. Fuck. Fuck. Fuck. Fuck. Fuck.
Fuck. Fuck. Fuck. Fuck. Fuck. Fuck. Fuck. Fuck. Fuck.
Fuck. Fuck. Fuck. Fuck. Fuck. Fuck. Fuck. Fuck. Fuck.
Fuck. Fuck. Fuck. Fuck. Fuck. Fuck. Fuck. Fuck. Fuck.
Fuck. Fuck. Fuck. Fuck. Fuck. Fuck. Fuck. Fuck. Fuck.
Fuck. Fuck. Fuck. Fuck. Fuck. Fuck. Fuck. Fuck. Fuck.
Fuck. Fuck. Fuck. Fuck. Fuck. Fuck. Fuck. Fuck. Fuck.
Fuck. Fuck. Fuck. Fuck. Fuck. Fuck. Fuck. Fuck. Fuck.
Fuck. Fuck. Fuck. Fuck. Fuck. Fuck. Fuck. Fuck. Fuck.
Fuck. Fuck. Fuck. Fuck. Fuck. Fuck. Fuck. Fuck. Fuck.
Fuck. Fuck. Fuck. Fuck. Fuck. Fuck. Fuck. Fuck. Fuck.
Fuck. Fuck. Fuck. Fuck. Fuck. Fuck. Fuck. Fuck. Fuck.
Fuck. Fuck. Fuck. Fuck. Fuck. Fuck. Fuck. Fuck. Fuck.
Fuck. Fuck. Fuck. Fuck. Fuck. Fuck. Fuck. Fuck. Fuck.
Fuck. Fuck. Fuck. Fuck. Fuck. Fuck. Fuck. Fuck. Fuck.
Fuck. Fuck. Fuck. Fuck. Fuck. Fuck. Fuck. Fuck. Fuck.
Fuck. Fuck. Fuck. Fuck. Fuck. Fuck. Fuck. Fuck. Fuck.
Fuck. Fuck. Fuck. Fuck. Fuck. Fuck. Fuck. Fuck. Fuck.
Fuck. Fuck. Fuck. Fuck. Fuck. Fuck. Fuck. Fuck. Fuck.
Fuck. Fuck. Fuck. Fuck. Fuck. Fuck. Fuck. Fuck. Fuck.
Fuck. Fuck. Fuck. Fuck. Fuck. Fuck. Fuck. Fuck. Fuck.
Fuck. Fuck. Fuck. Fuck. Fuck. Fuck. Fuck. Fuck. Fuck.
Fuck. Fuck. Fuck. Fuck. Fuck. Fuck. Fuck. Fuck. Fuck.
Fuck. Fuck. Fuck. Fuck. Fuck. Fuck. Fuck. Fuck. Fuck.
Fuck. Fuck. Fuck. Fuck. Fuck. Fuck. Fuck. Fuck. Fuck.
Fuck. Fuck. Fuck. Fuck. Fuck. Fuck. Fuck. Fuck. Fuck.
Fuck. Fuck. Fuck. Fuck. Fuck. Fuck. Fuck. Fuck. Fuck.
Fuck. Fuck. Fuck. Fuck. Fuck. Fuck. Fuck. Fuck. Fuck.
Fuck. Fuck. Fuck. Fuck. Fuck. Fuck. Fuck. Fuck. Fuck.
Fuck. Fuck. Fuck. Fuck. Fuck. Fuck. Fuck. Fuck. Fuck.
Fuck. Fuck. Fuck. Fuck. Fuck. Fuck. Fuck. Fuck. Fuck.

Fuck. Fuck. Fuck. Fuck. Fuck. Fuck. Fuck. Fuck. Fuck.
Fuck. Fuck. Fuck. Fuck. Fuck. Fuck. Fuck. Fuck. Fuck.
Fuck. Fuck. Fuck. Fuck. Fuck. Fuck. Fuck. Fuck. Fuck.
Fuck. Fuck. Fuck. Fuck. Fuck. Fuck. Fuck. Fuck. Fuck.
Fuck. Fuck. Fuck. Fuck. Fuck. Fuck. Fuck. Fuck. Fuck.
Fuck. Fuck. Fuck. Fuck. Fuck. Fuck. Fuck. Fuck. Fuck.
Fuck. Fuck. Fuck. Fuck. Fuck. Fuck. Fuck. Fuck. Fuck.
Fuck. Fuck. Fuck. Fuck. Fuck. Fuck. Fuck. Fuck. Fuck.
Fuck. Fuck. Fuck. Fuck. Fuck. Fuck. Fuck. Fuck. Fuck.
Fuck. Fuck. Fuck. Fuck. Fuck. Fuck. Fuck. Fuck. Fuck.
Fuck. Fuck. Fuck. Fuck. Fuck. Fuck. Fuck. Fuck. Fuck.
Fuck. Fuck. Fuck. Fuck. Fuck. Fuck. Fuck. Fuck. Fuck.
Fuck. Fuck. Fuck. Fuck. Fuck. Fuck. Fuck. Fuck. Fuck.
Fuck. Fuck. Fuck. Fuck. Fuck. Fuck. Fuck. Fuck. Fuck.
Fuck. Fuck. Fuck. Fuck. Fuck. Fuck. Fuck. Fuck. Fuck.
Fuck. Fuck. Fuck. Fuck. Fuck. Fuck. Fuck. Fuck. Fuck.
Fuck. Fuck. Fuck. Fuck. Fuck. Fuck. Fuck. Fuck. Fuck.
Fuck. Fuck. Fuck. Fuck. Fuck. Fuck. Fuck. Fuck. Fuck.
Fuck. Fuck. Fuck. Fuck. Fuck. Fuck. Fuck. Fuck. Fuck.
Fuck. Fuck. Fuck. Fuck. Fuck. Fuck. Fuck. Fuck. Fuck.
Fuck. Fuck. Fuck. Fuck. Fuck. Fuck. Fuck. Fuck. Fuck.
Fuck. Fuck. Fuck. Fuck. Fuck. Fuck. Fuck. Fuck. Fuck.
Fuck. Fuck. Fuck. Fuck. Fuck. Fuck. Fuck. Fuck. Fuck.
Fuck. Fuck. Fuck. Fuck. Fuck. Fuck. Fuck. Fuck. Fuck.
Fuck. Fuck. Fuck. Fuck. Fuck. Fuck. Fuck. Fuck. Fuck.
Fuck. Fuck. Fuck. Fuck. Fuck. Fuck. Fuck. Fuck. Fuck.
Fuck. Fuck. Fuck. Fuck. Fuck. Fuck. Fuck. Fuck. Fuck.
Fuck. Fuck. Fuck. Fuck. Fuck. Fuck. Fuck. Fuck. Fuck.
Fuck. Fuck. Fuck. Fuck. Fuck. Fuck. Fuck. Fuck. Fuck.
Fuck. Fuck. Fuck. Fuck. Fuck. Fuck. Fuck. Fuck. Fuck.
Fuck. Fuck. Fuck. Fuck. Fuck. Fuck. Fuck. Fuck. Fuck.
Fuck. Fuck. Fuck. Fuck. Fuck. Fuck. Fuck. Fuck. Fuck.

Fuck. Fuck. Fuck. Fuck. Fuck. Fuck. Fuck. Fuck. Fuck.
Fuck. Fuck. Fuck. Fuck. Fuck. Fuck. Fuck. Fuck. Fuck.
Fuck. Fuck. Fuck. Fuck. Fuck. Fuck. Fuck. Fuck. Fuck.
Fuck. Fuck. Fuck. Fuck. Fuck. Fuck. Fuck. Fuck. Fuck.
Fuck. Fuck. Fuck. Fuck. Fuck. Fuck. Fuck. Fuck. Fuck.
Fuck. Fuck. Fuck. Fuck. Fuck. Fuck. Fuck. Fuck. Fuck.
Fuck. Fuck. Fuck. Fuck. Fuck. Fuck. Fuck. Fuck. Fuck.
Fuck. Fuck. Fuck. Fuck. Fuck. Fuck. Fuck. Fuck. Fuck.
Fuck. Fuck. Fuck. Fuck. Fuck. Fuck. Fuck. Fuck. Fuck.
Fuck. Fuck. Fuck. Fuck. Fuck. Fuck. Fuck. Fuck. Fuck.
Fuck. Fuck. Fuck. Fuck. Fuck. Fuck. Fuck. Fuck. Fuck.
Fuck. Fuck. Fuck. Fuck. Fuck. Fuck. Fuck. Fuck. Fuck.
Fuck. Fuck. Fuck. Fuck. Fuck. Fuck. Fuck. Fuck. Fuck.
Fuck. Fuck. Fuck. Fuck. Fuck. Fuck. Fuck. Fuck. Fuck.
Fuck. Fuck. Fuck. Fuck. Fuck. Fuck. Fuck. Fuck. Fuck.
Fuck. Fuck. Fuck. Fuck. Fuck. Fuck. Fuck. Fuck. Fuck.
Fuck. Fuck. Fuck. Fuck. Fuck. Fuck. Fuck. Fuck. Fuck.
Fuck. Fuck. Fuck. Fuck. Fuck. Fuck. Fuck. Fuck. Fuck.
Fuck. Fuck. Fuck. Fuck. Fuck. Fuck. Fuck. Fuck. Fuck.
Fuck. Fuck. Fuck. Fuck. Fuck. Fuck. Fuck. Fuck. Fuck.
Fuck. Fuck. Fuck. Fuck. Fuck. Fuck. Fuck. Fuck. Fuck.
Fuck. Fuck. Fuck. Fuck. Fuck. Fuck. Fuck. Fuck. Fuck.
Fuck. Fuck. Fuck. Fuck. Fuck. Fuck. Fuck. Fuck. Fuck.
Fuck. Fuck. Fuck. Fuck. Fuck. Fuck. Fuck. Fuck. Fuck.
Fuck. Fuck. Fuck. Fuck. Fuck. Fuck. Fuck. Fuck. Fuck.
Fuck. Fuck. Fuck. Fuck. Fuck. Fuck. Fuck. Fuck. Fuck.
Fuck. Fuck. Fuck. Fuck. Fuck. Fuck. Fuck. Fuck. Fuck.
Fuck. Fuck. Fuck. Fuck. Fuck. Fuck. Fuck. Fuck. Fuck.
Fuck. Fuck. Fuck. Fuck. Fuck. Fuck. Fuck. Fuck. Fuck.
Fuck. Fuck. Fuck. Fuck. Fuck. Fuck. Fuck. Fuck. Fuck.
Fuck. Fuck. Fuck. Fuck. Fuck. Fuck. Fuck. Fuck. Fuck.
Fuck. Fuck. Fuck. Fuck. Fuck. Fuck. Fuck. Fuck. Fuck.

Fuck. Fuck. Fuck. Fuck. Fuck. Fuck. Fuck. Fuck. Fuck.
Fuck. Fuck. Fuck. Fuck. Fuck. Fuck. Fuck. Fuck. Fuck.
Fuck. Fuck. Fuck. Fuck. Fuck. Fuck. Fuck. Fuck. Fuck.
Fuck. Fuck. Fuck. Fuck. Fuck. Fuck. Fuck. Fuck. Fuck.
Fuck. Fuck. Fuck. Fuck. Fuck. Fuck. Fuck. Fuck. Fuck.
Fuck. Fuck. Fuck. Fuck. Fuck. Fuck. Fuck. Fuck. Fuck.
Fuck. Fuck. Fuck. Fuck. Fuck. Fuck. Fuck. Fuck. Fuck.
Fuck. Fuck. Fuck. Fuck. Fuck. Fuck. Fuck. Fuck. Fuck.
Fuck. Fuck. Fuck. Fuck. Fuck. Fuck. Fuck. Fuck. Fuck.
Fuck. Fuck. Fuck. Fuck. Fuck. Fuck. Fuck. Fuck. Fuck.
Fuck. Fuck. Fuck. Fuck. Fuck. Fuck. Fuck. Fuck. Fuck.
Fuck. Fuck. Fuck. Fuck. Fuck. Fuck. Fuck. Fuck. Fuck.
Fuck. Fuck. Fuck. Fuck. Fuck. Fuck. Fuck. Fuck. Fuck.
Fuck. Fuck. Fuck. Fuck. Fuck. Fuck. Fuck. Fuck. Fuck.
Fuck. Fuck. Fuck. Fuck. Fuck. Fuck. Fuck. Fuck. Fuck.
Fuck. Fuck. Fuck. Fuck. Fuck. Fuck. Fuck. Fuck. Fuck.
Fuck. Fuck. Fuck. Fuck. Fuck. Fuck. Fuck. Fuck. Fuck.
Fuck. Fuck. Fuck. Fuck. Fuck. Fuck. Fuck. Fuck. Fuck.
Fuck. Fuck. Fuck. Fuck. Fuck. Fuck. Fuck. Fuck. Fuck.
Fuck. Fuck. Fuck. Fuck. Fuck. Fuck. Fuck. Fuck. Fuck.
Fuck. Fuck. Fuck. Fuck. Fuck. Fuck. Fuck. Fuck. Fuck.
Fuck. Fuck. Fuck. Fuck. Fuck. Fuck. Fuck. Fuck. Fuck.
Fuck. Fuck. Fuck. Fuck. Fuck. Fuck. Fuck. Fuck. Fuck.
Fuck. Fuck. Fuck. Fuck. Fuck. Fuck. Fuck. Fuck. Fuck.
Fuck. Fuck. Fuck. Fuck. Fuck. Fuck. Fuck. Fuck. Fuck.
Fuck. Fuck. Fuck. Fuck. Fuck. Fuck. Fuck. Fuck. Fuck.
Fuck. Fuck. Fuck. Fuck. Fuck. Fuck. Fuck. Fuck. Fuck.
Fuck. Fuck. Fuck. Fuck. Fuck. Fuck. Fuck. Fuck. Fuck.
Fuck. Fuck. Fuck. Fuck. Fuck. Fuck. Fuck. Fuck. Fuck.
Fuck. Fuck. Fuck. Fuck. Fuck. Fuck. Fuck. Fuck. Fuck.
Fuck. Fuck. Fuck. Fuck. Fuck. Fuck. Fuck. Fuck. Fuck.
Fuck. Fuck. Fuck. Fuck. Fuck. Fuck. Fuck. Fuck. Fuck.
Fuck. Fuck. Fuck. Fuck. Fuck. Fuck. Fuck. Fuck. Fuck.
Fuck. Fuck. Fuck. Fuck. Fuck. Fuck. Fuck. Fuck. Fuck.
Fuck. Fuck. Fuck. Fuck. Fuck. Fuck. Fuck. Fuck. Fuck.

Fuck. Fuck. Fuck. Fuck. Fuck. Fuck. Fuck. Fuck. Fuck.
Fuck. Fuck. Fuck. Fuck. Fuck. Fuck. Fuck. Fuck. Fuck.
Fuck. Fuck. Fuck. Fuck. Fuck. Fuck. Fuck. Fuck. Fuck.
Fuck. Fuck. Fuck. Fuck. Fuck. Fuck. Fuck. Fuck. Fuck.
Fuck. Fuck. Fuck. Fuck. Fuck. Fuck. Fuck. Fuck. Fuck.
Fuck. Fuck. Fuck. Fuck. Fuck. Fuck. Fuck. Fuck. Fuck.
Fuck. Fuck. Fuck. Fuck. Fuck. Fuck. Fuck. Fuck. Fuck.
Fuck. Fuck. Fuck. Fuck. Fuck. Fuck. Fuck. Fuck. Fuck.
Fuck. Fuck. Fuck. Fuck. Fuck. Fuck. Fuck. Fuck. Fuck.
Fuck. Fuck. Fuck. Fuck. Fuck. Fuck. Fuck. Fuck. Fuck.
Fuck. Fuck. Fuck. Fuck. Fuck. Fuck. Fuck. Fuck. Fuck.
Fuck. Fuck. Fuck. Fuck. Fuck. Fuck. Fuck. Fuck. Fuck.
Fuck. Fuck. Fuck. Fuck. Fuck. Fuck. Fuck. Fuck. Fuck.
Fuck. Fuck. Fuck. Fuck. Fuck. Fuck. Fuck. Fuck. Fuck.
Fuck. Fuck. Fuck. Fuck. Fuck. Fuck. Fuck. Fuck. Fuck.
Fuck. Fuck. Fuck. Fuck. Fuck. Fuck. Fuck. Fuck. Fuck.
Fuck. Fuck. Fuck. Fuck. Fuck. Fuck. Fuck. Fuck. Fuck.
Fuck. Fuck. Fuck. Fuck. Fuck. Fuck. Fuck. Fuck. Fuck.
Fuck. Fuck. Fuck. Fuck. Fuck. Fuck. Fuck. Fuck. Fuck.
Fuck. Fuck. Fuck. Fuck. Fuck. Fuck. Fuck. Fuck. Fuck.
Fuck. Fuck. Fuck. Fuck. Fuck. Fuck. Fuck. Fuck. Fuck.
Fuck. Fuck. Fuck. Fuck. Fuck. Fuck. Fuck. Fuck. Fuck.
Fuck. Fuck. Fuck. Fuck. Fuck. Fuck. Fuck. Fuck. Fuck.
Fuck. Fuck. Fuck. Fuck. Fuck. Fuck. Fuck. Fuck. Fuck.
Fuck. Fuck. Fuck. Fuck. Fuck. Fuck. Fuck. Fuck. Fuck.
Fuck. Fuck. Fuck. Fuck. Fuck. Fuck. Fuck. Fuck. Fuck.
Fuck. Fuck. Fuck. Fuck. Fuck. Fuck. Fuck. Fuck. Fuck.
Fuck. Fuck. Fuck. Fuck. Fuck. Fuck. Fuck. Fuck. Fuck.
Fuck. Fuck. Fuck. Fuck. Fuck. Fuck. Fuck. Fuck. Fuck.
Fuck. Fuck. Fuck. Fuck. Fuck. Fuck. Fuck. Fuck. Fuck.
Fuck. Fuck. Fuck. Fuck. Fuck. Fuck. Fuck. Fuck. Fuck.
Fuck. Fuck. Fuck. Fuck. Fuck. Fuck. Fuck. Fuck. Fuck.
Fuck. Fuck. Fuck. Fuck. Fuck. Fuck. Fuck. Fuck. Fuck.
Fuck. Fuck. Fuck. Fuck. Fuck. Fuck. Fuck. Fuck. Fuck.
Fuck. Fuck. Fuck. Fuck. Fuck. Fuck. Fuck. Fuck. Fuck.

Fuck. Fuck. Fuck. Fuck. Fuck. Fuck. Fuck. Fuck. Fuck.
Fuck. Fuck. Fuck. Fuck. Fuck. Fuck. Fuck. Fuck. Fuck.
Fuck. Fuck. Fuck. Fuck. Fuck. Fuck. Fuck. Fuck. Fuck.
Fuck. Fuck. Fuck. Fuck. Fuck. Fuck. Fuck. Fuck. Fuck.
Fuck. Fuck. Fuck. Fuck. Fuck. Fuck. Fuck. Fuck. Fuck.
Fuck. Fuck. Fuck. Fuck. Fuck. Fuck. Fuck. Fuck. Fuck.
Fuck. Fuck. Fuck. Fuck. Fuck. Fuck. Fuck. Fuck. Fuck.
Fuck. Fuck. Fuck. Fuck. Fuck. Fuck. Fuck. Fuck. Fuck.
Fuck. Fuck. Fuck. Fuck. Fuck. Fuck. Fuck. Fuck. Fuck.
Fuck. Fuck. Fuck. Fuck. Fuck. Fuck. Fuck. Fuck. Fuck.
Fuck. Fuck. Fuck. Fuck. Fuck. Fuck. Fuck. Fuck. Fuck.
Fuck. Fuck. Fuck. Fuck. Fuck. Fuck. Fuck. Fuck. Fuck.
Fuck. Fuck. Fuck. Fuck. Fuck. Fuck. Fuck. Fuck. Fuck.
Fuck. Fuck. Fuck. Fuck. Fuck. Fuck. Fuck. Fuck. Fuck.
Fuck. Fuck. Fuck. Fuck. Fuck. Fuck. Fuck. Fuck. Fuck.
Fuck. Fuck. Fuck. Fuck. Fuck. Fuck. Fuck. Fuck. Fuck.
Fuck. Fuck. Fuck. Fuck. Fuck. Fuck. Fuck. Fuck. Fuck.
Fuck. Fuck. Fuck. Fuck. Fuck. Fuck. Fuck. Fuck. Fuck.
Fuck. Fuck. Fuck. Fuck. Fuck. Fuck. Fuck. Fuck. Fuck.
Fuck. Fuck. Fuck. Fuck. Fuck. Fuck. Fuck. Fuck. Fuck.
Fuck. Fuck. Fuck. Fuck. Fuck. Fuck. Fuck. Fuck. Fuck.
Fuck. Fuck. Fuck. Fuck. Fuck. Fuck. Fuck. Fuck. Fuck.
Fuck. Fuck. Fuck. Fuck. Fuck. Fuck. Fuck. Fuck. Fuck.
Fuck. Fuck. Fuck. Fuck. Fuck. Fuck. Fuck. Fuck. Fuck.
Fuck. Fuck. Fuck. Fuck. Fuck. Fuck. Fuck. Fuck. Fuck.
Fuck. Fuck. Fuck. Fuck. Fuck. Fuck. Fuck. Fuck. Fuck.
Fuck. Fuck. Fuck. Fuck. Fuck. Fuck. Fuck. Fuck. Fuck.
Fuck. Fuck. Fuck. Fuck. Fuck. Fuck. Fuck. Fuck. Fuck.
Fuck. Fuck. Fuck. Fuck. Fuck. Fuck. Fuck. Fuck. Fuck.
Fuck. Fuck. Fuck. Fuck. Fuck. Fuck. Fuck. Fuck. Fuck.
Fuck. Fuck. Fuck. Fuck. Fuck. Fuck. Fuck. Fuck. Fuck.
Fuck. Fuck. Fuck. Fuck. Fuck. Fuck. Fuck. Fuck. Fuck.
Fuck. Fuck. Fuck. Fuck. Fuck. Fuck. Fuck. Fuck. Fuck.

Fuck. Fuck. Fuck. Fuck. Fuck. Fuck. Fuck. Fuck. Fuck.
Fuck. Fuck. Fuck. Fuck. Fuck. Fuck. Fuck. Fuck. Fuck.
Fuck. Fuck. Fuck. Fuck. Fuck. Fuck. Fuck. Fuck. Fuck.
Fuck. Fuck. Fuck. Fuck. Fuck. Fuck. Fuck. Fuck. Fuck.
Fuck. Fuck. Fuck. Fuck. Fuck. Fuck. Fuck. Fuck. Fuck.
Fuck. Fuck. Fuck. Fuck. Fuck. Fuck. Fuck. Fuck. Fuck.
Fuck. Fuck. Fuck. Fuck. Fuck. Fuck. Fuck. Fuck. Fuck.
Fuck. Fuck. Fuck. Fuck. Fuck. Fuck. Fuck. Fuck. Fuck.
Fuck. Fuck. Fuck. Fuck. Fuck. Fuck. Fuck. Fuck. Fuck.
Fuck. Fuck. Fuck. Fuck. Fuck. Fuck. Fuck. Fuck. Fuck.
Fuck. Fuck. Fuck. Fuck. Fuck. Fuck. Fuck. Fuck. Fuck.
Fuck. Fuck. Fuck. Fuck. Fuck. Fuck. Fuck. Fuck. Fuck.
Fuck. Fuck. Fuck. Fuck. Fuck. Fuck. Fuck. Fuck. Fuck.
Fuck. Fuck. Fuck. Fuck. Fuck. Fuck. Fuck. Fuck. Fuck.
Fuck. Fuck. Fuck. Fuck. Fuck. Fuck. Fuck. Fuck. Fuck.
Fuck. Fuck. Fuck. Fuck. Fuck. Fuck. Fuck. Fuck. Fuck.
Fuck. Fuck. Fuck. Fuck. Fuck. Fuck. Fuck. Fuck. Fuck.
Fuck. Fuck. Fuck. Fuck. Fuck. Fuck. Fuck. Fuck. Fuck.
Fuck. Fuck. Fuck. Fuck. Fuck. Fuck. Fuck. Fuck. Fuck.
Fuck. Fuck. Fuck. Fuck. Fuck. Fuck. Fuck. Fuck. Fuck.
Fuck. Fuck. Fuck. Fuck. Fuck. Fuck. Fuck. Fuck. Fuck.
Fuck. Fuck. Fuck. Fuck. Fuck. Fuck. Fuck. Fuck. Fuck.
Fuck. Fuck. Fuck. Fuck. Fuck. Fuck. Fuck. Fuck. Fuck.
Fuck. Fuck. Fuck. Fuck. Fuck. Fuck. Fuck. Fuck. Fuck.
Fuck. Fuck. Fuck. Fuck. Fuck. Fuck. Fuck. Fuck. Fuck.
Fuck. Fuck. Fuck. Fuck. Fuck. Fuck. Fuck. Fuck. Fuck.
Fuck. Fuck. Fuck. Fuck. Fuck. Fuck. Fuck. Fuck. Fuck.
Fuck. Fuck. Fuck. Fuck. Fuck. Fuck. Fuck. Fuck. Fuck.
Fuck. Fuck. Fuck. Fuck. Fuck. Fuck. Fuck. Fuck. Fuck.
Fuck. Fuck. Fuck. Fuck. Fuck. Fuck. Fuck. Fuck. Fuck.
Fuck. Fuck. Fuck. Fuck. Fuck. Fuck. Fuck. Fuck. Fuck.
Fuck. Fuck. Fuck. Fuck. Fuck. Fuck. Fuck. Fuck. Fuck.
Fuck. Fuck. Fuck. Fuck. Fuck. Fuck. Fuck. Fuck. Fuck.

Fuck. Fuck. Fuck. Fuck. Fuck. Fuck. Fuck. Fuck. Fuck.
Fuck. Fuck. Fuck. Fuck. Fuck. Fuck. Fuck. Fuck. Fuck.
Fuck. Fuck. Fuck. Fuck. Fuck. Fuck. Fuck. Fuck. Fuck.
Fuck. Fuck. Fuck. Fuck. Fuck. Fuck. Fuck. Fuck. Fuck.
Fuck. Fuck. Fuck. Fuck. Fuck. Fuck. Fuck. Fuck. Fuck.
Fuck. Fuck. Fuck. Fuck. Fuck. Fuck. Fuck. Fuck. Fuck.
Fuck. Fuck. Fuck. Fuck. Fuck. Fuck. Fuck. Fuck. Fuck.
Fuck. Fuck. Fuck. Fuck. Fuck. Fuck. Fuck. Fuck. Fuck.
Fuck. Fuck. Fuck. Fuck. Fuck. Fuck. Fuck. Fuck. Fuck.
Fuck. Fuck. Fuck. Fuck. Fuck. Fuck. Fuck. Fuck. Fuck.
Fuck. Fuck. Fuck. Fuck. Fuck. Fuck. Fuck. Fuck. Fuck.
Fuck. Fuck. Fuck. Fuck. Fuck. Fuck. Fuck. Fuck. Fuck.
Fuck. Fuck. Fuck. Fuck. Fuck. Fuck. Fuck. Fuck. Fuck.
Fuck. Fuck. Fuck. Fuck. Fuck. Fuck. Fuck. Fuck. Fuck.
Fuck. Fuck. Fuck. Fuck. Fuck. Fuck. Fuck. Fuck. Fuck.
Fuck. Fuck. Fuck. Fuck. Fuck. Fuck. Fuck. Fuck. Fuck.
Fuck. Fuck. Fuck. Fuck. Fuck. Fuck. Fuck. Fuck. Fuck.
Fuck. Fuck. Fuck. Fuck. Fuck. Fuck. Fuck. Fuck. Fuck.
Fuck. Fuck. Fuck. Fuck. Fuck. Fuck. Fuck. Fuck. Fuck.
Fuck. Fuck. Fuck. Fuck. Fuck. Fuck. Fuck. Fuck. Fuck.
Fuck. Fuck. Fuck. Fuck. Fuck. Fuck. Fuck. Fuck. Fuck.
Fuck. Fuck. Fuck. Fuck. Fuck. Fuck. Fuck. Fuck. Fuck.
Fuck. Fuck. Fuck. Fuck. Fuck. Fuck. Fuck. Fuck. Fuck.
Fuck. Fuck. Fuck. Fuck. Fuck. Fuck. Fuck. Fuck. Fuck.
Fuck. Fuck. Fuck. Fuck. Fuck. Fuck. Fuck. Fuck. Fuck.
Fuck. Fuck. Fuck. Fuck. Fuck. Fuck. Fuck. Fuck. Fuck.
Fuck. Fuck. Fuck. Fuck. Fuck. Fuck. Fuck. Fuck. Fuck.
Fuck. Fuck. Fuck. Fuck. Fuck. Fuck. Fuck. Fuck. Fuck.
Fuck. Fuck. Fuck. Fuck. Fuck. Fuck. Fuck. Fuck. Fuck.
Fuck. Fuck. Fuck. Fuck. Fuck. Fuck. Fuck. Fuck. Fuck.
Fuck. Fuck. Fuck. Fuck. Fuck. Fuck. Fuck. Fuck. Fuck.
Fuck. Fuck. Fuck. Fuck. Fuck. Fuck. Fuck. Fuck. Fuck.
Fuck. Fuck. Fuck. Fuck. Fuck. Fuck. Fuck. Fuck. Fuck.
Fuck. Fuck. Fuck. Fuck. Fuck. Fuck. Fuck. Fuck. Fuck.
Fuck. Fuck. Fuck. Fuck. Fuck. Fuck. Fuck. Fuck. Fuck.

Fuck. Fuck. Fuck. Fuck. Fuck. Fuck. Fuck. Fuck. Fuck.
Fuck. Fuck. Fuck. Fuck. Fuck. Fuck. Fuck. Fuck. Fuck.
Fuck. Fuck. Fuck. Fuck. Fuck. Fuck. Fuck. Fuck. Fuck.
Fuck. Fuck. Fuck. Fuck. Fuck. Fuck. Fuck. Fuck. Fuck.
Fuck. Fuck. Fuck. Fuck. Fuck. Fuck. Fuck. Fuck. Fuck.
Fuck. Fuck. Fuck. Fuck. Fuck. Fuck. Fuck. Fuck. Fuck.
Fuck. Fuck. Fuck. Fuck. Fuck. Fuck. Fuck. Fuck. Fuck.
Fuck. Fuck. Fuck. Fuck. Fuck. Fuck. Fuck. Fuck. Fuck.
Fuck. Fuck. Fuck. Fuck. Fuck. Fuck. Fuck. Fuck. Fuck.
Fuck. Fuck. Fuck. Fuck. Fuck. Fuck. Fuck. Fuck. Fuck.
Fuck. Fuck. Fuck. Fuck. Fuck. Fuck. Fuck. Fuck. Fuck.
Fuck. Fuck. Fuck. Fuck. Fuck. Fuck. Fuck. Fuck. Fuck.
Fuck. Fuck. Fuck. Fuck. Fuck. Fuck. Fuck. Fuck. Fuck.
Fuck. Fuck. Fuck. Fuck. Fuck. Fuck. Fuck. Fuck. Fuck.
Fuck. Fuck. Fuck. Fuck. Fuck. Fuck. Fuck. Fuck. Fuck.
Fuck. Fuck. Fuck. Fuck. Fuck. Fuck. Fuck. Fuck. Fuck.
Fuck. Fuck. Fuck. Fuck. Fuck. Fuck. Fuck. Fuck. Fuck.
Fuck. Fuck. Fuck. Fuck. Fuck. Fuck. Fuck. Fuck. Fuck.
Fuck. Fuck. Fuck. Fuck. Fuck. Fuck. Fuck. Fuck. Fuck.
Fuck. Fuck. Fuck. Fuck. Fuck. Fuck. Fuck. Fuck. Fuck.
Fuck. Fuck. Fuck. Fuck. Fuck. Fuck. Fuck. Fuck. Fuck.
Fuck. Fuck. Fuck. Fuck. Fuck. Fuck. Fuck. Fuck. Fuck.
Fuck. Fuck. Fuck. Fuck. Fuck. Fuck. Fuck. Fuck. Fuck.
Fuck. Fuck. Fuck. Fuck. Fuck. Fuck. Fuck. Fuck. Fuck.
Fuck. Fuck. Fuck. Fuck. Fuck. Fuck. Fuck. Fuck. Fuck.
Fuck. Fuck. Fuck. Fuck. Fuck. Fuck. Fuck. Fuck. Fuck.
Fuck. Fuck. Fuck. Fuck. Fuck. Fuck. Fuck. Fuck. Fuck.
Fuck. Fuck. Fuck. Fuck. Fuck. Fuck. Fuck. Fuck. Fuck.
Fuck. Fuck. Fuck. Fuck. Fuck. Fuck. Fuck. Fuck. Fuck.
Fuck. Fuck. Fuck. Fuck. Fuck. Fuck. Fuck. Fuck. Fuck.
Fuck. Fuck. Fuck. Fuck. Fuck. Fuck. Fuck. Fuck. Fuck.
Fuck. Fuck. Fuck. Fuck. Fuck. Fuck. Fuck. Fuck. Fuck.

Fuck. Fuck. Fuck. Fuck. Fuck. Fuck. Fuck. Fuck. Fuck.
Fuck. Fuck. Fuck. Fuck. Fuck. Fuck. Fuck. Fuck. Fuck.
Fuck. Fuck. Fuck. Fuck. Fuck. Fuck. Fuck. Fuck. Fuck.
Fuck. Fuck. Fuck. Fuck. Fuck. Fuck. Fuck. Fuck. Fuck.
Fuck. Fuck. Fuck. Fuck. Fuck. Fuck. Fuck. Fuck. Fuck.
Fuck. Fuck. Fuck. Fuck. Fuck. Fuck. Fuck. Fuck. Fuck.
Fuck. Fuck. Fuck. Fuck. Fuck. Fuck. Fuck. Fuck. Fuck.
Fuck. Fuck. Fuck. Fuck. Fuck. Fuck. Fuck. Fuck. Fuck.
Fuck. Fuck. Fuck. Fuck. Fuck. Fuck. Fuck. Fuck. Fuck.
Fuck. Fuck. Fuck. Fuck. Fuck. Fuck. Fuck. Fuck. Fuck.
Fuck. Fuck. Fuck. Fuck. Fuck. Fuck. Fuck. Fuck. Fuck.
Fuck. Fuck. Fuck. Fuck. Fuck. Fuck. Fuck. Fuck. Fuck.
Fuck. Fuck. Fuck. Fuck. Fuck. Fuck. Fuck. Fuck. Fuck.
Fuck. Fuck. Fuck. Fuck. Fuck. Fuck. Fuck. Fuck. Fuck.
Fuck. Fuck. Fuck. Fuck. Fuck. Fuck. Fuck. Fuck. Fuck.
Fuck. Fuck. Fuck. Fuck. Fuck. Fuck. Fuck. Fuck. Fuck.
Fuck. Fuck. Fuck. Fuck. Fuck. Fuck. Fuck. Fuck. Fuck.
Fuck. Fuck. Fuck. Fuck. Fuck. Fuck. Fuck. Fuck. Fuck.
Fuck. Fuck. Fuck. Fuck. Fuck. Fuck. Fuck. Fuck. Fuck.
Fuck. Fuck. Fuck. Fuck. Fuck. Fuck. Fuck. Fuck. Fuck.
Fuck. Fuck. Fuck. Fuck. Fuck. Fuck. Fuck. Fuck. Fuck.
Fuck. Fuck. Fuck. Fuck. Fuck. Fuck. Fuck. Fuck. Fuck.
Fuck. Fuck. Fuck. Fuck. Fuck. Fuck. Fuck. Fuck. Fuck.
Fuck. Fuck. Fuck. Fuck. Fuck. Fuck. Fuck. Fuck. Fuck.
Fuck. Fuck. Fuck. Fuck. Fuck. Fuck. Fuck. Fuck. Fuck.
Fuck. Fuck. Fuck. Fuck. Fuck. Fuck. Fuck. Fuck. Fuck.
Fuck. Fuck. Fuck. Fuck. Fuck. Fuck. Fuck. Fuck. Fuck.
Fuck. Fuck. Fuck. Fuck. Fuck. Fuck. Fuck. Fuck. Fuck.
Fuck. Fuck. Fuck. Fuck. Fuck. Fuck. Fuck. Fuck. Fuck.
Fuck. Fuck. Fuck. Fuck. Fuck. Fuck. Fuck. Fuck. Fuck.

Fuck. Fuck. Fuck. Fuck. Fuck. Fuck. Fuck. Fuck. Fuck.
Fuck. Fuck. Fuck. Fuck. Fuck. Fuck. Fuck. Fuck. Fuck.
Fuck. Fuck. Fuck. Fuck. Fuck. Fuck. Fuck. Fuck. Fuck.
Fuck. Fuck. Fuck. Fuck. Fuck. Fuck. Fuck. Fuck. Fuck.
Fuck. Fuck. Fuck. Fuck. Fuck. Fuck. Fuck. Fuck. Fuck.
Fuck. Fuck. Fuck. Fuck. Fuck. Fuck. Fuck. Fuck. Fuck.
Fuck. Fuck. Fuck. Fuck. Fuck. Fuck. Fuck. Fuck. Fuck.
Fuck. Fuck. Fuck. Fuck. Fuck. Fuck. Fuck. Fuck. Fuck.
Fuck. Fuck. Fuck. Fuck. Fuck. Fuck. Fuck. Fuck. Fuck.
Fuck. Fuck. Fuck. Fuck. Fuck. Fuck. Fuck. Fuck. Fuck.
Fuck. Fuck. Fuck. Fuck. Fuck. Fuck. Fuck. Fuck. Fuck.
Fuck. Fuck. Fuck. Fuck. Fuck. Fuck. Fuck. Fuck. Fuck.
Fuck. Fuck. Fuck. Fuck. Fuck. Fuck. Fuck. Fuck. Fuck.
Fuck. Fuck. Fuck. Fuck. Fuck. Fuck. Fuck. Fuck. Fuck.
Fuck. Fuck. Fuck. Fuck. Fuck. Fuck. Fuck. Fuck. Fuck.
Fuck. Fuck. Fuck. Fuck. Fuck. Fuck. Fuck. Fuck. Fuck.
Fuck. Fuck. Fuck. Fuck. Fuck. Fuck. Fuck. Fuck. Fuck.
Fuck. Fuck. Fuck. Fuck. Fuck. Fuck. Fuck. Fuck. Fuck.
Fuck. Fuck. Fuck. Fuck. Fuck. Fuck. Fuck. Fuck. Fuck.
Fuck. Fuck. Fuck. Fuck. Fuck. Fuck. Fuck. Fuck. Fuck.
Fuck. Fuck. Fuck. Fuck. Fuck. Fuck. Fuck. Fuck. Fuck.
Fuck. Fuck. Fuck. Fuck. Fuck. Fuck. Fuck. Fuck. Fuck.
Fuck. Fuck. Fuck. Fuck. Fuck. Fuck. Fuck. Fuck. Fuck.
Fuck. Fuck. Fuck. Fuck. Fuck. Fuck. Fuck. Fuck. Fuck.
Fuck. Fuck. Fuck. Fuck. Fuck. Fuck. Fuck. Fuck. Fuck.
Fuck. Fuck. Fuck. Fuck. Fuck. Fuck. Fuck. Fuck. Fuck.
Fuck. Fuck. Fuck. Fuck. Fuck. Fuck. Fuck. Fuck. Fuck.
Fuck. Fuck. Fuck. Fuck. Fuck. Fuck. Fuck. Fuck. Fuck.
Fuck. Fuck. Fuck. Fuck. Fuck. Fuck. Fuck. Fuck. Fuck.
Fuck. Fuck. Fuck. Fuck. Fuck. Fuck. Fuck. Fuck. Fuck.
Fuck. Fuck. Fuck. Fuck. Fuck. Fuck. Fuck. Fuck. Fuck.

Fuck. Fuck. Fuck. Fuck. Fuck. Fuck. Fuck. Fuck. Fuck.
Fuck. Fuck. Fuck. Fuck. Fuck. Fuck. Fuck. Fuck. Fuck.
Fuck. Fuck. Fuck. Fuck. Fuck. Fuck. Fuck. Fuck. Fuck.
Fuck. Fuck. Fuck. Fuck. Fuck. Fuck. Fuck. Fuck. Fuck.
Fuck. Fuck. Fuck. Fuck. Fuck. Fuck. Fuck. Fuck. Fuck.
Fuck. Fuck. Fuck. Fuck. Fuck. Fuck. Fuck. Fuck. Fuck.
Fuck. Fuck. Fuck. Fuck. Fuck. Fuck. Fuck. Fuck. Fuck.
Fuck. Fuck. Fuck. Fuck. Fuck. Fuck. Fuck. Fuck. Fuck.
Fuck. Fuck. Fuck. Fuck. Fuck. Fuck. Fuck. Fuck. Fuck.
Fuck. Fuck. Fuck. Fuck. Fuck. Fuck. Fuck. Fuck. Fuck.
Fuck. Fuck. Fuck. Fuck. Fuck. Fuck. Fuck. Fuck. Fuck.
Fuck. Fuck. Fuck. Fuck. Fuck. Fuck. Fuck. Fuck. Fuck.
Fuck. Fuck. Fuck. Fuck. Fuck. Fuck. Fuck. Fuck. Fuck.
Fuck. Fuck. Fuck. Fuck. Fuck. Fuck. Fuck. Fuck. Fuck.
Fuck. Fuck. Fuck. Fuck. Fuck. Fuck. Fuck. Fuck. Fuck.
Fuck. Fuck. Fuck. Fuck. Fuck. Fuck. Fuck. Fuck. Fuck.
Fuck. Fuck. Fuck. Fuck. Fuck. Fuck. Fuck. Fuck. Fuck.
Fuck. Fuck. Fuck. Fuck. Fuck. Fuck. Fuck. Fuck. Fuck.
Fuck. Fuck. Fuck. Fuck. Fuck. Fuck. Fuck. Fuck. Fuck.
Fuck. Fuck. Fuck. Fuck. Fuck. Fuck. Fuck. Fuck. Fuck.
Fuck. Fuck. Fuck. Fuck. Fuck. Fuck. Fuck. Fuck. Fuck.
Fuck. Fuck. Fuck. Fuck. Fuck. Fuck. Fuck. Fuck. Fuck.
Fuck. Fuck. Fuck. Fuck. Fuck. Fuck. Fuck. Fuck. Fuck.
Fuck. Fuck. Fuck. Fuck. Fuck. Fuck. Fuck. Fuck. Fuck.
Fuck. Fuck. Fuck. Fuck. Fuck. Fuck. Fuck. Fuck. Fuck.
Fuck. Fuck. Fuck. Fuck. Fuck. Fuck. Fuck. Fuck. Fuck.
Fuck. Fuck. Fuck. Fuck. Fuck. Fuck. Fuck. Fuck. Fuck.
Fuck. Fuck. Fuck. Fuck. Fuck. Fuck. Fuck. Fuck. Fuck.
Fuck. Fuck. Fuck. Fuck. Fuck. Fuck. Fuck. Fuck. Fuck.
Fuck. Fuck. Fuck. Fuck. Fuck. Fuck. Fuck. Fuck. Fuck.
Fuck. Fuck. Fuck. Fuck. Fuck. Fuck. Fuck. Fuck. Fuck.
Fuck. Fuck. Fuck. Fuck. Fuck. Fuck. Fuck. Fuck. Fuck.
Fuck. Fuck. Fuck. Fuck. Fuck. Fuck. Fuck. Fuck. Fuck.

Fuck. Fuck. Fuck. Fuck. Fuck. Fuck. Fuck. Fuck. Fuck.
Fuck. Fuck. Fuck. Fuck. Fuck. Fuck. Fuck. Fuck. Fuck.
Fuck. Fuck. Fuck. Fuck. Fuck. Fuck. Fuck. Fuck. Fuck.
Fuck. Fuck. Fuck. Fuck. Fuck. Fuck. Fuck. Fuck. Fuck.
Fuck. Fuck. Fuck. Fuck. Fuck. Fuck. Fuck. Fuck. Fuck.
Fuck. Fuck. Fuck. Fuck. Fuck. Fuck. Fuck. Fuck. Fuck.
Fuck. Fuck. Fuck. Fuck. Fuck. Fuck. Fuck. Fuck. Fuck.
Fuck. Fuck. Fuck. Fuck. Fuck. Fuck. Fuck. Fuck. Fuck.
Fuck. Fuck. Fuck. Fuck. Fuck. Fuck. Fuck. Fuck. Fuck.
Fuck. Fuck. Fuck. Fuck. Fuck. Fuck. Fuck. Fuck. Fuck.
Fuck. Fuck. Fuck. Fuck. Fuck. Fuck. Fuck. Fuck. Fuck.
Fuck. Fuck. Fuck. Fuck. Fuck. Fuck. Fuck. Fuck. Fuck.
Fuck. Fuck. Fuck. Fuck. Fuck. Fuck. Fuck. Fuck. Fuck.
Fuck. Fuck. Fuck. Fuck. Fuck. Fuck. Fuck. Fuck. Fuck.
Fuck. Fuck. Fuck. Fuck. Fuck. Fuck. Fuck. Fuck. Fuck.
Fuck. Fuck. Fuck. Fuck. Fuck. Fuck. Fuck. Fuck. Fuck.
Fuck. Fuck. Fuck. Fuck. Fuck. Fuck. Fuck. Fuck. Fuck.
Fuck. Fuck. Fuck. Fuck. Fuck. Fuck. Fuck. Fuck. Fuck.
Fuck. Fuck. Fuck. Fuck. Fuck. Fuck. Fuck. Fuck. Fuck.
Fuck. Fuck. Fuck. Fuck. Fuck. Fuck. Fuck. Fuck. Fuck.
Fuck. Fuck. Fuck. Fuck. Fuck. Fuck. Fuck. Fuck. Fuck.
Fuck. Fuck. Fuck. Fuck. Fuck. Fuck. Fuck. Fuck. Fuck.
Fuck. Fuck. Fuck. Fuck. Fuck. Fuck. Fuck. Fuck. Fuck.
Fuck. Fuck. Fuck. Fuck. Fuck. Fuck. Fuck. Fuck. Fuck.
Fuck. Fuck. Fuck. Fuck. Fuck. Fuck. Fuck. Fuck. Fuck.
Fuck. Fuck. Fuck. Fuck. Fuck. Fuck. Fuck. Fuck. Fuck.
Fuck. Fuck. Fuck. Fuck. Fuck. Fuck. Fuck. Fuck. Fuck.
Fuck. Fuck. Fuck. Fuck. Fuck. Fuck. Fuck. Fuck. Fuck.
Fuck. Fuck. Fuck. Fuck. Fuck. Fuck. Fuck. Fuck. Fuck.
Fuck. Fuck. Fuck. Fuck. Fuck. Fuck. Fuck. Fuck. Fuck.
Fuck. Fuck. Fuck. Fuck. Fuck. Fuck. Fuck. Fuck. Fuck.
Fuck. Fuck. Fuck. Fuck. Fuck. Fuck. Fuck. Fuck. Fuck.

Fuck. Fuck. Fuck. Fuck. Fuck. Fuck. Fuck. Fuck. Fuck.
Fuck. Fuck. Fuck. Fuck. Fuck. Fuck. Fuck. Fuck. Fuck.
Fuck. Fuck. Fuck. Fuck. Fuck. Fuck. Fuck. Fuck. Fuck.
Fuck. Fuck. Fuck. Fuck. Fuck. Fuck. Fuck. Fuck. Fuck.
Fuck. Fuck. Fuck. Fuck. Fuck. Fuck. Fuck. Fuck. Fuck.
Fuck. Fuck. Fuck. Fuck. Fuck. Fuck. Fuck. Fuck. Fuck.
Fuck. Fuck. Fuck. Fuck. Fuck. Fuck. Fuck. Fuck. Fuck.
Fuck. Fuck. Fuck. Fuck. Fuck. Fuck. Fuck. Fuck. Fuck.
Fuck. Fuck. Fuck. Fuck. Fuck. Fuck. Fuck. Fuck. Fuck.
Fuck. Fuck. Fuck. Fuck. Fuck. Fuck. Fuck. Fuck. Fuck.
Fuck. Fuck. Fuck. Fuck. Fuck. Fuck. Fuck. Fuck. Fuck.
Fuck. Fuck. Fuck. Fuck. Fuck. Fuck. Fuck. Fuck. Fuck.
Fuck. Fuck. Fuck. Fuck. Fuck. Fuck. Fuck. Fuck. Fuck.
Fuck. Fuck. Fuck. Fuck. Fuck. Fuck. Fuck. Fuck. Fuck.
Fuck. Fuck. Fuck. Fuck. Fuck. Fuck. Fuck. Fuck. Fuck.
Fuck. Fuck. Fuck. Fuck. Fuck. Fuck. Fuck. Fuck. Fuck.
Fuck. Fuck. Fuck. Fuck. Fuck. Fuck. Fuck. Fuck. Fuck.
Fuck. Fuck. Fuck. Fuck. Fuck. Fuck. Fuck. Fuck. Fuck.
Fuck. Fuck. Fuck. Fuck. Fuck. Fuck. Fuck. Fuck. Fuck.
Fuck. Fuck. Fuck. Fuck. Fuck. Fuck. Fuck. Fuck. Fuck.
Fuck. Fuck. Fuck. Fuck. Fuck. Fuck. Fuck. Fuck. Fuck.
Fuck. Fuck. Fuck. Fuck. Fuck. Fuck. Fuck. Fuck. Fuck.
Fuck. Fuck. Fuck. Fuck. Fuck. Fuck. Fuck. Fuck. Fuck.
Fuck. Fuck. Fuck. Fuck. Fuck. Fuck. Fuck. Fuck. Fuck.
Fuck. Fuck. Fuck. Fuck. Fuck. Fuck. Fuck. Fuck. Fuck.
Fuck. Fuck. Fuck. Fuck. Fuck. Fuck. Fuck. Fuck. Fuck.
Fuck. Fuck. Fuck. Fuck. Fuck. Fuck. Fuck. Fuck. Fuck.
Fuck. Fuck. Fuck. Fuck. Fuck. Fuck. Fuck. Fuck. Fuck.
Fuck. Fuck. Fuck. Fuck. Fuck. Fuck. Fuck. Fuck. Fuck.
Fuck. Fuck. Fuck. Fuck. Fuck. Fuck. Fuck. Fuck. Fuck.
Fuck. Fuck. Fuck. Fuck. Fuck. Fuck. Fuck. Fuck. Fuck.
Fuck. Fuck. Fuck. Fuck. Fuck. Fuck. Fuck. Fuck. Fuck.

Fuck. Fuck. Fuck. Fuck. Fuck. Fuck. Fuck. Fuck. Fuck.
Fuck. Fuck. Fuck. Fuck. Fuck. Fuck. Fuck. Fuck. Fuck.
Fuck. Fuck. Fuck. Fuck. Fuck. Fuck. Fuck. Fuck. Fuck.
Fuck. Fuck. Fuck. Fuck. Fuck. Fuck. Fuck. Fuck. Fuck.
Fuck. Fuck. Fuck. Fuck. Fuck. Fuck. Fuck. Fuck. Fuck.
Fuck. Fuck. Fuck. Fuck. Fuck. Fuck. Fuck. Fuck. Fuck.
Fuck. Fuck. Fuck. Fuck. Fuck. Fuck. Fuck. Fuck. Fuck.
Fuck. Fuck. Fuck. Fuck. Fuck. Fuck. Fuck. Fuck. Fuck.
Fuck. Fuck. Fuck. Fuck. Fuck. Fuck. Fuck. Fuck. Fuck.
Fuck. Fuck. Fuck. Fuck. Fuck. Fuck. Fuck. Fuck. Fuck.
Fuck. Fuck. Fuck. Fuck. Fuck. Fuck. Fuck. Fuck. Fuck.
Fuck. Fuck. Fuck. Fuck. Fuck. Fuck. Fuck. Fuck. Fuck.
Fuck. Fuck. Fuck. Fuck. Fuck. Fuck. Fuck. Fuck. Fuck.
Fuck. Fuck. Fuck. Fuck. Fuck. Fuck. Fuck. Fuck. Fuck.
Fuck. Fuck. Fuck. Fuck. Fuck. Fuck. Fuck. Fuck. Fuck.
Fuck. Fuck. Fuck. Fuck. Fuck. Fuck. Fuck. Fuck. Fuck.
Fuck. Fuck. Fuck. Fuck. Fuck. Fuck. Fuck. Fuck. Fuck.
Fuck. Fuck. Fuck. Fuck. Fuck. Fuck. Fuck. Fuck. Fuck.
Fuck. Fuck. Fuck. Fuck. Fuck. Fuck. Fuck. Fuck. Fuck.
Fuck. Fuck. Fuck. Fuck. Fuck. Fuck. Fuck. Fuck. Fuck.
Fuck. Fuck. Fuck. Fuck. Fuck. Fuck. Fuck. Fuck. Fuck.
Fuck. Fuck. Fuck. Fuck. Fuck. Fuck. Fuck. Fuck. Fuck.
Fuck. Fuck. Fuck. Fuck. Fuck. Fuck. Fuck. Fuck. Fuck.
Fuck. Fuck. Fuck. Fuck. Fuck. Fuck. Fuck. Fuck. Fuck.
Fuck. Fuck. Fuck. Fuck. Fuck. Fuck. Fuck. Fuck. Fuck.
Fuck. Fuck. Fuck. Fuck. Fuck. Fuck. Fuck. Fuck. Fuck.
Fuck. Fuck. Fuck. Fuck. Fuck. Fuck. Fuck. Fuck. Fuck.
Fuck. Fuck. Fuck. Fuck. Fuck. Fuck. Fuck. Fuck. Fuck.
Fuck. Fuck. Fuck. Fuck. Fuck. Fuck. Fuck. Fuck. Fuck.
Fuck. Fuck. Fuck. Fuck. Fuck. Fuck. Fuck. Fuck. Fuck.
Fuck. Fuck. Fuck. Fuck. Fuck. Fuck. Fuck. Fuck. Fuck.
Fuck. Fuck. Fuck. Fuck. Fuck. Fuck. Fuck. Fuck. Fuck.

Fuck. Fuck. Fuck. Fuck. Fuck. Fuck. Fuck. Fuck. Fuck.
Fuck. Fuck. Fuck. Fuck. Fuck. Fuck. Fuck. Fuck. Fuck.
Fuck. Fuck. Fuck. Fuck. Fuck. Fuck. Fuck. Fuck. Fuck.
Fuck. Fuck. Fuck. Fuck. Fuck. Fuck. Fuck. Fuck. Fuck.
Fuck. Fuck. Fuck. Fuck. Fuck. Fuck. Fuck. Fuck. Fuck.
Fuck. Fuck. Fuck. Fuck. Fuck. Fuck. Fuck. Fuck. Fuck.
Fuck. Fuck. Fuck. Fuck. Fuck. Fuck. Fuck. Fuck. Fuck.
Fuck. Fuck. Fuck. Fuck. Fuck. Fuck. Fuck. Fuck. Fuck.
Fuck. Fuck. Fuck. Fuck. Fuck. Fuck. Fuck. Fuck. Fuck.
Fuck. Fuck. Fuck. Fuck. Fuck. Fuck. Fuck. Fuck. Fuck.
Fuck. Fuck. Fuck. Fuck. Fuck. Fuck. Fuck. Fuck. Fuck.
Fuck. Fuck. Fuck. Fuck. Fuck. Fuck. Fuck. Fuck. Fuck.
Fuck. Fuck. Fuck. Fuck. Fuck. Fuck. Fuck. Fuck. Fuck.
Fuck. Fuck. Fuck. Fuck. Fuck. Fuck. Fuck. Fuck. Fuck.
Fuck. Fuck. Fuck. Fuck. Fuck. Fuck. Fuck. Fuck. Fuck.
Fuck. Fuck. Fuck. Fuck. Fuck. Fuck. Fuck. Fuck. Fuck.
Fuck. Fuck. Fuck. Fuck. Fuck. Fuck. Fuck. Fuck. Fuck.
Fuck. Fuck. Fuck. Fuck. Fuck. Fuck. Fuck. Fuck. Fuck.
Fuck. Fuck. Fuck. Fuck. Fuck. Fuck. Fuck. Fuck. Fuck.
Fuck. Fuck. Fuck. Fuck. Fuck. Fuck. Fuck. Fuck. Fuck.
Fuck. Fuck. Fuck. Fuck. Fuck. Fuck. Fuck. Fuck. Fuck.
Fuck. Fuck. Fuck. Fuck. Fuck. Fuck. Fuck. Fuck. Fuck.
Fuck. Fuck. Fuck. Fuck. Fuck. Fuck. Fuck. Fuck. Fuck.
Fuck. Fuck. Fuck. Fuck. Fuck. Fuck. Fuck. Fuck. Fuck.
Fuck. Fuck. Fuck. Fuck. Fuck. Fuck. Fuck. Fuck. Fuck.
Fuck. Fuck. Fuck. Fuck. Fuck. Fuck. Fuck. Fuck.

Fuck. Fuck. Fuck. Fuck. Fuck. Fuck. Fuck. Fuck. Fuck.
Fuck. Fuck. Fuck. Fuck. Fuck. Fuck. Fuck. Fuck. Fuck.
Fuck. Fuck. Fuck. Fuck. Fuck. Fuck. Fuck. Fuck. Fuck.
Fuck. Fuck. Fuck. Fuck. Fuck. Fuck. Fuck. Fuck. Fuck.
Fuck. Fuck. Fuck. Fuck. Fuck. Fuck. Fuck. Fuck. Fuck.

Fuck. Fuck. Fuck. Fuck. Fuck. Fuck. Fuck. Fuck. Fuck.
Fuck. Fuck. Fuck. Fuck. Fuck. Fuck. Fuck. Fuck. Fuck.
Fuck. Fuck. Fuck. Fuck. Fuck. Fuck. Fuck. Fuck. Fuck.
Fuck. Fuck. Fuck. Fuck. Fuck. Fuck. Fuck. Fuck. Fuck.
Fuck. Fuck. Fuck. Fuck. Fuck. Fuck. Fuck. Fuck. Fuck.
Fuck. Fuck. Fuck. Fuck. Fuck. Fuck. Fuck. Fuck. Fuck.
Fuck. Fuck. Fuck. Fuck. Fuck. Fuck. Fuck. Fuck. Fuck.
Fuck. Fuck. Fuck. Fuck. Fuck. Fuck. Fuck. Fuck. Fuck.
Fuck. Fuck. Fuck. Fuck. Fuck. Fuck. Fuck. Fuck. Fuck.
Fuck. Fuck. Fuck. Fuck. Fuck. Fuck. Fuck. Fuck. Fuck.
Fuck. Fuck. Fuck. Fuck. Fuck. Fuck. Fuck. Fuck. Fuck.
Fuck. Fuck. Fuck. Fuck. Fuck. Fuck. Fuck. Fuck. Fuck.
Fuck. Fuck. Fuck. Fuck. Fuck. Fuck. Fuck. Fuck. Fuck.
Fuck. Fuck. Fuck. Fuck. Fuck. Fuck. Fuck. Fuck. Fuck.
Fuck. Fuck. Fuck. Fuck. Fuck. Fuck. Fuck. Fuck. Fuck.
Fuck. Fuck. Fuck. Fuck. Fuck. Fuck. Fuck. Fuck. Fuck.
Fuck. Fuck. Fuck. Fuck. Fuck. Fuck. Fuck. Fuck. Fuck.
Fuck. Fuck. Fuck. Fuck. Fuck. Fuck. Fuck. Fuck. Fuck.
Fuck. Fuck. Fuck. Fuck. Fuck. Fuck. Fuck. Fuck. Fuck.
Fuck. Fuck. Fuck. Fuck. Fuck. Fuck. Fuck. Fuck. Fuck.
Fuck. Fuck. Fuck. Fuck. Fuck. Fuck. Fuck. Fuck. Fuck.
Fuck. Fuck. Fuck. Fuck. Fuck. Fuck. Fuck. Fuck. Fuck.
Fuck. Fuck. Fuck. Fuck. Fuck. Fuck. Fuck. Fuck. Fuck.
Fuck. Fuck. Fuck. Fuck. Fuck. Fuck. Fuck. Fuck. Fuck.
Fuck. Fuck. Fuck. Fuck. Fuck. Fuck. Fuck. Fuck. Fuck.
Fuck. Fuck. Fuck. Fuck. Fuck. Fuck. Fuck. Fuck. Fuck.
Fuck. Fuck. Fuck. Fuck. Fuck. Fuck. Fuck. Fuck. Fuck.
Fuck. Fuck. Fuck. Fuck. Fuck. Fuck. Fuck. Fuck. Fuck.
Fuck. Fuck. Fuck. Fuck. Fuck. Fuck. Fuck. Fuck. Fuck.
Fuck. Fuck. Fuck. Fuck. Fuck. Fuck. Fuck. Fuck. Fuck.
Fuck. Fuck. Fuck. Fuck. Fuck. Fuck. Fuck. Fuck. Fuck.
Fuck. Fuck. Fuck. Fuck. Fuck. Fuck. Fuck. Fuck. Fuck.

Fuck. Fuck. Fuck. Fuck. Fuck. Fuck. Fuck. Fuck. Fuck.
Fuck. Fuck. Fuck. Fuck. Fuck. Fuck. Fuck. Fuck. Fuck.
Fuck. Fuck. Fuck. Fuck. Fuck. Fuck. Fuck. Fuck. Fuck.
Fuck. Fuck. Fuck. Fuck. Fuck. Fuck. Fuck. Fuck. Fuck.
Fuck. Fuck. Fuck. Fuck. Fuck. Fuck. Fuck. Fuck. Fuck.
Fuck. Fuck. Fuck. Fuck. Fuck. Fuck. Fuck. Fuck. Fuck.
Fuck. Fuck. Fuck. Fuck. Fuck. Fuck. Fuck. Fuck. Fuck.
Fuck. Fuck. Fuck. Fuck. Fuck. Fuck. Fuck. Fuck. Fuck.
Fuck. Fuck. Fuck. Fuck. Fuck. Fuck. Fuck. Fuck. Fuck.
Fuck. Fuck. Fuck. Fuck. Fuck. Fuck. Fuck. Fuck. Fuck.
Fuck. Fuck. Fuck. Fuck. Fuck. Fuck. Fuck. Fuck. Fuck.
Fuck. Fuck. Fuck. Fuck. Fuck. Fuck. Fuck. Fuck. Fuck.
Fuck. Fuck. Fuck. Fuck. Fuck. Fuck. Fuck. Fuck. Fuck.
Fuck. Fuck. Fuck. Fuck. Fuck. Fuck. Fuck. Fuck. Fuck.
Fuck. Fuck. Fuck. Fuck. Fuck. Fuck. Fuck. Fuck. Fuck.
Fuck. Fuck. Fuck. Fuck. Fuck. Fuck. Fuck. Fuck. Fuck.
Fuck. Fuck. Fuck. Fuck. Fuck. Fuck. Fuck. Fuck. Fuck.
Fuck. Fuck. Fuck. Fuck. Fuck. Fuck. Fuck. Fuck. Fuck.
Fuck. Fuck. Fuck. Fuck. Fuck. Fuck. Fuck. Fuck. Fuck.
Fuck. Fuck. Fuck. Fuck. Fuck. Fuck. Fuck. Fuck. Fuck.
Fuck. Fuck. Fuck. Fuck. Fuck. Fuck. Fuck. Fuck. Fuck.
Fuck. Fuck. Fuck. Fuck. Fuck. Fuck. Fuck. Fuck. Fuck.
Fuck. Fuck. Fuck. Fuck. Fuck. Fuck. Fuck. Fuck. Fuck.
Fuck. Fuck. Fuck. Fuck. Fuck. Fuck. Fuck. Fuck. Fuck.
Fuck. Fuck. Fuck. Fuck. Fuck. Fuck. Fuck. Fuck. Fuck.
Fuck. Fuck. Fuck. Fuck. Fuck. Fuck. Fuck. Fuck. Fuck.
Fuck. Fuck. Fuck. Fuck. Fuck. Fuck. Fuck. Fuck. Fuck.
Fuck. Fuck. Fuck. Fuck. Fuck. Fuck. Fuck. Fuck. Fuck.
Fuck. Fuck. Fuck. Fuck. Fuck. Fuck. Fuck. Fuck. Fuck.
Fuck. Fuck. Fuck. Fuck. Fuck. Fuck. Fuck. Fuck. Fuck.
Fuck. Fuck. Fuck. Fuck. Fuck. Fuck. Fuck. Fuck. Fuck.
Fuck. Fuck. Fuck. Fuck. Fuck. Fuck. Fuck. Fuck. Fuck.

Fuck. Fuck. Fuck. Fuck. Fuck. Fuck. Fuck. Fuck. Fuck.
Fuck. Fuck. Fuck. Fuck. Fuck. Fuck. Fuck. Fuck. Fuck.
Fuck. Fuck. Fuck. Fuck. Fuck. Fuck. Fuck. Fuck. Fuck.
Fuck. Fuck. Fuck. Fuck. Fuck. Fuck. Fuck. Fuck. Fuck.
Fuck. Fuck. Fuck. Fuck. Fuck. Fuck. Fuck. Fuck. Fuck.
Fuck. Fuck. Fuck. Fuck. Fuck. Fuck. Fuck. Fuck. Fuck.
Fuck. Fuck. Fuck. Fuck. Fuck. Fuck. Fuck. Fuck. Fuck.
Fuck. Fuck. Fuck. Fuck. Fuck. Fuck. Fuck. Fuck. Fuck.
Fuck. Fuck. Fuck. Fuck. Fuck. Fuck. Fuck. Fuck. Fuck.
Fuck. Fuck. Fuck. Fuck. Fuck. Fuck. Fuck. Fuck. Fuck.
Fuck. Fuck. Fuck. Fuck. Fuck. Fuck. Fuck. Fuck. Fuck.
Fuck. Fuck. Fuck. Fuck. Fuck. Fuck. Fuck. Fuck. Fuck.
Fuck. Fuck. Fuck. Fuck. Fuck. Fuck. Fuck. Fuck. Fuck.
Fuck. Fuck. Fuck. Fuck. Fuck. Fuck. Fuck. Fuck. Fuck.
Fuck. Fuck. Fuck. Fuck. Fuck. Fuck. Fuck. Fuck. Fuck.
Fuck. Fuck. Fuck. Fuck. Fuck. Fuck. Fuck. Fuck. Fuck.
Fuck. Fuck. Fuck. Fuck. Fuck. Fuck. Fuck. Fuck. Fuck.
Fuck. Fuck. Fuck. Fuck. Fuck. Fuck. Fuck. Fuck. Fuck.
Fuck. Fuck. Fuck. Fuck. Fuck. Fuck. Fuck. Fuck. Fuck.
Fuck. Fuck. Fuck. Fuck. Fuck. Fuck. Fuck. Fuck. Fuck.
Fuck. Fuck. Fuck. Fuck. Fuck. Fuck. Fuck. Fuck. Fuck.
Fuck. Fuck. Fuck. Fuck. Fuck. Fuck. Fuck. Fuck. Fuck.
Fuck. Fuck. Fuck. Fuck. Fuck. Fuck. Fuck. Fuck. Fuck.
Fuck. Fuck. Fuck. Fuck. Fuck. Fuck. Fuck. Fuck. Fuck.
Fuck. Fuck. Fuck. Fuck. Fuck. Fuck. Fuck. Fuck. Fuck.
Fuck. Fuck. Fuck. Fuck. Fuck. Fuck. Fuck. Fuck. Fuck.
Fuck. Fuck. Fuck. Fuck. Fuck. Fuck. Fuck. Fuck. Fuck.
Fuck. Fuck. Fuck. Fuck. Fuck. Fuck. Fuck. Fuck. Fuck.
Fuck. Fuck. Fuck. Fuck. Fuck. Fuck. Fuck. Fuck. Fuck.
Fuck. Fuck. Fuck. Fuck. Fuck. Fuck. Fuck. Fuck. Fuck.
Fuck. Fuck. Fuck. Fuck. Fuck. Fuck. Fuck. Fuck. Fuck.
Fuck. Fuck. Fuck. Fuck. Fuck. Fuck. Fuck. Fuck. Fuck.

Fuck. Fuck. Fuck. Fuck. Fuck. Fuck. Fuck. Fuck. Fuck.
Fuck. Fuck. Fuck. Fuck. Fuck. Fuck. Fuck. Fuck. Fuck.
Fuck. Fuck. Fuck. Fuck. Fuck. Fuck. Fuck. Fuck. Fuck.
Fuck. Fuck. Fuck. Fuck. Fuck. Fuck. Fuck. Fuck. Fuck.
Fuck. Fuck. Fuck. Fuck. Fuck. Fuck. Fuck. Fuck. Fuck.
Fuck. Fuck. Fuck. Fuck. Fuck. Fuck. Fuck. Fuck. Fuck.
Fuck. Fuck. Fuck. Fuck. Fuck. Fuck. Fuck. Fuck. Fuck.
Fuck. Fuck. Fuck. Fuck. Fuck. Fuck. Fuck. Fuck. Fuck.
Fuck. Fuck. Fuck. Fuck. Fuck. Fuck. Fuck. Fuck. Fuck.
Fuck. Fuck. Fuck. Fuck. Fuck. Fuck. Fuck. Fuck. Fuck.
Fuck. Fuck. Fuck. Fuck. Fuck. Fuck. Fuck. Fuck. Fuck.
Fuck. Fuck. Fuck. Fuck. Fuck. Fuck. Fuck. Fuck. Fuck.
Fuck. Fuck. Fuck. Fuck. Fuck. Fuck. Fuck. Fuck. Fuck.
Fuck. Fuck. Fuck. Fuck. Fuck. Fuck. Fuck. Fuck. Fuck.
Fuck. Fuck. Fuck. Fuck. Fuck. Fuck. Fuck. Fuck. Fuck.
Fuck. Fuck. Fuck. Fuck. Fuck. Fuck. Fuck. Fuck. Fuck.
Fuck. Fuck. Fuck. Fuck. Fuck. Fuck. Fuck. Fuck. Fuck.
Fuck. Fuck. Fuck. Fuck. Fuck. Fuck. Fuck. Fuck. Fuck.
Fuck. Fuck. Fuck. Fuck. Fuck. Fuck. Fuck. Fuck. Fuck.
Fuck. Fuck. Fuck. Fuck. Fuck. Fuck. Fuck. Fuck. Fuck.
Fuck. Fuck. Fuck. Fuck. Fuck. Fuck. Fuck. Fuck. Fuck.
Fuck. Fuck. Fuck. Fuck. Fuck. Fuck. Fuck. Fuck. Fuck.
Fuck. Fuck. Fuck. Fuck. Fuck. Fuck. Fuck. Fuck. Fuck.
Fuck. Fuck. Fuck. Fuck. Fuck. Fuck. Fuck. Fuck. Fuck.
Fuck. Fuck. Fuck. Fuck. Fuck. Fuck. Fuck. Fuck. Fuck.
Fuck. Fuck. Fuck. Fuck. Fuck. Fuck. Fuck. Fuck. Fuck.
Fuck. Fuck. Fuck. Fuck. Fuck. Fuck. Fuck. Fuck. Fuck.
Fuck. Fuck. Fuck. Fuck. Fuck. Fuck. Fuck. Fuck. Fuck.
Fuck. Fuck. Fuck. Fuck. Fuck. Fuck. Fuck. Fuck. Fuck.
Fuck. Fuck. Fuck. Fuck. Fuck. Fuck. Fuck. Fuck. Fuck.
Fuck. Fuck. Fuck. Fuck. Fuck. Fuck. Fuck. Fuck. Fuck.
Fuck. Fuck. Fuck. Fuck. Fuck. Fuck. Fuck. Fuck. Fuck.
Fuck. Fuck. Fuck. Fuck. Fuck. Fuck. Fuck. Fuck. Fuck.
Fuck. Fuck. Fuck. Fuck. Fuck. Fuck. Fuck. Fuck. Fuck.
Fuck. Fuck. Fuck. Fuck. Fuck. Fuck. Fuck. Fuck. Fuck.

Fuck. Fuck. Fuck. Fuck. Fuck. Fuck. Fuck. Fuck. Fuck.
Fuck. Fuck. Fuck. Fuck. Fuck. Fuck. Fuck. Fuck. Fuck.
Fuck. Fuck. Fuck. Fuck. Fuck. Fuck. Fuck. Fuck. Fuck.
Fuck. Fuck. Fuck. Fuck. Fuck. Fuck. Fuck. Fuck. Fuck.
Fuck. Fuck. Fuck. Fuck. Fuck. Fuck. Fuck. Fuck. Fuck.
Fuck. Fuck. Fuck. Fuck. Fuck. Fuck. Fuck. Fuck. Fuck.
Fuck. Fuck. Fuck. Fuck. Fuck. Fuck. Fuck. Fuck. Fuck.
Fuck. Fuck. Fuck. Fuck. Fuck. Fuck. Fuck. Fuck. Fuck.
Fuck. Fuck. Fuck. Fuck. Fuck. Fuck. Fuck. Fuck. Fuck.
Fuck. Fuck. Fuck. Fuck. Fuck. Fuck. Fuck. Fuck. Fuck.
Fuck. Fuck. Fuck. Fuck. Fuck. Fuck. Fuck. Fuck. Fuck.
Fuck. Fuck. Fuck. Fuck. Fuck. Fuck. Fuck. Fuck. Fuck.
Fuck. Fuck. Fuck. Fuck. Fuck. Fuck. Fuck. Fuck. Fuck.
Fuck. Fuck. Fuck. Fuck. Fuck. Fuck. Fuck. Fuck. Fuck.
Fuck. Fuck. Fuck. Fuck. Fuck. Fuck. Fuck. Fuck. Fuck.
Fuck. Fuck. Fuck. Fuck. Fuck. Fuck. Fuck. Fuck. Fuck.
Fuck. Fuck. Fuck. Fuck. Fuck. Fuck. Fuck. Fuck. Fuck.
Fuck. Fuck. Fuck. Fuck. Fuck. Fuck. Fuck. Fuck. Fuck.
Fuck. Fuck. Fuck. Fuck. Fuck. Fuck. Fuck. Fuck. Fuck.
Fuck. Fuck. Fuck. Fuck. Fuck. Fuck. Fuck. Fuck. Fuck.
Fuck. Fuck. Fuck. Fuck. Fuck. Fuck. Fuck. Fuck. Fuck.
Fuck. Fuck. Fuck. Fuck. Fuck. Fuck. Fuck. Fuck. Fuck.
Fuck. Fuck. Fuck. Fuck. Fuck. Fuck. Fuck. Fuck. Fuck.
Fuck. Fuck. Fuck. Fuck. Fuck. Fuck. Fuck. Fuck. Fuck.
Fuck. Fuck. Fuck. Fuck. Fuck. Fuck. Fuck. Fuck. Fuck.
Fuck. Fuck. Fuck. Fuck. Fuck. Fuck. Fuck. Fuck. Fuck.
Fuck. Fuck. Fuck. Fuck. Fuck. Fuck. Fuck. Fuck. Fuck.
Fuck. Fuck. Fuck. Fuck. Fuck. Fuck. Fuck. Fuck. Fuck.
Fuck. Fuck. Fuck. Fuck. Fuck. Fuck. Fuck. Fuck. Fuck.
Fuck. Fuck. Fuck. Fuck. Fuck. Fuck. Fuck. Fuck. Fuck.
Fuck. Fuck. Fuck. Fuck. Fuck. Fuck. Fuck. Fuck. Fuck.
Fuck. Fuck. Fuck. Fuck. Fuck. Fuck. Fuck. Fuck. Fuck.
Fuck. Fuck. Fuck. Fuck. Fuck. Fuck. Fuck. Fuck. Fuck.

Fuck. Fuck. Fuck. Fuck. Fuck. Fuck. Fuck. Fuck. Fuck.
Fuck. Fuck. Fuck. Fuck. Fuck. Fuck. Fuck. Fuck. Fuck.
Fuck. Fuck. Fuck. Fuck. Fuck. Fuck. Fuck. Fuck. Fuck.
Fuck. Fuck. Fuck. Fuck. Fuck. Fuck. Fuck. Fuck. Fuck.
Fuck. Fuck. Fuck. Fuck. Fuck. Fuck. Fuck. Fuck. Fuck.
Fuck. Fuck. Fuck. Fuck. Fuck. Fuck. Fuck. Fuck. Fuck.
Fuck. Fuck. Fuck. Fuck. Fuck. Fuck. Fuck. Fuck. Fuck.
Fuck. Fuck. Fuck. Fuck. Fuck. Fuck. Fuck. Fuck. Fuck.
Fuck. Fuck. Fuck. Fuck. Fuck. Fuck. Fuck. Fuck. Fuck.
Fuck. Fuck. Fuck. Fuck. Fuck. Fuck. Fuck. Fuck. Fuck.
Fuck. Fuck. Fuck. Fuck. Fuck. Fuck. Fuck. Fuck. Fuck.
Fuck. Fuck. Fuck. Fuck. Fuck. Fuck. Fuck. Fuck. Fuck.
Fuck. Fuck. Fuck. Fuck. Fuck. Fuck. Fuck. Fuck. Fuck.
Fuck. Fuck. Fuck. Fuck. Fuck. Fuck. Fuck. Fuck. Fuck.
Fuck. Fuck. Fuck. Fuck. Fuck. Fuck. Fuck. Fuck. Fuck.
Fuck. Fuck. Fuck. Fuck. Fuck. Fuck. Fuck. Fuck. Fuck.
Fuck. Fuck. Fuck. Fuck. Fuck. Fuck. Fuck. Fuck. Fuck.
Fuck. Fuck. Fuck. Fuck. Fuck. Fuck. Fuck. Fuck. Fuck.
Fuck. Fuck. Fuck. Fuck. Fuck. Fuck. Fuck. Fuck. Fuck.
Fuck. Fuck. Fuck. Fuck. Fuck. Fuck. Fuck. Fuck. Fuck.
Fuck. Fuck. Fuck. Fuck. Fuck. Fuck. Fuck. Fuck. Fuck.
Fuck. Fuck. Fuck. Fuck. Fuck. Fuck. Fuck. Fuck. Fuck.
Fuck. Fuck. Fuck. Fuck. Fuck. Fuck. Fuck. Fuck. Fuck.
Fuck. Fuck. Fuck. Fuck. Fuck. Fuck. Fuck. Fuck. Fuck.
Fuck. Fuck. Fuck. Fuck. Fuck. Fuck. Fuck. Fuck. Fuck.
Fuck. Fuck. Fuck. Fuck. Fuck. Fuck. Fuck. Fuck. Fuck.
Fuck. Fuck. Fuck. Fuck. Fuck. Fuck. Fuck. Fuck. Fuck.
Fuck. Fuck. Fuck. Fuck. Fuck. Fuck. Fuck. Fuck. Fuck.
Fuck. Fuck. Fuck. Fuck. Fuck. Fuck. Fuck. Fuck. Fuck.
Fuck. Fuck. Fuck. Fuck. Fuck. Fuck. Fuck. Fuck. Fuck.
Fuck. Fuck. Fuck. Fuck. Fuck. Fuck. Fuck. Fuck. Fuck.
Fuck. Fuck. Fuck. Fuck. Fuck. Fuck. Fuck. Fuck. Fuck.

Fuck. Fuck. Fuck. Fuck. Fuck. Fuck. Fuck. Fuck. Fuck.
Fuck. Fuck. Fuck. Fuck. Fuck. Fuck. Fuck. Fuck. Fuck.
Fuck. Fuck. Fuck. Fuck. Fuck. Fuck. Fuck. Fuck. Fuck.
Fuck. Fuck. Fuck. Fuck. Fuck. Fuck. Fuck. Fuck. Fuck.
Fuck. Fuck. Fuck. Fuck. Fuck. Fuck. Fuck. Fuck. Fuck.
Fuck. Fuck. Fuck. Fuck. Fuck. Fuck. Fuck. Fuck. Fuck.
Fuck. Fuck. Fuck. Fuck. Fuck. Fuck. Fuck. Fuck. Fuck.
Fuck. Fuck. Fuck. Fuck. Fuck. Fuck. Fuck. Fuck. Fuck.
Fuck. Fuck. Fuck. Fuck. Fuck. Fuck. Fuck. Fuck. Fuck.
Fuck. Fuck. Fuck. Fuck. Fuck. Fuck. Fuck. Fuck. Fuck.
Fuck. Fuck. Fuck. Fuck. Fuck. Fuck. Fuck. Fuck. Fuck.
Fuck. Fuck. Fuck. Fuck. Fuck. Fuck. Fuck. Fuck. Fuck.
Fuck. Fuck. Fuck. Fuck. Fuck. Fuck. Fuck. Fuck. Fuck.
Fuck. Fuck. Fuck. Fuck. Fuck. Fuck. Fuck. Fuck. Fuck.
Fuck. Fuck. Fuck. Fuck. Fuck. Fuck. Fuck. Fuck. Fuck.
Fuck. Fuck. Fuck. Fuck. Fuck. Fuck. Fuck. Fuck. Fuck.
Fuck. Fuck. Fuck. Fuck. Fuck. Fuck. Fuck. Fuck. Fuck.
Fuck. Fuck. Fuck. Fuck. Fuck. Fuck. Fuck. Fuck. Fuck.
Fuck. Fuck. Fuck. Fuck. Fuck. Fuck. Fuck. Fuck. Fuck.
Fuck. Fuck. Fuck. Fuck. Fuck. Fuck. Fuck. Fuck. Fuck.
Fuck. Fuck. Fuck. Fuck. Fuck. Fuck. Fuck. Fuck. Fuck.
Fuck. Fuck. Fuck. Fuck. Fuck. Fuck. Fuck. Fuck. Fuck.
Fuck. Fuck. Fuck. Fuck. Fuck. Fuck. Fuck. Fuck. Fuck.
Fuck. Fuck. Fuck. Fuck. Fuck. Fuck. Fuck. Fuck. Fuck.
Fuck. Fuck. Fuck. Fuck. Fuck. Fuck. Fuck. Fuck. Fuck.
Fuck. Fuck. Fuck. Fuck. Fuck. Fuck. Fuck. Fuck. Fuck.
Fuck. Fuck. Fuck. Fuck. Fuck. Fuck. Fuck. Fuck. Fuck.
Fuck. Fuck. Fuck. Fuck. Fuck. Fuck. Fuck. Fuck. Fuck.
Fuck. Fuck. Fuck. Fuck. Fuck. Fuck. Fuck. Fuck. Fuck.
Fuck. Fuck. Fuck. Fuck. Fuck. Fuck. Fuck. Fuck. Fuck.
Fuck. Fuck. Fuck. Fuck. Fuck. Fuck. Fuck. Fuck. Fuck.
Fuck. Fuck. Fuck. Fuck. Fuck. Fuck. Fuck. Fuck. Fuck.

Fuck. Fuck. Fuck. Fuck. Fuck. Fuck. Fuck. Fuck. Fuck.
Fuck. Fuck. Fuck. Fuck. Fuck. Fuck. Fuck. Fuck. Fuck.
Fuck. Fuck. Fuck. Fuck. Fuck. Fuck. Fuck. Fuck. Fuck.
Fuck. Fuck. Fuck. Fuck. Fuck. Fuck. Fuck. Fuck. Fuck.
Fuck. Fuck. Fuck. Fuck. Fuck. Fuck. Fuck. Fuck. Fuck.
Fuck. Fuck. Fuck. Fuck. Fuck. Fuck. Fuck. Fuck. Fuck.
Fuck. Fuck. Fuck. Fuck. Fuck. Fuck. Fuck. Fuck. Fuck.
Fuck. Fuck. Fuck. Fuck. Fuck. Fuck. Fuck. Fuck. Fuck.
Fuck. Fuck. Fuck. Fuck. Fuck. Fuck. Fuck. Fuck. Fuck.
Fuck. Fuck. Fuck. Fuck. Fuck. Fuck. Fuck. Fuck. Fuck.
Fuck. Fuck. Fuck. Fuck. Fuck. Fuck. Fuck. Fuck. Fuck.
Fuck. Fuck. Fuck. Fuck. Fuck. Fuck. Fuck. Fuck. Fuck.
Fuck. Fuck. Fuck. Fuck. Fuck. Fuck. Fuck. Fuck. Fuck.
Fuck. Fuck. Fuck. Fuck. Fuck. Fuck. Fuck. Fuck. Fuck.
Fuck. Fuck. Fuck. Fuck. Fuck. Fuck. Fuck. Fuck. Fuck.
Fuck. Fuck. Fuck. Fuck. Fuck. Fuck. Fuck. Fuck. Fuck.
Fuck. Fuck. Fuck. Fuck. Fuck. Fuck. Fuck. Fuck. Fuck.
Fuck. Fuck. Fuck. Fuck. Fuck. Fuck. Fuck. Fuck. Fuck.
Fuck. Fuck. Fuck. Fuck. Fuck. Fuck. Fuck. Fuck. Fuck.
Fuck. Fuck. Fuck. Fuck. Fuck. Fuck. Fuck. Fuck. Fuck.
Fuck. Fuck. Fuck. Fuck. Fuck. Fuck. Fuck. Fuck. Fuck.
Fuck. Fuck. Fuck. Fuck. Fuck. Fuck. Fuck. Fuck. Fuck.
Fuck. Fuck. Fuck. Fuck. Fuck. Fuck. Fuck. Fuck. Fuck.
Fuck. Fuck. Fuck. Fuck. Fuck. Fuck. Fuck. Fuck. Fuck.
Fuck. Fuck. Fuck. Fuck. Fuck. Fuck. Fuck. Fuck. Fuck.
Fuck. Fuck. Fuck. Fuck. Fuck. Fuck. Fuck. Fuck. Fuck.
Fuck. Fuck. Fuck. Fuck. Fuck. Fuck. Fuck. Fuck. Fuck.
Fuck. Fuck. Fuck. Fuck. Fuck. Fuck. Fuck. Fuck. Fuck.
Fuck. Fuck. Fuck. Fuck. Fuck. Fuck. Fuck. Fuck. Fuck.
Fuck. Fuck. Fuck. Fuck. Fuck. Fuck. Fuck. Fuck. Fuck.
Fuck. Fuck. Fuck. Fuck. Fuck. Fuck. Fuck. Fuck. Fuck.
Fuck. Fuck. Fuck. Fuck. Fuck. Fuck. Fuck. Fuck. Fuck.
Fuck. Fuck. Fuck. Fuck. Fuck. Fuck. Fuck. Fuck. Fuck.
Fuck. Fuck. Fuck. Fuck. Fuck. Fuck. Fuck. Fuck. Fuck.

Fuck. Fuck. Fuck. Fuck. Fuck. Fuck. Fuck. Fuck. Fuck.
Fuck. Fuck. Fuck. Fuck. Fuck. Fuck. Fuck. Fuck. Fuck.
Fuck. Fuck. Fuck. Fuck. Fuck. Fuck. Fuck. Fuck. Fuck.
Fuck. Fuck. Fuck. Fuck. Fuck. Fuck. Fuck. Fuck. Fuck.
Fuck. Fuck. Fuck. Fuck. Fuck. Fuck. Fuck. Fuck. Fuck.
Fuck. Fuck. Fuck. Fuck. Fuck. Fuck. Fuck. Fuck. Fuck.
Fuck. Fuck. Fuck. Fuck. Fuck. Fuck. Fuck. Fuck. Fuck.
Fuck. Fuck. Fuck. Fuck. Fuck. Fuck. Fuck. Fuck. Fuck.
Fuck. Fuck. Fuck. Fuck. Fuck. Fuck. Fuck. Fuck. Fuck.
Fuck. Fuck. Fuck. Fuck. Fuck. Fuck. Fuck. Fuck. Fuck.
Fuck. Fuck. Fuck. Fuck. Fuck. Fuck. Fuck. Fuck. Fuck.
Fuck. Fuck. Fuck. Fuck. Fuck. Fuck. Fuck. Fuck. Fuck.
Fuck. Fuck. Fuck. Fuck. Fuck. Fuck. Fuck. Fuck. Fuck.
Fuck. Fuck. Fuck. Fuck. Fuck. Fuck. Fuck. Fuck. Fuck.
Fuck. Fuck. Fuck. Fuck. Fuck. Fuck. Fuck. Fuck. Fuck.
Fuck. Fuck. Fuck. Fuck. Fuck. Fuck. Fuck. Fuck. Fuck.
Fuck. Fuck. Fuck. Fuck. Fuck. Fuck. Fuck. Fuck. Fuck.
Fuck. Fuck. Fuck. Fuck. Fuck. Fuck. Fuck. Fuck. Fuck.
Fuck. Fuck. Fuck. Fuck. Fuck. Fuck. Fuck. Fuck. Fuck.
Fuck. Fuck. Fuck. Fuck. Fuck. Fuck. Fuck. Fuck. Fuck.
Fuck. Fuck. Fuck. Fuck. Fuck. Fuck. Fuck. Fuck. Fuck.
Fuck. Fuck. Fuck. Fuck. Fuck. Fuck. Fuck. Fuck. Fuck.
Fuck. Fuck. Fuck. Fuck. Fuck. Fuck. Fuck. Fuck. Fuck.
Fuck. Fuck. Fuck. Fuck. Fuck. Fuck. Fuck. Fuck. Fuck.
Fuck. Fuck. Fuck. Fuck. Fuck. Fuck. Fuck. Fuck. Fuck.
Fuck. Fuck. Fuck. Fuck. Fuck. Fuck. Fuck. Fuck. Fuck.
Fuck. Fuck. Fuck. Fuck. Fuck. Fuck. Fuck. Fuck. Fuck.
Fuck. Fuck. Fuck. Fuck. Fuck. Fuck. Fuck. Fuck. Fuck.
Fuck. Fuck. Fuck. Fuck. Fuck. Fuck. Fuck. Fuck. Fuck.
Fuck. Fuck. Fuck. Fuck. Fuck. Fuck. Fuck. Fuck. Fuck.
Fuck. Fuck. Fuck. Fuck. Fuck. Fuck. Fuck. Fuck. Fuck.
Fuck. Fuck. Fuck. Fuck. Fuck. Fuck. Fuck. Fuck. Fuck.
Fuck. Fuck. Fuck. Fuck. Fuck. Fuck. Fuck. Fuck. Fuck.

Fuck. Fuck. Fuck. Fuck. Fuck. Fuck. Fuck. Fuck. Fuck.
Fuck. Fuck. Fuck. Fuck. Fuck. Fuck. Fuck. Fuck. Fuck.
Fuck. Fuck. Fuck. Fuck. Fuck. Fuck. Fuck. Fuck. Fuck.
Fuck. Fuck. Fuck. Fuck. Fuck. Fuck. Fuck. Fuck. Fuck.
Fuck. Fuck. Fuck. Fuck. Fuck. Fuck. Fuck. Fuck. Fuck.
Fuck. Fuck. Fuck. Fuck. Fuck. Fuck. Fuck. Fuck. Fuck.
Fuck. Fuck. Fuck. Fuck. Fuck. Fuck. Fuck. Fuck. Fuck.
Fuck. Fuck. Fuck. Fuck. Fuck. Fuck. Fuck. Fuck. Fuck.
Fuck. Fuck. Fuck. Fuck. Fuck. Fuck. Fuck. Fuck. Fuck.
Fuck. Fuck. Fuck. Fuck. Fuck. Fuck. Fuck. Fuck. Fuck.
Fuck. Fuck. Fuck. Fuck. Fuck. Fuck. Fuck. Fuck. Fuck.
Fuck. Fuck. Fuck. Fuck. Fuck. Fuck. Fuck. Fuck. Fuck.
Fuck. Fuck. Fuck. Fuck. Fuck. Fuck. Fuck. Fuck. Fuck.
Fuck. Fuck. Fuck. Fuck. Fuck. Fuck. Fuck. Fuck. Fuck.
Fuck. Fuck. Fuck. Fuck. Fuck. Fuck. Fuck. Fuck. Fuck.
Fuck. Fuck. Fuck. Fuck. Fuck. Fuck. Fuck. Fuck. Fuck.
Fuck. Fuck. Fuck. Fuck. Fuck. Fuck. Fuck. Fuck. Fuck.
Fuck. Fuck. Fuck. Fuck. Fuck. Fuck. Fuck. Fuck. Fuck.
Fuck. Fuck. Fuck. Fuck. Fuck. Fuck. Fuck. Fuck. Fuck.
Fuck. Fuck. Fuck. Fuck. Fuck. Fuck. Fuck. Fuck. Fuck.
Fuck. Fuck. Fuck. Fuck. Fuck. Fuck. Fuck. Fuck. Fuck.
Fuck. Fuck. Fuck. Fuck. Fuck. Fuck. Fuck. Fuck. Fuck.
Fuck. Fuck. Fuck. Fuck. Fuck. Fuck. Fuck. Fuck. Fuck.
Fuck. Fuck. Fuck. Fuck. Fuck. Fuck. Fuck. Fuck. Fuck.
Fuck. Fuck. Fuck. Fuck. Fuck. Fuck. Fuck. Fuck. Fuck.
Fuck. Fuck. Fuck. Fuck. Fuck. Fuck. Fuck. Fuck. Fuck.
Fuck. Fuck. Fuck. Fuck. Fuck. Fuck. Fuck. Fuck. Fuck.
Fuck. Fuck. Fuck. Fuck. Fuck. Fuck. Fuck. Fuck. Fuck.
Fuck. Fuck. Fuck. Fuck. Fuck. Fuck. Fuck. Fuck. Fuck.
Fuck. Fuck. Fuck. Fuck. Fuck. Fuck. Fuck. Fuck. Fuck.
Fuck. Fuck. Fuck. Fuck. Fuck. Fuck. Fuck. Fuck. Fuck.
Fuck. Fuck. Fuck. Fuck. Fuck. Fuck. Fuck. Fuck. Fuck.
Fuck. Fuck. Fuck. Fuck. Fuck. Fuck. Fuck. Fuck. Fuck.

Fuck. Fuck. Fuck. Fuck. Fuck. Fuck. Fuck. Fuck. Fuck.
Fuck. Fuck. Fuck. Fuck. Fuck. Fuck. Fuck. Fuck. Fuck.
Fuck. Fuck. Fuck. Fuck. Fuck. Fuck. Fuck. Fuck. Fuck.
Fuck. Fuck. Fuck. Fuck. Fuck. Fuck. Fuck. Fuck. Fuck.
Fuck. Fuck. Fuck. Fuck. Fuck. Fuck. Fuck. Fuck. Fuck.
Fuck. Fuck. Fuck. Fuck. Fuck. Fuck. Fuck. Fuck. Fuck.
Fuck. Fuck. Fuck. Fuck. Fuck. Fuck. Fuck. Fuck. Fuck.
Fuck. Fuck. Fuck. Fuck. Fuck. Fuck. Fuck. Fuck. Fuck.
Fuck. Fuck. Fuck. Fuck. Fuck. Fuck. Fuck. Fuck. Fuck.
Fuck. Fuck. Fuck. Fuck. Fuck. Fuck. Fuck. Fuck. Fuck.
Fuck. Fuck. Fuck. Fuck. Fuck. Fuck. Fuck. Fuck. Fuck.
Fuck. Fuck. Fuck. Fuck. Fuck. Fuck. Fuck. Fuck. Fuck.
Fuck. Fuck. Fuck. Fuck. Fuck. Fuck. Fuck. Fuck. Fuck.
Fuck. Fuck. Fuck. Fuck. Fuck. Fuck. Fuck. Fuck. Fuck.
Fuck. Fuck. Fuck. Fuck. Fuck. Fuck. Fuck. Fuck. Fuck.
Fuck. Fuck. Fuck. Fuck. Fuck. Fuck. Fuck. Fuck. Fuck.
Fuck. Fuck. Fuck. Fuck. Fuck. Fuck. Fuck. Fuck. Fuck.
Fuck. Fuck. Fuck. Fuck. Fuck. Fuck. Fuck. Fuck. Fuck.
Fuck. Fuck. Fuck. Fuck. Fuck. Fuck. Fuck. Fuck. Fuck.
Fuck. Fuck. Fuck. Fuck. Fuck. Fuck. Fuck. Fuck. Fuck.
Fuck. Fuck. Fuck. Fuck. Fuck. Fuck. Fuck. Fuck. Fuck.
Fuck. Fuck. Fuck. Fuck. Fuck. Fuck. Fuck. Fuck. Fuck.
Fuck. Fuck. Fuck. Fuck. Fuck. Fuck. Fuck. Fuck. Fuck.
Fuck. Fuck. Fuck. Fuck. Fuck. Fuck. Fuck. Fuck. Fuck.
Fuck. Fuck. Fuck. Fuck. Fuck. Fuck. Fuck. Fuck. Fuck.
Fuck. Fuck. Fuck. Fuck. Fuck. Fuck. Fuck. Fuck. Fuck.
Fuck. Fuck. Fuck. Fuck. Fuck. Fuck. Fuck. Fuck. Fuck.
Fuck. Fuck. Fuck. Fuck. Fuck. Fuck. Fuck. Fuck. Fuck.
Fuck. Fuck. Fuck. Fuck. Fuck. Fuck. Fuck. Fuck. Fuck.
Fuck. Fuck. Fuck. Fuck. Fuck. Fuck. Fuck. Fuck. Fuck.
Fuck. Fuck. Fuck. Fuck. Fuck. Fuck. Fuck. Fuck. Fuck.
Fuck. Fuck. Fuck. Fuck. Fuck. Fuck. Fuck. Fuck. Fuck.

Fuck. Fuck. Fuck. Fuck. Fuck. Fuck. Fuck. Fuck. Fuck.
Fuck. Fuck. Fuck. Fuck. Fuck. Fuck. Fuck. Fuck. Fuck.
Fuck. Fuck. Fuck. Fuck. Fuck. Fuck. Fuck. Fuck. Fuck.
Fuck. Fuck. Fuck. Fuck. Fuck. Fuck. Fuck. Fuck. Fuck.
Fuck. Fuck. Fuck. Fuck. Fuck. Fuck. Fuck. Fuck. Fuck.
Fuck. Fuck. Fuck. Fuck. Fuck. Fuck. Fuck. Fuck. Fuck.
Fuck. Fuck. Fuck. Fuck. Fuck. Fuck. Fuck. Fuck. Fuck.
Fuck. Fuck. Fuck. Fuck. Fuck. Fuck. Fuck. Fuck. Fuck.
Fuck. Fuck. Fuck. Fuck. Fuck. Fuck. Fuck. Fuck. Fuck.
Fuck. Fuck. Fuck. Fuck. Fuck. Fuck. Fuck. Fuck. Fuck.
Fuck. Fuck. Fuck. Fuck. Fuck. Fuck. Fuck. Fuck. Fuck.
Fuck. Fuck. Fuck. Fuck. Fuck. Fuck. Fuck. Fuck. Fuck.
Fuck. Fuck. Fuck. Fuck. Fuck. Fuck. Fuck. Fuck. Fuck.
Fuck. Fuck. Fuck. Fuck. Fuck. Fuck. Fuck. Fuck. Fuck.
Fuck. Fuck. Fuck. Fuck. Fuck. Fuck. Fuck. Fuck. Fuck.
Fuck. Fuck. Fuck. Fuck. Fuck. Fuck. Fuck. Fuck. Fuck.
Fuck. Fuck. Fuck. Fuck. Fuck. Fuck. Fuck. Fuck. Fuck.
Fuck. Fuck. Fuck. Fuck. Fuck. Fuck. Fuck. Fuck. Fuck.
Fuck. Fuck. Fuck. Fuck. Fuck. Fuck. Fuck. Fuck. Fuck.
Fuck. Fuck. Fuck. Fuck. Fuck. Fuck. Fuck. Fuck. Fuck.
Fuck. Fuck. Fuck. Fuck. Fuck. Fuck. Fuck. Fuck. Fuck.
Fuck. Fuck. Fuck. Fuck. Fuck. Fuck. Fuck. Fuck. Fuck.
Fuck. Fuck. Fuck. Fuck. Fuck. Fuck. Fuck. Fuck. Fuck.
Fuck. Fuck. Fuck. Fuck. Fuck. Fuck. Fuck. Fuck. Fuck.
Fuck. Fuck. Fuck. Fuck. Fuck. Fuck. Fuck. Fuck. Fuck.
Fuck. Fuck. Fuck. Fuck. Fuck. Fuck. Fuck. Fuck. Fuck.
Fuck. Fuck. Fuck. Fuck. Fuck. Fuck. Fuck. Fuck. Fuck.
Fuck. Fuck. Fuck. Fuck. Fuck. Fuck. Fuck. Fuck. Fuck.
Fuck. Fuck. Fuck. Fuck. Fuck. Fuck. Fuck. Fuck. Fuck.
Fuck. Fuck. Fuck. Fuck. Fuck. Fuck. Fuck. Fuck. Fuck.
Fuck. Fuck. Fuck. Fuck. Fuck. Fuck. Fuck. Fuck. Fuck.

Fuck. Fuck. Fuck. Fuck. Fuck. Fuck. Fuck. Fuck. Fuck.
Fuck. Fuck. Fuck. Fuck. Fuck. Fuck. Fuck. Fuck. Fuck.
Fuck. Fuck. Fuck. Fuck. Fuck. Fuck. Fuck. Fuck. Fuck.
Fuck. Fuck. Fuck. Fuck. Fuck. Fuck. Fuck. Fuck. Fuck.
Fuck. Fuck. Fuck. Fuck. Fuck. Fuck. Fuck. Fuck. Fuck.
Fuck. Fuck. Fuck. Fuck. Fuck. Fuck. Fuck. Fuck. Fuck.
Fuck. Fuck. Fuck. Fuck. Fuck. Fuck. Fuck. Fuck. Fuck.
Fuck. Fuck. Fuck. Fuck. Fuck. Fuck. Fuck. Fuck. Fuck.
Fuck. Fuck. Fuck. Fuck. Fuck. Fuck. Fuck. Fuck. Fuck.
Fuck. Fuck. Fuck. Fuck. Fuck. Fuck. Fuck. Fuck. Fuck.
Fuck. Fuck. Fuck. Fuck. Fuck. Fuck. Fuck. Fuck. Fuck.
Fuck. Fuck. Fuck. Fuck. Fuck. Fuck. Fuck. Fuck. Fuck.
Fuck. Fuck. Fuck. Fuck. Fuck. Fuck. Fuck. Fuck. Fuck.
Fuck. Fuck. Fuck. Fuck. Fuck. Fuck. Fuck. Fuck. Fuck.
Fuck. Fuck. Fuck. Fuck. Fuck. Fuck. Fuck. Fuck. Fuck.
Fuck. Fuck. Fuck. Fuck. Fuck. Fuck. Fuck. Fuck. Fuck.
Fuck. Fuck. Fuck. Fuck. Fuck. Fuck. Fuck. Fuck. Fuck.
Fuck. Fuck. Fuck. Fuck. Fuck. Fuck. Fuck. Fuck. Fuck.
Fuck. Fuck. Fuck. Fuck. Fuck. Fuck. Fuck. Fuck. Fuck.
Fuck. Fuck. Fuck. Fuck. Fuck. Fuck. Fuck. Fuck. Fuck.
Fuck. Fuck. Fuck. Fuck. Fuck. Fuck. Fuck. Fuck. Fuck.
Fuck. Fuck. Fuck. Fuck. Fuck. Fuck. Fuck. Fuck. Fuck.
Fuck. Fuck. Fuck. Fuck. Fuck. Fuck. Fuck. Fuck. Fuck.
Fuck. Fuck. Fuck. Fuck. Fuck. Fuck. Fuck. Fuck. Fuck.
Fuck. Fuck. Fuck. Fuck. Fuck. Fuck. Fuck. Fuck. Fuck.
Fuck. Fuck. Fuck. Fuck. Fuck. Fuck. Fuck. Fuck. Fuck.
Fuck. Fuck. Fuck. Fuck. Fuck. Fuck. Fuck. Fuck. Fuck.
Fuck. Fuck. Fuck. Fuck. Fuck. Fuck. Fuck. Fuck. Fuck.
Fuck. Fuck. Fuck. Fuck. Fuck. Fuck. Fuck. Fuck. Fuck.
Fuck. Fuck. Fuck. Fuck. Fuck. Fuck. Fuck. Fuck. Fuck.
Fuck. Fuck. Fuck. Fuck. Fuck. Fuck. Fuck. Fuck. Fuck.

Fuck. Fuck. Fuck. Fuck. Fuck. Fuck. Fuck. Fuck. Fuck.
Fuck. Fuck. Fuck. Fuck. Fuck. Fuck. Fuck. Fuck. Fuck.
Fuck. Fuck. Fuck. Fuck. Fuck. Fuck. Fuck. Fuck. Fuck.
Fuck. Fuck. Fuck. Fuck. Fuck. Fuck. Fuck. Fuck. Fuck.
Fuck. Fuck. Fuck. Fuck. Fuck. Fuck. Fuck. Fuck. Fuck.
Fuck. Fuck. Fuck. Fuck. Fuck. Fuck. Fuck. Fuck. Fuck.
Fuck. Fuck. Fuck. Fuck. Fuck. Fuck. Fuck. Fuck. Fuck.
Fuck. Fuck. Fuck. Fuck. Fuck. Fuck. Fuck. Fuck. Fuck.
Fuck. Fuck. Fuck. Fuck. Fuck. Fuck. Fuck. Fuck. Fuck.
Fuck. Fuck. Fuck. Fuck. Fuck. Fuck. Fuck. Fuck. Fuck.
Fuck. Fuck. Fuck. Fuck. Fuck. Fuck. Fuck. Fuck. Fuck.
Fuck. Fuck. Fuck. Fuck. Fuck. Fuck. Fuck. Fuck. Fuck.
Fuck. Fuck. Fuck. Fuck. Fuck. Fuck. Fuck. Fuck. Fuck.
Fuck. Fuck. Fuck. Fuck. Fuck. Fuck. Fuck. Fuck. Fuck.
Fuck. Fuck. Fuck. Fuck. Fuck. Fuck. Fuck. Fuck. Fuck.
Fuck. Fuck. Fuck. Fuck. Fuck. Fuck. Fuck. Fuck. Fuck.
Fuck. Fuck. Fuck. Fuck. Fuck. Fuck. Fuck. Fuck. Fuck.
Fuck. Fuck. Fuck. Fuck. Fuck. Fuck. Fuck. Fuck. Fuck.
Fuck. Fuck. Fuck. Fuck. Fuck. Fuck. Fuck. Fuck. Fuck.
Fuck. Fuck. Fuck. Fuck. Fuck. Fuck. Fuck. Fuck. Fuck.
Fuck. Fuck. Fuck. Fuck. Fuck. Fuck. Fuck. Fuck. Fuck.
Fuck. Fuck. Fuck. Fuck. Fuck. Fuck. Fuck. Fuck. Fuck.
Fuck. Fuck. Fuck. Fuck. Fuck. Fuck. Fuck. Fuck. Fuck.
Fuck. Fuck. Fuck. Fuck. Fuck. Fuck. Fuck. Fuck. Fuck.
Fuck. Fuck. Fuck. Fuck. Fuck. Fuck. Fuck. Fuck. Fuck.
Fuck. Fuck. Fuck. Fuck. Fuck. Fuck. Fuck. Fuck. Fuck.
Fuck. Fuck. Fuck. Fuck. Fuck. Fuck. Fuck. Fuck. Fuck.
Fuck. Fuck. Fuck. Fuck. Fuck. Fuck. Fuck. Fuck. Fuck.
Fuck. Fuck. Fuck. Fuck. Fuck. Fuck. Fuck. Fuck. Fuck.
Fuck. Fuck. Fuck. Fuck. Fuck. Fuck. Fuck. Fuck. Fuck.
Fuck. Fuck. Fuck. Fuck. Fuck. Fuck. Fuck. Fuck. Fuck.
Fuck. Fuck. Fuck. Fuck. Fuck. Fuck. Fuck. Fuck. Fuck.
Fuck. Fuck. Fuck. Fuck. Fuck. Fuck. Fuck. Fuck. Fuck.

Fuck. Fuck. Fuck. Fuck. Fuck. Fuck. Fuck. Fuck. Fuck.
Fuck. Fuck. Fuck. Fuck. Fuck. Fuck. Fuck. Fuck. Fuck.
Fuck. Fuck. Fuck. Fuck. Fuck. Fuck. Fuck. Fuck. Fuck.
Fuck. Fuck. Fuck. Fuck. Fuck. Fuck. Fuck. Fuck. Fuck.
Fuck. Fuck. Fuck. Fuck. Fuck. Fuck. Fuck. Fuck. Fuck.
Fuck. Fuck. Fuck. Fuck. Fuck. Fuck. Fuck. Fuck. Fuck.
Fuck. Fuck. Fuck. Fuck. Fuck. Fuck. Fuck. Fuck. Fuck.
Fuck. Fuck. Fuck. Fuck. Fuck. Fuck. Fuck. Fuck. Fuck.
Fuck. Fuck. Fuck. Fuck. Fuck. Fuck. Fuck. Fuck. Fuck.
Fuck. Fuck. Fuck. Fuck. Fuck. Fuck. Fuck. Fuck. Fuck.
Fuck. Fuck. Fuck. Fuck. Fuck. Fuck. Fuck. Fuck. Fuck.
Fuck. Fuck. Fuck. Fuck. Fuck. Fuck. Fuck. Fuck. Fuck.
Fuck. Fuck. Fuck. Fuck. Fuck. Fuck. Fuck. Fuck. Fuck.
Fuck. Fuck. Fuck. Fuck. Fuck. Fuck. Fuck. Fuck. Fuck.
Fuck. Fuck. Fuck. Fuck. Fuck. Fuck. Fuck. Fuck. Fuck.
Fuck. Fuck. Fuck. Fuck. Fuck. Fuck. Fuck. Fuck. Fuck.
Fuck. Fuck. Fuck. Fuck. Fuck. Fuck. Fuck. Fuck. Fuck.
Fuck. Fuck. Fuck. Fuck. Fuck. Fuck. Fuck. Fuck. Fuck.
Fuck. Fuck. Fuck. Fuck. Fuck. Fuck. Fuck. Fuck. Fuck.
Fuck. Fuck. Fuck. Fuck. Fuck. Fuck. Fuck. Fuck. Fuck.
Fuck. Fuck. Fuck. Fuck. Fuck. Fuck. Fuck. Fuck. Fuck.
Fuck. Fuck. Fuck. Fuck. Fuck. Fuck. Fuck. Fuck. Fuck.
Fuck. Fuck. Fuck. Fuck. Fuck. Fuck. Fuck. Fuck. Fuck.
Fuck. Fuck. Fuck. Fuck. Fuck. Fuck. Fuck. Fuck. Fuck.
Fuck. Fuck. Fuck. Fuck. Fuck. Fuck. Fuck. Fuck. Fuck.
Fuck. Fuck. Fuck. Fuck. Fuck. Fuck. Fuck. Fuck. Fuck.
Fuck. Fuck. Fuck. Fuck. Fuck. Fuck. Fuck. Fuck. Fuck.
Fuck. Fuck. Fuck. Fuck. Fuck. Fuck. Fuck. Fuck. Fuck.
Fuck. Fuck. Fuck. Fuck. Fuck. Fuck. Fuck. Fuck. Fuck.
Fuck. Fuck. Fuck. Fuck. Fuck. Fuck. Fuck. Fuck. Fuck.
Fuck. Fuck. Fuck. Fuck. Fuck. Fuck. Fuck. Fuck. Fuck.

Fuck. Fuck. Fuck. Fuck. Fuck. Fuck. Fuck. Fuck. Fuck.
Fuck. Fuck. Fuck. Fuck. Fuck. Fuck. Fuck. Fuck. Fuck.
Fuck. Fuck. Fuck. Fuck. Fuck. Fuck. Fuck. Fuck. Fuck.
Fuck. Fuck. Fuck. Fuck. Fuck. Fuck. Fuck. Fuck. Fuck.
Fuck. Fuck. Fuck. Fuck. Fuck. Fuck. Fuck. Fuck. Fuck.
Fuck. Fuck. Fuck. Fuck. Fuck. Fuck. Fuck. Fuck. Fuck.
Fuck. Fuck. Fuck. Fuck. Fuck. Fuck. Fuck. Fuck. Fuck.
Fuck. Fuck. Fuck. Fuck. Fuck. Fuck. Fuck. Fuck. Fuck.
Fuck. Fuck. Fuck. Fuck. Fuck. Fuck. Fuck. Fuck. Fuck.
Fuck. Fuck. Fuck. Fuck. Fuck. Fuck. Fuck. Fuck. Fuck.
Fuck. Fuck. Fuck. Fuck. Fuck. Fuck. Fuck. Fuck. Fuck.
Fuck. Fuck. Fuck. Fuck. Fuck. Fuck. Fuck. Fuck. Fuck.
Fuck. Fuck. Fuck. Fuck. Fuck. Fuck. Fuck. Fuck. Fuck.
Fuck. Fuck. Fuck. Fuck. Fuck. Fuck. Fuck. Fuck. Fuck.
Fuck. Fuck. Fuck. Fuck. Fuck. Fuck. Fuck. Fuck. Fuck.
Fuck. Fuck. Fuck. Fuck. Fuck. Fuck. Fuck. Fuck. Fuck.
Fuck. Fuck. Fuck. Fuck. Fuck. Fuck. Fuck. Fuck. Fuck.
Fuck. Fuck. Fuck. Fuck. Fuck. Fuck. Fuck. Fuck. Fuck.
Fuck. Fuck. Fuck. Fuck. Fuck. Fuck. Fuck. Fuck. Fuck.
Fuck. Fuck. Fuck. Fuck. Fuck. Fuck. Fuck. Fuck. Fuck.
Fuck. Fuck. Fuck. Fuck. Fuck. Fuck. Fuck. Fuck. Fuck.
Fuck. Fuck. Fuck. Fuck. Fuck. Fuck. Fuck. Fuck. Fuck.
Fuck. Fuck. Fuck. Fuck. Fuck. Fuck. Fuck. Fuck. Fuck.
Fuck. Fuck. Fuck. Fuck. Fuck. Fuck. Fuck. Fuck. Fuck.
Fuck. Fuck. Fuck. Fuck. Fuck. Fuck. Fuck. Fuck. Fuck.
Fuck. Fuck. Fuck. Fuck. Fuck. Fuck. Fuck. Fuck. Fuck.
Fuck. Fuck. Fuck. Fuck. Fuck. Fuck. Fuck. Fuck. Fuck.
Fuck. Fuck. Fuck. Fuck. Fuck. Fuck. Fuck. Fuck. Fuck.
Fuck. Fuck. Fuck. Fuck. Fuck. Fuck. Fuck. Fuck. Fuck.
Fuck. Fuck. Fuck. Fuck. Fuck. Fuck. Fuck. Fuck. Fuck.
Fuck. Fuck. Fuck. Fuck. Fuck. Fuck. Fuck. Fuck. Fuck.
Fuck. Fuck. Fuck. Fuck. Fuck. Fuck. Fuck. Fuck. Fuck.
Fuck. Fuck. Fuck. Fuck. Fuck. Fuck. Fuck. Fuck. Fuck.

Fuck. Fuck. Fuck. Fuck. Fuck. Fuck. Fuck. Fuck. Fuck.
Fuck. Fuck. Fuck. Fuck. Fuck. Fuck. Fuck. Fuck. Fuck.
Fuck. Fuck. Fuck. Fuck. Fuck. Fuck. Fuck. Fuck. Fuck.
Fuck. Fuck. Fuck. Fuck. Fuck. Fuck. Fuck. Fuck. Fuck.
Fuck. Fuck. Fuck. Fuck. Fuck. Fuck. Fuck. Fuck. Fuck.
Fuck. Fuck. Fuck. Fuck. Fuck. Fuck. Fuck. Fuck. Fuck.
Fuck. Fuck. Fuck. Fuck. Fuck. Fuck. Fuck. Fuck. Fuck.
Fuck. Fuck. Fuck. Fuck. Fuck. Fuck. Fuck. Fuck. Fuck.
Fuck. Fuck. Fuck. Fuck. Fuck. Fuck. Fuck. Fuck. Fuck.
Fuck. Fuck. Fuck. Fuck. Fuck. Fuck. Fuck. Fuck. Fuck.
Fuck. Fuck. Fuck. Fuck. Fuck. Fuck. Fuck. Fuck. Fuck.
Fuck. Fuck. Fuck. Fuck. Fuck. Fuck. Fuck. Fuck. Fuck.
Fuck. Fuck. Fuck. Fuck. Fuck. Fuck. Fuck. Fuck. Fuck.
Fuck. Fuck. Fuck. Fuck. Fuck. Fuck. Fuck. Fuck. Fuck.
Fuck. Fuck. Fuck. Fuck. Fuck. Fuck. Fuck. Fuck. Fuck.
Fuck. Fuck. Fuck. Fuck. Fuck. Fuck. Fuck. Fuck. Fuck.
Fuck. Fuck. Fuck. Fuck. Fuck. Fuck. Fuck. Fuck. Fuck.
Fuck. Fuck. Fuck. Fuck. Fuck. Fuck. Fuck. Fuck. Fuck.
Fuck. Fuck. Fuck. Fuck. Fuck. Fuck. Fuck. Fuck. Fuck.
Fuck. Fuck. Fuck. Fuck. Fuck. Fuck. Fuck. Fuck. Fuck.
Fuck. Fuck. Fuck. Fuck. Fuck. Fuck. Fuck. Fuck. Fuck.
Fuck. Fuck. Fuck. Fuck. Fuck. Fuck. Fuck. Fuck. Fuck.
Fuck. Fuck. Fuck. Fuck. Fuck. Fuck. Fuck. Fuck. Fuck.
Fuck. Fuck. Fuck. Fuck. Fuck. Fuck. Fuck. Fuck. Fuck.
Fuck. Fuck. Fuck. Fuck. Fuck. Fuck. Fuck. Fuck. Fuck.
Fuck. Fuck. Fuck. Fuck. Fuck. Fuck. Fuck. Fuck. Fuck.
Fuck. Fuck. Fuck. Fuck. Fuck. Fuck. Fuck. Fuck. Fuck.
Fuck. Fuck. Fuck. Fuck. Fuck. Fuck. Fuck. Fuck. Fuck.
Fuck. Fuck. Fuck. Fuck. Fuck. Fuck. Fuck. Fuck. Fuck.
Fuck. Fuck. Fuck. Fuck. Fuck. Fuck. Fuck. Fuck. Fuck.
Fuck. Fuck. Fuck. Fuck. Fuck. Fuck. Fuck. Fuck. Fuck.
Fuck. Fuck. Fuck. Fuck. Fuck. Fuck. Fuck. Fuck. Fuck.
Fuck. Fuck. Fuck. Fuck. Fuck. Fuck. Fuck. Fuck. Fuck.
Fuck. Fuck. Fuck. Fuck. Fuck. Fuck. Fuck. Fuck. Fuck.

Fuck. Fuck. Fuck. Fuck. Fuck. Fuck. Fuck. Fuck. Fuck.
Fuck. Fuck. Fuck. Fuck. Fuck. Fuck. Fuck. Fuck. Fuck.
Fuck. Fuck. Fuck. Fuck. Fuck. Fuck. Fuck. Fuck. Fuck.
Fuck. Fuck. Fuck. Fuck. Fuck. Fuck. Fuck. Fuck. Fuck.
Fuck. Fuck. Fuck. Fuck. Fuck. Fuck. Fuck. Fuck. Fuck.
Fuck. Fuck. Fuck. Fuck. Fuck. Fuck. Fuck. Fuck. Fuck.
Fuck. Fuck. Fuck. Fuck. Fuck. Fuck. Fuck. Fuck. Fuck.
Fuck. Fuck. Fuck. Fuck. Fuck. Fuck. Fuck. Fuck. Fuck.
Fuck. Fuck. Fuck. Fuck. Fuck. Fuck. Fuck. Fuck. Fuck.
Fuck. Fuck. Fuck. Fuck. Fuck. Fuck. Fuck. Fuck. Fuck.
Fuck. Fuck. Fuck. Fuck. Fuck. Fuck. Fuck. Fuck. Fuck.
Fuck. Fuck. Fuck. Fuck. Fuck. Fuck. Fuck. Fuck. Fuck.
Fuck. Fuck. Fuck. Fuck. Fuck. Fuck. Fuck. Fuck. Fuck.
Fuck. Fuck. Fuck. Fuck. Fuck. Fuck. Fuck. Fuck. Fuck.
Fuck. Fuck. Fuck. Fuck. Fuck. Fuck. Fuck. Fuck. Fuck.
Fuck. Fuck. Fuck. Fuck. Fuck. Fuck. Fuck. Fuck. Fuck.
Fuck. Fuck. Fuck. Fuck. Fuck. Fuck. Fuck. Fuck. Fuck.
Fuck. Fuck. Fuck. Fuck. Fuck. Fuck. Fuck. Fuck. Fuck.
Fuck. Fuck. Fuck. Fuck. Fuck. Fuck. Fuck. Fuck. Fuck.
Fuck. Fuck. Fuck. Fuck. Fuck. Fuck. Fuck. Fuck. Fuck.
Fuck. Fuck. Fuck. Fuck. Fuck. Fuck. Fuck. Fuck. Fuck.
Fuck. Fuck. Fuck. Fuck. Fuck. Fuck. Fuck. Fuck. Fuck.
Fuck. Fuck. Fuck. Fuck. Fuck. Fuck. Fuck. Fuck. Fuck.
Fuck. Fuck. Fuck. Fuck. Fuck. Fuck. Fuck. Fuck. Fuck.
Fuck. Fuck. Fuck. Fuck. Fuck. Fuck. Fuck. Fuck. Fuck.
Fuck. Fuck. Fuck. Fuck. Fuck. Fuck. Fuck. Fuck. Fuck.
Fuck. Fuck. Fuck. Fuck. Fuck. Fuck. Fuck. Fuck. Fuck.
Fuck. Fuck. Fuck. Fuck. Fuck. Fuck. Fuck. Fuck. Fuck.
Fuck. Fuck. Fuck. Fuck. Fuck. Fuck. Fuck. Fuck. Fuck.
Fuck. Fuck. Fuck. Fuck. Fuck. Fuck. Fuck. Fuck. Fuck.
Fuck. Fuck. Fuck. Fuck. Fuck. Fuck. Fuck. Fuck. Fuck.
Fuck. Fuck. Fuck. Fuck. Fuck. Fuck. Fuck. Fuck. Fuck.

Fuck. Fuck. Fuck. Fuck. Fuck. Fuck. Fuck. Fuck. Fuck.
Fuck. Fuck. Fuck. Fuck. Fuck. Fuck. Fuck. Fuck. Fuck.
Fuck. Fuck. Fuck. Fuck. Fuck. Fuck. Fuck. Fuck. Fuck.
Fuck. Fuck. Fuck. Fuck. Fuck. Fuck. Fuck. Fuck. Fuck.
Fuck. Fuck. Fuck. Fuck. Fuck. Fuck. Fuck. Fuck. Fuck.
Fuck. Fuck. Fuck. Fuck. Fuck. Fuck. Fuck. Fuck. Fuck.
Fuck. Fuck. Fuck. Fuck. Fuck. Fuck. Fuck. Fuck. Fuck.
Fuck. Fuck. Fuck. Fuck. Fuck. Fuck. Fuck. Fuck. Fuck.
Fuck. Fuck. Fuck. Fuck. Fuck. Fuck. Fuck. Fuck. Fuck.
Fuck. Fuck. Fuck. Fuck. Fuck. Fuck. Fuck. Fuck. Fuck.
Fuck. Fuck. Fuck. Fuck. Fuck. Fuck. Fuck. Fuck. Fuck.
Fuck. Fuck. Fuck. Fuck. Fuck. Fuck. Fuck. Fuck. Fuck.
Fuck. Fuck. Fuck. Fuck. Fuck. Fuck. Fuck. Fuck. Fuck.
Fuck. Fuck. Fuck. Fuck. Fuck. Fuck. Fuck. Fuck. Fuck.
Fuck. Fuck. Fuck. Fuck. Fuck. Fuck. Fuck. Fuck. Fuck.
Fuck. Fuck. Fuck. Fuck. Fuck. Fuck. Fuck. Fuck. Fuck.
Fuck. Fuck. Fuck. Fuck. Fuck. Fuck. Fuck. Fuck. Fuck.
Fuck. Fuck. Fuck. Fuck. Fuck. Fuck. Fuck. Fuck. Fuck.
Fuck. Fuck. Fuck. Fuck. Fuck. Fuck. Fuck. Fuck. Fuck.
Fuck. Fuck. Fuck. Fuck. Fuck. Fuck. Fuck. Fuck. Fuck.
Fuck. Fuck. Fuck. Fuck. Fuck. Fuck. Fuck. Fuck. Fuck.
Fuck. Fuck. Fuck. Fuck. Fuck. Fuck. Fuck. Fuck. Fuck.
Fuck. Fuck. Fuck. Fuck. Fuck. Fuck. Fuck. Fuck. Fuck.
Fuck. Fuck. Fuck. Fuck. Fuck. Fuck. Fuck. Fuck. Fuck.
Fuck. Fuck. Fuck. Fuck. Fuck. Fuck. Fuck. Fuck. Fuck.
Fuck. Fuck. Fuck. Fuck. Fuck. Fuck. Fuck. Fuck. Fuck.
Fuck. Fuck. Fuck. Fuck. Fuck. Fuck. Fuck. Fuck. Fuck.
Fuck. Fuck. Fuck. Fuck. Fuck. Fuck. Fuck. Fuck. Fuck.
Fuck. Fuck. Fuck. Fuck. Fuck. Fuck. Fuck. Fuck. Fuck.
Fuck. Fuck. Fuck. Fuck. Fuck. Fuck. Fuck. Fuck. Fuck.
Fuck. Fuck. Fuck. Fuck. Fuck. Fuck. Fuck. Fuck. Fuck.
Fuck. Fuck. Fuck. Fuck. Fuck. Fuck. Fuck. Fuck. Fuck.
Fuck. Fuck. Fuck. Fuck. Fuck. Fuck. Fuck. Fuck. Fuck.

Fuck. Fuck. Fuck. Fuck. Fuck. Fuck. Fuck. Fuck. Fuck.
Fuck. Fuck. Fuck. Fuck. Fuck. Fuck. Fuck. Fuck. Fuck.
Fuck. Fuck. Fuck. Fuck. Fuck. Fuck. Fuck. Fuck. Fuck.
Fuck. Fuck. Fuck. Fuck. Fuck. Fuck. Fuck. Fuck. Fuck.
Fuck. Fuck. Fuck. Fuck. Fuck. Fuck. Fuck. Fuck. Fuck.
Fuck. Fuck. Fuck. Fuck. Fuck. Fuck. Fuck. Fuck. Fuck.
Fuck. Fuck. Fuck. Fuck. Fuck. Fuck. Fuck. Fuck. Fuck.
Fuck. Fuck. Fuck. Fuck. Fuck. Fuck. Fuck. Fuck. Fuck.
Fuck. Fuck. Fuck. Fuck. Fuck. Fuck. Fuck. Fuck. Fuck.
Fuck. Fuck. Fuck. Fuck. Fuck. Fuck. Fuck. Fuck. Fuck.
Fuck. Fuck. Fuck. Fuck. Fuck. Fuck. Fuck. Fuck. Fuck.
Fuck. Fuck. Fuck. Fuck. Fuck. Fuck. Fuck. Fuck. Fuck.
Fuck. Fuck. Fuck. Fuck. Fuck. Fuck. Fuck. Fuck. Fuck.
Fuck. Fuck. Fuck. Fuck. Fuck. Fuck. Fuck. Fuck. Fuck.
Fuck. Fuck. Fuck. Fuck. Fuck. Fuck. Fuck. Fuck. Fuck.
Fuck. Fuck. Fuck. Fuck. Fuck. Fuck. Fuck. Fuck. Fuck.
Fuck. Fuck. Fuck. Fuck. Fuck. Fuck. Fuck. Fuck. Fuck.
Fuck. Fuck. Fuck. Fuck. Fuck. Fuck. Fuck. Fuck. Fuck.
Fuck. Fuck. Fuck. Fuck. Fuck. Fuck. Fuck. Fuck. Fuck.
Fuck. Fuck. Fuck. Fuck. Fuck. Fuck. Fuck. Fuck. Fuck.
Fuck. Fuck. Fuck. Fuck. Fuck. Fuck. Fuck. Fuck. Fuck.
Fuck. Fuck. Fuck. Fuck. Fuck. Fuck. Fuck. Fuck. Fuck.
Fuck. Fuck. Fuck. Fuck. Fuck. Fuck. Fuck. Fuck. Fuck.
Fuck. Fuck. Fuck. Fuck. Fuck. Fuck. Fuck. Fuck. Fuck.
Fuck. Fuck. Fuck. Fuck. Fuck. Fuck. Fuck. Fuck. Fuck.
Fuck. Fuck. Fuck. Fuck. Fuck. Fuck. Fuck. Fuck. Fuck.
Fuck. Fuck. Fuck. Fuck. Fuck. Fuck. Fuck. Fuck. Fuck.
Fuck. Fuck. Fuck. Fuck. Fuck. Fuck. Fuck. Fuck. Fuck.
Fuck. Fuck. Fuck. Fuck. Fuck. Fuck. Fuck. Fuck. Fuck.
Fuck. Fuck. Fuck. Fuck. Fuck. Fuck. Fuck. Fuck. Fuck.

Fuck. Fuck. Fuck. Fuck. Fuck. Fuck. Fuck. Fuck. Fuck.
Fuck. Fuck. Fuck. Fuck. Fuck. Fuck. Fuck. Fuck. Fuck.
Fuck. Fuck. Fuck. Fuck. Fuck. Fuck. Fuck. Fuck. Fuck.
Fuck. Fuck. Fuck. Fuck. Fuck. Fuck. Fuck. Fuck. Fuck.
Fuck. Fuck. Fuck. Fuck. Fuck. Fuck. Fuck. Fuck. Fuck.
Fuck. Fuck. Fuck. Fuck. Fuck. Fuck. Fuck. Fuck. Fuck.
Fuck. Fuck. Fuck. Fuck. Fuck. Fuck. Fuck. Fuck. Fuck.
Fuck. Fuck. Fuck. Fuck. Fuck. Fuck. Fuck. Fuck. Fuck.
Fuck. Fuck. Fuck. Fuck. Fuck. Fuck. Fuck. Fuck. Fuck.
Fuck. Fuck. Fuck. Fuck. Fuck. Fuck. Fuck. Fuck. Fuck.
Fuck. Fuck. Fuck. Fuck. Fuck. Fuck. Fuck. Fuck. Fuck.
Fuck. Fuck. Fuck. Fuck. Fuck. Fuck. Fuck. Fuck. Fuck.
Fuck. Fuck. Fuck. Fuck. Fuck. Fuck. Fuck. Fuck. Fuck.
Fuck. Fuck. Fuck. Fuck. Fuck. Fuck. Fuck. Fuck. Fuck.
Fuck. Fuck. Fuck. Fuck. Fuck. Fuck. Fuck. Fuck. Fuck.
Fuck. Fuck. Fuck. Fuck. Fuck. Fuck. Fuck. Fuck. Fuck.
Fuck. Fuck. Fuck. Fuck. Fuck. Fuck. Fuck. Fuck. Fuck.
Fuck. Fuck. Fuck. Fuck. Fuck. Fuck. Fuck. Fuck. Fuck.
Fuck. Fuck. Fuck. Fuck. Fuck. Fuck. Fuck. Fuck. Fuck.
Fuck. Fuck. Fuck. Fuck. Fuck. Fuck. Fuck. Fuck. Fuck.
Fuck. Fuck. Fuck. Fuck. Fuck. Fuck. Fuck. Fuck. Fuck.
Fuck. Fuck. Fuck. Fuck. Fuck. Fuck. Fuck. Fuck. Fuck.
Fuck. Fuck. Fuck. Fuck. Fuck. Fuck. Fuck. Fuck. Fuck.
Fuck. Fuck. Fuck. Fuck. Fuck. Fuck. Fuck. Fuck. Fuck.
Fuck. Fuck. Fuck. Fuck. Fuck. Fuck. Fuck. Fuck. Fuck.
Fuck. Fuck. Fuck. Fuck. Fuck. Fuck. Fuck. Fuck. Fuck.
Fuck. Fuck. Fuck. Fuck. Fuck. Fuck. Fuck. Fuck. Fuck.
Fuck. Fuck. Fuck. Fuck. Fuck. Fuck. Fuck. Fuck. Fuck.
Fuck. Fuck. Fuck. Fuck. Fuck. Fuck. Fuck. Fuck. Fuck.
Fuck. Fuck. Fuck. Fuck. Fuck. Fuck. Fuck. Fuck. Fuck.
Fuck. Fuck. Fuck. Fuck. Fuck. Fuck. Fuck. Fuck. Fuck.
Fuck. Fuck. Fuck. Fuck. Fuck. Fuck. Fuck. Fuck. Fuck.
Fuck. Fuck. Fuck. Fuck. Fuck. Fuck. Fuck. Fuck. Fuck.
Fuck. Fuck. Fuck. Fuck. Fuck. Fuck. Fuck. Fuck. Fuck.
Fuck. Fuck. Fuck. Fuck. Fuck. Fuck. Fuck. Fuck. Fuck.

Fuck. Fuck. Fuck. Fuck. Fuck. Fuck. Fuck. Fuck. Fuck.
Fuck. Fuck. Fuck. Fuck. Fuck. Fuck. Fuck. Fuck. Fuck.
Fuck. Fuck. Fuck. Fuck. Fuck. Fuck. Fuck. Fuck. Fuck.
Fuck. Fuck. Fuck. Fuck. Fuck. Fuck. Fuck. Fuck. Fuck.
Fuck. Fuck. Fuck. Fuck. Fuck. Fuck. Fuck. Fuck. Fuck.
Fuck. Fuck. Fuck. Fuck. Fuck. Fuck. Fuck. Fuck. Fuck.
Fuck. Fuck. Fuck. Fuck. Fuck. Fuck. Fuck. Fuck. Fuck.
Fuck. Fuck. Fuck. Fuck. Fuck. Fuck. Fuck. Fuck. Fuck.
Fuck. Fuck. Fuck. Fuck. Fuck. Fuck. Fuck. Fuck. Fuck.
Fuck. Fuck. Fuck. Fuck. Fuck. Fuck. Fuck. Fuck. Fuck.
Fuck. Fuck. Fuck. Fuck. Fuck. Fuck. Fuck. Fuck. Fuck.
Fuck. Fuck. Fuck. Fuck. Fuck. Fuck. Fuck. Fuck. Fuck.
Fuck. Fuck. Fuck. Fuck. Fuck. Fuck. Fuck. Fuck. Fuck.
Fuck. Fuck. Fuck. Fuck. Fuck. Fuck. Fuck. Fuck. Fuck.
Fuck. Fuck. Fuck. Fuck. Fuck. Fuck. Fuck. Fuck. Fuck.
Fuck. Fuck. Fuck. Fuck. Fuck. Fuck. Fuck. Fuck. Fuck.
Fuck. Fuck. Fuck. Fuck. Fuck. Fuck. Fuck. Fuck. Fuck.
Fuck. Fuck. Fuck. Fuck. Fuck. Fuck. Fuck. Fuck. Fuck.
Fuck. Fuck. Fuck. Fuck. Fuck. Fuck. Fuck. Fuck. Fuck.
Fuck. Fuck. Fuck. Fuck. Fuck. Fuck. Fuck. Fuck. Fuck.
Fuck. Fuck. Fuck. Fuck. Fuck. Fuck. Fuck. Fuck. Fuck.
Fuck. Fuck. Fuck. Fuck. Fuck. Fuck. Fuck. Fuck. Fuck.
Fuck. Fuck. Fuck. Fuck. Fuck. Fuck. Fuck. Fuck. Fuck.
Fuck. Fuck. Fuck. Fuck. Fuck. Fuck. Fuck. Fuck. Fuck.
Fuck. Fuck. Fuck. Fuck. Fuck. Fuck. Fuck. Fuck. Fuck.
Fuck. Fuck. Fuck. Fuck. Fuck. Fuck. Fuck. Fuck. Fuck.
Fuck. Fuck. Fuck. Fuck. Fuck. Fuck. Fuck. Fuck. Fuck.
Fuck. Fuck. Fuck. Fuck. Fuck. Fuck. Fuck. Fuck. Fuck.
Fuck. Fuck. Fuck. Fuck. Fuck. Fuck. Fuck. Fuck. Fuck.
Fuck. Fuck. Fuck. Fuck. Fuck. Fuck. Fuck. Fuck. Fuck.
Fuck. Fuck. Fuck. Fuck. Fuck. Fuck. Fuck. Fuck. Fuck.
Fuck. Fuck. Fuck. Fuck. Fuck. Fuck. Fuck. Fuck. Fuck.
Fuck. Fuck. Fuck. Fuck. Fuck. Fuck. Fuck. Fuck. Fuck.
Fuck. Fuck. Fuck. Fuck. Fuck. Fuck. Fuck. Fuck. Fuck.
Fuck. Fuck. Fuck. Fuck. Fuck. Fuck. Fuck. Fuck. Fuck.

Fuck. Fuck. Fuck. Fuck. Fuck. Fuck. Fuck. Fuck. Fuck.
Fuck. Fuck. Fuck. Fuck. Fuck. Fuck. Fuck. Fuck. Fuck.
Fuck. Fuck. Fuck. Fuck. Fuck. Fuck. Fuck. Fuck. Fuck.
Fuck. Fuck. Fuck. Fuck. Fuck. Fuck. Fuck. Fuck. Fuck.
Fuck. Fuck. Fuck. Fuck. Fuck. Fuck. Fuck. Fuck. Fuck.
Fuck. Fuck. Fuck. Fuck. Fuck. Fuck. Fuck. Fuck. Fuck.
Fuck. Fuck. Fuck. Fuck. Fuck. Fuck. Fuck. Fuck. Fuck.
Fuck. Fuck. Fuck. Fuck. Fuck. Fuck. Fuck. Fuck. Fuck.
Fuck. Fuck. Fuck. Fuck. Fuck. Fuck. Fuck. Fuck. Fuck.
Fuck. Fuck. Fuck. Fuck. Fuck. Fuck. Fuck. Fuck. Fuck.
Fuck. Fuck. Fuck. Fuck. Fuck. Fuck. Fuck. Fuck. Fuck.
Fuck. Fuck. Fuck. Fuck. Fuck. Fuck. Fuck. Fuck. Fuck.
Fuck. Fuck. Fuck. Fuck. Fuck. Fuck. Fuck. Fuck. Fuck.
Fuck. Fuck. Fuck. Fuck. Fuck. Fuck. Fuck. Fuck. Fuck.
Fuck. Fuck. Fuck. Fuck. Fuck. Fuck. Fuck. Fuck. Fuck.
Fuck. Fuck. Fuck. Fuck. Fuck. Fuck. Fuck. Fuck. Fuck.
Fuck. Fuck. Fuck. Fuck. Fuck. Fuck. Fuck. Fuck. Fuck.
Fuck. Fuck. Fuck. Fuck. Fuck. Fuck. Fuck. Fuck. Fuck.
Fuck. Fuck. Fuck. Fuck. Fuck. Fuck. Fuck. Fuck. Fuck.
Fuck. Fuck. Fuck. Fuck. Fuck. Fuck. Fuck. Fuck. Fuck.
Fuck. Fuck. Fuck. Fuck. Fuck. Fuck. Fuck. Fuck. Fuck.
Fuck. Fuck. Fuck. Fuck. Fuck. Fuck. Fuck. Fuck. Fuck.
Fuck. Fuck. Fuck. Fuck. Fuck. Fuck. Fuck. Fuck. Fuck.
Fuck. Fuck. Fuck. Fuck. Fuck. Fuck. Fuck. Fuck. Fuck.
Fuck. Fuck. Fuck. Fuck. Fuck. Fuck. Fuck. Fuck. Fuck.
Fuck. Fuck. Fuck. Fuck. Fuck. Fuck. Fuck. Fuck. Fuck.
Fuck. Fuck. Fuck. Fuck. Fuck. Fuck. Fuck. Fuck. Fuck.
Fuck. Fuck. Fuck. Fuck. Fuck. Fuck. Fuck. Fuck. Fuck.
Fuck. Fuck. Fuck. Fuck. Fuck. Fuck. Fuck. Fuck. Fuck.
Fuck. Fuck. Fuck. Fuck. Fuck. Fuck. Fuck. Fuck. Fuck.
Fuck. Fuck. Fuck. Fuck. Fuck. Fuck. Fuck. Fuck. Fuck.
Fuck. Fuck. Fuck. Fuck. Fuck. Fuck. Fuck. Fuck. Fuck.

Fuck. Fuck. Fuck. Fuck. Fuck. Fuck. Fuck. Fuck. Fuck.
Fuck. Fuck. Fuck. Fuck. Fuck. Fuck. Fuck. Fuck. Fuck.
Fuck. Fuck. Fuck. Fuck. Fuck. Fuck. Fuck. Fuck. Fuck.
Fuck. Fuck. Fuck. Fuck. Fuck. Fuck. Fuck. Fuck. Fuck.
Fuck. Fuck. Fuck. Fuck. Fuck. Fuck. Fuck. Fuck. Fuck.
Fuck. Fuck. Fuck. Fuck. Fuck. Fuck. Fuck. Fuck. Fuck.
Fuck. Fuck. Fuck. Fuck. Fuck. Fuck. Fuck. Fuck. Fuck.
Fuck. Fuck. Fuck. Fuck. Fuck. Fuck. Fuck. Fuck. Fuck.
Fuck. Fuck. Fuck. Fuck. Fuck. Fuck. Fuck. Fuck. Fuck.
Fuck. Fuck. Fuck. Fuck. Fuck. Fuck. Fuck. Fuck. Fuck.
Fuck. Fuck. Fuck. Fuck. Fuck. Fuck. Fuck. Fuck. Fuck.
Fuck. Fuck. Fuck. Fuck. Fuck. Fuck. Fuck. Fuck. Fuck.
Fuck. Fuck. Fuck. Fuck. Fuck. Fuck. Fuck. Fuck. Fuck.
Fuck. Fuck. Fuck. Fuck. Fuck. Fuck. Fuck. Fuck. Fuck.
Fuck. Fuck. Fuck. Fuck. Fuck. Fuck. Fuck. Fuck. Fuck.
Fuck. Fuck. Fuck. Fuck. Fuck. Fuck. Fuck. Fuck. Fuck.
Fuck. Fuck. Fuck. Fuck. Fuck. Fuck. Fuck. Fuck. Fuck.
Fuck. Fuck. Fuck. Fuck. Fuck. Fuck. Fuck. Fuck. Fuck.
Fuck. Fuck. Fuck. Fuck. Fuck. Fuck. Fuck. Fuck. Fuck.
Fuck. Fuck. Fuck. Fuck. Fuck. Fuck. Fuck. Fuck. Fuck.
Fuck. Fuck. Fuck. Fuck. Fuck. Fuck. Fuck. Fuck. Fuck.
Fuck. Fuck. Fuck. Fuck. Fuck. Fuck. Fuck. Fuck. Fuck.
Fuck. Fuck. Fuck. Fuck. Fuck. Fuck. Fuck. Fuck. Fuck.
Fuck. Fuck. Fuck. Fuck. Fuck. Fuck. Fuck. Fuck. Fuck.
Fuck. Fuck. Fuck. Fuck. Fuck. Fuck. Fuck. Fuck. Fuck.
Fuck. Fuck. Fuck. Fuck. Fuck. Fuck. Fuck. Fuck. Fuck.
Fuck. Fuck. Fuck. Fuck. Fuck. Fuck. Fuck. Fuck. Fuck.
Fuck. Fuck. Fuck. Fuck. Fuck. Fuck. Fuck. Fuck. Fuck.
Fuck. Fuck. Fuck. Fuck. Fuck. Fuck. Fuck. Fuck. Fuck.
Fuck. Fuck. Fuck. Fuck. Fuck. Fuck. Fuck. Fuck. Fuck.
Fuck. Fuck. Fuck. Fuck. Fuck. Fuck. Fuck. Fuck. Fuck.
Fuck. Fuck. Fuck. Fuck. Fuck. Fuck. Fuck. Fuck. Fuck.
Fuck. Fuck. Fuck. Fuck. Fuck. Fuck. Fuck. Fuck. Fuck.
Fuck. Fuck. Fuck. Fuck. Fuck. Fuck. Fuck. Fuck. Fuck.

Fuck. Fuck. Fuck. Fuck. Fuck. Fuck. Fuck. Fuck. Fuck.
Fuck. Fuck. Fuck. Fuck. Fuck. Fuck. Fuck. Fuck. Fuck.
Fuck. Fuck. Fuck. Fuck. Fuck. Fuck. Fuck. Fuck. Fuck.
Fuck. Fuck. Fuck. Fuck. Fuck. Fuck. Fuck. Fuck. Fuck.
Fuck. Fuck. Fuck. Fuck. Fuck. Fuck. Fuck. Fuck. Fuck.
Fuck. Fuck. Fuck. Fuck. Fuck. Fuck. Fuck. Fuck. Fuck.
Fuck. Fuck. Fuck. Fuck. Fuck. Fuck. Fuck. Fuck. Fuck.
Fuck. Fuck. Fuck. Fuck. Fuck. Fuck. Fuck. Fuck. Fuck.
Fuck. Fuck. Fuck. Fuck. Fuck. Fuck. Fuck. Fuck. Fuck.
Fuck. Fuck. Fuck. Fuck. Fuck. Fuck. Fuck. Fuck. Fuck.
Fuck. Fuck. Fuck. Fuck. Fuck. Fuck. Fuck. Fuck. Fuck.
Fuck. Fuck. Fuck. Fuck. Fuck. Fuck. Fuck. Fuck. Fuck.
Fuck. Fuck. Fuck. Fuck. Fuck. Fuck. Fuck. Fuck. Fuck.
Fuck. Fuck. Fuck. Fuck. Fuck. Fuck. Fuck. Fuck. Fuck.
Fuck. Fuck. Fuck. Fuck. Fuck. Fuck. Fuck. Fuck. Fuck.
Fuck. Fuck. Fuck. Fuck. Fuck. Fuck. Fuck. Fuck. Fuck.
Fuck. Fuck. Fuck. Fuck. Fuck. Fuck. Fuck. Fuck. Fuck.
Fuck. Fuck. Fuck. Fuck. Fuck. Fuck. Fuck. Fuck. Fuck.
Fuck. Fuck. Fuck. Fuck. Fuck. Fuck. Fuck. Fuck. Fuck.
Fuck. Fuck. Fuck. Fuck. Fuck. Fuck. Fuck. Fuck. Fuck.
Fuck. Fuck. Fuck. Fuck. Fuck. Fuck. Fuck. Fuck. Fuck.
Fuck. Fuck. Fuck. Fuck. Fuck. Fuck. Fuck. Fuck. Fuck.
Fuck. Fuck. Fuck. Fuck. Fuck. Fuck. Fuck. Fuck. Fuck.
Fuck. Fuck. Fuck. Fuck. Fuck. Fuck. Fuck. Fuck. Fuck.
Fuck. Fuck. Fuck. Fuck. Fuck. Fuck. Fuck. Fuck. Fuck.
Fuck. Fuck. Fuck. Fuck. Fuck. Fuck. Fuck. Fuck. Fuck.
Fuck. Fuck. Fuck. Fuck. Fuck. Fuck. Fuck. Fuck. Fuck.
Fuck. Fuck. Fuck. Fuck. Fuck. Fuck. Fuck. Fuck. Fuck.
Fuck. Fuck. Fuck. Fuck. Fuck. Fuck. Fuck. Fuck. Fuck.
Fuck. Fuck. Fuck. Fuck. Fuck. Fuck. Fuck. Fuck. Fuck.
Fuck. Fuck. Fuck. Fuck. Fuck. Fuck. Fuck. Fuck. Fuck.
Fuck. Fuck. Fuck. Fuck. Fuck. Fuck. Fuck. Fuck. Fuck.

Fuck. Fuck. Fuck. Fuck. Fuck. Fuck. Fuck. Fuck. Fuck.
Fuck. Fuck. Fuck. Fuck. Fuck. Fuck. Fuck. Fuck. Fuck.
Fuck. Fuck. Fuck. Fuck. Fuck. Fuck. Fuck. Fuck. Fuck.
Fuck. Fuck. Fuck. Fuck. Fuck. Fuck. Fuck. Fuck. Fuck.
Fuck. Fuck. Fuck. Fuck. Fuck. Fuck. Fuck. Fuck. Fuck.
Fuck. Fuck. Fuck. Fuck. Fuck. Fuck. Fuck. Fuck. Fuck.
Fuck. Fuck. Fuck. Fuck. Fuck. Fuck. Fuck. Fuck. Fuck.
Fuck. Fuck. Fuck. Fuck. Fuck. Fuck. Fuck. Fuck. Fuck.
Fuck. Fuck. Fuck. Fuck. Fuck. Fuck. Fuck. Fuck. Fuck.
Fuck. Fuck. Fuck. Fuck. Fuck. Fuck. Fuck. Fuck. Fuck.
Fuck. Fuck. Fuck. Fuck. Fuck. Fuck. Fuck. Fuck. Fuck.
Fuck. Fuck. Fuck. Fuck. Fuck. Fuck. Fuck. Fuck. Fuck.
Fuck. Fuck. Fuck. Fuck. Fuck. Fuck. Fuck. Fuck. Fuck.
Fuck. Fuck. Fuck. Fuck. Fuck. Fuck. Fuck. Fuck. Fuck.
Fuck. Fuck. Fuck. Fuck. Fuck. Fuck. Fuck. Fuck. Fuck.
Fuck. Fuck. Fuck. Fuck. Fuck. Fuck. Fuck. Fuck. Fuck.
Fuck. Fuck. Fuck. Fuck. Fuck. Fuck. Fuck. Fuck. Fuck.
Fuck. Fuck. Fuck. Fuck. Fuck. Fuck. Fuck. Fuck. Fuck.
Fuck. Fuck. Fuck. Fuck. Fuck. Fuck. Fuck. Fuck. Fuck.
Fuck. Fuck. Fuck. Fuck. Fuck. Fuck. Fuck. Fuck. Fuck.
Fuck. Fuck. Fuck. Fuck. Fuck. Fuck. Fuck. Fuck. Fuck.
Fuck. Fuck. Fuck. Fuck. Fuck. Fuck. Fuck. Fuck. Fuck.
Fuck. Fuck. Fuck. Fuck. Fuck. Fuck. Fuck. Fuck. Fuck.
Fuck. Fuck. Fuck. Fuck. Fuck. Fuck. Fuck. Fuck. Fuck.
Fuck. Fuck. Fuck. Fuck. Fuck. Fuck. Fuck. Fuck. Fuck.
Fuck. Fuck. Fuck. Fuck. Fuck. Fuck. Fuck. Fuck. Fuck.
Fuck. Fuck. Fuck. Fuck. Fuck. Fuck. Fuck. Fuck. Fuck.
Fuck. Fuck. Fuck. Fuck. Fuck. Fuck. Fuck. Fuck. Fuck.
Fuck. Fuck. Fuck. Fuck. Fuck. Fuck. Fuck. Fuck. Fuck.
Fuck. Fuck. Fuck. Fuck. Fuck. Fuck. Fuck. Fuck. Fuck.
Fuck. Fuck. Fuck. Fuck. Fuck. Fuck. Fuck. Fuck. Fuck.
Fuck. Fuck. Fuck. Fuck. Fuck. Fuck. Fuck. Fuck. Fuck.

Fuck. Fuck. Fuck. Fuck. Fuck. Fuck. Fuck. Fuck. Fuck.
Fuck. Fuck. Fuck. Fuck. Fuck. Fuck. Fuck. Fuck. Fuck.
Fuck. Fuck. Fuck. Fuck. Fuck. Fuck. Fuck. Fuck. Fuck.
Fuck. Fuck. Fuck. Fuck. Fuck. Fuck. Fuck. Fuck. Fuck.
Fuck. Fuck. Fuck. Fuck. Fuck. Fuck. Fuck. Fuck. Fuck.
Fuck. Fuck. Fuck. Fuck. Fuck. Fuck. Fuck. Fuck. Fuck.
Fuck. Fuck. Fuck. Fuck. Fuck. Fuck. Fuck. Fuck. Fuck.
Fuck. Fuck. Fuck. Fuck. Fuck. Fuck. Fuck. Fuck. Fuck.
Fuck. Fuck. Fuck. Fuck. Fuck. Fuck. Fuck. Fuck. Fuck.
Fuck. Fuck. Fuck. Fuck. Fuck. Fuck. Fuck. Fuck. Fuck.
Fuck. Fuck. Fuck. Fuck. Fuck. Fuck. Fuck. Fuck. Fuck.
Fuck. Fuck. Fuck. Fuck. Fuck. Fuck. Fuck. Fuck. Fuck.
Fuck. Fuck. Fuck. Fuck. Fuck. Fuck. Fuck. Fuck. Fuck.
Fuck. Fuck. Fuck. Fuck. Fuck. Fuck. Fuck. Fuck. Fuck.
Fuck. Fuck. Fuck. Fuck. Fuck. Fuck. Fuck. Fuck. Fuck.
Fuck. Fuck. Fuck. Fuck. Fuck. Fuck. Fuck. Fuck. Fuck.
Fuck. Fuck. Fuck. Fuck. Fuck. Fuck. Fuck. Fuck. Fuck.
Fuck. Fuck. Fuck. Fuck. Fuck. Fuck. Fuck. Fuck. Fuck.
Fuck. Fuck. Fuck. Fuck. Fuck. Fuck. Fuck. Fuck. Fuck.
Fuck. Fuck. Fuck. Fuck. Fuck. Fuck. Fuck. Fuck. Fuck.
Fuck. Fuck. Fuck. Fuck. Fuck. Fuck. Fuck. Fuck. Fuck.
Fuck. Fuck. Fuck. Fuck. Fuck. Fuck. Fuck. Fuck. Fuck.
Fuck. Fuck. Fuck. Fuck. Fuck. Fuck. Fuck. Fuck. Fuck.
Fuck. Fuck. Fuck. Fuck. Fuck. Fuck. Fuck. Fuck. Fuck.
Fuck. Fuck. Fuck. Fuck. Fuck. Fuck. Fuck. Fuck. Fuck.
Fuck. Fuck. Fuck. Fuck. Fuck. Fuck. Fuck. Fuck. Fuck.
Fuck. Fuck. Fuck. Fuck. Fuck. Fuck. Fuck. Fuck. Fuck.
Fuck. Fuck. Fuck. Fuck. Fuck. Fuck. Fuck. Fuck. Fuck.
Fuck. Fuck. Fuck. Fuck. Fuck. Fuck. Fuck. Fuck. Fuck.
Fuck. Fuck. Fuck. Fuck. Fuck. Fuck. Fuck. Fuck. Fuck.
Fuck. Fuck. Fuck. Fuck. Fuck. Fuck. Fuck. Fuck. Fuck.
Fuck. Fuck. Fuck. Fuck. Fuck. Fuck. Fuck. Fuck. Fuck.

Fuck. Fuck. Fuck. Fuck. Fuck. Fuck. Fuck. Fuck. Fuck.
Fuck. Fuck. Fuck. Fuck. Fuck. Fuck. Fuck. Fuck. Fuck.
Fuck. Fuck. Fuck. Fuck. Fuck. Fuck. Fuck. Fuck. Fuck.
Fuck. Fuck. Fuck. Fuck. Fuck. Fuck. Fuck. Fuck. Fuck.
Fuck. Fuck. Fuck. Fuck. Fuck. Fuck. Fuck. Fuck. Fuck.
Fuck. Fuck. Fuck. Fuck. Fuck. Fuck. Fuck. Fuck. Fuck.
Fuck. Fuck. Fuck. Fuck. Fuck. Fuck. Fuck. Fuck. Fuck.
Fuck. Fuck. Fuck. Fuck. Fuck. Fuck. Fuck. Fuck. Fuck.
Fuck. Fuck. Fuck. Fuck. Fuck. Fuck. Fuck. Fuck. Fuck.
Fuck. Fuck. Fuck. Fuck. Fuck. Fuck. Fuck. Fuck. Fuck.
Fuck. Fuck. Fuck. Fuck. Fuck. Fuck. Fuck. Fuck. Fuck.
Fuck. Fuck. Fuck. Fuck. Fuck. Fuck. Fuck. Fuck. Fuck.
Fuck. Fuck. Fuck. Fuck. Fuck. Fuck. Fuck. Fuck. Fuck.
Fuck. Fuck. Fuck. Fuck. Fuck. Fuck. Fuck. Fuck. Fuck.
Fuck. Fuck. Fuck. Fuck. Fuck. Fuck. Fuck. Fuck. Fuck.
Fuck. Fuck. Fuck. Fuck. Fuck. Fuck. Fuck. Fuck. Fuck.
Fuck. Fuck. Fuck. Fuck. Fuck. Fuck. Fuck. Fuck. Fuck.
Fuck. Fuck. Fuck. Fuck. Fuck. Fuck. Fuck. Fuck. Fuck.
Fuck. Fuck. Fuck. Fuck. Fuck. Fuck. Fuck. Fuck. Fuck.
Fuck. Fuck. Fuck. Fuck. Fuck. Fuck. Fuck. Fuck. Fuck.
Fuck. Fuck. Fuck. Fuck. Fuck. Fuck. Fuck. Fuck. Fuck.
Fuck. Fuck. Fuck. Fuck. Fuck. Fuck. Fuck. Fuck. Fuck.
Fuck. Fuck. Fuck. Fuck. Fuck. Fuck. Fuck. Fuck. Fuck.
Fuck. Fuck. Fuck. Fuck. Fuck. Fuck. Fuck. Fuck. Fuck.
Fuck. Fuck. Fuck. Fuck. Fuck. Fuck. Fuck. Fuck. Fuck.
Fuck. Fuck. Fuck. Fuck. Fuck. Fuck. Fuck. Fuck. Fuck.
Fuck. Fuck. Fuck. Fuck. Fuck. Fuck. Fuck. Fuck. Fuck.
Fuck. Fuck. Fuck. Fuck. Fuck. Fuck. Fuck. Fuck. Fuck.
Fuck. Fuck. Fuck. Fuck. Fuck. Fuck. Fuck. Fuck. Fuck.
Fuck. Fuck. Fuck. Fuck. Fuck. Fuck. Fuck. Fuck. Fuck.
Fuck. Fuck. Fuck. Fuck. Fuck. Fuck. Fuck. Fuck. Fuck.
Fuck. Fuck. Fuck. Fuck. Fuck. Fuck. Fuck. Fuck. Fuck.

Fuck. Fuck. Fuck. Fuck. Fuck. Fuck. Fuck. Fuck. Fuck.
Fuck. Fuck. Fuck. Fuck. Fuck. Fuck. Fuck. Fuck. Fuck.
Fuck. Fuck. Fuck. Fuck. Fuck. Fuck. Fuck. Fuck. Fuck.
Fuck. Fuck. Fuck. Fuck. Fuck. Fuck. Fuck. Fuck. Fuck.
Fuck. Fuck. Fuck. Fuck. Fuck. Fuck. Fuck. Fuck. Fuck.
Fuck. Fuck. Fuck. Fuck. Fuck. Fuck. Fuck. Fuck. Fuck.
Fuck. Fuck. Fuck. Fuck. Fuck. Fuck. Fuck. Fuck. Fuck.
Fuck. Fuck. Fuck. Fuck. Fuck. Fuck. Fuck. Fuck. Fuck.
Fuck. Fuck. Fuck. Fuck. Fuck. Fuck. Fuck. Fuck. Fuck.
Fuck. Fuck. Fuck. Fuck. Fuck. Fuck. Fuck. Fuck. Fuck.
Fuck. Fuck. Fuck. Fuck. Fuck. Fuck. Fuck. Fuck. Fuck.
Fuck. Fuck. Fuck. Fuck. Fuck. Fuck. Fuck. Fuck. Fuck.
Fuck. Fuck. Fuck. Fuck. Fuck. Fuck. Fuck. Fuck. Fuck.
Fuck. Fuck. Fuck. Fuck. Fuck. Fuck. Fuck. Fuck. Fuck.
Fuck. Fuck. Fuck. Fuck. Fuck. Fuck. Fuck. Fuck. Fuck.
Fuck. Fuck. Fuck. Fuck. Fuck. Fuck. Fuck. Fuck. Fuck.
Fuck. Fuck. Fuck. Fuck. Fuck. Fuck. Fuck. Fuck. Fuck.
Fuck. Fuck. Fuck. Fuck. Fuck. Fuck. Fuck. Fuck. Fuck.
Fuck. Fuck. Fuck. Fuck. Fuck. Fuck. Fuck. Fuck. Fuck.
Fuck. Fuck. Fuck. Fuck. Fuck. Fuck. Fuck. Fuck. Fuck.
Fuck. Fuck. Fuck. Fuck. Fuck. Fuck. Fuck. Fuck. Fuck.
Fuck. Fuck. Fuck. Fuck. Fuck. Fuck. Fuck. Fuck. Fuck.
Fuck. Fuck. Fuck. Fuck. Fuck. Fuck. Fuck. Fuck. Fuck.
Fuck. Fuck. Fuck. Fuck. Fuck. Fuck. Fuck. Fuck. Fuck.
Fuck. Fuck. Fuck. Fuck. Fuck. Fuck. Fuck. Fuck. Fuck.
Fuck. Fuck. Fuck. Fuck. Fuck. Fuck. Fuck. Fuck. Fuck.
Fuck. Fuck. Fuck. Fuck. Fuck. Fuck. Fuck. Fuck. Fuck.
Fuck. Fuck. Fuck. Fuck. Fuck. Fuck. Fuck. Fuck. Fuck.
Fuck. Fuck. Fuck. Fuck. Fuck. Fuck. Fuck. Fuck. Fuck.
Fuck. Fuck. Fuck. Fuck. Fuck. Fuck. Fuck. Fuck. Fuck.
Fuck. Fuck. Fuck. Fuck. Fuck. Fuck. Fuck. Fuck. Fuck.
Fuck. Fuck. Fuck. Fuck. Fuck. Fuck. Fuck. Fuck. Fuck.
Fuck. Fuck. Fuck. Fuck. Fuck. Fuck. Fuck. Fuck. Fuck.

Fuck. Fuck. Fuck. Fuck. Fuck. Fuck. Fuck. Fuck. Fuck.
Fuck. Fuck. Fuck. Fuck. Fuck. Fuck. Fuck. Fuck. Fuck.
Fuck. Fuck. Fuck. Fuck. Fuck. Fuck. Fuck. Fuck. Fuck.
Fuck. Fuck. Fuck. Fuck. Fuck. Fuck. Fuck. Fuck. Fuck.
Fuck. Fuck. Fuck. Fuck. Fuck. Fuck. Fuck. Fuck. Fuck.
Fuck. Fuck. Fuck. Fuck. Fuck. Fuck. Fuck. Fuck. Fuck.
Fuck. Fuck. Fuck. Fuck. Fuck. Fuck. Fuck. Fuck. Fuck.
Fuck. Fuck. Fuck. Fuck. Fuck. Fuck. Fuck. Fuck. Fuck.
Fuck. Fuck. Fuck. Fuck. Fuck. Fuck. Fuck. Fuck. Fuck.
Fuck. Fuck. Fuck. Fuck. Fuck. Fuck. Fuck. Fuck. Fuck.
Fuck. Fuck. Fuck. Fuck. Fuck. Fuck. Fuck. Fuck. Fuck.
Fuck. Fuck. Fuck. Fuck. Fuck. Fuck. Fuck. Fuck. Fuck.
Fuck. Fuck. Fuck. Fuck. Fuck. Fuck. Fuck. Fuck. Fuck.
Fuck. Fuck. Fuck. Fuck. Fuck. Fuck. Fuck. Fuck. Fuck.
Fuck. Fuck. Fuck. Fuck. Fuck. Fuck. Fuck. Fuck. Fuck.
Fuck. Fuck. Fuck. Fuck. Fuck. Fuck. Fuck. Fuck. Fuck.
Fuck. Fuck. Fuck. Fuck. Fuck. Fuck. Fuck. Fuck. Fuck.
Fuck. Fuck. Fuck. Fuck. Fuck. Fuck. Fuck. Fuck. Fuck.
Fuck. Fuck. Fuck. Fuck. Fuck. Fuck. Fuck. Fuck. Fuck.
Fuck. Fuck. Fuck. Fuck. Fuck. Fuck. Fuck. Fuck. Fuck.
Fuck. Fuck. Fuck. Fuck. Fuck. Fuck. Fuck. Fuck. Fuck.
Fuck. Fuck. Fuck. Fuck. Fuck. Fuck. Fuck. Fuck. Fuck.
Fuck. Fuck. Fuck. Fuck. Fuck. Fuck. Fuck. Fuck. Fuck.
Fuck. Fuck. Fuck. Fuck. Fuck. Fuck. Fuck. Fuck. Fuck.
Fuck. Fuck. Fuck. Fuck. Fuck. Fuck. Fuck. Fuck. Fuck.
Fuck. Fuck. Fuck. Fuck. Fuck. Fuck. Fuck. Fuck. Fuck.
Fuck. Fuck. Fuck. Fuck. Fuck. Fuck. Fuck. Fuck. Fuck.
Fuck. Fuck. Fuck. Fuck. Fuck. Fuck. Fuck. Fuck. Fuck.
Fuck. Fuck. Fuck. Fuck. Fuck. Fuck. Fuck. Fuck. Fuck.
Fuck. Fuck. Fuck. Fuck. Fuck. Fuck. Fuck. Fuck. Fuck.
Fuck. Fuck. Fuck. Fuck. Fuck. Fuck. Fuck. Fuck. Fuck.
Fuck. Fuck. Fuck. Fuck. Fuck. Fuck. Fuck. Fuck. Fuck.
Fuck. Fuck. Fuck. Fuck. Fuck. Fuck. Fuck. Fuck. Fuck.

Fuck. Fuck. Fuck. Fuck. Fuck. Fuck. Fuck. Fuck. Fuck.
Fuck. Fuck. Fuck. Fuck. Fuck. Fuck. Fuck. Fuck. Fuck.
Fuck. Fuck. Fuck. Fuck. Fuck. Fuck. Fuck. Fuck. Fuck.
Fuck. Fuck. Fuck. Fuck. Fuck. Fuck. Fuck. Fuck. Fuck.
Fuck. Fuck. Fuck. Fuck. Fuck. Fuck. Fuck. Fuck. Fuck.
Fuck. Fuck. Fuck. Fuck. Fuck. Fuck. Fuck. Fuck. Fuck.
Fuck. Fuck. Fuck. Fuck. Fuck. Fuck. Fuck. Fuck. Fuck.
Fuck. Fuck. Fuck. Fuck. Fuck. Fuck. Fuck. Fuck. Fuck.
Fuck. Fuck. Fuck. Fuck. Fuck. Fuck. Fuck. Fuck. Fuck.
Fuck. Fuck. Fuck. Fuck. Fuck. Fuck. Fuck. Fuck. Fuck.
Fuck. Fuck. Fuck. Fuck. Fuck. Fuck. Fuck. Fuck. Fuck.
Fuck. Fuck. Fuck. Fuck. Fuck. Fuck. Fuck. Fuck. Fuck.
Fuck. Fuck. Fuck. Fuck. Fuck. Fuck. Fuck. Fuck. Fuck.
Fuck. Fuck. Fuck. Fuck. Fuck. Fuck. Fuck. Fuck. Fuck.
Fuck. Fuck. Fuck. Fuck. Fuck. Fuck. Fuck. Fuck. Fuck.
Fuck. Fuck. Fuck. Fuck. Fuck. Fuck. Fuck. Fuck. Fuck.
Fuck. Fuck. Fuck. Fuck. Fuck. Fuck. Fuck. Fuck. Fuck.
Fuck. Fuck. Fuck. Fuck. Fuck. Fuck. Fuck. Fuck. Fuck.
Fuck. Fuck. Fuck. Fuck. Fuck. Fuck. Fuck. Fuck. Fuck.
Fuck. Fuck. Fuck. Fuck. Fuck. Fuck. Fuck. Fuck. Fuck.
Fuck. Fuck. Fuck. Fuck. Fuck. Fuck. Fuck. Fuck. Fuck.
Fuck. Fuck. Fuck. Fuck. Fuck. Fuck. Fuck. Fuck. Fuck.
Fuck. Fuck. Fuck. Fuck. Fuck. Fuck. Fuck. Fuck. Fuck.
Fuck. Fuck. Fuck. Fuck. Fuck. Fuck. Fuck. Fuck. Fuck.
Fuck. Fuck. Fuck. Fuck. Fuck. Fuck. Fuck. Fuck. Fuck.
Fuck. Fuck. Fuck. Fuck. Fuck. Fuck. Fuck. Fuck. Fuck.
Fuck. Fuck. Fuck. Fuck. Fuck. Fuck. Fuck. Fuck. Fuck.
Fuck. Fuck. Fuck. Fuck. Fuck. Fuck. Fuck. Fuck. Fuck.
Fuck. Fuck. Fuck. Fuck. Fuck. Fuck. Fuck. Fuck. Fuck.
Fuck. Fuck. Fuck. Fuck.

Fuck. Fuck. Fuck. Fuck. Fuck. Fuck. Fuck. Fuck. Fuck.
Fuck. Fuck. Fuck. Fuck. Fuck. Fuck. Fuck. Fuck. Fuck.
Fuck. Fuck. Fuck. Fuck. Fuck. Fuck. Fuck. Fuck. Fuck.
Fuck. Fuck. Fuck. Fuck. Fuck. Fuck. Fuck. Fuck. Fuck.
Fuck. Fuck. Fuck. Fuck. Fuck. Fuck. Fuck. Fuck. Fuck.
Fuck. Fuck. Fuck. Fuck. Fuck. Fuck. Fuck. Fuck. Fuck.
Fuck. Fuck. Fuck. Fuck. Fuck. Fuck. Fuck. Fuck. Fuck.
Fuck. Fuck. Fuck. Fuck. Fuck. Fuck. Fuck. Fuck. Fuck.
Fuck. Fuck. Fuck. Fuck. Fuck. Fuck. Fuck. Fuck. Fuck.
Fuck. Fuck. Fuck. Fuck. Fuck. Fuck. Fuck. Fuck. Fuck.
Fuck. Fuck. Fuck. Fuck. Fuck. Fuck. Fuck. Fuck. Fuck.
Fuck. Fuck. Fuck. Fuck. Fuck. Fuck. Fuck. Fuck. Fuck.
Fuck. Fuck. Fuck. Fuck. Fuck. Fuck. Fuck. Fuck. Fuck.
Fuck. Fuck. Fuck. Fuck. Fuck. Fuck. Fuck. Fuck. Fuck.
Fuck. Fuck. Fuck. Fuck. Fuck. Fuck. Fuck. Fuck. Fuck.
Fuck. Fuck. Fuck. Fuck. Fuck. Fuck. Fuck. Fuck. Fuck.
Fuck. Fuck. Fuck. Fuck. Fuck. Fuck. Fuck. Fuck. Fuck.
Fuck. Fuck. Fuck. Fuck. Fuck. Fuck. Fuck. Fuck. Fuck.
Fuck. Fuck. Fuck. Fuck. Fuck. Fuck. Fuck. Fuck. Fuck.
Fuck. Fuck. Fuck. Fuck. Fuck. Fuck. Fuck. Fuck. Fuck.
Fuck. Fuck. Fuck. Fuck. Fuck. Fuck. Fuck. Fuck. Fuck.
Fuck. Fuck. Fuck. Fuck. Fuck. Fuck. Fuck. Fuck. Fuck.
Fuck. Fuck. Fuck. Fuck. Fuck. Fuck. Fuck. Fuck. Fuck.
Fuck. Fuck. Fuck. Fuck. Fuck. Fuck. Fuck. Fuck. Fuck.
Fuck. Fuck. Fuck. Fuck. Fuck. Fuck. Fuck. Fuck. Fuck.
Fuck. Fuck. Fuck. Fuck. Fuck. Fuck. Fuck. Fuck. Fuck.
Fuck. Fuck. Fuck. Fuck. Fuck. Fuck. Fuck. Fuck. Fuck.
Fuck. Fuck. Fuck. Fuck. Fuck. Fuck. Fuck. Fuck. Fuck.
Fuck. Fuck. Fuck. Fuck. Fuck. Fuck. Fuck. Fuck. Fuck.
Fuck. Fuck. Fuck. Fuck. Fuck. Fuck. Fuck. Fuck. Fuck.
Fuck. Fuck. Fuck. Fuck. Fuck. Fuck. Fuck. Fuck. Fuck.
Fuck. Fuck. Fuck. Fuck. Fuck. Fuck. Fuck. Fuck. Fuck.
Fuck. Fuck. Fuck. Fuck. Fuck. Fuck. Fuck. Fuck. Fuck.

Fuck. Fuck. Fuck. Fuck. Fuck. Fuck. Fuck. Fuck. Fuck.
Fuck. Fuck. Fuck. Fuck. Fuck. Fuck. Fuck. Fuck. Fuck.
Fuck. Fuck. Fuck. Fuck. Fuck. Fuck. Fuck. Fuck. Fuck.
Fuck. Fuck. Fuck. Fuck. Fuck. Fuck. Fuck. Fuck. Fuck.
Fuck. Fuck. Fuck. Fuck. Fuck. Fuck. Fuck. Fuck. Fuck.
Fuck. Fuck. Fuck. Fuck. Fuck. Fuck. Fuck. Fuck. Fuck.
Fuck. Fuck. Fuck. Fuck. Fuck. Fuck. Fuck. Fuck. Fuck.
Fuck. Fuck. Fuck. Fuck. Fuck. Fuck. Fuck. Fuck. Fuck.
Fuck. Fuck. Fuck. Fuck. Fuck. Fuck. Fuck. Fuck. Fuck.
Fuck. Fuck. Fuck. Fuck. Fuck. Fuck. Fuck. Fuck. Fuck.
Fuck. Fuck. Fuck. Fuck. Fuck. Fuck. Fuck. Fuck. Fuck.
Fuck. Fuck. Fuck. Fuck. Fuck. Fuck. Fuck. Fuck. Fuck.
Fuck. Fuck. Fuck. Fuck. Fuck. Fuck. Fuck. Fuck. Fuck.
Fuck. Fuck. Fuck. Fuck. Fuck. Fuck. Fuck. Fuck. Fuck.
Fuck. Fuck. Fuck. Fuck. Fuck. Fuck. Fuck. Fuck. Fuck.
Fuck. Fuck. Fuck. Fuck. Fuck. Fuck. Fuck. Fuck. Fuck.
Fuck. Fuck. Fuck. Fuck. Fuck. Fuck. Fuck. Fuck. Fuck.
Fuck. Fuck. Fuck. Fuck. Fuck. Fuck. Fuck. Fuck. Fuck.
Fuck. Fuck. Fuck. Fuck. Fuck. Fuck. Fuck. Fuck. Fuck.
Fuck. Fuck. Fuck. Fuck. Fuck. Fuck. Fuck. Fuck. Fuck.
Fuck. Fuck. Fuck. Fuck. Fuck. Fuck. Fuck. Fuck. Fuck.
Fuck. Fuck. Fuck. Fuck. Fuck. Fuck. Fuck. Fuck. Fuck.
Fuck. Fuck. Fuck. Fuck. Fuck. Fuck. Fuck. Fuck. Fuck.
Fuck. Fuck. Fuck. Fuck. Fuck. Fuck. Fuck. Fuck. Fuck.
Fuck. Fuck. Fuck. Fuck. Fuck. Fuck. Fuck. Fuck. Fuck.
Fuck. Fuck. Fuck. Fuck. Fuck. Fuck. Fuck. Fuck. Fuck.
Fuck. Fuck. Fuck. Fuck. Fuck. Fuck. Fuck. Fuck. Fuck.
Fuck. Fuck. Fuck. Fuck. Fuck. Fuck. Fuck. Fuck. Fuck.
Fuck. Fuck. Fuck. Fuck. Fuck. Fuck. Fuck. Fuck. Fuck.
Fuck. Fuck. Fuck. Fuck. Fuck. Fuck. Fuck. Fuck. Fuck.
Fuck. Fuck. Fuck. Fuck. Fuck. Fuck. Fuck. Fuck. Fuck.

Fuck. Fuck. Fuck. Fuck. Fuck. Fuck. Fuck. Fuck. Fuck.
Fuck. Fuck. Fuck. Fuck. Fuck. Fuck. Fuck. Fuck. Fuck.
Fuck. Fuck. Fuck. Fuck. Fuck. Fuck. Fuck. Fuck. Fuck.
Fuck. Fuck. Fuck. Fuck. Fuck. Fuck. Fuck. Fuck. Fuck.
Fuck. Fuck. Fuck. Fuck. Fuck. Fuck. Fuck. Fuck. Fuck.
Fuck. Fuck. Fuck. Fuck. Fuck. Fuck. Fuck. Fuck. Fuck.
Fuck. Fuck. Fuck. Fuck. Fuck. Fuck. Fuck. Fuck. Fuck.
Fuck. Fuck. Fuck. Fuck. Fuck. Fuck. Fuck. Fuck. Fuck.
Fuck. Fuck. Fuck. Fuck. Fuck. Fuck. Fuck. Fuck. Fuck.
Fuck. Fuck. Fuck. Fuck. Fuck. Fuck. Fuck. Fuck. Fuck.
Fuck. Fuck. Fuck. Fuck. Fuck. Fuck. Fuck. Fuck. Fuck.
Fuck. Fuck. Fuck. Fuck. Fuck. Fuck. Fuck. Fuck. Fuck.
Fuck. Fuck. Fuck. Fuck. Fuck. Fuck. Fuck. Fuck. Fuck.
Fuck. Fuck. Fuck. Fuck. Fuck. Fuck. Fuck. Fuck. Fuck.
Fuck. Fuck. Fuck. Fuck. Fuck. Fuck. Fuck. Fuck. Fuck.
Fuck. Fuck. Fuck. Fuck. Fuck. Fuck. Fuck. Fuck. Fuck.
Fuck. Fuck. Fuck. Fuck. Fuck. Fuck. Fuck. Fuck. Fuck.
Fuck. Fuck. Fuck. Fuck. Fuck. Fuck. Fuck. Fuck. Fuck.
Fuck. Fuck. Fuck. Fuck. Fuck. Fuck. Fuck. Fuck. Fuck.
Fuck. Fuck. Fuck. Fuck. Fuck. Fuck. Fuck. Fuck. Fuck.
Fuck. Fuck. Fuck. Fuck. Fuck. Fuck. Fuck. Fuck. Fuck.
Fuck. Fuck. Fuck. Fuck. Fuck. Fuck. Fuck. Fuck. Fuck.
Fuck. Fuck. Fuck. Fuck. Fuck. Fuck. Fuck. Fuck. Fuck.
Fuck. Fuck. Fuck. Fuck. Fuck. Fuck. Fuck. Fuck. Fuck.
Fuck. Fuck. Fuck. Fuck. Fuck. Fuck. Fuck. Fuck. Fuck.
Fuck. Fuck. Fuck. Fuck. Fuck. Fuck. Fuck. Fuck. Fuck.
Fuck. Fuck. Fuck. Fuck. Fuck. Fuck. Fuck. Fuck. Fuck.
Fuck. Fuck. Fuck. Fuck. Fuck. Fuck. Fuck. Fuck. Fuck.
Fuck. Fuck. Fuck. Fuck. Fuck. Fuck. Fuck. Fuck. Fuck.
Fuck. Fuck. Fuck. Fuck. Fuck. Fuck. Fuck. Fuck. Fuck.
Fuck. Fuck. Fuck. Fuck. Fuck. Fuck. Fuck. Fuck. Fuck.
Fuck. Fuck. Fuck. Fuck. Fuck. Fuck. Fuck. Fuck. Fuck.
Fuck. Fuck. Fuck. Fuck. Fuck. Fuck. Fuck. Fuck. Fuck.
Fuck. Fuck. Fuck. Fuck. Fuck. Fuck. Fuck. Fuck. Fuck.

Fuck. Fuck. Fuck. Fuck. Fuck. Fuck. Fuck. Fuck. Fuck.
Fuck. Fuck. Fuck. Fuck. Fuck. Fuck. Fuck. Fuck. Fuck.
Fuck. Fuck. Fuck. Fuck. Fuck. Fuck. Fuck. Fuck. Fuck.
Fuck. Fuck. Fuck. Fuck. Fuck. Fuck. Fuck. Fuck. Fuck.
Fuck. Fuck. Fuck. Fuck. Fuck. Fuck. Fuck. Fuck. Fuck.
Fuck. Fuck. Fuck. Fuck. Fuck. Fuck. Fuck. Fuck. Fuck.
Fuck. Fuck. Fuck. Fuck. Fuck. Fuck. Fuck. Fuck. Fuck.
Fuck. Fuck. Fuck. Fuck. Fuck. Fuck. Fuck. Fuck. Fuck.
Fuck. Fuck. Fuck. Fuck. Fuck. Fuck. Fuck. Fuck. Fuck.
Fuck. Fuck. Fuck. Fuck. Fuck. Fuck. Fuck. Fuck. Fuck.
Fuck. Fuck. Fuck. Fuck. Fuck. Fuck. Fuck. Fuck. Fuck.
Fuck. Fuck. Fuck. Fuck. Fuck. Fuck. Fuck. Fuck. Fuck.
Fuck. Fuck. Fuck. Fuck. Fuck. Fuck. Fuck. Fuck. Fuck.
Fuck. Fuck. Fuck. Fuck. Fuck. Fuck. Fuck. Fuck. Fuck.
Fuck. Fuck. Fuck. Fuck. Fuck. Fuck. Fuck. Fuck. Fuck.
Fuck. Fuck. Fuck. Fuck. Fuck. Fuck. Fuck. Fuck. Fuck.
Fuck. Fuck. Fuck. Fuck. Fuck. Fuck. Fuck. Fuck. Fuck.
Fuck. Fuck. Fuck. Fuck. Fuck. Fuck. Fuck. Fuck. Fuck.
Fuck. Fuck. Fuck. Fuck. Fuck. Fuck. Fuck. Fuck. Fuck.
Fuck. Fuck. Fuck. Fuck. Fuck. Fuck. Fuck. Fuck. Fuck.
Fuck. Fuck. Fuck. Fuck. Fuck. Fuck. Fuck. Fuck. Fuck.
Fuck. Fuck. Fuck. Fuck. Fuck. Fuck. Fuck. Fuck. Fuck.
Fuck. Fuck. Fuck. Fuck. Fuck. Fuck. Fuck. Fuck. Fuck.
Fuck. Fuck. Fuck. Fuck. Fuck. Fuck. Fuck. Fuck. Fuck.
Fuck. Fuck. Fuck. Fuck. Fuck. Fuck. Fuck. Fuck. Fuck.
Fuck. Fuck. Fuck. Fuck. Fuck. Fuck. Fuck. Fuck. Fuck.
Fuck. Fuck. Fuck. Fuck. Fuck. Fuck. Fuck. Fuck. Fuck.
Fuck. Fuck. Fuck. Fuck. Fuck. Fuck. Fuck. Fuck. Fuck.
Fuck. Fuck. Fuck. Fuck. Fuck. Fuck. Fuck. Fuck. Fuck.
Fuck. Fuck. Fuck. Fuck. Fuck. Fuck. Fuck. Fuck. Fuck.
Fuck. Fuck. Fuck. Fuck. Fuck. Fuck. Fuck. Fuck. Fuck.
Fuck. Fuck. Fuck. Fuck. Fuck. Fuck. Fuck. Fuck. Fuck.
Fuck. Fuck. Fuck. Fuck. Fuck. Fuck. Fuck. Fuck. Fuck.

Fuck. Fuck. Fuck. Fuck. Fuck. Fuck. Fuck. Fuck. Fuck.
Fuck. Fuck. Fuck. Fuck. Fuck. Fuck. Fuck. Fuck. Fuck.
Fuck. Fuck. Fuck. Fuck. Fuck. Fuck. Fuck. Fuck. Fuck.
Fuck. Fuck. Fuck. Fuck. Fuck. Fuck. Fuck. Fuck. Fuck.
Fuck. Fuck. Fuck. Fuck. Fuck. Fuck. Fuck. Fuck. Fuck.
Fuck. Fuck. Fuck. Fuck. Fuck. Fuck. Fuck. Fuck. Fuck.
Fuck. Fuck. Fuck. Fuck. Fuck. Fuck. Fuck. Fuck. Fuck.
Fuck. Fuck. Fuck. Fuck. Fuck. Fuck. Fuck. Fuck. Fuck.
Fuck. Fuck. Fuck. Fuck. Fuck. Fuck. Fuck. Fuck. Fuck.
Fuck. Fuck. Fuck. Fuck. Fuck. Fuck. Fuck. Fuck. Fuck.
Fuck. Fuck. Fuck. Fuck. Fuck. Fuck. Fuck. Fuck. Fuck.
Fuck. Fuck. Fuck. Fuck. Fuck. Fuck. Fuck. Fuck. Fuck.
Fuck. Fuck. Fuck. Fuck. Fuck. Fuck. Fuck. Fuck. Fuck.
Fuck. Fuck. Fuck. Fuck. Fuck. Fuck. Fuck. Fuck. Fuck.
Fuck. Fuck. Fuck. Fuck. Fuck. Fuck. Fuck. Fuck. Fuck.
Fuck. Fuck. Fuck. Fuck. Fuck. Fuck. Fuck. Fuck. Fuck.
Fuck. Fuck. Fuck. Fuck. Fuck. Fuck. Fuck. Fuck. Fuck.
Fuck. Fuck. Fuck. Fuck. Fuck. Fuck. Fuck. Fuck. Fuck.
Fuck. Fuck. Fuck. Fuck. Fuck. Fuck. Fuck. Fuck. Fuck.
Fuck. Fuck. Fuck. Fuck. Fuck. Fuck. Fuck. Fuck. Fuck.
Fuck. Fuck. Fuck. Fuck. Fuck. Fuck. Fuck. Fuck. Fuck.
Fuck. Fuck. Fuck. Fuck. Fuck. Fuck. Fuck. Fuck. Fuck.
Fuck. Fuck. Fuck. Fuck. Fuck. Fuck. Fuck. Fuck. Fuck.
Fuck. Fuck. Fuck. Fuck. Fuck. Fuck. Fuck. Fuck. Fuck.
Fuck. Fuck. Fuck. Fuck. Fuck. Fuck. Fuck. Fuck. Fuck.
Fuck. Fuck. Fuck. Fuck. Fuck. Fuck. Fuck. Fuck. Fuck.
Fuck. Fuck. Fuck. Fuck. Fuck. Fuck. Fuck. Fuck. Fuck.
Fuck. Fuck. Fuck. Fuck. Fuck. Fuck. Fuck. Fuck. Fuck.
Fuck. Fuck. Fuck. Fuck. Fuck. Fuck. Fuck. Fuck. Fuck.
Fuck. Fuck. Fuck. Fuck. Fuck. Fuck. Fuck. Fuck. Fuck.
Fuck. Fuck. Fuck. Fuck. Fuck. Fuck. Fuck. Fuck. Fuck.
Fuck. Fuck. Fuck. Fuck. Fuck. Fuck. Fuck. Fuck. Fuck.
Fuck. Fuck. Fuck. Fuck. Fuck. Fuck. Fuck. Fuck. Fuck.

Fuck. Fuck. Fuck. Fuck. Fuck. Fuck. Fuck. Fuck. Fuck.
Fuck. Fuck. Fuck. Fuck. Fuck. Fuck. Fuck. Fuck. Fuck.
Fuck. Fuck. Fuck. Fuck. Fuck. Fuck. Fuck. Fuck. Fuck.
Fuck. Fuck. Fuck. Fuck. Fuck. Fuck. Fuck. Fuck. Fuck.
Fuck. Fuck. Fuck. Fuck. Fuck. Fuck. Fuck. Fuck. Fuck.
Fuck. Fuck. Fuck. Fuck. Fuck. Fuck. Fuck. Fuck. Fuck.
Fuck. Fuck. Fuck. Fuck. Fuck. Fuck. Fuck. Fuck. Fuck.
Fuck. Fuck. Fuck. Fuck. Fuck. Fuck. Fuck. Fuck. Fuck.
Fuck. Fuck. Fuck. Fuck. Fuck. Fuck. Fuck. Fuck. Fuck.
Fuck. Fuck. Fuck. Fuck. Fuck. Fuck. Fuck. Fuck. Fuck.
Fuck. Fuck. Fuck. Fuck. Fuck. Fuck. Fuck. Fuck. Fuck.
Fuck. Fuck. Fuck. Fuck. Fuck. Fuck. Fuck. Fuck. Fuck.
Fuck. Fuck. Fuck. Fuck. Fuck. Fuck. Fuck. Fuck. Fuck.
Fuck. Fuck. Fuck. Fuck. Fuck. Fuck. Fuck. Fuck. Fuck.
Fuck. Fuck. Fuck. Fuck. Fuck. Fuck. Fuck. Fuck. Fuck.
Fuck. Fuck. Fuck. Fuck. Fuck. Fuck. Fuck. Fuck. Fuck.
Fuck. Fuck. Fuck. Fuck. Fuck. Fuck. Fuck. Fuck. Fuck.
Fuck. Fuck. Fuck. Fuck. Fuck. Fuck. Fuck. Fuck. Fuck.
Fuck. Fuck. Fuck. Fuck. Fuck. Fuck. Fuck. Fuck. Fuck.
Fuck. Fuck. Fuck. Fuck. Fuck. Fuck. Fuck. Fuck. Fuck.
Fuck. Fuck. Fuck. Fuck. Fuck. Fuck. Fuck. Fuck. Fuck.
Fuck. Fuck. Fuck. Fuck. Fuck. Fuck. Fuck. Fuck. Fuck.
Fuck. Fuck. Fuck. Fuck. Fuck. Fuck. Fuck. Fuck. Fuck.
Fuck. Fuck. Fuck. Fuck. Fuck. Fuck. Fuck. Fuck. Fuck.
Fuck. Fuck. Fuck. Fuck. Fuck. Fuck. Fuck. Fuck. Fuck.
Fuck. Fuck. Fuck. Fuck. Fuck. Fuck. Fuck. Fuck. Fuck.
Fuck. Fuck. Fuck. Fuck. Fuck. Fuck. Fuck. Fuck. Fuck.
Fuck. Fuck. Fuck. Fuck. Fuck. Fuck. Fuck. Fuck. Fuck.
Fuck. Fuck. Fuck. Fuck. Fuck. Fuck. Fuck. Fuck. Fuck.
Fuck. Fuck. Fuck. Fuck. Fuck. Fuck. Fuck. Fuck. Fuck.
Fuck. Fuck. Fuck. Fuck. Fuck. Fuck. Fuck. Fuck. Fuck.
Fuck. Fuck. Fuck. Fuck. Fuck. Fuck. Fuck. Fuck. Fuck.
Fuck. Fuck. Fuck. Fuck. Fuck. Fuck. Fuck. Fuck. Fuck.
Fuck. Fuck. Fuck. Fuck. Fuck. Fuck. Fuck. Fuck. Fuck.
Fuck. Fuck. Fuck. Fuck. Fuck. Fuck. Fuck. Fuck. Fuck.

Fuck. Fuck. Fuck. Fuck. Fuck. Fuck. Fuck. Fuck. Fuck.
Fuck. Fuck. Fuck. Fuck. Fuck. Fuck. Fuck. Fuck. Fuck.
Fuck. Fuck. Fuck. Fuck. Fuck. Fuck. Fuck. Fuck. Fuck.
Fuck. Fuck. Fuck. Fuck. Fuck. Fuck. Fuck. Fuck. Fuck.
Fuck. Fuck. Fuck. Fuck. Fuck. Fuck. Fuck. Fuck. Fuck.
Fuck. Fuck. Fuck. Fuck. Fuck. Fuck. Fuck. Fuck. Fuck.
Fuck. Fuck. Fuck. Fuck. Fuck. Fuck. Fuck. Fuck. Fuck.
Fuck. Fuck. Fuck. Fuck. Fuck. Fuck. Fuck. Fuck. Fuck.
Fuck. Fuck. Fuck. Fuck. Fuck. Fuck. Fuck. Fuck. Fuck.
Fuck. Fuck. Fuck. Fuck. Fuck. Fuck. Fuck. Fuck. Fuck.
Fuck. Fuck. Fuck. Fuck. Fuck. Fuck. Fuck. Fuck. Fuck.
Fuck. Fuck. Fuck. Fuck. Fuck. Fuck. Fuck. Fuck. Fuck.
Fuck. Fuck. Fuck. Fuck. Fuck. Fuck. Fuck. Fuck. Fuck.
Fuck. Fuck. Fuck. Fuck. Fuck. Fuck. Fuck. Fuck. Fuck.
Fuck. Fuck. Fuck. Fuck. Fuck. Fuck. Fuck. Fuck. Fuck.
Fuck. Fuck. Fuck. Fuck. Fuck. Fuck. Fuck. Fuck. Fuck.
Fuck. Fuck. Fuck. Fuck. Fuck. Fuck. Fuck. Fuck. Fuck.
Fuck. Fuck. Fuck. Fuck. Fuck. Fuck. Fuck. Fuck. Fuck.
Fuck. Fuck. Fuck. Fuck. Fuck. Fuck. Fuck. Fuck. Fuck.
Fuck. Fuck. Fuck. Fuck. Fuck. Fuck. Fuck. Fuck. Fuck.
Fuck. Fuck. Fuck. Fuck. Fuck. Fuck. Fuck. Fuck. Fuck.
Fuck. Fuck. Fuck. Fuck. Fuck. Fuck. Fuck. Fuck. Fuck.
Fuck. Fuck. Fuck. Fuck. Fuck. Fuck. Fuck. Fuck. Fuck.
Fuck. Fuck. Fuck. Fuck. Fuck. Fuck. Fuck. Fuck. Fuck.
Fuck. Fuck. Fuck. Fuck. Fuck. Fuck. Fuck. Fuck. Fuck.
Fuck. Fuck. Fuck. Fuck. Fuck. Fuck. Fuck. Fuck. Fuck.
Fuck. Fuck. Fuck. Fuck. Fuck. Fuck. Fuck. Fuck. Fuck.
Fuck. Fuck. Fuck. Fuck. Fuck. Fuck. Fuck. Fuck. Fuck.
Fuck. Fuck. Fuck. Fuck. Fuck. Fuck. Fuck. Fuck. Fuck.
Fuck. Fuck. Fuck. Fuck. Fuck. Fuck. Fuck. Fuck. Fuck.
Fuck. Fuck. Fuck. Fuck. Fuck. Fuck. Fuck. Fuck. Fuck.
Fuck. Fuck. Fuck. Fuck. Fuck. Fuck. Fuck. Fuck. Fuck.

Fuck. Fuck. Fuck. Fuck. Fuck. Fuck. Fuck. Fuck. Fuck.
Fuck. Fuck. Fuck. Fuck. Fuck. Fuck. Fuck. Fuck. Fuck.
Fuck. Fuck. Fuck. Fuck. Fuck. Fuck. Fuck. Fuck. Fuck.
Fuck. Fuck. Fuck. Fuck. Fuck. Fuck. Fuck. Fuck. Fuck.
Fuck. Fuck. Fuck. Fuck. Fuck. Fuck. Fuck. Fuck. Fuck.
Fuck. Fuck. Fuck. Fuck. Fuck. Fuck. Fuck. Fuck. Fuck.
Fuck. Fuck. Fuck. Fuck. Fuck. Fuck. Fuck. Fuck. Fuck.
Fuck. Fuck. Fuck. Fuck. Fuck. Fuck. Fuck. Fuck. Fuck.
Fuck. Fuck. Fuck. Fuck. Fuck. Fuck. Fuck. Fuck. Fuck.
Fuck. Fuck. Fuck. Fuck. Fuck. Fuck. Fuck. Fuck. Fuck.
Fuck. Fuck. Fuck. Fuck. Fuck. Fuck. Fuck. Fuck. Fuck.
Fuck. Fuck. Fuck. Fuck. Fuck. Fuck. Fuck. Fuck. Fuck.
Fuck. Fuck. Fuck. Fuck. Fuck. Fuck. Fuck. Fuck. Fuck.
Fuck. Fuck. Fuck. Fuck. Fuck. Fuck. Fuck. Fuck. Fuck.
Fuck. Fuck. Fuck. Fuck. Fuck. Fuck. Fuck. Fuck. Fuck.
Fuck. Fuck. Fuck. Fuck. Fuck. Fuck. Fuck. Fuck. Fuck.
Fuck. Fuck. Fuck. Fuck. Fuck. Fuck. Fuck. Fuck. Fuck.
Fuck. Fuck. Fuck. Fuck. Fuck. Fuck. Fuck. Fuck. Fuck.
Fuck. Fuck. Fuck. Fuck. Fuck. Fuck. Fuck. Fuck. Fuck.
Fuck. Fuck. Fuck. Fuck. Fuck. Fuck. Fuck. Fuck. Fuck.
Fuck. Fuck. Fuck. Fuck. Fuck. Fuck. Fuck. Fuck. Fuck.
Fuck. Fuck. Fuck. Fuck. Fuck. Fuck. Fuck. Fuck. Fuck.
Fuck. Fuck. Fuck. Fuck. Fuck. Fuck. Fuck. Fuck. Fuck.
Fuck. Fuck. Fuck. Fuck. Fuck. Fuck. Fuck. Fuck. Fuck.
Fuck. Fuck. Fuck. Fuck. Fuck. Fuck. Fuck. Fuck. Fuck.
Fuck. Fuck. Fuck. Fuck. Fuck. Fuck. Fuck. Fuck. Fuck.
Fuck. Fuck. Fuck. Fuck. Fuck. Fuck. Fuck. Fuck. Fuck.
Fuck. Fuck. Fuck. Fuck. Fuck. Fuck. Fuck. Fuck. Fuck.
Fuck. Fuck. Fuck. Fuck. Fuck. Fuck. Fuck. Fuck. Fuck.
Fuck. Fuck. Fuck. Fuck. Fuck. Fuck. Fuck. Fuck. Fuck.
Fuck. Fuck. Fuck. Fuck. Fuck. Fuck. Fuck. Fuck. Fuck.
Fuck. Fuck. Fuck. Fuck. Fuck. Fuck. Fuck. Fuck. Fuck.

Fuck. Fuck. Fuck. Fuck. Fuck. Fuck. Fuck. Fuck. Fuck.
Fuck. Fuck. Fuck. Fuck. Fuck. Fuck. Fuck. Fuck. Fuck.
Fuck. Fuck. Fuck. Fuck. Fuck. Fuck. Fuck. Fuck. Fuck.
Fuck. Fuck. Fuck. Fuck. Fuck. Fuck. Fuck. Fuck. Fuck.
Fuck. Fuck. Fuck. Fuck. Fuck. Fuck. Fuck. Fuck. Fuck.
Fuck. Fuck. Fuck. Fuck. Fuck. Fuck. Fuck. Fuck. Fuck.
Fuck. Fuck. Fuck. Fuck. Fuck. Fuck. Fuck. Fuck. Fuck.
Fuck. Fuck. Fuck. Fuck. Fuck. Fuck. Fuck. Fuck. Fuck.
Fuck. Fuck. Fuck. Fuck. Fuck. Fuck. Fuck. Fuck. Fuck.
Fuck. Fuck. Fuck. Fuck. Fuck. Fuck. Fuck. Fuck. Fuck.
Fuck. Fuck. Fuck. Fuck. Fuck. Fuck. Fuck. Fuck. Fuck.
Fuck. Fuck. Fuck. Fuck. Fuck. Fuck. Fuck. Fuck. Fuck.
Fuck. Fuck. Fuck. Fuck. Fuck. Fuck. Fuck. Fuck. Fuck.
Fuck. Fuck. Fuck. Fuck. Fuck. Fuck. Fuck. Fuck. Fuck.
Fuck. Fuck. Fuck. Fuck. Fuck. Fuck. Fuck. Fuck. Fuck.
Fuck. Fuck. Fuck. Fuck. Fuck. Fuck. Fuck. Fuck. Fuck.
Fuck. Fuck. Fuck. Fuck. Fuck. Fuck. Fuck. Fuck. Fuck.
Fuck. Fuck. Fuck. Fuck. Fuck. Fuck. Fuck. Fuck. Fuck.
Fuck. Fuck. Fuck. Fuck. Fuck. Fuck. Fuck. Fuck. Fuck.
Fuck. Fuck. Fuck. Fuck. Fuck. Fuck. Fuck. Fuck. Fuck.
Fuck. Fuck. Fuck. Fuck. Fuck. Fuck. Fuck. Fuck. Fuck.
Fuck. Fuck. Fuck. Fuck. Fuck. Fuck. Fuck. Fuck. Fuck.
Fuck. Fuck. Fuck. Fuck. Fuck. Fuck. Fuck. Fuck. Fuck.
Fuck. Fuck. Fuck. Fuck. Fuck. Fuck. Fuck. Fuck. Fuck.
Fuck. Fuck. Fuck. Fuck. Fuck. Fuck. Fuck. Fuck. Fuck.
Fuck. Fuck. Fuck. Fuck. Fuck. Fuck. Fuck. Fuck. Fuck.
Fuck. Fuck. Fuck. Fuck. Fuck. Fuck. Fuck. Fuck. Fuck.
Fuck. Fuck. Fuck. Fuck. Fuck. Fuck. Fuck. Fuck. Fuck.
Fuck. Fuck. Fuck. Fuck. Fuck. Fuck. Fuck. Fuck. Fuck.
Fuck. Fuck. Fuck. Fuck. Fuck. Fuck. Fuck. Fuck. Fuck.
Fuck. Fuck. Fuck. Fuck. Fuck. Fuck. Fuck. Fuck. Fuck.
Fuck. Fuck. Fuck. Fuck. Fuck. Fuck. Fuck. Fuck. Fuck.
Fuck. Fuck. Fuck. Fuck. Fuck. Fuck. Fuck. Fuck. Fuck.

Fuck. Fuck. Fuck. Fuck. Fuck. Fuck. Fuck. Fuck. Fuck.
Fuck. Fuck. Fuck. Fuck. Fuck. Fuck. Fuck. Fuck. Fuck.
Fuck. Fuck. Fuck. Fuck. Fuck. Fuck. Fuck. Fuck. Fuck.
Fuck. Fuck. Fuck. Fuck. Fuck. Fuck. Fuck. Fuck. Fuck.
Fuck. Fuck. Fuck. Fuck. Fuck. Fuck. Fuck. Fuck. Fuck.
Fuck. Fuck. Fuck. Fuck. Fuck. Fuck. Fuck. Fuck. Fuck.
Fuck. Fuck. Fuck. Fuck. Fuck. Fuck. Fuck. Fuck. Fuck.
Fuck. Fuck. Fuck. Fuck. Fuck. Fuck. Fuck. Fuck. Fuck.
Fuck. Fuck. Fuck. Fuck. Fuck. Fuck. Fuck. Fuck. Fuck.
Fuck. Fuck. Fuck. Fuck. Fuck. Fuck. Fuck. Fuck. Fuck.
Fuck. Fuck. Fuck. Fuck. Fuck. Fuck. Fuck. Fuck. Fuck.
Fuck. Fuck. Fuck. Fuck. Fuck. Fuck. Fuck. Fuck. Fuck.
Fuck. Fuck. Fuck. Fuck. Fuck. Fuck. Fuck. Fuck. Fuck.
Fuck. Fuck. Fuck. Fuck. Fuck. Fuck. Fuck. Fuck. Fuck.
Fuck. Fuck. Fuck. Fuck. Fuck. Fuck. Fuck. Fuck. Fuck.
Fuck. Fuck. Fuck. Fuck. Fuck. Fuck. Fuck. Fuck. Fuck.
Fuck. Fuck. Fuck. Fuck. Fuck. Fuck. Fuck. Fuck. Fuck.
Fuck. Fuck. Fuck. Fuck. Fuck. Fuck. Fuck. Fuck. Fuck.
Fuck. Fuck. Fuck. Fuck. Fuck. Fuck. Fuck. Fuck. Fuck.
Fuck. Fuck. Fuck. Fuck. Fuck. Fuck. Fuck. Fuck. Fuck.
Fuck. Fuck. Fuck. Fuck. Fuck. Fuck. Fuck. Fuck. Fuck.
Fuck. Fuck. Fuck. Fuck. Fuck. Fuck. Fuck. Fuck. Fuck.
Fuck. Fuck. Fuck. Fuck. Fuck. Fuck. Fuck. Fuck. Fuck.
Fuck. Fuck. Fuck. Fuck. Fuck. Fuck. Fuck. Fuck. Fuck.
Fuck. Fuck. Fuck. Fuck. Fuck. Fuck. Fuck. Fuck. Fuck.
Fuck. Fuck. Fuck. Fuck. Fuck. Fuck. Fuck. Fuck. Fuck.
Fuck. Fuck. Fuck. Fuck. Fuck. Fuck. Fuck. Fuck. Fuck.
Fuck. Fuck. Fuck. Fuck. Fuck. Fuck. Fuck. Fuck. Fuck.
Fuck. Fuck. Fuck. Fuck. Fuck. Fuck. Fuck. Fuck. Fuck.
Fuck. Fuck. Fuck. Fuck. Fuck. Fuck. Fuck. Fuck. Fuck.
Fuck. Fuck. Fuck. Fuck. Fuck. Fuck. Fuck. Fuck. Fuck.
Fuck. Fuck. Fuck. Fuck. Fuck. Fuck. Fuck. Fuck. Fuck.
Fuck. Fuck. Fuck. Fuck. Fuck. Fuck. Fuck. Fuck. Fuck.
Fuck. Fuck. Fuck. Fuck. Fuck. Fuck. Fuck. Fuck. Fuck.

Fuck. Fuck. Fuck. Fuck. Fuck. Fuck. Fuck. Fuck. Fuck.
Fuck. Fuck. Fuck. Fuck. Fuck. Fuck. Fuck. Fuck. Fuck.
Fuck. Fuck. Fuck. Fuck. Fuck. Fuck. Fuck. Fuck. Fuck.
Fuck. Fuck. Fuck. Fuck. Fuck. Fuck. Fuck. Fuck. Fuck.
Fuck. Fuck. Fuck. Fuck. Fuck. Fuck. Fuck. Fuck. Fuck.
Fuck. Fuck. Fuck. Fuck. Fuck. Fuck. Fuck. Fuck. Fuck.
Fuck. Fuck. Fuck. Fuck. Fuck. Fuck. Fuck. Fuck. Fuck.
Fuck. Fuck. Fuck. Fuck. Fuck. Fuck. Fuck. Fuck. Fuck.
Fuck. Fuck. Fuck. Fuck. Fuck. Fuck. Fuck. Fuck. Fuck.
Fuck. Fuck. Fuck. Fuck. Fuck. Fuck. Fuck. Fuck. Fuck.
Fuck. Fuck. Fuck. Fuck. Fuck. Fuck. Fuck. Fuck. Fuck.
Fuck. Fuck. Fuck. Fuck. Fuck. Fuck. Fuck. Fuck. Fuck.
Fuck. Fuck. Fuck. Fuck. Fuck. Fuck. Fuck. Fuck. Fuck.
Fuck. Fuck. Fuck. Fuck. Fuck. Fuck. Fuck. Fuck. Fuck.
Fuck. Fuck. Fuck. Fuck. Fuck. Fuck. Fuck. Fuck. Fuck.
Fuck. Fuck. Fuck. Fuck. Fuck. Fuck. Fuck. Fuck. Fuck.
Fuck. Fuck. Fuck. Fuck. Fuck. Fuck. Fuck. Fuck. Fuck.
Fuck. Fuck. Fuck. Fuck. Fuck. Fuck. Fuck. Fuck. Fuck.
Fuck. Fuck. Fuck. Fuck. Fuck. Fuck. Fuck. Fuck. Fuck.
Fuck. Fuck. Fuck. Fuck. Fuck. Fuck. Fuck. Fuck. Fuck.
Fuck. Fuck. Fuck. Fuck. Fuck. Fuck. Fuck. Fuck. Fuck.
Fuck. Fuck. Fuck. Fuck. Fuck. Fuck. Fuck. Fuck. Fuck.
Fuck. Fuck. Fuck. Fuck. Fuck. Fuck. Fuck. Fuck. Fuck.
Fuck. Fuck. Fuck. Fuck. Fuck. Fuck. Fuck. Fuck. Fuck.
Fuck. Fuck. Fuck. Fuck. Fuck. Fuck. Fuck. Fuck. Fuck.
Fuck. Fuck. Fuck. Fuck. Fuck. Fuck. Fuck. Fuck. Fuck.
Fuck. Fuck. Fuck. Fuck. Fuck. Fuck. Fuck. Fuck. Fuck.
Fuck. Fuck. Fuck. Fuck. Fuck. Fuck. Fuck. Fuck. Fuck.
Fuck. Fuck. Fuck. Fuck. Fuck. Fuck. Fuck. Fuck. Fuck.
Fuck. Fuck. Fuck. Fuck. Fuck. Fuck. Fuck. Fuck. Fuck.
Fuck. Fuck. Fuck. Fuck. Fuck. Fuck. Fuck. Fuck. Fuck.
Fuck. Fuck. Fuck. Fuck. Fuck. Fuck. Fuck. Fuck. Fuck.
Fuck. Fuck. Fuck. Fuck. Fuck. Fuck. Fuck. Fuck. Fuck.

Fuck. Fuck. Fuck. Fuck. Fuck. Fuck. Fuck. Fuck. Fuck.
Fuck. Fuck. Fuck. Fuck. Fuck. Fuck. Fuck. Fuck. Fuck.
Fuck. Fuck. Fuck. Fuck. Fuck. Fuck. Fuck. Fuck. Fuck.
Fuck. Fuck. Fuck. Fuck. Fuck. Fuck. Fuck. Fuck. Fuck.
Fuck. Fuck. Fuck. Fuck. Fuck. Fuck. Fuck. Fuck. Fuck.
Fuck. Fuck. Fuck. Fuck. Fuck. Fuck. Fuck. Fuck. Fuck.
Fuck. Fuck. Fuck. Fuck. Fuck. Fuck. Fuck. Fuck. Fuck.
Fuck. Fuck. Fuck. Fuck. Fuck. Fuck. Fuck. Fuck. Fuck.
Fuck. Fuck. Fuck. Fuck. Fuck. Fuck. Fuck. Fuck. Fuck.
Fuck. Fuck. Fuck. Fuck. Fuck. Fuck. Fuck. Fuck. Fuck.
Fuck. Fuck. Fuck. Fuck. Fuck. Fuck. Fuck. Fuck. Fuck.
Fuck. Fuck. Fuck. Fuck. Fuck. Fuck. Fuck. Fuck. Fuck.
Fuck. Fuck. Fuck. Fuck. Fuck. Fuck. Fuck. Fuck. Fuck.
Fuck. Fuck. Fuck. Fuck. Fuck. Fuck. Fuck. Fuck. Fuck.
Fuck. Fuck. Fuck. Fuck. Fuck. Fuck. Fuck. Fuck. Fuck.
Fuck. Fuck. Fuck. Fuck. Fuck. Fuck. Fuck. Fuck. Fuck.
Fuck. Fuck. Fuck. Fuck. Fuck. Fuck. Fuck. Fuck. Fuck.
Fuck. Fuck. Fuck. Fuck. Fuck. Fuck. Fuck. Fuck. Fuck.
Fuck. Fuck. Fuck. Fuck. Fuck. Fuck. Fuck. Fuck. Fuck.
Fuck. Fuck. Fuck. Fuck. Fuck. Fuck. Fuck. Fuck. Fuck.
Fuck. Fuck. Fuck. Fuck. Fuck. Fuck. Fuck. Fuck. Fuck.
Fuck. Fuck. Fuck. Fuck. Fuck. Fuck. Fuck. Fuck. Fuck.
Fuck. Fuck. Fuck. Fuck. Fuck. Fuck. Fuck. Fuck. Fuck.
Fuck. Fuck. Fuck. Fuck. Fuck. Fuck. Fuck. Fuck. Fuck.
Fuck. Fuck. Fuck. Fuck. Fuck. Fuck. Fuck. Fuck. Fuck.
Fuck. Fuck. Fuck. Fuck. Fuck. Fuck. Fuck. Fuck. Fuck.
Fuck. Fuck. Fuck. Fuck. Fuck. Fuck. Fuck. Fuck. Fuck.
Fuck. Fuck. Fuck. Fuck. Fuck. Fuck. Fuck. Fuck. Fuck.
Fuck. Fuck. Fuck. Fuck. Fuck. Fuck. Fuck. Fuck. Fuck.
Fuck. Fuck. Fuck. Fuck. Fuck. Fuck. Fuck. Fuck. Fuck.
Fuck. Fuck. Fuck. Fuck. Fuck. Fuck. Fuck. Fuck. Fuck.
Fuck. Fuck. Fuck. Fuck. Fuck. Fuck. Fuck. Fuck. Fuck.
Fuck. Fuck. Fuck. Fuck. Fuck. Fuck. Fuck. Fuck. Fuck.

Fuck. Fuck. Fuck. Fuck. Fuck. Fuck. Fuck. Fuck. Fuck.
Fuck. Fuck. Fuck. Fuck. Fuck. Fuck. Fuck. Fuck. Fuck.
Fuck. Fuck. Fuck. Fuck. Fuck. Fuck. Fuck. Fuck. Fuck.
Fuck. Fuck. Fuck. Fuck. Fuck. Fuck. Fuck. Fuck. Fuck.
Fuck. Fuck. Fuck. Fuck. Fuck. Fuck. Fuck. Fuck. Fuck.
Fuck. Fuck. Fuck. Fuck. Fuck. Fuck. Fuck. Fuck. Fuck.
Fuck. Fuck. Fuck. Fuck. Fuck. Fuck. Fuck. Fuck. Fuck.
Fuck. Fuck. Fuck. Fuck. Fuck. Fuck. Fuck. Fuck. Fuck.
Fuck. Fuck. Fuck. Fuck. Fuck. Fuck. Fuck. Fuck. Fuck.
Fuck. Fuck. Fuck. Fuck. Fuck. Fuck. Fuck. Fuck. Fuck.
Fuck. Fuck. Fuck. Fuck. Fuck. Fuck. Fuck. Fuck. Fuck.
Fuck. Fuck. Fuck. Fuck. Fuck. Fuck. Fuck. Fuck. Fuck.
Fuck. Fuck. Fuck. Fuck. Fuck. Fuck. Fuck. Fuck. Fuck.
Fuck. Fuck. Fuck. Fuck. Fuck. Fuck. Fuck. Fuck. Fuck.
Fuck. Fuck. Fuck. Fuck. Fuck. Fuck. Fuck. Fuck. Fuck.
Fuck. Fuck. Fuck. Fuck. Fuck. Fuck. Fuck. Fuck. Fuck.
Fuck. Fuck. Fuck. Fuck. Fuck. Fuck. Fuck. Fuck. Fuck.
Fuck. Fuck. Fuck. Fuck. Fuck. Fuck. Fuck. Fuck. Fuck.
Fuck. Fuck. Fuck. Fuck. Fuck. Fuck. Fuck. Fuck. Fuck.
Fuck. Fuck. Fuck. Fuck. Fuck. Fuck. Fuck. Fuck. Fuck.
Fuck. Fuck. Fuck. Fuck. Fuck. Fuck. Fuck. Fuck. Fuck.
Fuck. Fuck. Fuck. Fuck. Fuck. Fuck. Fuck. Fuck. Fuck.
Fuck. Fuck. Fuck. Fuck. Fuck. Fuck. Fuck. Fuck. Fuck.
Fuck. Fuck. Fuck. Fuck. Fuck. Fuck. Fuck. Fuck. Fuck.
Fuck. Fuck. Fuck. Fuck. Fuck. Fuck. Fuck. Fuck. Fuck.
Fuck. Fuck. Fuck. Fuck. Fuck. Fuck. Fuck. Fuck. Fuck.
Fuck. Fuck. Fuck. Fuck. Fuck. Fuck. Fuck. Fuck. Fuck.
Fuck. Fuck. Fuck. Fuck. Fuck. Fuck. Fuck. Fuck. Fuck.
Fuck. Fuck. Fuck. Fuck. Fuck. Fuck. Fuck. Fuck. Fuck.
Fuck. Fuck. Fuck. Fuck. Fuck. Fuck. Fuck. Fuck. Fuck.
Fuck. Fuck. Fuck. Fuck. Fuck. Fuck. Fuck. Fuck. Fuck.
Fuck. Fuck. Fuck. Fuck. Fuck. Fuck. Fuck. Fuck. Fuck.
Fuck. Fuck. Fuck. Fuck. Fuck. Fuck. Fuck. Fuck. Fuck.

Fuck. Fuck. Fuck. Fuck. Fuck. Fuck. Fuck. Fuck. Fuck.
Fuck. Fuck. Fuck. Fuck. Fuck. Fuck. Fuck. Fuck. Fuck.
Fuck. Fuck. Fuck. Fuck. Fuck. Fuck. Fuck. Fuck. Fuck.
Fuck. Fuck. Fuck. Fuck. Fuck. Fuck. Fuck. Fuck. Fuck.
Fuck. Fuck. Fuck. Fuck. Fuck. Fuck. Fuck. Fuck. Fuck.
Fuck. Fuck. Fuck. Fuck. Fuck. Fuck. Fuck. Fuck. Fuck.
Fuck. Fuck. Fuck. Fuck. Fuck. Fuck. Fuck. Fuck. Fuck.
Fuck. Fuck. Fuck. Fuck. Fuck. Fuck. Fuck. Fuck. Fuck.
Fuck. Fuck. Fuck. Fuck. Fuck. Fuck. Fuck. Fuck. Fuck.
Fuck. Fuck. Fuck. Fuck. Fuck. Fuck. Fuck. Fuck. Fuck.
Fuck. Fuck. Fuck. Fuck. Fuck. Fuck. Fuck. Fuck. Fuck.
Fuck. Fuck. Fuck. Fuck. Fuck. Fuck. Fuck. Fuck. Fuck.
Fuck. Fuck. Fuck. Fuck. Fuck. Fuck. Fuck. Fuck. Fuck.
Fuck. Fuck. Fuck. Fuck. Fuck. Fuck. Fuck. Fuck. Fuck.
Fuck. Fuck. Fuck. Fuck. Fuck. Fuck. Fuck. Fuck. Fuck.
Fuck. Fuck. Fuck. Fuck. Fuck. Fuck. Fuck. Fuck. Fuck.
Fuck. Fuck. Fuck. Fuck. Fuck. Fuck. Fuck. Fuck. Fuck.
Fuck. Fuck. Fuck. Fuck. Fuck. Fuck. Fuck. Fuck. Fuck.
Fuck. Fuck. Fuck. Fuck. Fuck. Fuck. Fuck. Fuck. Fuck.
Fuck. Fuck. Fuck. Fuck. Fuck. Fuck. Fuck. Fuck. Fuck.
Fuck. Fuck. Fuck. Fuck. Fuck. Fuck. Fuck. Fuck. Fuck.
Fuck. Fuck. Fuck. Fuck. Fuck. Fuck. Fuck. Fuck. Fuck.
Fuck. Fuck. Fuck. Fuck. Fuck. Fuck. Fuck. Fuck. Fuck.
Fuck. Fuck. Fuck. Fuck. Fuck. Fuck. Fuck. Fuck. Fuck.
Fuck. Fuck. Fuck. Fuck. Fuck. Fuck. Fuck. Fuck. Fuck.
Fuck. Fuck. Fuck. Fuck. Fuck. Fuck. Fuck. Fuck. Fuck.
Fuck. Fuck. Fuck. Fuck. Fuck. Fuck. Fuck. Fuck. Fuck.
Fuck. Fuck. Fuck. Fuck. Fuck. Fuck. Fuck. Fuck. Fuck.
Fuck. Fuck. Fuck. Fuck. Fuck. Fuck. Fuck. Fuck. Fuck.
Fuck. Fuck. Fuck. Fuck. Fuck. Fuck. Fuck. Fuck. Fuck.
Fuck. Fuck. Fuck. Fuck. Fuck. Fuck. Fuck. Fuck. Fuck.

Fuck. Fuck. Fuck. Fuck. Fuck. Fuck. Fuck. Fuck. Fuck.
Fuck. Fuck. Fuck. Fuck. Fuck. Fuck. Fuck. Fuck. Fuck.
Fuck. Fuck. Fuck. Fuck. Fuck. Fuck. Fuck. Fuck. Fuck.
Fuck. Fuck. Fuck. Fuck. Fuck. Fuck. Fuck. Fuck. Fuck.
Fuck. Fuck. Fuck. Fuck. Fuck. Fuck. Fuck. Fuck. Fuck.
Fuck. Fuck. Fuck. Fuck. Fuck. Fuck. Fuck. Fuck. Fuck.
Fuck. Fuck. Fuck. Fuck. Fuck. Fuck. Fuck. Fuck. Fuck.
Fuck. Fuck. Fuck. Fuck. Fuck. Fuck. Fuck. Fuck. Fuck.
Fuck. Fuck. Fuck. Fuck. Fuck. Fuck. Fuck. Fuck. Fuck.
Fuck. Fuck. Fuck. Fuck. Fuck. Fuck. Fuck. Fuck. Fuck.
Fuck. Fuck. Fuck. Fuck. Fuck. Fuck. Fuck. Fuck. Fuck.
Fuck. Fuck. Fuck. Fuck. Fuck. Fuck. Fuck. Fuck. Fuck.
Fuck. Fuck. Fuck. Fuck. Fuck. Fuck. Fuck. Fuck. Fuck.
Fuck. Fuck. Fuck. Fuck. Fuck. Fuck. Fuck. Fuck. Fuck.
Fuck. Fuck. Fuck. Fuck. Fuck. Fuck. Fuck. Fuck. Fuck.
Fuck. Fuck. Fuck. Fuck. Fuck. Fuck. Fuck. Fuck. Fuck.
Fuck. Fuck. Fuck. Fuck. Fuck. Fuck. Fuck. Fuck. Fuck.
Fuck. Fuck. Fuck. Fuck. Fuck. Fuck. Fuck. Fuck. Fuck.
Fuck. Fuck. Fuck. Fuck. Fuck. Fuck. Fuck. Fuck. Fuck.
Fuck. Fuck. Fuck. Fuck. Fuck. Fuck. Fuck. Fuck. Fuck.
Fuck. Fuck. Fuck. Fuck. Fuck. Fuck. Fuck. Fuck. Fuck.
Fuck. Fuck. Fuck. Fuck. Fuck. Fuck. Fuck. Fuck. Fuck.
Fuck. Fuck. Fuck. Fuck. Fuck. Fuck. Fuck. Fuck. Fuck.
Fuck. Fuck. Fuck. Fuck. Fuck. Fuck. Fuck. Fuck. Fuck.
Fuck. Fuck. Fuck. Fuck. Fuck. Fuck. Fuck. Fuck. Fuck.
Fuck. Fuck. Fuck. Fuck. Fuck. Fuck. Fuck. Fuck. Fuck.
Fuck. Fuck. Fuck. Fuck. Fuck. Fuck. Fuck. Fuck. Fuck.
Fuck. Fuck. Fuck. Fuck. Fuck. Fuck. Fuck. Fuck. Fuck.
Fuck. Fuck. Fuck. Fuck. Fuck. Fuck. Fuck. Fuck. Fuck.
Fuck. Fuck. Fuck. Fuck. Fuck. Fuck. Fuck. Fuck. Fuck.
Fuck. Fuck. Fuck. Fuck. Fuck. Fuck. Fuck. Fuck. Fuck.

Fuck. Fuck. Fuck. Fuck. Fuck. Fuck. Fuck. Fuck. Fuck.
Fuck. Fuck. Fuck. Fuck. Fuck. Fuck. Fuck. Fuck. Fuck.
Fuck. Fuck. Fuck. Fuck. Fuck. Fuck. Fuck. Fuck. Fuck.
Fuck. Fuck. Fuck. Fuck. Fuck. Fuck. Fuck. Fuck. Fuck.
Fuck. Fuck. Fuck. Fuck. Fuck. Fuck. Fuck. Fuck. Fuck.
Fuck. Fuck. Fuck. Fuck. Fuck. Fuck. Fuck. Fuck. Fuck.
Fuck. Fuck. Fuck. Fuck. Fuck. Fuck. Fuck. Fuck. Fuck.
Fuck. Fuck. Fuck. Fuck. Fuck. Fuck. Fuck. Fuck. Fuck.
Fuck. Fuck. Fuck. Fuck. Fuck. Fuck. Fuck. Fuck. Fuck.
Fuck. Fuck. Fuck. Fuck. Fuck. Fuck. Fuck. Fuck. Fuck.
Fuck. Fuck. Fuck. Fuck. Fuck. Fuck. Fuck. Fuck. Fuck.
Fuck. Fuck. Fuck. Fuck. Fuck. Fuck. Fuck. Fuck. Fuck.
Fuck. Fuck. Fuck. Fuck. Fuck. Fuck. Fuck. Fuck. Fuck.
Fuck. Fuck. Fuck. Fuck. Fuck. Fuck. Fuck. Fuck. Fuck.
Fuck. Fuck. Fuck. Fuck. Fuck. Fuck. Fuck. Fuck. Fuck.
Fuck. Fuck. Fuck. Fuck. Fuck. Fuck. Fuck. Fuck. Fuck.
Fuck. Fuck. Fuck. Fuck. Fuck. Fuck. Fuck. Fuck. Fuck.
Fuck. Fuck. Fuck. Fuck. Fuck. Fuck. Fuck. Fuck. Fuck.
Fuck. Fuck. Fuck. Fuck. Fuck. Fuck. Fuck. Fuck. Fuck.
Fuck. Fuck. Fuck. Fuck. Fuck. Fuck. Fuck. Fuck. Fuck.
Fuck. Fuck. Fuck. Fuck. Fuck. Fuck. Fuck. Fuck. Fuck.
Fuck. Fuck. Fuck. Fuck. Fuck. Fuck. Fuck. Fuck. Fuck.
Fuck. Fuck. Fuck. Fuck. Fuck. Fuck. Fuck. Fuck. Fuck.
Fuck. Fuck. Fuck. Fuck. Fuck. Fuck. Fuck. Fuck. Fuck.
Fuck. Fuck. Fuck. Fuck. Fuck. Fuck. Fuck. Fuck. Fuck.
Fuck. Fuck. Fuck. Fuck. Fuck. Fuck. Fuck. Fuck. Fuck.
Fuck. Fuck. Fuck. Fuck. Fuck. Fuck. Fuck. Fuck. Fuck.
Fuck. Fuck. Fuck. Fuck. Fuck. Fuck. Fuck. Fuck. Fuck.
Fuck. Fuck. Fuck. Fuck. Fuck. Fuck. Fuck. Fuck. Fuck.
Fuck. Fuck. Fuck. Fuck. Fuck. Fuck. Fuck. Fuck. Fuck.
Fuck. Fuck. Fuck. Fuck. Fuck. Fuck. Fuck. Fuck. Fuck.
Fuck. Fuck. Fuck. Fuck. Fuck. Fuck. Fuck. Fuck. Fuck.
Fuck. Fuck. Fuck. Fuck. Fuck. Fuck. Fuck. Fuck. Fuck.

Fuck. Fuck. Fuck. Fuck. Fuck. Fuck. Fuck. Fuck. Fuck.
Fuck. Fuck. Fuck. Fuck. Fuck. Fuck. Fuck. Fuck. Fuck.
Fuck. Fuck. Fuck. Fuck. Fuck. Fuck. Fuck. Fuck. Fuck.
Fuck. Fuck. Fuck. Fuck. Fuck. Fuck. Fuck. Fuck. Fuck.
Fuck. Fuck. Fuck. Fuck. Fuck. Fuck. Fuck. Fuck. Fuck.
Fuck. Fuck. Fuck. Fuck. Fuck. Fuck. Fuck. Fuck. Fuck.
Fuck. Fuck. Fuck. Fuck. Fuck. Fuck. Fuck. Fuck. Fuck.
Fuck. Fuck. Fuck. Fuck. Fuck. Fuck. Fuck. Fuck. Fuck.
Fuck. Fuck. Fuck. Fuck. Fuck. Fuck. Fuck. Fuck. Fuck.
Fuck. Fuck. Fuck. Fuck. Fuck. Fuck. Fuck. Fuck. Fuck.
Fuck. Fuck. Fuck. Fuck. Fuck. Fuck. Fuck. Fuck. Fuck.
Fuck. Fuck. Fuck. Fuck. Fuck. Fuck. Fuck. Fuck. Fuck.
Fuck. Fuck. Fuck. Fuck. Fuck. Fuck. Fuck. Fuck. Fuck.
Fuck. Fuck. Fuck. Fuck. Fuck. Fuck. Fuck. Fuck. Fuck.
Fuck. Fuck. Fuck. Fuck. Fuck. Fuck. Fuck. Fuck. Fuck.
Fuck. Fuck. Fuck. Fuck. Fuck. Fuck. Fuck. Fuck. Fuck.
Fuck. Fuck. Fuck. Fuck. Fuck. Fuck. Fuck. Fuck. Fuck.
Fuck. Fuck. Fuck. Fuck. Fuck. Fuck. Fuck. Fuck. Fuck.
Fuck. Fuck. Fuck. Fuck. Fuck. Fuck. Fuck. Fuck. Fuck.
Fuck. Fuck. Fuck. Fuck. Fuck. Fuck. Fuck. Fuck. Fuck.
Fuck. Fuck. Fuck. Fuck. Fuck. Fuck. Fuck. Fuck. Fuck.
Fuck. Fuck. Fuck. Fuck. Fuck. Fuck. Fuck. Fuck. Fuck.
Fuck. Fuck. Fuck. Fuck. Fuck. Fuck. Fuck. Fuck. Fuck.
Fuck. Fuck. Fuck. Fuck. Fuck. Fuck. Fuck. Fuck. Fuck.
Fuck. Fuck. Fuck. Fuck. Fuck. Fuck. Fuck. Fuck. Fuck.
Fuck. Fuck. Fuck. Fuck. Fuck. Fuck. Fuck. Fuck. Fuck.
Fuck. Fuck. Fuck. Fuck. Fuck. Fuck. Fuck. Fuck. Fuck.
Fuck. Fuck. Fuck. Fuck. Fuck. Fuck. Fuck. Fuck. Fuck.
Fuck. Fuck. Fuck. Fuck. Fuck. Fuck. Fuck. Fuck. Fuck.
Fuck. Fuck. Fuck. Fuck. Fuck. Fuck. Fuck. Fuck. Fuck.
Fuck. Fuck. Fuck. Fuck. Fuck. Fuck. Fuck. Fuck. Fuck.
Fuck. Fuck. Fuck. Fuck. Fuck. Fuck. Fuck. Fuck. Fuck.

Fuck. Fuck. Fuck. Fuck. Fuck. Fuck. Fuck. Fuck. Fuck.
Fuck. Fuck. Fuck. Fuck. Fuck. Fuck. Fuck. Fuck. Fuck.
Fuck. Fuck. Fuck. Fuck. Fuck. Fuck. Fuck. Fuck. Fuck.
Fuck. Fuck. Fuck. Fuck. Fuck. Fuck. Fuck. Fuck. Fuck.
Fuck. Fuck. Fuck. Fuck. Fuck. Fuck. Fuck. Fuck. Fuck.
Fuck. Fuck. Fuck. Fuck. Fuck. Fuck. Fuck. Fuck. Fuck.
Fuck. Fuck. Fuck. Fuck. Fuck. Fuck. Fuck. Fuck. Fuck.
Fuck. Fuck. Fuck. Fuck. Fuck. Fuck. Fuck. Fuck. Fuck.
Fuck. Fuck. Fuck. Fuck. Fuck. Fuck. Fuck. Fuck. Fuck.
Fuck. Fuck. Fuck. Fuck. Fuck. Fuck. Fuck. Fuck. Fuck.
Fuck. Fuck. Fuck. Fuck. Fuck. Fuck. Fuck. Fuck. Fuck.
Fuck. Fuck. Fuck. Fuck. Fuck. Fuck. Fuck. Fuck. Fuck.
Fuck. Fuck. Fuck. Fuck. Fuck. Fuck. Fuck. Fuck. Fuck.
Fuck. Fuck. Fuck. Fuck. Fuck. Fuck. Fuck. Fuck. Fuck.
Fuck. Fuck. Fuck. Fuck. Fuck. Fuck. Fuck. Fuck. Fuck.
Fuck. Fuck. Fuck. Fuck. Fuck. Fuck. Fuck. Fuck. Fuck.
Fuck. Fuck. Fuck. Fuck. Fuck. Fuck. Fuck. Fuck. Fuck.
Fuck. Fuck. Fuck. Fuck. Fuck. Fuck. Fuck. Fuck. Fuck.
Fuck. Fuck. Fuck. Fuck. Fuck. Fuck. Fuck. Fuck. Fuck.
Fuck. Fuck. Fuck. Fuck. Fuck. Fuck. Fuck. Fuck. Fuck.
Fuck. Fuck. Fuck. Fuck. Fuck. Fuck. Fuck. Fuck. Fuck.
Fuck. Fuck. Fuck. Fuck. Fuck. Fuck. Fuck. Fuck. Fuck.
Fuck. Fuck. Fuck. Fuck. Fuck. Fuck. Fuck. Fuck. Fuck.
Fuck. Fuck. Fuck. Fuck. Fuck. Fuck. Fuck. Fuck. Fuck.
Fuck. Fuck. Fuck. Fuck. Fuck. Fuck. Fuck. Fuck. Fuck.
Fuck. Fuck. Fuck. Fuck. Fuck. Fuck. Fuck. Fuck. Fuck.
Fuck. Fuck. Fuck. Fuck. Fuck. Fuck. Fuck. Fuck. Fuck.
Fuck. Fuck. Fuck. Fuck. Fuck. Fuck. Fuck. Fuck. Fuck.
Fuck. Fuck. Fuck. Fuck. Fuck. Fuck. Fuck. Fuck. Fuck.
Fuck. Fuck. Fuck. Fuck. Fuck. Fuck. Fuck. Fuck. Fuck.
Fuck. Fuck. Fuck. Fuck. Fuck. Fuck. Fuck. Fuck. Fuck.
Fuck. Fuck. Fuck. Fuck. Fuck. Fuck. Fuck. Fuck. Fuck.
Fuck. Fuck. Fuck. Fuck. Fuck. Fuck. Fuck. Fuck. Fuck.

Fuck. Fuck. Fuck. Fuck. Fuck. Fuck. Fuck. Fuck. Fuck.
Fuck. Fuck. Fuck. Fuck. Fuck. Fuck. Fuck. Fuck. Fuck.
Fuck. Fuck. Fuck. Fuck. Fuck. Fuck. Fuck. Fuck. Fuck.
Fuck. Fuck. Fuck. Fuck. Fuck. Fuck. Fuck. Fuck. Fuck.
Fuck. Fuck. Fuck. Fuck. Fuck. Fuck. Fuck. Fuck. Fuck.
Fuck. Fuck. Fuck. Fuck. Fuck. Fuck. Fuck. Fuck. Fuck.
Fuck. Fuck. Fuck. Fuck. Fuck. Fuck. Fuck. Fuck. Fuck.
Fuck. Fuck. Fuck. Fuck. Fuck. Fuck. Fuck. Fuck. Fuck.
Fuck. Fuck. Fuck. Fuck. Fuck. Fuck. Fuck. Fuck. Fuck.
Fuck. Fuck. Fuck. Fuck. Fuck. Fuck. Fuck. Fuck. Fuck.
Fuck. Fuck. Fuck. Fuck. Fuck. Fuck. Fuck. Fuck. Fuck.
Fuck. Fuck. Fuck. Fuck. Fuck. Fuck. Fuck. Fuck. Fuck.
Fuck. Fuck. Fuck. Fuck. Fuck. Fuck. Fuck. Fuck. Fuck.
Fuck. Fuck. Fuck. Fuck. Fuck. Fuck. Fuck. Fuck. Fuck.
Fuck. Fuck. Fuck. Fuck. Fuck. Fuck. Fuck. Fuck. Fuck.
Fuck. Fuck. Fuck. Fuck. Fuck. Fuck. Fuck. Fuck. Fuck.
Fuck. Fuck. Fuck. Fuck. Fuck. Fuck. Fuck. Fuck. Fuck.
Fuck. Fuck. Fuck. Fuck. Fuck. Fuck. Fuck. Fuck. Fuck.
Fuck. Fuck. Fuck. Fuck. Fuck. Fuck. Fuck. Fuck. Fuck.
Fuck. Fuck. Fuck. Fuck. Fuck. Fuck. Fuck. Fuck. Fuck.
Fuck. Fuck. Fuck. Fuck. Fuck. Fuck. Fuck. Fuck. Fuck.
Fuck. Fuck. Fuck. Fuck. Fuck. Fuck. Fuck. Fuck. Fuck.
Fuck. Fuck. Fuck. Fuck. Fuck. Fuck. Fuck. Fuck. Fuck.
Fuck. Fuck. Fuck. Fuck. Fuck. Fuck. Fuck. Fuck. Fuck.
Fuck. Fuck. Fuck. Fuck. Fuck. Fuck. Fuck. Fuck. Fuck.
Fuck. Fuck. Fuck. Fuck. Fuck. Fuck. Fuck. Fuck. Fuck.
Fuck. Fuck. Fuck. Fuck. Fuck. Fuck. Fuck. Fuck. Fuck.
Fuck. Fuck. Fuck. Fuck. Fuck. Fuck. Fuck. Fuck. Fuck.
Fuck. Fuck. Fuck. Fuck. Fuck. Fuck. Fuck. Fuck. Fuck.
Fuck. Fuck. Fuck. Fuck. Fuck. Fuck. Fuck. Fuck. Fuck.
Fuck. Fuck. Fuck. Fuck. Fuck. Fuck. Fuck. Fuck. Fuck.

Fuck. Fuck. Fuck. Fuck. Fuck. Fuck. Fuck. Fuck. Fuck.
Fuck. Fuck. Fuck. Fuck. Fuck. Fuck. Fuck. Fuck. Fuck.
Fuck. Fuck. Fuck. Fuck. Fuck. Fuck. Fuck. Fuck. Fuck.
Fuck. Fuck. Fuck. Fuck. Fuck. Fuck. Fuck. Fuck. Fuck.
Fuck. Fuck. Fuck. Fuck. Fuck. Fuck. Fuck. Fuck. Fuck.
Fuck. Fuck. Fuck. Fuck. Fuck. Fuck. Fuck. Fuck. Fuck.
Fuck. Fuck. Fuck. Fuck. Fuck. Fuck. Fuck. Fuck. Fuck.
Fuck. Fuck. Fuck. Fuck. Fuck. Fuck. Fuck. Fuck. Fuck.
Fuck. Fuck. Fuck. Fuck. Fuck. Fuck. Fuck. Fuck. Fuck.
Fuck. Fuck. Fuck. Fuck. Fuck. Fuck. Fuck. Fuck. Fuck.
Fuck. Fuck. Fuck. Fuck. Fuck. Fuck. Fuck. Fuck. Fuck.
Fuck. Fuck. Fuck. Fuck. Fuck. Fuck. Fuck. Fuck. Fuck.
Fuck. Fuck. Fuck. Fuck. Fuck. Fuck. Fuck. Fuck. Fuck.
Fuck. Fuck. Fuck. Fuck. Fuck. Fuck. Fuck. Fuck. Fuck.
Fuck. Fuck. Fuck. Fuck. Fuck. Fuck. Fuck. Fuck. Fuck.
Fuck. Fuck. Fuck. Fuck. Fuck. Fuck. Fuck. Fuck. Fuck.
Fuck. Fuck. Fuck. Fuck. Fuck. Fuck. Fuck. Fuck. Fuck.
Fuck. Fuck. Fuck. Fuck. Fuck. Fuck. Fuck. Fuck. Fuck.
Fuck. Fuck. Fuck. Fuck. Fuck. Fuck. Fuck. Fuck. Fuck.
Fuck. Fuck. Fuck. Fuck. Fuck. Fuck. Fuck. Fuck. Fuck.
Fuck. Fuck. Fuck. Fuck. Fuck. Fuck. Fuck. Fuck. Fuck.
Fuck. Fuck. Fuck. Fuck. Fuck. Fuck. Fuck. Fuck. Fuck.
Fuck. Fuck. Fuck. Fuck. Fuck. Fuck. Fuck. Fuck. Fuck.
Fuck. Fuck. Fuck. Fuck. Fuck. Fuck. Fuck. Fuck. Fuck.
Fuck. Fuck. Fuck. Fuck. Fuck. Fuck. Fuck. Fuck. Fuck.
Fuck. Fuck. Fuck. Fuck. Fuck. Fuck. Fuck. Fuck. Fuck.
Fuck. Fuck. Fuck. Fuck. Fuck. Fuck. Fuck. Fuck. Fuck.
Fuck. Fuck. Fuck. Fuck. Fuck. Fuck. Fuck. Fuck. Fuck.
Fuck. Fuck. Fuck. Fuck. Fuck. Fuck. Fuck. Fuck. Fuck.
Fuck. Fuck. Fuck. Fuck. Fuck. Fuck. Fuck. Fuck. Fuck.
Fuck. Fuck. Fuck. Fuck. Fuck. Fuck. Fuck. Fuck. Fuck.
Fuck. Fuck. Fuck. Fuck. Fuck. Fuck. Fuck. Fuck. Fuck.
Fuck. Fuck. Fuck. Fuck. Fuck. Fuck. Fuck. Fuck. Fuck.

Fuck. Fuck. Fuck. Fuck. Fuck. Fuck. Fuck. Fuck. Fuck.
Fuck. Fuck. Fuck. Fuck. Fuck. Fuck. Fuck. Fuck. Fuck.
Fuck. Fuck. Fuck. Fuck. Fuck. Fuck. Fuck. Fuck. Fuck.
Fuck. Fuck. Fuck. Fuck. Fuck. Fuck. Fuck. Fuck. Fuck.
Fuck. Fuck. Fuck. Fuck. Fuck. Fuck. Fuck. Fuck. Fuck.
Fuck. Fuck. Fuck. Fuck. Fuck. Fuck. Fuck. Fuck. Fuck.
Fuck. Fuck. Fuck. Fuck. Fuck. Fuck. Fuck. Fuck. Fuck.
Fuck. Fuck. Fuck. Fuck. Fuck. Fuck. Fuck. Fuck. Fuck.
Fuck. Fuck. Fuck. Fuck. Fuck. Fuck. Fuck. Fuck. Fuck.
Fuck. Fuck. Fuck. Fuck. Fuck. Fuck. Fuck. Fuck. Fuck.
Fuck. Fuck. Fuck. Fuck. Fuck. Fuck. Fuck. Fuck. Fuck.
Fuck. Fuck. Fuck. Fuck. Fuck. Fuck. Fuck. Fuck. Fuck.
Fuck. Fuck. Fuck. Fuck. Fuck. Fuck. Fuck. Fuck. Fuck.
Fuck. Fuck. Fuck. Fuck. Fuck. Fuck. Fuck. Fuck. Fuck.
Fuck. Fuck. Fuck. Fuck. Fuck. Fuck. Fuck. Fuck. Fuck.
Fuck. Fuck. Fuck. Fuck. Fuck. Fuck. Fuck. Fuck. Fuck.
Fuck. Fuck. Fuck. Fuck. Fuck. Fuck. Fuck. Fuck. Fuck.
Fuck. Fuck. Fuck. Fuck. Fuck. Fuck. Fuck. Fuck. Fuck.
Fuck. Fuck. Fuck. Fuck. Fuck. Fuck. Fuck. Fuck. Fuck.
Fuck. Fuck. Fuck. Fuck. Fuck. Fuck. Fuck. Fuck. Fuck.
Fuck. Fuck. Fuck. Fuck. Fuck. Fuck. Fuck. Fuck. Fuck.
Fuck. Fuck. Fuck. Fuck. Fuck. Fuck. Fuck. Fuck. Fuck.
Fuck. Fuck. Fuck. Fuck. Fuck. Fuck. Fuck. Fuck. Fuck.
Fuck. Fuck. Fuck. Fuck. Fuck. Fuck. Fuck. Fuck. Fuck.
Fuck. Fuck. Fuck. Fuck. Fuck. Fuck. Fuck. Fuck. Fuck.
Fuck. Fuck. Fuck. Fuck. Fuck. Fuck. Fuck. Fuck. Fuck.
Fuck. Fuck. Fuck. Fuck. Fuck. Fuck. Fuck. Fuck. Fuck.
Fuck. Fuck. Fuck. Fuck. Fuck. Fuck. Fuck. Fuck. Fuck.
Fuck. Fuck. Fuck. Fuck. Fuck. Fuck. Fuck. Fuck. Fuck.
Fuck. Fuck. Fuck. Fuck. Fuck. Fuck. Fuck. Fuck. Fuck.

Fuck. Fuck. Fuck. Fuck. Fuck. Fuck. Fuck. Fuck. Fuck.
Fuck. Fuck. Fuck. Fuck. Fuck. Fuck. Fuck. Fuck. Fuck.
Fuck. Fuck. Fuck. Fuck. Fuck. Fuck. Fuck. Fuck. Fuck.
Fuck. Fuck. Fuck. Fuck. Fuck. Fuck. Fuck. Fuck. Fuck.
Fuck. Fuck. Fuck. Fuck. Fuck. Fuck. Fuck. Fuck. Fuck.
Fuck. Fuck. Fuck. Fuck. Fuck. Fuck. Fuck. Fuck. Fuck.
Fuck. Fuck. Fuck. Fuck. Fuck. Fuck. Fuck. Fuck. Fuck.
Fuck. Fuck. Fuck. Fuck. Fuck. Fuck. Fuck. Fuck. Fuck.
Fuck. Fuck. Fuck. Fuck. Fuck. Fuck. Fuck. Fuck. Fuck.
Fuck. Fuck. Fuck. Fuck. Fuck. Fuck. Fuck. Fuck. Fuck.
Fuck. Fuck. Fuck. Fuck. Fuck. Fuck. Fuck. Fuck. Fuck.
Fuck. Fuck. Fuck. Fuck. Fuck. Fuck. Fuck. Fuck. Fuck.
Fuck. Fuck. Fuck. Fuck. Fuck. Fuck. Fuck. Fuck. Fuck.
Fuck. Fuck. Fuck. Fuck. Fuck. Fuck. Fuck. Fuck. Fuck.
Fuck. Fuck. Fuck. Fuck. Fuck. Fuck. Fuck. Fuck. Fuck.
Fuck. Fuck. Fuck. Fuck. Fuck. Fuck. Fuck. Fuck. Fuck.
Fuck. Fuck. Fuck. Fuck. Fuck. Fuck. Fuck. Fuck. Fuck.
Fuck. Fuck. Fuck. Fuck. Fuck. Fuck. Fuck. Fuck. Fuck.
Fuck. Fuck. Fuck. Fuck. Fuck. Fuck. Fuck. Fuck. Fuck.
Fuck. Fuck. Fuck. Fuck. Fuck. Fuck. Fuck. Fuck. Fuck.
Fuck. Fuck. Fuck. Fuck. Fuck. Fuck. Fuck. Fuck. Fuck.
Fuck. Fuck. Fuck. Fuck. Fuck. Fuck. Fuck. Fuck. Fuck.
Fuck. Fuck. Fuck. Fuck. Fuck. Fuck. Fuck. Fuck. Fuck.
Fuck. Fuck. Fuck. Fuck. Fuck. Fuck. Fuck. Fuck. Fuck.
Fuck. Fuck. Fuck. Fuck. Fuck. Fuck. Fuck. Fuck. Fuck.
Fuck. Fuck. Fuck. Fuck. Fuck. Fuck. Fuck. Fuck. Fuck.
Fuck. Fuck. Fuck. Fuck. Fuck. Fuck. Fuck. Fuck. Fuck.
Fuck. Fuck. Fuck. Fuck. Fuck. Fuck. Fuck. Fuck. Fuck.
Fuck. Fuck. Fuck. Fuck. Fuck. Fuck. Fuck. Fuck. Fuck.
Fuck. Fuck. Fuck. Fuck. Fuck. Fuck. Fuck. Fuck. Fuck.
Fuck. Fuck. Fuck. Fuck. Fuck. Fuck. Fuck. Fuck. Fuck.

Fuck. Fuck. Fuck. Fuck. Fuck. Fuck. Fuck. Fuck. Fuck.
Fuck. Fuck. Fuck. Fuck. Fuck. Fuck. Fuck. Fuck. Fuck.
Fuck. Fuck. Fuck. Fuck. Fuck. Fuck. Fuck. Fuck. Fuck.
Fuck. Fuck. Fuck. Fuck. Fuck. Fuck. Fuck. Fuck. Fuck.
Fuck. Fuck. Fuck. Fuck. Fuck. Fuck. Fuck. Fuck. Fuck.
Fuck. Fuck. Fuck. Fuck. Fuck. Fuck. Fuck. Fuck. Fuck.
Fuck. Fuck. Fuck. Fuck. Fuck. Fuck. Fuck. Fuck. Fuck.
Fuck. Fuck. Fuck. Fuck. Fuck. Fuck. Fuck. Fuck. Fuck.
Fuck. Fuck. Fuck. Fuck. Fuck. Fuck. Fuck. Fuck. Fuck.
Fuck. Fuck. Fuck. Fuck. Fuck. Fuck. Fuck. Fuck. Fuck.
Fuck. Fuck. Fuck. Fuck. Fuck. Fuck. Fuck. Fuck. Fuck.
Fuck. Fuck. Fuck. Fuck. Fuck. Fuck. Fuck. Fuck. Fuck.
Fuck. Fuck. Fuck. Fuck. Fuck. Fuck. Fuck. Fuck. Fuck.
Fuck. Fuck. Fuck. Fuck. Fuck. Fuck. Fuck. Fuck. Fuck.
Fuck. Fuck. Fuck. Fuck. Fuck. Fuck. Fuck. Fuck. Fuck.
Fuck. Fuck. Fuck. Fuck. Fuck. Fuck. Fuck. Fuck. Fuck.
Fuck. Fuck. Fuck. Fuck. Fuck. Fuck. Fuck. Fuck. Fuck.
Fuck. Fuck. Fuck. Fuck. Fuck. Fuck. Fuck. Fuck. Fuck.
Fuck. Fuck. Fuck. Fuck. Fuck. Fuck. Fuck. Fuck. Fuck.
Fuck. Fuck. Fuck. Fuck. Fuck. Fuck. Fuck. Fuck. Fuck.
Fuck. Fuck. Fuck. Fuck. Fuck. Fuck. Fuck. Fuck. Fuck.
Fuck. Fuck. Fuck. Fuck. Fuck. Fuck. Fuck. Fuck. Fuck.
Fuck. Fuck. Fuck. Fuck. Fuck. Fuck. Fuck. Fuck. Fuck.
Fuck. Fuck. Fuck. Fuck. Fuck. Fuck. Fuck. Fuck. Fuck.
Fuck. Fuck. Fuck. Fuck. Fuck. Fuck. Fuck. Fuck. Fuck.
Fuck. Fuck. Fuck. Fuck. Fuck. Fuck. Fuck. Fuck. Fuck.
Fuck. Fuck. Fuck. Fuck. Fuck. Fuck. Fuck. Fuck. Fuck.
Fuck. Fuck. Fuck. Fuck. Fuck. Fuck. Fuck. Fuck. Fuck.
Fuck. Fuck. Fuck. Fuck. Fuck. Fuck. Fuck. Fuck. Fuck.
Fuck. Fuck. Fuck. Fuck. Fuck. Fuck. Fuck. Fuck. Fuck.

Fuck. Fuck. Fuck. Fuck. Fuck. Fuck. Fuck. Fuck. Fuck.
Fuck. Fuck. Fuck. Fuck. Fuck. Fuck. Fuck. Fuck. Fuck.
Fuck. Fuck. Fuck. Fuck. Fuck. Fuck. Fuck. Fuck. Fuck.
Fuck. Fuck. Fuck. Fuck. Fuck. Fuck. Fuck. Fuck. Fuck.
Fuck. Fuck. Fuck. Fuck. Fuck. Fuck. Fuck. Fuck. Fuck.
Fuck. Fuck. Fuck. Fuck. Fuck. Fuck. Fuck. Fuck. Fuck.
Fuck. Fuck. Fuck. Fuck. Fuck. Fuck. Fuck. Fuck. Fuck.
Fuck. Fuck. Fuck. Fuck. Fuck. Fuck. Fuck. Fuck. Fuck.
Fuck. Fuck. Fuck. Fuck. Fuck. Fuck. Fuck. Fuck. Fuck.
Fuck. Fuck. Fuck. Fuck. Fuck. Fuck. Fuck. Fuck. Fuck.
Fuck. Fuck. Fuck. Fuck. Fuck. Fuck. Fuck. Fuck. Fuck.
Fuck. Fuck. Fuck. Fuck. Fuck. Fuck. Fuck. Fuck. Fuck.
Fuck. Fuck. Fuck. Fuck. Fuck. Fuck. Fuck. Fuck. Fuck.
Fuck. Fuck. Fuck. Fuck. Fuck. Fuck. Fuck. Fuck. Fuck.
Fuck. Fuck. Fuck. Fuck. Fuck. Fuck. Fuck. Fuck. Fuck.
Fuck. Fuck. Fuck. Fuck. Fuck. Fuck. Fuck. Fuck. Fuck.
Fuck. Fuck. Fuck. Fuck. Fuck. Fuck. Fuck. Fuck. Fuck.
Fuck. Fuck. Fuck. Fuck. Fuck. Fuck. Fuck. Fuck. Fuck.
Fuck. Fuck. Fuck. Fuck. Fuck. Fuck. Fuck. Fuck. Fuck.
Fuck. Fuck. Fuck. Fuck. Fuck. Fuck. Fuck. Fuck. Fuck.
Fuck. Fuck. Fuck. Fuck. Fuck. Fuck. Fuck. Fuck. Fuck.
Fuck. Fuck. Fuck. Fuck. Fuck. Fuck. Fuck. Fuck. Fuck.
Fuck. Fuck. Fuck. Fuck. Fuck. Fuck. Fuck. Fuck. Fuck.
Fuck. Fuck. Fuck. Fuck. Fuck. Fuck. Fuck. Fuck. Fuck.
Fuck. Fuck. Fuck. Fuck. Fuck. Fuck. Fuck. Fuck. Fuck.
Fuck. Fuck. Fuck. Fuck. Fuck. Fuck. Fuck. Fuck. Fuck.
Fuck. Fuck. Fuck. Fuck. Fuck. Fuck. Fuck. Fuck. Fuck.
Fuck. Fuck. Fuck. Fuck. Fuck. Fuck. Fuck. Fuck. Fuck.
Fuck. Fuck. Fuck. Fuck. Fuck. Fuck. Fuck. Fuck. Fuck.
Fuck. Fuck. Fuck. Fuck. Fuck. Fuck. Fuck. Fuck. Fuck.
Fuck. Fuck. Fuck. Fuck. Fuck. Fuck. Fuck. Fuck. Fuck.
Fuck. Fuck. Fuck. Fuck. Fuck. Fuck. Fuck. Fuck. Fuck.

Fuck. Fuck. Fuck. Fuck. Fuck. Fuck. Fuck. Fuck. Fuck.
Fuck. Fuck. Fuck. Fuck. Fuck. Fuck. Fuck. Fuck. Fuck.
Fuck. Fuck. Fuck. Fuck. Fuck. Fuck. Fuck. Fuck. Fuck.
Fuck. Fuck. Fuck. Fuck. Fuck. Fuck. Fuck. Fuck. Fuck.
Fuck. Fuck. Fuck. Fuck. Fuck. Fuck. Fuck. Fuck. Fuck.
Fuck. Fuck. Fuck. Fuck. Fuck. Fuck. Fuck. Fuck. Fuck.
Fuck. Fuck. Fuck. Fuck. Fuck. Fuck. Fuck. Fuck. Fuck.
Fuck. Fuck. Fuck. Fuck. Fuck. Fuck. Fuck. Fuck. Fuck.
Fuck. Fuck. Fuck. Fuck. Fuck. Fuck. Fuck. Fuck. Fuck.
Fuck. Fuck. Fuck. Fuck. Fuck. Fuck. Fuck. Fuck. Fuck.
Fuck. Fuck. Fuck. Fuck. Fuck. Fuck. Fuck. Fuck. Fuck.
Fuck. Fuck. Fuck. Fuck. Fuck. Fuck. Fuck. Fuck. Fuck.
Fuck. Fuck. Fuck. Fuck. Fuck. Fuck. Fuck. Fuck. Fuck.
Fuck. Fuck. Fuck. Fuck. Fuck. Fuck. Fuck. Fuck. Fuck.
Fuck. Fuck. Fuck. Fuck. Fuck. Fuck. Fuck. Fuck. Fuck.
Fuck. Fuck. Fuck. Fuck. Fuck. Fuck. Fuck. Fuck. Fuck.
Fuck. Fuck. Fuck. Fuck. Fuck. Fuck. Fuck. Fuck. Fuck.
Fuck. Fuck. Fuck. Fuck. Fuck. Fuck. Fuck. Fuck. Fuck.
Fuck. Fuck. Fuck. Fuck. Fuck. Fuck. Fuck. Fuck. Fuck.
Fuck. Fuck. Fuck. Fuck. Fuck. Fuck. Fuck. Fuck. Fuck.
Fuck. Fuck. Fuck. Fuck. Fuck. Fuck. Fuck. Fuck. Fuck.
Fuck. Fuck. Fuck. Fuck. Fuck. Fuck. Fuck. Fuck. Fuck.
Fuck. Fuck. Fuck. Fuck. Fuck. Fuck. Fuck. Fuck. Fuck.
Fuck. Fuck. Fuck. Fuck. Fuck. Fuck. Fuck. Fuck. Fuck.
Fuck. Fuck. Fuck. Fuck. Fuck. Fuck. Fuck. Fuck. Fuck.
Fuck. Fuck. Fuck. Fuck. Fuck. Fuck. Fuck. Fuck. Fuck.
Fuck. Fuck. Fuck. Fuck. Fuck. Fuck. Fuck. Fuck. Fuck.
Fuck. Fuck. Fuck. Fuck. Fuck. Fuck. Fuck. Fuck. Fuck.
Fuck. Fuck. Fuck. Fuck. Fuck. Fuck. Fuck. Fuck. Fuck.
Fuck. Fuck. Fuck. Fuck. Fuck. Fuck. Fuck. Fuck. Fuck.
Fuck. Fuck. Fuck. Fuck. Fuck. Fuck. Fuck. Fuck. Fuck.
Fuck. Fuck. Fuck. Fuck. Fuck. Fuck. Fuck. Fuck. Fuck.

Fuck. Fuck. Fuck. Fuck. Fuck. Fuck. Fuck. Fuck. Fuck.
Fuck. Fuck. Fuck. Fuck. Fuck. Fuck. Fuck. Fuck. Fuck.
Fuck. Fuck. Fuck. Fuck. Fuck. Fuck. Fuck. Fuck. Fuck.
Fuck. Fuck. Fuck. Fuck. Fuck. Fuck. Fuck. Fuck. Fuck.
Fuck. Fuck. Fuck. Fuck. Fuck. Fuck. Fuck. Fuck. Fuck.
Fuck. Fuck. Fuck. Fuck. Fuck. Fuck. Fuck. Fuck. Fuck.
Fuck. Fuck. Fuck. Fuck. Fuck. Fuck. Fuck. Fuck. Fuck.
Fuck. Fuck. Fuck. Fuck. Fuck. Fuck. Fuck. Fuck. Fuck.
Fuck. Fuck. Fuck. Fuck. Fuck. Fuck. Fuck. Fuck. Fuck.
Fuck. Fuck. Fuck. Fuck. Fuck. Fuck. Fuck. Fuck. Fuck.
Fuck. Fuck. Fuck. Fuck. Fuck. Fuck. Fuck. Fuck. Fuck.
Fuck. Fuck. Fuck. Fuck. Fuck. Fuck. Fuck. Fuck. Fuck.
Fuck. Fuck. Fuck. Fuck. Fuck. Fuck. Fuck. Fuck. Fuck.
Fuck. Fuck. Fuck. Fuck. Fuck. Fuck. Fuck. Fuck. Fuck.
Fuck. Fuck. Fuck. Fuck. Fuck. Fuck. Fuck. Fuck. Fuck.
Fuck. Fuck. Fuck. Fuck. Fuck. Fuck. Fuck. Fuck. Fuck.
Fuck. Fuck. Fuck. Fuck. Fuck. Fuck. Fuck. Fuck. Fuck.
Fuck. Fuck. Fuck. Fuck. Fuck. Fuck. Fuck. Fuck. Fuck.
Fuck. Fuck. Fuck. Fuck. Fuck. Fuck. Fuck. Fuck. Fuck.
Fuck. Fuck. Fuck. Fuck. Fuck. Fuck. Fuck. Fuck. Fuck.
Fuck. Fuck. Fuck. Fuck. Fuck. Fuck. Fuck. Fuck. Fuck.
Fuck. Fuck. Fuck. Fuck. Fuck. Fuck. Fuck. Fuck. Fuck.
Fuck. Fuck. Fuck. Fuck. Fuck. Fuck. Fuck. Fuck. Fuck.
Fuck. Fuck. Fuck. Fuck. Fuck. Fuck. Fuck. Fuck. Fuck.
Fuck. Fuck. Fuck. Fuck. Fuck. Fuck. Fuck. Fuck. Fuck.
Fuck. Fuck. Fuck. Fuck. Fuck. Fuck. Fuck. Fuck. Fuck.
Fuck. Fuck. Fuck. Fuck. Fuck. Fuck. Fuck. Fuck. Fuck.
Fuck. Fuck. Fuck. Fuck. Fuck. Fuck. Fuck. Fuck. Fuck.
Fuck. Fuck. Fuck. Fuck. Fuck. Fuck. Fuck. Fuck. Fuck.
Fuck. Fuck. Fuck. Fuck. Fuck. Fuck. Fuck. Fuck. Fuck.
Fuck. Fuck. Fuck. Fuck. Fuck. Fuck. Fuck. Fuck. Fuck.
Fuck. Fuck. Fuck. Fuck. Fuck. Fuck. Fuck. Fuck. Fuck.
Fuck. Fuck. Fuck. Fuck. Fuck. Fuck. Fuck. Fuck. Fuck.

Fuck. Fuck. Fuck. Fuck. Fuck. Fuck. Fuck. Fuck. Fuck.
Fuck. Fuck. Fuck. Fuck. Fuck. Fuck. Fuck. Fuck. Fuck.
Fuck. Fuck. Fuck. Fuck. Fuck. Fuck. Fuck. Fuck. Fuck.
Fuck. Fuck. Fuck. Fuck. Fuck. Fuck. Fuck. Fuck. Fuck.
Fuck. Fuck. Fuck. Fuck. Fuck. Fuck. Fuck. Fuck. Fuck.
Fuck. Fuck. Fuck. Fuck. Fuck. Fuck. Fuck. Fuck. Fuck.
Fuck. Fuck. Fuck. Fuck. Fuck. Fuck. Fuck. Fuck. Fuck.
Fuck. Fuck. Fuck. Fuck. Fuck. Fuck. Fuck. Fuck. Fuck.
Fuck. Fuck. Fuck. Fuck. Fuck. Fuck. Fuck. Fuck. Fuck.
Fuck. Fuck. Fuck. Fuck. Fuck. Fuck. Fuck. Fuck. Fuck.
Fuck. Fuck. Fuck. Fuck. Fuck. Fuck. Fuck. Fuck. Fuck.
Fuck. Fuck. Fuck. Fuck. Fuck. Fuck. Fuck. Fuck. Fuck.
Fuck. Fuck. Fuck. Fuck. Fuck. Fuck. Fuck. Fuck. Fuck.
Fuck. Fuck. Fuck. Fuck. Fuck. Fuck. Fuck. Fuck. Fuck.
Fuck. Fuck. Fuck. Fuck. Fuck. Fuck. Fuck. Fuck. Fuck.
Fuck. Fuck. Fuck. Fuck. Fuck. Fuck. Fuck. Fuck. Fuck.
Fuck. Fuck. Fuck. Fuck. Fuck. Fuck. Fuck. Fuck. Fuck.
Fuck. Fuck. Fuck. Fuck. Fuck. Fuck. Fuck. Fuck. Fuck.
Fuck. Fuck. Fuck. Fuck. Fuck. Fuck. Fuck. Fuck. Fuck.
Fuck. Fuck. Fuck. Fuck. Fuck. Fuck. Fuck. Fuck. Fuck.
Fuck. Fuck. Fuck. Fuck. Fuck. Fuck. Fuck. Fuck. Fuck.
Fuck. Fuck. Fuck. Fuck. Fuck. Fuck. Fuck. Fuck. Fuck.
Fuck. Fuck. Fuck. Fuck. Fuck. Fuck. Fuck. Fuck. Fuck.
Fuck. Fuck. Fuck. Fuck. Fuck. Fuck. Fuck. Fuck. Fuck.
Fuck. Fuck. Fuck. Fuck. Fuck. Fuck. Fuck. Fuck. Fuck.
Fuck. Fuck. Fuck. Fuck. Fuck. Fuck. Fuck. Fuck. Fuck.
Fuck. Fuck. Fuck. Fuck. Fuck. Fuck. Fuck. Fuck. Fuck.
Fuck. Fuck. Fuck. Fuck. Fuck. Fuck. Fuck. Fuck. Fuck.
Fuck. Fuck. Fuck. Fuck. Fuck. Fuck. Fuck. Fuck. Fuck.
Fuck. Fuck. Fuck. Fuck. Fuck. Fuck. Fuck. Fuck. Fuck.
Fuck. Fuck. Fuck. Fuck. Fuck. Fuck. Fuck. Fuck. Fuck.

Fuck. Fuck. Fuck. Fuck. Fuck. Fuck. Fuck. Fuck. Fuck.
Fuck. Fuck. Fuck. Fuck. Fuck. Fuck. Fuck. Fuck. Fuck.
Fuck. Fuck. Fuck. Fuck. Fuck. Fuck. Fuck. Fuck. Fuck.
Fuck. Fuck. Fuck. Fuck. Fuck. Fuck. Fuck. Fuck. Fuck.
Fuck. Fuck. Fuck. Fuck. Fuck. Fuck. Fuck. Fuck. Fuck.
Fuck. Fuck. Fuck. Fuck. Fuck. Fuck. Fuck. Fuck. Fuck.
Fuck. Fuck. Fuck. Fuck. Fuck. Fuck. Fuck. Fuck. Fuck.
Fuck. Fuck. Fuck. Fuck. Fuck. Fuck. Fuck. Fuck. Fuck.
Fuck. Fuck. Fuck. Fuck. Fuck. Fuck. Fuck. Fuck. Fuck.
Fuck. Fuck. Fuck. Fuck. Fuck. Fuck. Fuck. Fuck. Fuck.
Fuck. Fuck. Fuck. Fuck. Fuck. Fuck. Fuck. Fuck. Fuck.
Fuck. Fuck. Fuck. Fuck. Fuck. Fuck. Fuck. Fuck. Fuck.
Fuck. Fuck. Fuck. Fuck. Fuck. Fuck. Fuck. Fuck. Fuck.
Fuck. Fuck. Fuck. Fuck. Fuck. Fuck. Fuck. Fuck. Fuck.
Fuck. Fuck. Fuck. Fuck. Fuck. Fuck. Fuck. Fuck. Fuck.
Fuck. Fuck. Fuck. Fuck. Fuck. Fuck. Fuck. Fuck. Fuck.
Fuck. Fuck. Fuck. Fuck. Fuck. Fuck. Fuck. Fuck. Fuck.
Fuck. Fuck. Fuck. Fuck. Fuck. Fuck. Fuck. Fuck. Fuck.
Fuck. Fuck. Fuck. Fuck. Fuck. Fuck. Fuck. Fuck. Fuck.
Fuck. Fuck. Fuck. Fuck. Fuck. Fuck. Fuck. Fuck. Fuck.
Fuck. Fuck. Fuck. Fuck. Fuck. Fuck. Fuck. Fuck. Fuck.
Fuck. Fuck. Fuck. Fuck. Fuck. Fuck. Fuck. Fuck. Fuck.
Fuck. Fuck. Fuck. Fuck. Fuck. Fuck. Fuck. Fuck. Fuck.
Fuck. Fuck. Fuck. Fuck. Fuck. Fuck. Fuck. Fuck. Fuck.
Fuck. Fuck. Fuck. Fuck. Fuck. Fuck. Fuck. Fuck. Fuck.
Fuck. Fuck. Fuck. Fuck. Fuck. Fuck. Fuck. Fuck. Fuck.
Fuck. Fuck. Fuck. Fuck. Fuck. Fuck. Fuck. Fuck. Fuck.
Fuck. Fuck. Fuck. Fuck. Fuck. Fuck. Fuck. Fuck. Fuck.
Fuck. Fuck. Fuck. Fuck. Fuck. Fuck. Fuck. Fuck. Fuck.
Fuck. Fuck. Fuck. Fuck. Fuck. Fuck. Fuck. Fuck. Fuck.
Fuck. Fuck. Fuck. Fuck. Fuck. Fuck. Fuck. Fuck. Fuck.
Fuck. Fuck. Fuck. Fuck. Fuck. Fuck. Fuck. Fuck. Fuck.
Fuck. Fuck. Fuck. Fuck. Fuck. Fuck. Fuck. Fuck. Fuck.

Fuck. Fuck. Fuck. Fuck. Fuck. Fuck. Fuck. Fuck. Fuck.
Fuck. Fuck. Fuck. Fuck. Fuck. Fuck. Fuck. Fuck. Fuck.
Fuck. Fuck. Fuck. Fuck. Fuck. Fuck. Fuck. Fuck. Fuck.
Fuck. Fuck. Fuck. Fuck. Fuck. Fuck. Fuck. Fuck. Fuck.
Fuck. Fuck. Fuck. Fuck. Fuck. Fuck. Fuck. Fuck. Fuck.
Fuck. Fuck. Fuck. Fuck. Fuck. Fuck. Fuck. Fuck. Fuck.
Fuck. Fuck. Fuck. Fuck. Fuck. Fuck. Fuck. Fuck. Fuck.
Fuck. Fuck. Fuck. Fuck. Fuck. Fuck. Fuck. Fuck. Fuck.
Fuck. Fuck. Fuck. Fuck. Fuck. Fuck. Fuck. Fuck. Fuck.
Fuck. Fuck. Fuck. Fuck. Fuck. Fuck. Fuck. Fuck. Fuck.
Fuck. Fuck. Fuck. Fuck. Fuck. Fuck. Fuck. Fuck. Fuck.
Fuck. Fuck. Fuck. Fuck. Fuck. Fuck. Fuck. Fuck. Fuck.
Fuck. Fuck. Fuck. Fuck. Fuck. Fuck. Fuck. Fuck. Fuck.
Fuck. Fuck. Fuck. Fuck. Fuck. Fuck. Fuck. Fuck. Fuck.
Fuck. Fuck. Fuck. Fuck. Fuck. Fuck. Fuck. Fuck. Fuck.
Fuck. Fuck. Fuck. Fuck. Fuck. Fuck. Fuck. Fuck. Fuck.
Fuck. Fuck. Fuck. Fuck. Fuck. Fuck. Fuck. Fuck. Fuck.
Fuck. Fuck. Fuck. Fuck. Fuck. Fuck. Fuck. Fuck. Fuck.
Fuck. Fuck. Fuck. Fuck. Fuck. Fuck. Fuck. Fuck. Fuck.
Fuck. Fuck. Fuck. Fuck. Fuck. Fuck. Fuck. Fuck. Fuck.
Fuck. Fuck. Fuck. Fuck. Fuck. Fuck. Fuck. Fuck. Fuck.
Fuck. Fuck. Fuck. Fuck. Fuck. Fuck. Fuck. Fuck. Fuck.
Fuck. Fuck. Fuck. Fuck. Fuck. Fuck. Fuck. Fuck. Fuck.
Fuck. Fuck. Fuck. Fuck. Fuck. Fuck. Fuck. Fuck. Fuck.
Fuck. Fuck. Fuck. Fuck. Fuck. Fuck. Fuck. Fuck. Fuck.
Fuck. Fuck. Fuck. Fuck. Fuck. Fuck. Fuck. Fuck. Fuck.
Fuck. Fuck. Fuck. Fuck. Fuck. Fuck. Fuck. Fuck. Fuck.
Fuck. Fuck. Fuck. Fuck. Fuck. Fuck. Fuck. Fuck. Fuck.
Fuck. Fuck. Fuck. Fuck. Fuck. Fuck. Fuck. Fuck. Fuck.
Fuck. Fuck. Fuck. Fuck. Fuck. Fuck. Fuck. Fuck. Fuck.
Fuck. Fuck. Fuck. Fuck. Fuck. Fuck. Fuck. Fuck. Fuck.
Fuck. Fuck. Fuck. Fuck. Fuck. Fuck. Fuck. Fuck. Fuck.

Fuck. Fuck. Fuck. Fuck. Fuck. Fuck. Fuck. Fuck. Fuck.
Fuck. Fuck. Fuck. Fuck. Fuck. Fuck. Fuck. Fuck. Fuck.
Fuck. Fuck. Fuck. Fuck. Fuck. Fuck. Fuck. Fuck. Fuck.
Fuck. Fuck. Fuck. Fuck. Fuck. Fuck. Fuck. Fuck. Fuck.
Fuck. Fuck. Fuck. Fuck. Fuck. Fuck. Fuck. Fuck. Fuck.
Fuck. Fuck. Fuck. Fuck. Fuck. Fuck. Fuck. Fuck. Fuck.
Fuck. Fuck. Fuck. Fuck. Fuck. Fuck. Fuck. Fuck. Fuck.
Fuck. Fuck. Fuck. Fuck. Fuck. Fuck. Fuck. Fuck. Fuck.
Fuck. Fuck. Fuck. Fuck. Fuck. Fuck. Fuck. Fuck. Fuck.
Fuck. Fuck. Fuck. Fuck. Fuck. Fuck. Fuck. Fuck. Fuck.
Fuck. Fuck. Fuck. Fuck. Fuck. Fuck. Fuck. Fuck. Fuck.
Fuck. Fuck. Fuck. Fuck. Fuck. Fuck. Fuck. Fuck. Fuck.
Fuck. Fuck. Fuck. Fuck. Fuck. Fuck. Fuck. Fuck. Fuck.
Fuck. Fuck. Fuck. Fuck. Fuck. Fuck. Fuck. Fuck. Fuck.
Fuck. Fuck. Fuck. Fuck. Fuck. Fuck. Fuck. Fuck. Fuck.
Fuck. Fuck. Fuck. Fuck. Fuck. Fuck. Fuck. Fuck. Fuck.
Fuck. Fuck. Fuck. Fuck. Fuck. Fuck. Fuck. Fuck. Fuck.
Fuck. Fuck. Fuck. Fuck. Fuck. Fuck. Fuck. Fuck. Fuck.
Fuck. Fuck. Fuck. Fuck. Fuck. Fuck. Fuck. Fuck. Fuck.
Fuck. Fuck. Fuck. Fuck. Fuck. Fuck. Fuck. Fuck. Fuck.
Fuck. Fuck. Fuck. Fuck. Fuck. Fuck. Fuck. Fuck. Fuck.
Fuck. Fuck. Fuck. Fuck. Fuck. Fuck. Fuck. Fuck. Fuck.
Fuck. Fuck. Fuck. Fuck. Fuck. Fuck. Fuck. Fuck. Fuck.
Fuck. Fuck. Fuck. Fuck. Fuck. Fuck. Fuck. Fuck. Fuck.
Fuck. Fuck. Fuck. Fuck. Fuck. Fuck. Fuck. Fuck. Fuck.
Fuck. Fuck. Fuck. Fuck. Fuck. Fuck. Fuck. Fuck. Fuck.
Fuck. Fuck. Fuck. Fuck. Fuck. Fuck. Fuck. Fuck. Fuck.
Fuck. Fuck. Fuck. Fuck. Fuck. Fuck. Fuck. Fuck. Fuck.
Fuck. Fuck. Fuck. Fuck. Fuck. Fuck. Fuck. Fuck. Fuck.
Fuck. Fuck. Fuck. Fuck. Fuck. Fuck. Fuck. Fuck. Fuck.
Fuck. Fuck. Fuck. Fuck. Fuck. Fuck. Fuck. Fuck. Fuck.
Fuck. Fuck. Fuck. Fuck. Fuck. Fuck. Fuck. Fuck. Fuck.
Fuck. Fuck. Fuck. Fuck. Fuck. Fuck. Fuck. Fuck. Fuck.
Fuck. Fuck. Fuck. Fuck. Fuck. Fuck. Fuck. Fuck. Fuck.
Fuck. Fuck. Fuck. Fuck. Fuck. Fuck. Fuck. Fuck. Fuck.

Fuck. Fuck. Fuck. Fuck. Fuck. Fuck. Fuck. Fuck. Fuck.
Fuck. Fuck. Fuck. Fuck. Fuck. Fuck. Fuck. Fuck. Fuck.
Fuck. Fuck. Fuck. Fuck. Fuck. Fuck. Fuck. Fuck. Fuck.
Fuck. Fuck. Fuck. Fuck. Fuck. Fuck. Fuck. Fuck. Fuck.
Fuck. Fuck. Fuck. Fuck. Fuck. Fuck. Fuck. Fuck. Fuck.
Fuck. Fuck. Fuck. Fuck. Fuck. Fuck. Fuck. Fuck. Fuck.
Fuck. Fuck. Fuck. Fuck. Fuck. Fuck. Fuck. Fuck. Fuck.
Fuck. Fuck. Fuck. Fuck. Fuck. Fuck. Fuck. Fuck. Fuck.
Fuck. Fuck. Fuck. Fuck. Fuck. Fuck. Fuck. Fuck. Fuck.
Fuck. Fuck. Fuck. Fuck. Fuck. Fuck. Fuck. Fuck. Fuck.
Fuck. Fuck. Fuck. Fuck. Fuck. Fuck. Fuck. Fuck. Fuck.
Fuck. Fuck. Fuck. Fuck. Fuck. Fuck. Fuck. Fuck. Fuck.
Fuck. Fuck. Fuck. Fuck. Fuck. Fuck. Fuck. Fuck. Fuck.
Fuck. Fuck. Fuck. Fuck. Fuck. Fuck. Fuck. Fuck. Fuck.
Fuck. Fuck. Fuck. Fuck. Fuck. Fuck. Fuck. Fuck. Fuck.
Fuck. Fuck. Fuck. Fuck. Fuck. Fuck. Fuck. Fuck. Fuck.
Fuck. Fuck. Fuck. Fuck. Fuck. Fuck. Fuck. Fuck. Fuck.
Fuck. Fuck. Fuck. Fuck. Fuck. Fuck. Fuck. Fuck. Fuck.
Fuck. Fuck. Fuck. Fuck. Fuck. Fuck. Fuck. Fuck. Fuck.
Fuck. Fuck. Fuck. Fuck. Fuck. Fuck. Fuck. Fuck. Fuck.
Fuck. Fuck. Fuck. Fuck. Fuck. Fuck. Fuck. Fuck. Fuck.
Fuck. Fuck. Fuck. Fuck. Fuck. Fuck. Fuck. Fuck. Fuck.
Fuck. Fuck. Fuck. Fuck. Fuck. Fuck. Fuck. Fuck. Fuck.
Fuck. Fuck. Fuck. Fuck. Fuck. Fuck. Fuck. Fuck. Fuck.
Fuck. Fuck. Fuck. Fuck. Fuck. Fuck. Fuck. Fuck. Fuck.
Fuck. Fuck. Fuck. Fuck. Fuck. Fuck. Fuck. Fuck. Fuck.
Fuck. Fuck. Fuck. Fuck. Fuck. Fuck. Fuck. Fuck. Fuck.
Fuck. Fuck. Fuck. Fuck. Fuck. Fuck. Fuck. Fuck. Fuck.
Fuck. Fuck. Fuck. Fuck. Fuck. Fuck. Fuck. Fuck. Fuck.
Fuck. Fuck. Fuck. Fuck. Fuck. Fuck. Fuck. Fuck. Fuck.
Fuck. Fuck. Fuck. Fuck. Fuck. Fuck. Fuck. Fuck. Fuck.
Fuck. Fuck. Fuck. Fuck. Fuck. Fuck. Fuck. Fuck. Fuck.

Fuck. Fuck. Fuck. Fuck. Fuck. Fuck. Fuck. Fuck. Fuck.
Fuck. Fuck. Fuck. Fuck. Fuck. Fuck. Fuck. Fuck. Fuck.
Fuck. Fuck. Fuck. Fuck. Fuck. Fuck. Fuck. Fuck.

Fuck. Fuck. Fuck. Fuck. Fuck. Fuck. Fuck. Fuck. Fuck.
Fuck. Fuck. Fuck. Fuck. Fuck. Fuck. Fuck. Fuck. Fuck.
Fuck. Fuck. Fuck. Fuck. Fuck. Fuck. Fuck. Fuck. Fuck.
Fuck. Fuck. Fuck. Fuck. Fuck. Fuck. Fuck. Fuck. Fuck.
Fuck. Fuck. Fuck. Fuck. Fuck. Fuck. Fuck. Fuck. Fuck.
Fuck. Fuck. Fuck. Fuck. Fuck. Fuck. Fuck. Fuck. Fuck.
Fuck. Fuck. Fuck. Fuck. Fuck. Fuck. Fuck. Fuck. Fuck.
Fuck. Fuck. Fuck. Fuck. Fuck. Fuck. Fuck. Fuck. Fuck.
Fuck. Fuck. Fuck. Fuck. Fuck. Fuck. Fuck. Fuck. Fuck.
Fuck. Fuck. Fuck. Fuck. Fuck. Fuck. Fuck. Fuck. Fuck.
Fuck. Fuck. Fuck. Fuck. Fuck. Fuck. Fuck. Fuck. Fuck.
Fuck. Fuck. Fuck. Fuck. Fuck. Fuck. Fuck. Fuck. Fuck.
Fuck. Fuck. Fuck. Fuck. Fuck. Fuck. Fuck. Fuck. Fuck.
Fuck. Fuck. Fuck. Fuck. Fuck. Fuck. Fuck. Fuck. Fuck.
Fuck. Fuck. Fuck. Fuck. Fuck. Fuck. Fuck. Fuck. Fuck.
Fuck. Fuck. Fuck. Fuck. Fuck. Fuck. Fuck. Fuck. Fuck.
Fuck. Fuck. Fuck. Fuck. Fuck. Fuck. Fuck. Fuck. Fuck.
Fuck. Fuck. Fuck. Fuck. Fuck. Fuck. Fuck. Fuck. Fuck.
Fuck. Fuck. Fuck. Fuck. Fuck. Fuck. Fuck. Fuck. Fuck.
Fuck. Fuck. Fuck. Fuck. Fuck. Fuck. Fuck. Fuck. Fuck.
Fuck. Fuck. Fuck. Fuck. Fuck. Fuck. Fuck. Fuck. Fuck.
Fuck. Fuck. Fuck. Fuck. Fuck. Fuck. Fuck. Fuck. Fuck.
Fuck. Fuck. Fuck. Fuck. Fuck. Fuck. Fuck. Fuck. Fuck.
Fuck. Fuck. Fuck. Fuck. Fuck. Fuck. Fuck. Fuck. Fuck.
Fuck. Fuck. Fuck. Fuck. Fuck. Fuck. Fuck. Fuck. Fuck.
Fuck. Fuck. Fuck. Fuck. Fuck. Fuck. Fuck. Fuck. Fuck.

Fuck. Fuck. Fuck. Fuck. Fuck. Fuck. Fuck. Fuck. Fuck.
Fuck. Fuck. Fuck. Fuck. Fuck. Fuck. Fuck. Fuck. Fuck.
Fuck. Fuck. Fuck. Fuck. Fuck. Fuck. Fuck. Fuck. Fuck.
Fuck. Fuck. Fuck. Fuck. Fuck. Fuck. Fuck. Fuck. Fuck.
Fuck. Fuck. Fuck. Fuck. Fuck. Fuck. Fuck. Fuck. Fuck.
Fuck. Fuck. Fuck. Fuck. Fuck. Fuck. Fuck. Fuck. Fuck.
Fuck. Fuck. Fuck. Fuck. Fuck. Fuck. Fuck. Fuck. Fuck.
Fuck. Fuck. Fuck. Fuck. Fuck. Fuck. Fuck. Fuck. Fuck.
Fuck. Fuck. Fuck. Fuck. Fuck. Fuck. Fuck. Fuck. Fuck.
Fuck. Fuck. Fuck. Fuck. Fuck. Fuck. Fuck. Fuck. Fuck.
Fuck. Fuck. Fuck. Fuck. Fuck. Fuck. Fuck. Fuck. Fuck.
Fuck. Fuck. Fuck. Fuck. Fuck. Fuck. Fuck. Fuck. Fuck.
Fuck. Fuck. Fuck. Fuck. Fuck. Fuck. Fuck. Fuck. Fuck.
Fuck. Fuck. Fuck. Fuck. Fuck. Fuck. Fuck. Fuck. Fuck.
Fuck. Fuck. Fuck. Fuck. Fuck. Fuck. Fuck. Fuck. Fuck.
Fuck. Fuck. Fuck. Fuck. Fuck. Fuck. Fuck. Fuck. Fuck.
Fuck. Fuck. Fuck. Fuck. Fuck. Fuck. Fuck. Fuck. Fuck.
Fuck. Fuck. Fuck. Fuck. Fuck. Fuck. Fuck. Fuck. Fuck.
Fuck. Fuck. Fuck. Fuck. Fuck. Fuck. Fuck. Fuck. Fuck.
Fuck. Fuck. Fuck. Fuck. Fuck. Fuck. Fuck. Fuck. Fuck.
Fuck. Fuck. Fuck. Fuck. Fuck. Fuck. Fuck. Fuck. Fuck.
Fuck. Fuck. Fuck. Fuck. Fuck. Fuck. Fuck. Fuck. Fuck.
Fuck. Fuck. Fuck. Fuck. Fuck. Fuck. Fuck. Fuck. Fuck.
Fuck. Fuck. Fuck. Fuck. Fuck. Fuck. Fuck. Fuck. Fuck.
Fuck. Fuck. Fuck. Fuck. Fuck. Fuck. Fuck. Fuck. Fuck.
Fuck. Fuck. Fuck. Fuck. Fuck. Fuck. Fuck. Fuck. Fuck.
Fuck. Fuck. Fuck. Fuck. Fuck. Fuck. Fuck. Fuck. Fuck.
Fuck. Fuck. Fuck. Fuck. Fuck. Fuck. Fuck. Fuck. Fuck.
Fuck. Fuck. Fuck. Fuck. Fuck. Fuck. Fuck. Fuck. Fuck.
Fuck. Fuck. Fuck. Fuck. Fuck. Fuck. Fuck. Fuck. Fuck.
Fuck. Fuck. Fuck. Fuck. Fuck. Fuck. Fuck. Fuck. Fuck.
Fuck. Fuck. Fuck. Fuck. Fuck. Fuck. Fuck. Fuck. Fuck.

Fuck. Fuck. Fuck. Fuck. Fuck. Fuck. Fuck. Fuck. Fuck.
Fuck. Fuck. Fuck. Fuck. Fuck. Fuck. Fuck. Fuck. Fuck.
Fuck. Fuck. Fuck. Fuck. Fuck. Fuck. Fuck. Fuck. Fuck.
Fuck. Fuck. Fuck. Fuck. Fuck. Fuck. Fuck. Fuck. Fuck.
Fuck. Fuck. Fuck. Fuck. Fuck. Fuck. Fuck. Fuck. Fuck.
Fuck. Fuck. Fuck. Fuck. Fuck. Fuck. Fuck. Fuck. Fuck.
Fuck. Fuck. Fuck. Fuck. Fuck. Fuck. Fuck. Fuck. Fuck.
Fuck. Fuck. Fuck. Fuck. Fuck. Fuck. Fuck. Fuck. Fuck.
Fuck. Fuck. Fuck. Fuck. Fuck. Fuck. Fuck. Fuck. Fuck.
Fuck. Fuck. Fuck. Fuck. Fuck. Fuck. Fuck. Fuck. Fuck.
Fuck. Fuck. Fuck. Fuck. Fuck. Fuck. Fuck. Fuck. Fuck.
Fuck. Fuck. Fuck. Fuck. Fuck. Fuck. Fuck. Fuck. Fuck.
Fuck. Fuck. Fuck. Fuck. Fuck. Fuck. Fuck. Fuck. Fuck.
Fuck. Fuck. Fuck. Fuck. Fuck. Fuck. Fuck. Fuck. Fuck.
Fuck. Fuck. Fuck. Fuck. Fuck. Fuck. Fuck. Fuck. Fuck.
Fuck. Fuck. Fuck. Fuck. Fuck. Fuck. Fuck. Fuck. Fuck.
Fuck. Fuck. Fuck. Fuck. Fuck. Fuck. Fuck. Fuck. Fuck.
Fuck. Fuck. Fuck. Fuck. Fuck. Fuck. Fuck. Fuck. Fuck.
Fuck. Fuck. Fuck. Fuck. Fuck. Fuck. Fuck. Fuck. Fuck.
Fuck. Fuck. Fuck. Fuck. Fuck. Fuck. Fuck. Fuck. Fuck.
Fuck. Fuck. Fuck. Fuck. Fuck. Fuck. Fuck. Fuck. Fuck.
Fuck. Fuck. Fuck. Fuck. Fuck. Fuck. Fuck. Fuck. Fuck.
Fuck. Fuck. Fuck. Fuck. Fuck. Fuck. Fuck. Fuck. Fuck.
Fuck. Fuck. Fuck. Fuck. Fuck. Fuck. Fuck. Fuck. Fuck.
Fuck. Fuck. Fuck. Fuck. Fuck. Fuck. Fuck. Fuck. Fuck.
Fuck. Fuck. Fuck. Fuck. Fuck. Fuck. Fuck. Fuck. Fuck.
Fuck. Fuck. Fuck. Fuck. Fuck. Fuck. Fuck. Fuck. Fuck.
Fuck. Fuck. Fuck. Fuck. Fuck. Fuck. Fuck. Fuck. Fuck.
Fuck. Fuck. Fuck. Fuck. Fuck. Fuck. Fuck. Fuck. Fuck.
Fuck. Fuck. Fuck. Fuck. Fuck. Fuck. Fuck. Fuck. Fuck.
Fuck. Fuck. Fuck. Fuck. Fuck. Fuck. Fuck. Fuck. Fuck.
Fuck. Fuck. Fuck. Fuck. Fuck. Fuck. Fuck. Fuck. Fuck.

Fuck. Fuck. Fuck. Fuck. Fuck. Fuck. Fuck. Fuck. Fuck.
Fuck. Fuck. Fuck. Fuck. Fuck. Fuck. Fuck. Fuck. Fuck.
Fuck. Fuck. Fuck. Fuck. Fuck. Fuck. Fuck. Fuck. Fuck.
Fuck. Fuck. Fuck. Fuck. Fuck. Fuck. Fuck. Fuck. Fuck.
Fuck. Fuck. Fuck. Fuck. Fuck. Fuck. Fuck. Fuck. Fuck.
Fuck. Fuck. Fuck. Fuck. Fuck. Fuck. Fuck. Fuck. Fuck.
Fuck. Fuck. Fuck. Fuck. Fuck. Fuck. Fuck. Fuck. Fuck.
Fuck. Fuck. Fuck. Fuck. Fuck. Fuck. Fuck. Fuck. Fuck.
Fuck. Fuck. Fuck. Fuck. Fuck. Fuck. Fuck. Fuck. Fuck.
Fuck. Fuck. Fuck. Fuck. Fuck. Fuck. Fuck. Fuck. Fuck.
Fuck. Fuck. Fuck. Fuck. Fuck. Fuck. Fuck. Fuck. Fuck.
Fuck. Fuck. Fuck. Fuck. Fuck. Fuck. Fuck. Fuck. Fuck.
Fuck. Fuck. Fuck. Fuck. Fuck. Fuck. Fuck. Fuck. Fuck.
Fuck. Fuck. Fuck. Fuck. Fuck. Fuck. Fuck. Fuck. Fuck.
Fuck. Fuck. Fuck. Fuck. Fuck. Fuck. Fuck. Fuck. Fuck.
Fuck. Fuck. Fuck. Fuck. Fuck. Fuck. Fuck. Fuck. Fuck.
Fuck. Fuck. Fuck. Fuck. Fuck. Fuck. Fuck. Fuck. Fuck.
Fuck. Fuck. Fuck. Fuck. Fuck. Fuck. Fuck. Fuck. Fuck.
Fuck. Fuck. Fuck. Fuck. Fuck. Fuck. Fuck. Fuck. Fuck.
Fuck. Fuck. Fuck. Fuck. Fuck. Fuck. Fuck. Fuck. Fuck.
Fuck. Fuck. Fuck. Fuck. Fuck. Fuck. Fuck. Fuck. Fuck.
Fuck. Fuck. Fuck. Fuck. Fuck. Fuck. Fuck. Fuck. Fuck.
Fuck. Fuck. Fuck. Fuck. Fuck. Fuck. Fuck. Fuck. Fuck.
Fuck. Fuck. Fuck. Fuck. Fuck. Fuck. Fuck. Fuck. Fuck.
Fuck. Fuck. Fuck. Fuck. Fuck. Fuck. Fuck. Fuck. Fuck.
Fuck. Fuck. Fuck. Fuck. Fuck. Fuck. Fuck. Fuck. Fuck.
Fuck. Fuck. Fuck. Fuck. Fuck. Fuck. Fuck. Fuck. Fuck.
Fuck. Fuck. Fuck. Fuck. Fuck. Fuck. Fuck. Fuck. Fuck.
Fuck. Fuck. Fuck. Fuck. Fuck. Fuck. Fuck. Fuck. Fuck.
Fuck. Fuck. Fuck. Fuck. Fuck. Fuck. Fuck. Fuck. Fuck.
Fuck. Fuck. Fuck. Fuck. Fuck. Fuck. Fuck. Fuck. Fuck.

Fuck. Fuck. Fuck. Fuck. Fuck. Fuck. Fuck. Fuck. Fuck.
Fuck. Fuck. Fuck. Fuck. Fuck. Fuck. Fuck. Fuck. Fuck.
Fuck. Fuck. Fuck. Fuck. Fuck. Fuck. Fuck. Fuck. Fuck.
Fuck. Fuck. Fuck. Fuck. Fuck. Fuck. Fuck. Fuck. Fuck.
Fuck. Fuck. Fuck. Fuck. Fuck. Fuck. Fuck. Fuck. Fuck.
Fuck. Fuck. Fuck. Fuck. Fuck. Fuck. Fuck. Fuck. Fuck.
Fuck. Fuck. Fuck. Fuck. Fuck. Fuck. Fuck. Fuck. Fuck.
Fuck. Fuck. Fuck. Fuck. Fuck. Fuck. Fuck. Fuck. Fuck.
Fuck. Fuck. Fuck. Fuck. Fuck. Fuck. Fuck. Fuck. Fuck.
Fuck. Fuck. Fuck. Fuck. Fuck. Fuck. Fuck. Fuck. Fuck.
Fuck. Fuck. Fuck. Fuck. Fuck. Fuck. Fuck. Fuck. Fuck.
Fuck. Fuck. Fuck. Fuck. Fuck. Fuck. Fuck. Fuck. Fuck.
Fuck. Fuck. Fuck. Fuck. Fuck. Fuck. Fuck. Fuck. Fuck.
Fuck. Fuck. Fuck. Fuck. Fuck. Fuck. Fuck. Fuck. Fuck.
Fuck. Fuck. Fuck. Fuck. Fuck. Fuck. Fuck. Fuck. Fuck.
Fuck. Fuck. Fuck. Fuck. Fuck. Fuck. Fuck. Fuck. Fuck.
Fuck. Fuck. Fuck. Fuck. Fuck. Fuck. Fuck. Fuck. Fuck.
Fuck. Fuck. Fuck. Fuck. Fuck. Fuck. Fuck. Fuck. Fuck.
Fuck. Fuck. Fuck. Fuck. Fuck. Fuck. Fuck. Fuck. Fuck.
Fuck. Fuck. Fuck. Fuck. Fuck. Fuck. Fuck. Fuck. Fuck.
Fuck. Fuck. Fuck. Fuck. Fuck. Fuck. Fuck. Fuck. Fuck.
Fuck. Fuck. Fuck. Fuck. Fuck. Fuck. Fuck. Fuck. Fuck.
Fuck. Fuck. Fuck. Fuck. Fuck. Fuck. Fuck. Fuck. Fuck.
Fuck. Fuck. Fuck. Fuck. Fuck. Fuck. Fuck. Fuck. Fuck.
Fuck. Fuck. Fuck. Fuck. Fuck. Fuck. Fuck. Fuck. Fuck.
Fuck. Fuck. Fuck. Fuck. Fuck. Fuck. Fuck. Fuck. Fuck.
Fuck. Fuck. Fuck. Fuck. Fuck. Fuck. Fuck. Fuck. Fuck.
Fuck. Fuck. Fuck. Fuck. Fuck. Fuck. Fuck. Fuck. Fuck.
Fuck. Fuck. Fuck. Fuck. Fuck. Fuck. Fuck. Fuck. Fuck.
Fuck. Fuck. Fuck. Fuck. Fuck. Fuck. Fuck. Fuck. Fuck.
Fuck. Fuck. Fuck. Fuck. Fuck. Fuck. Fuck. Fuck. Fuck.
Fuck. Fuck. Fuck. Fuck. Fuck. Fuck. Fuck. Fuck. Fuck.
Fuck. Fuck. Fuck. Fuck. Fuck. Fuck. Fuck. Fuck. Fuck.

Fuck. Fuck. Fuck. Fuck. Fuck. Fuck. Fuck. Fuck. Fuck.
Fuck. Fuck. Fuck. Fuck. Fuck. Fuck. Fuck. Fuck. Fuck.
Fuck. Fuck. Fuck. Fuck. Fuck. Fuck. Fuck. Fuck. Fuck.
Fuck. Fuck. Fuck. Fuck. Fuck. Fuck. Fuck. Fuck. Fuck.
Fuck. Fuck. Fuck. Fuck. Fuck. Fuck. Fuck. Fuck. Fuck.
Fuck. Fuck. Fuck. Fuck. Fuck. Fuck. Fuck. Fuck. Fuck.
Fuck. Fuck. Fuck. Fuck. Fuck. Fuck. Fuck. Fuck. Fuck.
Fuck. Fuck. Fuck. Fuck. Fuck. Fuck. Fuck. Fuck. Fuck.
Fuck. Fuck. Fuck. Fuck. Fuck. Fuck. Fuck. Fuck. Fuck.
Fuck. Fuck. Fuck. Fuck. Fuck. Fuck. Fuck. Fuck. Fuck.
Fuck. Fuck. Fuck. Fuck. Fuck. Fuck. Fuck. Fuck. Fuck.
Fuck. Fuck. Fuck. Fuck. Fuck. Fuck. Fuck. Fuck. Fuck.
Fuck. Fuck. Fuck. Fuck. Fuck. Fuck. Fuck. Fuck. Fuck.
Fuck. Fuck. Fuck. Fuck. Fuck. Fuck. Fuck. Fuck. Fuck.
Fuck. Fuck. Fuck. Fuck. Fuck. Fuck. Fuck. Fuck. Fuck.
Fuck. Fuck. Fuck. Fuck. Fuck. Fuck. Fuck. Fuck. Fuck.
Fuck. Fuck. Fuck. Fuck. Fuck. Fuck. Fuck. Fuck. Fuck.
Fuck. Fuck. Fuck. Fuck. Fuck. Fuck. Fuck. Fuck. Fuck.
Fuck. Fuck. Fuck. Fuck. Fuck. Fuck. Fuck. Fuck. Fuck.
Fuck. Fuck. Fuck. Fuck. Fuck. Fuck. Fuck. Fuck. Fuck.
Fuck. Fuck. Fuck. Fuck. Fuck. Fuck. Fuck. Fuck. Fuck.
Fuck. Fuck. Fuck. Fuck. Fuck. Fuck. Fuck. Fuck. Fuck.
Fuck. Fuck. Fuck. Fuck. Fuck. Fuck. Fuck. Fuck. Fuck.
Fuck. Fuck. Fuck. Fuck. Fuck. Fuck. Fuck. Fuck. Fuck.
Fuck. Fuck. Fuck. Fuck. Fuck. Fuck. Fuck. Fuck. Fuck.
Fuck. Fuck. Fuck. Fuck. Fuck. Fuck. Fuck. Fuck. Fuck.
Fuck. Fuck. Fuck. Fuck. Fuck. Fuck. Fuck. Fuck. Fuck.
Fuck. Fuck. Fuck. Fuck. Fuck. Fuck. Fuck. Fuck. Fuck.
Fuck. Fuck. Fuck. Fuck. Fuck. Fuck. Fuck. Fuck. Fuck.
Fuck. Fuck. Fuck. Fuck. Fuck. Fuck. Fuck. Fuck. Fuck.
Fuck. Fuck. Fuck. Fuck. Fuck. Fuck. Fuck. Fuck. Fuck.
Fuck. Fuck. Fuck. Fuck. Fuck. Fuck. Fuck. Fuck. Fuck.

Fuck. Fuck. Fuck. Fuck. Fuck. Fuck. Fuck. Fuck. Fuck.
Fuck. Fuck. Fuck. Fuck. Fuck. Fuck. Fuck. Fuck. Fuck.
Fuck. Fuck. Fuck. Fuck. Fuck. Fuck. Fuck. Fuck. Fuck.
Fuck. Fuck. Fuck. Fuck. Fuck. Fuck. Fuck. Fuck. Fuck.
Fuck. Fuck. Fuck. Fuck. Fuck. Fuck. Fuck. Fuck. Fuck.
Fuck. Fuck. Fuck. Fuck. Fuck. Fuck. Fuck. Fuck. Fuck.
Fuck. Fuck. Fuck. Fuck. Fuck. Fuck. Fuck. Fuck. Fuck.
Fuck. Fuck. Fuck. Fuck. Fuck. Fuck. Fuck. Fuck. Fuck.
Fuck. Fuck. Fuck. Fuck. Fuck. Fuck. Fuck. Fuck. Fuck.
Fuck. Fuck. Fuck. Fuck. Fuck. Fuck. Fuck. Fuck. Fuck.
Fuck. Fuck. Fuck. Fuck. Fuck. Fuck. Fuck. Fuck. Fuck.
Fuck. Fuck. Fuck. Fuck. Fuck. Fuck. Fuck. Fuck. Fuck.
Fuck. Fuck. Fuck. Fuck. Fuck. Fuck. Fuck. Fuck. Fuck.
Fuck. Fuck. Fuck. Fuck. Fuck. Fuck. Fuck. Fuck. Fuck.
Fuck. Fuck. Fuck. Fuck. Fuck. Fuck. Fuck. Fuck. Fuck.
Fuck. Fuck. Fuck. Fuck. Fuck. Fuck. Fuck. Fuck. Fuck.
Fuck. Fuck. Fuck. Fuck. Fuck. Fuck. Fuck. Fuck. Fuck.
Fuck. Fuck. Fuck. Fuck. Fuck. Fuck. Fuck. Fuck. Fuck.
Fuck. Fuck. Fuck. Fuck. Fuck. Fuck. Fuck. Fuck. Fuck.
Fuck. Fuck. Fuck. Fuck. Fuck. Fuck. Fuck. Fuck. Fuck.
Fuck. Fuck. Fuck. Fuck. Fuck. Fuck. Fuck. Fuck. Fuck.
Fuck. Fuck. Fuck. Fuck. Fuck. Fuck. Fuck. Fuck. Fuck.
Fuck. Fuck. Fuck. Fuck. Fuck. Fuck. Fuck. Fuck. Fuck.
Fuck. Fuck. Fuck. Fuck. Fuck. Fuck. Fuck. Fuck. Fuck.
Fuck. Fuck. Fuck. Fuck. Fuck. Fuck. Fuck. Fuck. Fuck.
Fuck. Fuck. Fuck. Fuck. Fuck. Fuck. Fuck. Fuck. Fuck.
Fuck. Fuck. Fuck. Fuck. Fuck. Fuck. Fuck. Fuck. Fuck.
Fuck. Fuck. Fuck. Fuck. Fuck. Fuck. Fuck. Fuck. Fuck.
Fuck. Fuck. Fuck. Fuck. Fuck. Fuck. Fuck. Fuck. Fuck.
Fuck. Fuck. Fuck. Fuck. Fuck. Fuck. Fuck. Fuck. Fuck.
Fuck. Fuck. Fuck. Fuck. Fuck. Fuck. Fuck. Fuck. Fuck.
Fuck. Fuck. Fuck. Fuck. Fuck. Fuck. Fuck. Fuck. Fuck.

Fuck. Fuck. Fuck. Fuck. Fuck. Fuck. Fuck. Fuck. Fuck.
Fuck. Fuck. Fuck. Fuck. Fuck. Fuck. Fuck. Fuck. Fuck.
Fuck. Fuck. Fuck. Fuck. Fuck. Fuck. Fuck. Fuck. Fuck.
Fuck. Fuck. Fuck. Fuck. Fuck. Fuck. Fuck. Fuck. Fuck.
Fuck. Fuck. Fuck. Fuck. Fuck. Fuck. Fuck. Fuck. Fuck.
Fuck. Fuck. Fuck. Fuck. Fuck. Fuck. Fuck. Fuck. Fuck.
Fuck. Fuck. Fuck. Fuck. Fuck. Fuck. Fuck. Fuck. Fuck.
Fuck. Fuck. Fuck. Fuck. Fuck. Fuck. Fuck. Fuck. Fuck.
Fuck. Fuck. Fuck. Fuck. Fuck. Fuck. Fuck. Fuck. Fuck.
Fuck. Fuck. Fuck. Fuck. Fuck. Fuck. Fuck. Fuck. Fuck.
Fuck. Fuck. Fuck. Fuck. Fuck. Fuck. Fuck. Fuck. Fuck.
Fuck. Fuck. Fuck. Fuck. Fuck. Fuck. Fuck. Fuck. Fuck.
Fuck. Fuck. Fuck. Fuck. Fuck. Fuck. Fuck. Fuck. Fuck.
Fuck. Fuck. Fuck. Fuck. Fuck. Fuck. Fuck. Fuck. Fuck.
Fuck. Fuck. Fuck. Fuck. Fuck. Fuck. Fuck. Fuck. Fuck.
Fuck. Fuck. Fuck. Fuck. Fuck. Fuck. Fuck. Fuck. Fuck.
Fuck. Fuck. Fuck. Fuck. Fuck. Fuck. Fuck. Fuck. Fuck.
Fuck. Fuck. Fuck. Fuck. Fuck. Fuck. Fuck. Fuck. Fuck.
Fuck. Fuck. Fuck. Fuck. Fuck. Fuck. Fuck. Fuck. Fuck.
Fuck. Fuck. Fuck. Fuck. Fuck. Fuck. Fuck. Fuck. Fuck.
Fuck. Fuck. Fuck. Fuck. Fuck. Fuck. Fuck. Fuck. Fuck.
Fuck. Fuck. Fuck. Fuck. Fuck. Fuck. Fuck. Fuck. Fuck.
Fuck. Fuck. Fuck. Fuck. Fuck. Fuck. Fuck. Fuck. Fuck.
Fuck. Fuck. Fuck. Fuck. Fuck. Fuck. Fuck. Fuck. Fuck.
Fuck. Fuck. Fuck. Fuck. Fuck. Fuck. Fuck. Fuck. Fuck.
Fuck. Fuck. Fuck. Fuck. Fuck. Fuck. Fuck. Fuck. Fuck.
Fuck. Fuck. Fuck. Fuck. Fuck. Fuck. Fuck. Fuck. Fuck.
Fuck. Fuck. Fuck. Fuck. Fuck. Fuck. Fuck. Fuck. Fuck.
Fuck. Fuck. Fuck. Fuck. Fuck. Fuck. Fuck. Fuck. Fuck.
Fuck. Fuck. Fuck. Fuck. Fuck. Fuck. Fuck. Fuck. Fuck.
Fuck. Fuck. Fuck. Fuck. Fuck. Fuck. Fuck. Fuck. Fuck.
Fuck. Fuck. Fuck. Fuck. Fuck. Fuck. Fuck. Fuck. Fuck.
Fuck. Fuck. Fuck. Fuck. Fuck. Fuck. Fuck. Fuck. Fuck.

Fuck. Fuck. Fuck. Fuck. Fuck. Fuck. Fuck. Fuck. Fuck.
Fuck. Fuck. Fuck. Fuck. Fuck. Fuck. Fuck. Fuck. Fuck.
Fuck. Fuck. Fuck. Fuck. Fuck. Fuck. Fuck. Fuck. Fuck.
Fuck. Fuck. Fuck. Fuck. Fuck. Fuck. Fuck. Fuck. Fuck.
Fuck. Fuck. Fuck. Fuck. Fuck. Fuck. Fuck. Fuck. Fuck.
Fuck. Fuck. Fuck. Fuck. Fuck. Fuck. Fuck. Fuck. Fuck.
Fuck. Fuck. Fuck. Fuck. Fuck. Fuck. Fuck. Fuck. Fuck.
Fuck. Fuck. Fuck. Fuck. Fuck. Fuck. Fuck. Fuck. Fuck.
Fuck. Fuck. Fuck. Fuck. Fuck. Fuck. Fuck. Fuck. Fuck.
Fuck. Fuck. Fuck. Fuck. Fuck. Fuck. Fuck. Fuck. Fuck.
Fuck. Fuck. Fuck. Fuck. Fuck. Fuck. Fuck. Fuck. Fuck.
Fuck. Fuck. Fuck. Fuck. Fuck. Fuck. Fuck. Fuck. Fuck.
Fuck. Fuck. Fuck. Fuck. Fuck. Fuck. Fuck. Fuck. Fuck.
Fuck. Fuck. Fuck. Fuck. Fuck. Fuck. Fuck. Fuck. Fuck.
Fuck. Fuck. Fuck. Fuck. Fuck. Fuck. Fuck. Fuck. Fuck.
Fuck. Fuck. Fuck. Fuck. Fuck. Fuck. Fuck. Fuck. Fuck.
Fuck. Fuck. Fuck. Fuck. Fuck. Fuck. Fuck. Fuck. Fuck.
Fuck. Fuck. Fuck. Fuck. Fuck. Fuck. Fuck. Fuck. Fuck.
Fuck. Fuck. Fuck. Fuck. Fuck. Fuck. Fuck. Fuck. Fuck.
Fuck. Fuck. Fuck. Fuck. Fuck. Fuck. Fuck. Fuck. Fuck.
Fuck. Fuck. Fuck. Fuck. Fuck. Fuck. Fuck. Fuck. Fuck.
Fuck. Fuck. Fuck. Fuck. Fuck. Fuck. Fuck. Fuck. Fuck.
Fuck. Fuck. Fuck. Fuck. Fuck. Fuck. Fuck. Fuck. Fuck.
Fuck. Fuck. Fuck. Fuck. Fuck. Fuck. Fuck. Fuck. Fuck.
Fuck. Fuck. Fuck. Fuck. Fuck. Fuck. Fuck. Fuck. Fuck.
Fuck. Fuck. Fuck. Fuck. Fuck. Fuck. Fuck. Fuck. Fuck.
Fuck. Fuck. Fuck. Fuck. Fuck. Fuck. Fuck. Fuck. Fuck.
Fuck. Fuck. Fuck. Fuck. Fuck. Fuck. Fuck. Fuck. Fuck.
Fuck. Fuck. Fuck. Fuck. Fuck. Fuck. Fuck. Fuck. Fuck.
Fuck. Fuck. Fuck. Fuck. Fuck. Fuck. Fuck. Fuck. Fuck.
Fuck. Fuck. Fuck. Fuck. Fuck. Fuck. Fuck. Fuck. Fuck.
Fuck. Fuck. Fuck. Fuck. Fuck. Fuck. Fuck. Fuck. Fuck.
Fuck. Fuck. Fuck. Fuck. Fuck. Fuck. Fuck. Fuck. Fuck.
Fuck. Fuck. Fuck. Fuck. Fuck. Fuck. Fuck. Fuck. Fuck.

Fuck. Fuck. Fuck. Fuck. Fuck. Fuck. Fuck. Fuck. Fuck.
Fuck. Fuck. Fuck. Fuck. Fuck. Fuck. Fuck. Fuck. Fuck.
Fuck. Fuck. Fuck. Fuck. Fuck. Fuck. Fuck. Fuck. Fuck.
Fuck. Fuck. Fuck. Fuck. Fuck. Fuck. Fuck. Fuck. Fuck.
Fuck. Fuck. Fuck. Fuck. Fuck. Fuck. Fuck. Fuck. Fuck.
Fuck. Fuck. Fuck. Fuck. Fuck. Fuck. Fuck. Fuck. Fuck.
Fuck. Fuck. Fuck. Fuck. Fuck. Fuck. Fuck. Fuck. Fuck.
Fuck. Fuck. Fuck. Fuck. Fuck. Fuck. Fuck. Fuck. Fuck.
Fuck. Fuck. Fuck. Fuck. Fuck. Fuck. Fuck. Fuck. Fuck.
Fuck. Fuck. Fuck. Fuck. Fuck. Fuck. Fuck. Fuck. Fuck.
Fuck. Fuck. Fuck. Fuck. Fuck. Fuck. Fuck. Fuck. Fuck.
Fuck. Fuck. Fuck. Fuck. Fuck. Fuck. Fuck. Fuck. Fuck.
Fuck. Fuck. Fuck. Fuck. Fuck. Fuck. Fuck. Fuck. Fuck.
Fuck. Fuck. Fuck. Fuck. Fuck. Fuck. Fuck. Fuck. Fuck.
Fuck. Fuck. Fuck. Fuck. Fuck. Fuck. Fuck. Fuck. Fuck.
Fuck. Fuck. Fuck. Fuck. Fuck. Fuck. Fuck. Fuck. Fuck.
Fuck. Fuck. Fuck. Fuck. Fuck. Fuck. Fuck. Fuck. Fuck.
Fuck. Fuck. Fuck. Fuck. Fuck. Fuck. Fuck. Fuck. Fuck.
Fuck. Fuck. Fuck. Fuck. Fuck. Fuck. Fuck. Fuck. Fuck.
Fuck. Fuck. Fuck. Fuck. Fuck. Fuck. Fuck. Fuck. Fuck.
Fuck. Fuck. Fuck. Fuck. Fuck. Fuck. Fuck. Fuck. Fuck.
Fuck. Fuck. Fuck. Fuck. Fuck. Fuck. Fuck. Fuck. Fuck.
Fuck. Fuck. Fuck. Fuck. Fuck. Fuck. Fuck. Fuck. Fuck.
Fuck. Fuck. Fuck. Fuck. Fuck. Fuck. Fuck. Fuck. Fuck.
Fuck. Fuck. Fuck. Fuck. Fuck. Fuck. Fuck. Fuck. Fuck.
Fuck. Fuck. Fuck. Fuck. Fuck. Fuck. Fuck. Fuck. Fuck.
Fuck. Fuck. Fuck. Fuck. Fuck. Fuck. Fuck. Fuck. Fuck.
Fuck. Fuck. Fuck. Fuck. Fuck. Fuck. Fuck. Fuck. Fuck.
Fuck. Fuck. Fuck. Fuck. Fuck. Fuck. Fuck. Fuck. Fuck.
Fuck. Fuck. Fuck. Fuck. Fuck. Fuck. Fuck. Fuck. Fuck.
Fuck. Fuck. Fuck. Fuck. Fuck. Fuck. Fuck. Fuck. Fuck.
Fuck. Fuck. Fuck. Fuck. Fuck. Fuck. Fuck. Fuck. Fuck.

Fuck. Fuck. Fuck. Fuck. Fuck. Fuck. Fuck. Fuck. Fuck.
Fuck. Fuck. Fuck. Fuck. Fuck. Fuck. Fuck. Fuck. Fuck.
Fuck. Fuck. Fuck. Fuck. Fuck. Fuck. Fuck. Fuck. Fuck.
Fuck. Fuck. Fuck. Fuck. Fuck. Fuck. Fuck. Fuck. Fuck.
Fuck. Fuck. Fuck. Fuck. Fuck. Fuck. Fuck. Fuck. Fuck.
Fuck. Fuck. Fuck. Fuck. Fuck. Fuck. Fuck. Fuck. Fuck.
Fuck. Fuck. Fuck. Fuck. Fuck. Fuck. Fuck. Fuck. Fuck.
Fuck. Fuck. Fuck. Fuck. Fuck. Fuck. Fuck. Fuck. Fuck.
Fuck. Fuck. Fuck. Fuck. Fuck. Fuck. Fuck. Fuck. Fuck.
Fuck. Fuck. Fuck. Fuck. Fuck. Fuck. Fuck. Fuck. Fuck.
Fuck. Fuck. Fuck. Fuck. Fuck. Fuck. Fuck. Fuck. Fuck.
Fuck. Fuck. Fuck. Fuck. Fuck. Fuck. Fuck. Fuck. Fuck.
Fuck. Fuck. Fuck. Fuck. Fuck. Fuck. Fuck. Fuck. Fuck.
Fuck. Fuck. Fuck. Fuck. Fuck. Fuck. Fuck. Fuck. Fuck.
Fuck. Fuck. Fuck. Fuck. Fuck. Fuck. Fuck. Fuck. Fuck.
Fuck. Fuck. Fuck. Fuck. Fuck. Fuck. Fuck. Fuck. Fuck.
Fuck. Fuck. Fuck. Fuck. Fuck. Fuck. Fuck. Fuck. Fuck.
Fuck. Fuck. Fuck. Fuck. Fuck. Fuck. Fuck. Fuck. Fuck.
Fuck. Fuck. Fuck. Fuck. Fuck. Fuck. Fuck. Fuck. Fuck.
Fuck. Fuck. Fuck. Fuck. Fuck. Fuck. Fuck. Fuck. Fuck.
Fuck. Fuck. Fuck. Fuck. Fuck. Fuck. Fuck. Fuck. Fuck.
Fuck. Fuck. Fuck. Fuck. Fuck. Fuck. Fuck. Fuck. Fuck.
Fuck. Fuck. Fuck. Fuck. Fuck. Fuck. Fuck. Fuck. Fuck.
Fuck. Fuck. Fuck. Fuck. Fuck. Fuck. Fuck. Fuck. Fuck.
Fuck. Fuck. Fuck. Fuck. Fuck. Fuck. Fuck. Fuck. Fuck.
Fuck. Fuck. Fuck. Fuck. Fuck. Fuck. Fuck. Fuck. Fuck.
Fuck. Fuck. Fuck. Fuck. Fuck. Fuck. Fuck. Fuck. Fuck.
Fuck. Fuck. Fuck. Fuck. Fuck. Fuck. Fuck. Fuck. Fuck.
Fuck. Fuck. Fuck. Fuck. Fuck. Fuck. Fuck. Fuck. Fuck.
Fuck. Fuck. Fuck. Fuck. Fuck. Fuck. Fuck. Fuck. Fuck.
Fuck. Fuck. Fuck. Fuck. Fuck. Fuck. Fuck. Fuck. Fuck.
Fuck. Fuck. Fuck. Fuck. Fuck. Fuck. Fuck. Fuck. Fuck.

Fuck. Fuck. Fuck. Fuck. Fuck. Fuck. Fuck. Fuck. Fuck.
Fuck. Fuck. Fuck. Fuck. Fuck. Fuck. Fuck. Fuck. Fuck.
Fuck. Fuck. Fuck. Fuck. Fuck. Fuck. Fuck. Fuck. Fuck.
Fuck. Fuck. Fuck. Fuck. Fuck. Fuck. Fuck. Fuck. Fuck.
Fuck. Fuck. Fuck. Fuck. Fuck. Fuck. Fuck. Fuck. Fuck.
Fuck. Fuck. Fuck. Fuck. Fuck. Fuck. Fuck. Fuck. Fuck.
Fuck. Fuck. Fuck. Fuck. Fuck. Fuck. Fuck. Fuck. Fuck.
Fuck. Fuck. Fuck. Fuck. Fuck. Fuck. Fuck. Fuck. Fuck.
Fuck. Fuck. Fuck. Fuck. Fuck. Fuck. Fuck. Fuck. Fuck.
Fuck. Fuck. Fuck. Fuck. Fuck. Fuck. Fuck. Fuck. Fuck.
Fuck. Fuck. Fuck. Fuck. Fuck. Fuck. Fuck. Fuck. Fuck.
Fuck. Fuck. Fuck. Fuck. Fuck. Fuck. Fuck. Fuck. Fuck.
Fuck. Fuck. Fuck. Fuck. Fuck. Fuck. Fuck. Fuck. Fuck.
Fuck. Fuck. Fuck. Fuck. Fuck. Fuck. Fuck. Fuck. Fuck.
Fuck. Fuck. Fuck. Fuck. Fuck. Fuck. Fuck. Fuck. Fuck.
Fuck. Fuck. Fuck. Fuck. Fuck. Fuck. Fuck. Fuck. Fuck.
Fuck. Fuck. Fuck. Fuck. Fuck. Fuck. Fuck. Fuck. Fuck.
Fuck. Fuck. Fuck. Fuck. Fuck. Fuck. Fuck. Fuck. Fuck.
Fuck. Fuck. Fuck. Fuck. Fuck. Fuck. Fuck. Fuck. Fuck.
Fuck. Fuck. Fuck. Fuck. Fuck. Fuck. Fuck. Fuck. Fuck.
Fuck. Fuck. Fuck. Fuck. Fuck. Fuck. Fuck. Fuck. Fuck.
Fuck. Fuck. Fuck. Fuck. Fuck. Fuck. Fuck. Fuck. Fuck.
Fuck. Fuck. Fuck. Fuck. Fuck. Fuck. Fuck. Fuck. Fuck.
Fuck. Fuck. Fuck. Fuck. Fuck. Fuck. Fuck. Fuck. Fuck.
Fuck. Fuck. Fuck. Fuck. Fuck. Fuck. Fuck. Fuck. Fuck.
Fuck. Fuck. Fuck. Fuck. Fuck. Fuck. Fuck. Fuck. Fuck.
Fuck. Fuck. Fuck. Fuck. Fuck. Fuck. Fuck. Fuck. Fuck.
Fuck. Fuck. Fuck. Fuck. Fuck. Fuck. Fuck. Fuck. Fuck.
Fuck. Fuck. Fuck. Fuck. Fuck. Fuck. Fuck. Fuck. Fuck.
Fuck. Fuck. Fuck. Fuck. Fuck. Fuck. Fuck. Fuck. Fuck.
Fuck. Fuck. Fuck. Fuck. Fuck. Fuck. Fuck. Fuck. Fuck.
Fuck. Fuck. Fuck. Fuck. Fuck. Fuck. Fuck. Fuck. Fuck.

Fuck. Fuck. Fuck. Fuck. Fuck. Fuck. Fuck. Fuck. Fuck.
Fuck. Fuck. Fuck. Fuck. Fuck. Fuck. Fuck. Fuck. Fuck.
Fuck. Fuck. Fuck. Fuck. Fuck. Fuck. Fuck. Fuck. Fuck.
Fuck. Fuck. Fuck. Fuck. Fuck. Fuck. Fuck. Fuck. Fuck.
Fuck. Fuck. Fuck. Fuck. Fuck. Fuck. Fuck. Fuck. Fuck.
Fuck. Fuck. Fuck. Fuck. Fuck. Fuck. Fuck. Fuck. Fuck.
Fuck. Fuck. Fuck. Fuck. Fuck. Fuck. Fuck. Fuck. Fuck.
Fuck. Fuck. Fuck. Fuck. Fuck. Fuck. Fuck. Fuck. Fuck.
Fuck. Fuck. Fuck. Fuck. Fuck. Fuck. Fuck. Fuck. Fuck.
Fuck. Fuck. Fuck. Fuck. Fuck. Fuck. Fuck. Fuck. Fuck.
Fuck. Fuck. Fuck. Fuck. Fuck. Fuck. Fuck. Fuck. Fuck.
Fuck. Fuck. Fuck. Fuck. Fuck. Fuck. Fuck. Fuck. Fuck.
Fuck. Fuck. Fuck. Fuck. Fuck. Fuck. Fuck. Fuck. Fuck.
Fuck. Fuck. Fuck. Fuck. Fuck. Fuck. Fuck. Fuck. Fuck.
Fuck. Fuck. Fuck. Fuck. Fuck. Fuck. Fuck. Fuck. Fuck.
Fuck. Fuck. Fuck. Fuck. Fuck. Fuck. Fuck. Fuck. Fuck.
Fuck. Fuck. Fuck. Fuck. Fuck. Fuck. Fuck. Fuck. Fuck.
Fuck. Fuck. Fuck. Fuck. Fuck. Fuck. Fuck. Fuck. Fuck.
Fuck. Fuck. Fuck. Fuck. Fuck. Fuck. Fuck. Fuck. Fuck.
Fuck. Fuck. Fuck. Fuck. Fuck. Fuck. Fuck. Fuck. Fuck.
Fuck. Fuck. Fuck. Fuck. Fuck. Fuck. Fuck. Fuck. Fuck.
Fuck. Fuck. Fuck. Fuck. Fuck. Fuck. Fuck. Fuck. Fuck.
Fuck. Fuck. Fuck. Fuck. Fuck. Fuck. Fuck. Fuck. Fuck.
Fuck. Fuck. Fuck. Fuck. Fuck. Fuck. Fuck. Fuck. Fuck.
Fuck. Fuck. Fuck. Fuck. Fuck. Fuck. Fuck. Fuck. Fuck.
Fuck. Fuck. Fuck. Fuck. Fuck. Fuck. Fuck. Fuck. Fuck.
Fuck. Fuck. Fuck. Fuck. Fuck. Fuck. Fuck. Fuck. Fuck.
Fuck. Fuck. Fuck. Fuck. Fuck. Fuck. Fuck. Fuck. Fuck.
Fuck. Fuck. Fuck. Fuck. Fuck. Fuck. Fuck. Fuck. Fuck.
Fuck. Fuck. Fuck. Fuck. Fuck. Fuck. Fuck. Fuck. Fuck.
Fuck. Fuck. Fuck. Fuck. Fuck. Fuck. Fuck. Fuck. Fuck.
Fuck. Fuck. Fuck. Fuck. Fuck. Fuck. Fuck. Fuck. Fuck.
Fuck. Fuck. Fuck. Fuck. Fuck. Fuck. Fuck. Fuck. Fuck.

Fuck. Fuck. Fuck. Fuck. Fuck. Fuck. Fuck. Fuck. Fuck.
Fuck. Fuck. Fuck. Fuck. Fuck. Fuck. Fuck. Fuck. Fuck.
Fuck. Fuck. Fuck. Fuck. Fuck. Fuck. Fuck. Fuck. Fuck.
Fuck. Fuck. Fuck. Fuck. Fuck. Fuck. Fuck. Fuck. Fuck.
Fuck. Fuck. Fuck. Fuck. Fuck. Fuck. Fuck. Fuck. Fuck.
Fuck. Fuck. Fuck. Fuck. Fuck. Fuck. Fuck. Fuck. Fuck.
Fuck. Fuck. Fuck. Fuck. Fuck. Fuck. Fuck. Fuck. Fuck.
Fuck. Fuck. Fuck. Fuck. Fuck. Fuck. Fuck. Fuck. Fuck.
Fuck. Fuck. Fuck. Fuck. Fuck. Fuck. Fuck. Fuck. Fuck.
Fuck. Fuck. Fuck. Fuck. Fuck. Fuck. Fuck. Fuck. Fuck.
Fuck. Fuck. Fuck. Fuck. Fuck. Fuck. Fuck. Fuck. Fuck.
Fuck. Fuck. Fuck. Fuck. Fuck. Fuck. Fuck. Fuck. Fuck.
Fuck. Fuck. Fuck. Fuck. Fuck. Fuck. Fuck. Fuck. Fuck.
Fuck. Fuck. Fuck. Fuck. Fuck. Fuck. Fuck. Fuck. Fuck.
Fuck. Fuck. Fuck. Fuck. Fuck. Fuck. Fuck. Fuck. Fuck.
Fuck. Fuck. Fuck. Fuck. Fuck. Fuck. Fuck. Fuck. Fuck.
Fuck. Fuck. Fuck. Fuck. Fuck. Fuck. Fuck. Fuck. Fuck.
Fuck. Fuck. Fuck. Fuck. Fuck. Fuck. Fuck. Fuck. Fuck.
Fuck. Fuck. Fuck. Fuck. Fuck. Fuck. Fuck. Fuck. Fuck.
Fuck. Fuck. Fuck. Fuck. Fuck. Fuck. Fuck. Fuck. Fuck.
Fuck. Fuck. Fuck. Fuck. Fuck. Fuck. Fuck. Fuck. Fuck.
Fuck. Fuck. Fuck. Fuck. Fuck. Fuck. Fuck. Fuck. Fuck.
Fuck. Fuck. Fuck. Fuck. Fuck. Fuck. Fuck. Fuck. Fuck.
Fuck. Fuck. Fuck. Fuck. Fuck. Fuck. Fuck. Fuck. Fuck.
Fuck. Fuck. Fuck. Fuck. Fuck. Fuck. Fuck. Fuck. Fuck.
Fuck. Fuck. Fuck. Fuck. Fuck. Fuck. Fuck. Fuck. Fuck.
Fuck. Fuck. Fuck. Fuck. Fuck. Fuck. Fuck. Fuck. Fuck.
Fuck. Fuck. Fuck. Fuck. Fuck. Fuck. Fuck. Fuck. Fuck.
Fuck. Fuck. Fuck. Fuck. Fuck. Fuck. Fuck. Fuck. Fuck.
Fuck. Fuck. Fuck. Fuck. Fuck. Fuck. Fuck. Fuck. Fuck.
Fuck. Fuck. Fuck. Fuck. Fuck. Fuck. Fuck. Fuck. Fuck.
Fuck. Fuck. Fuck. Fuck. Fuck. Fuck. Fuck. Fuck. Fuck.

Fuck. Fuck. Fuck. Fuck. Fuck. Fuck. Fuck. Fuck. Fuck.
Fuck. Fuck. Fuck. Fuck. Fuck. Fuck. Fuck. Fuck. Fuck.
Fuck. Fuck. Fuck. Fuck. Fuck. Fuck. Fuck. Fuck. Fuck.
Fuck. Fuck. Fuck. Fuck. Fuck. Fuck. Fuck. Fuck. Fuck.
Fuck. Fuck. Fuck. Fuck. Fuck. Fuck. Fuck. Fuck. Fuck.
Fuck. Fuck. Fuck. Fuck. Fuck. Fuck. Fuck. Fuck. Fuck.
Fuck. Fuck. Fuck. Fuck. Fuck. Fuck. Fuck. Fuck. Fuck.
Fuck. Fuck. Fuck. Fuck. Fuck. Fuck. Fuck. Fuck. Fuck.
Fuck. Fuck. Fuck. Fuck. Fuck. Fuck. Fuck. Fuck. Fuck.
Fuck. Fuck. Fuck. Fuck. Fuck. Fuck. Fuck. Fuck. Fuck.
Fuck. Fuck. Fuck. Fuck. Fuck. Fuck. Fuck. Fuck. Fuck.
Fuck. Fuck. Fuck. Fuck. Fuck. Fuck. Fuck. Fuck. Fuck.
Fuck. Fuck. Fuck. Fuck. Fuck. Fuck. Fuck. Fuck. Fuck.
Fuck. Fuck. Fuck. Fuck. Fuck. Fuck. Fuck. Fuck. Fuck.
Fuck. Fuck. Fuck. Fuck. Fuck. Fuck. Fuck. Fuck. Fuck.
Fuck. Fuck. Fuck. Fuck. Fuck. Fuck. Fuck. Fuck. Fuck.
Fuck. Fuck. Fuck. Fuck. Fuck. Fuck. Fuck. Fuck. Fuck.
Fuck. Fuck. Fuck. Fuck. Fuck. Fuck. Fuck. Fuck. Fuck.
Fuck. Fuck. Fuck. Fuck. Fuck. Fuck. Fuck. Fuck. Fuck.
Fuck. Fuck. Fuck. Fuck. Fuck. Fuck. Fuck. Fuck. Fuck.
Fuck. Fuck. Fuck. Fuck. Fuck. Fuck. Fuck. Fuck. Fuck.
Fuck. Fuck. Fuck. Fuck. Fuck. Fuck. Fuck. Fuck. Fuck.
Fuck. Fuck. Fuck. Fuck. Fuck. Fuck. Fuck. Fuck. Fuck.
Fuck. Fuck. Fuck. Fuck. Fuck. Fuck. Fuck. Fuck. Fuck.
Fuck. Fuck. Fuck. Fuck. Fuck. Fuck. Fuck. Fuck. Fuck.
Fuck. Fuck. Fuck. Fuck. Fuck. Fuck. Fuck. Fuck. Fuck.
Fuck. Fuck. Fuck. Fuck. Fuck. Fuck. Fuck. Fuck. Fuck.
Fuck. Fuck. Fuck. Fuck. Fuck. Fuck. Fuck. Fuck. Fuck.
Fuck. Fuck. Fuck. Fuck. Fuck. Fuck. Fuck. Fuck. Fuck.
Fuck. Fuck. Fuck. Fuck. Fuck. Fuck. Fuck. Fuck. Fuck.
Fuck. Fuck. Fuck. Fuck. Fuck. Fuck. Fuck. Fuck. Fuck.
Fuck. Fuck. Fuck. Fuck. Fuck. Fuck. Fuck. Fuck. Fuck.
Fuck. Fuck. Fuck. Fuck. Fuck. Fuck. Fuck. Fuck. Fuck.

Fuck. Fuck. Fuck. Fuck. Fuck. Fuck. Fuck. Fuck. Fuck.
Fuck. Fuck. Fuck. Fuck. Fuck. Fuck. Fuck. Fuck. Fuck.
Fuck. Fuck. Fuck. Fuck. Fuck. Fuck. Fuck. Fuck. Fuck.
Fuck. Fuck. Fuck. Fuck. Fuck. Fuck. Fuck. Fuck. Fuck.
Fuck. Fuck. Fuck. Fuck. Fuck. Fuck. Fuck. Fuck. Fuck.
Fuck. Fuck. Fuck. Fuck. Fuck. Fuck. Fuck. Fuck. Fuck.
Fuck. Fuck. Fuck. Fuck. Fuck. Fuck. Fuck. Fuck. Fuck.
Fuck. Fuck. Fuck. Fuck. Fuck. Fuck. Fuck. Fuck. Fuck.
Fuck. Fuck. Fuck. Fuck. Fuck. Fuck. Fuck. Fuck. Fuck.
Fuck. Fuck. Fuck. Fuck. Fuck. Fuck. Fuck. Fuck. Fuck.
Fuck. Fuck. Fuck. Fuck. Fuck. Fuck. Fuck. Fuck. Fuck.
Fuck. Fuck. Fuck. Fuck. Fuck. Fuck. Fuck. Fuck. Fuck.
Fuck. Fuck. Fuck. Fuck. Fuck. Fuck. Fuck. Fuck. Fuck.
Fuck. Fuck. Fuck. Fuck. Fuck. Fuck. Fuck. Fuck. Fuck.
Fuck. Fuck. Fuck. Fuck. Fuck. Fuck. Fuck. Fuck. Fuck.
Fuck. Fuck. Fuck. Fuck. Fuck. Fuck. Fuck. Fuck. Fuck.
Fuck. Fuck. Fuck. Fuck. Fuck. Fuck. Fuck. Fuck. Fuck.
Fuck. Fuck. Fuck. Fuck. Fuck. Fuck. Fuck. Fuck. Fuck.
Fuck. Fuck. Fuck. Fuck. Fuck. Fuck. Fuck. Fuck. Fuck.
Fuck. Fuck. Fuck. Fuck. Fuck. Fuck. Fuck. Fuck. Fuck.
Fuck. Fuck. Fuck. Fuck. Fuck. Fuck. Fuck. Fuck. Fuck.
Fuck. Fuck. Fuck. Fuck. Fuck. Fuck. Fuck. Fuck. Fuck.
Fuck. Fuck. Fuck. Fuck. Fuck. Fuck. Fuck. Fuck. Fuck.
Fuck. Fuck. Fuck. Fuck. Fuck. Fuck. Fuck. Fuck. Fuck.
Fuck. Fuck. Fuck. Fuck. Fuck. Fuck. Fuck. Fuck. Fuck.
Fuck. Fuck. Fuck. Fuck. Fuck. Fuck. Fuck. Fuck. Fuck.
Fuck. Fuck. Fuck. Fuck. Fuck. Fuck. Fuck. Fuck. Fuck.
Fuck. Fuck. Fuck. Fuck. Fuck. Fuck. Fuck. Fuck. Fuck.
Fuck. Fuck. Fuck. Fuck. Fuck. Fuck. Fuck. Fuck. Fuck.
Fuck. Fuck. Fuck. Fuck. Fuck. Fuck. Fuck. Fuck. Fuck.
Fuck. Fuck. Fuck. Fuck. Fuck. Fuck. Fuck. Fuck. Fuck.
Fuck. Fuck. Fuck. Fuck. Fuck. Fuck. Fuck. Fuck. Fuck.

Fuck. Fuck. Fuck. Fuck. Fuck. Fuck. Fuck. Fuck. Fuck.
Fuck. Fuck. Fuck. Fuck. Fuck. Fuck. Fuck. Fuck. Fuck.
Fuck. Fuck. Fuck. Fuck. Fuck. Fuck. Fuck. Fuck. Fuck.
Fuck. Fuck. Fuck. Fuck. Fuck. Fuck. Fuck. Fuck. Fuck.
Fuck. Fuck. Fuck. Fuck. Fuck. Fuck. Fuck. Fuck. Fuck.
Fuck. Fuck. Fuck. Fuck. Fuck. Fuck. Fuck. Fuck. Fuck.
Fuck. Fuck. Fuck. Fuck. Fuck. Fuck. Fuck. Fuck. Fuck.
Fuck. Fuck. Fuck. Fuck. Fuck. Fuck. Fuck. Fuck. Fuck.
Fuck. Fuck. Fuck. Fuck. Fuck. Fuck. Fuck. Fuck. Fuck.
Fuck. Fuck. Fuck. Fuck. Fuck. Fuck. Fuck. Fuck. Fuck.
Fuck. Fuck. Fuck. Fuck. Fuck. Fuck. Fuck. Fuck. Fuck.
Fuck. Fuck. Fuck. Fuck. Fuck. Fuck. Fuck. Fuck. Fuck.
Fuck. Fuck. Fuck. Fuck. Fuck. Fuck. Fuck. Fuck. Fuck.
Fuck. Fuck. Fuck. Fuck. Fuck. Fuck. Fuck. Fuck. Fuck.
Fuck. Fuck. Fuck. Fuck. Fuck. Fuck. Fuck. Fuck. Fuck.
Fuck. Fuck. Fuck. Fuck. Fuck. Fuck. Fuck. Fuck. Fuck.
Fuck. Fuck. Fuck. Fuck. Fuck. Fuck. Fuck. Fuck. Fuck.
Fuck. Fuck. Fuck. Fuck. Fuck. Fuck. Fuck. Fuck. Fuck.
Fuck. Fuck. Fuck. Fuck. Fuck. Fuck. Fuck. Fuck. Fuck.
Fuck. Fuck. Fuck. Fuck. Fuck. Fuck. Fuck. Fuck. Fuck.
Fuck. Fuck. Fuck. Fuck. Fuck. Fuck. Fuck. Fuck. Fuck.
Fuck. Fuck. Fuck. Fuck. Fuck. Fuck. Fuck. Fuck. Fuck.
Fuck. Fuck. Fuck. Fuck. Fuck. Fuck. Fuck. Fuck. Fuck.
Fuck. Fuck. Fuck. Fuck. Fuck. Fuck. Fuck. Fuck. Fuck.
Fuck. Fuck. Fuck. Fuck. Fuck. Fuck. Fuck. Fuck. Fuck.
Fuck. Fuck. Fuck. Fuck. Fuck. Fuck. Fuck. Fuck. Fuck.
Fuck. Fuck. Fuck. Fuck. Fuck. Fuck. Fuck. Fuck. Fuck.
Fuck. Fuck. Fuck. Fuck. Fuck. Fuck. Fuck. Fuck. Fuck.
Fuck. Fuck. Fuck. Fuck. Fuck. Fuck. Fuck. Fuck. Fuck.
Fuck. Fuck. Fuck. Fuck. Fuck. Fuck. Fuck. Fuck. Fuck.
Fuck. Fuck. Fuck. Fuck. Fuck. Fuck. Fuck. Fuck. Fuck.
Fuck. Fuck. Fuck. Fuck. Fuck. Fuck. Fuck. Fuck. Fuck.

Fuck. Fuck. Fuck. Fuck. Fuck. Fuck. Fuck. Fuck. Fuck.
Fuck. Fuck. Fuck. Fuck. Fuck. Fuck. Fuck. Fuck. Fuck.
Fuck. Fuck. Fuck. Fuck. Fuck. Fuck. Fuck. Fuck. Fuck.
Fuck. Fuck. Fuck. Fuck. Fuck. Fuck. Fuck. Fuck. Fuck.
Fuck. Fuck. Fuck. Fuck. Fuck. Fuck. Fuck. Fuck. Fuck.
Fuck. Fuck. Fuck. Fuck. Fuck. Fuck. Fuck. Fuck. Fuck.
Fuck. Fuck. Fuck. Fuck. Fuck. Fuck. Fuck. Fuck. Fuck.
Fuck. Fuck. Fuck. Fuck. Fuck. Fuck. Fuck. Fuck. Fuck.
Fuck. Fuck. Fuck. Fuck. Fuck. Fuck. Fuck. Fuck. Fuck.
Fuck. Fuck. Fuck. Fuck. Fuck. Fuck. Fuck. Fuck. Fuck.
Fuck. Fuck. Fuck. Fuck. Fuck. Fuck. Fuck. Fuck. Fuck.
Fuck. Fuck. Fuck. Fuck. Fuck. Fuck. Fuck. Fuck. Fuck.
Fuck. Fuck. Fuck. Fuck. Fuck. Fuck. Fuck. Fuck. Fuck.
Fuck. Fuck. Fuck. Fuck. Fuck. Fuck. Fuck. Fuck. Fuck.
Fuck. Fuck. Fuck. Fuck. Fuck. Fuck. Fuck. Fuck. Fuck.
Fuck. Fuck. Fuck. Fuck. Fuck. Fuck. Fuck. Fuck. Fuck.
Fuck. Fuck. Fuck. Fuck. Fuck. Fuck. Fuck. Fuck. Fuck.
Fuck. Fuck. Fuck. Fuck. Fuck. Fuck. Fuck. Fuck. Fuck.
Fuck. Fuck. Fuck. Fuck. Fuck. Fuck. Fuck. Fuck. Fuck.
Fuck. Fuck. Fuck. Fuck. Fuck. Fuck. Fuck. Fuck. Fuck.
Fuck. Fuck. Fuck. Fuck. Fuck. Fuck. Fuck. Fuck. Fuck.
Fuck. Fuck. Fuck. Fuck. Fuck. Fuck. Fuck. Fuck. Fuck.
Fuck. Fuck. Fuck. Fuck. Fuck. Fuck. Fuck. Fuck. Fuck.
Fuck. Fuck. Fuck. Fuck. Fuck. Fuck. Fuck. Fuck. Fuck.
Fuck. Fuck. Fuck. Fuck. Fuck. Fuck. Fuck. Fuck. Fuck.
Fuck. Fuck. Fuck. Fuck. Fuck. Fuck. Fuck. Fuck. Fuck.
Fuck. Fuck. Fuck. Fuck. Fuck. Fuck. Fuck. Fuck. Fuck.
Fuck. Fuck. Fuck. Fuck. Fuck. Fuck. Fuck. Fuck. Fuck.
Fuck. Fuck. Fuck. Fuck. Fuck. Fuck. Fuck. Fuck. Fuck.
Fuck. Fuck. Fuck. Fuck. Fuck. Fuck. Fuck. Fuck. Fuck.
Fuck. Fuck. Fuck. Fuck. Fuck. Fuck. Fuck. Fuck. Fuck.
Fuck. Fuck. Fuck. Fuck. Fuck. Fuck. Fuck. Fuck. Fuck.

Fuck. Fuck. Fuck. Fuck. Fuck. Fuck. Fuck. Fuck. Fuck.
Fuck. Fuck. Fuck. Fuck. Fuck. Fuck. Fuck. Fuck. Fuck.
Fuck. Fuck. Fuck. Fuck. Fuck. Fuck. Fuck. Fuck. Fuck.
Fuck. Fuck. Fuck. Fuck. Fuck. Fuck. Fuck. Fuck. Fuck.
Fuck. Fuck. Fuck. Fuck. Fuck. Fuck. Fuck. Fuck. Fuck.
Fuck. Fuck. Fuck. Fuck. Fuck. Fuck. Fuck. Fuck. Fuck.
Fuck. Fuck. Fuck. Fuck. Fuck. Fuck. Fuck. Fuck. Fuck.
Fuck. Fuck. Fuck. Fuck. Fuck. Fuck. Fuck. Fuck. Fuck.
Fuck. Fuck. Fuck. Fuck. Fuck. Fuck. Fuck. Fuck. Fuck.
Fuck. Fuck. Fuck. Fuck. Fuck. Fuck. Fuck. Fuck. Fuck.
Fuck. Fuck. Fuck. Fuck. Fuck. Fuck. Fuck. Fuck. Fuck.
Fuck. Fuck. Fuck. Fuck. Fuck. Fuck. Fuck. Fuck. Fuck.
Fuck. Fuck. Fuck. Fuck. Fuck. Fuck. Fuck. Fuck. Fuck.
Fuck. Fuck. Fuck. Fuck. Fuck. Fuck. Fuck. Fuck. Fuck.
Fuck. Fuck. Fuck. Fuck. Fuck. Fuck. Fuck. Fuck. Fuck.
Fuck. Fuck. Fuck. Fuck. Fuck. Fuck. Fuck. Fuck. Fuck.
Fuck. Fuck. Fuck. Fuck. Fuck. Fuck. Fuck. Fuck. Fuck.
Fuck. Fuck. Fuck. Fuck. Fuck. Fuck. Fuck. Fuck. Fuck.
Fuck. Fuck. Fuck. Fuck. Fuck. Fuck. Fuck. Fuck. Fuck.
Fuck. Fuck. Fuck. Fuck. Fuck. Fuck. Fuck. Fuck. Fuck.
Fuck. Fuck. Fuck. Fuck. Fuck. Fuck. Fuck. Fuck. Fuck.
Fuck. Fuck. Fuck. Fuck. Fuck. Fuck. Fuck. Fuck. Fuck.
Fuck. Fuck. Fuck. Fuck. Fuck. Fuck. Fuck. Fuck. Fuck.
Fuck. Fuck. Fuck. Fuck. Fuck. Fuck. Fuck. Fuck. Fuck.
Fuck. Fuck. Fuck. Fuck. Fuck. Fuck. Fuck. Fuck. Fuck.
Fuck. Fuck. Fuck. Fuck. Fuck. Fuck. Fuck. Fuck. Fuck.
Fuck. Fuck. Fuck. Fuck. Fuck. Fuck. Fuck. Fuck. Fuck.
Fuck. Fuck. Fuck. Fuck. Fuck. Fuck. Fuck. Fuck. Fuck.
Fuck. Fuck. Fuck. Fuck. Fuck. Fuck. Fuck. Fuck. Fuck.
Fuck. Fuck. Fuck. Fuck. Fuck. Fuck. Fuck. Fuck. Fuck.
Fuck. Fuck. Fuck. Fuck. Fuck. Fuck. Fuck. Fuck. Fuck.
Fuck. Fuck. Fuck. Fuck. Fuck. Fuck. Fuck. Fuck. Fuck.

Fuck. Fuck. Fuck. Fuck. Fuck. Fuck. Fuck. Fuck. Fuck.
Fuck. Fuck. Fuck. Fuck. Fuck. Fuck. Fuck. Fuck. Fuck.
Fuck. Fuck. Fuck. Fuck. Fuck. Fuck. Fuck. Fuck. Fuck.
Fuck. Fuck. Fuck. Fuck. Fuck. Fuck. Fuck. Fuck. Fuck.
Fuck. Fuck. Fuck. Fuck. Fuck. Fuck. Fuck. Fuck. Fuck.
Fuck. Fuck. Fuck. Fuck. Fuck. Fuck. Fuck. Fuck. Fuck.
Fuck. Fuck. Fuck. Fuck. Fuck. Fuck. Fuck. Fuck. Fuck.
Fuck. Fuck. Fuck. Fuck. Fuck. Fuck. Fuck. Fuck. Fuck.
Fuck. Fuck. Fuck. Fuck. Fuck. Fuck. Fuck. Fuck. Fuck.
Fuck. Fuck. Fuck. Fuck. Fuck. Fuck. Fuck. Fuck. Fuck.
Fuck. Fuck. Fuck. Fuck. Fuck. Fuck. Fuck. Fuck. Fuck.
Fuck. Fuck. Fuck. Fuck. Fuck. Fuck. Fuck. Fuck. Fuck.
Fuck. Fuck. Fuck. Fuck. Fuck. Fuck. Fuck. Fuck. Fuck.
Fuck. Fuck. Fuck. Fuck. Fuck. Fuck. Fuck. Fuck. Fuck.
Fuck. Fuck. Fuck. Fuck. Fuck. Fuck. Fuck. Fuck. Fuck.
Fuck. Fuck. Fuck. Fuck. Fuck. Fuck. Fuck. Fuck. Fuck.
Fuck. Fuck. Fuck. Fuck. Fuck. Fuck. Fuck. Fuck. Fuck.
Fuck. Fuck. Fuck. Fuck. Fuck. Fuck. Fuck. Fuck. Fuck.
Fuck. Fuck. Fuck. Fuck. Fuck. Fuck. Fuck. Fuck. Fuck.
Fuck. Fuck. Fuck. Fuck. Fuck. Fuck. Fuck. Fuck. Fuck.
Fuck. Fuck. Fuck. Fuck. Fuck. Fuck. Fuck. Fuck. Fuck.
Fuck. Fuck. Fuck. Fuck. Fuck. Fuck. Fuck. Fuck. Fuck.
Fuck. Fuck. Fuck. Fuck. Fuck. Fuck. Fuck. Fuck. Fuck.
Fuck. Fuck. Fuck. Fuck. Fuck. Fuck. Fuck. Fuck. Fuck.
Fuck. Fuck. Fuck. Fuck. Fuck. Fuck. Fuck. Fuck. Fuck.
Fuck. Fuck. Fuck. Fuck. Fuck. Fuck. Fuck. Fuck. Fuck.
Fuck. Fuck. Fuck. Fuck. Fuck. Fuck. Fuck. Fuck. Fuck.
Fuck. Fuck. Fuck. Fuck. Fuck. Fuck. Fuck. Fuck. Fuck.
Fuck. Fuck. Fuck. Fuck. Fuck. Fuck. Fuck. Fuck. Fuck.
Fuck. Fuck. Fuck. Fuck. Fuck. Fuck. Fuck. Fuck. Fuck.
Fuck. Fuck. Fuck. Fuck. Fuck. Fuck. Fuck. Fuck. Fuck.
Fuck. Fuck. Fuck. Fuck. Fuck. Fuck. Fuck. Fuck. Fuck.

Fuck. Fuck. Fuck. Fuck. Fuck. Fuck. Fuck. Fuck. Fuck.
Fuck. Fuck. Fuck. Fuck. Fuck. Fuck. Fuck. Fuck. Fuck.
Fuck. Fuck. Fuck. Fuck. Fuck. Fuck. Fuck. Fuck. Fuck.
Fuck. Fuck. Fuck. Fuck. Fuck. Fuck. Fuck. Fuck. Fuck.
Fuck. Fuck. Fuck. Fuck. Fuck. Fuck. Fuck. Fuck. Fuck.
Fuck. Fuck. Fuck. Fuck. Fuck. Fuck. Fuck. Fuck. Fuck.
Fuck. Fuck. Fuck. Fuck. Fuck. Fuck. Fuck. Fuck. Fuck.
Fuck. Fuck. Fuck. Fuck. Fuck. Fuck. Fuck. Fuck. Fuck.
Fuck. Fuck. Fuck. Fuck. Fuck. Fuck. Fuck. Fuck. Fuck.
Fuck. Fuck. Fuck. Fuck. Fuck. Fuck. Fuck. Fuck. Fuck.
Fuck. Fuck. Fuck. Fuck. Fuck. Fuck. Fuck. Fuck. Fuck.
Fuck. Fuck. Fuck. Fuck. Fuck. Fuck. Fuck. Fuck. Fuck.
Fuck. Fuck. Fuck. Fuck. Fuck. Fuck. Fuck. Fuck. Fuck.
Fuck. Fuck. Fuck. Fuck. Fuck. Fuck. Fuck. Fuck. Fuck.
Fuck. Fuck. Fuck. Fuck. Fuck. Fuck. Fuck. Fuck. Fuck.
Fuck. Fuck. Fuck. Fuck. Fuck. Fuck. Fuck. Fuck. Fuck.
Fuck. Fuck. Fuck. Fuck. Fuck. Fuck. Fuck. Fuck. Fuck.
Fuck. Fuck. Fuck. Fuck. Fuck. Fuck. Fuck. Fuck. Fuck.
Fuck. Fuck. Fuck. Fuck. Fuck. Fuck. Fuck. Fuck. Fuck.
Fuck. Fuck. Fuck. Fuck. Fuck. Fuck. Fuck. Fuck. Fuck.
Fuck. Fuck. Fuck. Fuck. Fuck. Fuck. Fuck. Fuck. Fuck.
Fuck. Fuck. Fuck. Fuck. Fuck. Fuck. Fuck. Fuck. Fuck.
Fuck. Fuck. Fuck. Fuck. Fuck. Fuck. Fuck. Fuck. Fuck.
Fuck. Fuck. Fuck. Fuck. Fuck. Fuck. Fuck. Fuck. Fuck.
Fuck. Fuck. Fuck. Fuck. Fuck. Fuck. Fuck. Fuck. Fuck.
Fuck. Fuck. Fuck. Fuck. Fuck. Fuck. Fuck. Fuck. Fuck.
Fuck. Fuck. Fuck. Fuck. Fuck. Fuck. Fuck. Fuck. Fuck.
Fuck. Fuck. Fuck. Fuck. Fuck. Fuck. Fuck. Fuck. Fuck.
Fuck. Fuck. Fuck. Fuck. Fuck. Fuck. Fuck. Fuck. Fuck.
Fuck. Fuck. Fuck. Fuck. Fuck. Fuck. Fuck. Fuck. Fuck.
Fuck. Fuck. Fuck. Fuck. Fuck. Fuck. Fuck. Fuck. Fuck.
Fuck. Fuck. Fuck. Fuck. Fuck. Fuck. Fuck. Fuck. Fuck.
Fuck. Fuck. Fuck. Fuck. Fuck. Fuck. Fuck. Fuck. Fuck.

Fuck. Fuck. Fuck. Fuck. Fuck. Fuck. Fuck. Fuck. Fuck.
Fuck. Fuck. Fuck. Fuck. Fuck. Fuck. Fuck. Fuck. Fuck.
Fuck. Fuck. Fuck. Fuck. Fuck. Fuck. Fuck. Fuck. Fuck.
Fuck. Fuck. Fuck. Fuck. Fuck. Fuck. Fuck. Fuck. Fuck.
Fuck. Fuck. Fuck. Fuck. Fuck. Fuck. Fuck. Fuck. Fuck.
Fuck. Fuck. Fuck. Fuck. Fuck. Fuck. Fuck. Fuck. Fuck.
Fuck. Fuck. Fuck. Fuck. Fuck. Fuck. Fuck. Fuck. Fuck.
Fuck. Fuck. Fuck. Fuck. Fuck. Fuck. Fuck. Fuck. Fuck.
Fuck. Fuck. Fuck. Fuck. Fuck. Fuck. Fuck. Fuck. Fuck.
Fuck. Fuck. Fuck. Fuck. Fuck. Fuck. Fuck. Fuck. Fuck.
Fuck. Fuck. Fuck. Fuck. Fuck. Fuck. Fuck. Fuck. Fuck.
Fuck. Fuck. Fuck. Fuck. Fuck. Fuck. Fuck. Fuck. Fuck.
Fuck. Fuck. Fuck. Fuck. Fuck. Fuck. Fuck. Fuck. Fuck.
Fuck. Fuck. Fuck. Fuck. Fuck. Fuck. Fuck. Fuck. Fuck.
Fuck. Fuck. Fuck. Fuck. Fuck. Fuck. Fuck. Fuck. Fuck.
Fuck. Fuck. Fuck. Fuck. Fuck. Fuck. Fuck. Fuck. Fuck.
Fuck. Fuck. Fuck. Fuck. Fuck. Fuck. Fuck. Fuck. Fuck.
Fuck. Fuck. Fuck. Fuck. Fuck. Fuck. Fuck. Fuck. Fuck.
Fuck. Fuck. Fuck. Fuck. Fuck. Fuck. Fuck. Fuck. Fuck.
Fuck. Fuck. Fuck. Fuck. Fuck. Fuck. Fuck. Fuck. Fuck.
Fuck. Fuck. Fuck. Fuck. Fuck. Fuck. Fuck. Fuck. Fuck.
Fuck. Fuck. Fuck. Fuck. Fuck. Fuck. Fuck. Fuck. Fuck.
Fuck. Fuck. Fuck. Fuck. Fuck. Fuck. Fuck. Fuck. Fuck.
Fuck. Fuck. Fuck. Fuck. Fuck. Fuck. Fuck. Fuck. Fuck.
Fuck. Fuck. Fuck. Fuck. Fuck. Fuck. Fuck. Fuck. Fuck.
Fuck. Fuck. Fuck. Fuck. Fuck. Fuck. Fuck. Fuck. Fuck.
Fuck. Fuck. Fuck. Fuck. Fuck. Fuck. Fuck. Fuck. Fuck.
Fuck. Fuck. Fuck. Fuck. Fuck. Fuck. Fuck. Fuck. Fuck.
Fuck. Fuck. Fuck. Fuck. Fuck. Fuck. Fuck. Fuck. Fuck.
Fuck. Fuck. Fuck. Fuck. Fuck. Fuck. Fuck. Fuck. Fuck.
Fuck. Fuck. Fuck. Fuck. Fuck. Fuck. Fuck. Fuck. Fuck.
Fuck. Fuck. Fuck. Fuck. Fuck. Fuck. Fuck. Fuck. Fuck.

Fuck. Fuck. Fuck. Fuck. Fuck. Fuck. Fuck. Fuck. Fuck.
Fuck. Fuck. Fuck. Fuck. Fuck. Fuck. Fuck. Fuck. Fuck.
Fuck. Fuck. Fuck. Fuck. Fuck. Fuck. Fuck. Fuck. Fuck.
Fuck. Fuck. Fuck. Fuck. Fuck. Fuck. Fuck. Fuck. Fuck.
Fuck. Fuck. Fuck. Fuck. Fuck. Fuck. Fuck. Fuck. Fuck.
Fuck. Fuck. Fuck. Fuck. Fuck. Fuck. Fuck. Fuck. Fuck.
Fuck. Fuck. Fuck. Fuck. Fuck. Fuck. Fuck. Fuck. Fuck.
Fuck. Fuck. Fuck. Fuck. Fuck. Fuck. Fuck. Fuck. Fuck.
Fuck. Fuck. Fuck. Fuck. Fuck. Fuck. Fuck. Fuck. Fuck.
Fuck. Fuck. Fuck. Fuck. Fuck. Fuck. Fuck. Fuck. Fuck.
Fuck. Fuck. Fuck. Fuck. Fuck. Fuck. Fuck. Fuck. Fuck.
Fuck. Fuck. Fuck. Fuck. Fuck. Fuck. Fuck. Fuck. Fuck.
Fuck. Fuck. Fuck. Fuck. Fuck. Fuck. Fuck. Fuck. Fuck.
Fuck. Fuck. Fuck. Fuck. Fuck. Fuck. Fuck. Fuck. Fuck.
Fuck. Fuck. Fuck. Fuck. Fuck. Fuck. Fuck. Fuck. Fuck.
Fuck. Fuck. Fuck. Fuck. Fuck. Fuck. Fuck. Fuck. Fuck.
Fuck. Fuck. Fuck. Fuck. Fuck. Fuck. Fuck. Fuck. Fuck.
Fuck. Fuck. Fuck. Fuck. Fuck. Fuck. Fuck. Fuck. Fuck.
Fuck. Fuck. Fuck. Fuck. Fuck. Fuck. Fuck. Fuck. Fuck.
Fuck. Fuck. Fuck. Fuck. Fuck. Fuck. Fuck. Fuck. Fuck.
Fuck. Fuck. Fuck. Fuck. Fuck. Fuck. Fuck. Fuck. Fuck.
Fuck. Fuck. Fuck. Fuck. Fuck. Fuck. Fuck. Fuck. Fuck.
Fuck. Fuck. Fuck. Fuck. Fuck. Fuck. Fuck. Fuck. Fuck.
Fuck. Fuck. Fuck. Fuck. Fuck. Fuck. Fuck. Fuck. Fuck.
Fuck. Fuck. Fuck. Fuck. Fuck. Fuck. Fuck. Fuck. Fuck.
Fuck. Fuck. Fuck. Fuck. Fuck. Fuck. Fuck. Fuck. Fuck.
Fuck. Fuck. Fuck. Fuck. Fuck. Fuck. Fuck. Fuck. Fuck.
Fuck. Fuck. Fuck. Fuck. Fuck. Fuck. Fuck. Fuck. Fuck.
Fuck. Fuck. Fuck. Fuck. Fuck. Fuck. Fuck. Fuck. Fuck.
Fuck. Fuck. Fuck. Fuck. Fuck. Fuck. Fuck. Fuck. Fuck.
Fuck. Fuck. Fuck. Fuck. Fuck. Fuck. Fuck. Fuck. Fuck.
Fuck. Fuck. Fuck. Fuck. Fuck. Fuck. Fuck. Fuck. Fuck.
Fuck. Fuck. Fuck. Fuck. Fuck. Fuck. Fuck. Fuck. Fuck.

Fuck. Fuck. Fuck. Fuck. Fuck. Fuck. Fuck. Fuck. Fuck.
Fuck. Fuck. Fuck. Fuck. Fuck. Fuck. Fuck. Fuck. Fuck.
Fuck. Fuck. Fuck. Fuck. Fuck. Fuck. Fuck. Fuck. Fuck.
Fuck. Fuck. Fuck. Fuck. Fuck. Fuck. Fuck. Fuck. Fuck.
Fuck. Fuck. Fuck. Fuck. Fuck. Fuck. Fuck. Fuck. Fuck.
Fuck. Fuck. Fuck. Fuck. Fuck. Fuck. Fuck. Fuck. Fuck.
Fuck. Fuck. Fuck. Fuck. Fuck. Fuck. Fuck. Fuck. Fuck.
Fuck. Fuck. Fuck. Fuck. Fuck. Fuck. Fuck. Fuck. Fuck.
Fuck. Fuck. Fuck. Fuck. Fuck. Fuck. Fuck. Fuck. Fuck.
Fuck. Fuck. Fuck. Fuck. Fuck. Fuck. Fuck. Fuck. Fuck.
Fuck. Fuck. Fuck. Fuck. Fuck. Fuck. Fuck. Fuck. Fuck.
Fuck. Fuck. Fuck. Fuck. Fuck. Fuck. Fuck. Fuck. Fuck.
Fuck. Fuck. Fuck. Fuck. Fuck. Fuck. Fuck. Fuck. Fuck.
Fuck. Fuck. Fuck. Fuck. Fuck. Fuck. Fuck. Fuck. Fuck.
Fuck. Fuck. Fuck. Fuck. Fuck. Fuck. Fuck. Fuck. Fuck.
Fuck. Fuck. Fuck. Fuck. Fuck. Fuck. Fuck. Fuck. Fuck.
Fuck. Fuck. Fuck. Fuck. Fuck. Fuck. Fuck. Fuck. Fuck.
Fuck. Fuck. Fuck. Fuck. Fuck. Fuck. Fuck. Fuck. Fuck.
Fuck. Fuck. Fuck. Fuck. Fuck. Fuck. Fuck. Fuck. Fuck.
Fuck. Fuck. Fuck. Fuck. Fuck. Fuck. Fuck. Fuck. Fuck.
Fuck. Fuck. Fuck. Fuck. Fuck. Fuck. Fuck. Fuck. Fuck.
Fuck. Fuck. Fuck. Fuck. Fuck. Fuck. Fuck. Fuck. Fuck.
Fuck. Fuck. Fuck. Fuck. Fuck. Fuck. Fuck. Fuck. Fuck.
Fuck. Fuck. Fuck. Fuck. Fuck. Fuck. Fuck. Fuck. Fuck.
Fuck. Fuck. Fuck. Fuck. Fuck. Fuck. Fuck. Fuck. Fuck.
Fuck. Fuck. Fuck. Fuck. Fuck. Fuck. Fuck. Fuck. Fuck.
Fuck. Fuck. Fuck. Fuck. Fuck. Fuck. Fuck. Fuck. Fuck.
Fuck. Fuck. Fuck. Fuck. Fuck. Fuck. Fuck. Fuck. Fuck.
Fuck. Fuck. Fuck. Fuck. Fuck. Fuck. Fuck. Fuck. Fuck.
Fuck. Fuck. Fuck. Fuck. Fuck. Fuck. Fuck. Fuck. Fuck.
Fuck. Fuck. Fuck. Fuck. Fuck. Fuck. Fuck. Fuck. Fuck.

Fuck. Fuck. Fuck. Fuck. Fuck. Fuck. Fuck. Fuck. Fuck.
Fuck. Fuck. Fuck. Fuck. Fuck. Fuck. Fuck. Fuck. Fuck.
Fuck. Fuck. Fuck. Fuck. Fuck. Fuck. Fuck. Fuck. Fuck.
Fuck. Fuck. Fuck. Fuck. Fuck. Fuck. Fuck. Fuck. Fuck.
Fuck. Fuck. Fuck. Fuck. Fuck. Fuck. Fuck. Fuck. Fuck.
Fuck. Fuck. Fuck. Fuck. Fuck. Fuck. Fuck. Fuck. Fuck.
Fuck. Fuck. Fuck. Fuck. Fuck. Fuck. Fuck. Fuck. Fuck.
Fuck. Fuck. Fuck. Fuck. Fuck. Fuck. Fuck. Fuck. Fuck.
Fuck. Fuck. Fuck. Fuck. Fuck. Fuck. Fuck. Fuck. Fuck.
Fuck. Fuck. Fuck. Fuck. Fuck. Fuck. Fuck. Fuck. Fuck.
Fuck. Fuck. Fuck. Fuck. Fuck. Fuck. Fuck. Fuck. Fuck.
Fuck. Fuck. Fuck. Fuck. Fuck. Fuck. Fuck. Fuck. Fuck.
Fuck. Fuck. Fuck. Fuck. Fuck. Fuck. Fuck. Fuck. Fuck.
Fuck. Fuck. Fuck. Fuck. Fuck. Fuck. Fuck. Fuck. Fuck.
Fuck. Fuck. Fuck. Fuck. Fuck. Fuck. Fuck. Fuck. Fuck.
Fuck. Fuck. Fuck. Fuck. Fuck. Fuck. Fuck. Fuck. Fuck.
Fuck. Fuck. Fuck. Fuck. Fuck. Fuck. Fuck. Fuck. Fuck.
Fuck. Fuck. Fuck. Fuck. Fuck. Fuck. Fuck. Fuck. Fuck.
Fuck. Fuck. Fuck. Fuck. Fuck. Fuck. Fuck. Fuck. Fuck.
Fuck. Fuck. Fuck. Fuck. Fuck. Fuck. Fuck. Fuck. Fuck.
Fuck. Fuck. Fuck. Fuck. Fuck. Fuck. Fuck. Fuck. Fuck.
Fuck. Fuck. Fuck. Fuck. Fuck. Fuck. Fuck. Fuck. Fuck.
Fuck. Fuck. Fuck. Fuck. Fuck. Fuck. Fuck. Fuck. Fuck.
Fuck. Fuck. Fuck. Fuck. Fuck. Fuck. Fuck. Fuck. Fuck.
Fuck. Fuck. Fuck. Fuck. Fuck. Fuck. Fuck. Fuck. Fuck.
Fuck. Fuck. Fuck. Fuck. Fuck. Fuck. Fuck. Fuck. Fuck.
Fuck. Fuck. Fuck. Fuck. Fuck. Fuck. Fuck. Fuck. Fuck.
Fuck. Fuck. Fuck. Fuck. Fuck. Fuck. Fuck. Fuck. Fuck.
Fuck. Fuck. Fuck. Fuck. Fuck. Fuck. Fuck. Fuck. Fuck.
Fuck. Fuck. Fuck. Fuck. Fuck. Fuck. Fuck. Fuck. Fuck.
Fuck. Fuck. Fuck. Fuck. Fuck. Fuck. Fuck. Fuck. Fuck.
Fuck. Fuck. Fuck. Fuck. Fuck. Fuck. Fuck. Fuck. Fuck.
Fuck. Fuck. Fuck. Fuck. Fuck. Fuck. Fuck. Fuck. Fuck.

Fuck. Fuck. Fuck. Fuck. Fuck. Fuck. Fuck. Fuck. Fuck.
Fuck. Fuck. Fuck. Fuck. Fuck. Fuck. Fuck. Fuck. Fuck.
Fuck. Fuck. Fuck. Fuck. Fuck. Fuck. Fuck. Fuck. Fuck.
Fuck. Fuck. Fuck. Fuck. Fuck. Fuck. Fuck. Fuck. Fuck.
Fuck. Fuck. Fuck. Fuck. Fuck. Fuck. Fuck. Fuck. Fuck.
Fuck. Fuck. Fuck. Fuck. Fuck. Fuck. Fuck. Fuck. Fuck.
Fuck. Fuck. Fuck. Fuck. Fuck. Fuck. Fuck. Fuck. Fuck.
Fuck. Fuck. Fuck. Fuck. Fuck. Fuck. Fuck. Fuck. Fuck.
Fuck. Fuck. Fuck. Fuck. Fuck. Fuck. Fuck. Fuck. Fuck.
Fuck. Fuck. Fuck. Fuck. Fuck. Fuck. Fuck. Fuck. Fuck.
Fuck. Fuck. Fuck. Fuck. Fuck. Fuck. Fuck. Fuck. Fuck.
Fuck. Fuck. Fuck. Fuck. Fuck. Fuck. Fuck. Fuck. Fuck.
Fuck. Fuck. Fuck. Fuck. Fuck. Fuck. Fuck. Fuck. Fuck.
Fuck. Fuck. Fuck. Fuck. Fuck. Fuck. Fuck. Fuck. Fuck.
Fuck. Fuck. Fuck. Fuck. Fuck. Fuck. Fuck. Fuck. Fuck.
Fuck. Fuck. Fuck. Fuck. Fuck. Fuck. Fuck. Fuck. Fuck.
Fuck. Fuck. Fuck. Fuck. Fuck. Fuck. Fuck. Fuck. Fuck.
Fuck. Fuck. Fuck. Fuck. Fuck. Fuck. Fuck. Fuck. Fuck.
Fuck. Fuck. Fuck. Fuck. Fuck. Fuck. Fuck. Fuck. Fuck.
Fuck. Fuck. Fuck. Fuck. Fuck. Fuck. Fuck. Fuck. Fuck.
Fuck. Fuck. Fuck. Fuck. Fuck. Fuck. Fuck. Fuck. Fuck.
Fuck. Fuck. Fuck. Fuck. Fuck. Fuck. Fuck. Fuck. Fuck.
Fuck. Fuck. Fuck. Fuck. Fuck. Fuck. Fuck. Fuck. Fuck.
Fuck. Fuck. Fuck. Fuck. Fuck. Fuck. Fuck. Fuck. Fuck.
Fuck. Fuck. Fuck. Fuck. Fuck. Fuck. Fuck. Fuck. Fuck.
Fuck. Fuck. Fuck. Fuck. Fuck. Fuck. Fuck. Fuck. Fuck.
Fuck. Fuck. Fuck. Fuck. Fuck. Fuck. Fuck. Fuck. Fuck.
Fuck. Fuck. Fuck. Fuck. Fuck. Fuck. Fuck. Fuck. Fuck.
Fuck. Fuck. Fuck. Fuck. Fuck. Fuck. Fuck. Fuck. Fuck.
Fuck. Fuck. Fuck. Fuck. Fuck. Fuck. Fuck. Fuck. Fuck.
Fuck. Fuck. Fuck. Fuck. Fuck. Fuck. Fuck. Fuck. Fuck.
Fuck. Fuck. Fuck. Fuck. Fuck. Fuck. Fuck. Fuck. Fuck.
Fuck. Fuck. Fuck. Fuck. Fuck. Fuck. Fuck. Fuck. Fuck.
Fuck. Fuck. Fuck. Fuck. Fuck. Fuck. Fuck. Fuck. Fuck.

Fuck. Fuck. Fuck. Fuck. Fuck. Fuck. Fuck. Fuck. Fuck.
Fuck. Fuck. Fuck. Fuck. Fuck. Fuck. Fuck. Fuck. Fuck.
Fuck. Fuck. Fuck. Fuck. Fuck. Fuck. Fuck. Fuck. Fuck.
Fuck. Fuck. Fuck. Fuck. Fuck. Fuck. Fuck. Fuck. Fuck.
Fuck. Fuck. Fuck. Fuck. Fuck. Fuck. Fuck. Fuck. Fuck.
Fuck. Fuck. Fuck. Fuck. Fuck. Fuck. Fuck. Fuck. Fuck.
Fuck. Fuck. Fuck. Fuck. Fuck. Fuck. Fuck. Fuck. Fuck.
Fuck. Fuck. Fuck. Fuck. Fuck. Fuck. Fuck. Fuck. Fuck.
Fuck. Fuck. Fuck. Fuck. Fuck. Fuck. Fuck. Fuck. Fuck.
Fuck. Fuck. Fuck. Fuck. Fuck. Fuck. Fuck. Fuck. Fuck.
Fuck. Fuck. Fuck. Fuck. Fuck. Fuck. Fuck. Fuck. Fuck.
Fuck. Fuck. Fuck. Fuck. Fuck. Fuck. Fuck. Fuck. Fuck.
Fuck. Fuck. Fuck. Fuck. Fuck. Fuck. Fuck. Fuck. Fuck.
Fuck. Fuck. Fuck. Fuck. Fuck. Fuck. Fuck. Fuck. Fuck.
Fuck. Fuck. Fuck. Fuck. Fuck. Fuck. Fuck. Fuck. Fuck.
Fuck. Fuck. Fuck. Fuck. Fuck. Fuck. Fuck. Fuck. Fuck.
Fuck. Fuck. Fuck. Fuck. Fuck. Fuck. Fuck. Fuck. Fuck.
Fuck. Fuck. Fuck. Fuck. Fuck. Fuck. Fuck. Fuck. Fuck.
Fuck. Fuck. Fuck. Fuck. Fuck. Fuck. Fuck. Fuck. Fuck.
Fuck. Fuck. Fuck. Fuck. Fuck. Fuck. Fuck. Fuck. Fuck.
Fuck. Fuck. Fuck. Fuck. Fuck. Fuck. Fuck. Fuck. Fuck.
Fuck. Fuck. Fuck. Fuck. Fuck. Fuck. Fuck. Fuck. Fuck.
Fuck. Fuck. Fuck. Fuck. Fuck. Fuck. Fuck. Fuck. Fuck.
Fuck. Fuck. Fuck. Fuck. Fuck. Fuck. Fuck. Fuck. Fuck.
Fuck. Fuck. Fuck. Fuck. Fuck. Fuck. Fuck. Fuck. Fuck.
Fuck. Fuck. Fuck. Fuck. Fuck. Fuck. Fuck. Fuck. Fuck.
Fuck. Fuck. Fuck. Fuck. Fuck. Fuck. Fuck. Fuck. Fuck.
Fuck. Fuck. Fuck. Fuck. Fuck. Fuck. Fuck. Fuck. Fuck.
Fuck. Fuck. Fuck. Fuck. Fuck. Fuck. Fuck. Fuck. Fuck.
Fuck. Fuck. Fuck. Fuck. Fuck. Fuck. Fuck. Fuck. Fuck.
Fuck. Fuck. Fuck. Fuck. Fuck. Fuck. Fuck. Fuck. Fuck.
Fuck. Fuck. Fuck. Fuck. Fuck. Fuck. Fuck. Fuck. Fuck.
Fuck. Fuck. Fuck. Fuck. Fuck. Fuck. Fuck. Fuck. Fuck.

Fuck. Fuck. Fuck. Fuck. Fuck. Fuck. Fuck. Fuck. Fuck.
Fuck. Fuck. Fuck. Fuck. Fuck. Fuck. Fuck. Fuck. Fuck.
Fuck. Fuck. Fuck. Fuck. Fuck. Fuck. Fuck. Fuck. Fuck.
Fuck. Fuck. Fuck. Fuck. Fuck. Fuck. Fuck. Fuck. Fuck.
Fuck. Fuck. Fuck. Fuck. Fuck. Fuck. Fuck. Fuck. Fuck.
Fuck. Fuck. Fuck. Fuck. Fuck. Fuck. Fuck. Fuck. Fuck.
Fuck. Fuck. Fuck. Fuck. Fuck. Fuck. Fuck. Fuck. Fuck.
Fuck. Fuck. Fuck. Fuck. Fuck. Fuck. Fuck. Fuck. Fuck.
Fuck. Fuck. Fuck. Fuck. Fuck. Fuck. Fuck. Fuck. Fuck.
Fuck. Fuck. Fuck. Fuck. Fuck. Fuck. Fuck. Fuck. Fuck.
Fuck. Fuck. Fuck. Fuck. Fuck. Fuck. Fuck. Fuck. Fuck.
Fuck. Fuck. Fuck. Fuck. Fuck. Fuck. Fuck. Fuck. Fuck.
Fuck. Fuck. Fuck. Fuck. Fuck. Fuck. Fuck. Fuck. Fuck.
Fuck. Fuck. Fuck. Fuck. Fuck. Fuck. Fuck. Fuck. Fuck.
Fuck. Fuck. Fuck. Fuck. Fuck. Fuck. Fuck. Fuck. Fuck.
Fuck. Fuck. Fuck. Fuck. Fuck. Fuck. Fuck. Fuck. Fuck.
Fuck. Fuck. Fuck. Fuck. Fuck. Fuck. Fuck. Fuck. Fuck.
Fuck. Fuck. Fuck. Fuck. Fuck. Fuck. Fuck. Fuck. Fuck.
Fuck. Fuck. Fuck. Fuck. Fuck. Fuck. Fuck. Fuck. Fuck.
Fuck. Fuck. Fuck. Fuck. Fuck. Fuck. Fuck. Fuck. Fuck.
Fuck. Fuck. Fuck. Fuck. Fuck. Fuck. Fuck. Fuck. Fuck.
Fuck. Fuck. Fuck. Fuck. Fuck. Fuck. Fuck. Fuck. Fuck.
Fuck. Fuck. Fuck. Fuck. Fuck. Fuck. Fuck. Fuck. Fuck.
Fuck. Fuck. Fuck. Fuck. Fuck. Fuck. Fuck. Fuck. Fuck.
Fuck. Fuck. Fuck. Fuck. Fuck. Fuck. Fuck. Fuck. Fuck.
Fuck. Fuck. Fuck. Fuck. Fuck. Fuck. Fuck. Fuck. Fuck.
Fuck. Fuck. Fuck. Fuck. Fuck. Fuck. Fuck. Fuck. Fuck.
Fuck. Fuck. Fuck. Fuck. Fuck. Fuck. Fuck. Fuck. Fuck.
Fuck. Fuck. Fuck. Fuck. Fuck. Fuck. Fuck. Fuck. Fuck.
Fuck. Fuck. Fuck. Fuck. Fuck. Fuck. Fuck. Fuck. Fuck.
Fuck. Fuck. Fuck. Fuck. Fuck. Fuck. Fuck. Fuck. Fuck.
Fuck. Fuck. Fuck. Fuck. Fuck. Fuck. Fuck. Fuck. Fuck.
Fuck. Fuck. Fuck. Fuck. Fuck. Fuck. Fuck. Fuck. Fuck.
Fuck. Fuck. Fuck. Fuck. Fuck. Fuck. Fuck. Fuck. Fuck.

Fuck. Fuck. Fuck. Fuck. Fuck. Fuck. Fuck. Fuck. Fuck.
Fuck. Fuck. Fuck. Fuck. Fuck. Fuck. Fuck. Fuck. Fuck.
Fuck. Fuck. Fuck. Fuck. Fuck. Fuck. Fuck. Fuck. Fuck.
Fuck. Fuck. Fuck. Fuck. Fuck. Fuck. Fuck. Fuck. Fuck.
Fuck. Fuck. Fuck. Fuck. Fuck. Fuck. Fuck. Fuck. Fuck.
Fuck. Fuck. Fuck. Fuck. Fuck. Fuck. Fuck. Fuck. Fuck.
Fuck. Fuck. Fuck. Fuck. Fuck. Fuck. Fuck. Fuck. Fuck.
Fuck. Fuck. Fuck. Fuck. Fuck. Fuck. Fuck. Fuck. Fuck.
Fuck. Fuck. Fuck. Fuck. Fuck. Fuck. Fuck. Fuck. Fuck.
Fuck. Fuck. Fuck. Fuck. Fuck. Fuck. Fuck. Fuck. Fuck.
Fuck. Fuck. Fuck. Fuck. Fuck. Fuck. Fuck. Fuck. Fuck.
Fuck. Fuck. Fuck. Fuck. Fuck. Fuck. Fuck. Fuck. Fuck.
Fuck. Fuck. Fuck. Fuck. Fuck. Fuck. Fuck. Fuck. Fuck.
Fuck. Fuck. Fuck. Fuck. Fuck. Fuck. Fuck. Fuck. Fuck.
Fuck. Fuck. Fuck. Fuck. Fuck. Fuck. Fuck. Fuck. Fuck.
Fuck. Fuck. Fuck. Fuck. Fuck. Fuck. Fuck. Fuck. Fuck.
Fuck. Fuck. Fuck. Fuck. Fuck. Fuck. Fuck. Fuck. Fuck.
Fuck. Fuck. Fuck. Fuck. Fuck. Fuck. Fuck. Fuck. Fuck.
Fuck. Fuck. Fuck. Fuck. Fuck. Fuck. Fuck. Fuck. Fuck.
Fuck. Fuck. Fuck. Fuck. Fuck. Fuck. Fuck. Fuck. Fuck.
Fuck. Fuck. Fuck. Fuck. Fuck. Fuck. Fuck. Fuck. Fuck.
Fuck. Fuck. Fuck. Fuck. Fuck. Fuck. Fuck. Fuck. Fuck.
Fuck. Fuck. Fuck. Fuck. Fuck. Fuck. Fuck. Fuck. Fuck.
Fuck. Fuck. Fuck. Fuck. Fuck. Fuck. Fuck. Fuck. Fuck.
Fuck. Fuck. Fuck. Fuck. Fuck. Fuck. Fuck. Fuck. Fuck.
Fuck. Fuck. Fuck. Fuck. Fuck. Fuck. Fuck. Fuck. Fuck.
Fuck. Fuck. Fuck. Fuck. Fuck. Fuck. Fuck. Fuck. Fuck.
Fuck. Fuck. Fuck. Fuck. Fuck. Fuck. Fuck. Fuck. Fuck.
Fuck. Fuck. Fuck. Fuck. Fuck. Fuck. Fuck. Fuck. Fuck.
Fuck. Fuck. Fuck. Fuck. Fuck. Fuck. Fuck. Fuck. Fuck.
Fuck. Fuck. Fuck. Fuck. Fuck. Fuck. Fuck. Fuck. Fuck.
Fuck. Fuck. Fuck. Fuck. Fuck. Fuck. Fuck. Fuck. Fuck.
Fuck. Fuck. Fuck. Fuck. Fuck. Fuck. Fuck. Fuck. Fuck.

Fuck. Fuck. Fuck. Fuck. Fuck. Fuck. Fuck. Fuck. Fuck.
Fuck. Fuck. Fuck. Fuck. Fuck. Fuck. Fuck. Fuck. Fuck.
Fuck. Fuck. Fuck. Fuck. Fuck. Fuck. Fuck. Fuck. Fuck.
Fuck. Fuck. Fuck. Fuck. Fuck. Fuck. Fuck. Fuck. Fuck.
Fuck. Fuck. Fuck. Fuck. Fuck. Fuck. Fuck. Fuck. Fuck.
Fuck. Fuck. Fuck. Fuck. Fuck. Fuck. Fuck. Fuck. Fuck.
Fuck. Fuck. Fuck. Fuck. Fuck. Fuck. Fuck. Fuck. Fuck.
Fuck. Fuck. Fuck. Fuck. Fuck. Fuck. Fuck. Fuck. Fuck.
Fuck. Fuck. Fuck. Fuck. Fuck. Fuck. Fuck. Fuck. Fuck.
Fuck. Fuck. Fuck. Fuck. Fuck. Fuck. Fuck. Fuck. Fuck.
Fuck. Fuck. Fuck. Fuck. Fuck. Fuck. Fuck. Fuck. Fuck.
Fuck. Fuck. Fuck. Fuck. Fuck. Fuck. Fuck. Fuck. Fuck.
Fuck. Fuck. Fuck. Fuck. Fuck. Fuck. Fuck. Fuck. Fuck.
Fuck. Fuck. Fuck. Fuck. Fuck. Fuck. Fuck. Fuck. Fuck.
Fuck. Fuck. Fuck. Fuck. Fuck. Fuck. Fuck. Fuck. Fuck.
Fuck. Fuck. Fuck. Fuck. Fuck. Fuck. Fuck. Fuck. Fuck.
Fuck. Fuck. Fuck. Fuck. Fuck. Fuck. Fuck. Fuck. Fuck.
Fuck. Fuck. Fuck. Fuck. Fuck. Fuck. Fuck. Fuck. Fuck.
Fuck. Fuck. Fuck. Fuck. Fuck. Fuck. Fuck. Fuck. Fuck.
Fuck. Fuck. Fuck. Fuck. Fuck. Fuck. Fuck. Fuck. Fuck.
Fuck. Fuck. Fuck. Fuck. Fuck. Fuck. Fuck. Fuck. Fuck.
Fuck. Fuck. Fuck. Fuck. Fuck. Fuck. Fuck. Fuck. Fuck.
Fuck. Fuck. Fuck. Fuck. Fuck. Fuck. Fuck. Fuck. Fuck.
Fuck. Fuck. Fuck. Fuck. Fuck. Fuck. Fuck. Fuck. Fuck.
Fuck. Fuck. Fuck. Fuck. Fuck. Fuck. Fuck. Fuck. Fuck.
Fuck. Fuck. Fuck. Fuck. Fuck. Fuck. Fuck. Fuck. Fuck.
Fuck. Fuck. Fuck. Fuck. Fuck. Fuck. Fuck. Fuck. Fuck.
Fuck. Fuck. Fuck. Fuck. Fuck. Fuck. Fuck. Fuck. Fuck.
Fuck. Fuck. Fuck. Fuck. Fuck. Fuck. Fuck. Fuck. Fuck.
Fuck. Fuck. Fuck. Fuck. Fuck. Fuck. Fuck. Fuck. Fuck.
Fuck. Fuck. Fuck. Fuck. Fuck. Fuck. Fuck. Fuck. Fuck.

Fuck. Fuck. Fuck. Fuck. Fuck. Fuck. Fuck. Fuck. Fuck.
Fuck. Fuck. Fuck. Fuck. Fuck. Fuck. Fuck. Fuck. Fuck.
Fuck. Fuck. Fuck. Fuck. Fuck. Fuck. Fuck. Fuck. Fuck.
Fuck. Fuck. Fuck. Fuck. Fuck. Fuck. Fuck. Fuck. Fuck.
Fuck. Fuck. Fuck. Fuck. Fuck. Fuck. Fuck. Fuck. Fuck.
Fuck. Fuck. Fuck. Fuck. Fuck. Fuck. Fuck. Fuck. Fuck.
Fuck. Fuck. Fuck. Fuck. Fuck. Fuck. Fuck. Fuck. Fuck.
Fuck. Fuck. Fuck. Fuck. Fuck. Fuck. Fuck. Fuck. Fuck.
Fuck. Fuck. Fuck. Fuck. Fuck. Fuck. Fuck. Fuck. Fuck.
Fuck. Fuck. Fuck. Fuck. Fuck. Fuck. Fuck. Fuck. Fuck.
Fuck. Fuck. Fuck. Fuck. Fuck. Fuck. Fuck. Fuck. Fuck.
Fuck. Fuck. Fuck. Fuck. Fuck. Fuck. Fuck. Fuck. Fuck.
Fuck. Fuck. Fuck. Fuck. Fuck. Fuck. Fuck. Fuck. Fuck.
Fuck. Fuck. Fuck. Fuck. Fuck. Fuck. Fuck. Fuck. Fuck.
Fuck. Fuck. Fuck. Fuck. Fuck. Fuck. Fuck. Fuck. Fuck.
Fuck. Fuck. Fuck. Fuck. Fuck. Fuck. Fuck. Fuck. Fuck.
Fuck. Fuck. Fuck. Fuck. Fuck. Fuck. Fuck. Fuck. Fuck.
Fuck. Fuck. Fuck. Fuck. Fuck. Fuck. Fuck. Fuck. Fuck.
Fuck. Fuck. Fuck. Fuck. Fuck. Fuck. Fuck. Fuck. Fuck.
Fuck. Fuck. Fuck. Fuck. Fuck. Fuck. Fuck. Fuck. Fuck.
Fuck. Fuck. Fuck. Fuck. Fuck. Fuck. Fuck. Fuck. Fuck.
Fuck. Fuck. Fuck. Fuck. Fuck. Fuck. Fuck. Fuck. Fuck.
Fuck. Fuck. Fuck. Fuck. Fuck. Fuck. Fuck. Fuck. Fuck.
Fuck. Fuck. Fuck. Fuck. Fuck. Fuck. Fuck. Fuck. Fuck.
Fuck. Fuck. Fuck. Fuck. Fuck. Fuck. Fuck. Fuck. Fuck.
Fuck. Fuck. Fuck. Fuck. Fuck. Fuck. Fuck. Fuck. Fuck.
Fuck. Fuck. Fuck. Fuck. Fuck. Fuck. Fuck. Fuck. Fuck.
Fuck. Fuck. Fuck. Fuck. Fuck. Fuck. Fuck. Fuck. Fuck.
Fuck. Fuck. Fuck. Fuck. Fuck. Fuck. Fuck. Fuck. Fuck.
Fuck. Fuck. Fuck. Fuck. Fuck. Fuck. Fuck. Fuck. Fuck.
Fuck. Fuck. Fuck. Fuck. Fuck. Fuck. Fuck. Fuck. Fuck.
Fuck. Fuck. Fuck. Fuck. Fuck. Fuck. Fuck. Fuck. Fuck.
Fuck. Fuck. Fuck. Fuck. Fuck. Fuck. Fuck. Fuck. Fuck.
Fuck. Fuck. Fuck. Fuck. Fuck. Fuck. Fuck. Fuck. Fuck.

Fuck. Fuck. Fuck. Fuck. Fuck. Fuck. Fuck. Fuck. Fuck.
Fuck. Fuck. Fuck. Fuck. Fuck. Fuck. Fuck. Fuck. Fuck.
Fuck. Fuck. Fuck. Fuck. Fuck. Fuck. Fuck. Fuck. Fuck.
Fuck. Fuck. Fuck. Fuck. Fuck. Fuck. Fuck. Fuck. Fuck.
Fuck. Fuck. Fuck. Fuck. Fuck. Fuck. Fuck. Fuck. Fuck.
Fuck. Fuck. Fuck. Fuck. Fuck. Fuck. Fuck. Fuck. Fuck.
Fuck. Fuck. Fuck. Fuck. Fuck. Fuck.

Fuck. Fuck. Fuck. Fuck. Fuck. Fuck. Fuck. Fuck. Fuck.
Fuck. Fuck. Fuck. Fuck. Fuck. Fuck. Fuck. Fuck. Fuck.
Fuck. Fuck. Fuck. Fuck. Fuck. Fuck. Fuck. Fuck. Fuck.
Fuck. Fuck. Fuck. Fuck. Fuck. Fuck. Fuck. Fuck. Fuck.
Fuck. Fuck. Fuck. Fuck. Fuck. Fuck. Fuck. Fuck. Fuck.
Fuck. Fuck. Fuck. Fuck. Fuck. Fuck. Fuck. Fuck. Fuck.
Fuck. Fuck. Fuck. Fuck. Fuck. Fuck. Fuck. Fuck. Fuck.
Fuck. Fuck. Fuck. Fuck. Fuck. Fuck. Fuck. Fuck. Fuck.
Fuck. Fuck. Fuck. Fuck. Fuck. Fuck. Fuck. Fuck. Fuck.
Fuck. Fuck. Fuck. Fuck. Fuck. Fuck. Fuck. Fuck. Fuck.
Fuck. Fuck. Fuck. Fuck. Fuck. Fuck. Fuck. Fuck. Fuck.
Fuck. Fuck. Fuck. Fuck. Fuck. Fuck. Fuck. Fuck. Fuck.
Fuck. Fuck. Fuck. Fuck. Fuck. Fuck. Fuck. Fuck. Fuck.
Fuck. Fuck. Fuck. Fuck. Fuck. Fuck. Fuck. Fuck. Fuck.
Fuck. Fuck. Fuck. Fuck. Fuck. Fuck. Fuck. Fuck. Fuck.
Fuck. Fuck. Fuck. Fuck. Fuck. Fuck. Fuck. Fuck. Fuck.
Fuck. Fuck. Fuck. Fuck. Fuck. Fuck. Fuck. Fuck. Fuck.
Fuck. Fuck. Fuck. Fuck. Fuck. Fuck. Fuck. Fuck. Fuck.
Fuck. Fuck. Fuck. Fuck. Fuck. Fuck. Fuck. Fuck. Fuck.
Fuck. Fuck. Fuck. Fuck. Fuck. Fuck. Fuck. Fuck. Fuck.
Fuck. Fuck. Fuck. Fuck. Fuck. Fuck. Fuck. Fuck. Fuck.
Fuck. Fuck. Fuck. Fuck. Fuck. Fuck. Fuck. Fuck. Fuck.

Fuck. Fuck. Fuck. Fuck. Fuck. Fuck. Fuck. Fuck. Fuck.
Fuck. Fuck. Fuck. Fuck. Fuck. Fuck. Fuck. Fuck. Fuck.
Fuck. Fuck. Fuck. Fuck. Fuck. Fuck. Fuck. Fuck. Fuck.
Fuck. Fuck. Fuck. Fuck. Fuck. Fuck. Fuck. Fuck. Fuck.
Fuck. Fuck. Fuck. Fuck. Fuck. Fuck. Fuck. Fuck. Fuck.
Fuck. Fuck. Fuck. Fuck. Fuck. Fuck. Fuck. Fuck. Fuck.
Fuck. Fuck. Fuck. Fuck. Fuck. Fuck. Fuck. Fuck. Fuck.
Fuck. Fuck. Fuck. Fuck. Fuck. Fuck. Fuck. Fuck. Fuck.
Fuck. Fuck. Fuck. Fuck. Fuck. Fuck. Fuck. Fuck. Fuck.
Fuck. Fuck. Fuck. Fuck. Fuck. Fuck. Fuck. Fuck. Fuck.
Fuck. Fuck. Fuck. Fuck. Fuck. Fuck. Fuck. Fuck. Fuck.
Fuck. Fuck. Fuck. Fuck. Fuck. Fuck. Fuck. Fuck. Fuck.
Fuck. Fuck. Fuck. Fuck. Fuck. Fuck. Fuck. Fuck. Fuck.
Fuck. Fuck. Fuck. Fuck. Fuck. Fuck. Fuck. Fuck. Fuck.
Fuck. Fuck. Fuck. Fuck. Fuck. Fuck. Fuck. Fuck. Fuck.
Fuck. Fuck. Fuck. Fuck. Fuck. Fuck. Fuck. Fuck. Fuck.
Fuck. Fuck. Fuck. Fuck. Fuck. Fuck. Fuck. Fuck. Fuck.
Fuck. Fuck. Fuck. Fuck. Fuck. Fuck. Fuck. Fuck. Fuck.
Fuck. Fuck. Fuck. Fuck. Fuck. Fuck. Fuck. Fuck. Fuck.
Fuck. Fuck. Fuck. Fuck. Fuck. Fuck. Fuck. Fuck. Fuck.
Fuck. Fuck. Fuck. Fuck. Fuck. Fuck. Fuck. Fuck. Fuck.
Fuck. Fuck. Fuck. Fuck. Fuck. Fuck. Fuck. Fuck. Fuck.
Fuck. Fuck. Fuck. Fuck. Fuck. Fuck. Fuck. Fuck. Fuck.
Fuck. Fuck. Fuck. Fuck. Fuck. Fuck. Fuck. Fuck. Fuck.
Fuck. Fuck. Fuck. Fuck. Fuck. Fuck. Fuck. Fuck. Fuck.
Fuck. Fuck. Fuck. Fuck. Fuck. Fuck. Fuck. Fuck. Fuck.
Fuck. Fuck. Fuck. Fuck. Fuck. Fuck. Fuck. Fuck. Fuck.
Fuck. Fuck. Fuck. Fuck. Fuck. Fuck. Fuck. Fuck. Fuck.
Fuck. Fuck. Fuck. Fuck. Fuck. Fuck. Fuck. Fuck. Fuck.
Fuck. Fuck. Fuck. Fuck. Fuck. Fuck. Fuck. Fuck. Fuck.
Fuck. Fuck. Fuck. Fuck. Fuck. Fuck. Fuck. Fuck. Fuck.
Fuck. Fuck. Fuck. Fuck. Fuck. Fuck. Fuck. Fuck. Fuck.
Fuck. Fuck. Fuck. Fuck. Fuck. Fuck. Fuck. Fuck. Fuck.

Fuck. Fuck. Fuck. Fuck. Fuck. Fuck. Fuck. Fuck. Fuck.
Fuck. Fuck. Fuck. Fuck. Fuck. Fuck. Fuck. Fuck. Fuck.
Fuck. Fuck. Fuck. Fuck. Fuck. Fuck. Fuck. Fuck. Fuck.
Fuck. Fuck. Fuck. Fuck. Fuck. Fuck. Fuck. Fuck. Fuck.
Fuck. Fuck. Fuck. Fuck. Fuck. Fuck. Fuck. Fuck. Fuck.
Fuck. Fuck. Fuck. Fuck. Fuck. Fuck. Fuck. Fuck. Fuck.
Fuck. Fuck. Fuck. Fuck. Fuck. Fuck. Fuck. Fuck. Fuck.
Fuck. Fuck. Fuck. Fuck. Fuck. Fuck. Fuck. Fuck. Fuck.
Fuck. Fuck. Fuck. Fuck. Fuck. Fuck. Fuck. Fuck. Fuck.
Fuck. Fuck. Fuck. Fuck. Fuck. Fuck. Fuck. Fuck. Fuck.
Fuck. Fuck. Fuck. Fuck. Fuck. Fuck. Fuck. Fuck. Fuck.
Fuck. Fuck. Fuck. Fuck. Fuck. Fuck. Fuck. Fuck. Fuck.
Fuck. Fuck. Fuck. Fuck. Fuck. Fuck. Fuck. Fuck. Fuck.
Fuck. Fuck. Fuck. Fuck. Fuck. Fuck. Fuck. Fuck. Fuck.
Fuck. Fuck. Fuck. Fuck. Fuck. Fuck. Fuck. Fuck. Fuck.
Fuck. Fuck. Fuck. Fuck. Fuck. Fuck. Fuck. Fuck. Fuck.
Fuck. Fuck. Fuck. Fuck. Fuck. Fuck. Fuck. Fuck. Fuck.
Fuck. Fuck. Fuck. Fuck. Fuck. Fuck. Fuck. Fuck. Fuck.
Fuck. Fuck. Fuck. Fuck. Fuck. Fuck. Fuck. Fuck. Fuck.
Fuck. Fuck. Fuck. Fuck. Fuck. Fuck. Fuck. Fuck. Fuck.
Fuck. Fuck. Fuck. Fuck. Fuck. Fuck. Fuck. Fuck. Fuck.
Fuck. Fuck. Fuck. Fuck. Fuck. Fuck. Fuck. Fuck. Fuck.
Fuck. Fuck. Fuck. Fuck. Fuck. Fuck. Fuck. Fuck. Fuck.
Fuck. Fuck. Fuck. Fuck. Fuck. Fuck. Fuck. Fuck. Fuck.
Fuck. Fuck. Fuck. Fuck. Fuck. Fuck. Fuck. Fuck. Fuck.
Fuck. Fuck. Fuck. Fuck. Fuck. Fuck. Fuck. Fuck. Fuck.
Fuck. Fuck. Fuck. Fuck. Fuck. Fuck. Fuck. Fuck. Fuck.
Fuck. Fuck. Fuck. Fuck. Fuck. Fuck. Fuck. Fuck. Fuck.
Fuck. Fuck. Fuck. Fuck. Fuck. Fuck. Fuck. Fuck. Fuck.
Fuck. Fuck. Fuck. Fuck. Fuck. Fuck. Fuck. Fuck. Fuck.
Fuck. Fuck. Fuck. Fuck. Fuck. Fuck. Fuck. Fuck. Fuck.
Fuck. Fuck. Fuck. Fuck. Fuck. Fuck. Fuck. Fuck. Fuck.

Fuck. Fuck. Fuck. Fuck. Fuck. Fuck. Fuck. Fuck. Fuck.
Fuck. Fuck. Fuck. Fuck. Fuck. Fuck. Fuck. Fuck. Fuck.
Fuck. Fuck. Fuck. Fuck. Fuck. Fuck. Fuck. Fuck. Fuck.
Fuck. Fuck. Fuck. Fuck. Fuck. Fuck. Fuck. Fuck. Fuck.
Fuck. Fuck. Fuck. Fuck. Fuck. Fuck. Fuck. Fuck. Fuck.
Fuck. Fuck. Fuck. Fuck. Fuck. Fuck. Fuck. Fuck. Fuck.
Fuck. Fuck. Fuck. Fuck. Fuck. Fuck. Fuck. Fuck. Fuck.
Fuck. Fuck. Fuck. Fuck. Fuck. Fuck. Fuck. Fuck. Fuck.
Fuck. Fuck. Fuck. Fuck. Fuck. Fuck. Fuck. Fuck. Fuck.
Fuck. Fuck. Fuck. Fuck. Fuck. Fuck. Fuck. Fuck. Fuck.
Fuck. Fuck. Fuck. Fuck. Fuck. Fuck. Fuck. Fuck. Fuck.
Fuck. Fuck. Fuck. Fuck. Fuck. Fuck. Fuck. Fuck. Fuck.
Fuck. Fuck. Fuck. Fuck. Fuck. Fuck. Fuck. Fuck. Fuck.
Fuck. Fuck. Fuck. Fuck. Fuck. Fuck. Fuck. Fuck. Fuck.
Fuck. Fuck. Fuck. Fuck. Fuck. Fuck. Fuck. Fuck. Fuck.
Fuck. Fuck. Fuck. Fuck. Fuck. Fuck. Fuck. Fuck. Fuck.
Fuck. Fuck. Fuck. Fuck. Fuck. Fuck. Fuck. Fuck. Fuck.
Fuck. Fuck. Fuck. Fuck. Fuck. Fuck. Fuck. Fuck. Fuck.
Fuck. Fuck. Fuck. Fuck. Fuck. Fuck. Fuck. Fuck. Fuck.
Fuck. Fuck. Fuck. Fuck. Fuck. Fuck. Fuck. Fuck. Fuck.
Fuck. Fuck. Fuck. Fuck. Fuck. Fuck. Fuck. Fuck. Fuck.
Fuck. Fuck. Fuck. Fuck. Fuck. Fuck. Fuck. Fuck. Fuck.
Fuck. Fuck. Fuck. Fuck. Fuck. Fuck. Fuck. Fuck. Fuck.
Fuck. Fuck. Fuck. Fuck. Fuck. Fuck. Fuck. Fuck. Fuck.
Fuck. Fuck. Fuck. Fuck. Fuck. Fuck. Fuck. Fuck. Fuck.
Fuck. Fuck. Fuck. Fuck. Fuck. Fuck. Fuck. Fuck. Fuck.
Fuck. Fuck. Fuck. Fuck. Fuck. Fuck. Fuck. Fuck. Fuck.
Fuck. Fuck. Fuck. Fuck. Fuck. Fuck. Fuck. Fuck. Fuck.
Fuck. Fuck. Fuck. Fuck. Fuck. Fuck. Fuck. Fuck. Fuck.
Fuck. Fuck. Fuck. Fuck. Fuck. Fuck. Fuck. Fuck. Fuck.
Fuck. Fuck. Fuck. Fuck. Fuck. Fuck. Fuck. Fuck. Fuck.

Fuck. Fuck. Fuck. Fuck. Fuck. Fuck. Fuck. Fuck. Fuck.
Fuck. Fuck. Fuck. Fuck. Fuck. Fuck. Fuck. Fuck. Fuck.
Fuck. Fuck. Fuck. Fuck. Fuck. Fuck. Fuck. Fuck. Fuck.
Fuck. Fuck. Fuck. Fuck. Fuck. Fuck. Fuck. Fuck. Fuck.
Fuck. Fuck. Fuck. Fuck. Fuck. Fuck. Fuck. Fuck. Fuck.
Fuck. Fuck. Fuck. Fuck. Fuck. Fuck. Fuck. Fuck. Fuck.
Fuck. Fuck. Fuck. Fuck. Fuck. Fuck. Fuck. Fuck. Fuck.
Fuck. Fuck. Fuck. Fuck. Fuck. Fuck. Fuck. Fuck. Fuck.
Fuck. Fuck. Fuck. Fuck. Fuck. Fuck. Fuck. Fuck. Fuck.
Fuck. Fuck. Fuck. Fuck. Fuck. Fuck. Fuck. Fuck. Fuck.
Fuck. Fuck. Fuck. Fuck. Fuck. Fuck. Fuck. Fuck. Fuck.
Fuck. Fuck. Fuck. Fuck. Fuck. Fuck. Fuck. Fuck. Fuck.
Fuck. Fuck. Fuck. Fuck. Fuck. Fuck. Fuck. Fuck. Fuck.
Fuck. Fuck. Fuck. Fuck. Fuck. Fuck. Fuck. Fuck. Fuck.
Fuck. Fuck. Fuck. Fuck. Fuck. Fuck. Fuck. Fuck. Fuck.
Fuck. Fuck. Fuck. Fuck. Fuck. Fuck. Fuck. Fuck. Fuck.
Fuck. Fuck. Fuck. Fuck. Fuck. Fuck. Fuck. Fuck. Fuck.
Fuck. Fuck. Fuck. Fuck. Fuck. Fuck. Fuck. Fuck. Fuck.
Fuck. Fuck. Fuck. Fuck. Fuck. Fuck. Fuck. Fuck. Fuck.
Fuck. Fuck. Fuck. Fuck. Fuck. Fuck. Fuck. Fuck. Fuck.
Fuck. Fuck. Fuck. Fuck. Fuck. Fuck. Fuck. Fuck. Fuck.
Fuck. Fuck. Fuck. Fuck. Fuck. Fuck. Fuck. Fuck. Fuck.
Fuck. Fuck. Fuck. Fuck. Fuck. Fuck. Fuck. Fuck. Fuck.
Fuck. Fuck. Fuck. Fuck. Fuck. Fuck. Fuck. Fuck. Fuck.
Fuck. Fuck. Fuck. Fuck. Fuck. Fuck. Fuck. Fuck. Fuck.
Fuck. Fuck. Fuck. Fuck. Fuck. Fuck. Fuck. Fuck. Fuck.
Fuck. Fuck. Fuck. Fuck. Fuck. Fuck. Fuck. Fuck. Fuck.
Fuck. Fuck. Fuck. Fuck. Fuck. Fuck. Fuck. Fuck. Fuck.
Fuck. Fuck. Fuck. Fuck. Fuck. Fuck. Fuck. Fuck. Fuck.
Fuck. Fuck. Fuck. Fuck. Fuck. Fuck. Fuck. Fuck. Fuck.
Fuck. Fuck. Fuck. Fuck. Fuck. Fuck. Fuck. Fuck. Fuck.
Fuck. Fuck. Fuck. Fuck. Fuck. Fuck. Fuck. Fuck. Fuck.

Fuck. Fuck. Fuck. Fuck. Fuck. Fuck. Fuck. Fuck. Fuck.
Fuck. Fuck. Fuck. Fuck. Fuck. Fuck. Fuck. Fuck. Fuck.
Fuck. Fuck. Fuck. Fuck. Fuck. Fuck. Fuck. Fuck. Fuck.
Fuck. Fuck. Fuck. Fuck. Fuck. Fuck. Fuck. Fuck. Fuck.
Fuck. Fuck. Fuck. Fuck. Fuck. Fuck. Fuck. Fuck. Fuck.
Fuck. Fuck. Fuck. Fuck. Fuck. Fuck. Fuck. Fuck. Fuck.
Fuck. Fuck. Fuck. Fuck. Fuck. Fuck. Fuck. Fuck. Fuck.
Fuck. Fuck. Fuck. Fuck. Fuck. Fuck. Fuck. Fuck. Fuck.
Fuck. Fuck. Fuck. Fuck. Fuck. Fuck. Fuck. Fuck. Fuck.
Fuck. Fuck. Fuck. Fuck. Fuck. Fuck. Fuck. Fuck. Fuck.
Fuck. Fuck. Fuck. Fuck. Fuck. Fuck. Fuck. Fuck. Fuck.
Fuck. Fuck. Fuck. Fuck. Fuck. Fuck. Fuck. Fuck. Fuck.
Fuck. Fuck. Fuck. Fuck. Fuck. Fuck. Fuck. Fuck. Fuck.
Fuck. Fuck. Fuck. Fuck. Fuck. Fuck. Fuck. Fuck. Fuck.
Fuck. Fuck. Fuck. Fuck. Fuck. Fuck. Fuck. Fuck. Fuck.
Fuck. Fuck. Fuck. Fuck. Fuck. Fuck. Fuck. Fuck. Fuck.
Fuck. Fuck. Fuck. Fuck. Fuck. Fuck. Fuck. Fuck. Fuck.
Fuck. Fuck. Fuck. Fuck. Fuck. Fuck. Fuck. Fuck. Fuck.
Fuck. Fuck. Fuck. Fuck. Fuck. Fuck. Fuck. Fuck. Fuck.
Fuck. Fuck. Fuck. Fuck. Fuck. Fuck. Fuck. Fuck. Fuck.
Fuck. Fuck. Fuck. Fuck. Fuck. Fuck. Fuck. Fuck. Fuck.
Fuck. Fuck. Fuck. Fuck. Fuck. Fuck. Fuck. Fuck. Fuck.
Fuck. Fuck. Fuck. Fuck. Fuck. Fuck. Fuck. Fuck. Fuck.
Fuck. Fuck. Fuck. Fuck. Fuck. Fuck. Fuck. Fuck. Fuck.
Fuck. Fuck. Fuck. Fuck. Fuck. Fuck. Fuck. Fuck. Fuck.
Fuck. Fuck. Fuck. Fuck. Fuck. Fuck. Fuck. Fuck. Fuck.
Fuck. Fuck. Fuck. Fuck. Fuck. Fuck. Fuck. Fuck. Fuck.
Fuck. Fuck. Fuck. Fuck. Fuck. Fuck. Fuck. Fuck. Fuck.
Fuck. Fuck. Fuck. Fuck. Fuck. Fuck. Fuck. Fuck. Fuck.
Fuck. Fuck. Fuck. Fuck. Fuck. Fuck. Fuck. Fuck. Fuck.
Fuck. Fuck. Fuck. Fuck. Fuck. Fuck. Fuck. Fuck. Fuck.
Fuck. Fuck. Fuck. Fuck. Fuck. Fuck. Fuck. Fuck. Fuck.
Fuck. Fuck. Fuck. Fuck. Fuck. Fuck. Fuck. Fuck. Fuck.

Fuck. Fuck. Fuck. Fuck. Fuck. Fuck. Fuck. Fuck. Fuck.
Fuck. Fuck. Fuck. Fuck. Fuck. Fuck. Fuck. Fuck. Fuck.
Fuck. Fuck. Fuck. Fuck. Fuck. Fuck. Fuck. Fuck. Fuck.
Fuck. Fuck. Fuck. Fuck. Fuck. Fuck. Fuck. Fuck. Fuck.
Fuck. Fuck. Fuck. Fuck. Fuck. Fuck. Fuck. Fuck. Fuck.
Fuck. Fuck. Fuck. Fuck. Fuck. Fuck. Fuck. Fuck. Fuck.
Fuck. Fuck. Fuck. Fuck. Fuck. Fuck. Fuck. Fuck. Fuck.
Fuck. Fuck. Fuck. Fuck. Fuck. Fuck. Fuck. Fuck. Fuck.
Fuck. Fuck. Fuck. Fuck. Fuck. Fuck. Fuck. Fuck. Fuck.
Fuck. Fuck. Fuck. Fuck. Fuck. Fuck. Fuck. Fuck. Fuck.
Fuck. Fuck. Fuck. Fuck. Fuck. Fuck. Fuck. Fuck. Fuck.
Fuck. Fuck. Fuck. Fuck. Fuck. Fuck. Fuck. Fuck. Fuck.
Fuck. Fuck. Fuck. Fuck. Fuck. Fuck. Fuck. Fuck. Fuck.
Fuck. Fuck. Fuck. Fuck. Fuck. Fuck. Fuck. Fuck. Fuck.
Fuck. Fuck. Fuck. Fuck. Fuck. Fuck. Fuck. Fuck. Fuck.
Fuck. Fuck. Fuck. Fuck. Fuck. Fuck. Fuck. Fuck. Fuck.
Fuck. Fuck. Fuck. Fuck. Fuck. Fuck. Fuck. Fuck. Fuck.
Fuck. Fuck. Fuck. Fuck. Fuck. Fuck. Fuck. Fuck. Fuck.
Fuck. Fuck. Fuck. Fuck. Fuck. Fuck. Fuck. Fuck. Fuck.
Fuck. Fuck. Fuck. Fuck. Fuck. Fuck. Fuck. Fuck. Fuck.
Fuck. Fuck. Fuck. Fuck. Fuck. Fuck. Fuck. Fuck. Fuck.
Fuck. Fuck. Fuck. Fuck. Fuck. Fuck. Fuck. Fuck. Fuck.
Fuck. Fuck. Fuck. Fuck. Fuck. Fuck. Fuck. Fuck. Fuck.
Fuck. Fuck. Fuck. Fuck. Fuck. Fuck. Fuck. Fuck. Fuck.
Fuck. Fuck. Fuck. Fuck. Fuck. Fuck. Fuck. Fuck. Fuck.
Fuck. Fuck. Fuck. Fuck. Fuck. Fuck. Fuck. Fuck. Fuck.
Fuck. Fuck. Fuck. Fuck. Fuck. Fuck. Fuck. Fuck. Fuck.
Fuck. Fuck. Fuck. Fuck. Fuck. Fuck. Fuck. Fuck. Fuck.
Fuck. Fuck. Fuck. Fuck. Fuck. Fuck. Fuck. Fuck. Fuck.
Fuck. Fuck. Fuck. Fuck. Fuck. Fuck. Fuck. Fuck. Fuck.

Fuck. Fuck. Fuck. Fuck. Fuck. Fuck. Fuck. Fuck. Fuck.
Fuck. Fuck. Fuck. Fuck. Fuck. Fuck. Fuck. Fuck. Fuck.
Fuck. Fuck. Fuck. Fuck. Fuck. Fuck. Fuck. Fuck. Fuck.
Fuck. Fuck. Fuck. Fuck. Fuck. Fuck. Fuck. Fuck. Fuck.
Fuck. Fuck. Fuck. Fuck. Fuck. Fuck. Fuck. Fuck. Fuck.
Fuck. Fuck. Fuck. Fuck. Fuck. Fuck. Fuck. Fuck. Fuck.
Fuck. Fuck. Fuck. Fuck. Fuck. Fuck. Fuck. Fuck. Fuck.
Fuck. Fuck. Fuck. Fuck. Fuck. Fuck. Fuck. Fuck. Fuck.
Fuck. Fuck. Fuck. Fuck. Fuck. Fuck. Fuck. Fuck. Fuck.
Fuck. Fuck. Fuck. Fuck. Fuck. Fuck. Fuck. Fuck. Fuck.
Fuck. Fuck. Fuck. Fuck. Fuck. Fuck. Fuck. Fuck. Fuck.
Fuck. Fuck. Fuck. Fuck. Fuck. Fuck. Fuck. Fuck. Fuck.
Fuck. Fuck. Fuck. Fuck. Fuck. Fuck. Fuck. Fuck. Fuck.
Fuck. Fuck. Fuck. Fuck. Fuck. Fuck. Fuck. Fuck. Fuck.
Fuck. Fuck. Fuck. Fuck. Fuck. Fuck. Fuck. Fuck. Fuck.
Fuck. Fuck. Fuck. Fuck. Fuck. Fuck. Fuck. Fuck. Fuck.
Fuck. Fuck. Fuck. Fuck. Fuck. Fuck. Fuck. Fuck. Fuck.
Fuck. Fuck. Fuck. Fuck. Fuck. Fuck. Fuck. Fuck. Fuck.
Fuck. Fuck. Fuck. Fuck. Fuck. Fuck. Fuck. Fuck. Fuck.
Fuck. Fuck. Fuck. Fuck. Fuck. Fuck. Fuck. Fuck. Fuck.
Fuck. Fuck. Fuck. Fuck. Fuck. Fuck. Fuck. Fuck. Fuck.
Fuck. Fuck. Fuck. Fuck. Fuck. Fuck. Fuck. Fuck. Fuck.
Fuck. Fuck. Fuck. Fuck. Fuck. Fuck. Fuck. Fuck. Fuck.
Fuck. Fuck. Fuck. Fuck. Fuck. Fuck. Fuck. Fuck. Fuck.
Fuck. Fuck. Fuck. Fuck. Fuck. Fuck. Fuck. Fuck. Fuck.
Fuck. Fuck. Fuck. Fuck. Fuck. Fuck. Fuck. Fuck. Fuck.
Fuck. Fuck. Fuck. Fuck. Fuck. Fuck. Fuck. Fuck. Fuck.
Fuck. Fuck. Fuck. Fuck. Fuck. Fuck. Fuck. Fuck. Fuck.
Fuck. Fuck. Fuck. Fuck. Fuck. Fuck. Fuck. Fuck. Fuck.
Fuck. Fuck. Fuck. Fuck. Fuck. Fuck. Fuck. Fuck. Fuck.
Fuck. Fuck. Fuck. Fuck. Fuck. Fuck. Fuck. Fuck. Fuck.
Fuck. Fuck. Fuck. Fuck. Fuck. Fuck. Fuck. Fuck. Fuck.

Fuck. Fuck. Fuck. Fuck. Fuck. Fuck. Fuck. Fuck. Fuck.
Fuck. Fuck. Fuck. Fuck. Fuck. Fuck. Fuck. Fuck. Fuck.
Fuck. Fuck. Fuck. Fuck. Fuck. Fuck. Fuck. Fuck. Fuck.
Fuck. Fuck. Fuck. Fuck. Fuck. Fuck. Fuck. Fuck. Fuck.
Fuck. Fuck. Fuck. Fuck. Fuck. Fuck. Fuck. Fuck. Fuck.
Fuck. Fuck. Fuck. Fuck. Fuck. Fuck. Fuck. Fuck. Fuck.
Fuck. Fuck. Fuck. Fuck. Fuck. Fuck. Fuck. Fuck. Fuck.
Fuck. Fuck. Fuck. Fuck. Fuck. Fuck. Fuck. Fuck. Fuck.
Fuck. Fuck. Fuck. Fuck. Fuck. Fuck. Fuck. Fuck. Fuck.
Fuck. Fuck. Fuck. Fuck. Fuck. Fuck. Fuck. Fuck. Fuck.
Fuck. Fuck. Fuck. Fuck. Fuck. Fuck. Fuck. Fuck. Fuck.
Fuck. Fuck. Fuck. Fuck. Fuck. Fuck. Fuck. Fuck. Fuck.
Fuck. Fuck. Fuck. Fuck. Fuck. Fuck. Fuck. Fuck. Fuck.
Fuck. Fuck. Fuck. Fuck. Fuck. Fuck. Fuck. Fuck. Fuck.
Fuck. Fuck. Fuck. Fuck. Fuck. Fuck. Fuck. Fuck. Fuck.
Fuck. Fuck. Fuck. Fuck. Fuck. Fuck. Fuck. Fuck. Fuck.
Fuck. Fuck. Fuck. Fuck. Fuck. Fuck. Fuck. Fuck. Fuck.
Fuck. Fuck. Fuck. Fuck. Fuck. Fuck. Fuck. Fuck. Fuck.
Fuck. Fuck. Fuck. Fuck. Fuck. Fuck. Fuck. Fuck. Fuck.
Fuck. Fuck. Fuck. Fuck. Fuck. Fuck. Fuck. Fuck. Fuck.
Fuck. Fuck. Fuck. Fuck. Fuck. Fuck. Fuck. Fuck. Fuck.
Fuck. Fuck. Fuck. Fuck. Fuck. Fuck. Fuck. Fuck. Fuck.
Fuck. Fuck. Fuck. Fuck. Fuck. Fuck. Fuck. Fuck. Fuck.
Fuck. Fuck. Fuck. Fuck. Fuck. Fuck. Fuck. Fuck. Fuck.
Fuck. Fuck. Fuck. Fuck. Fuck. Fuck. Fuck. Fuck. Fuck.
Fuck. Fuck. Fuck. Fuck. Fuck. Fuck. Fuck. Fuck. Fuck.
Fuck. Fuck. Fuck. Fuck. Fuck. Fuck. Fuck. Fuck. Fuck.
Fuck. Fuck. Fuck. Fuck. Fuck. Fuck. Fuck. Fuck. Fuck.
Fuck. Fuck. Fuck. Fuck. Fuck. Fuck. Fuck. Fuck. Fuck.
Fuck. Fuck. Fuck. Fuck. Fuck. Fuck. Fuck. Fuck. Fuck.
Fuck. Fuck. Fuck. Fuck. Fuck. Fuck. Fuck. Fuck. Fuck.
Fuck. Fuck. Fuck. Fuck. Fuck. Fuck. Fuck. Fuck. Fuck.
Fuck. Fuck. Fuck. Fuck. Fuck. Fuck. Fuck. Fuck. Fuck.

Fuck. Fuck. Fuck. Fuck. Fuck. Fuck. Fuck. Fuck. Fuck.
Fuck. Fuck. Fuck. Fuck. Fuck. Fuck. Fuck. Fuck. Fuck.
Fuck. Fuck. Fuck. Fuck. Fuck. Fuck. Fuck. Fuck. Fuck.
Fuck. Fuck. Fuck. Fuck. Fuck. Fuck. Fuck. Fuck. Fuck.
Fuck. Fuck. Fuck. Fuck. Fuck. Fuck. Fuck. Fuck. Fuck.
Fuck. Fuck. Fuck. Fuck. Fuck. Fuck. Fuck. Fuck. Fuck.
Fuck. Fuck. Fuck. Fuck. Fuck. Fuck. Fuck. Fuck. Fuck.
Fuck. Fuck. Fuck. Fuck. Fuck. Fuck. Fuck. Fuck. Fuck.
Fuck. Fuck. Fuck. Fuck. Fuck. Fuck. Fuck. Fuck. Fuck.
Fuck. Fuck. Fuck. Fuck. Fuck. Fuck. Fuck. Fuck. Fuck.
Fuck. Fuck. Fuck. Fuck. Fuck. Fuck. Fuck. Fuck. Fuck.
Fuck. Fuck. Fuck. Fuck. Fuck. Fuck. Fuck. Fuck. Fuck.
Fuck. Fuck. Fuck. Fuck. Fuck. Fuck. Fuck. Fuck. Fuck.
Fuck. Fuck. Fuck. Fuck. Fuck. Fuck. Fuck. Fuck. Fuck.
Fuck. Fuck. Fuck. Fuck. Fuck. Fuck. Fuck. Fuck. Fuck.
Fuck. Fuck. Fuck. Fuck. Fuck. Fuck. Fuck. Fuck. Fuck.
Fuck. Fuck. Fuck. Fuck. Fuck. Fuck. Fuck. Fuck. Fuck.
Fuck. Fuck. Fuck. Fuck. Fuck. Fuck. Fuck. Fuck. Fuck.
Fuck. Fuck. Fuck. Fuck. Fuck. Fuck. Fuck. Fuck. Fuck.
Fuck. Fuck. Fuck. Fuck. Fuck. Fuck. Fuck. Fuck. Fuck.
Fuck. Fuck. Fuck. Fuck. Fuck. Fuck. Fuck. Fuck. Fuck.
Fuck. Fuck. Fuck. Fuck. Fuck. Fuck. Fuck. Fuck. Fuck.
Fuck. Fuck. Fuck. Fuck. Fuck. Fuck. Fuck. Fuck. Fuck.
Fuck. Fuck. Fuck. Fuck. Fuck. Fuck. Fuck. Fuck. Fuck.
Fuck. Fuck. Fuck. Fuck. Fuck. Fuck. Fuck. Fuck. Fuck.
Fuck. Fuck. Fuck. Fuck. Fuck. Fuck. Fuck. Fuck. Fuck.
Fuck. Fuck. Fuck. Fuck. Fuck. Fuck. Fuck. Fuck. Fuck.
Fuck. Fuck. Fuck. Fuck. Fuck. Fuck. Fuck. Fuck. Fuck.
Fuck. Fuck. Fuck. Fuck. Fuck. Fuck. Fuck. Fuck. Fuck.
Fuck. Fuck. Fuck. Fuck. Fuck. Fuck. Fuck. Fuck. Fuck.
Fuck. Fuck. Fuck. Fuck. Fuck. Fuck. Fuck. Fuck. Fuck.
Fuck. Fuck. Fuck. Fuck. Fuck. Fuck. Fuck. Fuck. Fuck.
Fuck. Fuck. Fuck. Fuck. Fuck. Fuck. Fuck. Fuck. Fuck.

Fuck. Fuck. Fuck. Fuck. Fuck. Fuck. Fuck. Fuck. Fuck.
Fuck. Fuck. Fuck. Fuck. Fuck. Fuck. Fuck. Fuck. Fuck.
Fuck. Fuck. Fuck. Fuck. Fuck. Fuck. Fuck. Fuck. Fuck.
Fuck. Fuck. Fuck. Fuck. Fuck. Fuck. Fuck. Fuck. Fuck.
Fuck. Fuck. Fuck. Fuck. Fuck. Fuck. Fuck. Fuck. Fuck.
Fuck. Fuck. Fuck. Fuck. Fuck. Fuck. Fuck. Fuck. Fuck.
Fuck. Fuck. Fuck. Fuck. Fuck. Fuck. Fuck. Fuck. Fuck.
Fuck. Fuck. Fuck. Fuck. Fuck. Fuck. Fuck. Fuck. Fuck.
Fuck. Fuck. Fuck. Fuck. Fuck. Fuck. Fuck. Fuck. Fuck.
Fuck. Fuck. Fuck. Fuck. Fuck. Fuck. Fuck. Fuck. Fuck.
Fuck. Fuck. Fuck. Fuck. Fuck. Fuck. Fuck. Fuck. Fuck.
Fuck. Fuck. Fuck. Fuck. Fuck. Fuck. Fuck. Fuck. Fuck.
Fuck. Fuck. Fuck. Fuck. Fuck. Fuck. Fuck. Fuck. Fuck.
Fuck. Fuck. Fuck. Fuck. Fuck. Fuck. Fuck. Fuck. Fuck.
Fuck. Fuck. Fuck. Fuck. Fuck. Fuck. Fuck. Fuck. Fuck.
Fuck. Fuck. Fuck. Fuck. Fuck. Fuck. Fuck. Fuck. Fuck.
Fuck. Fuck. Fuck. Fuck. Fuck. Fuck. Fuck. Fuck. Fuck.
Fuck. Fuck. Fuck. Fuck. Fuck. Fuck. Fuck. Fuck. Fuck.
Fuck. Fuck. Fuck. Fuck. Fuck. Fuck. Fuck. Fuck. Fuck.
Fuck. Fuck. Fuck. Fuck. Fuck. Fuck. Fuck. Fuck. Fuck.
Fuck. Fuck. Fuck. Fuck. Fuck. Fuck. Fuck. Fuck. Fuck.
Fuck. Fuck. Fuck. Fuck. Fuck. Fuck. Fuck. Fuck. Fuck.
Fuck. Fuck. Fuck. Fuck. Fuck. Fuck. Fuck. Fuck. Fuck.
Fuck. Fuck. Fuck. Fuck. Fuck. Fuck. Fuck. Fuck. Fuck.
Fuck. Fuck. Fuck. Fuck. Fuck. Fuck. Fuck. Fuck. Fuck.
Fuck. Fuck. Fuck. Fuck. Fuck. Fuck. Fuck. Fuck. Fuck.
Fuck. Fuck. Fuck. Fuck. Fuck. Fuck. Fuck. Fuck. Fuck.
Fuck. Fuck. Fuck. Fuck. Fuck. Fuck. Fuck. Fuck. Fuck.
Fuck. Fuck. Fuck. Fuck. Fuck. Fuck. Fuck. Fuck. Fuck.
Fuck. Fuck. Fuck. Fuck. Fuck. Fuck. Fuck. Fuck. Fuck.
Fuck. Fuck. Fuck. Fuck. Fuck. Fuck. Fuck. Fuck. Fuck.
Fuck. Fuck. Fuck. Fuck. Fuck. Fuck. Fuck. Fuck. Fuck.

Fuck. Fuck. Fuck. Fuck. Fuck. Fuck. Fuck. Fuck. Fuck.
Fuck. Fuck. Fuck. Fuck. Fuck. Fuck. Fuck. Fuck. Fuck.
Fuck. Fuck. Fuck. Fuck. Fuck. Fuck. Fuck. Fuck. Fuck.
Fuck. Fuck. Fuck. Fuck. Fuck. Fuck. Fuck. Fuck. Fuck.
Fuck. Fuck. Fuck. Fuck. Fuck. Fuck. Fuck. Fuck. Fuck.
Fuck. Fuck. Fuck. Fuck. Fuck. Fuck. Fuck. Fuck. Fuck.
Fuck. Fuck. Fuck. Fuck. Fuck. Fuck. Fuck. Fuck. Fuck.
Fuck. Fuck. Fuck. Fuck. Fuck. Fuck. Fuck. Fuck. Fuck.
Fuck. Fuck. Fuck. Fuck. Fuck. Fuck. Fuck. Fuck. Fuck.
Fuck. Fuck. Fuck. Fuck. Fuck. Fuck. Fuck. Fuck. Fuck.
Fuck. Fuck. Fuck. Fuck. Fuck. Fuck. Fuck. Fuck. Fuck.
Fuck. Fuck. Fuck. Fuck. Fuck. Fuck. Fuck. Fuck. Fuck.
Fuck. Fuck. Fuck. Fuck. Fuck. Fuck. Fuck. Fuck. Fuck.
Fuck. Fuck. Fuck. Fuck. Fuck. Fuck. Fuck. Fuck. Fuck.
Fuck. Fuck. Fuck. Fuck. Fuck. Fuck. Fuck. Fuck. Fuck.
Fuck. Fuck. Fuck. Fuck. Fuck. Fuck. Fuck. Fuck. Fuck.
Fuck. Fuck. Fuck. Fuck. Fuck. Fuck. Fuck. Fuck. Fuck.
Fuck. Fuck. Fuck. Fuck. Fuck. Fuck. Fuck. Fuck. Fuck.
Fuck. Fuck. Fuck. Fuck. Fuck. Fuck. Fuck. Fuck. Fuck.
Fuck. Fuck. Fuck. Fuck. Fuck. Fuck. Fuck. Fuck. Fuck.
Fuck. Fuck. Fuck. Fuck. Fuck. Fuck. Fuck. Fuck. Fuck.
Fuck. Fuck. Fuck. Fuck. Fuck. Fuck. Fuck. Fuck. Fuck.
Fuck. Fuck. Fuck. Fuck. Fuck. Fuck. Fuck. Fuck. Fuck.
Fuck. Fuck. Fuck. Fuck. Fuck. Fuck. Fuck. Fuck. Fuck.
Fuck. Fuck. Fuck. Fuck. Fuck. Fuck. Fuck. Fuck. Fuck.
Fuck. Fuck. Fuck. Fuck. Fuck. Fuck. Fuck. Fuck. Fuck.
Fuck. Fuck. Fuck. Fuck. Fuck. Fuck. Fuck. Fuck. Fuck.
Fuck. Fuck. Fuck. Fuck. Fuck. Fuck. Fuck. Fuck. Fuck.
Fuck. Fuck. Fuck. Fuck. Fuck. Fuck. Fuck. Fuck. Fuck.
Fuck. Fuck. Fuck. Fuck. Fuck. Fuck. Fuck. Fuck. Fuck.
Fuck. Fuck. Fuck. Fuck. Fuck. Fuck. Fuck. Fuck. Fuck.
Fuck. Fuck. Fuck. Fuck. Fuck. Fuck. Fuck. Fuck. Fuck.

Fuck. Fuck. Fuck. Fuck. Fuck. Fuck. Fuck. Fuck. Fuck.
Fuck. Fuck. Fuck. Fuck. Fuck. Fuck. Fuck. Fuck. Fuck.
Fuck. Fuck. Fuck. Fuck. Fuck. Fuck. Fuck. Fuck. Fuck.
Fuck. Fuck. Fuck. Fuck. Fuck. Fuck. Fuck. Fuck. Fuck.
Fuck. Fuck. Fuck. Fuck. Fuck. Fuck. Fuck. Fuck. Fuck.
Fuck. Fuck. Fuck. Fuck. Fuck. Fuck. Fuck. Fuck. Fuck.
Fuck. Fuck. Fuck. Fuck. Fuck. Fuck. Fuck. Fuck. Fuck.
Fuck. Fuck. Fuck. Fuck. Fuck. Fuck. Fuck. Fuck. Fuck.
Fuck. Fuck. Fuck. Fuck. Fuck. Fuck. Fuck. Fuck. Fuck.
Fuck. Fuck. Fuck. Fuck. Fuck. Fuck. Fuck. Fuck. Fuck.
Fuck. Fuck. Fuck. Fuck. Fuck. Fuck. Fuck. Fuck. Fuck.
Fuck. Fuck. Fuck. Fuck. Fuck. Fuck. Fuck. Fuck. Fuck.
Fuck. Fuck. Fuck. Fuck. Fuck. Fuck. Fuck. Fuck. Fuck.
Fuck. Fuck. Fuck. Fuck. Fuck. Fuck. Fuck. Fuck. Fuck.
Fuck. Fuck. Fuck. Fuck. Fuck. Fuck. Fuck. Fuck. Fuck.
Fuck. Fuck. Fuck. Fuck. Fuck. Fuck. Fuck. Fuck. Fuck.
Fuck. Fuck. Fuck. Fuck. Fuck. Fuck. Fuck. Fuck. Fuck.
Fuck. Fuck. Fuck. Fuck. Fuck. Fuck. Fuck. Fuck. Fuck.
Fuck. Fuck. Fuck. Fuck. Fuck. Fuck. Fuck. Fuck. Fuck.
Fuck. Fuck. Fuck. Fuck. Fuck. Fuck. Fuck. Fuck. Fuck.
Fuck. Fuck. Fuck. Fuck. Fuck. Fuck. Fuck. Fuck. Fuck.
Fuck. Fuck. Fuck. Fuck. Fuck. Fuck. Fuck. Fuck. Fuck.
Fuck. Fuck. Fuck. Fuck. Fuck. Fuck. Fuck. Fuck. Fuck.
Fuck. Fuck. Fuck. Fuck. Fuck. Fuck. Fuck. Fuck. Fuck.
Fuck. Fuck. Fuck. Fuck. Fuck. Fuck. Fuck. Fuck. Fuck.
Fuck. Fuck. Fuck. Fuck. Fuck. Fuck. Fuck. Fuck. Fuck.
Fuck. Fuck. Fuck. Fuck. Fuck. Fuck. Fuck. Fuck. Fuck.
Fuck. Fuck. Fuck. Fuck. Fuck. Fuck. Fuck. Fuck. Fuck.
Fuck. Fuck. Fuck. Fuck. Fuck. Fuck. Fuck. Fuck. Fuck.
Fuck. Fuck. Fuck. Fuck. Fuck. Fuck. Fuck. Fuck. Fuck.
Fuck. Fuck. Fuck. Fuck. Fuck. Fuck. Fuck. Fuck. Fuck.
Fuck. Fuck. Fuck. Fuck. Fuck. Fuck. Fuck. Fuck. Fuck.
Fuck. Fuck. Fuck. Fuck. Fuck. Fuck. Fuck. Fuck. Fuck.

Fuck. Fuck. Fuck. Fuck. Fuck. Fuck. Fuck. Fuck. Fuck.
Fuck. Fuck. Fuck. Fuck. Fuck. Fuck. Fuck. Fuck. Fuck.
Fuck. Fuck. Fuck. Fuck. Fuck. Fuck. Fuck. Fuck. Fuck.
Fuck. Fuck. Fuck. Fuck. Fuck. Fuck. Fuck. Fuck. Fuck.
Fuck. Fuck. Fuck. Fuck. Fuck. Fuck. Fuck. Fuck. Fuck.
Fuck. Fuck. Fuck. Fuck. Fuck. Fuck. Fuck. Fuck. Fuck.
Fuck. Fuck. Fuck. Fuck. Fuck. Fuck. Fuck. Fuck. Fuck.
Fuck. Fuck. Fuck. Fuck. Fuck. Fuck. Fuck. Fuck. Fuck.
Fuck. Fuck. Fuck. Fuck. Fuck. Fuck. Fuck. Fuck. Fuck.
Fuck. Fuck. Fuck. Fuck. Fuck. Fuck. Fuck. Fuck. Fuck.
Fuck. Fuck. Fuck. Fuck. Fuck. Fuck. Fuck. Fuck. Fuck.
Fuck. Fuck. Fuck. Fuck. Fuck. Fuck. Fuck. Fuck. Fuck.
Fuck. Fuck. Fuck. Fuck. Fuck. Fuck. Fuck. Fuck. Fuck.
Fuck. Fuck. Fuck. Fuck. Fuck. Fuck. Fuck. Fuck. Fuck.
Fuck. Fuck. Fuck. Fuck. Fuck. Fuck. Fuck. Fuck. Fuck.
Fuck. Fuck. Fuck. Fuck. Fuck. Fuck. Fuck. Fuck. Fuck.
Fuck. Fuck. Fuck. Fuck. Fuck. Fuck. Fuck. Fuck. Fuck.
Fuck. Fuck. Fuck. Fuck. Fuck. Fuck. Fuck. Fuck. Fuck.
Fuck. Fuck. Fuck. Fuck. Fuck. Fuck. Fuck. Fuck. Fuck.
Fuck. Fuck. Fuck. Fuck. Fuck. Fuck. Fuck. Fuck. Fuck.
Fuck. Fuck. Fuck. Fuck. Fuck. Fuck. Fuck. Fuck. Fuck.
Fuck. Fuck. Fuck. Fuck. Fuck. Fuck. Fuck. Fuck. Fuck.
Fuck. Fuck. Fuck. Fuck. Fuck. Fuck. Fuck. Fuck. Fuck.
Fuck. Fuck. Fuck. Fuck. Fuck. Fuck. Fuck. Fuck. Fuck.
Fuck. Fuck. Fuck. Fuck. Fuck. Fuck. Fuck. Fuck. Fuck.
Fuck. Fuck. Fuck. Fuck. Fuck. Fuck. Fuck. Fuck. Fuck.
Fuck. Fuck. Fuck. Fuck. Fuck. Fuck. Fuck. Fuck. Fuck.
Fuck. Fuck. Fuck. Fuck. Fuck. Fuck. Fuck. Fuck. Fuck.
Fuck. Fuck. Fuck. Fuck. Fuck. Fuck. Fuck. Fuck. Fuck.
Fuck. Fuck. Fuck. Fuck. Fuck. Fuck. Fuck. Fuck. Fuck.
Fuck. Fuck. Fuck. Fuck. Fuck. Fuck. Fuck. Fuck. Fuck.

Fuck. Fuck. Fuck. Fuck. Fuck. Fuck. Fuck. Fuck. Fuck.
Fuck. Fuck. Fuck. Fuck. Fuck. Fuck. Fuck. Fuck. Fuck.
Fuck. Fuck. Fuck. Fuck. Fuck. Fuck. Fuck. Fuck. Fuck.
Fuck. Fuck. Fuck. Fuck. Fuck. Fuck. Fuck. Fuck. Fuck.
Fuck. Fuck. Fuck. Fuck. Fuck. Fuck. Fuck. Fuck. Fuck.
Fuck. Fuck. Fuck. Fuck. Fuck. Fuck. Fuck. Fuck. Fuck.
Fuck. Fuck. Fuck. Fuck. Fuck. Fuck. Fuck. Fuck. Fuck.
Fuck. Fuck. Fuck. Fuck. Fuck. Fuck. Fuck. Fuck. Fuck.
Fuck. Fuck. Fuck. Fuck. Fuck. Fuck. Fuck. Fuck. Fuck.
Fuck. Fuck. Fuck. Fuck. Fuck. Fuck. Fuck. Fuck. Fuck.
Fuck. Fuck. Fuck. Fuck. Fuck. Fuck. Fuck. Fuck. Fuck.
Fuck. Fuck. Fuck. Fuck. Fuck. Fuck. Fuck. Fuck. Fuck.
Fuck. Fuck. Fuck. Fuck. Fuck. Fuck. Fuck. Fuck. Fuck.
Fuck. Fuck. Fuck. Fuck. Fuck. Fuck. Fuck. Fuck. Fuck.
Fuck. Fuck. Fuck. Fuck. Fuck. Fuck. Fuck. Fuck. Fuck.
Fuck. Fuck. Fuck. Fuck. Fuck. Fuck. Fuck. Fuck. Fuck.
Fuck. Fuck. Fuck. Fuck. Fuck. Fuck. Fuck. Fuck. Fuck.
Fuck. Fuck. Fuck. Fuck. Fuck. Fuck. Fuck. Fuck. Fuck.
Fuck. Fuck. Fuck. Fuck. Fuck. Fuck. Fuck. Fuck. Fuck.
Fuck. Fuck. Fuck. Fuck. Fuck. Fuck. Fuck. Fuck. Fuck.
Fuck. Fuck. Fuck. Fuck. Fuck. Fuck. Fuck. Fuck. Fuck.
Fuck. Fuck. Fuck. Fuck. Fuck. Fuck. Fuck. Fuck. Fuck.
Fuck. Fuck. Fuck. Fuck. Fuck. Fuck. Fuck. Fuck. Fuck.
Fuck. Fuck. Fuck. Fuck. Fuck. Fuck. Fuck. Fuck. Fuck.
Fuck. Fuck. Fuck. Fuck. Fuck. Fuck. Fuck. Fuck. Fuck.
Fuck. Fuck. Fuck. Fuck. Fuck. Fuck. Fuck. Fuck. Fuck.
Fuck. Fuck. Fuck. Fuck. Fuck. Fuck. Fuck. Fuck. Fuck.
Fuck. Fuck. Fuck. Fuck. Fuck. Fuck. Fuck. Fuck. Fuck.
Fuck. Fuck. Fuck. Fuck. Fuck. Fuck. Fuck. Fuck. Fuck.
Fuck. Fuck. Fuck. Fuck. Fuck. Fuck. Fuck. Fuck. Fuck.
Fuck. Fuck. Fuck. Fuck. Fuck. Fuck. Fuck. Fuck. Fuck.
Fuck. Fuck. Fuck. Fuck. Fuck. Fuck. Fuck. Fuck. Fuck.

Fuck. Fuck. Fuck. Fuck. Fuck. Fuck. Fuck. Fuck. Fuck.
Fuck. Fuck. Fuck. Fuck. Fuck. Fuck. Fuck. Fuck. Fuck.
Fuck. Fuck. Fuck. Fuck. Fuck. Fuck. Fuck. Fuck. Fuck.
Fuck. Fuck. Fuck. Fuck. Fuck. Fuck. Fuck. Fuck. Fuck.
Fuck. Fuck. Fuck. Fuck. Fuck. Fuck. Fuck. Fuck. Fuck.
Fuck. Fuck. Fuck. Fuck. Fuck. Fuck. Fuck. Fuck. Fuck.
Fuck. Fuck. Fuck. Fuck. Fuck. Fuck. Fuck. Fuck. Fuck.
Fuck. Fuck. Fuck. Fuck. Fuck. Fuck. Fuck. Fuck. Fuck.
Fuck. Fuck. Fuck. Fuck. Fuck. Fuck. Fuck. Fuck. Fuck.
Fuck. Fuck. Fuck. Fuck. Fuck. Fuck. Fuck. Fuck. Fuck.
Fuck. Fuck. Fuck. Fuck. Fuck. Fuck. Fuck. Fuck. Fuck.
Fuck. Fuck. Fuck. Fuck. Fuck. Fuck. Fuck. Fuck. Fuck.
Fuck. Fuck. Fuck. Fuck. Fuck. Fuck. Fuck. Fuck. Fuck.
Fuck. Fuck. Fuck. Fuck. Fuck. Fuck. Fuck. Fuck. Fuck.
Fuck. Fuck. Fuck. Fuck. Fuck. Fuck. Fuck. Fuck. Fuck.
Fuck. Fuck. Fuck. Fuck. Fuck. Fuck. Fuck. Fuck. Fuck.
Fuck. Fuck. Fuck. Fuck. Fuck. Fuck. Fuck. Fuck. Fuck.
Fuck. Fuck. Fuck. Fuck. Fuck. Fuck. Fuck. Fuck. Fuck.
Fuck. Fuck. Fuck. Fuck. Fuck. Fuck. Fuck. Fuck. Fuck.
Fuck. Fuck. Fuck. Fuck. Fuck. Fuck. Fuck. Fuck. Fuck.
Fuck. Fuck. Fuck. Fuck. Fuck. Fuck. Fuck. Fuck. Fuck.
Fuck. Fuck. Fuck. Fuck. Fuck. Fuck. Fuck. Fuck. Fuck.
Fuck. Fuck. Fuck. Fuck. Fuck. Fuck. Fuck. Fuck. Fuck.
Fuck. Fuck. Fuck. Fuck. Fuck. Fuck. Fuck. Fuck. Fuck.
Fuck. Fuck. Fuck. Fuck. Fuck. Fuck. Fuck. Fuck. Fuck.
Fuck. Fuck. Fuck. Fuck. Fuck. Fuck. Fuck. Fuck. Fuck.
Fuck. Fuck. Fuck. Fuck. Fuck. Fuck. Fuck. Fuck. Fuck.
Fuck. Fuck. Fuck. Fuck. Fuck. Fuck. Fuck. Fuck. Fuck.
Fuck. Fuck. Fuck. Fuck. Fuck. Fuck. Fuck. Fuck. Fuck.
Fuck. Fuck. Fuck. Fuck. Fuck. Fuck. Fuck. Fuck. Fuck.
Fuck. Fuck. Fuck. Fuck. Fuck. Fuck. Fuck. Fuck. Fuck.
Fuck. Fuck. Fuck. Fuck. Fuck. Fuck. Fuck. Fuck. Fuck.
Fuck. Fuck. Fuck. Fuck. Fuck. Fuck. Fuck. Fuck. Fuck.

Fuck. Fuck. Fuck. Fuck. Fuck. Fuck. Fuck. Fuck. Fuck.
Fuck. Fuck. Fuck. Fuck. Fuck. Fuck. Fuck. Fuck. Fuck.
Fuck. Fuck. Fuck. Fuck. Fuck. Fuck. Fuck. Fuck. Fuck.
Fuck. Fuck. Fuck. Fuck. Fuck. Fuck. Fuck. Fuck. Fuck.
Fuck. Fuck. Fuck. Fuck. Fuck. Fuck. Fuck. Fuck. Fuck.
Fuck. Fuck. Fuck. Fuck. Fuck. Fuck. Fuck. Fuck. Fuck.
Fuck. Fuck. Fuck. Fuck. Fuck. Fuck. Fuck. Fuck. Fuck.
Fuck. Fuck. Fuck. Fuck. Fuck. Fuck. Fuck. Fuck. Fuck.
Fuck. Fuck. Fuck. Fuck. Fuck. Fuck. Fuck. Fuck. Fuck.
Fuck. Fuck. Fuck. Fuck. Fuck. Fuck. Fuck. Fuck. Fuck.
Fuck. Fuck. Fuck. Fuck. Fuck. Fuck. Fuck. Fuck. Fuck.
Fuck. Fuck. Fuck. Fuck. Fuck. Fuck. Fuck. Fuck. Fuck.
Fuck. Fuck. Fuck. Fuck. Fuck. Fuck. Fuck. Fuck. Fuck.
Fuck. Fuck. Fuck. Fuck. Fuck. Fuck. Fuck. Fuck. Fuck.
Fuck. Fuck. Fuck. Fuck. Fuck. Fuck. Fuck. Fuck. Fuck.
Fuck. Fuck. Fuck. Fuck. Fuck. Fuck. Fuck. Fuck. Fuck.
Fuck. Fuck. Fuck. Fuck. Fuck. Fuck. Fuck. Fuck. Fuck.
Fuck. Fuck. Fuck. Fuck. Fuck. Fuck. Fuck. Fuck. Fuck.
Fuck. Fuck. Fuck. Fuck. Fuck. Fuck. Fuck. Fuck. Fuck.
Fuck. Fuck. Fuck. Fuck. Fuck. Fuck. Fuck. Fuck. Fuck.
Fuck. Fuck. Fuck. Fuck. Fuck. Fuck. Fuck. Fuck. Fuck.
Fuck. Fuck. Fuck. Fuck. Fuck. Fuck. Fuck. Fuck. Fuck.
Fuck. Fuck. Fuck. Fuck. Fuck. Fuck. Fuck. Fuck. Fuck.
Fuck. Fuck. Fuck. Fuck. Fuck. Fuck. Fuck. Fuck. Fuck.
Fuck. Fuck. Fuck. Fuck. Fuck. Fuck. Fuck. Fuck. Fuck.
Fuck. Fuck. Fuck. Fuck. Fuck. Fuck. Fuck. Fuck. Fuck.
Fuck. Fuck. Fuck. Fuck. Fuck. Fuck. Fuck. Fuck. Fuck.
Fuck. Fuck. Fuck. Fuck. Fuck. Fuck. Fuck. Fuck. Fuck.
Fuck. Fuck. Fuck. Fuck. Fuck. Fuck. Fuck. Fuck. Fuck.
Fuck. Fuck. Fuck. Fuck. Fuck. Fuck. Fuck. Fuck. Fuck.
Fuck. Fuck. Fuck. Fuck. Fuck. Fuck. Fuck. Fuck. Fuck.
Fuck. Fuck. Fuck. Fuck. Fuck. Fuck. Fuck. Fuck. Fuck.

Fuck. Fuck. Fuck. Fuck. Fuck. Fuck. Fuck. Fuck. Fuck.
Fuck. Fuck. Fuck. Fuck. Fuck. Fuck. Fuck. Fuck. Fuck.
Fuck. Fuck. Fuck. Fuck. Fuck. Fuck. Fuck. Fuck. Fuck.
Fuck. Fuck. Fuck. Fuck. Fuck. Fuck. Fuck. Fuck. Fuck.
Fuck. Fuck. Fuck. Fuck. Fuck. Fuck. Fuck. Fuck. Fuck.
Fuck. Fuck. Fuck. Fuck. Fuck. Fuck. Fuck. Fuck. Fuck.
Fuck. Fuck. Fuck. Fuck. Fuck. Fuck. Fuck. Fuck. Fuck.
Fuck. Fuck. Fuck. Fuck. Fuck. Fuck. Fuck. Fuck. Fuck.
Fuck. Fuck. Fuck. Fuck. Fuck. Fuck. Fuck. Fuck. Fuck.
Fuck. Fuck. Fuck. Fuck. Fuck. Fuck. Fuck. Fuck. Fuck.
Fuck. Fuck. Fuck. Fuck. Fuck. Fuck. Fuck. Fuck. Fuck.
Fuck. Fuck. Fuck. Fuck. Fuck. Fuck. Fuck. Fuck. Fuck.
Fuck. Fuck. Fuck. Fuck. Fuck. Fuck. Fuck. Fuck. Fuck.
Fuck. Fuck. Fuck. Fuck. Fuck. Fuck. Fuck. Fuck. Fuck.
Fuck. Fuck. Fuck. Fuck. Fuck. Fuck. Fuck. Fuck. Fuck.
Fuck. Fuck. Fuck. Fuck. Fuck. Fuck. Fuck. Fuck. Fuck.
Fuck. Fuck. Fuck. Fuck. Fuck. Fuck. Fuck. Fuck. Fuck.
Fuck. Fuck. Fuck. Fuck. Fuck. Fuck. Fuck. Fuck. Fuck.
Fuck. Fuck. Fuck. Fuck. Fuck. Fuck. Fuck. Fuck. Fuck.
Fuck. Fuck. Fuck. Fuck. Fuck. Fuck. Fuck. Fuck. Fuck.
Fuck. Fuck. Fuck. Fuck. Fuck. Fuck. Fuck. Fuck. Fuck.
Fuck. Fuck. Fuck. Fuck. Fuck. Fuck. Fuck. Fuck. Fuck.
Fuck. Fuck. Fuck. Fuck. Fuck. Fuck. Fuck. Fuck. Fuck.
Fuck. Fuck. Fuck. Fuck. Fuck. Fuck. Fuck. Fuck. Fuck.
Fuck. Fuck. Fuck. Fuck. Fuck. Fuck. Fuck. Fuck. Fuck.
Fuck. Fuck. Fuck. Fuck. Fuck. Fuck. Fuck. Fuck. Fuck.
Fuck. Fuck. Fuck. Fuck. Fuck. Fuck. Fuck. Fuck. Fuck.
Fuck. Fuck. Fuck. Fuck. Fuck. Fuck. Fuck. Fuck. Fuck.
Fuck. Fuck. Fuck. Fuck. Fuck. Fuck. Fuck. Fuck. Fuck.
Fuck. Fuck. Fuck. Fuck. Fuck. Fuck. Fuck. Fuck. Fuck.
Fuck. Fuck. Fuck. Fuck. Fuck. Fuck. Fuck. Fuck. Fuck.
Fuck. Fuck. Fuck. Fuck. Fuck. Fuck. Fuck. Fuck. Fuck.
Fuck. Fuck. Fuck. Fuck. Fuck. Fuck. Fuck. Fuck. Fuck.

Fuck. Fuck. Fuck. Fuck. Fuck. Fuck. Fuck. Fuck. Fuck.
Fuck. Fuck. Fuck. Fuck. Fuck. Fuck. Fuck. Fuck. Fuck.
Fuck. Fuck. Fuck. Fuck. Fuck. Fuck. Fuck. Fuck. Fuck.
Fuck. Fuck. Fuck. Fuck. Fuck. Fuck. Fuck. Fuck. Fuck.
Fuck. Fuck. Fuck. Fuck. Fuck. Fuck. Fuck. Fuck. Fuck.
Fuck. Fuck. Fuck. Fuck. Fuck. Fuck. Fuck. Fuck. Fuck.
Fuck. Fuck. Fuck. Fuck. Fuck. Fuck. Fuck. Fuck. Fuck.
Fuck. Fuck. Fuck. Fuck. Fuck. Fuck. Fuck. Fuck. Fuck.
Fuck. Fuck. Fuck. Fuck. Fuck. Fuck. Fuck. Fuck. Fuck.
Fuck. Fuck. Fuck. Fuck. Fuck. Fuck. Fuck. Fuck. Fuck.
Fuck. Fuck. Fuck. Fuck. Fuck. Fuck. Fuck. Fuck. Fuck.
Fuck. Fuck. Fuck. Fuck. Fuck. Fuck. Fuck. Fuck. Fuck.
Fuck. Fuck. Fuck. Fuck. Fuck. Fuck. Fuck. Fuck. Fuck.
Fuck. Fuck. Fuck. Fuck. Fuck. Fuck. Fuck. Fuck. Fuck.
Fuck. Fuck. Fuck. Fuck. Fuck. Fuck. Fuck. Fuck. Fuck.
Fuck. Fuck. Fuck. Fuck. Fuck. Fuck. Fuck. Fuck. Fuck.
Fuck. Fuck. Fuck. Fuck. Fuck. Fuck. Fuck. Fuck. Fuck.
Fuck. Fuck. Fuck. Fuck. Fuck. Fuck. Fuck. Fuck. Fuck.
Fuck. Fuck. Fuck. Fuck. Fuck. Fuck. Fuck. Fuck. Fuck.
Fuck. Fuck. Fuck. Fuck. Fuck. Fuck. Fuck. Fuck. Fuck.
Fuck. Fuck. Fuck. Fuck. Fuck. Fuck. Fuck. Fuck. Fuck.
Fuck. Fuck. Fuck. Fuck. Fuck. Fuck. Fuck. Fuck. Fuck.
Fuck. Fuck. Fuck. Fuck. Fuck. Fuck. Fuck. Fuck. Fuck.
Fuck. Fuck. Fuck. Fuck. Fuck. Fuck. Fuck. Fuck. Fuck.
Fuck. Fuck. Fuck. Fuck. Fuck. Fuck. Fuck. Fuck. Fuck.
Fuck. Fuck. Fuck. Fuck. Fuck. Fuck. Fuck. Fuck. Fuck.
Fuck. Fuck. Fuck. Fuck. Fuck. Fuck. Fuck. Fuck. Fuck.
Fuck. Fuck. Fuck. Fuck. Fuck. Fuck. Fuck. Fuck. Fuck.
Fuck. Fuck. Fuck. Fuck. Fuck. Fuck. Fuck. Fuck. Fuck.
Fuck. Fuck. Fuck. Fuck. Fuck. Fuck. Fuck. Fuck. Fuck.
Fuck. Fuck. Fuck. Fuck. Fuck. Fuck. Fuck. Fuck. Fuck.
Fuck. Fuck. Fuck. Fuck. Fuck. Fuck. Fuck. Fuck. Fuck.

Fuck. Fuck. Fuck. Fuck. Fuck. Fuck. Fuck. Fuck. Fuck.
Fuck. Fuck. Fuck. Fuck. Fuck. Fuck. Fuck. Fuck. Fuck.
Fuck. Fuck. Fuck. Fuck. Fuck. Fuck. Fuck. Fuck. Fuck.
Fuck. Fuck. Fuck. Fuck. Fuck. Fuck. Fuck. Fuck. Fuck.
Fuck. Fuck. Fuck. Fuck. Fuck. Fuck. Fuck. Fuck. Fuck.
Fuck. Fuck. Fuck. Fuck. Fuck. Fuck. Fuck. Fuck. Fuck.
Fuck. Fuck. Fuck. Fuck. Fuck. Fuck. Fuck. Fuck. Fuck.
Fuck. Fuck. Fuck. Fuck. Fuck. Fuck. Fuck. Fuck. Fuck.
Fuck. Fuck. Fuck. Fuck. Fuck. Fuck. Fuck. Fuck. Fuck.
Fuck. Fuck. Fuck. Fuck. Fuck. Fuck. Fuck. Fuck. Fuck.
Fuck. Fuck. Fuck. Fuck. Fuck. Fuck. Fuck. Fuck. Fuck.
Fuck. Fuck. Fuck. Fuck. Fuck. Fuck. Fuck. Fuck. Fuck.
Fuck. Fuck. Fuck. Fuck. Fuck. Fuck. Fuck. Fuck. Fuck.
Fuck. Fuck. Fuck. Fuck. Fuck. Fuck. Fuck. Fuck. Fuck.
Fuck. Fuck. Fuck. Fuck. Fuck. Fuck. Fuck. Fuck. Fuck.
Fuck. Fuck. Fuck. Fuck. Fuck. Fuck. Fuck. Fuck. Fuck.
Fuck. Fuck. Fuck. Fuck. Fuck. Fuck. Fuck. Fuck. Fuck.
Fuck. Fuck. Fuck. Fuck. Fuck. Fuck. Fuck. Fuck. Fuck.
Fuck. Fuck. Fuck. Fuck. Fuck. Fuck. Fuck. Fuck. Fuck.
Fuck. Fuck. Fuck. Fuck. Fuck. Fuck. Fuck. Fuck. Fuck.
Fuck. Fuck. Fuck. Fuck. Fuck. Fuck. Fuck. Fuck. Fuck.
Fuck. Fuck. Fuck. Fuck. Fuck. Fuck. Fuck. Fuck. Fuck.
Fuck. Fuck. Fuck. Fuck. Fuck. Fuck. Fuck. Fuck. Fuck.
Fuck. Fuck. Fuck. Fuck. Fuck. Fuck. Fuck. Fuck. Fuck.
Fuck. Fuck. Fuck. Fuck. Fuck. Fuck. Fuck. Fuck. Fuck.
Fuck. Fuck. Fuck. Fuck. Fuck. Fuck. Fuck. Fuck. Fuck.
Fuck. Fuck. Fuck. Fuck. Fuck. Fuck. Fuck. Fuck. Fuck.
Fuck. Fuck. Fuck. Fuck. Fuck. Fuck. Fuck. Fuck. Fuck.
Fuck. Fuck. Fuck. Fuck. Fuck. Fuck. Fuck. Fuck. Fuck.
Fuck. Fuck. Fuck. Fuck. Fuck. Fuck. Fuck. Fuck. Fuck.
Fuck. Fuck. Fuck. Fuck. Fuck. Fuck. Fuck. Fuck. Fuck.
Fuck. Fuck. Fuck. Fuck. Fuck. Fuck. Fuck. Fuck. Fuck.
Fuck. Fuck. Fuck. Fuck. Fuck. Fuck. Fuck. Fuck. Fuck.
Fuck. Fuck. Fuck. Fuck. Fuck. Fuck. Fuck. Fuck. Fuck.

Fuck. Fuck. Fuck. Fuck. Fuck. Fuck. Fuck. Fuck. Fuck.
Fuck. Fuck. Fuck. Fuck. Fuck. Fuck. Fuck. Fuck. Fuck.
Fuck. Fuck. Fuck. Fuck. Fuck. Fuck. Fuck. Fuck. Fuck.
Fuck. Fuck. Fuck. Fuck. Fuck. Fuck. Fuck. Fuck. Fuck.
Fuck. Fuck. Fuck. Fuck. Fuck. Fuck. Fuck. Fuck. Fuck.
Fuck. Fuck. Fuck. Fuck. Fuck. Fuck. Fuck. Fuck. Fuck.
Fuck. Fuck. Fuck. Fuck. Fuck. Fuck. Fuck. Fuck. Fuck.
Fuck. Fuck. Fuck. Fuck. Fuck. Fuck. Fuck. Fuck. Fuck.
Fuck. Fuck. Fuck. Fuck. Fuck. Fuck. Fuck. Fuck. Fuck.
Fuck. Fuck. Fuck. Fuck. Fuck. Fuck. Fuck. Fuck. Fuck.
Fuck. Fuck. Fuck. Fuck. Fuck. Fuck. Fuck. Fuck. Fuck.
Fuck. Fuck. Fuck. Fuck. Fuck. Fuck. Fuck. Fuck. Fuck.
Fuck. Fuck. Fuck. Fuck. Fuck. Fuck. Fuck. Fuck. Fuck.
Fuck. Fuck. Fuck. Fuck. Fuck. Fuck. Fuck. Fuck. Fuck.
Fuck. Fuck. Fuck. Fuck. Fuck. Fuck. Fuck. Fuck. Fuck.
Fuck. Fuck. Fuck. Fuck. Fuck. Fuck. Fuck. Fuck. Fuck.
Fuck. Fuck. Fuck. Fuck. Fuck. Fuck. Fuck. Fuck. Fuck.
Fuck. Fuck. Fuck. Fuck. Fuck. Fuck. Fuck. Fuck. Fuck.
Fuck. Fuck. Fuck. Fuck. Fuck. Fuck. Fuck. Fuck. Fuck.
Fuck. Fuck. Fuck. Fuck. Fuck. Fuck. Fuck. Fuck. Fuck.
Fuck. Fuck. Fuck. Fuck. Fuck. Fuck. Fuck. Fuck. Fuck.
Fuck. Fuck. Fuck. Fuck. Fuck. Fuck. Fuck. Fuck. Fuck.
Fuck. Fuck. Fuck. Fuck. Fuck. Fuck. Fuck. Fuck. Fuck.
Fuck. Fuck. Fuck. Fuck. Fuck. Fuck. Fuck. Fuck. Fuck.
Fuck. Fuck. Fuck. Fuck. Fuck. Fuck. Fuck. Fuck. Fuck.
Fuck. Fuck. Fuck. Fuck. Fuck. Fuck. Fuck. Fuck. Fuck.
Fuck. Fuck. Fuck. Fuck. Fuck. Fuck. Fuck. Fuck. Fuck.
Fuck. Fuck. Fuck. Fuck. Fuck. Fuck. Fuck. Fuck. Fuck.
Fuck. Fuck. Fuck. Fuck. Fuck. Fuck. Fuck. Fuck. Fuck.
Fuck. Fuck. Fuck. Fuck. Fuck. Fuck. Fuck. Fuck. Fuck.
Fuck. Fuck. Fuck. Fuck. Fuck. Fuck. Fuck. Fuck. Fuck.
Fuck. Fuck. Fuck. Fuck. Fuck. Fuck. Fuck. Fuck. Fuck.

Fuck. Fuck. Fuck. Fuck. Fuck. Fuck. Fuck. Fuck. Fuck.
Fuck. Fuck. Fuck. Fuck. Fuck. Fuck. Fuck. Fuck. Fuck.
Fuck. Fuck. Fuck. Fuck. Fuck. Fuck. Fuck. Fuck. Fuck.
Fuck. Fuck. Fuck. Fuck. Fuck. Fuck. Fuck. Fuck. Fuck.
Fuck. Fuck. Fuck. Fuck. Fuck. Fuck. Fuck. Fuck. Fuck.
Fuck. Fuck. Fuck. Fuck. Fuck. Fuck. Fuck. Fuck. Fuck.
Fuck. Fuck. Fuck. Fuck. Fuck. Fuck. Fuck. Fuck. Fuck.
Fuck. Fuck. Fuck. Fuck. Fuck. Fuck. Fuck. Fuck. Fuck.
Fuck. Fuck. Fuck. Fuck. Fuck. Fuck. Fuck. Fuck. Fuck.
Fuck. Fuck. Fuck. Fuck. Fuck. Fuck. Fuck. Fuck. Fuck.
Fuck. Fuck. Fuck. Fuck. Fuck. Fuck. Fuck. Fuck. Fuck.
Fuck. Fuck. Fuck. Fuck. Fuck. Fuck. Fuck. Fuck. Fuck.
Fuck. Fuck. Fuck. Fuck. Fuck. Fuck. Fuck. Fuck. Fuck.
Fuck. Fuck. Fuck. Fuck. Fuck. Fuck. Fuck. Fuck. Fuck.
Fuck. Fuck. Fuck. Fuck. Fuck. Fuck. Fuck. Fuck. Fuck.
Fuck. Fuck. Fuck. Fuck. Fuck. Fuck. Fuck. Fuck. Fuck.
Fuck. Fuck. Fuck. Fuck. Fuck. Fuck. Fuck. Fuck. Fuck.
Fuck. Fuck. Fuck. Fuck. Fuck. Fuck. Fuck. Fuck. Fuck.
Fuck. Fuck. Fuck. Fuck. Fuck. Fuck. Fuck. Fuck. Fuck.
Fuck. Fuck. Fuck. Fuck. Fuck. Fuck. Fuck. Fuck. Fuck.
Fuck. Fuck. Fuck. Fuck. Fuck. Fuck. Fuck. Fuck. Fuck.
Fuck. Fuck. Fuck. Fuck. Fuck. Fuck. Fuck. Fuck. Fuck.
Fuck. Fuck. Fuck. Fuck. Fuck. Fuck. Fuck. Fuck. Fuck.
Fuck. Fuck. Fuck. Fuck. Fuck. Fuck. Fuck. Fuck. Fuck.
Fuck. Fuck. Fuck. Fuck. Fuck. Fuck. Fuck. Fuck. Fuck.
Fuck. Fuck. Fuck. Fuck. Fuck. Fuck. Fuck. Fuck. Fuck.
Fuck. Fuck. Fuck. Fuck. Fuck. Fuck. Fuck. Fuck. Fuck.
Fuck. Fuck. Fuck. Fuck. Fuck. Fuck. Fuck. Fuck. Fuck.
Fuck. Fuck. Fuck. Fuck. Fuck. Fuck. Fuck. Fuck. Fuck.
Fuck. Fuck. Fuck. Fuck. Fuck. Fuck. Fuck. Fuck. Fuck.
Fuck. Fuck. Fuck. Fuck. Fuck. Fuck. Fuck. Fuck. Fuck.

Fuck. Fuck. Fuck. Fuck. Fuck. Fuck. Fuck. Fuck. Fuck.
Fuck. Fuck. Fuck. Fuck. Fuck. Fuck. Fuck. Fuck. Fuck.
Fuck. Fuck. Fuck. Fuck. Fuck. Fuck. Fuck. Fuck. Fuck.
Fuck. Fuck. Fuck. Fuck. Fuck. Fuck. Fuck. Fuck. Fuck.
Fuck. Fuck. Fuck. Fuck. Fuck. Fuck. Fuck. Fuck. Fuck.
Fuck. Fuck. Fuck. Fuck. Fuck. Fuck. Fuck. Fuck. Fuck.
Fuck. Fuck. Fuck. Fuck. Fuck. Fuck. Fuck. Fuck. Fuck.
Fuck. Fuck. Fuck. Fuck. Fuck. Fuck. Fuck. Fuck. Fuck.
Fuck. Fuck. Fuck. Fuck. Fuck. Fuck. Fuck. Fuck. Fuck.
Fuck. Fuck. Fuck. Fuck. Fuck. Fuck. Fuck. Fuck. Fuck.
Fuck. Fuck. Fuck. Fuck. Fuck. Fuck. Fuck. Fuck. Fuck.
Fuck. Fuck. Fuck. Fuck. Fuck. Fuck. Fuck. Fuck. Fuck.
Fuck. Fuck. Fuck. Fuck. Fuck. Fuck. Fuck. Fuck. Fuck.
Fuck. Fuck. Fuck. Fuck. Fuck. Fuck. Fuck. Fuck. Fuck.
Fuck. Fuck. Fuck. Fuck. Fuck. Fuck. Fuck. Fuck. Fuck.
Fuck. Fuck. Fuck. Fuck. Fuck. Fuck. Fuck. Fuck. Fuck.
Fuck. Fuck. Fuck. Fuck. Fuck. Fuck. Fuck. Fuck. Fuck.
Fuck. Fuck. Fuck. Fuck. Fuck. Fuck. Fuck. Fuck. Fuck.
Fuck. Fuck. Fuck. Fuck. Fuck. Fuck. Fuck. Fuck. Fuck.
Fuck. Fuck. Fuck. Fuck. Fuck. Fuck. Fuck. Fuck. Fuck.
Fuck. Fuck. Fuck. Fuck. Fuck. Fuck. Fuck. Fuck. Fuck.
Fuck. Fuck. Fuck. Fuck. Fuck. Fuck. Fuck. Fuck. Fuck.
Fuck. Fuck. Fuck. Fuck. Fuck. Fuck. Fuck. Fuck. Fuck.
Fuck. Fuck. Fuck. Fuck. Fuck. Fuck. Fuck. Fuck. Fuck.
Fuck. Fuck. Fuck. Fuck. Fuck. Fuck. Fuck. Fuck. Fuck.
Fuck. Fuck. Fuck. Fuck. Fuck. Fuck. Fuck. Fuck. Fuck.
Fuck. Fuck. Fuck. Fuck. Fuck. Fuck. Fuck. Fuck. Fuck.
Fuck. Fuck. Fuck. Fuck. Fuck. Fuck. Fuck. Fuck. Fuck.
Fuck. Fuck. Fuck. Fuck. Fuck. Fuck. Fuck. Fuck. Fuck.
Fuck. Fuck. Fuck. Fuck. Fuck. Fuck. Fuck. Fuck. Fuck.
Fuck. Fuck. Fuck. Fuck. Fuck. Fuck. Fuck. Fuck. Fuck.
Fuck. Fuck. Fuck. Fuck. Fuck. Fuck. Fuck. Fuck. Fuck.
Fuck. Fuck. Fuck. Fuck. Fuck. Fuck. Fuck. Fuck. Fuck.

Fuck. Fuck. Fuck. Fuck. Fuck. Fuck. Fuck. Fuck. Fuck.
Fuck. Fuck. Fuck. Fuck. Fuck. Fuck. Fuck. Fuck. Fuck.
Fuck. Fuck. Fuck. Fuck. Fuck. Fuck. Fuck. Fuck. Fuck.
Fuck. Fuck. Fuck. Fuck. Fuck. Fuck. Fuck. Fuck. Fuck.
Fuck. Fuck. Fuck. Fuck. Fuck. Fuck. Fuck. Fuck. Fuck.
Fuck. Fuck. Fuck. Fuck. Fuck. Fuck. Fuck. Fuck. Fuck.
Fuck. Fuck. Fuck. Fuck. Fuck. Fuck. Fuck. Fuck. Fuck.
Fuck. Fuck. Fuck. Fuck. Fuck. Fuck. Fuck. Fuck. Fuck.
Fuck. Fuck. Fuck. Fuck. Fuck. Fuck. Fuck. Fuck. Fuck.
Fuck. Fuck. Fuck. Fuck. Fuck. Fuck. Fuck. Fuck. Fuck.
Fuck. Fuck. Fuck. Fuck. Fuck. Fuck. Fuck. Fuck. Fuck.
Fuck. Fuck. Fuck. Fuck. Fuck. Fuck. Fuck. Fuck. Fuck.
Fuck. Fuck. Fuck. Fuck. Fuck. Fuck. Fuck. Fuck. Fuck.
Fuck. Fuck. Fuck. Fuck. Fuck. Fuck. Fuck. Fuck. Fuck.
Fuck. Fuck. Fuck. Fuck. Fuck. Fuck. Fuck. Fuck. Fuck.
Fuck. Fuck. Fuck. Fuck. Fuck. Fuck. Fuck. Fuck. Fuck.
Fuck. Fuck. Fuck. Fuck. Fuck. Fuck. Fuck. Fuck. Fuck.
Fuck. Fuck. Fuck. Fuck. Fuck. Fuck. Fuck. Fuck. Fuck.
Fuck. Fuck. Fuck. Fuck. Fuck. Fuck. Fuck. Fuck. Fuck.
Fuck. Fuck. Fuck. Fuck. Fuck. Fuck. Fuck. Fuck. Fuck.
Fuck. Fuck. Fuck. Fuck. Fuck. Fuck. Fuck. Fuck. Fuck.
Fuck. Fuck. Fuck. Fuck. Fuck. Fuck. Fuck. Fuck. Fuck.
Fuck. Fuck. Fuck. Fuck. Fuck. Fuck. Fuck. Fuck. Fuck.
Fuck. Fuck. Fuck. Fuck. Fuck. Fuck. Fuck. Fuck. Fuck.
Fuck. Fuck. Fuck. Fuck. Fuck. Fuck. Fuck. Fuck. Fuck.
Fuck. Fuck. Fuck. Fuck. Fuck. Fuck. Fuck. Fuck. Fuck.
Fuck. Fuck. Fuck. Fuck. Fuck. Fuck. Fuck. Fuck. Fuck.
Fuck. Fuck. Fuck. Fuck. Fuck. Fuck. Fuck. Fuck. Fuck.
Fuck. Fuck. Fuck. Fuck. Fuck. Fuck. Fuck. Fuck. Fuck.
Fuck. Fuck. Fuck. Fuck. Fuck. Fuck. Fuck. Fuck. Fuck.
Fuck. Fuck. Fuck. Fuck. Fuck. Fuck. Fuck. Fuck. Fuck.
Fuck. Fuck. Fuck. Fuck. Fuck. Fuck. Fuck. Fuck. Fuck.
Fuck. Fuck. Fuck. Fuck. Fuck. Fuck. Fuck. Fuck. Fuck.

Fuck. Fuck. Fuck. Fuck. Fuck. Fuck. Fuck. Fuck. Fuck.
Fuck. Fuck. Fuck. Fuck. Fuck. Fuck. Fuck. Fuck. Fuck.
Fuck. Fuck. Fuck. Fuck. Fuck. Fuck. Fuck. Fuck. Fuck.
Fuck. Fuck. Fuck. Fuck. Fuck. Fuck. Fuck. Fuck. Fuck.
Fuck. Fuck. Fuck. Fuck. Fuck. Fuck. Fuck. Fuck. Fuck.
Fuck. Fuck. Fuck. Fuck. Fuck. Fuck. Fuck. Fuck. Fuck.
Fuck. Fuck. Fuck. Fuck. Fuck. Fuck. Fuck. Fuck. Fuck.
Fuck. Fuck. Fuck. Fuck. Fuck. Fuck. Fuck. Fuck. Fuck.
Fuck. Fuck. Fuck. Fuck. Fuck. Fuck. Fuck. Fuck. Fuck.
Fuck. Fuck. Fuck. Fuck. Fuck. Fuck. Fuck. Fuck. Fuck.
Fuck. Fuck. Fuck. Fuck. Fuck. Fuck. Fuck. Fuck. Fuck.
Fuck. Fuck. Fuck. Fuck. Fuck. Fuck. Fuck. Fuck. Fuck.
Fuck. Fuck. Fuck. Fuck. Fuck. Fuck. Fuck. Fuck. Fuck.
Fuck. Fuck. Fuck. Fuck. Fuck. Fuck. Fuck. Fuck. Fuck.
Fuck. Fuck. Fuck. Fuck. Fuck. Fuck. Fuck. Fuck. Fuck.
Fuck. Fuck. Fuck. Fuck. Fuck. Fuck. Fuck. Fuck. Fuck.
Fuck. Fuck. Fuck. Fuck. Fuck. Fuck. Fuck. Fuck. Fuck.
Fuck. Fuck. Fuck. Fuck. Fuck. Fuck. Fuck. Fuck. Fuck.
Fuck. Fuck. Fuck. Fuck. Fuck. Fuck. Fuck. Fuck. Fuck.
Fuck. Fuck. Fuck. Fuck. Fuck. Fuck. Fuck. Fuck. Fuck.
Fuck. Fuck. Fuck. Fuck. Fuck. Fuck. Fuck. Fuck. Fuck.
Fuck. Fuck. Fuck. Fuck. Fuck. Fuck. Fuck. Fuck. Fuck.
Fuck. Fuck. Fuck. Fuck. Fuck. Fuck. Fuck. Fuck. Fuck.
Fuck. Fuck. Fuck. Fuck. Fuck. Fuck. Fuck. Fuck. Fuck.
Fuck. Fuck. Fuck. Fuck. Fuck. Fuck. Fuck. Fuck. Fuck.
Fuck. Fuck. Fuck. Fuck. Fuck. Fuck. Fuck. Fuck. Fuck.
Fuck. Fuck. Fuck. Fuck. Fuck. Fuck. Fuck. Fuck. Fuck.
Fuck. Fuck. Fuck. Fuck. Fuck. Fuck. Fuck. Fuck. Fuck.
Fuck. Fuck. Fuck. Fuck. Fuck. Fuck. Fuck. Fuck. Fuck.
Fuck. Fuck. Fuck. Fuck. Fuck. Fuck. Fuck. Fuck. Fuck.
Fuck. Fuck. Fuck. Fuck. Fuck. Fuck. Fuck. Fuck. Fuck.
Fuck. Fuck. Fuck. Fuck. Fuck. Fuck. Fuck. Fuck. Fuck.

Fuck. Fuck. Fuck. Fuck. Fuck. Fuck. Fuck. Fuck. Fuck.
Fuck. Fuck. Fuck. Fuck. Fuck. Fuck. Fuck. Fuck. Fuck.
Fuck. Fuck. Fuck. Fuck. Fuck. Fuck. Fuck. Fuck. Fuck.
Fuck. Fuck. Fuck. Fuck. Fuck. Fuck. Fuck. Fuck. Fuck.
Fuck. Fuck. Fuck. Fuck. Fuck. Fuck. Fuck. Fuck. Fuck.
Fuck. Fuck. Fuck. Fuck. Fuck. Fuck. Fuck. Fuck. Fuck.
Fuck. Fuck. Fuck. Fuck. Fuck. Fuck. Fuck. Fuck. Fuck.
Fuck. Fuck. Fuck. Fuck. Fuck. Fuck. Fuck. Fuck. Fuck.
Fuck. Fuck. Fuck. Fuck. Fuck. Fuck. Fuck. Fuck. Fuck.
Fuck. Fuck. Fuck. Fuck. Fuck. Fuck. Fuck. Fuck. Fuck.
Fuck. Fuck. Fuck. Fuck. Fuck. Fuck. Fuck. Fuck. Fuck.
Fuck. Fuck. Fuck. Fuck. Fuck. Fuck. Fuck. Fuck. Fuck.
Fuck. Fuck. Fuck. Fuck. Fuck. Fuck. Fuck. Fuck. Fuck.
Fuck. Fuck. Fuck. Fuck. Fuck. Fuck. Fuck. Fuck. Fuck.
Fuck. Fuck. Fuck. Fuck. Fuck. Fuck. Fuck. Fuck. Fuck.
Fuck. Fuck. Fuck. Fuck. Fuck. Fuck. Fuck. Fuck. Fuck.
Fuck. Fuck. Fuck. Fuck. Fuck. Fuck. Fuck. Fuck. Fuck.
Fuck. Fuck. Fuck. Fuck. Fuck. Fuck. Fuck. Fuck. Fuck.
Fuck. Fuck. Fuck. Fuck. Fuck. Fuck. Fuck. Fuck. Fuck.
Fuck. Fuck. Fuck. Fuck. Fuck. Fuck. Fuck. Fuck. Fuck.
Fuck. Fuck. Fuck. Fuck. Fuck. Fuck. Fuck. Fuck. Fuck.
Fuck. Fuck. Fuck. Fuck. Fuck. Fuck. Fuck. Fuck. Fuck.
Fuck. Fuck. Fuck. Fuck. Fuck. Fuck. Fuck. Fuck. Fuck.
Fuck. Fuck. Fuck. Fuck. Fuck. Fuck. Fuck. Fuck. Fuck.
Fuck. Fuck. Fuck. Fuck. Fuck. Fuck. Fuck. Fuck. Fuck.
Fuck. Fuck. Fuck. Fuck. Fuck. Fuck. Fuck. Fuck. Fuck.
Fuck. Fuck. Fuck. Fuck. Fuck. Fuck. Fuck. Fuck. Fuck.
Fuck. Fuck. Fuck. Fuck. Fuck. Fuck. Fuck. Fuck. Fuck.
Fuck. Fuck. Fuck. Fuck. Fuck. Fuck. Fuck. Fuck. Fuck.
Fuck. Fuck. Fuck. Fuck. Fuck. Fuck. Fuck. Fuck. Fuck.
Fuck. Fuck. Fuck. Fuck. Fuck. Fuck. Fuck. Fuck. Fuck.
Fuck. Fuck. Fuck. Fuck. Fuck. Fuck. Fuck. Fuck. Fuck.
Fuck. Fuck. Fuck. Fuck. Fuck. Fuck. Fuck. Fuck. Fuck.

Fuck. Fuck. Fuck. Fuck. Fuck. Fuck. Fuck. Fuck. Fuck.
Fuck. Fuck. Fuck. Fuck. Fuck. Fuck. Fuck. Fuck. Fuck.
Fuck. Fuck. Fuck. Fuck. Fuck. Fuck. Fuck. Fuck. Fuck.
Fuck. Fuck. Fuck. Fuck. Fuck. Fuck. Fuck. Fuck. Fuck.
Fuck. Fuck. Fuck. Fuck. Fuck. Fuck. Fuck. Fuck. Fuck.
Fuck. Fuck. Fuck. Fuck. Fuck. Fuck. Fuck. Fuck. Fuck.
Fuck. Fuck. Fuck. Fuck. Fuck. Fuck. Fuck. Fuck. Fuck.
Fuck. Fuck. Fuck. Fuck. Fuck. Fuck. Fuck. Fuck. Fuck.
Fuck. Fuck. Fuck. Fuck. Fuck. Fuck. Fuck. Fuck. Fuck.
Fuck. Fuck. Fuck. Fuck. Fuck. Fuck. Fuck. Fuck. Fuck.
Fuck. Fuck. Fuck. Fuck. Fuck. Fuck. Fuck. Fuck. Fuck.
Fuck. Fuck. Fuck. Fuck. Fuck. Fuck. Fuck. Fuck. Fuck.
Fuck. Fuck. Fuck. Fuck. Fuck. Fuck. Fuck. Fuck. Fuck.
Fuck. Fuck. Fuck. Fuck. Fuck. Fuck. Fuck. Fuck. Fuck.
Fuck. Fuck. Fuck. Fuck. Fuck. Fuck. Fuck. Fuck. Fuck.
Fuck. Fuck. Fuck. Fuck. Fuck. Fuck. Fuck. Fuck. Fuck.
Fuck. Fuck. Fuck. Fuck. Fuck. Fuck. Fuck. Fuck. Fuck.
Fuck. Fuck. Fuck. Fuck. Fuck. Fuck. Fuck. Fuck. Fuck.
Fuck. Fuck. Fuck. Fuck. Fuck. Fuck. Fuck. Fuck. Fuck.
Fuck. Fuck. Fuck. Fuck. Fuck. Fuck. Fuck. Fuck. Fuck.
Fuck. Fuck. Fuck. Fuck. Fuck. Fuck. Fuck. Fuck. Fuck.
Fuck. Fuck. Fuck. Fuck. Fuck. Fuck. Fuck. Fuck. Fuck.
Fuck. Fuck. Fuck. Fuck. Fuck. Fuck. Fuck. Fuck. Fuck.
Fuck. Fuck. Fuck. Fuck. Fuck. Fuck. Fuck. Fuck. Fuck.
Fuck. Fuck. Fuck. Fuck. Fuck. Fuck. Fuck. Fuck. Fuck.
Fuck. Fuck. Fuck. Fuck. Fuck. Fuck. Fuck. Fuck. Fuck.
Fuck. Fuck. Fuck. Fuck. Fuck. Fuck. Fuck. Fuck. Fuck.
Fuck. Fuck. Fuck. Fuck. Fuck. Fuck. Fuck. Fuck. Fuck.
Fuck. Fuck. Fuck. Fuck. Fuck. Fuck. Fuck. Fuck. Fuck.
Fuck. Fuck. Fuck. Fuck. Fuck. Fuck. Fuck. Fuck. Fuck.
Fuck. Fuck. Fuck. Fuck. Fuck. Fuck. Fuck. Fuck. Fuck.
Fuck. Fuck. Fuck. Fuck. Fuck. Fuck. Fuck. Fuck. Fuck.

Fuck. Fuck. Fuck. Fuck. Fuck. Fuck. Fuck. Fuck. Fuck.
Fuck. Fuck. Fuck. Fuck. Fuck. Fuck. Fuck. Fuck. Fuck.
Fuck. Fuck. Fuck. Fuck. Fuck. Fuck. Fuck. Fuck. Fuck.
Fuck. Fuck. Fuck. Fuck. Fuck. Fuck. Fuck. Fuck. Fuck.
Fuck. Fuck. Fuck. Fuck. Fuck. Fuck. Fuck. Fuck. Fuck.
Fuck. Fuck. Fuck. Fuck. Fuck. Fuck. Fuck. Fuck. Fuck.
Fuck. Fuck. Fuck. Fuck. Fuck. Fuck. Fuck. Fuck. Fuck.
Fuck. Fuck. Fuck. Fuck. Fuck. Fuck. Fuck. Fuck. Fuck.
Fuck. Fuck. Fuck. Fuck. Fuck. Fuck. Fuck. Fuck. Fuck.
Fuck. Fuck. Fuck. Fuck. Fuck. Fuck. Fuck. Fuck. Fuck.
Fuck. Fuck. Fuck. Fuck. Fuck. Fuck. Fuck. Fuck. Fuck.
Fuck. Fuck. Fuck. Fuck. Fuck. Fuck. Fuck. Fuck. Fuck.
Fuck. Fuck. Fuck. Fuck. Fuck. Fuck. Fuck. Fuck. Fuck.
Fuck. Fuck. Fuck. Fuck. Fuck. Fuck. Fuck. Fuck. Fuck.
Fuck. Fuck. Fuck. Fuck. Fuck. Fuck. Fuck. Fuck. Fuck.
Fuck. Fuck. Fuck. Fuck. Fuck. Fuck. Fuck. Fuck. Fuck.
Fuck. Fuck. Fuck. Fuck. Fuck. Fuck. Fuck. Fuck. Fuck.
Fuck. Fuck. Fuck. Fuck. Fuck. Fuck. Fuck. Fuck. Fuck.
Fuck. Fuck. Fuck. Fuck. Fuck. Fuck. Fuck. Fuck. Fuck.
Fuck. Fuck. Fuck. Fuck. Fuck. Fuck. Fuck. Fuck. Fuck.
Fuck. Fuck. Fuck. Fuck. Fuck. Fuck. Fuck. Fuck. Fuck.
Fuck. Fuck. Fuck. Fuck. Fuck. Fuck. Fuck. Fuck. Fuck.
Fuck. Fuck. Fuck. Fuck. Fuck. Fuck. Fuck. Fuck. Fuck.
Fuck. Fuck. Fuck. Fuck. Fuck. Fuck. Fuck. Fuck. Fuck.
Fuck. Fuck. Fuck. Fuck. Fuck. Fuck. Fuck. Fuck. Fuck.
Fuck. Fuck. Fuck. Fuck. Fuck. Fuck. Fuck. Fuck. Fuck.
Fuck. Fuck. Fuck. Fuck. Fuck. Fuck. Fuck. Fuck. Fuck.
Fuck. Fuck. Fuck. Fuck. Fuck. Fuck. Fuck. Fuck. Fuck.
Fuck. Fuck. Fuck. Fuck. Fuck. Fuck. Fuck. Fuck. Fuck.
Fuck. Fuck. Fuck. Fuck. Fuck. Fuck. Fuck. Fuck. Fuck.
Fuck. Fuck. Fuck. Fuck. Fuck. Fuck. Fuck. Fuck. Fuck.
Fuck. Fuck. Fuck. Fuck. Fuck. Fuck. Fuck. Fuck. Fuck.
Fuck. Fuck. Fuck. Fuck. Fuck. Fuck. Fuck. Fuck. Fuck.
Fuck. Fuck. Fuck. Fuck. Fuck. Fuck. Fuck. Fuck. Fuck.

Fuck. Fuck. Fuck. Fuck. Fuck. Fuck. Fuck. Fuck. Fuck.
Fuck. Fuck. Fuck. Fuck. Fuck. Fuck. Fuck. Fuck. Fuck.
Fuck. Fuck. Fuck. Fuck. Fuck. Fuck. Fuck. Fuck. Fuck.
Fuck. Fuck. Fuck. Fuck. Fuck. Fuck. Fuck. Fuck. Fuck.
Fuck. Fuck. Fuck. Fuck. Fuck. Fuck. Fuck. Fuck. Fuck.
Fuck. Fuck. Fuck. Fuck. Fuck. Fuck. Fuck. Fuck. Fuck.
Fuck. Fuck. Fuck. Fuck. Fuck. Fuck. Fuck. Fuck. Fuck.
Fuck. Fuck. Fuck. Fuck. Fuck. Fuck. Fuck. Fuck. Fuck.
Fuck. Fuck. Fuck. Fuck. Fuck. Fuck. Fuck. Fuck. Fuck.
Fuck. Fuck. Fuck. Fuck. Fuck. Fuck. Fuck. Fuck. Fuck.
Fuck. Fuck. Fuck. Fuck. Fuck. Fuck. Fuck. Fuck. Fuck.
Fuck. Fuck. Fuck. Fuck. Fuck. Fuck. Fuck. Fuck. Fuck.
Fuck. Fuck. Fuck. Fuck. Fuck. Fuck. Fuck. Fuck. Fuck.
Fuck. Fuck. Fuck. Fuck. Fuck. Fuck. Fuck. Fuck. Fuck.
Fuck. Fuck. Fuck. Fuck. Fuck. Fuck. Fuck. Fuck. Fuck.
Fuck. Fuck. Fuck. Fuck. Fuck. Fuck. Fuck. Fuck. Fuck.
Fuck. Fuck. Fuck. Fuck. Fuck. Fuck. Fuck. Fuck. Fuck.
Fuck. Fuck. Fuck. Fuck. Fuck. Fuck. Fuck. Fuck. Fuck.
Fuck. Fuck. Fuck. Fuck. Fuck. Fuck. Fuck. Fuck. Fuck.
Fuck. Fuck. Fuck. Fuck. Fuck. Fuck. Fuck. Fuck. Fuck.
Fuck. Fuck. Fuck. Fuck. Fuck. Fuck. Fuck. Fuck. Fuck.
Fuck. Fuck. Fuck. Fuck. Fuck. Fuck. Fuck. Fuck. Fuck.
Fuck. Fuck. Fuck. Fuck. Fuck. Fuck. Fuck. Fuck. Fuck.
Fuck. Fuck. Fuck. Fuck. Fuck. Fuck. Fuck. Fuck. Fuck.
Fuck. Fuck. Fuck. Fuck. Fuck. Fuck. Fuck. Fuck. Fuck.
Fuck. Fuck. Fuck. Fuck. Fuck. Fuck. Fuck. Fuck. Fuck.
Fuck. Fuck. Fuck. Fuck. Fuck. Fuck. Fuck. Fuck. Fuck.
Fuck. Fuck. Fuck. Fuck. Fuck. Fuck. Fuck. Fuck. Fuck.
Fuck. Fuck. Fuck. Fuck. Fuck. Fuck. Fuck. Fuck. Fuck.
Fuck. Fuck. Fuck. Fuck. Fuck. Fuck. Fuck. Fuck. Fuck.
Fuck. Fuck. Fuck. Fuck. Fuck. Fuck. Fuck. Fuck. Fuck.
Fuck. Fuck. Fuck. Fuck. Fuck. Fuck. Fuck. Fuck. Fuck.
Fuck. Fuck. Fuck. Fuck. Fuck. Fuck. Fuck. Fuck. Fuck.

Fuck. Fuck. Fuck. Fuck. Fuck. Fuck. Fuck. Fuck. Fuck.
Fuck. Fuck. Fuck. Fuck. Fuck. Fuck. Fuck. Fuck. Fuck.
Fuck. Fuck. Fuck. Fuck. Fuck. Fuck. Fuck. Fuck. Fuck.
Fuck. Fuck. Fuck. Fuck. Fuck. Fuck. Fuck. Fuck. Fuck.
Fuck. Fuck. Fuck. Fuck. Fuck. Fuck. Fuck. Fuck. Fuck.
Fuck. Fuck. Fuck. Fuck. Fuck. Fuck. Fuck. Fuck. Fuck.
Fuck. Fuck. Fuck. Fuck. Fuck. Fuck. Fuck. Fuck. Fuck.
Fuck. Fuck. Fuck. Fuck. Fuck. Fuck. Fuck. Fuck. Fuck.
Fuck. Fuck. Fuck. Fuck. Fuck. Fuck. Fuck. Fuck. Fuck.
Fuck. Fuck. Fuck. Fuck. Fuck. Fuck. Fuck. Fuck. Fuck.
Fuck. Fuck. Fuck. Fuck. Fuck. Fuck. Fuck. Fuck. Fuck.
Fuck. Fuck. Fuck. Fuck. Fuck. Fuck. Fuck. Fuck. Fuck.
Fuck. Fuck. Fuck. Fuck. Fuck. Fuck. Fuck. Fuck. Fuck.
Fuck. Fuck. Fuck. Fuck. Fuck. Fuck. Fuck. Fuck. Fuck.
Fuck. Fuck. Fuck. Fuck. Fuck. Fuck. Fuck. Fuck. Fuck.
Fuck. Fuck. Fuck. Fuck. Fuck. Fuck. Fuck. Fuck. Fuck.
Fuck. Fuck. Fuck. Fuck. Fuck. Fuck. Fuck. Fuck. Fuck.
Fuck. Fuck. Fuck. Fuck. Fuck. Fuck. Fuck. Fuck. Fuck.
Fuck. Fuck. Fuck. Fuck. Fuck. Fuck. Fuck. Fuck. Fuck.
Fuck. Fuck. Fuck. Fuck. Fuck. Fuck. Fuck. Fuck. Fuck.
Fuck. Fuck. Fuck. Fuck. Fuck. Fuck. Fuck. Fuck. Fuck.
Fuck. Fuck. Fuck. Fuck. Fuck. Fuck. Fuck. Fuck. Fuck.
Fuck. Fuck. Fuck. Fuck. Fuck. Fuck. Fuck. Fuck. Fuck.
Fuck. Fuck. Fuck. Fuck. Fuck. Fuck. Fuck. Fuck. Fuck.
Fuck. Fuck. Fuck. Fuck. Fuck. Fuck. Fuck. Fuck. Fuck.
Fuck. Fuck. Fuck. Fuck. Fuck. Fuck. Fuck. Fuck. Fuck.
Fuck. Fuck. Fuck. Fuck. Fuck. Fuck. Fuck. Fuck. Fuck.
Fuck. Fuck. Fuck. Fuck. Fuck. Fuck. Fuck. Fuck. Fuck.
Fuck. Fuck. Fuck. Fuck. Fuck. Fuck. Fuck. Fuck. Fuck.
Fuck. Fuck. Fuck. Fuck. Fuck. Fuck. Fuck. Fuck. Fuck.
Fuck. Fuck. Fuck. Fuck. Fuck. Fuck. Fuck. Fuck. Fuck.
Fuck. Fuck. Fuck. Fuck. Fuck. Fuck. Fuck. Fuck. Fuck.
Fuck. Fuck. Fuck. Fuck. Fuck. Fuck. Fuck. Fuck. Fuck.

Fuck. Fuck. Fuck. Fuck. Fuck. Fuck. Fuck. Fuck. Fuck.
Fuck. Fuck. Fuck. Fuck. Fuck. Fuck. Fuck. Fuck. Fuck.
Fuck. Fuck. Fuck. Fuck. Fuck. Fuck. Fuck. Fuck. Fuck.
Fuck. Fuck. Fuck. Fuck. Fuck. Fuck. Fuck. Fuck. Fuck.
Fuck. Fuck. Fuck. Fuck. Fuck. Fuck. Fuck. Fuck. Fuck.
Fuck. Fuck. Fuck. Fuck. Fuck. Fuck. Fuck. Fuck. Fuck.
Fuck. Fuck. Fuck. Fuck. Fuck. Fuck. Fuck. Fuck. Fuck.
Fuck. Fuck. Fuck. Fuck. Fuck. Fuck. Fuck. Fuck. Fuck.
Fuck. Fuck. Fuck. Fuck. Fuck. Fuck. Fuck. Fuck. Fuck.
Fuck. Fuck. Fuck. Fuck. Fuck. Fuck. Fuck. Fuck. Fuck.
Fuck. Fuck. Fuck. Fuck. Fuck. Fuck. Fuck. Fuck. Fuck.
Fuck. Fuck. Fuck. Fuck. Fuck. Fuck. Fuck. Fuck. Fuck.
Fuck. Fuck. Fuck. Fuck. Fuck. Fuck. Fuck. Fuck. Fuck.
Fuck. Fuck. Fuck. Fuck. Fuck. Fuck. Fuck. Fuck. Fuck.
Fuck. Fuck. Fuck. Fuck. Fuck. Fuck. Fuck. Fuck. Fuck.
Fuck. Fuck. Fuck. Fuck. Fuck. Fuck. Fuck. Fuck. Fuck.
Fuck. Fuck. Fuck. Fuck. Fuck. Fuck. Fuck. Fuck. Fuck.
Fuck. Fuck. Fuck. Fuck. Fuck. Fuck. Fuck. Fuck. Fuck.
Fuck. Fuck. Fuck. Fuck. Fuck. Fuck. Fuck. Fuck. Fuck.
Fuck. Fuck. Fuck. Fuck. Fuck. Fuck. Fuck. Fuck. Fuck.
Fuck. Fuck. Fuck. Fuck. Fuck. Fuck. Fuck. Fuck. Fuck.
Fuck. Fuck. Fuck. Fuck. Fuck. Fuck. Fuck. Fuck. Fuck.
Fuck. Fuck. Fuck. Fuck. Fuck. Fuck. Fuck. Fuck. Fuck.
Fuck. Fuck. Fuck. Fuck. Fuck. Fuck. Fuck. Fuck. Fuck.
Fuck. Fuck. Fuck. Fuck. Fuck. Fuck. Fuck. Fuck. Fuck.
Fuck. Fuck. Fuck. Fuck. Fuck. Fuck. Fuck. Fuck. Fuck.
Fuck. Fuck. Fuck. Fuck. Fuck. Fuck. Fuck. Fuck. Fuck.
Fuck. Fuck. Fuck. Fuck. Fuck. Fuck. Fuck. Fuck. Fuck.
Fuck. Fuck. Fuck. Fuck. Fuck. Fuck. Fuck. Fuck. Fuck.
Fuck. Fuck. Fuck. Fuck. Fuck. Fuck. Fuck. Fuck. Fuck.
Fuck. Fuck. Fuck. Fuck. Fuck. Fuck. Fuck. Fuck. Fuck.
Fuck. Fuck. Fuck. Fuck. Fuck. Fuck. Fuck. Fuck. Fuck.
Fuck. Fuck. Fuck. Fuck. Fuck. Fuck. Fuck. Fuck. Fuck.

Fuck. Fuck. Fuck. Fuck. Fuck. Fuck. Fuck. Fuck. Fuck.
Fuck. Fuck. Fuck. Fuck. Fuck. Fuck. Fuck. Fuck. Fuck.
Fuck. Fuck. Fuck. Fuck. Fuck. Fuck. Fuck. Fuck. Fuck.
Fuck. Fuck. Fuck. Fuck. Fuck. Fuck. Fuck. Fuck. Fuck.
Fuck. Fuck. Fuck. Fuck. Fuck. Fuck. Fuck. Fuck. Fuck.
Fuck. Fuck. Fuck. Fuck. Fuck. Fuck. Fuck. Fuck. Fuck.
Fuck. Fuck. Fuck. Fuck. Fuck. Fuck. Fuck. Fuck. Fuck.
Fuck. Fuck. Fuck. Fuck. Fuck. Fuck. Fuck. Fuck. Fuck.
Fuck. Fuck. Fuck. Fuck. Fuck. Fuck. Fuck. Fuck. Fuck.
Fuck. Fuck. Fuck. Fuck. Fuck. Fuck. Fuck. Fuck. Fuck.
Fuck. Fuck. Fuck. Fuck. Fuck. Fuck. Fuck. Fuck. Fuck.
Fuck. Fuck. Fuck. Fuck. Fuck. Fuck. Fuck. Fuck. Fuck.
Fuck. Fuck. Fuck. Fuck. Fuck. Fuck. Fuck. Fuck. Fuck.
Fuck. Fuck. Fuck. Fuck. Fuck. Fuck. Fuck. Fuck. Fuck.
Fuck. Fuck. Fuck. Fuck. Fuck. Fuck. Fuck. Fuck. Fuck.
Fuck. Fuck. Fuck. Fuck. Fuck. Fuck. Fuck. Fuck. Fuck.
Fuck. Fuck. Fuck. Fuck. Fuck. Fuck. Fuck. Fuck. Fuck.
Fuck. Fuck. Fuck. Fuck. Fuck. Fuck. Fuck. Fuck. Fuck.
Fuck. Fuck. Fuck. Fuck. Fuck. Fuck. Fuck. Fuck. Fuck.
Fuck. Fuck. Fuck. Fuck. Fuck. Fuck. Fuck. Fuck. Fuck.
Fuck. Fuck. Fuck. Fuck. Fuck. Fuck. Fuck. Fuck. Fuck.
Fuck. Fuck. Fuck. Fuck. Fuck. Fuck. Fuck. Fuck. Fuck.
Fuck. Fuck. Fuck. Fuck. Fuck. Fuck. Fuck. Fuck. Fuck.
Fuck. Fuck. Fuck. Fuck. Fuck. Fuck. Fuck. Fuck. Fuck.
Fuck. Fuck. Fuck. Fuck. Fuck. Fuck. Fuck. Fuck. Fuck.
Fuck. Fuck. Fuck. Fuck. Fuck. Fuck. Fuck. Fuck. Fuck.
Fuck. Fuck. Fuck. Fuck. Fuck. Fuck. Fuck. Fuck. Fuck.
Fuck. Fuck. Fuck. Fuck. Fuck. Fuck. Fuck. Fuck. Fuck.
Fuck. Fuck. Fuck. Fuck. Fuck. Fuck. Fuck. Fuck. Fuck.
Fuck. Fuck. Fuck. Fuck. Fuck. Fuck. Fuck. Fuck. Fuck.
Fuck. Fuck. Fuck. Fuck. Fuck. Fuck. Fuck. Fuck. Fuck.
Fuck. Fuck. Fuck. Fuck. Fuck. Fuck. Fuck. Fuck. Fuck.
Fuck. Fuck. Fuck. Fuck. Fuck. Fuck. Fuck. Fuck. Fuck.
Fuck. Fuck. Fuck. Fuck. Fuck. Fuck. Fuck. Fuck. Fuck.

Fuck. Fuck. Fuck. Fuck. Fuck. Fuck. Fuck. Fuck. Fuck.
Fuck. Fuck. Fuck. Fuck. Fuck. Fuck. Fuck. Fuck. Fuck.
Fuck. Fuck. Fuck. Fuck. Fuck. Fuck. Fuck. Fuck. Fuck.
Fuck. Fuck. Fuck. Fuck. Fuck. Fuck. Fuck. Fuck. Fuck.
Fuck. Fuck. Fuck. Fuck. Fuck. Fuck. Fuck. Fuck. Fuck.
Fuck. Fuck. Fuck. Fuck. Fuck. Fuck. Fuck. Fuck. Fuck.
Fuck. Fuck. Fuck. Fuck. Fuck. Fuck. Fuck. Fuck. Fuck.
Fuck. Fuck. Fuck. Fuck. Fuck. Fuck. Fuck. Fuck. Fuck.
Fuck. Fuck. Fuck. Fuck. Fuck. Fuck. Fuck. Fuck. Fuck.
Fuck. Fuck. Fuck. Fuck. Fuck. Fuck. Fuck. Fuck. Fuck.
Fuck. Fuck. Fuck. Fuck. Fuck. Fuck. Fuck. Fuck. Fuck.
Fuck. Fuck. Fuck. Fuck. Fuck. Fuck. Fuck. Fuck. Fuck.
Fuck. Fuck. Fuck. Fuck. Fuck. Fuck. Fuck. Fuck. Fuck.
Fuck. Fuck. Fuck. Fuck. Fuck. Fuck. Fuck. Fuck. Fuck.
Fuck. Fuck. Fuck. Fuck. Fuck. Fuck. Fuck. Fuck. Fuck.
Fuck. Fuck. Fuck. Fuck. Fuck. Fuck. Fuck. Fuck. Fuck.
Fuck. Fuck. Fuck. Fuck. Fuck. Fuck. Fuck. Fuck. Fuck.
Fuck. Fuck. Fuck. Fuck. Fuck. Fuck. Fuck. Fuck. Fuck.
Fuck. Fuck. Fuck. Fuck. Fuck. Fuck. Fuck. Fuck. Fuck.
Fuck. Fuck. Fuck. Fuck. Fuck. Fuck. Fuck. Fuck. Fuck.
Fuck. Fuck. Fuck. Fuck. Fuck. Fuck. Fuck. Fuck. Fuck.
Fuck. Fuck. Fuck. Fuck. Fuck. Fuck. Fuck. Fuck. Fuck.
Fuck. Fuck. Fuck. Fuck. Fuck. Fuck. Fuck. Fuck. Fuck.
Fuck. Fuck. Fuck. Fuck. Fuck. Fuck. Fuck. Fuck. Fuck.
Fuck. Fuck. Fuck. Fuck. Fuck. Fuck. Fuck. Fuck. Fuck.
Fuck. Fuck. Fuck. Fuck. Fuck. Fuck. Fuck. Fuck. Fuck.
Fuck. Fuck. Fuck. Fuck. Fuck. Fuck. Fuck. Fuck. Fuck.
Fuck. Fuck. Fuck. Fuck. Fuck. Fuck. Fuck. Fuck. Fuck.
Fuck. Fuck. Fuck. Fuck. Fuck. Fuck. Fuck. Fuck. Fuck.
Fuck. Fuck. Fuck. Fuck. Fuck. Fuck. Fuck. Fuck. Fuck.
Fuck. Fuck. Fuck. Fuck. Fuck. Fuck. Fuck. Fuck. Fuck.

Fuck. Fuck. Fuck. Fuck. Fuck. Fuck. Fuck. Fuck. Fuck.
Fuck. Fuck. Fuck. Fuck. Fuck. Fuck. Fuck. Fuck. Fuck.
Fuck. Fuck. Fuck. Fuck. Fuck. Fuck. Fuck. Fuck. Fuck.
Fuck. Fuck. Fuck. Fuck. Fuck. Fuck. Fuck. Fuck. Fuck.
Fuck. Fuck. Fuck. Fuck. Fuck. Fuck. Fuck. Fuck. Fuck.
Fuck. Fuck. Fuck. Fuck. Fuck. Fuck. Fuck. Fuck. Fuck.
Fuck. Fuck. Fuck. Fuck. Fuck. Fuck. Fuck. Fuck. Fuck.
Fuck. Fuck. Fuck. Fuck. Fuck. Fuck. Fuck. Fuck. Fuck.
Fuck. Fuck. Fuck. Fuck. Fuck. Fuck. Fuck. Fuck. Fuck.
Fuck. Fuck. Fuck. Fuck. Fuck. Fuck. Fuck. Fuck. Fuck.
Fuck. Fuck. Fuck. Fuck. Fuck. Fuck. Fuck. Fuck. Fuck.
Fuck. Fuck. Fuck. Fuck. Fuck. Fuck. Fuck. Fuck. Fuck.
Fuck. Fuck. Fuck. Fuck. Fuck. Fuck. Fuck. Fuck. Fuck.
Fuck. Fuck. Fuck. Fuck. Fuck. Fuck. Fuck. Fuck. Fuck.
Fuck. Fuck. Fuck. Fuck. Fuck. Fuck. Fuck. Fuck. Fuck.
Fuck. Fuck. Fuck. Fuck. Fuck. Fuck. Fuck. Fuck. Fuck.
Fuck. Fuck. Fuck. Fuck. Fuck. Fuck. Fuck. Fuck. Fuck.
Fuck. Fuck. Fuck. Fuck. Fuck. Fuck. Fuck. Fuck. Fuck.
Fuck. Fuck. Fuck. Fuck. Fuck. Fuck. Fuck. Fuck. Fuck.
Fuck. Fuck. Fuck. Fuck. Fuck. Fuck. Fuck. Fuck. Fuck.
Fuck. Fuck. Fuck. Fuck. Fuck. Fuck. Fuck. Fuck. Fuck.
Fuck. Fuck. Fuck. Fuck. Fuck. Fuck. Fuck. Fuck. Fuck.
Fuck. Fuck. Fuck. Fuck. Fuck. Fuck. Fuck. Fuck. Fuck.
Fuck. Fuck. Fuck. Fuck. Fuck. Fuck. Fuck. Fuck. Fuck.
Fuck. Fuck. Fuck. Fuck. Fuck. Fuck. Fuck. Fuck. Fuck.
Fuck. Fuck. Fuck. Fuck. Fuck. Fuck. Fuck. Fuck. Fuck.
Fuck. Fuck. Fuck. Fuck. Fuck. Fuck. Fuck. Fuck. Fuck.
Fuck. Fuck. Fuck. Fuck. Fuck. Fuck. Fuck.

Fuck. Fuck. Fuck. Fuck. Fuck. Fuck. Fuck. Fuck. Fuck.
Fuck. Fuck. Fuck. Fuck. Fuck. Fuck. Fuck. Fuck. Fuck.

Fuck. Fuck. Fuck. Fuck. Fuck. Fuck. Fuck. Fuck. Fuck.
Fuck. Fuck. Fuck. Fuck. Fuck. Fuck. Fuck. Fuck. Fuck.
Fuck. Fuck. Fuck. Fuck. Fuck. Fuck. Fuck. Fuck. Fuck.
Fuck. Fuck. Fuck. Fuck. Fuck. Fuck. Fuck. Fuck. Fuck.
Fuck. Fuck. Fuck. Fuck. Fuck. Fuck. Fuck. Fuck. Fuck.
Fuck. Fuck. Fuck. Fuck. Fuck. Fuck. Fuck. Fuck. Fuck.
Fuck. Fuck. Fuck. Fuck. Fuck. Fuck. Fuck. Fuck. Fuck.
Fuck. Fuck. Fuck. Fuck. Fuck. Fuck. Fuck. Fuck. Fuck.
Fuck. Fuck. Fuck. Fuck. Fuck. Fuck. Fuck. Fuck. Fuck.
Fuck. Fuck. Fuck. Fuck. Fuck. Fuck. Fuck. Fuck. Fuck.
Fuck. Fuck. Fuck. Fuck. Fuck. Fuck. Fuck. Fuck. Fuck.
Fuck. Fuck. Fuck. Fuck. Fuck. Fuck. Fuck. Fuck. Fuck.
Fuck. Fuck. Fuck. Fuck. Fuck. Fuck. Fuck. Fuck. Fuck.
Fuck. Fuck. Fuck. Fuck. Fuck. Fuck. Fuck. Fuck. Fuck.
Fuck. Fuck. Fuck. Fuck. Fuck. Fuck. Fuck. Fuck. Fuck.
Fuck. Fuck. Fuck. Fuck. Fuck. Fuck. Fuck. Fuck. Fuck.
Fuck. Fuck. Fuck. Fuck. Fuck. Fuck. Fuck. Fuck. Fuck.
Fuck. Fuck. Fuck. Fuck. Fuck. Fuck. Fuck. Fuck. Fuck.
Fuck. Fuck. Fuck. Fuck. Fuck. Fuck. Fuck. Fuck. Fuck.
Fuck. Fuck. Fuck. Fuck. Fuck. Fuck. Fuck. Fuck. Fuck.
Fuck. Fuck. Fuck. Fuck. Fuck. Fuck. Fuck. Fuck. Fuck.
Fuck. Fuck. Fuck. Fuck. Fuck. Fuck. Fuck. Fuck. Fuck.
Fuck. Fuck. Fuck. Fuck. Fuck. Fuck. Fuck. Fuck. Fuck.
Fuck. Fuck. Fuck. Fuck. Fuck. Fuck. Fuck. Fuck. Fuck.
Fuck. Fuck. Fuck. Fuck. Fuck. Fuck. Fuck. Fuck. Fuck.
Fuck. Fuck. Fuck. Fuck. Fuck. Fuck. Fuck. Fuck. Fuck.
Fuck. Fuck. Fuck. Fuck. Fuck. Fuck. Fuck. Fuck. Fuck.
Fuck. Fuck. Fuck. Fuck. Fuck. Fuck. Fuck. Fuck. Fuck.
Fuck. Fuck. Fuck. Fuck. Fuck. Fuck. Fuck. Fuck. Fuck.
Fuck. Fuck. Fuck. Fuck. Fuck. Fuck. Fuck. Fuck. Fuck.
Fuck. Fuck. Fuck. Fuck. Fuck. Fuck. Fuck. Fuck. Fuck.
Fuck. Fuck. Fuck. Fuck. Fuck. Fuck. Fuck. Fuck. Fuck.
Fuck. Fuck. Fuck. Fuck. Fuck. Fuck. Fuck. Fuck. Fuck.

Fuck. Fuck. Fuck. Fuck. Fuck. Fuck. Fuck. Fuck. Fuck.
Fuck. Fuck. Fuck. Fuck. Fuck. Fuck. Fuck. Fuck. Fuck.
Fuck. Fuck. Fuck. Fuck. Fuck. Fuck. Fuck. Fuck. Fuck.
Fuck. Fuck. Fuck. Fuck. Fuck. Fuck. Fuck. Fuck. Fuck.
Fuck. Fuck. Fuck. Fuck. Fuck. Fuck. Fuck. Fuck. Fuck.
Fuck. Fuck. Fuck. Fuck. Fuck. Fuck. Fuck. Fuck. Fuck.
Fuck. Fuck. Fuck. Fuck. Fuck. Fuck. Fuck. Fuck. Fuck.
Fuck. Fuck. Fuck. Fuck. Fuck. Fuck. Fuck. Fuck. Fuck.
Fuck. Fuck. Fuck. Fuck. Fuck. Fuck. Fuck. Fuck. Fuck.
Fuck. Fuck. Fuck. Fuck. Fuck. Fuck. Fuck. Fuck. Fuck.
Fuck. Fuck. Fuck. Fuck. Fuck. Fuck. Fuck. Fuck. Fuck.
Fuck. Fuck. Fuck. Fuck. Fuck. Fuck. Fuck. Fuck. Fuck.
Fuck. Fuck. Fuck. Fuck. Fuck. Fuck. Fuck. Fuck. Fuck.
Fuck. Fuck. Fuck. Fuck. Fuck. Fuck. Fuck. Fuck. Fuck.
Fuck. Fuck. Fuck. Fuck. Fuck. Fuck. Fuck. Fuck. Fuck.
Fuck. Fuck. Fuck. Fuck. Fuck. Fuck. Fuck. Fuck. Fuck.
Fuck. Fuck. Fuck. Fuck. Fuck. Fuck. Fuck. Fuck. Fuck.
Fuck. Fuck. Fuck. Fuck. Fuck. Fuck. Fuck. Fuck. Fuck.
Fuck. Fuck. Fuck. Fuck. Fuck. Fuck. Fuck. Fuck. Fuck.
Fuck. Fuck. Fuck. Fuck. Fuck. Fuck. Fuck. Fuck. Fuck.
Fuck. Fuck. Fuck. Fuck. Fuck. Fuck. Fuck. Fuck. Fuck.
Fuck. Fuck. Fuck. Fuck. Fuck. Fuck. Fuck. Fuck. Fuck.
Fuck. Fuck. Fuck. Fuck. Fuck. Fuck. Fuck. Fuck. Fuck.
Fuck. Fuck. Fuck. Fuck. Fuck. Fuck. Fuck. Fuck. Fuck.
Fuck. Fuck. Fuck. Fuck. Fuck. Fuck. Fuck. Fuck. Fuck.
Fuck. Fuck. Fuck. Fuck. Fuck. Fuck. Fuck. Fuck. Fuck.
Fuck. Fuck. Fuck. Fuck. Fuck. Fuck. Fuck. Fuck. Fuck.
Fuck. Fuck. Fuck. Fuck. Fuck. Fuck. Fuck. Fuck. Fuck.
Fuck. Fuck. Fuck. Fuck. Fuck. Fuck. Fuck. Fuck. Fuck.
Fuck. Fuck. Fuck. Fuck. Fuck. Fuck. Fuck. Fuck. Fuck.
Fuck. Fuck. Fuck. Fuck. Fuck. Fuck. Fuck. Fuck. Fuck.

Fuck. Fuck. Fuck. Fuck. Fuck. Fuck. Fuck. Fuck. Fuck.
Fuck. Fuck. Fuck. Fuck. Fuck. Fuck. Fuck. Fuck. Fuck.
Fuck. Fuck. Fuck. Fuck. Fuck. Fuck. Fuck. Fuck. Fuck.
Fuck. Fuck. Fuck. Fuck. Fuck. Fuck. Fuck. Fuck. Fuck.
Fuck. Fuck. Fuck. Fuck. Fuck. Fuck. Fuck. Fuck. Fuck.
Fuck. Fuck. Fuck. Fuck. Fuck. Fuck. Fuck. Fuck. Fuck.
Fuck. Fuck. Fuck. Fuck. Fuck. Fuck. Fuck. Fuck. Fuck.
Fuck. Fuck. Fuck. Fuck. Fuck. Fuck. Fuck. Fuck. Fuck.
Fuck. Fuck. Fuck. Fuck. Fuck. Fuck. Fuck. Fuck. Fuck.
Fuck. Fuck. Fuck. Fuck. Fuck. Fuck. Fuck. Fuck. Fuck.
Fuck. Fuck. Fuck. Fuck. Fuck. Fuck. Fuck. Fuck. Fuck.
Fuck. Fuck. Fuck. Fuck. Fuck. Fuck. Fuck. Fuck. Fuck.
Fuck. Fuck. Fuck. Fuck. Fuck. Fuck. Fuck. Fuck. Fuck.
Fuck. Fuck. Fuck. Fuck. Fuck. Fuck. Fuck. Fuck. Fuck.
Fuck. Fuck. Fuck. Fuck. Fuck. Fuck. Fuck. Fuck. Fuck.
Fuck. Fuck. Fuck. Fuck. Fuck. Fuck. Fuck. Fuck. Fuck.
Fuck. Fuck. Fuck. Fuck. Fuck. Fuck. Fuck. Fuck. Fuck.
Fuck. Fuck. Fuck. Fuck. Fuck. Fuck. Fuck. Fuck. Fuck.
Fuck. Fuck. Fuck. Fuck. Fuck. Fuck. Fuck. Fuck. Fuck.
Fuck. Fuck. Fuck. Fuck. Fuck. Fuck. Fuck. Fuck. Fuck.
Fuck. Fuck. Fuck. Fuck. Fuck. Fuck. Fuck. Fuck. Fuck.
Fuck. Fuck. Fuck. Fuck. Fuck. Fuck. Fuck. Fuck. Fuck.
Fuck. Fuck. Fuck. Fuck. Fuck. Fuck. Fuck. Fuck. Fuck.
Fuck. Fuck. Fuck. Fuck. Fuck. Fuck. Fuck. Fuck. Fuck.
Fuck. Fuck. Fuck. Fuck. Fuck. Fuck. Fuck. Fuck. Fuck.
Fuck. Fuck. Fuck. Fuck. Fuck. Fuck. Fuck. Fuck. Fuck.
Fuck. Fuck. Fuck. Fuck. Fuck. Fuck. Fuck. Fuck. Fuck.
Fuck. Fuck. Fuck. Fuck. Fuck. Fuck. Fuck. Fuck. Fuck.
Fuck. Fuck. Fuck. Fuck. Fuck. Fuck. Fuck. Fuck. Fuck.
Fuck. Fuck. Fuck. Fuck. Fuck. Fuck. Fuck. Fuck. Fuck.
Fuck. Fuck. Fuck. Fuck. Fuck. Fuck. Fuck. Fuck. Fuck.
Fuck. Fuck. Fuck. Fuck. Fuck. Fuck. Fuck. Fuck. Fuck.

Fuck. Fuck. Fuck. Fuck. Fuck. Fuck. Fuck. Fuck. Fuck.
Fuck. Fuck. Fuck. Fuck. Fuck. Fuck. Fuck. Fuck. Fuck.
Fuck. Fuck. Fuck. Fuck. Fuck. Fuck. Fuck. Fuck. Fuck.
Fuck. Fuck. Fuck. Fuck. Fuck. Fuck. Fuck. Fuck. Fuck.
Fuck. Fuck. Fuck. Fuck. Fuck. Fuck. Fuck. Fuck. Fuck.
Fuck. Fuck. Fuck. Fuck. Fuck. Fuck. Fuck. Fuck. Fuck.
Fuck. Fuck. Fuck. Fuck. Fuck. Fuck. Fuck. Fuck. Fuck.
Fuck. Fuck. Fuck. Fuck. Fuck. Fuck. Fuck. Fuck. Fuck.
Fuck. Fuck. Fuck. Fuck. Fuck. Fuck. Fuck. Fuck. Fuck.
Fuck. Fuck. Fuck. Fuck. Fuck. Fuck. Fuck. Fuck. Fuck.
Fuck. Fuck. Fuck. Fuck. Fuck. Fuck. Fuck. Fuck. Fuck.
Fuck. Fuck. Fuck. Fuck. Fuck. Fuck. Fuck. Fuck. Fuck.
Fuck. Fuck. Fuck. Fuck. Fuck. Fuck. Fuck. Fuck. Fuck.
Fuck. Fuck. Fuck. Fuck. Fuck. Fuck. Fuck. Fuck. Fuck.
Fuck. Fuck. Fuck. Fuck. Fuck. Fuck. Fuck. Fuck. Fuck.
Fuck. Fuck. Fuck. Fuck. Fuck. Fuck. Fuck. Fuck. Fuck.
Fuck. Fuck. Fuck. Fuck. Fuck. Fuck. Fuck. Fuck. Fuck.
Fuck. Fuck. Fuck. Fuck. Fuck. Fuck. Fuck. Fuck. Fuck.
Fuck. Fuck. Fuck. Fuck. Fuck. Fuck. Fuck. Fuck. Fuck.
Fuck. Fuck. Fuck. Fuck. Fuck. Fuck. Fuck. Fuck. Fuck.
Fuck. Fuck. Fuck. Fuck. Fuck. Fuck. Fuck. Fuck. Fuck.
Fuck. Fuck. Fuck. Fuck. Fuck. Fuck. Fuck. Fuck. Fuck.
Fuck. Fuck. Fuck. Fuck. Fuck. Fuck. Fuck. Fuck. Fuck.
Fuck. Fuck. Fuck. Fuck. Fuck. Fuck. Fuck. Fuck. Fuck.
Fuck. Fuck. Fuck. Fuck. Fuck. Fuck. Fuck. Fuck. Fuck.
Fuck. Fuck. Fuck. Fuck. Fuck. Fuck. Fuck. Fuck. Fuck.
Fuck. Fuck. Fuck. Fuck. Fuck. Fuck. Fuck. Fuck. Fuck.
Fuck. Fuck. Fuck. Fuck. Fuck. Fuck. Fuck. Fuck. Fuck.
Fuck. Fuck. Fuck. Fuck. Fuck. Fuck. Fuck. Fuck. Fuck.
Fuck. Fuck. Fuck. Fuck. Fuck. Fuck. Fuck. Fuck. Fuck.
Fuck. Fuck. Fuck. Fuck. Fuck. Fuck. Fuck. Fuck. Fuck.
Fuck. Fuck. Fuck. Fuck. Fuck. Fuck. Fuck. Fuck. Fuck.

Fuck. Fuck. Fuck. Fuck. Fuck. Fuck. Fuck. Fuck. Fuck.
Fuck. Fuck. Fuck. Fuck. Fuck. Fuck. Fuck. Fuck. Fuck.
Fuck. Fuck. Fuck. Fuck. Fuck. Fuck. Fuck. Fuck. Fuck.
Fuck. Fuck. Fuck. Fuck. Fuck. Fuck. Fuck. Fuck. Fuck.
Fuck. Fuck. Fuck. Fuck. Fuck. Fuck. Fuck. Fuck. Fuck.
Fuck. Fuck. Fuck. Fuck. Fuck. Fuck. Fuck. Fuck. Fuck.
Fuck. Fuck. Fuck. Fuck. Fuck. Fuck. Fuck. Fuck. Fuck.
Fuck. Fuck. Fuck. Fuck. Fuck. Fuck. Fuck. Fuck. Fuck.
Fuck. Fuck. Fuck. Fuck. Fuck. Fuck. Fuck. Fuck. Fuck.
Fuck. Fuck. Fuck. Fuck. Fuck. Fuck. Fuck. Fuck. Fuck.
Fuck. Fuck. Fuck. Fuck. Fuck. Fuck. Fuck. Fuck. Fuck.
Fuck. Fuck. Fuck. Fuck. Fuck. Fuck. Fuck. Fuck. Fuck.
Fuck. Fuck. Fuck. Fuck. Fuck. Fuck. Fuck. Fuck. Fuck.
Fuck. Fuck. Fuck. Fuck. Fuck. Fuck. Fuck. Fuck. Fuck.
Fuck. Fuck. Fuck. Fuck. Fuck. Fuck. Fuck. Fuck. Fuck.
Fuck. Fuck. Fuck. Fuck. Fuck. Fuck. Fuck. Fuck. Fuck.
Fuck. Fuck. Fuck. Fuck. Fuck. Fuck. Fuck. Fuck. Fuck.
Fuck. Fuck. Fuck. Fuck. Fuck. Fuck. Fuck. Fuck. Fuck.
Fuck. Fuck. Fuck. Fuck. Fuck. Fuck. Fuck. Fuck. Fuck.
Fuck. Fuck. Fuck. Fuck. Fuck. Fuck. Fuck. Fuck. Fuck.
Fuck. Fuck. Fuck. Fuck. Fuck. Fuck. Fuck. Fuck. Fuck.
Fuck. Fuck. Fuck. Fuck. Fuck. Fuck. Fuck. Fuck. Fuck.
Fuck. Fuck. Fuck. Fuck. Fuck. Fuck. Fuck. Fuck. Fuck.
Fuck. Fuck. Fuck. Fuck. Fuck. Fuck. Fuck. Fuck. Fuck.
Fuck. Fuck. Fuck. Fuck. Fuck. Fuck. Fuck. Fuck. Fuck.
Fuck. Fuck. Fuck. Fuck. Fuck. Fuck. Fuck. Fuck. Fuck.
Fuck. Fuck. Fuck. Fuck. Fuck. Fuck. Fuck. Fuck. Fuck.
Fuck. Fuck. Fuck. Fuck. Fuck. Fuck. Fuck. Fuck. Fuck.
Fuck. Fuck. Fuck. Fuck. Fuck. Fuck. Fuck. Fuck. Fuck.
Fuck. Fuck. Fuck. Fuck. Fuck. Fuck. Fuck. Fuck. Fuck.
Fuck. Fuck. Fuck. Fuck. Fuck. Fuck. Fuck. Fuck. Fuck.
Fuck. Fuck. Fuck. Fuck. Fuck. Fuck. Fuck. Fuck. Fuck.
Fuck. Fuck. Fuck. Fuck. Fuck. Fuck. Fuck. Fuck. Fuck.
Fuck. Fuck. Fuck. Fuck. Fuck. Fuck. Fuck. Fuck. Fuck.

Fuck. Fuck. Fuck. Fuck. Fuck. Fuck. Fuck. Fuck. Fuck.
Fuck. Fuck. Fuck. Fuck. Fuck. Fuck. Fuck. Fuck. Fuck.
Fuck. Fuck. Fuck. Fuck. Fuck. Fuck. Fuck. Fuck. Fuck.
Fuck. Fuck. Fuck. Fuck. Fuck. Fuck. Fuck. Fuck. Fuck.
Fuck. Fuck. Fuck. Fuck. Fuck. Fuck. Fuck. Fuck. Fuck.
Fuck. Fuck. Fuck. Fuck. Fuck. Fuck. Fuck. Fuck. Fuck.
Fuck. Fuck. Fuck. Fuck. Fuck. Fuck. Fuck. Fuck. Fuck.
Fuck. Fuck. Fuck. Fuck. Fuck. Fuck. Fuck. Fuck. Fuck.
Fuck. Fuck. Fuck. Fuck. Fuck. Fuck. Fuck. Fuck. Fuck.
Fuck. Fuck. Fuck. Fuck. Fuck. Fuck. Fuck. Fuck. Fuck.
Fuck. Fuck. Fuck. Fuck. Fuck. Fuck. Fuck. Fuck. Fuck.
Fuck. Fuck. Fuck. Fuck. Fuck. Fuck. Fuck. Fuck. Fuck.
Fuck. Fuck. Fuck. Fuck. Fuck. Fuck. Fuck. Fuck. Fuck.
Fuck. Fuck. Fuck. Fuck. Fuck. Fuck. Fuck. Fuck. Fuck.
Fuck. Fuck. Fuck. Fuck. Fuck. Fuck. Fuck. Fuck. Fuck.
Fuck. Fuck. Fuck. Fuck. Fuck. Fuck. Fuck. Fuck. Fuck.
Fuck. Fuck. Fuck. Fuck. Fuck. Fuck. Fuck. Fuck. Fuck.
Fuck. Fuck. Fuck. Fuck. Fuck. Fuck. Fuck. Fuck. Fuck.
Fuck. Fuck. Fuck. Fuck. Fuck. Fuck. Fuck. Fuck. Fuck.
Fuck. Fuck. Fuck. Fuck. Fuck. Fuck. Fuck. Fuck. Fuck.
Fuck. Fuck. Fuck. Fuck. Fuck. Fuck. Fuck. Fuck. Fuck.
Fuck. Fuck. Fuck. Fuck. Fuck. Fuck. Fuck. Fuck. Fuck.
Fuck. Fuck. Fuck. Fuck. Fuck. Fuck. Fuck. Fuck. Fuck.
Fuck. Fuck. Fuck. Fuck. Fuck. Fuck. Fuck. Fuck. Fuck.
Fuck. Fuck. Fuck. Fuck. Fuck. Fuck. Fuck. Fuck. Fuck.
Fuck. Fuck. Fuck. Fuck. Fuck. Fuck. Fuck. Fuck. Fuck.
Fuck. Fuck. Fuck. Fuck. Fuck. Fuck. Fuck. Fuck. Fuck.
Fuck. Fuck. Fuck. Fuck. Fuck. Fuck. Fuck. Fuck. Fuck.
Fuck. Fuck. Fuck. Fuck. Fuck. Fuck. Fuck. Fuck. Fuck.
Fuck. Fuck. Fuck. Fuck. Fuck. Fuck. Fuck. Fuck. Fuck.
Fuck. Fuck. Fuck. Fuck. Fuck. Fuck. Fuck. Fuck. Fuck.
Fuck. Fuck. Fuck. Fuck. Fuck. Fuck. Fuck. Fuck. Fuck.
Fuck. Fuck. Fuck. Fuck. Fuck. Fuck. Fuck. Fuck. Fuck.

Fuck. Fuck. Fuck. Fuck. Fuck. Fuck. Fuck. Fuck. Fuck.
Fuck. Fuck. Fuck. Fuck. Fuck. Fuck. Fuck. Fuck. Fuck.
Fuck. Fuck. Fuck. Fuck. Fuck. Fuck. Fuck. Fuck. Fuck.
Fuck. Fuck. Fuck. Fuck. Fuck. Fuck. Fuck. Fuck. Fuck.
Fuck. Fuck. Fuck. Fuck. Fuck. Fuck. Fuck. Fuck. Fuck.
Fuck. Fuck. Fuck. Fuck. Fuck. Fuck. Fuck. Fuck. Fuck.
Fuck. Fuck. Fuck. Fuck. Fuck. Fuck. Fuck. Fuck. Fuck.
Fuck. Fuck. Fuck. Fuck. Fuck. Fuck. Fuck. Fuck. Fuck.
Fuck. Fuck. Fuck. Fuck. Fuck. Fuck. Fuck. Fuck. Fuck.
Fuck. Fuck. Fuck. Fuck. Fuck. Fuck. Fuck. Fuck. Fuck.
Fuck. Fuck. Fuck. Fuck. Fuck. Fuck. Fuck. Fuck. Fuck.
Fuck. Fuck. Fuck. Fuck. Fuck. Fuck. Fuck. Fuck. Fuck.
Fuck. Fuck. Fuck. Fuck. Fuck. Fuck. Fuck. Fuck. Fuck.
Fuck. Fuck. Fuck. Fuck. Fuck. Fuck. Fuck. Fuck. Fuck.
Fuck. Fuck. Fuck. Fuck. Fuck. Fuck. Fuck. Fuck. Fuck.
Fuck. Fuck. Fuck. Fuck. Fuck. Fuck. Fuck. Fuck. Fuck.
Fuck. Fuck. Fuck. Fuck. Fuck. Fuck. Fuck. Fuck. Fuck.
Fuck. Fuck. Fuck. Fuck. Fuck. Fuck. Fuck. Fuck. Fuck.
Fuck. Fuck. Fuck. Fuck. Fuck. Fuck. Fuck. Fuck. Fuck.
Fuck. Fuck. Fuck. Fuck. Fuck. Fuck. Fuck. Fuck. Fuck.
Fuck. Fuck. Fuck. Fuck. Fuck. Fuck. Fuck. Fuck. Fuck.
Fuck. Fuck. Fuck. Fuck. Fuck. Fuck. Fuck. Fuck. Fuck.
Fuck. Fuck. Fuck. Fuck. Fuck. Fuck. Fuck. Fuck. Fuck.
Fuck. Fuck. Fuck. Fuck. Fuck. Fuck. Fuck. Fuck. Fuck.
Fuck. Fuck. Fuck. Fuck. Fuck. Fuck. Fuck. Fuck. Fuck.
Fuck. Fuck. Fuck. Fuck. Fuck. Fuck. Fuck. Fuck. Fuck.
Fuck. Fuck. Fuck. Fuck. Fuck. Fuck. Fuck. Fuck. Fuck.
Fuck. Fuck. Fuck. Fuck. Fuck. Fuck. Fuck. Fuck. Fuck.
Fuck. Fuck. Fuck. Fuck. Fuck. Fuck. Fuck. Fuck. Fuck.
Fuck. Fuck. Fuck. Fuck. Fuck. Fuck. Fuck. Fuck. Fuck.
Fuck. Fuck. Fuck. Fuck. Fuck. Fuck. Fuck. Fuck. Fuck.
Fuck. Fuck. Fuck. Fuck. Fuck. Fuck. Fuck. Fuck. Fuck.

Fuck. Fuck. Fuck. Fuck. Fuck. Fuck. Fuck. Fuck. Fuck.
Fuck. Fuck. Fuck. Fuck. Fuck. Fuck. Fuck. Fuck. Fuck.
Fuck. Fuck. Fuck. Fuck. Fuck. Fuck. Fuck. Fuck. Fuck.
Fuck. Fuck. Fuck. Fuck. Fuck. Fuck. Fuck. Fuck. Fuck.
Fuck. Fuck. Fuck. Fuck. Fuck. Fuck. Fuck. Fuck. Fuck.
Fuck. Fuck. Fuck. Fuck. Fuck. Fuck. Fuck. Fuck. Fuck.
Fuck. Fuck. Fuck. Fuck. Fuck. Fuck. Fuck. Fuck. Fuck.
Fuck. Fuck. Fuck. Fuck. Fuck. Fuck. Fuck. Fuck. Fuck.
Fuck. Fuck. Fuck. Fuck. Fuck. Fuck. Fuck. Fuck. Fuck.
Fuck. Fuck. Fuck. Fuck. Fuck. Fuck. Fuck. Fuck. Fuck.
Fuck. Fuck. Fuck. Fuck. Fuck. Fuck. Fuck. Fuck. Fuck.
Fuck. Fuck. Fuck. Fuck. Fuck. Fuck. Fuck. Fuck. Fuck.
Fuck. Fuck. Fuck. Fuck. Fuck. Fuck. Fuck. Fuck. Fuck.
Fuck. Fuck. Fuck. Fuck. Fuck. Fuck. Fuck. Fuck. Fuck.
Fuck. Fuck. Fuck. Fuck. Fuck. Fuck. Fuck. Fuck. Fuck.
Fuck. Fuck. Fuck. Fuck. Fuck. Fuck. Fuck. Fuck. Fuck.
Fuck. Fuck. Fuck. Fuck. Fuck. Fuck. Fuck. Fuck. Fuck.
Fuck. Fuck. Fuck. Fuck. Fuck. Fuck. Fuck. Fuck. Fuck.
Fuck. Fuck. Fuck. Fuck. Fuck. Fuck. Fuck. Fuck. Fuck.
Fuck. Fuck. Fuck. Fuck. Fuck. Fuck. Fuck. Fuck. Fuck.
Fuck. Fuck. Fuck. Fuck. Fuck. Fuck. Fuck. Fuck. Fuck.
Fuck. Fuck. Fuck. Fuck. Fuck. Fuck. Fuck. Fuck. Fuck.
Fuck. Fuck. Fuck. Fuck. Fuck. Fuck. Fuck. Fuck. Fuck.
Fuck. Fuck. Fuck. Fuck. Fuck. Fuck. Fuck. Fuck. Fuck.
Fuck. Fuck. Fuck. Fuck. Fuck. Fuck. Fuck. Fuck. Fuck.
Fuck. Fuck. Fuck. Fuck. Fuck. Fuck. Fuck. Fuck. Fuck.
Fuck. Fuck. Fuck. Fuck. Fuck. Fuck. Fuck. Fuck. Fuck.
Fuck. Fuck. Fuck. Fuck. Fuck. Fuck. Fuck. Fuck. Fuck.
Fuck. Fuck. Fuck. Fuck. Fuck. Fuck. Fuck. Fuck. Fuck.
Fuck. Fuck. Fuck. Fuck. Fuck. Fuck. Fuck. Fuck. Fuck.
Fuck. Fuck. Fuck. Fuck. Fuck. Fuck. Fuck. Fuck. Fuck.
Fuck. Fuck. Fuck. Fuck. Fuck. Fuck. Fuck. Fuck. Fuck.

Fuck. Fuck. Fuck. Fuck. Fuck. Fuck. Fuck. Fuck. Fuck.
Fuck. Fuck. Fuck. Fuck. Fuck. Fuck. Fuck. Fuck. Fuck.
Fuck. Fuck. Fuck. Fuck. Fuck. Fuck. Fuck. Fuck. Fuck.
Fuck. Fuck. Fuck. Fuck. Fuck. Fuck. Fuck. Fuck. Fuck.
Fuck. Fuck. Fuck. Fuck. Fuck. Fuck. Fuck. Fuck. Fuck.
Fuck. Fuck. Fuck. Fuck. Fuck. Fuck. Fuck. Fuck. Fuck.
Fuck. Fuck. Fuck. Fuck. Fuck. Fuck. Fuck. Fuck. Fuck.
Fuck. Fuck. Fuck. Fuck. Fuck. Fuck. Fuck. Fuck. Fuck.
Fuck. Fuck. Fuck. Fuck. Fuck. Fuck. Fuck. Fuck. Fuck.
Fuck. Fuck. Fuck. Fuck. Fuck. Fuck. Fuck. Fuck. Fuck.
Fuck. Fuck. Fuck. Fuck. Fuck. Fuck. Fuck. Fuck. Fuck.
Fuck. Fuck. Fuck. Fuck. Fuck. Fuck. Fuck. Fuck. Fuck.
Fuck. Fuck. Fuck. Fuck. Fuck. Fuck. Fuck. Fuck. Fuck.
Fuck. Fuck. Fuck. Fuck. Fuck. Fuck. Fuck. Fuck. Fuck.
Fuck. Fuck. Fuck. Fuck. Fuck. Fuck. Fuck. Fuck. Fuck.
Fuck. Fuck. Fuck. Fuck. Fuck. Fuck. Fuck. Fuck. Fuck.
Fuck. Fuck. Fuck. Fuck. Fuck. Fuck. Fuck. Fuck. Fuck.
Fuck. Fuck. Fuck. Fuck. Fuck. Fuck. Fuck. Fuck. Fuck.
Fuck. Fuck. Fuck. Fuck. Fuck. Fuck. Fuck. Fuck. Fuck.
Fuck. Fuck. Fuck. Fuck. Fuck. Fuck. Fuck. Fuck. Fuck.
Fuck. Fuck. Fuck. Fuck. Fuck. Fuck. Fuck. Fuck. Fuck.
Fuck. Fuck. Fuck. Fuck. Fuck. Fuck. Fuck. Fuck. Fuck.
Fuck. Fuck. Fuck. Fuck. Fuck. Fuck. Fuck. Fuck. Fuck.
Fuck. Fuck. Fuck. Fuck. Fuck. Fuck. Fuck. Fuck. Fuck.
Fuck. Fuck. Fuck. Fuck. Fuck. Fuck. Fuck. Fuck. Fuck.
Fuck. Fuck. Fuck. Fuck. Fuck. Fuck. Fuck. Fuck. Fuck.
Fuck. Fuck. Fuck. Fuck. Fuck. Fuck. Fuck. Fuck. Fuck.
Fuck. Fuck. Fuck. Fuck. Fuck. Fuck. Fuck. Fuck. Fuck.
Fuck. Fuck. Fuck. Fuck. Fuck. Fuck. Fuck. Fuck. Fuck.
Fuck. Fuck. Fuck. Fuck. Fuck. Fuck. Fuck. Fuck. Fuck.

Fuck. Fuck. Fuck. Fuck. Fuck. Fuck. Fuck. Fuck. Fuck.
Fuck. Fuck. Fuck. Fuck. Fuck. Fuck. Fuck. Fuck. Fuck.
Fuck. Fuck. Fuck. Fuck. Fuck. Fuck. Fuck. Fuck. Fuck.
Fuck. Fuck. Fuck. Fuck. Fuck. Fuck. Fuck. Fuck. Fuck.
Fuck. Fuck. Fuck. Fuck. Fuck. Fuck. Fuck. Fuck. Fuck.
Fuck. Fuck. Fuck. Fuck. Fuck. Fuck. Fuck. Fuck. Fuck.
Fuck. Fuck. Fuck. Fuck. Fuck. Fuck. Fuck. Fuck. Fuck.
Fuck. Fuck. Fuck. Fuck. Fuck. Fuck. Fuck. Fuck. Fuck.
Fuck. Fuck. Fuck. Fuck. Fuck. Fuck. Fuck. Fuck. Fuck.
Fuck. Fuck. Fuck. Fuck. Fuck. Fuck. Fuck. Fuck. Fuck.
Fuck. Fuck. Fuck. Fuck. Fuck. Fuck. Fuck. Fuck. Fuck.
Fuck. Fuck. Fuck. Fuck. Fuck. Fuck. Fuck. Fuck. Fuck.
Fuck. Fuck. Fuck. Fuck. Fuck. Fuck. Fuck. Fuck. Fuck.
Fuck. Fuck. Fuck. Fuck. Fuck. Fuck. Fuck. Fuck. Fuck.
Fuck. Fuck. Fuck. Fuck. Fuck. Fuck. Fuck. Fuck. Fuck.
Fuck. Fuck. Fuck. Fuck. Fuck. Fuck. Fuck. Fuck. Fuck.
Fuck. Fuck. Fuck. Fuck. Fuck. Fuck. Fuck. Fuck. Fuck.
Fuck. Fuck. Fuck. Fuck. Fuck. Fuck. Fuck. Fuck. Fuck.
Fuck. Fuck. Fuck. Fuck. Fuck. Fuck. Fuck. Fuck. Fuck.
Fuck. Fuck. Fuck. Fuck. Fuck. Fuck. Fuck. Fuck. Fuck.
Fuck. Fuck. Fuck. Fuck. Fuck. Fuck. Fuck. Fuck. Fuck.
Fuck. Fuck. Fuck. Fuck. Fuck. Fuck. Fuck. Fuck. Fuck.
Fuck. Fuck. Fuck. Fuck. Fuck. Fuck. Fuck. Fuck. Fuck.
Fuck. Fuck. Fuck. Fuck. Fuck. Fuck. Fuck. Fuck. Fuck.
Fuck. Fuck. Fuck. Fuck. Fuck. Fuck. Fuck. Fuck. Fuck.
Fuck. Fuck. Fuck. Fuck. Fuck. Fuck. Fuck. Fuck. Fuck.
Fuck. Fuck. Fuck. Fuck. Fuck. Fuck. Fuck. Fuck. Fuck.
Fuck. Fuck. Fuck. Fuck. Fuck. Fuck. Fuck. Fuck. Fuck.
Fuck. Fuck. Fuck. Fuck. Fuck. Fuck. Fuck. Fuck. Fuck.
Fuck. Fuck. Fuck. Fuck. Fuck. Fuck. Fuck. Fuck. Fuck.
Fuck. Fuck. Fuck. Fuck. Fuck. Fuck. Fuck. Fuck. Fuck.
Fuck. Fuck. Fuck. Fuck. Fuck. Fuck. Fuck. Fuck. Fuck.

Fuck. Fuck. Fuck. Fuck. Fuck. Fuck. Fuck. Fuck. Fuck.
Fuck. Fuck. Fuck. Fuck. Fuck. Fuck. Fuck. Fuck. Fuck.
Fuck. Fuck. Fuck. Fuck. Fuck. Fuck. Fuck. Fuck. Fuck.
Fuck. Fuck. Fuck. Fuck. Fuck. Fuck. Fuck. Fuck. Fuck.
Fuck. Fuck. Fuck. Fuck. Fuck. Fuck. Fuck. Fuck. Fuck.
Fuck. Fuck. Fuck. Fuck. Fuck. Fuck. Fuck. Fuck. Fuck.
Fuck. Fuck. Fuck. Fuck. Fuck. Fuck. Fuck. Fuck. Fuck.
Fuck. Fuck. Fuck. Fuck. Fuck. Fuck. Fuck. Fuck. Fuck.
Fuck. Fuck. Fuck. Fuck. Fuck. Fuck. Fuck. Fuck. Fuck.
Fuck. Fuck. Fuck. Fuck. Fuck. Fuck. Fuck. Fuck. Fuck.
Fuck. Fuck. Fuck. Fuck. Fuck. Fuck. Fuck. Fuck. Fuck.
Fuck. Fuck. Fuck. Fuck. Fuck. Fuck. Fuck. Fuck. Fuck.
Fuck. Fuck. Fuck. Fuck. Fuck. Fuck. Fuck. Fuck. Fuck.
Fuck. Fuck. Fuck. Fuck. Fuck. Fuck. Fuck. Fuck. Fuck.
Fuck. Fuck. Fuck. Fuck. Fuck. Fuck. Fuck. Fuck. Fuck.
Fuck. Fuck. Fuck. Fuck. Fuck. Fuck. Fuck. Fuck. Fuck.
Fuck. Fuck. Fuck. Fuck. Fuck. Fuck. Fuck. Fuck. Fuck.
Fuck. Fuck. Fuck. Fuck. Fuck. Fuck. Fuck. Fuck. Fuck.
Fuck. Fuck. Fuck. Fuck. Fuck. Fuck. Fuck. Fuck. Fuck.
Fuck. Fuck. Fuck. Fuck. Fuck. Fuck. Fuck. Fuck. Fuck.
Fuck. Fuck. Fuck. Fuck. Fuck. Fuck. Fuck. Fuck. Fuck.
Fuck. Fuck. Fuck. Fuck. Fuck. Fuck. Fuck. Fuck. Fuck.
Fuck. Fuck. Fuck. Fuck. Fuck. Fuck. Fuck. Fuck. Fuck.
Fuck. Fuck. Fuck. Fuck. Fuck. Fuck. Fuck. Fuck. Fuck.
Fuck. Fuck. Fuck. Fuck. Fuck. Fuck. Fuck. Fuck. Fuck.
Fuck. Fuck. Fuck. Fuck. Fuck. Fuck. Fuck. Fuck. Fuck.
Fuck. Fuck. Fuck. Fuck. Fuck. Fuck. Fuck. Fuck. Fuck.
Fuck. Fuck. Fuck. Fuck. Fuck. Fuck. Fuck. Fuck. Fuck.
Fuck. Fuck. Fuck. Fuck. Fuck. Fuck. Fuck. Fuck. Fuck.
Fuck. Fuck. Fuck. Fuck. Fuck. Fuck. Fuck. Fuck. Fuck.
Fuck. Fuck. Fuck. Fuck. Fuck. Fuck. Fuck. Fuck. Fuck.
Fuck. Fuck. Fuck. Fuck. Fuck. Fuck. Fuck. Fuck. Fuck.
Fuck. Fuck. Fuck. Fuck. Fuck. Fuck. Fuck. Fuck. Fuck.

Fuck. Fuck. Fuck. Fuck. Fuck. Fuck. Fuck. Fuck. Fuck.
Fuck. Fuck. Fuck. Fuck. Fuck. Fuck. Fuck. Fuck. Fuck.
Fuck. Fuck. Fuck. Fuck. Fuck. Fuck. Fuck. Fuck. Fuck.
Fuck. Fuck. Fuck. Fuck. Fuck. Fuck. Fuck. Fuck. Fuck.
Fuck. Fuck. Fuck. Fuck. Fuck. Fuck. Fuck. Fuck. Fuck.
Fuck. Fuck. Fuck. Fuck. Fuck. Fuck. Fuck. Fuck. Fuck.
Fuck. Fuck. Fuck. Fuck. Fuck. Fuck. Fuck. Fuck. Fuck.
Fuck. Fuck. Fuck. Fuck. Fuck. Fuck. Fuck. Fuck. Fuck.
Fuck. Fuck. Fuck. Fuck. Fuck. Fuck. Fuck. Fuck. Fuck.
Fuck. Fuck. Fuck. Fuck. Fuck. Fuck. Fuck. Fuck. Fuck.
Fuck. Fuck. Fuck. Fuck. Fuck. Fuck. Fuck. Fuck. Fuck.
Fuck. Fuck. Fuck. Fuck. Fuck. Fuck. Fuck. Fuck. Fuck.
Fuck. Fuck. Fuck. Fuck. Fuck. Fuck. Fuck. Fuck. Fuck.
Fuck. Fuck. Fuck. Fuck. Fuck. Fuck. Fuck. Fuck. Fuck.
Fuck. Fuck. Fuck. Fuck. Fuck. Fuck. Fuck. Fuck. Fuck.
Fuck. Fuck. Fuck. Fuck. Fuck. Fuck. Fuck. Fuck. Fuck.
Fuck. Fuck. Fuck. Fuck. Fuck. Fuck. Fuck. Fuck. Fuck.
Fuck. Fuck. Fuck. Fuck. Fuck. Fuck. Fuck. Fuck. Fuck.
Fuck. Fuck. Fuck. Fuck. Fuck. Fuck. Fuck. Fuck. Fuck.
Fuck. Fuck. Fuck. Fuck. Fuck. Fuck. Fuck. Fuck. Fuck.
Fuck. Fuck. Fuck. Fuck. Fuck. Fuck. Fuck. Fuck. Fuck.
Fuck. Fuck. Fuck. Fuck. Fuck. Fuck. Fuck. Fuck. Fuck.
Fuck. Fuck. Fuck. Fuck. Fuck. Fuck. Fuck. Fuck. Fuck.
Fuck. Fuck. Fuck. Fuck. Fuck. Fuck. Fuck. Fuck. Fuck.
Fuck. Fuck. Fuck. Fuck. Fuck. Fuck. Fuck. Fuck. Fuck.
Fuck. Fuck. Fuck. Fuck. Fuck. Fuck. Fuck. Fuck. Fuck.
Fuck. Fuck. Fuck. Fuck. Fuck. Fuck. Fuck. Fuck. Fuck.
Fuck. Fuck. Fuck. Fuck. Fuck. Fuck. Fuck. Fuck. Fuck.
Fuck. Fuck. Fuck. Fuck. Fuck. Fuck. Fuck. Fuck. Fuck.
Fuck. Fuck. Fuck. Fuck. Fuck. Fuck. Fuck. Fuck. Fuck.
Fuck. Fuck. Fuck. Fuck. Fuck. Fuck. Fuck. Fuck. Fuck.
Fuck. Fuck. Fuck. Fuck. Fuck. Fuck. Fuck. Fuck. Fuck.
Fuck. Fuck. Fuck. Fuck. Fuck. Fuck. Fuck. Fuck. Fuck.

Fuck. Fuck. Fuck. Fuck. Fuck. Fuck. Fuck. Fuck. Fuck.
Fuck. Fuck. Fuck. Fuck. Fuck. Fuck. Fuck. Fuck. Fuck.
Fuck. Fuck. Fuck. Fuck. Fuck. Fuck. Fuck. Fuck. Fuck.
Fuck. Fuck. Fuck. Fuck. Fuck. Fuck. Fuck. Fuck. Fuck.
Fuck. Fuck. Fuck. Fuck. Fuck. Fuck. Fuck. Fuck. Fuck.
Fuck. Fuck. Fuck. Fuck. Fuck. Fuck. Fuck. Fuck. Fuck.
Fuck. Fuck. Fuck. Fuck. Fuck. Fuck. Fuck. Fuck. Fuck.
Fuck. Fuck. Fuck. Fuck. Fuck. Fuck. Fuck. Fuck. Fuck.
Fuck. Fuck. Fuck. Fuck. Fuck. Fuck. Fuck. Fuck. Fuck.
Fuck. Fuck. Fuck. Fuck. Fuck. Fuck. Fuck. Fuck. Fuck.
Fuck. Fuck. Fuck. Fuck. Fuck. Fuck. Fuck. Fuck. Fuck.
Fuck. Fuck. Fuck. Fuck. Fuck. Fuck. Fuck. Fuck. Fuck.
Fuck. Fuck. Fuck. Fuck. Fuck. Fuck. Fuck. Fuck. Fuck.
Fuck. Fuck. Fuck. Fuck. Fuck. Fuck. Fuck. Fuck. Fuck.
Fuck. Fuck. Fuck. Fuck. Fuck. Fuck. Fuck. Fuck. Fuck.
Fuck. Fuck. Fuck. Fuck. Fuck. Fuck. Fuck. Fuck. Fuck.
Fuck. Fuck. Fuck. Fuck. Fuck. Fuck. Fuck. Fuck. Fuck.
Fuck. Fuck. Fuck. Fuck. Fuck. Fuck. Fuck. Fuck. Fuck.
Fuck. Fuck. Fuck. Fuck. Fuck. Fuck. Fuck. Fuck. Fuck.
Fuck. Fuck. Fuck. Fuck. Fuck. Fuck. Fuck. Fuck. Fuck.
Fuck. Fuck. Fuck. Fuck. Fuck. Fuck. Fuck. Fuck. Fuck.
Fuck. Fuck. Fuck. Fuck. Fuck. Fuck. Fuck. Fuck. Fuck.
Fuck. Fuck. Fuck. Fuck. Fuck. Fuck. Fuck. Fuck. Fuck.
Fuck. Fuck. Fuck. Fuck. Fuck. Fuck. Fuck. Fuck. Fuck.
Fuck. Fuck. Fuck. Fuck. Fuck. Fuck. Fuck. Fuck. Fuck.
Fuck. Fuck. Fuck. Fuck. Fuck. Fuck. Fuck. Fuck. Fuck.
Fuck. Fuck. Fuck. Fuck. Fuck. Fuck. Fuck. Fuck. Fuck.
Fuck. Fuck. Fuck. Fuck. Fuck. Fuck. Fuck. Fuck. Fuck.
Fuck. Fuck. Fuck. Fuck. Fuck. Fuck. Fuck. Fuck. Fuck.
Fuck. Fuck. Fuck. Fuck. Fuck. Fuck. Fuck. Fuck. Fuck.
Fuck. Fuck. Fuck. Fuck. Fuck. Fuck. Fuck. Fuck. Fuck.
Fuck. Fuck. Fuck. Fuck. Fuck. Fuck. Fuck. Fuck. Fuck.
Fuck. Fuck. Fuck. Fuck. Fuck. Fuck. Fuck. Fuck. Fuck.

Fuck. Fuck. Fuck. Fuck. Fuck. Fuck. Fuck. Fuck. Fuck.
Fuck. Fuck. Fuck. Fuck. Fuck. Fuck. Fuck. Fuck. Fuck.
Fuck. Fuck. Fuck. Fuck. Fuck. Fuck. Fuck. Fuck. Fuck.
Fuck. Fuck. Fuck. Fuck. Fuck. Fuck. Fuck. Fuck. Fuck.
Fuck. Fuck. Fuck. Fuck. Fuck. Fuck. Fuck. Fuck. Fuck.
Fuck. Fuck. Fuck. Fuck. Fuck. Fuck. Fuck. Fuck. Fuck.
Fuck. Fuck. Fuck. Fuck. Fuck. Fuck. Fuck. Fuck. Fuck.
Fuck. Fuck. Fuck. Fuck. Fuck. Fuck. Fuck. Fuck. Fuck.
Fuck. Fuck. Fuck. Fuck. Fuck. Fuck. Fuck. Fuck. Fuck.
Fuck. Fuck. Fuck. Fuck. Fuck. Fuck. Fuck. Fuck. Fuck.
Fuck. Fuck. Fuck. Fuck. Fuck. Fuck. Fuck. Fuck. Fuck.
Fuck. Fuck. Fuck. Fuck. Fuck. Fuck. Fuck. Fuck. Fuck.
Fuck. Fuck. Fuck. Fuck. Fuck. Fuck. Fuck. Fuck. Fuck.
Fuck. Fuck. Fuck. Fuck. Fuck. Fuck. Fuck. Fuck. Fuck.
Fuck. Fuck. Fuck. Fuck. Fuck. Fuck. Fuck. Fuck. Fuck.
Fuck. Fuck. Fuck. Fuck. Fuck. Fuck. Fuck. Fuck. Fuck.
Fuck. Fuck. Fuck. Fuck. Fuck. Fuck. Fuck. Fuck. Fuck.
Fuck. Fuck. Fuck. Fuck. Fuck. Fuck. Fuck. Fuck. Fuck.
Fuck. Fuck. Fuck. Fuck. Fuck. Fuck. Fuck. Fuck. Fuck.
Fuck. Fuck. Fuck. Fuck. Fuck. Fuck. Fuck. Fuck. Fuck.
Fuck. Fuck. Fuck. Fuck. Fuck. Fuck. Fuck. Fuck. Fuck.
Fuck. Fuck. Fuck. Fuck. Fuck. Fuck. Fuck. Fuck. Fuck.
Fuck. Fuck. Fuck. Fuck. Fuck. Fuck. Fuck. Fuck. Fuck.
Fuck. Fuck. Fuck. Fuck. Fuck. Fuck. Fuck. Fuck. Fuck.
Fuck. Fuck. Fuck. Fuck. Fuck. Fuck. Fuck. Fuck. Fuck.
Fuck. Fuck. Fuck. Fuck. Fuck. Fuck. Fuck. Fuck. Fuck.
Fuck. Fuck. Fuck. Fuck. Fuck. Fuck. Fuck. Fuck. Fuck.
Fuck. Fuck. Fuck. Fuck. Fuck. Fuck. Fuck. Fuck. Fuck.
Fuck. Fuck. Fuck. Fuck. Fuck. Fuck. Fuck. Fuck. Fuck.
Fuck. Fuck. Fuck. Fuck. Fuck. Fuck. Fuck. Fuck. Fuck.
Fuck. Fuck. Fuck. Fuck. Fuck. Fuck. Fuck. Fuck. Fuck.

Fuck. Fuck. Fuck. Fuck. Fuck. Fuck. Fuck. Fuck. Fuck.
Fuck. Fuck. Fuck. Fuck. Fuck. Fuck. Fuck. Fuck. Fuck.
Fuck. Fuck. Fuck. Fuck. Fuck. Fuck. Fuck. Fuck. Fuck.
Fuck. Fuck. Fuck. Fuck. Fuck. Fuck. Fuck. Fuck. Fuck.
Fuck. Fuck. Fuck. Fuck. Fuck. Fuck. Fuck. Fuck. Fuck.
Fuck. Fuck. Fuck. Fuck. Fuck. Fuck. Fuck. Fuck. Fuck.
Fuck. Fuck. Fuck. Fuck. Fuck. Fuck. Fuck. Fuck. Fuck.
Fuck. Fuck. Fuck. Fuck. Fuck. Fuck. Fuck. Fuck. Fuck.
Fuck. Fuck. Fuck. Fuck. Fuck. Fuck. Fuck. Fuck. Fuck.
Fuck. Fuck. Fuck. Fuck. Fuck. Fuck. Fuck. Fuck. Fuck.
Fuck. Fuck. Fuck. Fuck. Fuck. Fuck. Fuck. Fuck. Fuck.
Fuck. Fuck. Fuck. Fuck. Fuck. Fuck. Fuck. Fuck. Fuck.
Fuck. Fuck. Fuck. Fuck. Fuck. Fuck. Fuck. Fuck. Fuck.
Fuck. Fuck. Fuck. Fuck. Fuck. Fuck. Fuck. Fuck. Fuck.
Fuck. Fuck. Fuck. Fuck. Fuck. Fuck. Fuck. Fuck. Fuck.
Fuck. Fuck. Fuck. Fuck. Fuck. Fuck. Fuck. Fuck. Fuck.
Fuck. Fuck. Fuck. Fuck. Fuck. Fuck. Fuck. Fuck. Fuck.
Fuck. Fuck. Fuck. Fuck. Fuck. Fuck. Fuck. Fuck. Fuck.
Fuck. Fuck. Fuck. Fuck. Fuck. Fuck. Fuck. Fuck. Fuck.
Fuck. Fuck. Fuck. Fuck. Fuck. Fuck. Fuck. Fuck. Fuck.
Fuck. Fuck. Fuck. Fuck. Fuck. Fuck. Fuck. Fuck. Fuck.
Fuck. Fuck. Fuck. Fuck. Fuck. Fuck. Fuck. Fuck. Fuck.
Fuck. Fuck. Fuck. Fuck. Fuck. Fuck. Fuck. Fuck. Fuck.
Fuck. Fuck. Fuck. Fuck. Fuck. Fuck. Fuck. Fuck. Fuck.
Fuck. Fuck. Fuck. Fuck. Fuck. Fuck. Fuck. Fuck. Fuck.
Fuck. Fuck. Fuck. Fuck. Fuck. Fuck. Fuck. Fuck. Fuck.
Fuck. Fuck. Fuck. Fuck. Fuck. Fuck. Fuck. Fuck. Fuck.
Fuck. Fuck. Fuck. Fuck. Fuck. Fuck. Fuck. Fuck. Fuck.
Fuck. Fuck. Fuck. Fuck. Fuck. Fuck. Fuck. Fuck. Fuck.
Fuck. Fuck. Fuck. Fuck. Fuck. Fuck. Fuck. Fuck. Fuck.
Fuck. Fuck. Fuck. Fuck. Fuck. Fuck. Fuck. Fuck. Fuck.
Fuck. Fuck. Fuck. Fuck. Fuck. Fuck. Fuck. Fuck. Fuck.
Fuck. Fuck. Fuck. Fuck. Fuck. Fuck. Fuck. Fuck. Fuck.

Fuck. Fuck. Fuck. Fuck. Fuck. Fuck. Fuck. Fuck. Fuck.
Fuck. Fuck. Fuck. Fuck. Fuck. Fuck. Fuck. Fuck. Fuck.
Fuck. Fuck. Fuck. Fuck. Fuck. Fuck. Fuck. Fuck. Fuck.
Fuck. Fuck. Fuck. Fuck. Fuck. Fuck. Fuck. Fuck. Fuck.
Fuck. Fuck. Fuck. Fuck. Fuck. Fuck. Fuck. Fuck. Fuck.
Fuck. Fuck. Fuck. Fuck. Fuck. Fuck. Fuck. Fuck. Fuck.
Fuck. Fuck. Fuck. Fuck. Fuck. Fuck. Fuck. Fuck. Fuck.
Fuck. Fuck. Fuck. Fuck. Fuck. Fuck. Fuck. Fuck. Fuck.
Fuck. Fuck. Fuck. Fuck. Fuck. Fuck. Fuck. Fuck. Fuck.
Fuck. Fuck. Fuck. Fuck. Fuck. Fuck. Fuck. Fuck. Fuck.
Fuck. Fuck. Fuck. Fuck. Fuck. Fuck. Fuck. Fuck. Fuck.
Fuck. Fuck. Fuck. Fuck. Fuck. Fuck. Fuck. Fuck. Fuck.
Fuck. Fuck. Fuck. Fuck. Fuck. Fuck. Fuck. Fuck. Fuck.
Fuck. Fuck. Fuck. Fuck. Fuck. Fuck. Fuck. Fuck. Fuck.
Fuck. Fuck. Fuck. Fuck. Fuck. Fuck. Fuck. Fuck. Fuck.
Fuck. Fuck. Fuck. Fuck. Fuck. Fuck. Fuck. Fuck. Fuck.
Fuck. Fuck. Fuck. Fuck. Fuck. Fuck. Fuck. Fuck. Fuck.
Fuck. Fuck. Fuck. Fuck. Fuck. Fuck. Fuck. Fuck. Fuck.
Fuck. Fuck. Fuck. Fuck. Fuck. Fuck. Fuck. Fuck. Fuck.
Fuck. Fuck. Fuck. Fuck. Fuck. Fuck. Fuck. Fuck. Fuck.
Fuck. Fuck. Fuck. Fuck. Fuck. Fuck. Fuck. Fuck. Fuck.
Fuck. Fuck. Fuck. Fuck. Fuck. Fuck. Fuck. Fuck. Fuck.
Fuck. Fuck. Fuck. Fuck. Fuck. Fuck. Fuck. Fuck. Fuck.
Fuck. Fuck. Fuck. Fuck. Fuck. Fuck. Fuck. Fuck. Fuck.
Fuck. Fuck. Fuck. Fuck. Fuck. Fuck. Fuck. Fuck. Fuck.
Fuck. Fuck. Fuck. Fuck. Fuck. Fuck. Fuck. Fuck. Fuck.
Fuck. Fuck. Fuck. Fuck. Fuck. Fuck. Fuck. Fuck. Fuck.
Fuck. Fuck. Fuck. Fuck. Fuck. Fuck. Fuck. Fuck. Fuck.
Fuck. Fuck. Fuck. Fuck. Fuck. Fuck. Fuck. Fuck. Fuck.
Fuck. Fuck. Fuck. Fuck. Fuck. Fuck. Fuck. Fuck. Fuck.
Fuck. Fuck. Fuck. Fuck. Fuck. Fuck. Fuck. Fuck. Fuck.
Fuck. Fuck. Fuck. Fuck. Fuck. Fuck. Fuck. Fuck. Fuck.
Fuck. Fuck. Fuck. Fuck. Fuck. Fuck. Fuck. Fuck. Fuck.

Fuck. Fuck. Fuck. Fuck. Fuck. Fuck. Fuck. Fuck. Fuck.
Fuck. Fuck. Fuck. Fuck. Fuck. Fuck. Fuck. Fuck. Fuck.
Fuck. Fuck. Fuck. Fuck. Fuck. Fuck. Fuck. Fuck. Fuck.
Fuck. Fuck. Fuck. Fuck. Fuck. Fuck. Fuck. Fuck. Fuck.
Fuck. Fuck. Fuck. Fuck. Fuck. Fuck. Fuck. Fuck. Fuck.
Fuck. Fuck. Fuck. Fuck. Fuck. Fuck. Fuck. Fuck. Fuck.
Fuck. Fuck. Fuck. Fuck. Fuck. Fuck. Fuck. Fuck. Fuck.
Fuck. Fuck. Fuck. Fuck. Fuck. Fuck. Fuck. Fuck. Fuck.
Fuck. Fuck. Fuck. Fuck. Fuck. Fuck. Fuck. Fuck. Fuck.
Fuck. Fuck. Fuck. Fuck. Fuck. Fuck. Fuck. Fuck. Fuck.
Fuck. Fuck. Fuck. Fuck. Fuck. Fuck. Fuck. Fuck. Fuck.
Fuck. Fuck. Fuck. Fuck. Fuck. Fuck. Fuck. Fuck. Fuck.
Fuck. Fuck. Fuck. Fuck. Fuck. Fuck. Fuck. Fuck. Fuck.
Fuck. Fuck. Fuck. Fuck. Fuck. Fuck. Fuck. Fuck. Fuck.
Fuck. Fuck. Fuck. Fuck. Fuck. Fuck. Fuck. Fuck. Fuck.
Fuck. Fuck. Fuck. Fuck. Fuck. Fuck. Fuck. Fuck. Fuck.
Fuck. Fuck. Fuck. Fuck. Fuck. Fuck. Fuck. Fuck. Fuck.
Fuck. Fuck. Fuck. Fuck. Fuck. Fuck. Fuck. Fuck. Fuck.
Fuck. Fuck. Fuck. Fuck. Fuck. Fuck. Fuck. Fuck. Fuck.
Fuck. Fuck. Fuck. Fuck. Fuck. Fuck. Fuck. Fuck. Fuck.
Fuck. Fuck. Fuck. Fuck. Fuck. Fuck. Fuck. Fuck. Fuck.
Fuck. Fuck. Fuck. Fuck. Fuck. Fuck. Fuck. Fuck. Fuck.
Fuck. Fuck. Fuck. Fuck. Fuck. Fuck. Fuck. Fuck. Fuck.
Fuck. Fuck. Fuck. Fuck. Fuck. Fuck. Fuck. Fuck. Fuck.
Fuck. Fuck. Fuck. Fuck. Fuck. Fuck. Fuck. Fuck. Fuck.
Fuck. Fuck. Fuck. Fuck. Fuck. Fuck. Fuck. Fuck. Fuck.
Fuck. Fuck. Fuck. Fuck. Fuck. Fuck. Fuck. Fuck. Fuck.
Fuck. Fuck. Fuck. Fuck. Fuck. Fuck. Fuck. Fuck. Fuck.
Fuck. Fuck. Fuck. Fuck. Fuck. Fuck. Fuck. Fuck. Fuck.
Fuck. Fuck. Fuck. Fuck. Fuck. Fuck. Fuck. Fuck. Fuck.
Fuck. Fuck. Fuck. Fuck. Fuck. Fuck. Fuck. Fuck. Fuck.

Fuck. Fuck. Fuck. Fuck. Fuck. Fuck. Fuck. Fuck. Fuck.
Fuck. Fuck. Fuck. Fuck. Fuck. Fuck. Fuck. Fuck. Fuck.
Fuck. Fuck. Fuck. Fuck. Fuck. Fuck. Fuck. Fuck. Fuck.
Fuck. Fuck. Fuck. Fuck. Fuck. Fuck. Fuck. Fuck. Fuck.
Fuck. Fuck. Fuck. Fuck. Fuck. Fuck. Fuck. Fuck. Fuck.
Fuck. Fuck. Fuck. Fuck. Fuck. Fuck. Fuck. Fuck. Fuck.
Fuck. Fuck. Fuck. Fuck. Fuck. Fuck. Fuck. Fuck. Fuck.
Fuck. Fuck. Fuck. Fuck. Fuck. Fuck. Fuck. Fuck. Fuck.
Fuck. Fuck. Fuck. Fuck. Fuck. Fuck. Fuck. Fuck. Fuck.
Fuck. Fuck. Fuck. Fuck. Fuck. Fuck. Fuck. Fuck. Fuck.
Fuck. Fuck. Fuck. Fuck. Fuck. Fuck. Fuck. Fuck. Fuck.
Fuck. Fuck. Fuck. Fuck. Fuck. Fuck. Fuck. Fuck. Fuck.
Fuck. Fuck. Fuck. Fuck. Fuck. Fuck. Fuck. Fuck. Fuck.
Fuck. Fuck. Fuck. Fuck. Fuck. Fuck. Fuck. Fuck. Fuck.
Fuck. Fuck. Fuck. Fuck. Fuck. Fuck. Fuck. Fuck. Fuck.
Fuck. Fuck. Fuck. Fuck. Fuck. Fuck. Fuck. Fuck. Fuck.
Fuck. Fuck. Fuck. Fuck. Fuck. Fuck. Fuck. Fuck. Fuck.
Fuck. Fuck. Fuck. Fuck. Fuck. Fuck. Fuck. Fuck. Fuck.
Fuck. Fuck. Fuck. Fuck. Fuck. Fuck. Fuck. Fuck. Fuck.
Fuck. Fuck. Fuck. Fuck. Fuck. Fuck. Fuck. Fuck. Fuck.
Fuck. Fuck. Fuck. Fuck. Fuck. Fuck. Fuck. Fuck. Fuck.
Fuck. Fuck. Fuck. Fuck. Fuck. Fuck. Fuck. Fuck. Fuck.
Fuck. Fuck. Fuck. Fuck. Fuck. Fuck. Fuck. Fuck. Fuck.
Fuck. Fuck. Fuck. Fuck. Fuck. Fuck. Fuck. Fuck. Fuck.
Fuck. Fuck. Fuck. Fuck. Fuck. Fuck. Fuck. Fuck. Fuck.
Fuck. Fuck. Fuck. Fuck. Fuck. Fuck. Fuck. Fuck. Fuck.
Fuck. Fuck. Fuck. Fuck. Fuck. Fuck. Fuck. Fuck. Fuck.
Fuck. Fuck. Fuck. Fuck. Fuck. Fuck. Fuck. Fuck. Fuck.
Fuck. Fuck. Fuck. Fuck. Fuck. Fuck. Fuck. Fuck. Fuck.
Fuck. Fuck. Fuck. Fuck. Fuck. Fuck. Fuck. Fuck. Fuck.
Fuck. Fuck. Fuck. Fuck. Fuck. Fuck. Fuck. Fuck. Fuck.
Fuck. Fuck. Fuck. Fuck. Fuck. Fuck. Fuck. Fuck. Fuck.
Fuck. Fuck. Fuck. Fuck. Fuck. Fuck. Fuck. Fuck. Fuck.

Fuck. Fuck. Fuck. Fuck. Fuck. Fuck. Fuck. Fuck. Fuck.
Fuck. Fuck. Fuck. Fuck. Fuck. Fuck. Fuck. Fuck. Fuck.
Fuck. Fuck. Fuck. Fuck. Fuck. Fuck. Fuck. Fuck. Fuck.
Fuck. Fuck. Fuck. Fuck. Fuck. Fuck. Fuck. Fuck. Fuck.
Fuck. Fuck. Fuck. Fuck. Fuck. Fuck. Fuck. Fuck. Fuck.
Fuck. Fuck. Fuck. Fuck. Fuck. Fuck. Fuck. Fuck. Fuck.
Fuck. Fuck. Fuck. Fuck. Fuck. Fuck. Fuck. Fuck. Fuck.
Fuck. Fuck. Fuck. Fuck. Fuck. Fuck. Fuck. Fuck. Fuck.
Fuck. Fuck. Fuck. Fuck. Fuck. Fuck. Fuck. Fuck. Fuck.
Fuck. Fuck. Fuck. Fuck. Fuck. Fuck. Fuck. Fuck. Fuck.
Fuck. Fuck. Fuck. Fuck. Fuck. Fuck. Fuck. Fuck. Fuck.
Fuck. Fuck. Fuck. Fuck. Fuck. Fuck. Fuck. Fuck. Fuck.
Fuck. Fuck. Fuck. Fuck. Fuck. Fuck. Fuck. Fuck. Fuck.
Fuck. Fuck. Fuck. Fuck. Fuck. Fuck. Fuck. Fuck. Fuck.
Fuck. Fuck. Fuck. Fuck. Fuck. Fuck. Fuck. Fuck. Fuck.
Fuck. Fuck. Fuck. Fuck. Fuck. Fuck. Fuck. Fuck. Fuck.
Fuck. Fuck. Fuck. Fuck. Fuck. Fuck. Fuck. Fuck. Fuck.
Fuck. Fuck. Fuck. Fuck. Fuck. Fuck. Fuck. Fuck. Fuck.
Fuck. Fuck. Fuck. Fuck. Fuck. Fuck. Fuck. Fuck. Fuck.
Fuck. Fuck. Fuck. Fuck. Fuck. Fuck. Fuck. Fuck. Fuck.
Fuck. Fuck. Fuck. Fuck. Fuck. Fuck. Fuck. Fuck. Fuck.
Fuck. Fuck. Fuck. Fuck. Fuck. Fuck. Fuck. Fuck. Fuck.
Fuck. Fuck. Fuck. Fuck. Fuck. Fuck. Fuck. Fuck. Fuck.
Fuck. Fuck. Fuck. Fuck. Fuck. Fuck. Fuck. Fuck. Fuck.
Fuck. Fuck. Fuck. Fuck. Fuck. Fuck. Fuck. Fuck. Fuck.
Fuck. Fuck. Fuck. Fuck. Fuck. Fuck. Fuck. Fuck. Fuck.
Fuck. Fuck. Fuck. Fuck. Fuck. Fuck. Fuck. Fuck. Fuck.
Fuck. Fuck. Fuck. Fuck. Fuck. Fuck. Fuck. Fuck. Fuck.
Fuck. Fuck. Fuck. Fuck. Fuck. Fuck. Fuck. Fuck. Fuck.
Fuck. Fuck. Fuck. Fuck. Fuck. Fuck. Fuck. Fuck. Fuck.
Fuck. Fuck. Fuck. Fuck. Fuck. Fuck. Fuck. Fuck. Fuck.
Fuck. Fuck. Fuck. Fuck. Fuck. Fuck. Fuck. Fuck. Fuck.
Fuck. Fuck. Fuck. Fuck. Fuck. Fuck. Fuck. Fuck. Fuck.
Fuck. Fuck. Fuck. Fuck. Fuck. Fuck. Fuck. Fuck. Fuck.

Fuck. Fuck. Fuck. Fuck. Fuck. Fuck. Fuck. Fuck. Fuck.
Fuck. Fuck. Fuck. Fuck. Fuck. Fuck. Fuck. Fuck. Fuck.
Fuck. Fuck. Fuck. Fuck. Fuck. Fuck. Fuck. Fuck. Fuck.
Fuck. Fuck. Fuck. Fuck. Fuck. Fuck. Fuck. Fuck. Fuck.
Fuck. Fuck. Fuck. Fuck. Fuck. Fuck. Fuck. Fuck. Fuck.
Fuck. Fuck. Fuck. Fuck. Fuck. Fuck. Fuck. Fuck. Fuck.
Fuck. Fuck. Fuck. Fuck. Fuck. Fuck. Fuck. Fuck. Fuck.
Fuck. Fuck. Fuck. Fuck. Fuck. Fuck. Fuck. Fuck. Fuck.
Fuck. Fuck. Fuck. Fuck. Fuck. Fuck. Fuck. Fuck. Fuck.
Fuck. Fuck. Fuck. Fuck. Fuck. Fuck. Fuck. Fuck. Fuck.
Fuck. Fuck. Fuck. Fuck. Fuck. Fuck. Fuck. Fuck. Fuck.
Fuck. Fuck. Fuck. Fuck. Fuck. Fuck. Fuck. Fuck. Fuck.
Fuck. Fuck. Fuck. Fuck. Fuck. Fuck. Fuck. Fuck. Fuck.
Fuck. Fuck. Fuck. Fuck. Fuck. Fuck. Fuck. Fuck. Fuck.
Fuck. Fuck. Fuck. Fuck. Fuck. Fuck. Fuck. Fuck. Fuck.
Fuck. Fuck. Fuck. Fuck. Fuck. Fuck. Fuck. Fuck. Fuck.
Fuck. Fuck. Fuck. Fuck. Fuck. Fuck. Fuck. Fuck. Fuck.
Fuck. Fuck. Fuck. Fuck. Fuck. Fuck. Fuck. Fuck. Fuck.
Fuck. Fuck. Fuck. Fuck. Fuck. Fuck. Fuck. Fuck. Fuck.
Fuck. Fuck. Fuck. Fuck. Fuck. Fuck. Fuck. Fuck. Fuck.
Fuck. Fuck. Fuck. Fuck. Fuck. Fuck. Fuck. Fuck. Fuck.
Fuck. Fuck. Fuck. Fuck. Fuck. Fuck. Fuck. Fuck. Fuck.
Fuck. Fuck. Fuck. Fuck. Fuck. Fuck. Fuck. Fuck. Fuck.
Fuck. Fuck. Fuck. Fuck. Fuck. Fuck. Fuck. Fuck. Fuck.
Fuck. Fuck. Fuck. Fuck. Fuck. Fuck. Fuck. Fuck. Fuck.
Fuck. Fuck. Fuck. Fuck. Fuck. Fuck. Fuck. Fuck. Fuck.
Fuck. Fuck. Fuck. Fuck. Fuck. Fuck. Fuck. Fuck. Fuck.
Fuck. Fuck. Fuck. Fuck. Fuck. Fuck. Fuck. Fuck. Fuck.
Fuck. Fuck. Fuck. Fuck. Fuck. Fuck. Fuck. Fuck. Fuck.
Fuck. Fuck. Fuck. Fuck. Fuck. Fuck. Fuck. Fuck. Fuck.
Fuck. Fuck. Fuck. Fuck. Fuck. Fuck. Fuck. Fuck. Fuck.
Fuck. Fuck. Fuck. Fuck. Fuck. Fuck. Fuck. Fuck. Fuck.
Fuck. Fuck. Fuck. Fuck. Fuck. Fuck. Fuck. Fuck. Fuck.

Fuck. Fuck. Fuck. Fuck. Fuck. Fuck. Fuck. Fuck. Fuck.
Fuck. Fuck. Fuck. Fuck. Fuck. Fuck. Fuck. Fuck. Fuck.
Fuck. Fuck. Fuck. Fuck. Fuck. Fuck. Fuck. Fuck. Fuck.
Fuck. Fuck. Fuck. Fuck. Fuck. Fuck. Fuck. Fuck. Fuck.
Fuck. Fuck. Fuck. Fuck. Fuck. Fuck. Fuck. Fuck. Fuck.
Fuck. Fuck. Fuck. Fuck. Fuck. Fuck. Fuck. Fuck. Fuck.
Fuck. Fuck. Fuck. Fuck. Fuck. Fuck. Fuck. Fuck. Fuck.
Fuck. Fuck. Fuck. Fuck. Fuck. Fuck. Fuck. Fuck. Fuck.
Fuck. Fuck. Fuck. Fuck. Fuck. Fuck. Fuck. Fuck. Fuck.
Fuck. Fuck. Fuck. Fuck. Fuck. Fuck. Fuck. Fuck. Fuck.
Fuck. Fuck. Fuck. Fuck. Fuck. Fuck. Fuck. Fuck. Fuck.
Fuck. Fuck. Fuck. Fuck. Fuck. Fuck. Fuck. Fuck. Fuck.
Fuck. Fuck. Fuck. Fuck. Fuck. Fuck. Fuck. Fuck. Fuck.
Fuck. Fuck. Fuck. Fuck. Fuck. Fuck. Fuck. Fuck. Fuck.
Fuck. Fuck. Fuck. Fuck. Fuck. Fuck. Fuck. Fuck. Fuck.
Fuck. Fuck. Fuck. Fuck. Fuck. Fuck. Fuck. Fuck. Fuck.
Fuck. Fuck. Fuck. Fuck. Fuck. Fuck. Fuck. Fuck. Fuck.
Fuck. Fuck. Fuck. Fuck. Fuck. Fuck. Fuck. Fuck. Fuck.
Fuck. Fuck. Fuck. Fuck. Fuck. Fuck. Fuck. Fuck. Fuck.
Fuck. Fuck. Fuck. Fuck. Fuck. Fuck. Fuck. Fuck. Fuck.
Fuck. Fuck. Fuck. Fuck. Fuck. Fuck. Fuck. Fuck. Fuck.
Fuck. Fuck. Fuck. Fuck. Fuck. Fuck. Fuck. Fuck. Fuck.
Fuck. Fuck. Fuck. Fuck. Fuck. Fuck. Fuck. Fuck. Fuck.
Fuck. Fuck. Fuck. Fuck. Fuck. Fuck. Fuck. Fuck. Fuck.
Fuck. Fuck. Fuck. Fuck. Fuck. Fuck. Fuck. Fuck. Fuck.
Fuck. Fuck. Fuck. Fuck. Fuck. Fuck. Fuck. Fuck. Fuck.
Fuck. Fuck. Fuck. Fuck. Fuck. Fuck. Fuck. Fuck. Fuck.
Fuck. Fuck. Fuck. Fuck. Fuck. Fuck. Fuck. Fuck. Fuck.
Fuck. Fuck. Fuck. Fuck. Fuck. Fuck. Fuck. Fuck. Fuck.
Fuck. Fuck. Fuck. Fuck. Fuck. Fuck. Fuck. Fuck. Fuck.
Fuck. Fuck. Fuck. Fuck. Fuck. Fuck. Fuck. Fuck. Fuck.
Fuck. Fuck. Fuck. Fuck. Fuck. Fuck. Fuck. Fuck. Fuck.
Fuck. Fuck. Fuck. Fuck. Fuck. Fuck. Fuck. Fuck. Fuck.

Fuck. Fuck. Fuck. Fuck. Fuck. Fuck. Fuck. Fuck. Fuck.
Fuck. Fuck. Fuck. Fuck. Fuck. Fuck. Fuck. Fuck. Fuck.
Fuck. Fuck. Fuck. Fuck. Fuck. Fuck. Fuck. Fuck. Fuck.
Fuck. Fuck. Fuck. Fuck. Fuck. Fuck. Fuck. Fuck. Fuck.
Fuck. Fuck. Fuck. Fuck. Fuck. Fuck. Fuck. Fuck. Fuck.
Fuck. Fuck. Fuck. Fuck. Fuck. Fuck. Fuck. Fuck. Fuck.
Fuck. Fuck. Fuck. Fuck. Fuck. Fuck. Fuck. Fuck. Fuck.
Fuck. Fuck. Fuck. Fuck. Fuck. Fuck. Fuck. Fuck. Fuck.
Fuck. Fuck. Fuck. Fuck. Fuck. Fuck. Fuck. Fuck. Fuck.
Fuck. Fuck. Fuck. Fuck. Fuck. Fuck. Fuck. Fuck. Fuck.
Fuck. Fuck. Fuck. Fuck. Fuck. Fuck. Fuck. Fuck. Fuck.
Fuck. Fuck. Fuck. Fuck. Fuck. Fuck. Fuck. Fuck. Fuck.
Fuck. Fuck. Fuck. Fuck. Fuck. Fuck. Fuck. Fuck. Fuck.
Fuck. Fuck. Fuck. Fuck. Fuck. Fuck. Fuck. Fuck. Fuck.
Fuck. Fuck. Fuck. Fuck. Fuck. Fuck. Fuck. Fuck. Fuck.
Fuck. Fuck. Fuck. Fuck. Fuck. Fuck. Fuck. Fuck. Fuck.
Fuck. Fuck. Fuck. Fuck. Fuck. Fuck. Fuck. Fuck. Fuck.
Fuck. Fuck. Fuck. Fuck. Fuck. Fuck. Fuck. Fuck. Fuck.
Fuck. Fuck. Fuck. Fuck. Fuck. Fuck. Fuck. Fuck. Fuck.
Fuck. Fuck. Fuck. Fuck. Fuck. Fuck. Fuck. Fuck. Fuck.
Fuck. Fuck. Fuck. Fuck. Fuck. Fuck. Fuck. Fuck. Fuck.
Fuck. Fuck. Fuck. Fuck. Fuck. Fuck. Fuck. Fuck. Fuck.
Fuck. Fuck. Fuck. Fuck. Fuck. Fuck. Fuck. Fuck. Fuck.
Fuck. Fuck. Fuck. Fuck. Fuck. Fuck. Fuck. Fuck. Fuck.
Fuck. Fuck. Fuck. Fuck. Fuck. Fuck. Fuck. Fuck. Fuck.
Fuck. Fuck. Fuck. Fuck. Fuck. Fuck. Fuck. Fuck. Fuck.
Fuck. Fuck. Fuck. Fuck. Fuck. Fuck. Fuck. Fuck. Fuck.
Fuck. Fuck. Fuck. Fuck. Fuck. Fuck. Fuck. Fuck. Fuck.
Fuck. Fuck. Fuck. Fuck. Fuck. Fuck. Fuck. Fuck. Fuck.
Fuck. Fuck. Fuck. Fuck. Fuck. Fuck. Fuck. Fuck. Fuck.
Fuck. Fuck. Fuck. Fuck. Fuck. Fuck. Fuck. Fuck. Fuck.
Fuck. Fuck. Fuck. Fuck. Fuck. Fuck. Fuck. Fuck. Fuck.

Fuck. Fuck. Fuck. Fuck. Fuck. Fuck. Fuck. Fuck. Fuck.
Fuck. Fuck. Fuck. Fuck. Fuck. Fuck. Fuck. Fuck. Fuck.
Fuck. Fuck. Fuck. Fuck. Fuck. Fuck. Fuck. Fuck. Fuck.
Fuck. Fuck. Fuck. Fuck. Fuck. Fuck. Fuck. Fuck. Fuck.
Fuck. Fuck. Fuck. Fuck. Fuck. Fuck. Fuck. Fuck. Fuck.
Fuck. Fuck. Fuck. Fuck. Fuck. Fuck. Fuck. Fuck. Fuck.
Fuck. Fuck. Fuck. Fuck. Fuck. Fuck. Fuck. Fuck. Fuck.
Fuck. Fuck. Fuck. Fuck. Fuck. Fuck. Fuck. Fuck. Fuck.
Fuck. Fuck. Fuck. Fuck. Fuck. Fuck. Fuck. Fuck. Fuck.
Fuck. Fuck. Fuck. Fuck. Fuck. Fuck. Fuck. Fuck. Fuck.
Fuck. Fuck. Fuck. Fuck. Fuck. Fuck. Fuck. Fuck. Fuck.
Fuck. Fuck. Fuck. Fuck. Fuck. Fuck. Fuck. Fuck. Fuck.
Fuck. Fuck. Fuck. Fuck. Fuck. Fuck. Fuck. Fuck. Fuck.
Fuck. Fuck. Fuck. Fuck. Fuck. Fuck. Fuck. Fuck. Fuck.
Fuck. Fuck. Fuck. Fuck. Fuck. Fuck. Fuck. Fuck. Fuck.
Fuck. Fuck. Fuck. Fuck. Fuck. Fuck. Fuck. Fuck. Fuck.
Fuck. Fuck. Fuck. Fuck. Fuck. Fuck. Fuck. Fuck. Fuck.
Fuck. Fuck. Fuck. Fuck. Fuck. Fuck. Fuck. Fuck. Fuck.
Fuck. Fuck. Fuck. Fuck. Fuck. Fuck. Fuck. Fuck. Fuck.
Fuck. Fuck. Fuck. Fuck. Fuck. Fuck. Fuck. Fuck. Fuck.
Fuck. Fuck. Fuck. Fuck. Fuck. Fuck. Fuck. Fuck. Fuck.
Fuck. Fuck. Fuck. Fuck. Fuck. Fuck. Fuck. Fuck. Fuck.
Fuck. Fuck. Fuck. Fuck. Fuck. Fuck. Fuck. Fuck. Fuck.
Fuck. Fuck. Fuck. Fuck. Fuck. Fuck. Fuck. Fuck. Fuck.
Fuck. Fuck. Fuck. Fuck. Fuck. Fuck. Fuck. Fuck. Fuck.
Fuck. Fuck. Fuck. Fuck. Fuck. Fuck. Fuck. Fuck. Fuck.
Fuck. Fuck. Fuck. Fuck. Fuck. Fuck. Fuck. Fuck. Fuck.
Fuck. Fuck. Fuck. Fuck. Fuck. Fuck. Fuck. Fuck. Fuck.
Fuck. Fuck. Fuck. Fuck. Fuck. Fuck. Fuck. Fuck. Fuck.
Fuck. Fuck. Fuck. Fuck. Fuck. Fuck. Fuck. Fuck. Fuck.
Fuck. Fuck. Fuck. Fuck. Fuck. Fuck. Fuck. Fuck. Fuck.
Fuck. Fuck. Fuck. Fuck. Fuck. Fuck. Fuck. Fuck. Fuck.

Fuck. Fuck. Fuck. Fuck. Fuck. Fuck. Fuck. Fuck. Fuck.
Fuck. Fuck. Fuck. Fuck. Fuck. Fuck. Fuck. Fuck. Fuck.
Fuck. Fuck. Fuck. Fuck. Fuck. Fuck. Fuck. Fuck. Fuck.
Fuck. Fuck. Fuck. Fuck. Fuck. Fuck. Fuck. Fuck. Fuck.
Fuck. Fuck. Fuck. Fuck. Fuck. Fuck. Fuck. Fuck. Fuck.
Fuck. Fuck. Fuck. Fuck. Fuck. Fuck. Fuck. Fuck. Fuck.
Fuck. Fuck. Fuck. Fuck. Fuck. Fuck. Fuck. Fuck. Fuck.
Fuck. Fuck. Fuck. Fuck. Fuck. Fuck. Fuck. Fuck. Fuck.
Fuck. Fuck. Fuck. Fuck. Fuck. Fuck. Fuck. Fuck. Fuck.
Fuck. Fuck. Fuck. Fuck. Fuck. Fuck. Fuck. Fuck. Fuck.
Fuck. Fuck. Fuck. Fuck. Fuck. Fuck. Fuck. Fuck. Fuck.
Fuck. Fuck. Fuck. Fuck. Fuck. Fuck. Fuck. Fuck. Fuck.
Fuck. Fuck. Fuck. Fuck. Fuck. Fuck. Fuck. Fuck. Fuck.
Fuck. Fuck. Fuck. Fuck. Fuck. Fuck. Fuck. Fuck. Fuck.
Fuck. Fuck. Fuck. Fuck. Fuck. Fuck. Fuck. Fuck. Fuck.
Fuck. Fuck. Fuck. Fuck. Fuck. Fuck. Fuck. Fuck. Fuck.
Fuck. Fuck. Fuck. Fuck. Fuck. Fuck. Fuck. Fuck. Fuck.
Fuck. Fuck. Fuck. Fuck. Fuck. Fuck. Fuck. Fuck. Fuck.
Fuck. Fuck. Fuck. Fuck. Fuck. Fuck. Fuck. Fuck. Fuck.
Fuck. Fuck. Fuck. Fuck. Fuck. Fuck. Fuck. Fuck. Fuck.
Fuck. Fuck. Fuck. Fuck. Fuck. Fuck. Fuck. Fuck. Fuck.
Fuck. Fuck. Fuck. Fuck. Fuck. Fuck. Fuck. Fuck. Fuck.
Fuck. Fuck. Fuck. Fuck. Fuck. Fuck. Fuck. Fuck. Fuck.
Fuck. Fuck. Fuck. Fuck. Fuck. Fuck. Fuck. Fuck. Fuck.
Fuck. Fuck. Fuck. Fuck. Fuck. Fuck. Fuck. Fuck. Fuck.
Fuck. Fuck. Fuck. Fuck. Fuck. Fuck. Fuck. Fuck. Fuck.
Fuck. Fuck. Fuck. Fuck. Fuck. Fuck. Fuck. Fuck. Fuck.
Fuck. Fuck. Fuck. Fuck. Fuck. Fuck. Fuck. Fuck. Fuck.
Fuck. Fuck. Fuck. Fuck. Fuck. Fuck. Fuck. Fuck. Fuck.
Fuck. Fuck. Fuck. Fuck. Fuck. Fuck. Fuck. Fuck. Fuck.
Fuck. Fuck. Fuck. Fuck. Fuck. Fuck. Fuck. Fuck. Fuck.
Fuck. Fuck. Fuck. Fuck. Fuck. Fuck. Fuck. Fuck. Fuck.
Fuck. Fuck. Fuck. Fuck. Fuck. Fuck. Fuck. Fuck. Fuck.
Fuck. Fuck. Fuck. Fuck. Fuck. Fuck. Fuck. Fuck. Fuck.
Fuck. Fuck. Fuck. Fuck. Fuck. Fuck. Fuck. Fuck. Fuck.

Fuck. Fuck. Fuck. Fuck. Fuck. Fuck. Fuck. Fuck. Fuck.
Fuck. Fuck. Fuck. Fuck. Fuck. Fuck. Fuck. Fuck. Fuck.
Fuck. Fuck. Fuck. Fuck. Fuck. Fuck. Fuck. Fuck. Fuck.
Fuck. Fuck. Fuck. Fuck. Fuck. Fuck. Fuck. Fuck. Fuck.
Fuck. Fuck. Fuck. Fuck. Fuck. Fuck. Fuck. Fuck. Fuck.
Fuck. Fuck. Fuck. Fuck. Fuck. Fuck. Fuck. Fuck. Fuck.
Fuck. Fuck. Fuck. Fuck. Fuck. Fuck. Fuck. Fuck. Fuck.
Fuck. Fuck. Fuck. Fuck. Fuck. Fuck. Fuck. Fuck. Fuck.
Fuck. Fuck. Fuck. Fuck. Fuck. Fuck. Fuck. Fuck. Fuck.
Fuck. Fuck. Fuck. Fuck. Fuck. Fuck. Fuck. Fuck. Fuck.
Fuck. Fuck. Fuck. Fuck. Fuck. Fuck. Fuck. Fuck. Fuck.
Fuck. Fuck. Fuck. Fuck. Fuck. Fuck. Fuck. Fuck. Fuck.
Fuck. Fuck. Fuck. Fuck. Fuck. Fuck. Fuck. Fuck. Fuck.
Fuck. Fuck. Fuck. Fuck. Fuck. Fuck. Fuck. Fuck. Fuck.
Fuck. Fuck. Fuck. Fuck. Fuck. Fuck. Fuck. Fuck. Fuck.
Fuck. Fuck. Fuck. Fuck. Fuck. Fuck. Fuck. Fuck. Fuck.
Fuck. Fuck. Fuck. Fuck. Fuck. Fuck. Fuck. Fuck. Fuck.
Fuck. Fuck. Fuck. Fuck. Fuck. Fuck. Fuck. Fuck. Fuck.
Fuck. Fuck. Fuck. Fuck. Fuck. Fuck. Fuck. Fuck. Fuck.
Fuck. Fuck. Fuck. Fuck. Fuck. Fuck. Fuck. Fuck. Fuck.
Fuck. Fuck. Fuck. Fuck. Fuck. Fuck. Fuck. Fuck. Fuck.
Fuck. Fuck. Fuck. Fuck. Fuck. Fuck. Fuck. Fuck. Fuck.
Fuck. Fuck. Fuck. Fuck. Fuck. Fuck. Fuck. Fuck. Fuck.
Fuck. Fuck. Fuck. Fuck. Fuck. Fuck. Fuck. Fuck. Fuck.
Fuck. Fuck. Fuck. Fuck. Fuck. Fuck. Fuck. Fuck. Fuck.
Fuck. Fuck. Fuck. Fuck. Fuck. Fuck. Fuck. Fuck. Fuck.
Fuck. Fuck. Fuck. Fuck. Fuck. Fuck. Fuck. Fuck. Fuck.
Fuck. Fuck. Fuck. Fuck. Fuck. Fuck. Fuck. Fuck. Fuck.
Fuck. Fuck. Fuck. Fuck. Fuck. Fuck. Fuck. Fuck. Fuck.
Fuck. Fuck. Fuck. Fuck. Fuck. Fuck. Fuck. Fuck. Fuck.
Fuck. Fuck. Fuck. Fuck. Fuck. Fuck. Fuck. Fuck. Fuck.

Fuck. Fuck. Fuck. Fuck. Fuck. Fuck. Fuck. Fuck. Fuck.
Fuck. Fuck. Fuck. Fuck. Fuck. Fuck. Fuck. Fuck. Fuck.
Fuck. Fuck. Fuck. Fuck. Fuck. Fuck. Fuck. Fuck. Fuck.
Fuck. Fuck. Fuck. Fuck. Fuck. Fuck. Fuck. Fuck. Fuck.
Fuck. Fuck. Fuck. Fuck. Fuck. Fuck. Fuck. Fuck. Fuck.
Fuck. Fuck. Fuck. Fuck. Fuck. Fuck. Fuck. Fuck. Fuck.
Fuck. Fuck. Fuck. Fuck. Fuck. Fuck. Fuck. Fuck. Fuck.
Fuck. Fuck. Fuck. Fuck. Fuck. Fuck. Fuck. Fuck. Fuck.
Fuck. Fuck. Fuck. Fuck. Fuck. Fuck. Fuck. Fuck. Fuck.
Fuck. Fuck. Fuck. Fuck. Fuck. Fuck. Fuck. Fuck. Fuck.
Fuck. Fuck. Fuck. Fuck. Fuck. Fuck. Fuck. Fuck. Fuck.
Fuck. Fuck. Fuck. Fuck. Fuck. Fuck. Fuck. Fuck. Fuck.
Fuck. Fuck. Fuck. Fuck. Fuck. Fuck. Fuck. Fuck. Fuck.
Fuck. Fuck. Fuck. Fuck. Fuck. Fuck. Fuck. Fuck. Fuck.
Fuck. Fuck. Fuck. Fuck. Fuck. Fuck. Fuck. Fuck. Fuck.
Fuck. Fuck. Fuck. Fuck. Fuck. Fuck. Fuck. Fuck. Fuck.
Fuck. Fuck. Fuck. Fuck. Fuck. Fuck. Fuck. Fuck. Fuck.
Fuck. Fuck. Fuck. Fuck. Fuck. Fuck. Fuck. Fuck. Fuck.
Fuck. Fuck. Fuck. Fuck. Fuck. Fuck. Fuck. Fuck. Fuck.
Fuck. Fuck. Fuck. Fuck. Fuck. Fuck. Fuck. Fuck. Fuck.
Fuck. Fuck. Fuck. Fuck. Fuck. Fuck. Fuck. Fuck. Fuck.
Fuck. Fuck. Fuck. Fuck. Fuck. Fuck. Fuck. Fuck. Fuck.
Fuck. Fuck. Fuck. Fuck. Fuck. Fuck. Fuck. Fuck. Fuck.
Fuck. Fuck. Fuck. Fuck. Fuck. Fuck. Fuck. Fuck. Fuck.
Fuck. Fuck. Fuck. Fuck. Fuck. Fuck. Fuck. Fuck. Fuck.
Fuck. Fuck. Fuck. Fuck. Fuck. Fuck. Fuck. Fuck. Fuck.
Fuck. Fuck. Fuck. Fuck. Fuck. Fuck. Fuck. Fuck. Fuck.
Fuck. Fuck. Fuck. Fuck. Fuck. Fuck. Fuck. Fuck. Fuck.
Fuck. Fuck. Fuck. Fuck. Fuck. Fuck. Fuck. Fuck. Fuck.
Fuck. Fuck. Fuck. Fuck. Fuck. Fuck. Fuck. Fuck. Fuck.
Fuck. Fuck. Fuck. Fuck. Fuck. Fuck. Fuck. Fuck. Fuck.
Fuck. Fuck. Fuck. Fuck. Fuck. Fuck. Fuck. Fuck. Fuck.
Fuck. Fuck. Fuck. Fuck. Fuck. Fuck. Fuck. Fuck. Fuck.

Fuck. Fuck. Fuck. Fuck. Fuck. Fuck. Fuck. Fuck. Fuck.
Fuck. Fuck. Fuck. Fuck. Fuck. Fuck. Fuck. Fuck. Fuck.
Fuck. Fuck. Fuck. Fuck. Fuck. Fuck. Fuck. Fuck. Fuck.
Fuck. Fuck. Fuck. Fuck. Fuck. Fuck. Fuck. Fuck. Fuck.
Fuck. Fuck. Fuck. Fuck. Fuck. Fuck. Fuck. Fuck. Fuck.
Fuck. Fuck. Fuck. Fuck. Fuck. Fuck. Fuck. Fuck. Fuck.
Fuck. Fuck. Fuck. Fuck. Fuck. Fuck. Fuck. Fuck. Fuck.
Fuck. Fuck. Fuck. Fuck. Fuck. Fuck. Fuck. Fuck. Fuck.
Fuck. Fuck. Fuck. Fuck. Fuck. Fuck. Fuck. Fuck. Fuck.
Fuck. Fuck. Fuck. Fuck. Fuck. Fuck. Fuck. Fuck. Fuck.
Fuck. Fuck. Fuck. Fuck. Fuck. Fuck. Fuck. Fuck. Fuck.
Fuck. Fuck. Fuck. Fuck. Fuck. Fuck. Fuck. Fuck. Fuck.
Fuck. Fuck. Fuck. Fuck. Fuck. Fuck. Fuck. Fuck. Fuck.
Fuck. Fuck. Fuck. Fuck. Fuck. Fuck. Fuck. Fuck. Fuck.
Fuck. Fuck. Fuck. Fuck. Fuck. Fuck. Fuck. Fuck. Fuck.
Fuck. Fuck. Fuck. Fuck. Fuck. Fuck. Fuck. Fuck. Fuck.
Fuck. Fuck. Fuck. Fuck. Fuck. Fuck. Fuck. Fuck. Fuck.
Fuck. Fuck. Fuck. Fuck. Fuck. Fuck. Fuck. Fuck. Fuck.
Fuck. Fuck. Fuck. Fuck. Fuck. Fuck. Fuck. Fuck. Fuck.
Fuck. Fuck. Fuck. Fuck. Fuck. Fuck. Fuck. Fuck. Fuck.
Fuck. Fuck. Fuck. Fuck. Fuck. Fuck. Fuck. Fuck. Fuck.
Fuck. Fuck. Fuck. Fuck. Fuck. Fuck. Fuck. Fuck. Fuck.
Fuck. Fuck. Fuck. Fuck. Fuck. Fuck. Fuck. Fuck. Fuck.
Fuck. Fuck. Fuck. Fuck. Fuck. Fuck. Fuck. Fuck. Fuck.
Fuck. Fuck. Fuck. Fuck. Fuck. Fuck. Fuck. Fuck. Fuck.
Fuck. Fuck. Fuck. Fuck. Fuck. Fuck. Fuck. Fuck. Fuck.
Fuck. Fuck. Fuck. Fuck. Fuck. Fuck. Fuck. Fuck. Fuck.
Fuck. Fuck. Fuck. Fuck. Fuck. Fuck. Fuck. Fuck. Fuck.
Fuck. Fuck. Fuck. Fuck. Fuck. Fuck. Fuck. Fuck. Fuck.
Fuck. Fuck. Fuck. Fuck. Fuck. Fuck. Fuck. Fuck. Fuck.
Fuck. Fuck. Fuck. Fuck. Fuck. Fuck. Fuck. Fuck. Fuck.
Fuck. Fuck. Fuck. Fuck. Fuck. Fuck. Fuck. Fuck. Fuck.

Fuck. Fuck. Fuck. Fuck. Fuck. Fuck. Fuck. Fuck. Fuck.
Fuck. Fuck. Fuck. Fuck. Fuck. Fuck. Fuck. Fuck. Fuck.
Fuck. Fuck. Fuck. Fuck. Fuck. Fuck. Fuck. Fuck. Fuck.
Fuck. Fuck. Fuck. Fuck. Fuck. Fuck. Fuck. Fuck. Fuck.
Fuck. Fuck. Fuck. Fuck. Fuck. Fuck. Fuck. Fuck. Fuck.
Fuck. Fuck. Fuck. Fuck. Fuck. Fuck. Fuck. Fuck. Fuck.
Fuck. Fuck. Fuck. Fuck. Fuck. Fuck. Fuck. Fuck. Fuck.
Fuck. Fuck. Fuck. Fuck. Fuck. Fuck. Fuck. Fuck. Fuck.
Fuck. Fuck. Fuck. Fuck. Fuck. Fuck. Fuck. Fuck. Fuck.
Fuck. Fuck. Fuck. Fuck. Fuck. Fuck. Fuck. Fuck. Fuck.
Fuck. Fuck. Fuck. Fuck. Fuck. Fuck. Fuck. Fuck. Fuck.
Fuck. Fuck. Fuck. Fuck. Fuck. Fuck. Fuck. Fuck. Fuck.
Fuck. Fuck. Fuck. Fuck. Fuck. Fuck. Fuck. Fuck. Fuck.
Fuck. Fuck. Fuck. Fuck. Fuck. Fuck. Fuck. Fuck. Fuck.
Fuck. Fuck. Fuck. Fuck. Fuck. Fuck. Fuck. Fuck. Fuck.
Fuck. Fuck. Fuck. Fuck. Fuck. Fuck. Fuck. Fuck. Fuck.
Fuck. Fuck. Fuck. Fuck. Fuck. Fuck. Fuck. Fuck. Fuck.
Fuck. Fuck. Fuck. Fuck. Fuck. Fuck. Fuck. Fuck. Fuck.
Fuck. Fuck. Fuck. Fuck. Fuck.

FUCK

Made in the USA
San Bernardino, CA
27 November 2018